古典珍品

经典回到生活　阅读从心开始

中华古典珍品

『中华古典珍品』丛书遴选了清代《四库全书》的精华，而且每一种书在注释、译文、解读等方面做了大量的、扎实的工作。

——傅璇琮

国学就是中国人的学问。『中华古典珍品』是一套非常适合大众阅读的国学经典丛书。国学的传承和发展迫切需要好的大众读本。

——毛佩琦

《四库全书》浩如烟海，真正的必读经典就这百余部。

——任德山

国学是相互通融的，切忌断章或是割裂。今人只有从《周易》等原始经典入手，才能真正找到进入国学的门径。

——刘君祖

中华古典珍品

古典珍品

图解荀子

（战国）荀子 著
崇贤书院 释译

黄山书社

阅读指南

文章经典，说理透彻

本书所选的文章为荀子诸多优秀作品中的精华之作，全部是脍炙人口的名篇。

题解译文，解读全文

设有题解、注释、译文等栏目，详细解读各篇文章，令读者全面领略荀子的学术思想。

精美版画，展现文意

文中插入大量古代版画，并配以精到深刻的图说，以直观的方式展现文意，帮助读者理解文中蕴含的思想。

反复注音，扫除障碍

对生僻字、多音字、古今异音字反复进行随文注音，力求为读者扫除所有障碍，确保读者流畅阅读。

题解

- 梳理文章脉络。
- 总述全文思想。
- 帮助读者总体把握各篇文章。

注音

- 对生僻字、多音字、古今异字注音。
- 扫除读者阅读障碍。
- 确保读者流畅阅读。

注释

- 解释生僻的字词。
- 丰富知识量。
- 详尽细致，启迪思路。

非十二子第六

题解

本篇对战国时期的各家学说进行了分析评论，荀子提出了自己的政治主张和思想行为标准。文中主要列举了六种学说、十二个代表人物，并且逐一对其进行了评论；同时也涉及其他一些学说与人物，表明了作者的观点。实际上，它是一篇全面总结春秋战国时期各家学说的文章，在中国思想史上具有非常重要的地位。

原文

假今之世①，饰邪说，文奸言，以枭②乱天下，矞（jué）宇嵬琐③，使天下混然不知是非治乱之所存者有人矣。

[注释]

①假今之世：乘着当今的世道，这里指战国时代。假，乘着，借着。

②枭：通“挠”，扰。

③矞：同“谲”，诡谲。宇：通“讦”，诡诈。嵬：通“傀”，怪诞。琐：委琐，庸俗。

[译文]

乘着当今这个时代，粉饰邪恶的学说，美化奸诈的言论，用来扰乱天下，那些诡诈、诡谲、怪异、庸俗的言论使天下的人浑浑噩噩地不知道是非标准、治乱的根源，已经有这样的人了。

原文

纵情性，安恣睢，禽兽行，不足以合文通治①；然而其持之有故，其言之成理，足以欺惑愚众。是它嚣、魏牟也②。

[注释]

①合文通治：符合礼义，达到对国家的治理。文，礼义。

②它嚣：人名，生平不详。魏牟：战国时魏国的公子牟。

[译文]

放纵娇情任性，习惯了恣意放荡，行为像禽兽一样，更谈不上合乎礼义、达到对国家的治理；但是他们所持的观点却有根有据，他们的言论又很有道理，足以欺骗迷惑愚昧的民众。它嚣、魏牟就是这样的人。

译文

- 翻译解读全文。
- 准确详细地还原文意。
- 帮助读者更好地理解荀子思想。

精美古代版画及说明

- 古代版画，古朴简练。
- 图说精到深刻。
- 图文并茂，直观展现文意。

原文

忍情性，綦（qí）谿利跂①，苟以分异人为高②，不足以合大众、明大分③；然而其持之有故，其言之成理，足以欺惑愚众。是陈仲、史鰌也。

[注释]

①綦：极。谿：深。利：通“离”，离开。跂：通“企”，踮起脚跟。

②苟：不正当，这里指不合礼义。分异人：与别人不同。

③大分：原指根本区别，这里指忠孝的大义。

[译文]

抑制人的人情本性，偏离大道，离世独行，不遵守道德礼法，以与别人不同为高尚的品质，不能和广大民众融洽相处，不能彰显忠孝道义；但是他们所持的观点立论却有根有据，他们能把这些立论说得非常有条理，足以欺骗、迷惑愚昧的大众。陈仲、史鰌就是这样的人。

原文

不知壹天下、建国家之权称①，上②功用、大俭约而僈差等③，曾不足以容辨异、县君臣；然而其持之有故，其言之成理，足以欺惑愚众。是墨翟、宋钘也④。

[注释]

①权称：即“权衡”，这里喻指法度、准则。权，秤锤。称，同“秤”。

②上：同“尚”，崇尚，尊崇。

③大：重。僈：轻视，鄙视。

④墨翟：战国初鲁国人，墨家学派的创始人，主张兼爱、非攻等。宋钘：又称宋荣子，战国时宋国人，思想主张接近墨子，主张“禁欲”。

[译文]

不知道统一天下、建立国家的法度的重要性，崇尚功利实用、重视勤俭节约而轻视等级差别，甚至不能区分上下之别、君臣之异；但是他们所持的理论却有根有据，他们能把这些理论说得有条有理，足够用来欺骗、迷

秤

权秤，即秤与秤锤，是称重的器具。建立国家之秤，就是要统一天下，建立天下人共有的法度。在先秦时期，唯有统一才能解决战乱。

总　序

国学是什么？简单说，国学就是中国人之所以成为中国人的学问。因此，国学不仅包括数千年积累流传下来的经典，比如“四书五经”、《老子》、《庄子》、《孙子》、《史记》、《汉书》、唐诗、宋词，也包含研究中国人思维方式、生活方式、行为方式乃至娱乐方式的各种学问。广言之，国学研究的对象不仅包括文献，也包括实物；不仅包括物质文化遗产，也包括非物质文化遗产，如我国各民族的建筑、服饰、饮食、音乐、绘画、医药、戏曲，等等。

国学是不断丰富、不断发展的学问。上面说的从“四书五经”到唐诗、宋词就是一个不断丰富发展的过程。近代以来，国学的研究范围还在不断地扩大，比如敦煌学、甲骨学，是随着有关文物的出土而兴起的；比如红学，是随着文学理论和学术风气的发展变化而兴起和发展的。随着时间的推移和学术的进步，必将有更多的学问被纳入国学研究的范围。

数千年来，中国人做学问形成了自己独特的理论和方法，比如思想理论、史学理论、文学理论，以及训诂学、考据学、音韵学，等等。但这些理论和方法并不是一成不变的。比如，在史学研究领域，由于地下文物的出土，王国维等人提出了以地下文物与传世文献相补充互证的“二重证据法”。近代以来，西风劲吹。国人主动借鉴西方学术研究的理论和方法，研究中国学问。王国维借鉴尼采的哲学理论研究中国的文学戏剧，胡适以杜威的实验主义研究中国的“国故”。国学从来没有拒绝外国学问的融合，佛教传入中国后，经过改造，形成了中国独特的佛学、因明学；自明朝末年西学传入中国后，中国的天文学、数学等就已经融入了西学的因素。马克思主义传入中国后，不少人用马克思主义理论研究中国历史文化，它们自然也成为了国学的一部分。因此，国学又是开放的、随时代而进步的。那么，当今我们研究、振兴国学，不允许也不应该倒退，不允许也不应该僵化。

然而，国学又是与西学明显区分的。国学是西学的对应物，是与西学完全不同的学术体系。在近代，西学挟坚船利炮强势进入中国之后，中国人还视自我，对于中国固有之学问的称呼出现了中学、国故学、国粹、国学这样的名称。面对“帝国主义”的强大，很多中国人自愧不如，一方面拼命地学习、引进西学，另一方面拼命地贬低、抛弃国学。虽然也有一些人，如张之洞为保护中华文化之根本，提出“中学为体，西学为用”，如胡适，提出“整理国故”，以“再造文明”“建立民族自信心”，但其声音终被时代淹没。国学一再被严重曲解和轻视，造成了中国历史文化的大断裂。也许，这一历史过程是必然的。但回顾过去，中国在走向独立富强的过程中，国学所付出的代价实在太大、太惨重了。

新中国成立后，饱受屈辱的中国人站立了起来，民族自信心大大加强，但没有能够及时认识到国学在新时代的重要性，甚至仅存的一点点国学遗产也进一步成为被抛弃的对象。改革开放三十年之后，走向富强的国人终于幡然醒悟，保护和振兴国学逐渐成为全民的共识。一个强大的自立于世界民族之林的国家，必然要有与之相匹配的伟大的民族文化。中国人，从领导者、学术界到普通百姓，都在重新发现国学的现代价值。同时，在走向全球化的进程中，东西方各国也把目光投向了中国。中国学问，中国的一切都在被重新评价。中国不仅为了自身的建设和发展需要从传统文化中汲取智慧，而且面临着以优秀的中华文化向全人类贡献智慧的责任和挑战。

那么，这套丛书的编纂就是可喜的，编纂者的初衷和努力就是可敬的。希望这套丛书能发挥点滴作用，如同涓涓细水与千百万有志者的努力一道汇成大潮，去迎接中华民族的伟大复兴！

是为序。

毛佩琦

前言

始于周平王东迁而终于秦始皇统一六国的春秋战国时期，在我国历史上有着非常特殊的地位，不仅体现在诸侯争霸、王朝更迭等社会变革方面，在思想界也呈现出派别林立、百家争鸣的景象。《庄子·天下篇》中所说的“天下大乱，贤圣不明，道德不一”即对这个时期学术格局的描绘，《荀子》这部著作就诞生于这一时期。

《荀子》一书的作者是战国末期著名的思想家、文学家荀况，为战国末年赵国人，汉时因避汉宣帝刘询讳，又因“荀”与“孙”二字古音相通，故改称孙卿。他可以说是先秦儒家思想的集大成者，创立了被称为“孙氏之儒”的儒家支派，与以“孔儒正宗”自居的“思孟一派”相对立。康有为在《桂学答问》里曾言：“孔门后学有二大支：其一孟子也……其一荀子也。”由此不难推测《荀子》这部著作在中国思想史上的重要地位。

荀子曾出任齐国稷下学宫的祭酒，也当过“兰陵令”这样的地方官员，所以他的学说里兼具“学”与“术”两个层面，其思想特点在于不只局限于儒家思想的条框，而是博采众家之长，综合道家、墨家、名家、法家诸家的精髓，在诸多领域提出独到的先进理念。荀子的关于礼法、人性、人的地位、名实关系的论述，构成了他整个思想体系的基础。

战国末年，社会环境逐渐趋于天下一统，新的治理策略呼之欲出，荀子融会贯通诸子百家的思想特点，并进行创新、总结、批判，从而提出了行之有效的治国策略。孔子与孟子的中心思想为“仁”和“义”，荀子继二者之后提出“礼”，即社会上人们的行为规范。他认为“礼”是“人道之极”，他重视人为的努力，重视社会秩序，提倡圣人对世人的教化，反对神秘主义以及墨家的鬼神之说等，可以说是创造性地发展了儒学。

荀子的这些思想都蕴含在《荀子》一书之中，其行文善于运用比喻与排比等修辞手法，说理通透，条理清晰，语言虽朴实，却有着磅礴的气势，通篇布满节奏感、韵律感，其思想观念承前启后，部分篇章如今读来仍有新的启示。另外，《荀子》还有五篇短赋，皆以四言韵语为主，骈散结合，错落有致，开创了“赋”这一文学体裁。

《荀子》成书两千余载，历代学者对《荀子》的注疏本颇多，如刘向校定的《孙卿书》、唐代杨倞的《荀子注》以及清代谢墉的《荀子校》、卢文弨的《荀子笺校》等。本书以王先谦的《荀子集解》为底本，并参校其他版本，邀请诸多此领域专家加盟助阵，汇合诸多名家评注，严格择选，共同编著，精审精校，务求做到权威、准确、源流清晰。

此外，本书配有两百多幅精美古代版画，这些珍贵精美的插图不是装饰物，它们与图说相结合，有的是对正文哲理、思想的解释，有的是对文章涉及的历史人物和典故的介绍，从而形成正文以外的又一条阅读线索，在丰富读者文学知识的同时，也使读者的阅读变得生动有趣。

最后，本书给生僻字、异体字都标注了读音，而且对部分标注字词反复注音，这样不但可以使读者免于反复查阅，还能加深印象，帮助读者记忆。

目 录

卷一

卷二

卷三

卷四

卷五

卷六

卷七

卷八

卷九

卷十

卷十一

卷十二

卷十三

卷十四

卷十五

卷十六

卷十七

卷一

劝学第一

题解

本篇系统地阐述了荀况的教育思想。他提出了一个非常重要的观点：人的知识才能并非是生而知之的，而是通过后天的学习获得的。这篇文章旨在劝勉人们勤奋学习。篇中所论述的学习内容，不仅包括书本知识，还包括修身、养道等其他方面。

原文

君子①曰：学不可以已②。青，取之于蓝③，而青于蓝；冰，水为之，而寒于水。木直中绳，𫐓(róu)④以为轮，其曲中规，虽有槁(gǎo)暴⑤，不复挺者，𫐓使之然也。故木受绳则直，金就砺(lì)则利，君子博学而日参省乎己⑥，则知明而行无过矣。

［注释］

①君子：古时指有道德、有修养的人。

②已：停止，终止。

③蓝：这里指蓼蓝，一年生草本植物，它的叶子经过发酵可以提炼出深蓝色的有机染料——靛蓝。

④𫐓：通“煣”，指用微火熏烤木料使它变得弯曲。

⑤有：通“又”。槁：通“熇”，烤。暴：古“曝”字，在太阳底下曝晒。

⑥参：同“三”，这里指多。省：考察，反省。

［译文］

君子说：学习不可以停滞不前。靛青，是从蓼蓝中提取炼制出来的，但是它比蓼蓝更青；冰，是由水变成的，但是它比水更冷。木料笔直得与墨线相吻合，但是熏烤它可以使之弯曲，从而做成车轮，它的弯曲度就与圆规画出的圆相吻合，此时，即使木料经受曝晒，它也不能再伸直了，原因是熏烤弯曲使它变成这样的。因此，木料经过墨线的测量才能取直，金属做成的刀剑只有在磨刀石上磨过才能变得锋利无比，君子如果能广泛地学习知识而又能每天自我检查和反省，就会聪明智慧而且行为也不会有过错了。

原文

故不登高山，不知天之高也；不临深溪，不知地之厚也；不闻先王之遗言，不知学问之大也。干、越、夷、貉(mò)之子①，生而同声，长而异俗，教使之然也。《诗》②曰：“嗟尔君子，无恒安息。靖共尔位③，好是正直。神之听之，介尔景福④。”神莫大于化道，福莫长于无祸。

[注释]

①干、越：这里代指春秋时的吴、越两国。

②《诗》：指《诗经 · 小雅 · 小明》。

③靖：安宁，祥和。共：通“供”，这里是供职的意思。

④介：佐助。景：大。

[译文]

因此，不登上巍峨的山峰，就不知道天有多高；不亲自到深渊，就不知道地有多厚；没有听到前代贤明的君王的遗言，就不知道学问有多博大。吴、越两国以及夷、貊两族的孩子，出生时啼哭的声音都一样，长大以后习俗却不一样了，是教化使他们变成这样的。《诗经》说：“你们这些君子啊，不要常常贪图安逸。恭谨地对待你们的本职工作，爱好正直的行为。神灵知道这一切后，就会赐给你莫大的福气。”没有比与道融合更高的精神境界了，没有比无灾无难更长久的幸福了。

登高而望

登临高峰而望远，比在平地踮起脚来看得远得多，这是因为君子恰当地利用外物来弥补自身的不足。“善假于物”，这正是人类智慧的精髓。

原文

吾尝终日而思矣，不如须臾之所学也；吾尝跂(qǐ)①而望矣，不如登高之博见也。登高而招，臂非加长也，而见者远；顺风而呼，声非加疾也，而闻者彰。假舆马者，非利足也，而致千里；假舟楫者，非能水也，而绝江河。君子生②非异也，善假于物也③。

[注释]

①跂：踮起脚跟。

②生：通“性”，人的资质潜能。

③善假于物也：君子善于凭借外物来提高自己的修养。

[译文]

我曾经整天地思考，却不如片刻学习得到的多；我曾经踮起脚跟向远处眺望，却不如登上高处看得广阔。登上高处向别人招手，手臂并没有增长，远处的人却能看到；顺着风向大声呼喊，声音并没有更加洪亮，但是听的人却听得非常清楚。凭借车马而行的人，并不是步伐加快，却能到达千里之外的地方；凭借船只的人，并不是非常善于游泳，却能渡过大江大河。君子的本性和一般人并没有什么不同，只不过善于利用外物罢了。

原文

南方有鸟焉，名曰“蒙鸠①”，以羽为巢，而编之以发，系之苇苕[tiáo]②。风至苕折，卵破子死。巢非不完也，所系者然也。西方有木焉，名曰“射干③”，茎长四寸，生于高山之上，而临百仞之渊；木茎非能长也，所立者然也。蓬生麻中，不扶而直；白沙在涅，与之俱黑④。兰槐⑤之根是为芷，其渐之滫[xiǔ]⑥，君子不近，庶人不服；其质非不美也，所渐者然也。故君子居必择乡，游⑦必就士，所以防邪僻⑧而近中正也。

[注释]

①蒙鸠：鹪鹩，俗称“巧妇鸟”，一种毛色呈褐色、体长约三寸的小鸟，常取羽毛做巢。

②苕：指苇花，可作笤帚。

③射干：又名乌扇，多年生草本植物，叶子呈剑形，花为黄褐色，带有红色斑点，果实为蒴果，种子呈黑色，根可入药，有解热、解毒的作用。射干多生于山崖之间，形似树木，所以荀子称它为“木”，其实是一种草。

④白沙在涅，与之俱黑：《集解》本来没有这句话，根据《尚书·洪范》“时人斯其惟皇之极”《正义》引文补。

⑤兰槐：香草名，又叫白芷。多年生草本植物，开白花，味香，果实呈椭圆形，根部粗大，呈圆锥形，可以入药，有镇痛的作用。古人称其苗为“兰”，其根为“芷”。

⑥渐：浸渍。滫：尿。

⑦游：交游。

⑧邪僻：邪恶的人。

[译文]

南方有一种鸟，名叫“蒙鸠”，它用自己的羽毛垒巢，还用毛发把窝编起来，然后把它系在芦苇上。风吹来的时候，苇条被折断，鸟蛋被打破，小鸟被摔死。并不是鸟窝做得不完善，而是窝所系的地方使它这样。西方有一种叫“射干”的草，茎有四寸长，生长在高山上，下临百仞的深渊。它的茎并不能长到这么长，而是它所处的位置地势高。蓬草生长在大麻中，不用人去扶持也能长得挺直；雪白的沙子混在黑泥中，就和黑泥一起变成了黑色。兰槐的根就是白芷，如果把它浸在尿中，君子就不会再靠近它，老百姓也不会再佩带它。它的本质并不是不好，而是浸入尿里的缘故。所以，君子定居时一定要选择好的地方，外出交游时一定要接近有学问的贤人，这是为了防止自己受到邪恶的人的影响从而接近于正道。

原文

物类之起，必有所始。荣辱之来，必象其德。肉腐出虫，鱼枯生蠹（dù）。怠慢忘身，祸灾乃作。强自取柱①，柔自取束。邪秽在身，怨之所构②。施薪若一，火就燥也；平地若一，水就湿也。草木畴③生，禽兽群焉，物各从其类也。是故质的张而弓矢至焉④，林木茂而斧斤⑤至焉，树成荫而众鸟息焉，醯（xī）酸而蜹（ruì）聚焉⑥。故言有召祸也，行有招辱也。君子慎其所立乎！

[注释]

①柱：通“祝”，这里指折断。《大戴礼记·劝学》记载为“折”。
②构：结成，造成。
③畴：通“俦”，类。
④质：古代的一种箭靶。的：箭靶的中心，射击的目标。
⑤斤：古代指斧子。
⑥醯：醋。蜹：一种蚊虫。

[译文]

各种事物的产生，一定有它的原因。人的荣辱的降临，必定与他的德行相应。肉腐烂了以后就会生蛆，鱼枯死了以后就会生蛀虫。行为懈怠散漫以至于忘记了自身的存在，灾祸就会发生。质地坚硬的东西容易折断，质地柔软的东西容易被束缚。自己身上如果存在邪恶污秽的东西，就会成为人们憎恨的根源。放在地上的柴草看起来好像一样，但是火总是朝着干燥的柴草燃去；平整的地面看起来好像一样，但是水总是朝着低湿的地方流去。草木总是按照类别聚在一起生长，飞禽走兽总是成群生活在一起，万物总是各自依附于自己的同类。因此，箭靶只要一张设，就会有弓箭射来；森林的树木只要一茂盛，就会有斧头来砍伐；树木只要一繁茂，就会有群鸟来栖息；醋只要一变酸，就会有蜹蠓汇集。因此，言语有时候会招来灾祸，行为有时候会招来凌辱。君子啊，要小心自己的立身行事！

原文

积土成山，风雨兴焉；积水成渊，蛟龙生焉；积善成德，而神明自得，圣心备焉。故不积跬步①，无以至千里；不积小流，无以成江海。骐骥②一跃，不能十步③；驽马十驾④，功在不舍⑤。锲而舍之，朽木不折；锲而不舍，金石可镂。螾(yǐn)无爪牙之利，筋骨之强，上食埃土，下饮黄泉，用心一也；蟹六跪而二螯⑥，非蛇、蟺(shàn)⑦之穴无可寄托者，用心躁也。是故无冥冥之志者，无昭昭之明；无惛(hūn)惛之事者⑧，无赫赫之功。行衢(qú)道者不至，事两君者不容。目不能两视而明；耳不能两听而聪。螣(téng)蛇⑨无足而飞；鼫(shí)鼠五技而穷⑩。《诗》⑪曰：“尸鸠在桑，其子七兮。淑人君子，其仪⑫一兮。其仪一兮，心如结⑬兮。”故君子结于一也。

［注释］

①跬步：古时指半步，指人在行走时两脚之间的距离，相当于我们现在的一步。

②骐骥：骏马。

③步：古时指一步，指人在行走时左右脚都向前迈一次的距离，相当于我们现在的两步。

④驾：古时马拉车时，把马套上车叫驾，一般都是早上套上车，晚上卸掉，所以这里用“驾”指代马车一天的行程。十驾就是套十次车，指十天的行程。

⑤舍：放弃，舍弃。这里指不放弃行路。

⑥六：当为“八”之误。跪：指足、脚，有时也特指蟹足。螯：螃蟹等节肢动物身前的两只钳形大爪。

⑦蟺：同“鳝”，黄鳝。

⑧冥冥、惛惛：本意指幽暗不明的样子，这里比喻人做事专心致志、埋头苦干。昭昭：显著、显明的样子。

⑨螣蛇：古代传说中的一种能在空中飞翔的神蛇。

骐骥一跃

骐骥，即为骏马，骏马奔跃，本比驽马快得多，但若骐骥只是一跃，其距离也不过十步之远，而驽马奔走十天，其距离又何止千里。智者常比庸人学识丰富，只在于“积累”二字。

⑩鼫鼠：原作“梧鼠”，根据《大戴礼记·劝学》而改。鼫鼠是一种貌似兔子的鼠，据说它有五种技能：能飞，但是不能飞上屋顶；能爬树，但是不能爬到树梢；能游泳，但是渡不过山谷；能挖洞，但是挖出的洞不能藏身；能奔跑，但是追不上别的动物，所以说它“五技而穷”。穷：处境困难、窘困。

⑪《诗》：指《诗经·曹风·尸鸠》。

⑫仪：仪表，举止。这里指行动。

⑬结：凝结在一起不散开，这里比喻做事专心、意志坚定不移。

［译文］

泥土堆积成高山，风雨就会在这里产生；流水汇集成深潭，蛟龙就会在那里生长；积累善行养成高尚的德行，自会通于神明，从而也就会具备圣人的思想境界。因此，不一步两步地开始，就不能到达千里之外的地方；不汇集细小的溪流，就不能形成大江大河。骏马跳一下，不会超过十步；劣马跑十天也能到达千里之外的地方，它的成功就在于不停下、不放弃。雕刻东西，如果中途就放弃了，把它放在一边，那么，即使是腐烂的木头也不会被刻断；如果不停地刻下去，那么，即使是金属和石头也可以被雕成形。蚯蚓既没有锋利的爪牙，也没有强劲的筋骨，但是它往上能吃到地上的尘土，往下能喝到地下的泉水，这是它用心专一的缘故；螃蟹生有六只脚、两只螯，但是，除了蛇、鳝的洞穴，它不能栖身在别的地方，这是它用心浮躁的缘故。因此，如果没有埋头钻研的志向，就不会有洞察一切的智慧；不能专心地默默工作，就不会取得显著卓越的功绩。在歧路徘徊的人永远都到不了目的地，同时侍奉两个君主的人不能被双方容忍。眼睛不可能同时把两个东西都看清楚，耳朵不可能同时把两种声音都听明白。螣蛇没有脚却能在空中飞行，鼫鼠怀有五种技能却陷于困窘的处境。《诗经》说：“布谷鸟住在桑树上，喂养它的七只雏鸟。那些善人君子啊，行为要专一。行为专一，其意志就会坚定不移。”因此，君子做事时总是把心志集中在一点上。

原文

昔者瓠（hù）巴[①]鼓瑟而沉鱼出听，伯牙鼓琴而六马仰秣[②]。故声无小而不闻，行无隐而不形。玉在山而草木润，渊生珠而崖[③]不枯。为善不积邪[④]？安有不闻者乎！

［注释］

①瓠巴：楚国人，传说他以善于弹瑟而著称。

②伯牙：春秋时著名的琴师。六马：古代天子的车驾是用六匹马拉的，这里指拉车的马。仰秣：抬起头来停止吃草料。

③崖：岸边。

④邪：同“耶”。

[译文]

古时候，瓠巴只要一弹瑟，沉在水底的鱼儿都会浮出水面来听，伯牙只要一弹琴，拉车的马都会停止吃草料抬起头来听。所以没有一种声音是小到听不见的，没有一种行动是隐蔽得不露形的。宝玉藏在山中，山上的草木都会得到它的滋润；深潭里长有珍珠，崖岸就不会显得干枯。是没有积累善行吧？否则怎么不闻名于世呢！

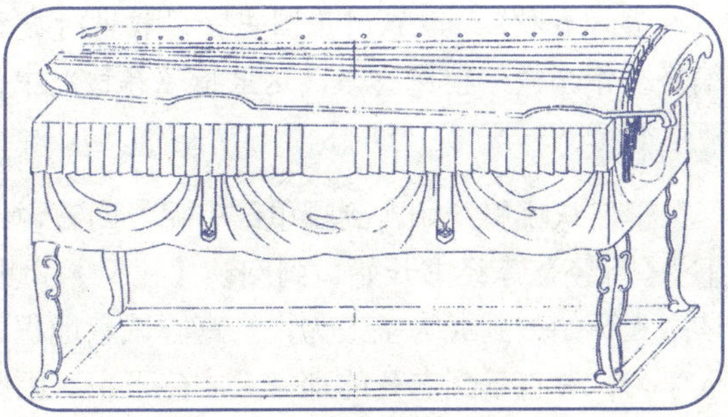

琴

琴是我国古代备受推崇的乐器，古人常以琴音比喻德行。伯牙鼓琴而六马仰秣，并非由于声音大，而在于琴音悠扬清雅，连牛、马、鱼蟹都会被美好的琴音吸引，更何况身为万物灵长的人呢？

原文

学恶乎始？恶乎终？曰：其数①则始乎诵经，终乎读《礼》②；其义则始乎为士，终乎为圣人。真积力久则入，学至乎没③而后止也。故学数有终，若其义则不可须臾舍也。为之，人也；舍之，禽兽也。故《书》④者，政事之纪也；《诗》⑤者，中声之所止也⑥；《礼》者，法之大分、类之纲纪也⑦。故学至乎《礼》而止矣。夫是之谓道德之极。《礼》之敬文⑧也，《乐》⑨之中和也，《诗》《书》之博也，《春秋》之微也⑩，在天地之间者毕矣。

[注释]

①数：学习的顺序。

②《礼》：编于汉代，也被称为《礼经》，此书汇编了春秋战国时代的一部分礼制，梁、陈以后被称为《仪礼》，流传到现在的有十七篇，通行本有《十三经注疏》本。

③没：通“殁”，去世。

④《书》：即《尚书》，汉以后又称《书经》，汇编了上古的历史文献。

⑤《诗》：汉以后又称为《诗经》，是我国现存的最早的诗歌总集。

⑥中声：和谐的乐声。止：存留。

⑦大分：大节，即要领，总纲。类：类比，与“法”字相对应使用时，则指法的类属，即根据规范类推出来的具体准则。

⑧文：文采，花纹，这里指礼仪制度，如表示等级制度的车制、旗章、服饰等。《韩非子·解老》说：“礼者，义之文也。”

⑨《乐》：指《乐经》，六经之一，据说它是附于《诗经》的乐谱。

⑩《春秋》：春秋时鲁国史官记载当时史事的编年史，相传孔子曾经参与此书的编修工作。微：精深隐微，这里指《春秋》中使用的微言大义的笔法。

[译文]

学习从哪里开始？到哪里结束呢？回答说：从学习的科目方面来说，从诵读《尚书》《诗经》等经书开始，到阅读《礼经》为止；从学习的意义方面来说，从做一个读书人开始，到成为圣人为止。真心诚意地积累，长期坚持不懈地努力，这样就能深入学习，一直学到老死的那一天才停下来。因此，从学习的科目方面来说，学习是有尽头的；但如果从学习的意义方面来说，学习是片刻也不能停止的。努力学习，就能成为人；放弃学习，就会变成禽兽。《尚书》是政事的记录，《诗经》是和谐的乐声所附着的篇章，《礼经》是行为规范的前提、具体行为准则的总纲。因此，就学习的科目来说，学到《礼经》就到尽头了。这就可以说到达了道德的顶峰。《礼经》中所表达的敬重礼仪的思想，《乐经》中所记载的和谐悦耳的乐声，《诗经》《尚书》中所包含的渊博的内容，《春秋》里的微言大义，这些典籍把存在于天地之间的所有道理都囊括了。

原文

君子之学也：入乎耳，箸(zhù)①乎心，布乎四体②，形乎动静。端③而言，蝡④而动，一可以为法则。小人之学也：入乎耳，出乎口。口、耳之间则⑤四寸耳，曷(hé)足以美七尺之躯哉？

[注释]

①箸：通“著”，贯通，明通。

②布：分布，这里是体现的意思。四体：四肢，指全身。

③端：通“喘”，微言的意思。

④蝡：慢慢行动的样子。

⑤则：才，只有。

[译文]

君子对于学习：有益的东西要听进耳中，铭记在心中，贯彻到身上，表现在行为举止上。他的一言一行、一举一动，都可以成为人们的表率。小人对于学习：只是从耳朵里进，从嘴里说出来。口、耳之间的距离只不过四寸而已，怎么能够靠它来美化自己七尺长的躯体呢？

原文

古之学者为己，今之学者为人。君子之学也，以美其身；小人之学也，以为禽犊。故不问而告谓之傲①，问一而告二谓之囋(zàn)②。傲，非也；噆，非也；君子如向③矣。

[注释]

①傲：急躁的意思。

②噆：唠叨。

③向：通“响”，回声。

[译文]

古人学习是为了提高自己，现在的人学习是为了在别人面前炫耀。君子学习是为了使自己的身心完美，小人学习只是想把学问当作家禽、小牛之类的礼物去讨好别人。因此，别人没有问自己，而自己就告诉别人是急躁；别人问一件事，而自己告诉别人两件事是唠叨。急躁是不对的，唠叨也是不对的。君子回答别人的问题时应该像回声一样。

原文

学莫便乎近其人。《礼》《乐》法而不说，《诗》《书》故而不切，《春秋》约而不速。方①其人之习君子之说，则尊以②遍矣，周于世矣！故曰：学莫便乎近其人。

[注释]

①方：通“仿”，仿效。

②以：这里是而的意思。

[译文]

学习的时候，没有比接近贤师更方便有效了。《礼经》《乐经》记载了法度但是没有详细解说，《诗经》《尚书》记载的事件太古老了而不贴近现实，《春秋》文辞简约而难以快速了解。仿效贤师而去学习君子的学说，这样就能培养崇高的品德，获得广博的知识，而且通晓世事了！因此说：学习没有比接近理想的良师益友更简便有效了。

原文

学之经①莫速乎好其人，隆礼次之。上不能好其人，下不能隆礼，安特将学杂识志②，顺《诗》《书》而已耳，则末世穷年，不免为陋儒而已！将原先王，本仁义，则礼正其经纬蹊径也③。若挈裘领，诎(qū)五指而顿之④，顺者不可胜数也。不道礼、宪，以《诗》《书》为之，譬之犹以指测河也，以戈舂黍也，以锥餐壶也，不可以得之矣。故隆礼，虽未明，法士也；不隆礼，虽察辩，散儒也。

［注释］

①经：通“径”，途径。

②安：则。特：只，仅仅。识：记。

③经纬：南北叫经，东西叫纬，在这里是四通八达的意思。蹊径：小路，这里指途径。

④诎：通“屈”，弯曲。顿：通“振”，上下抖动使之整齐。

［译文］

就学习的途径来说，没有比心悦诚服地受教于贤师更快捷有效的了，其次才是尊崇礼法。如果上不能对贤师衷心地尊崇，下不能崇尚礼法，那么只能盲目乱学，搬弄《诗经》《尚书》的条文罢了，直到老死，也只不过是个学识浅陋的书生而已！如果想要追溯先王的道德教化，寻求仁义的根本所在，那么，尊礼守法就是那四通八达的正确途径。这就好像人们提起皮衣的领子，然后弯着五个手指去抖动它一样，那无数的裘毛就完全被理顺了。如果不尊礼守法，而只是根据《诗经》《尚书》中所说的道理来立身行事，就如同用手指去测量河水的深度，用长戈去舂捣黍子，用锥子代替筷子到饭壶中夹饭吃一样，这种做法是不可能达到目的的。因此，崇尚礼法，即使对其精义纲要领会得不够透彻，也不失为一个守法的人；不崇尚礼法，即使通明洞察、善于辩解，也只不过是一个思想散漫的书生罢了。

原文

问楛(kǔ)①者勿告也。告楛者勿问也。说楛者勿听也。有争气者勿与辩也。故必由其道至，然后接之，非其道则避之。故礼恭，而后可与言道之方；辞顺，而后可与言道之理；色从，而后可与言道之致。故未可与言而言谓之傲，可与言而不言谓之隐，不观气色而言谓之瞽。故君子不傲、不隐、不瞽，谨顺其身。《诗》②曰：“匪交匪舒③，天子所予④。”此之谓也。

［注释］

①楛：恶劣，这里指不合礼法的粗野行为。

②《诗》：指《诗经·小雅·采菽》。

③匪：同“非”，不。交：通“绞”，着急。

④予：赞许、称赞。

［译文］

如果有人问不合礼法的粗野恶劣之事，就不要回答。如果有人告诉你粗野恶劣之事，不要仔细追问。如果有人谈论粗野恶劣之事，不要去听。如果这个人态度非常蛮横，不要和他争辩。所以说，对方必须是按照道的标准来请教，这样我们才能接待他；如果他的说法或者做法不合乎礼义之道，我们就要回避他。因此，请教的人只有恭敬有礼，我们才可以和他谈论道的宗旨；他的言辞和悦平顺，我们才可以和他谈论道的内容；请教的人只有流露出谦虚顺从的神色，我们才可以和他谈论道的最为精深的意蕴。因此，跟不值得交谈的人谈，叫作急躁；不跟值得交谈的人交谈，叫作隐瞒；不观察对方的脸色就交谈，叫作盲目。因此，君子不能急躁，不能隐瞒，不能盲目，要谨慎地根据交谈的对象来说话。《诗经》说："不急躁不怠慢，是天子赞许的好品质。"说的就是这个意思。

原文

百发失一，不足谓善射；千里跬步不至，不足谓善御；伦类[1]不通，仁义不一，不足谓善学。学也者，固学一之也。一出焉，一入焉，涂[2]巷之人也。其善者少，不善者多，桀、纣、盗跖(zhí)也[3]。全之尽之，然后学者也。

[注释]

①伦类：指各种事物以及事理。

②涂：通"途"，道路、路途。

③桀：夏朝最后一个君王，中国历史上著名的暴君。纣：商朝最后一个君王，被周武王战败后自杀身亡，中国历史上著名的暴君。跖：传说是春秋战国之际的一个大盗，传统典籍中一般都把他当作贪婪的典型代表，称其为"盗跖"。

[译文]

射出一百支箭，只要有一支没有中目标，就不能把这个射手称为善于射箭的人；赶着车马行走一千里的路程，即使差一两步没走完，也不能把这个车夫称为善于驾车的人；对各类伦理规范不能融会贯通，对仁义之道不能坚守如一，就不能把这个人称为善于学习的人。学习，本来就应该坚守如一。一会儿学不进去，一会儿学得进去，那是市井中的

脯林酒池

夏桀是夏朝的亡国之君，他宠爱妹喜，建造脯林酒池，荒淫无道，恣意妄为，完全不顾道德伦理，最终丧国亡身。

普通百姓。好的行为少，不好的行为多，那就成了夏桀、商纣、盗跖那样的坏人。全面彻底地了解所学的伦理规范与仁义道德，又完全遵守贯彻它们，然后才能被称为一个真正的学者。

原文

君子知夫不全不粹之不足以为美也，故诵数以贯之，思索以通之，为其人以处之，除其害者以持养之。使目非是无欲见也，使耳非是无欲闻也，使口非是无欲言也，使心非是无欲虑也。及至其致好之也，目好之五色，耳好之五声，口好之五味，心利①之有天下。是故权利不能倾也，群众不能移也，天下不能荡也。生乎由是，死乎由是，夫是之谓德操。德操然后能定，能定然后能应。能定能应，夫是之谓成人。天见其明，地见其光②，君子贵其全也。

[注释]

①利：贪。

②见：同“现”，出现，显现。光：通“广”，广阔。

[译文]

君子知道学识不全面不精粹便不能称为完美，因此，为了融会贯通知识，需要诵读群书；为了领会通晓这些知识，需要思考探索；为了实践这些理论，需要效法良师益友；丢掉自己那些有害的作风来保持学之所得。使自己的眼睛不看那些不应该看的东西，使自己的耳朵不听那些不应该听的东西，使自己的嘴巴不说那些不应该说的话，使自己的脑子不思考那些不应该思考的东西。等到了极其喜欢它的时候，就像眼睛喜欢五色，耳朵喜欢五声，嘴巴喜欢五味，心里想拥有天下一样。这样，权势、利禄不能够使他屈服，众多百姓不能够使他改变，世间万物不能够使他动摇。活着的时候遵循这种礼义，就是死也是为了遵循这种礼义，这就是德行操守。有了这样的德行操守，然后才能站稳脚跟；能够站稳脚跟，然后才能随机应变。能够站稳脚跟，又能够随机应变，这样就可以称得上是成熟完美的人了。上天显现出它的光明，大地显现出它的广阔，君子则非常珍惜自身德行的完美无缺。

修身第二

题解

本篇论述了道德修养的重要性、良好道德修养的标准以及培养良好道德修养的方法。荀子认为，若想要提高自己的品德修养，最根本的一点在于遵循礼义。

原文

见善，修然[①]，必以自存也；见不善，愀(qiǎo)然[②]，必以自省[③]也。善在身，介然，必以自好也；不善在身，灾然[④]，必以自恶也。故非我而当者，吾师也；是我而当者，吾友也；谄谀我者，吾贼也。故君子隆师而亲友以致恶其贼。好善无厌，受谏而能诫，虽欲无进，得乎哉？小人反是：致乱而恶人之非己也，致不肖而欲人之贤己也，心如虎狼、行如禽兽而又恶人之贼己也。谄谀者亲，谏争[⑤]者疏，修正为笑，至忠为贼，虽欲无灭亡，得乎哉？《诗》[⑥]曰："噏(xī)噏呰(zǐ)呰[⑦]，亦孔[⑧]之哀。谋之其臧，则具是违；谋之不臧，则具[⑨]是依。"此之谓也。

[注释]

①修然：整饬的样子。
②愀然：忧虑惧怕的样子。
③省：省察。
④灾然：遭受灾害的样子。
⑤争：同"诤"，规劝。
⑥《诗》：指《诗经·小雅·小旻》。
⑦噏噏：胡作非为。呰呰：通"訾訾"，诋毁。
⑧孔：程度副词，很、非常。
⑨具：通"俱"，都。

[译文]

见到美好善良的行为，一定一丝不苟地根据这种行为来对照检查自己，使这些美好的行为也出现在自己身上；见到不好的、丑恶的行为，一定要心怀恐惧地根据这种行为来反省自己。如果自身具有善良的品行，那么一定要坚定不移地珍惜自己；如果自身具有不良的品行，一定要心存羞愧地厌恶自己。因此，对我批评指责得非常恰当的人，就是我的老师；对我夸奖得十分恰当的人，就是我的朋友；对我阿谀奉承的人，就是我的敌人。因此，君子尊崇老师、亲近朋友，而非常憎恨那些奉承自己的敌人。向往美好善良的品行而永不满足，受到别人的规劝就能够引以为戒，这样即使自己不想取得进步，但是可能吗？小人的做法与此正好相反：自己已经胡作非为到极点了，却还憎恨别人责备自己；自己已经非常无能了，却还希望别人把自己当成贤人；自己的心地像虎狼一样狠毒，行为像禽兽一样凶猛，却又憎恨别人指出自己的罪恶。对阿谀奉承自己的人就亲近，对规劝批评自己的人就疏远，把纠正自己错误的话当作笑料，把极端忠诚的规劝当作是对自己的陷害，这样的人即使不想自取灭亡，但是可能吗？《诗经》说："胡作非为，诋毁诽谤，这些行为实在令人感到非常悲哀。凡是正确的提议，他都拒绝；凡事错误的主张，他反而都顺从。"说的就是这种小人。

原文

扁善之度①，以治气养生，则身后彭祖②；以修身自强③，则名④配尧、禹。宜于时通⑤，利以处穷，礼信⑥是也。凡用血气、志意、知虑，由礼则治通，不由礼则勃乱提僈⑦；食饮、衣服、居处、动静，由礼则和节，不由礼则触陷生疾；容貌、态度、进退、趋行，由礼则雅，不由礼则夷固僻违、庸众而野。故人无礼则不生，事无礼则不成，国家无礼则不宁。《诗》⑧曰："礼仪卒度，笑语卒获⑨。"此之谓也。

[注释]

①扁：遵循。度：法度。
②彭祖：传说中最长寿的人。
③强：《集解》本作"名"，后根据《韩诗外传》卷一改为"强"。
④名：《集解》"配"上本无"名"字，后根据《韩诗外传》卷一补"名"。
⑤时通：处于顺境的意思。
⑥信：的确，确实。
⑦勃：通"悖"，是荒谬，荒诞不经。提：通"偍"，舒缓，松弛。僈：通"漫"。
⑧《诗》：指《诗经·小雅·楚茨》。
⑨卒：全，都。获：恰当，得当。

[译文]

遵循善行的法度，用来调养血气，保养身体，就可以使自己长寿，以至于跻身彭祖之后；用来修身自强，就能使自己的名声和尧、禹相媲美。真正既适宜于顺境，又有利于在逆境中立身处世的是礼义和信用。凡是在血气、意志、思虑等方面遵循礼义就能和顺通达，不遵循礼义就会荒谬错乱、松散懈怠；在饮食、衣着、处所、言行举止方面遵循礼义就得体合适，不遵循礼义就会生病；凡是在容貌、态度、进退、行走等方面，遵循礼义就能温文儒雅，不遵循礼义就显得固执傲慢、庸俗粗野。因此人如果不讲礼义就不能生存，做事不讲礼义就不会成功，国家不讲礼义就不会安定。《诗经》说：“礼仪全都合乎法度，说笑就都会得当。”说的就是这个意思。

原文

以善先①人者谓之教，以善和人者谓之顺；以不善先人者谓之谄，以不善和人者谓之谀。是是、非非谓之知，非是、是非谓之愚。伤良曰谗，害良曰贼。是谓是、非谓非曰直。窃货曰盗，匿行曰诈，易言曰诞，趣②舍无定谓之无常，保利弃义谓之至贼。多闻曰博，少闻曰浅。多见曰闲③，少见曰陋。难进曰偍（tí）④，易忘曰漏。少而理曰治，多而乱曰秏（mào）⑤。

[注释]

①先：引导。

②趣：通“取”。

③闲：博大，这里指见识广博。

④偍：迟缓，缓慢。

⑤秏：通“眊”，指昏乱不明。

[译文]

用善良美好的言行来引导别人的做法被称作教导，用善良美好的言行来协调人们之间的关系的做法被称作顺应；用不好的言行来引导别人的做法被称作谄媚，用不好的言行来协调人们之间关系的做法被称作阿谀。以是为是、以非为非的思想被称为明智，以是为非、以非为是的做法被称为愚蠢。中伤贤良的行为被称为谗毁，陷害贤良的做法被称为残害。对就说对、错就说错的做法被称为正直。偷窃财物的做法被称为盗窃，隐瞒自己行为的做法被称为欺诈，说话轻浮不诚实被称为荒诞，进取或退止没有标准被称为无常，为了保住自己的利益而背信弃义的做法被称为大贼。听到的东西多被称为渊博，听到的东西少被称为浅薄。见到的东西多被称为广博，见到的东西少被称为鄙陋。不易取得进展被称为迟缓，容易忘记被称为遗漏。措施不多而有条有理被称作善治，措施繁多而没有条理被称作昏乱。

原文

治气、养心之术：血气刚强，则柔之以调和；知虑渐深①，则一之以易②良；勇毅猛戾，则辅之以道顺③；齐给便利④，则节之以动止；狭隘褊小，则廓之以广大；卑湿重迟贪利，则抗⑤之以高志；庸众驽散，则刦之以师友；怠慢僄(piào)弃[6]，则炤[7]之以祸灾；愚款端悫(què)，则合之以礼乐，通之以思索。凡治气、养心之术，莫径由礼，莫要得师，莫神一好。夫是之谓治气、养心之术也。

[注释]

①知：通“智”，心智。渐：通“潜”，渐深的意思是城府太深、胸怀不坦荡。

②易：坦率，率直。

③道顺：依顺，不越轨。道，通“导”，沿着，遵循。

④齐给便利：行动快速敏捷，不够稳当慎重的意思。齐，疾的意思。

⑤抗：通“亢”，原本是高傲的意思，这里有激发、激励的意思。

⑥僄弃：轻薄而自暴自弃。

⑦炤：通“昭”，昭示，使明白。

[译文]

理气养心的方法是：对血气刚强的人，就用心平气和的做法来柔化他；对思想智虑过于深沉的人，就用坦率忠诚来感化他；对勇敢坚毅、凶猛暴戾的人，就用训导的道理来引导他；对行为不够稳当慎重的人，就用安详的举止来节制他；对胸怀不够宽广、气量很小的人，就用宽宏大量的言语来开导他；对卑贱迟钝贪利的人，就用高远的志向来激励他；对庸俗普通、才能低劣而又散漫的人，就让良师益友来改造他；对懈怠轻佻、自暴自弃的人，就用将会导致的灾祸来昭示他；对愚钝老实的人，就用礼乐来调和他，用思考探索来开导他。一般说来，大凡理气养心的方法，没有比遵循礼义这一途径更直接的了，没有比得到良师这一途径更重要的了，没有比爱好专一这一途径更能产生神妙作用的了。这就是理气养心的方法。

原文

志意修[1]则骄富贵，道义重则轻王公；内省[2]而外物轻矣。传[3]曰：“君子役[4]物，小人役于物。”此之谓矣。身劳而心安，为之；利少而义多，为之。事乱君而通，不如事穷君而顺焉。故良农不为水旱不耕，良贾不为折阅[5]不市，士君子不为贫穷怠乎道。

[注释]

①修：完美，美好。

②内省：从内心进行反省，指重视自身的修养。

③传：这里指古书。

④役：支配，役使。

⑤折阅：亏损贱卖。

[译文]

志向美好远大就能傲视富贵，道义崇高就能藐视王公贵族；注重内心修养就会把身外万物看作是微不足道的事物。古书上说："君子可以支配外物，小人却为身外之物所役使。"说的就是这个道理。让身体劳累而内心安定的事，就值得做；所得利益少而道义多的事，也值得做。侍奉昏庸的君主从而获得显贵，不如侍奉处境窘困的君主从而遵循道义。因此，好的农夫不会因为水灾旱灾就不耕种土地，好的商人不会因为亏损贱卖而不做买卖，有操行和学问的人不会因为生活的贫穷困顿而懈怠道义。

原文

体恭敬而心忠信，术①礼义而情爱人，横行天下，虽困四夷，人莫不贵；劳苦之事则争先，饶乐之事则能让，端悫诚信，拘守而详，横行天下，虽困四夷，人莫不任。体倨固而心势诈②，术顺墨③而精杂污，横行天下，虽达四方，人莫不贱；劳苦之事则偷儒转脱④，饶乐之事则佞兑而不曲⑤，辟违而不悫⑥，程役而不录⑦，横行天下，虽达四方，人莫不弃。

[注释]

①术：法，遵循。

②倨固：这里是傲慢固执的意思。势：谋略。

③顺墨：慎到和墨子。慎到是战国中期赵国人，主张法治、势治，是早期法家人物。墨指墨翟。

④偷：苟且偷安，懒惰的意思。儒，通"懦"，指懦弱、怕事。

⑤佞：原意指口齿伶俐，这里指为了施展自己的口才不顾一切地争抢。兑：通"锐"，行动快、疾。不曲：不转弯，这里指不知曲直，一味地拿取的意思。

⑥辟：通"僻"，邪恶。违：邪恶。

⑦程役：逞欲。录：检束。

墨子

墨子，名翟，我国先秦墨家学派的创始人。墨子曾学儒术，因不满烦琐的"礼"而另立新说，成为儒家的主要反对派。

[译文]

行为恭敬而内心忠诚，遵循礼义而又有博爱的思想，这样的人如果遍走天下，即使困于四方边远的荒蛮之地，人们也没有不尊重他们的；遇上劳累辛苦的事就争着去做，遇上享乐的事却能谦让给别人，端庄谨慎忠诚厚道，严守礼法而明察事理，这样的人如果遍走天下，即使困于四方边远的荒蛮之地，人们也没有不信任他们。行为傲慢固执而内心险恶诡诈，遵循慎到、墨翟的一套理论而思想驳杂污秽，这样的人如果遍走天下，即使显达于四方，人们也没有不鄙视他们的；遇上劳苦的事就偷懒逃脱，遇上享乐的事就施展快嘴利舌，不顾一切地去争抢而不退缩，邪恶而不诚实，贪求奢欲而不检束，这样的人如果遍走天下，即使显达于四方，人们也没有不厌弃他们的。

原文

行而供翼①，非渍淖也；行而俯项，非击戾②也；偶视③而先俯，非恐惧也。然夫士欲独修其身，不以得罪于比俗④之人也。

[注释]

①供：通“恭”，恭敬，引申为小心。翼：恭敬。

②击戾：碰撞着东西。

③偶视：指两个人对视。

④比俗：世俗。

[译文]

走路的时候小心恭敬，不是害怕沾染污泥；走路时低下头，不是害怕撞上东西；与别人对视而先把头低下，不是害怕对方。这样看来，那些读书人只是想独自修养身心，而不是去得罪这些世俗的人们。

原文

夫骥一日而千里，驽马十驾则亦及之矣。将以穷无穷①、逐无极与？其②折骨、绝筋，终身不可以相及也。将有所止③之，则千里虽远，亦或迟或速、或先或后，胡为乎其不可以相及也？不识步道者④将以穷无穷、逐无极与？意⑤亦有所止之与？夫“坚白”“同异”“有厚无厚”之察⑥，非不察也，然而君子不辩，止之也；倚魁⑦之行，非不难⑧也，然而君子不行，止之也。故学曰：“迟，彼止而待我，我行而就之，则亦或迟或速、或先或后，胡为乎其不可以同至也？”故跬步而不休，跛鳖千里；累土而不辍，丘山崇⑨成；厌⑩其源，开其渎，江河可竭；一进一退，一左一右，六骥不致。彼人之才性之相县⑪也，岂若跛鳖之与六骥足哉？然而跛鳖致之，六骥不致，是无他故焉，或为之，或不为尔！

[注释]

①穷无穷：穷尽无穷。

②其：那么，则。

③止：止境，这里指范围、尺度。

④步道者：走路的人。

⑤意：同“抑”，选择连词，或者、还是。

⑥坚白：指石头所具有的坚硬和白色两种属性。它是战国时期各家争论的一个重要命题。以公孙龙为代表的“离坚白论”者认为“坚”和“白”是两种各自独立，互相分离的属性，因为眼睛看到石头的“白”而看不出其“坚”，手能摸到其“坚”而不能感知其“白”，公孙龙是想借此说明事物的共性和个性之间的区别。后期墨家则主张“坚白相盈”，认为“坚”和“白”不能离开具体的石头而独立存在。关于这一场争论，可以参见《公孙龙子·坚白论》以及《墨子》的《经上》《经说上》《经说下》。同异：指庄子的“同异论”。他认为事物的同异是相对的。对具体的事物来说，它们之间有“小同”“小异”；但是，从根本上来看，万物又莫不“毕同”“毕异”。有厚无厚：指庄子的“有厚无厚论”。庄子说：“无厚不可积也，其大千里。”指的是总体空间的无限性和具体空间的有限性。也有人说“同异”“有厚无厚”都是战国时期名家惠施的命题，也有人说是春秋时期邓析的命题，见《邓析子·无厚篇》。

⑦倚魁：通“奇傀”，奇异，奇怪。

⑧难：责难。

⑨崇：通“终”，终究，最终。

⑩厌：同“压”，堵塞、阻挡。

⑪县：同“悬”，差别很大。

[译文]

好马一天能跑千里，劣马跑十天也能赶上。是想要走尽那没有尽头的道路、追赶那没有终点的目标吗？那么即使跑断了筋骨，一辈子也不可能到达。这样说来，如果有个奔跑的终点，那么纵使是遥远的千里路程，也不过是有的跑得慢一点，有的跑得快一点，有的先到，有的后到罢了，怎么会不能达到这个终极目标呢？不知道行路的人是要穷尽那无穷的道路，追求那没有终点的目标呢？还是应该有一定的范围或者限度呢？那些对“坚白”“同异”“有厚无厚”等命题的考察分析，不是不了解，只是君子不去辩论，因为凡事都有一个限度；奇异怪僻的行为，不是不应该责难，而是君子不愿意去责难，也是因为凡事都有限度啊。因此，学者们说：“我速度放慢以至于落后了，在他们停下来等我时，我努力赶上去靠近他们，那也只不过是或者迟缓一些或者迅速一些，或者先到或者后到的问题，为什么不能同样到达目的地呢？”因此，一步两步地走个不停，即使跛足的鳖也能走到千里之外；不停地堆积泥土，土山终究能形成；塞住水的源头，挖开流水的沟渠，江河也会干涸；一会儿前进一会儿后退，一会儿向左一会儿向右，即使是六匹骏马拉的车也到达不了目的地。各人的资质与本性之间的差异，即使相距遥远，难道会像跛足的鳖和六匹骏马之间的差别那样大吗？然而，跛足的鳖能够到达目的地，六匹骏马拉的车却不能，没有别的缘故，只是一个去做了，而另一个不去做罢了！

原文

道虽迩①，不行不至；事虽小，不为不成。其为人也多暇日②者，其出入③不远矣。

好法而行，士也；笃志而体④，君子也；齐明而不竭⑤，圣人也。

人无法，则伥伥然⑥；有法而无志⑦其义，则渠渠然⑧；依乎法而又深其类，然后温温然⑨。

[注释]

①迩：近。

②多暇日：有许多空闲日子，这里指懒惰不做事。

③入：疑似为“人”之误。

④笃志：意志坚定。体：与“行”同义，实行。

⑤齐明：思虑敏捷又明智。齐，这里指思虑敏捷。不竭：想法左右逢源，不但能明察一切，而且能深入了解。竭，穷尽。

⑥伥伥然：不知所措、无所适从的样子。

⑦志：通“识”，知道、了解。

⑧渠渠然：窘迫不安的样子。渠，通“遽”，匆忙。

⑨温温然：轻松自如、得心应手的样子。

[译文]

路途即使非常近，然而，不走就不能到达目的地；事情即使非常小，然而，不去做就不会成功。那些活在世上而非常懒惰的人，即使他们能做得比别人好，也绝不会好很多的。

爱好礼法而去行动的，是士；意志坚定而身体力行的，是君子；思想明智敏捷而又永不枯竭的，是圣人。

人没有礼法，就会变得迷惘无助、不知所措；有了礼法而不懂它的旨意，就会手忙脚乱、窘迫不安；遵循礼法而又能深入地把握它的具体准则，这样才能轻松自如、得心应手。

原文

礼者，所以正身[①]也；师者，所以正礼[②]也。无礼，何以正身？无师，吾安知礼之为是也？礼然而然[③]，则是情安[④]礼也；师云而云，则是知若师也[⑤]。情安礼，知若师，则是圣人也。故非礼，是无法也；非师，是无师也。不是[⑥]师法而好自用，譬之，是犹以盲辨色、以聋辨声也，舍乱妄[⑦]无为也。故学也者，礼法也；夫师，以身为正仪[⑧]而贵自安者也。《诗》[⑨]云："不识不知，顺帝之则。"此之谓也。

[注释]

①正身：端正身心，清除掉不合礼法的思想行为。

②正礼：正确地阐释礼义。

③然而然：怎样规定的便怎样去做。

④安：习惯于，安于。

⑤知：通"智"，理智。若：顺从，服从。

⑥是：认为正确，肯定。

⑦乱妄：思想混乱、行为狂妄自大的人。

⑧正仪：正确的标准，这里指典范、表率。

⑨《诗》：指《诗经·大雅·皇矣》。

[译文]

礼法，是用来端正身心的；老师，是用来正确阐明礼法的。没有礼法，用什么来端正身心呢？没有老师，我哪能知道礼法的内涵呢？礼法是怎样规定的就怎样做，这是他在性情上安于礼法了；老师怎样说便怎样去做，这就是从理智上顺从老师了。性情上习惯于礼法，理智上顺从于老师，这就是圣人。所以违背礼法就是没有法度；违背老师就是无视老师的存在。不遵循礼法和老师的教导而喜欢自行其是，打个比方，那就好像让盲人来辨别颜色、让聋人来分辨声音一样，除了思想混乱、行为狂妄的人，是没有人能做出这种事的。所以学习就是学习礼仪法度，那老师就是以身作则而又贵在坚持这样做的人。《诗经》说："不知道为什么要这样做，但是这样做符合自然的法则。"说的就是这种情况。

原文

端悫顺弟[①]，则可谓善少者矣；加好学逊敏焉，则有钧无上[②]，可以为君子者矣。偷儒惮事，无廉耻而嗜乎饮食，则可谓恶少者矣；加惕[③]悍而不顺，险贼而不弟焉，则可谓不详[④]少者矣；虽陷[⑤]刑戮可也。

[注释]

①弟：同“悌”，尊重、顺从兄长。

②则有钧无上：只有与其相等的人，没有高于他的人。钧，通“均”，相等。

③惕：同“荡”，放荡。

④详：通“祥”，吉祥。

⑤陷：遭受，遭到。

[译文]

端正、谨慎地顺从兄长，就可以被称为好少年了；如果再加上好学、谦虚、敏捷，那么就只有和他相等的人而没有超过他的人了，这种人就可以被称为君子了。苟且偷安、懒惰、懦弱，没有廉耻之心而贪图吃喝，这样就可以被称为坏少年了；如果再加上放荡凶狠、不顺从道义，阴险可怕而不尊重兄长，这种人就可以被称为不祥的少年了；这种人即使遭受刑罚杀戮也是应该的。

泽及枯骨

周文王外出巡视，在野外看到无人收殓的枯骨，就立刻命人将它们捡殓入葬，远方的小国听说此事后，都认为他泽被天下、惠及枯骨，纷纷向他拜服。古贤者所为与“老老”“不穷穷”是相通的，都是帮扶弱者，令天下归心的行为。

原文

老老①，而壮者归焉；不穷穷②，而通者③积焉；行④乎冥冥而施乎无报，而贤、不肖一焉⑤。人有此三行⑥，虽有大过⑦，天其不遂⑧乎！

君子之求利也略，其远害也早，其避辱也惧，其行道理也勇。

[注释]

①老老：尊重老人的意思。

②穷穷：轻视处境窘困的人。

③通者：这里指通达显赫的人。

④行：这里指做善事。

⑤一焉：归于一个地方。

⑥行：品行，品质。

⑦过：通“祸”，祸患。

⑧遂：通“坠”，毁灭、灭掉。

[译文]

尊重老年人，那么正值壮年的人也会来归顺；不轻视欺侮处境窘困的人，那么通达显赫的人也聚集靠拢来了；暗中做好事、施舍给别人而不求回报，那么贤能的人和无能的人都会聚集靠拢过来。人有了这三种品行，即使犯了大的过失，老天恐怕也不会把他毁灭掉吧！

君子对于利益的追求是漫不经心的，他对于祸害是很早就做好准备的，他对耻辱的避免是非常恐惧的，他对道义的奉行是非常勇敢的。

原文

君子贫穷而志广，富贵而体恭，安燕①而血气不惰，劳倦而容貌不枯，怒不过夺②，喜不过予。君子贫穷而志广，隆仁也；富贵而体恭，杀势③也；安燕而血气不惰，柬理也；劳倦而容貌不枯，好交④也；怒不过夺，喜不过予，是法胜私也。《书》⑤曰："无⑥有作好，遵王之道；无有作恶，遵王之路。"此言君子之能以公义胜私欲也。

[注释]

①安燕：休息的时候。燕，通"宴"，安逸。

②夺：剥夺，夺取，使丧失，这里指处罚。

③杀势：减弱权势，不盛气凌人。杀，减少，减弱。

④交：当作"文"，指礼仪。

⑤《书》：指《尚书·洪范》。

⑥无：通"毋"，不，没有。

[译文]

君子即使贫穷困窘，志向却是非常远大的；即使富裕高贵，却表现得非常恭敬谦虚；即使生活非常安逸，但是精神并不倦怠懒散；即使劳累疲惫，容貌却并不显得无精打采；即使生气发怒，也不过分地惩罚别人；即使心情很好，也不过多地奖赏别人。君子虽然贫穷困窘但是志向远大，这是因为他推崇、弘扬仁德；富裕高贵但是体貌恭谦，这是因为他要减弱权势，不想以权压人；生活安逸而精神不倦怠、懒散，这是因为他选择了合乎礼义的生活规则；劳累疲惫但是容貌并不显得无精打采，这是因为他注重礼仪；生气发怒但是不过分地惩罚别人，心情非常好也不过分地奖赏别人，这是因为在心中法度胜过他的私情。《尚书》说："没有个人的爱好，只是遵循先王的正道；没有个人的憎恶，只是遵循先王的正路。"这句话就是说君子能用公正的道义公理来战胜个人的私欲。

卷二

不苟第三

题解

本篇阐述人的道德行为准则。荀子认为，立身行事不能苟且，必须遵循礼义。所论与上篇类似。

原文

君子行不贵苟难，说不贵苟察，名不贵苟传，唯其当之为贵。故怀负石而赴河，是行之难为者也，而申徒狄①能之；然而君子不贵者，非礼义②之中也。山渊平，天地比③，齐、秦袭④，入乎耳、出乎口⑤，钩(xū)有须⑥，卵有毛⑦，是说之难持者也，而惠施、邓析能之⑧；然而君子不贵者，非礼义之中也。盗跖吟口⑨，名声若日月，与舜、禹俱传而不息；然而君子不贵者，非礼义之中也。故曰：君子行不贵苟难，说不贵苟察，名不贵苟传，唯其当之为贵。《诗》⑩曰："物其有⑪矣，唯其时⑫矣。"此之谓也。

［注释］

①申徒狄：相传为殷末人，因为自己的政治主张不能在当时实行而愤恨，抱石投河而死。

②礼义：指等级制度、道德规范、礼节仪式以及与其相关的行为准则。

③山渊平，天地比：高山与深渊相平，天地相比邻。这是惠施的说法，见《庄子·天下》。

④齐、秦袭：春秋战国时齐国在今山东省北部，秦国在今陕西中部，从地理位置上来看，两国不相连；但从宇宙的角度来看，它们之间的距离可以忽略不计，所以说它们相连。袭，合并。

⑤入乎耳、出乎口：指声音从耳朵进入，从口说出。这是惠施的观点。

⑥钩有须：妇女生出来的儿子长胡须，这说明她体内也存在产生胡须的因素，因此说妇女有胡须。钩，通"姁"，老年妇女。

⑦卵有毛：禽蛋孵出的幼禽能长出羽毛，说明蛋中本来就存在长羽毛的因素，

因此可以说卵有毛。

⑧惠施：战国中期宋国人，曾任梁国的相，名家代表人物之一。邓析：春秋时期郑国著名的刑名学家，能言善辩，对后世的纵横家有很大的影响，曾经作《竹刑》。

⑨吟口：众口传颂。

⑩《诗》：指《诗经·小雅·鱼丽》。

⑪有：这里指客观存在。

⑫时：这里指实事求是的意思。

[译文]

君子做事不因为事情难办就认为可贵，不认为言论明白清晰就可贵，不认为名声广泛流传就可贵，只有行为、学说、名声符合礼义，这才是最可贵的。所以，抱着石头投河自杀是常人难以做到的举动，但是申徒狄做到了；可是君子并不推崇这种行为，因为他们觉得这种行为不合乎礼义的中正之道。高山和深渊相平，天和地高低相同，齐国、秦国相毗连，话语从耳朵中进去、从嘴巴里出来，女人身体存在产生胡须的因素，禽蛋里存在长羽毛的因素，这些都是常人难以把握的学说，然而惠施、邓析却能对它们进行论证；但是君子并不认为这些说法很可贵，因为它们不合乎礼义的中正之道。人们常常把盗跖的名字挂在嘴边，他的名声就像太阳、月亮一样无人不知，而且跟舜、禹等人一起流传到后世；但是君子并不认为这种名声可贵，因为其不合乎礼义的中正之道。因此说：君子做事不因为事情难办就认为其可贵，不认为言论学说明白清晰就可贵，不认为名声广为流传就可贵，只有行为、学说、名声合乎礼义的中正之道，才是可贵的。《诗经》说：“世界万物是客观存在的，只有对其进行实事求是的分析才难能可贵。”说的就是这个道理。

原文

君子易知而难狎[1]，易惧而难胁；畏患而不避义死，欲利而不为所非；交亲而不比[2]，言辩[3]而不辞。荡荡[4]乎！其有以殊于世也。

[注释]

①知：相亲，亲近。狎：不合乎礼义的亲近，也就是不庄重、不礼貌的亲近。

②比：互相勾结，结党营私。

③辩：辩论，辩解。引申为华丽的言辞。

④荡荡：指心胸开阔。

[译文]

君子容易亲近，却难以与之勾搭；君子容易恐惧，却难以胁迫；君子害怕遭受祸患，却不逃避为正义而献身；君子希望获得利益，却不做不应该做的事；君子与人亲近，却不与人结党营私；君子善于言辞，却不追求华丽的辞藻。君子的胸怀是多么宽广啊！他与世人完全不同。

原文

君子能[1]亦好，不能亦好；小人能亦丑，不能亦丑。君子能，则宽容易直以开道[2]人；不能，则恭敬缚绌以畏事人[3]。小人能，则倨傲僻违以骄溢人[4]；不能，则妒嫉怨诽以倾覆人。故曰：君子能，则人荣学焉；不能，则人乐告之。小人能，则人贱学焉；不能，则人羞告之。是君子、小人之分也。

［注释］

①能：有才能。

②道：通“导”，开导，引导。

③缚：通“撙”，抑制。绌：通“黜”，减损，使不足。畏：敬佩，信服。

④以骄溢人：指凭借傲慢的态度高居于别人之上。溢，本意指水漫出来，这里引申为盛气凌人。

［译文］

君子有才能是美的，没有才能也是美的；小人有才能也是丑的，没有才能也是丑的。君子如果有才能，就会宽宏大量、平易近人、正直无私，并且用这些品质来启发开导别人；如果没有才能，就恭恭敬敬、谦虚谨慎，并以敬佩的心态对待别人。小人如果有才能，就会傲慢自大、邪僻不正，并且以傲慢的态度凌驾于别人之上；如果没有才能，就会靠嫉妒、怨恨、诽谤来搞垮别人。所以说：君子如果有才能，别人就会把向他学习看作是一件光荣的事情；如果没有才能，别人也会乐意告诉他一些知识和道理。小人如果有才能，别人就会把向他学习当作一件卑贱的事情；如果没有才能，别人就会把告诉他知识当作一件羞耻的事情。这就是君子和小人的区别。

原文

君子宽而不僈[1]，廉而不刿（guì），辩而不争，察而不激，寡立[2]而不胜，坚强而不暴，柔从而不流，恭敬谨慎而容，夫是之谓至文。《诗》[3]曰：“温温恭人，维德之基。”此之谓矣。

［注释］

①僈：懈怠，怠慢。

②寡立：特立独行。

③《诗》：指《诗经·大雅·抑》。

[译文]

君子待人宽容而不怠慢，正直守节而不尖刻伤人，能言善辩而不强词夺理，洞察一切而不偏激，卓尔不群而不盛气凌人，坚定刚强而不粗鲁凶暴，服从柔和而不随波逐流，恭谦谨慎而又待人宽容，这就可以叫作德行完备了。《诗经》说："温顺柔和谦恭的人，是以道德为立身处世的根本的。"说的就是这种人了。

原文

君子崇人之德，扬人之美，非谄谀也；正义直指[①]，举人之过，非毁疵也；言己之光美，拟于舜、禹，参[②]于天地，非夸诞也；与时屈伸，柔从若蒲苇，非慑怯也；刚强猛毅，靡所不信[③]，非骄暴也。以义变应，知当曲直故也。《诗》[④]曰："左之左之，君子宜[⑤]之；右之右之，君子有[⑥]之。"此言君子能以义屈信变应故也。

[注释]

①义：通"议"，议论，评论。直指：直接指出来。

②参：配合，并列。

③靡：无。信：通"伸"，伸展，不屈。

④《诗》：指《诗经·小雅·裳裳者华》。

⑤宜：适宜，适应。

⑥有：同"宜"，适宜。

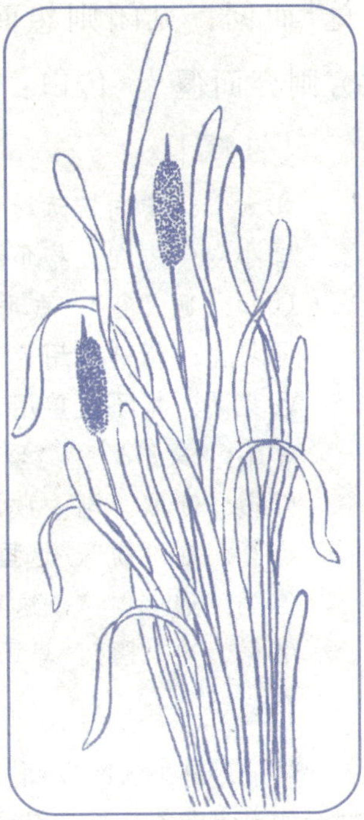

蒲苇

蒲苇柔韧，风起时随风拂动，但风过之后，蒲苇又会挺立水边，可见蒲苇是以随风拂动而自保。同样道理，君子"与时屈伸"的美德，也正是君子生存的智慧。

[译文]

君子尊崇别人的品德，颂扬别人的优点，并不是对别人谄媚奉承；公正地、坦率地指出别人的过失，并不是对别人诋毁挑剔；夸自己非常出众，可以与舜、禹相比拟，与天地相匹配，并不是浮夸说谎；顺应时势的变化或退缩或进取，就像蒲苇一样柔和顺从，并不是懦弱胆怯；刚强勇猛坚毅，没有屈服的时候，并不是骄横残暴。这些行为都是根据礼义来应变，知道该曲就曲该伸就伸的缘故啊。《诗经》说："该往左就往左，君子能适应左边；该往右就往右，君子也能适应右边。"这就是说君子能根据礼义来屈伸进退，应对变化的事。

原文

君子，小人之反也。君子大心则敬天而道①，小心②则畏义而节；知则明通而类③，愚则端悫而法；见由④则恭而止，见闭⑤则敬而齐；喜则和而治⑥，忧则静而理；通则文而明，穷则约而详。小人则不然：大心则慢而暴，小心则淫而倾；知则攫盗而渐⑦，愚则毒贼而乱；见由则兑⑧而倨，见闭则怨而险；喜则轻而翾⑨，忧则挫而慑；通则骄而偏，穷则弃而儑⑩。传曰："君子两进，小人两废。"此之谓也。

[注释]

①大心：志向宏远，抱负远大。道：遵循自然规律。

②小心：志向、抱负不远大。

③知：通"智"，聪明，明智。类：类推，这里指能够依据礼义法度类推事物。

④见由：指被重用。

⑤见闭：指不被重用。闭在这里指仕途不顺。

⑥治：《集解》作"理"，根据《韩诗外传》改为"治"，治理。

⑦攫：夺取。渐：欺诈，作假。

⑧兑：通"锐"，这里指行动敏捷往上爬。

⑨翾：通"儇"，这里指轻浮，不庄重。

⑩儑：通"隰"，卑下。

[译文]

君子，是小人的反面。君子如果志向宏大高远，就会敬奉上天而遵循自然界的规律；如果志向不高远，就会敬畏礼义而对自己有所节制。如果聪明，就会精明通达而触类旁通；如果愚笨，就会忠厚诚笃而遵守法度。如果被重用，就会恭敬而守礼节；如果不被重用，就会庄重而严肃。如果高兴了，就会平和地去处理事情；如果忧愁了，就会冷静地处理事情。如果显达了，就会变得文雅而高明；如果窘困了，就会进行自我约束而明察事理。小人就不是这样：如果志向宏大高远了，就会变得傲慢而粗鲁；如果胸无大志的话，就会变得奸邪从而会诬陷别人。如果聪明的话，就会为了巧取豪夺而用尽心机；如果愚笨的话，就会变得凶狠残忍而胡作非为。如果被重用，就会变得兴奋以至于狂妄；如果不被重用，就会心生怨恨而变得阴险恶毒。如果高兴了，就会变得轻浮而暴躁；如果忧愁了，就会垂头丧气而心生恐惧。如果显达了，就会变得骄横而偏邪；如果身处困窘，就会自暴自弃从而变得畏缩卑下。古书上说："君子在'大心'和'小心'这两种情况下都能进步，小人在这两种情况下都会堕落。"说的就是这个道理。

原文

君子治治[①]，非治乱也。曷谓邪？曰：礼义之谓治，非礼义之谓乱也。故君子者，治礼义者也，非治非礼义者也。然则国乱将弗治与？曰：国乱而治之者，非案[②]乱而治之之谓也，去乱而被[③]之以治。人污而修[④]之者，非案污而修之之谓也，去污而易之以修。故去乱而非治乱也，去污而非修污也。治之为名，犹曰君子为治而不为乱、为修而不为污也。

［注释］

①治治：整治有序的国家。

②案：通“按”，依据，根据。

③被：覆盖，加上。

④修：美好。

［译文］

君子整治秩序井然的国家，而不整治混乱无章的国家。为什么这么说呢？回答是：符合礼义的局面叫作有秩序，违背礼义的局面就叫作混乱。因此，君子整治的是符合礼义的国家，而不是有悖于礼义的国家。如果这样的话，难道国家混乱了就不去整治吗？回答说：国家混乱再去加以整治，并不是说在混乱的基础上去整治，而是要消除混乱，然后再加以治理。就像整治外表或思想肮脏的人一样，并不是要在肮脏的基础上去整治他，而是要清除掉肮脏的外表或者思想，然后换上美好的外表或思想。清除掉混乱并不等于整治混乱，清除掉肮脏的东西并不等于整治肮脏。整治作为一个概念是指，君子只做安定有序的事而不做混乱无章的事、只做美好的事而不做肮脏的事。

牛同属

物以类聚，人以群分，牛鸣则同类相应和，人也是如此。君子心性高洁，只会与君子相知相应，这就是“善其言而类焉者应矣”。

原文

君子洁其身[①]而同焉者合矣，善其言而类焉者应矣。故马鸣而马应之，牛鸣而牛应之[②]，非知也，其势然也。故新浴者振其衣，新沐者弹其冠，人之情也。其谁能以己之潐潐(jiào)受人之掝掝(huò)者哉[③]？

[注释]

①洁其身：使自身廉洁。

②牛鸣而牛应之：《集解》本来无“牛鸣而牛应之”，据《韩诗外传》补。与前一句相对应。

③潐潐：洁白干净的样子。掝掝：污黑肮脏的样子。

[译文]

君子如果自身廉洁的话，与他志同道合的人就与他相应和；君子自己的学说如果完善的话，与他观点相同的人就会响应了。因此，马一鸣叫就有别的马应和它，牛一鸣叫就有别的牛来应和它，之所以出现这种情况，并不是因为牛、马聪明，而是自然情形就是这样的。因此，刚洗过澡的人总是在穿衣服前抖一下自己的衣服，刚洗过头的人总要在戴帽子之前弹一下自己的帽子，这是人之常情啊。谁愿意让自己干净的面容受到别人的玷污呢？

原文

君子养心莫善于诚，致诚，则无它事矣，唯仁之为守，唯义之为行。诚心守仁则形，形则神，神则能化矣；诚心行义则理，理则明，明则能变矣。变化代兴谓之天德[①]。天不言而人推高焉，地不言而人推厚焉，四时不言而百姓期焉：夫此有常以至其诚者也。君子至德，嘿(mò)[②]然而喻，未施[③]而亲，不怒而威：夫此顺命[④]以慎其独者也。善之[⑤]为道者：不诚，则不独；不独，则不形；不形，则虽作于心，见于色，出于言，民犹若[⑥]未从也，虽从必疑。天地为大矣，不诚则不能化万物；圣人为知[⑦]矣，不诚则不能化万民；父子为亲矣，不诚则疏；君上为尊矣，不诚则卑。夫诚者，君子之所守也，而政事之本也。唯所居[⑧]，以其类至；操之，则得之；舍之，则失之。操而得之，则轻；轻，则独行；独行而不舍，则济[⑨]矣。济而材尽[⑩]，长迁而不反其初[⑪]，则化矣。

[注释]

①天德：天的德行，这里指自然变化规律。

②嘿：同“默”，默默不语。

③施：施恩惠。

④顺命：指顺从天命，这里是遵循自然规律的意思。

⑤善之：善于，擅长。

⑥犹若：仍然这样。

⑦知：通“智”，智慧。

⑧居：占用，这里指本来就有。

⑨济：成功。

⑩材尽：才能得到充分的发挥。

⑪长迁：长期向某一目标努力。反：通“返”，返回。

[译文]

君子如果想保养身心，那么没有比真诚更好的途径了，如果达到了诚信无欺的境界，就不需要其他途径了，只要守住仁义道德，奉行道义就行了。真心实意地守住仁义道德，仁义道德就会在行为上表现出来，仁义道德在行为上表现出来，就显得超凡脱俗，显得超凡脱俗，就能使事物转化；真心诚意地按照仁义道德办事，事情就会办得有条理，事情办得有条理了，人就能明察事理，明察事理就能使事物变化。“变”与“化”轮流起作用，这叫作自然的变化规律。上天即使不说话人们也都认为它高远，大地即使不说话人们也都认为它深厚，春夏秋冬即使不说话，老百姓也都知道四季变换的时期：这些都是因为它们有规律，因而达到极为真诚的境界。君子有了极为崇高的品德，即使他沉默不言，人们也都明白他的意思；不对别人施恩惠，人们却愿意亲近他；不用发怒，表情就很威严：这是因为他遵守自然规律，即使独处时也能谨慎地守仁行义的缘故。善于施行“仁道”的人懂得这个道理：如果不真诚，就不能在独处时谨慎地守仁行义；不能谨慎地守仁行义，就无法在日常行动中表现出道义来；如果不能在日常行动中表现出道义来，那么，即使道义发自内心，流露在脸色上，表露在言论中，人们仍然不会顺从他；即使顺从他，也一定心存疑虑。天地算是伟大的了，不真诚就不能孕育出万物；圣人算是明智的了，不真诚就不能感化改造民众；父子之间的关系算是亲密的了，不真诚就会变得疏远；君主算是尊贵的了，不真诚就不会受到民众的尊重。真诚，是君子必须遵守的，是国家政治的根本。只有真诚，同类才会靠拢过来，保持真诚就会得到同类；舍弃真诚就会失去同类。掌握住真诚，行动就很轻松了；行动轻松了就能专心一致地遵守仁义道德；谨慎地、锲而不舍地遵守仁义道德，所从事的事业就会成功。人们事业成功了，他们的才能就会得到充分的发挥，长期向善而不回到最初的邪恶本性，这样就被教化了。

原文

君子位尊而志恭，心小而道大；所听视者近，而所闻见者远。是何邪？则操术然也。故千人万人之情，一人之情是也；天地始者，今日是也；百王之道，后王是也。君子审后王之道，而论[①]于百王之前，若端拜[②]而议。推礼义之统，分是非之分，总天下之要，治海内之众，若使一人。故操弥约而事弥大；五寸之矩，尽天下之方也。故君子不下堂，而海内之情举积③此者，则操术然也。

[注释]

①论：通“伦”，比较。

②端拜：端坐拱手，形容行为从容的样子。

③举积：全部都聚集。举，全部。

[译文]

君子即使地位显赫了，然而内心仍然很谦恭；心思虽然非常细密，然而本领却非常强大；能听到、能看到的离他很近，但是见多识广。这是什么原因呢？是君子掌握的方法使他这样的。因为千万人的情况，就是一个人的情况；天地初开辟时的情况，就是今天的情况；历代帝王的治国之道，也就是当今帝王的治国之道。君子审查了当代帝王的治国之道，再去把它与历代帝王的治国之道相比较，就能够像端坐拱手一样从容不迫地议论了。讲究礼义的纲领，分清是非的界限，总揽天下的要领，治理天下的民众，就像使唤一个人一样。因此，手头上掌握的方法越简单，能办成的事就越大；五寸长的曲尺，能够画出很多图形。因此，君子不用走出厅堂，而天下的情况都能汇集在他这里，是他掌握的方法使他这样的。

竟日观书

古代君王常有“以史为鉴，可以知兴替”的意识，所以贤明之君常会读史，以观历代帝王的治国之道，并以此作为自己治国安邦的准则。

原文

有通士者，有公士者，有直士者，有悫士者，有小人者。上则能尊君，下则能爱民，物至而应，事起而辨①，若是则可谓通士矣。不下比以暗上，不上同以疾下，分争于中，不以私害之，若是则可谓公士矣。身之所长，上虽不知，不以悖②君；身之所短，上虽不知，不以取赏；长短不饰，以情自竭，若是则可谓直士矣。庸言必信之，庸行必慎之，畏法流俗，而不敢以其所独甚③，若是则可谓悫士矣。言无常信，行无常贞，唯利所在，无所不倾，若是则可谓小人矣。

[注释]

①辨：通“办”，办理，治理。

②悖：怨。

③甚：疑为“是”字。

[译文]

有通达明事理的人，有公正无私的人，有爽快耿直的人，有拘谨忠厚的人，还有小人。对上能尊敬君主，对下能爱护民众，事情来了能从容地应付，事件发生了能够及时处理，像这样就可以称为通情达理了。不在下面互相勾结去蒙骗君主，不迎合君主去残害下面的臣民，在利害纷争中，不因为个人的私利而损害集体的利益，像这样就可以称为公正无私了。自身的长处，君主即使不知道，也不隐瞒君主；自身的短处，君主即使不知道，也不靠它骗取君主的奖赏；长处和短处都不加以掩饰，将真实情况主动地暴露无遗，像这样就可以称为爽快耿直了。即使说一句普通的话也要诚实，做一件普通的事也一定要小心谨慎，不敢效法流行的习俗，也不敢凭自己的所长而自以为是，像这样就可以称为谨慎忠厚了。说话经常不讲信用，做事没有一定的原则，只要是有利可图，任何事情都可以使他倾倒，像这样就可以称为小人了。

原文

公生明，偏[①]生暗；端悫生通，诈伪生塞[②]；诚信生神，夸诞生惑。此六生者，君子慎之，而禹、桀所以分也。

欲[③]恶取舍之权：见其可欲也，则必前后虑其可恶也者；见其可利也，则必前后虑其可害也者；而兼权之，孰[④]计之，然后定其欲恶取舍。如是则常不失陷[⑤]矣。凡人之患，偏[⑥]伤之也：见其可欲也，则不虑其可恶也者；见其可利也，则不顾其可害也者。是以动则必陷，为则必辱，是偏伤之患也。

[注释]

①偏：偏心，偏私。

②塞：阻塞，指艰难的情况。

③欲：想要，追求。引申为喜好。

④孰：同“熟”，仔细，周详。

⑤失陷：过失，失误。

⑥偏：这里指认识片面。

[译文]

公正能产生聪明，偏私会产生愚昧；端庄谨慎会产生通达，狡诈虚伪会产生阻塞；诚实守信会产生神明，自夸荒诞会产生惑乱。这六种情况，君子要慎重对待，这也是禹和桀的不同之处。

喜好与厌恶、获取与舍弃的权衡标准是：看见那些可以追求的东西，就必须前前后后仔细考虑一下它令人讨厌的一面；看到那些可以从中得到益处的东西，就必须前前后后仔细考虑一下它可能给人造成的危害；两方面都权衡一下，仔细考虑一下，然后决定到底是追求它还是厌恶它，是获取它还是舍弃它。像这样往往就可以避免失误了。大凡人们所担心的事情，往往是由片面性认识所造成的：看见那些可以追求的东西，就不考虑它令人讨厌的一面；看到那可以从中得到益处的东西，就不去考虑它可能造成的危害。因此行动起来就必然会产生失误，做了就必然招来耻辱，这是认识的片面性造成的祸患。

原文

人之所恶者，吾亦恶之。夫富贵者则类傲①之，夫贫贱者则求柔之②，是非仁人之情也，是奸人将以盗名于晻③世者也，险莫大焉。故④曰："盗名不如盗货。"田仲、史䲡不如盗也⑤。

[注释]

①类傲：统统给予傲视。类，皆、都。

②求：尽，都。柔：安抚。

③晻：同"暗"，昏暗，黑暗。

④故：这里指古书。

⑤田仲：又叫陈仲子，战国时齐国的贵族，其兄在齐国做官，他认为其兄的钱财是不义之财，所以就离开他的兄长而自食其力，故以廉洁清高著称。史䲡：字子鱼，故又叫史鱼，春秋时卫国大夫，曾劝说卫灵公罢免弥子瑕，临死时告诉儿子不要将他的尸体装入棺材，要以尸体劝谏卫灵公，卫灵公对此大加赞扬，孔子也称颂他正直。

史䲡

史䲡，又名史鱼，曾经以自己的尸体劝谏卫灵公罢免弥子瑕，为古代学者推崇。史家将其作为忠良的代表。

[译文]

别人所讨厌的，我也讨厌它。对那富贵的人统统加以傲视，对那贫贱的人普遍给予安抚，这种做法并不是仁人的感情，这是奸邪的人在黑暗的社会里用来盗取名誉的办法，没有比这再险恶的了。古书上说："欺世盗名的人还不如偷窃财物的贼。"田仲、史䲡还不如贼。

荣辱第四

题解

本篇系统阐述了荀子的荣辱观，即有关光荣与耻辱的问题。文章详尽地阐明了哪些思想与行为是光荣的，哪些思想和行为是耻辱的，还具体分析了形成荣辱的原因以及它们所造成的不同后果。更重要的是，荀子在文章中指出人的荣辱贵贱并不是生来就有区别的，形成区别的关键在于后天的教育以及其他方面的影响。

原文

憍（jiāo）泄者[①]，人之殃也；恭俭[②]者，偋五兵也[③]，虽有戈矛之刺，不如恭俭之利也。故与人善言，暖于布帛[④]；伤人以[⑤]言，深于矛戟。故薄薄[⑥]之地，不得履之，非地不安也；危足[⑦]无所履者，凡在言也。巨涂则让[⑧]，小涂则殆，虽欲不谨，若云[⑨]不使。

［注释］

①憍：通“骄”，傲慢。泄：通“媟”，傲慢。

②恭俭：恭敬谦卑。

③偋：同“屏”，却。五兵：指古代的五种兵器，即刀、剑、矛、戟、矢，这里泛指兵器。

④布帛：麻布和丝织品，这里指衣服。

⑤以：《集解》作“之”，后来根据《太平御览》引文改为“以”。

⑥薄薄：同“博博”，广大无边的样子。

⑦危足：踮起脚跟。

⑧涂：通“途”，道路。让：通“攘”，拥挤的样子。

⑨云：有。

吴起吮卒病疽

吴起，原为鲁国大臣，为了做将军而杀死自己的妻子，后来又叛离多个国家，在多个国家为将。虽然史上有他爱兵如子的说法，但他为了自身飞黄腾达而“忘其亲者也，忘其君者也”，终究是一个为自己利益而斗的小人。

［译文］

傲慢轻浮，是人的祸殃；恭敬谦卑，可以使自己免除杀身之祸，由此可见，纵然有戈矛的锋芒，也不如恭敬谦逊锐利。因此，用好的言语赞扬别人，比给人布帛更令人感到温暖；用恶语伤害别人，比矛戟伤人更深。因此，对有的人来说，宽广的大地上却没有自己的立足之地，这并不是因为地面不平稳；即使踮起脚跟也没有可以踩下去的地方，都在于言语太伤了人啊。大路非常拥挤，小路又非常崎岖危险，即使想不谨慎，也好像有什么迫使其不得不谨慎。

原文

快快而亡者，怒也；察察而残者，忮(zhì)①也；博而穷者，訾(zǐ)也；清之而俞②浊者，口也；豢之而俞瘠者③，交也；辩而不说者④，争也；直立而不见知者，胜也；廉而不见贵者，刿也；勇而不见惮者，贪也⑤；信而不见敬者，好刬(zhuān)⑥行也。此小人之所务⑦，而君子之所不为也。

[注释]

①忮：忌恨。

②俞：同“愈”，更加。

③豢：喂养，饲养，这里指以酒肉结交朋友，而不是以仁义结交朋友。瘠：瘦弱，这里指友情淡薄。

④辩：善于辩论。不说：不能说服别人。

⑤勇而不见惮者，贪也：人如果想贪利的话就会委曲求人，所以这种人即使非常勇猛，人们也不会害怕他。惮，恐惧。

⑥刬：同“专”，这里指独断专行。

⑦务：所作所为。

[译文]

肆意妄为而死亡的，这是由于一时的愤怒导致的；明察一切反而遭到残害的，这是由于忌恨导致的；知识渊博而处境窘困，这是由于喜好毁谤别人而导致的；想要使自己的名声清白反而愈来愈糟糕的，这是由于话太多导致的；供养款待别人而交情却越来越淡薄，这是由于待人接物不当导致的；能言善辩而不受别人的欢迎，这是由于喜好争执导致的；待人处事正直无私而不被人理解，这是由于气势太盛导致的；端庄廉洁而不被人尊重，这是由于说话尖刻伤人导致的；勇猛无比而不受人敬畏，这是由于贪婪导致的；诚信而不被人尊敬，这是由于喜欢独断专行导致的。这些行为都是小人所做的，而君子是不会做的。

原文

斗者①，忘其身者也，忘其亲②者也，忘其君者也。行其少顷之怒，而丧终身之躯，然且为之，是忘其身也；室家③立残，亲戚不免乎刑戮，然且为之，是忘其亲也；君上之所恶也，刑法之所大禁也，然且为之，是忘其君也。忧④忘其身，内忘其亲，上忘其君，是刑法之所不舍也，圣王之所不畜[5]也。乳彘(zhì)不触虎[6]，乳狗不远游，不忘其亲也。人也，忧忘其身，内忘其亲，上忘其君，则是人也，而曾狗彘之不若也。

[注释]

①斗者：指战国末期为个人利益而斗杀的人。

②亲：原意指父母，这里泛指亲人。

③室家：妻子儿女。

④忧：根据上下文，疑为“下”。

⑤畜：收容。

⑥乳彘不触虎：正在哺乳的母猪不会触犯老虎。

[译文]

为了个人利益而争斗的人，是忘记自己生命的人，是忘记了自己亲人的人，是忘记了自己君主的人。发泄了他一时的怒气，而丧失了生命，但是还是去争斗，这便是忘记了自己的生命；妻子儿女立刻会遭到残杀，亲戚也不免遭受刑罚杀戮，但是还是去争斗，这便是忘记了自己的亲人；君主所厌恶的事情，是刑法所严格禁止的事情，然而还是去争斗，这便是忘记了自己的君主。在下忘记了自己的生命，从家庭内部来说，是忘记了亲人，对上忘记了自己的君主，这种事情是刑法所不容许的，也是圣明君主所不能容忍的。正在哺乳的母猪不去触犯老虎，正在喂奶的母狗不会到远处游逛，这是因为它们没忘记自己的亲人啊。作为一个人，在下忘记了自身的生命，从家庭内部来说，忘记了自己的亲人，对上忘记了自己的君主，那么这种人就连猪狗也不如了。

原文

凡斗者，必自以为是而以人为非也。己诚是也，人诚非也，则是己君子而人小人也。以君子与小人相贼害也，忧[1]以忘其身，内以忘其亲，上以忘其君，岂不过[2]甚矣哉？是人也，所谓以狐父之戈钃(zhú)牛矢也[3]。将以为智邪，则愚莫大焉；将以为利邪，则害莫大焉；将以为荣邪，则辱莫大焉；将以为安邪，则危莫大焉。人之有斗，何哉？我欲属之狂惑疾病邪，则不可，圣王又诛[4]之。我欲属之鸟鼠禽兽邪，则不可，其形体又人，而好恶多同。人之有斗，何哉？我甚丑[5]之。

[注释]

①忧：根据上下文的意思，疑为“下”。

②过：过失，错误。

③狐父：古代的地名，在今天安徽砀山附近，据说此地盛产一种优质的戈。钃：

刺。牛矢：牛粪。矢，通“屎”。

④诛：惩罚，惩处。

⑤丑：憎恶，厌恶。

［译文］

凡是为了自己的利益而争斗的人，肯定认为自己的做法是正确的而别人的做法是错误的。自己如果确实是对的，别人确实是错的，那么自己就是君子而别人就是小人了。如果凭借君子的身份去和小人互相残杀，就下来说，忘记了自己的生命；从家庭内部来说，忘记了自己的亲人；对上来说，忘记了自己的君主。这样的错误岂不是太严重了吗？这种人，其行为就像人们平常所说的用狐父出产的锋利的戈来刺牛屎一样。要是把它看作聪明的举动吧，其实没有比这种做法更愚蠢的了；要是把它看作有利的举动吧，其实没有比这种做法这更有害的了；要是把它看作光荣的举动吧，其实没有比这种做法更让人觉得耻辱的了；要是把它看作安全的举动吧，其实没有比这种做法更危险的了。人们有争斗的行为，到底为什么呢？我想把这样的行为归属于疯狂、惑乱之类的精神疾病，但又不可以，因为圣明的君主还是会惩处这种行为的。我想把他们归到鸟鼠禽兽中去，但是也不可以，因为他们从形体容貌上看还是人，而且他们的喜好憎恶大多和别人的相同。人们会发生争斗，究竟是为什么呢？我认为这种争斗的行为非常让人讨厌。

原文

有狗彘之勇者，有贾盗之勇者，有小人之勇者，有士君子①之勇者。争饮食，无廉耻，不知是非，不辟②死伤，不畏众强，恈(móu)恈然③唯利饮食之见，是狗彘之勇也。为事利，争货财，无辞让，果敢而振④，猛贪而戾⑤，恈恈然唯利之见，是贾盗之勇也。轻死而暴，是小人之勇也。义之所在，不倾于权，不顾其利，举国而与⑥之不为改视，重死、持义而不桡⑦，是士君子之勇也。

［注释］

①士君子：有德操和学问的人。

②辟：通“避”，躲避。

③恈恈然：贪欲非常强烈的样子。

④振：根据上下文应为“很”字。

⑤戾：凶残暴戾。

⑥与：对付，这里指反对。

⑦重死：非常爱惜生命，不轻生。桡：通“挠”，屈从、屈服。

[译文]

世上有狗和猪的勇敢，有商人和盗贼的勇敢，有小人的勇敢，有士君子的勇敢。争夺食物，没有廉耻之心，不懂得是非曲直，不顾死伤，不畏惧强大的众人，贪婪无边，只看到吃喝，这是狗和猪的勇敢。做事只知道贪图利益，争夺财物，毫不谦让，行动果断大胆而残暴，心肠狠毒、贪婪而暴戾，贪婪得只看到财利，这是商人和盗贼的勇敢。不害怕死亡而行为残暴，是小人的勇敢。在合乎道义的地方，就不屈从于权势，不顾自己的私利，即使全国上下都反对他，他也不会改变自己的观点，虽然爱惜自己的生命，但是为了坚持正义而不屈不挠，这才是士君子的勇敢。

原文

鲦鲉（tiáo qiáo）[1]者，浮阳之鱼也；胠（qū）[2]于沙而思水，则无逮矣。挂[3]于患而欲谨，则无益矣。自知者不怨人，知命者不怨天。怨人者穷，怨天者无志[4]。失之己，反[5]之人，岂不迂[6]乎哉？

[注释]

①鲦鲉：鱼名。

②胠：通“阹”，搁浅，遮挡。

③挂：牵连，遭到。

④志：通“识”，知识。

⑤反：责求，责备。

⑥迂：远。

[译文]

鲦鲉是喜欢浮在水面上晒太阳的鱼，但当搁浅在沙滩上的时候才想得到水那就已经来不及了。遭到祸患才想起要小心谨慎，那时已经没有用了。有自知之明的人不怨恨别人，知晓命运的人不会埋怨老天。怨恨别人的人会走投无路，埋怨老天的人则没有见识。过失出在自己身上，反过来去责怪别人，岂不是背离得太远了吗？

鱼图

鱼属水族，依赖水而生，鲦鲉因爱晒太阳而搁浅，最终缺水而死。所以君子要量力而行，遇事应小心谨慎，事后便不会怨天尤人。

原文

荣辱之大分[1]，安危利害之常体[2]：先义而后利者荣，先利而后义者辱；荣者常通，辱者常穷；通者常制[3]人，穷者常制于人：是荣辱之大分也。材[4]悫者常安利，荡悍者常危害；安利者常乐易[5]，危害者常忧险；乐易者常寿长，忧险者常夭折：是安危利害之常体也。

［注释］

①大分：指根本区别。

②常体：常规，一般情况。

③制：驾驭，统治。

④材：通“才”，指资质、才能。

⑤易：心情平和。

［译文］

光荣和耻辱的根本区别，安危利害的通常规律是：把道义放在前面而把利益放在后面的人是光荣的，把利益放在前面而把道义放在后面的人是可耻的；光荣的人通常是非常通达的，耻辱的人通常非常穷困；通达的人往往统治别人，穷困的人往往受别人的统治：这就是光荣和耻辱的根本区别。才能出众而又小心谨慎的人往往安全得利，放荡凶悍的人往往遭到危害；安全得利的人常常快乐平易，遭受危害的人常常忧愁且有危机感；快乐平易的人往往长寿，忧愁且有危机感的人往往夭折：这就是安危利害的通常规律。

原文

夫天生蒸①民，有所以取之。志意致②修，德行致厚，智虑致明，是天子之所以取天下也。政令法，举措时，听断公，上则能顺天子之命，下则能保百姓，是诸侯之所以取国家也。志行修，临官治③，上则能顺上，下则能保其职，是士大夫之所以取田邑④也。循法则、度量、刑辟、图籍⑤，不知其义，谨守其数⑥，慎不敢损益也，父子相传，以持⑦王公。是故三代虽亡，治法犹存，是官人百吏之所以取禄秩也。孝弟原悫⑧，軥(qú)录疾力⑨，以敦比其事业⑩，而不敢怠傲，是庶人之所以取暖衣饱食、长生久视⑪以免于刑戮也。饰邪说，文奸言，为倚⑫事，陶诞突盗⑬，惕⑭悍憍暴，以偷生反侧⑮于乱世之间，是奸人之所以取危辱死刑也。其虑之不深，其择之不谨，其定取舍楛僈⑯，是其所以危也。

［注释］

①蒸：众多的样子。

②致：最，极点。

③临官治：做官的时候能把事情办好。

④田邑：这里指封地。

⑤图籍：地图、人口册子。
⑥数：原意是程序，这里指条文。
⑦持：通“侍”，侍奉。
⑧弟：同“悌”。原：同“愿”，诚实。
⑨軥：通“劬”，劳碌的样子。疾：急切地从事。
⑩敦：勉力。比：通“庀”，治理，整治。
⑪视：活，生存。
⑫倚：通“奇”，奇异，怪异。
⑬突盗：欺凌强夺。
⑭惕：同“荡”。
⑮反侧：辗转不安，这里指违背法度，不安于位，为非作歹。
⑯楛：心思粗疏，行为草率。僈：怠慢，懈怠。

[译文]

自然界创造了众人，都有取得各自在自然界中的位置的理由。意志思想极为美好，道德行为极为宽厚，谋虑极为明智，这是天子之所以取得天下的原因。政令合乎法度，措施合乎时宜，处理公事公正，上能听从天子的命令，下能保全百姓，这是诸侯之所以取得国家的原因。意志行为非常美好，当官的时候能够管理好政事，上能顺从国君，下能恪守自己的职位，这是士大夫之所以取得封地的原因。遵守法律准则、度量、刑法、地图户籍来办事，即使不懂它们所蕴含的意思，也严格地遵守具体的条文，小心谨慎不敢删减或增加，父亲将它们传给自己的儿子，用来辅佐王公。因此，虽然夏、商、周三代都灭亡了，它们的政策法规仍然保存了下来，这是各级官吏之所以取得俸禄的原因。孝顺父母、敬爱兄长，诚实谨慎，勤劳努力，从事自己的事业而不敢懈怠傲慢，这是平民百姓之所以能够丰衣足食、健康长寿而且免受刑罚杀戮的原因。粉饰邪恶的学说，美化奸诈的言论，做一些荒诞怪异的事，到处强取豪夺，放荡凶悍、骄横残暴，靠这些手段在混乱的社会之中苟且偷生，为非作歹，这是奸邪的人之所以遭到危险、侮辱、死亡、刑罚的原因。他们考虑问题不深远，选择人生道路时不谨慎，决定自己的取舍时轻率放纵，这就是他们之所以遭遇危险的原因。

原文

材性知能，君子、小人一也。好荣恶辱，好利恶害，是君子、小人之所同也，若其所以求之之道则异矣。小人也者，疾为诞而欲人之信己也，疾为诈而欲人之亲己也，禽兽之行而欲人之善己也。虑之难知[①]也，行之难安也，持之难立也，成则必不得其所好，必遇其所恶焉。故君子者，信矣，而亦欲人之信己也；忠矣，而亦欲人之亲己也；

修正治辨[2]矣，而亦欲人之善己也。虑之易知也，行之易安也，持之易立也，成则必得其所好，必不遇其所恶焉。是故穷则不隐，通则大明，身死而名弥白。小人莫不延颈举踵而愿曰：“知虑材性，固有以贤[3]人矣！”夫不知其与己无以异也，则君子注错[4]之当，而小人注错之过也。故孰察小人之知[5]能，足以知其有余，可以为君子之所为也。譬之越人安越，楚人安楚，君子安雅[6]；是非知能材性然也，是注错习俗之节异[7]也。

［注释］

①知：此处指理解。

②辨：通“辩”，治理。

③贤：胜过，贤于。

④注错：措置，安排处理，这里指行为举措。注，投。错，通“措”，置于。

⑤孰：同“熟”。知：通“智”，职能。

⑥雅：通“夏”，华夏，中国（指中原地区）。

⑦节异：不同，差异。

［译文］

在资质、本性、智能、才能四方面，君子、小人是一样的。喜欢光荣而讨厌耻辱，喜好利益而憎恶祸害，这是君子、小人相同的方面，至于他们用来获取光荣、利益的途径，那就不一样了。小人嘛，经常口出狂言却还要别人相信自己，经常做欺诈邪恶的事情却还要别人亲近自己，行为就像禽兽一般却还要别人赞美自己。考虑问题很难做到明智，做起事来很难做到稳妥，自己坚持的一套理论难以成立，结果必定不能得到他们所喜好的光荣和利益，必然会遭遇到他们所讨厌的耻辱和祸害。至于君子，他们讲诚信，而且也希望别人相信自己；对别人忠诚，而且也希望别人亲近自己；他们品行善良正直且能把各种事情都处理好，也希望别人赞美自己。他们所考虑的问题容易被人理解，所做的事容易稳妥，坚持的主张容易成立，这样，结果必定是他们能得到他们所喜欢的光荣和利益，必定不会遭遇他们所厌恶的耻辱和祸害。因此，他们穷困的时候名声也不会被埋没，显达的时候名声就会非常显赫，死了以后名声会更加彰著。小人没有一个不伸长脖子踮起脚跟羡慕地说：“这些人的智能、思虑、资质、本性，本来就有超过别人的地方啊。”其实他们不知道君子的资质才能与自己的并没有什么区别，只是君子的行为举动非常恰当，而小人的行为举措不恰当罢了。因此，仔细地考察一下小人的智慧才能，就能够知道它们完全可以做君子所做的一切。譬如，越国人习惯于生活在越国，楚国人习惯于生活在楚国，君子习惯于生活在华夏；这并不是智慧、才能、资质、本性所造成的，这是由于他们的行为举措和风俗习惯不同而造成的。

原文

仁义德行，常安之术也，然而未必不危也；污僈[①]突盗，常危之术也，然而未必不安也。故君子道其常，而小人道其怪。

[注释]

①污僈：污秽卑鄙。僈，通“漫”，污。

[译文]

奉行仁义的德行，是得到长久的安宁的办法，然而不一定就不出现危险的情况；污秽卑鄙强取豪夺，是经常遭遇危险的方法，然而不一定不安稳。因此，君子遵循的是正常的途径，而小人遵循的是怪僻的途径。

原文

凡人有所一同：饥而欲食，寒而欲暖，劳而欲息，好利而恶害，是人之所生而有也，是无待而然者也，是禹、桀之所同也；目辨白黑美恶，耳辨音声[①]清浊，口辨酸咸甘苦，鼻辨芬芳腥臊，骨体肤理辨寒暑疾养[②]，是又人之所常生而有也，是无待而然者也，是禹、桀之所同也。可以为尧、禹，可以为桀、跖，可以为工匠，可以为农贾，在势注错习俗之所积耳。是又人之所生而有也，是无待而然者也，是禹、桀之所同也。为尧、禹则常安荣，为桀、跖则常危辱；为尧、禹则常愉佚，为工匠、农贾则常烦劳。然而人力为此而寡为彼，何也？曰：陋也。尧、禹者，非生而具者也，夫起于变故，成乎修，修之为，待尽而后备者也。

诸侯拜禹

禹是我国古代传说中的治水英雄，也是有名的贤君。在古代，尧、舜、禹，常被视作道德典范。

[注释]

①音声：《礼记·乐记》郑玄注：“宫、商、角、徵、羽，杂比曰音，单出曰声。”

②理：皮肤上的纹理。养：通“痒”，皮肤发痒。

[译文]

所有的人都有一处相同的地方：饿了就想吃饭，冷了就想穿得暖和些，累了就想休息，喜欢利益而讨厌危害，这是人生来就有的本性，它是不需要依靠什么就会这样的，它是禹、桀相同的地方；眼睛能辨别黑白美丑，耳朵能分辨声音清浊，口舌能分辨清酸甜苦辣，鼻子能分辨芳香腥臭，骨骼皮肤能感觉出冷热痛痒，这些都是人生下来就有的资质，它是不需要依靠什么就会这样的，它是禹、桀相同的地方。凭借这些本性和资质，人们可以成为尧、禹那样的贤君，可以成为桀、跖那样的坏人，可以成为工匠，可以成为农夫、商人，这都是行为举措以及习俗的长期积累所造成的。成为尧、禹那样的人，往往感到安全且光荣，成为桀、跖那样的人，往往感到危险且耻辱；成为尧、禹那样的人，往往感到愉悦且安逸，成为工匠、农夫、商人那样的人，往往会觉得麻烦且劳累。但是人们一般都尽力做这种危险耻辱、麻烦劳累的事而很少去做那种光荣愉悦的事，为什么呢？答案是：由于人的浅陋无知。尧、禹这种人，并不是生下来就具有当圣贤的资质，而是从改变他原有的本性开始，经过长期的磨炼才成功的，而整治身心的所作所为，是等到原有的本性完全改变之后才具备了圣贤的资质。

原文

人之生，固小人，无师、无法，则唯利之见耳。人之生，固小人，又以遇乱世、得乱俗，是以小重小也，以乱得乱也。君子非得势以临之，则无由得开内[1]焉。今是人之口腹，安知礼义？安知辞让？安知廉耻、隅积？亦呥呥(rán)而噍(jiào)、乡乡而饱已矣[2]。人无师、无法，则其心正其口腹也。今使人生而未尝睹刍豢稻粱也[3]，惟菽藿糟糠之为睹，则以至足为在此也；俄而粲然有秉刍豢稻粱而至者，则瞲(xuè)然[4]视之曰：“此何怪也？”彼臭之而无嗛(qiàn)于鼻[5]，尝之而甘于口，食之而安于体，则莫不弃此而取彼矣。今以夫先王之道、仁义之统，以相[6]群居，以相持养，以相藩饰，以相安固耶？以夫桀、跖之道？是其为相县[7]也，几直夫刍豢稻粱之县糟糠尔哉[8]！然而人力为此而寡为彼，何也？曰：陋也。陋也者，天下之公患也，人之大殃大害也。故曰：仁者好告示人。告之示之，靡之儇之[9]，鈆(yán)[10]之重之，则夫塞者俄且通也，陋者俄且僩(xiàn)[11]也，愚者俄且知也。是若不行，则汤[12]、武在上曷益？桀、纣在上曷损？汤、武存，则天下从而治；桀、纣存，则天下从而乱。如是者，岂非人之情固可与如此、可与[13]如彼也哉？

［注释］

①内：同“纳”，接受。

②呥呥：咀嚼的样子。噍：咀嚼。乡：通“芗”，这里指谷类的香气。

③刍豢：牛、羊、猪、狗等。粱：谷子。

④瞲然：惊讶的样子。

⑤臭：同“嗅”，闻。嗛：满足。

⑥相：辅佐，帮助。

⑦县：同“悬”，差距大。

⑧几：通“岂”，难道。直：只有。

⑨靡：磨炼。儇：积累。

⑩铅：通“沿”，遵循，引导。

⑪僩：宽大。

⑫汤：又称成汤，原来是商族领袖，后任用伊尹为相，灭掉了夏桀，建立了商王朝。

⑬与：以。

［译文］

人生下来的时候，从本质上说都是小人，如果没有老师的教诲，没有法度的制约，就只会看到利益了。人生下来的时候本来就是小人，又因为碰上了混乱的世道、习得了混乱的习俗，这样，就使渺小卑鄙的本性更加渺小卑鄙，从混乱中得到混乱。如果君子得不到统治他们的权势，就没有办法打开他们的心智，来给他们灌输好的思想。现在这些人的心里，哪里知道什么礼节道义？哪里知道什么推辞谦让？哪里知道什么廉洁和羞耻、局部和整体的关系？也只是知道慢吞吞地咀嚼食物、香喷喷地吃个饱饭罢了。人如果没有老师教导，没有法度制约，那么他们的灵魂也就完全和他们的嘴巴肠胃一样，只知道吃喝。如果人生下来后从来没有看见过牛、羊、猪、狗和稻米谷子之类的细粮，只见过豆叶之类的蔬菜和糟糠之类的粗食，那么他们就会认为最令人满意的食物就是这些东西了；但是，如果过了不长时间以后，有个人很明显地拿着肉食和细粮来到这个人跟前，那么，他就会瞪着眼睛惊讶地看着这些美食问道：“这是什么奇怪的东西呀？”他凑上去闻闻它，感到很好闻；张开嘴巴尝尝它，感觉嘴里甜甜的；把它吃了以后，身体感到非常舒服。于是就没有谁不丢弃这些豆叶糟糠之类的粗粮而去求取肉食细粮了。现在，我们是用那古代帝王的治国方法和仁义的纲领来帮助人们协调群体，帮助人们保养身体，帮助人们得到服饰，帮助人们安居乐业呢？还是用桀、跖的治国方法？这两种办法相差太大，难道仅仅是那肉食细粮和糟糠粗粮之间的差别吗！但是，人们竭力施行桀、跖的这一套道理而很少去施行古代帝王的那一套道理，为什么呢？回答说：这是因为人们的浅陋无知。浅陋无知实在是天下人的通病，是人们的大灾大难啊。因此，我们说：讲究仁义的人喜欢把道理告诉别人，做给别人看。把道理告诉他们，做榜样给他们看，使他们顺从，使他们变得明智，使他们遵循仁义道德，反复地引导他们，那么，那些愚昧闭塞的人很快就会开窍，浅陋无知的人的眼界很快就会变得开阔，愚蠢的人很快就会变得聪明了。这些事情如果不做，那么商汤、周武王这样的贤君处在上位又有什么好处呢？夏桀、商纣这样的暴君在上位又有什么害处呢？商汤、周武王在的话，天下就会跟着安定下来；夏桀、商纣在的话，天下便跟着混乱起来。出现这么混乱的情况，难道不是因为人们的性情本来就可以像这样，也可以像那样吗？

原文

人之情：食，欲有刍豢；衣，欲有文绣；行，欲有舆马；又欲夫余财蓄积之富也；然而穷年累世不知不足[①]，是人之情也。今人之生也，方知畜[②]鸡狗猪彘，又畜牛羊，然而食不敢有酒肉；余刀布，有囷窌（jiào）[③]，然而衣不敢有丝帛；约者有筐箧之藏，然而行不敢有舆马。是何也？非不欲也，几不长虑顾后而恐无以继之故也？于是又节用御欲、收敛蓄藏以继之也，是于己长虑顾后，几不甚善矣哉？今夫偷生浅知之属，曾此而不知也；粮食太[④]侈，不顾其后，俄则屈安穷矣[⑤]。是其所以不免于冻饿、操瓢囊为沟壑中瘠[⑥]者也。况夫先王之道，仁义之统，《诗》《书》《礼》《乐》之分[⑦]乎！彼固天下之大虑也，将为天下生民之属长虑顾后而保万世也；其㳅（liú）[⑧]长矣，其温[⑨]厚矣，其功盛姚[⑩]远矣，非顺孰修为之君子[⑪]，莫之能知也。故曰：短绠不可以汲深井之泉，知不几[⑫]者不可与及圣人之言。夫《诗》《书》《礼》《乐》之分，固非庸人之所知也。故曰：一之而可再也，有之而可久也，广之而可通也，虑之而可安也，反鈆察之而俞[⑬]可好也。以治情则利，以为名则荣，以群则和，以独则足，乐意者其是邪！

临井汲水

在古代，百姓的日常用水都是从井中汲取的。汲，即用绳索将水桶等器皿放入水中舀水再提出。如若所用的绳子太短，水桶无法到达水面以下，自然就不能汲取清水了。

[注释]

①穷年：终年。不知不足：根据上下文应为“知不足”。

②畜:《集解》作“蓄”，据宋浙本改为“畜”，饲养。下句同。

③囷：外表为圆形的谷仓。窌：地窖。

④太:《集解》本作“大”，后根据宋浙本改为“太”。

⑤屈：竭尽。安：语助词，无实际意义。

⑥瘠：通“骴”，指未完全腐烂的尸体。

⑦分：道义，道理。

⑧汸：同“流”，流传。

⑨温：通“蕴”，蕴藏。

⑩姚：通“遥”，远。

⑪孰：通“熟”，熟悉，精通。修：学习研究。

⑫几：极，尽。

⑬俞：同“愈”，更加。

[译文]

人之常情是：吃饭，希望吃美味佳肴；穿衣服，希望穿绣着彩色花纹的绫罗绸缎；出行的时候，希望有车马代步；又希望富裕得拥有多余的财产和积蓄；即使是这样，他们一年到头、世世代代都不知道满足，这就是人之常情。因此，现在人们活在世上，才知道饲养鸡、狗、猪，知道畜养牛羊，但是吃饭时饭桌上不敢摆放酒肉；有多余的钱币，又有粮仓地窖，但是穿衣却不敢穿绫罗绸缎；生活节约的人藏有一箱箱的积蓄，但是出门却不敢坐车马。这是为什么呢？并不是不想要这些奢侈的东西，难道不是做长远打算，考虑到以后而害怕没有什么东西来维持生活的原因吗？于是他们又节省开支、抑制欲望、收敛钱财、贮藏粮食，为了继续维持以后的生活，这种对自己长远考虑、顾及今后生活的做法，难道不是很好的吗？现在那些苟且偷生、浅陋无知的人，竟然连这个道理都不懂；他们大量地挥霍粮食，不顾及自己以后的生活，不久就会竭尽自己的财力而陷于困境了。这就是最后他们不免受冻挨饿、拿着讨饭的瓢和布袋而成为山沟中的饿死鬼的原因。他们都不知道怎么过日子，更何况明白那些古代圣王的治国之道、仁义纲领，以及《诗》《书》《礼》《乐》里的道理呢！那些原则、纲领本来就是治理天下的重大原则，是要为全天下所有的人长远考虑，顾及后代的生计从而保住子孙万代的原则；它们已经流传了很长时间了，它们的蓄积非常丰富，它们的丰功伟绩非常悠远，如果不是谨慎而有修养的君子是不会知道这些道理的。因此，我们说：短绳不能用来汲取深井中的水，知识浅陋的人就不能和他谈论圣人的言论。《诗》《书》《礼》《乐》所蕴含的道理，本来就不是普通人所能理解的。因此说：懂得了其中一本书所蕴含的道理，就可以精通两本书；全部掌握了它们，就可以长期地运用它们；将它们推广开来，就可以通晓其他一切道理；经常用它们去考虑问题，就可以把事情处理得非常稳妥周全；用它们反复考察事物，就可以把事情办得更好。用它们来陶冶情操，就能从中得到好处；用它们来求取名声，就会得到荣誉；用它们来协调群体之间的关系，就能做到和睦融洽；用它们来独自修养身心，那就能从中得到满足，情况大概就是这样的吧！

原文

夫贵为天子，富有天下，是人情之所同欲也；然则从①人之欲，则势不能容②，物不能赡也③。故先王案④为之制礼义以分之，使有贵贱之等，长幼之差，知愚、能不能之分，皆使人载其事而各得其宜，然后使悫禄⑤多少厚薄之称，是夫群居和一之道也。

[注释]

①从：放纵。

②势不能容：因为天子只能有一个，所以说“势不能容”。

③物不能赡：因为只有天子才能拥有天下，所以说“物不能赡”。赡，满足。

④案：语助词，没有实际意义。

⑤悫禄：俸禄。悫，疑为“谷”，谷类粮食。

[译文]

尊贵得成为天子，富裕得拥有整个天下，这是人的情感所共同向往的；但是如果放纵人们的欲望，那么形势不容许，物质也是无法满足的。因此，古代圣贤的帝王根据这种状况给人们制定了礼义来区分他们，使人们有高贵与低贱的等级差别，有年长与年幼的年龄差别，有聪明与愚钝、贤能与无能的分别，使他们每个人都能担负起自己的工作而各得其所，然后使俸禄的多少厚薄与他们的地位和他们所担负的工作相称，这就是使人们群居在一起而且关系能协调一致的办法。

原文

故仁人在上，则农以力尽田，贾以察尽财，百工以巧尽械器，士大夫以上至于公侯莫不以仁厚知能尽官职，夫是之谓至平①。故或禄天下，而不自以为多；或监门、御旅、抱关、击柝②，而不自以为寡。故曰：斩而齐③，枉④而顺，不同而一⑤。夫是之谓人伦。《诗》⑥曰：“受小共大共⑦，为下国骏蒙⑧。”此之谓也。

[注释]

①至平：大治，指社会治理得极其公正有序。

②监门：看城门的小官吏。御：侍奉。抱关：看守城门的士卒。击柝：守夜打更的人。柝，指巡夜打更用的梆子。

③斩：通“儳”，不整齐，这里指存在等级差别。齐：指井然的社会秩序。

④枉：曲，不直，这里指人们受到礼义的约束。

⑤不同：指官职不一样。一：指协调统一。

⑥《诗》：指《诗经·商颂·长发》。

⑦小共大共：小事的法度与大事的法度。共，通“拱”，法度。

⑧下国：指天子统治下的诸侯国。骏蒙：笃厚，纯厚。

［译文］

因此，仁人处在君主的位子上，那么农民就把自己的全部力量都用在种田上，商人就把自己的精明能干全都用在理财上，工匠就把自己的技能全都用在制造器械上，士大夫以上的官员一直到公爵、侯爵，他们这些人没有人不把自己的仁慈宽厚和智慧才能都用在履行公事上，这种情况称作大治。因此，有的人富甲天下，却不认为自己拥有的财富多；有的人看守城门、招待旅客、守卫关卡、打更巡逻，也不认为自己所得到的东西少。所以说：“有不齐才能变得整齐，有了约束才能归于顺从，有了不同才能统一。”这就是人的等级秩序。《诗经》说：“接受小事与大事的法度，庇护各诸侯国平安无事。”说的就是这个道理。

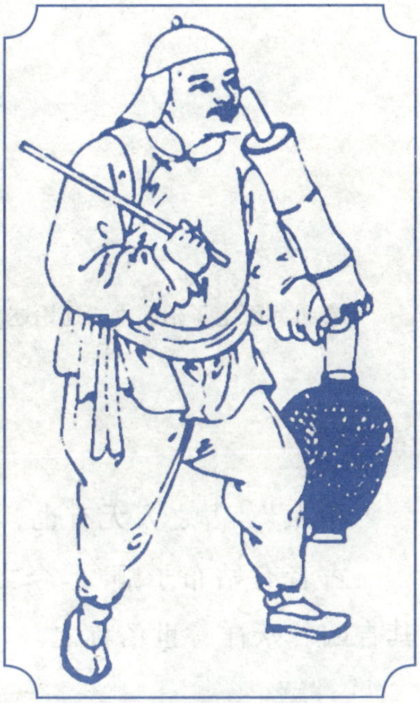

更夫

更夫、士卒，都是处在古代社会底层的人，能让他们“不自以为寡”，安于本分，可见为君主者仁爱天下，令百姓安乐、社会清明，是为仁人。

卷三

非相第五

题解

本篇批判否定了相面术，还论述了道德修养、“法后王”以及有关辩说的问题。

原文

相人[1]，古之人无有也，学者不道也。

古者有姑布子卿[2]，今之世，梁有唐举[3]，相人之形状、颜色而知其吉凶、妖祥，世俗称之。古之人无有也，学者不道也。

[注释]

①相人：给人看相。一种占卜术，根据人的容貌体态来推测他的吉凶祸福贵贱。

②姑布子卿：春秋时郑国大夫，曾经给孔子和赵襄子看过相。

③梁：即魏国。公元前361年，魏惠王迁都大梁（今河南开封），从此魏也称为梁。唐举：战国时给别人看相的人，曾经给李兑、蔡泽看过相。

[译文]

通过观察人的相貌体态来推测他的祸福，古代的人没有这种占卜术，有学识的人也不探讨这种事。

古时候有个叫姑布子卿的人，现在魏国有个叫唐举的人，他们观察人的容貌、体态、面色就能知道他的吉凶、祸福，世人都称赞他们。古时候的人不懂这种卜术，有学识的人也不探讨这种卜术。

原文

故相形不如论心[1]，论心不如择[2]术。形不胜心，心不胜术[3]。术正[4]而心顺之，则形相虽恶而心术善，无害为君子也；形相虽善而心术恶，无害为小人也。君子之谓吉，小人之谓凶。故长短、小大、善恶形相，非吉凶也。古之人无有也，学者不道也。

[注释]

①故：犹“夫”，发语词。相形：观察人的相貌、体态。论：考察，研究。

②择：区别，辨别，引申为鉴别。

③心不胜术：思想不如礼义之道重要。荀子认为人性本恶，必须经常用礼义之道（术）来改造思想（心）。

④正：正确，这里指合乎礼义。

[译文]

观察人的相貌体态不如研究他的思想，研究他的思想不如鉴别他立身处世的原则。相貌不如思想重要，思想不如立身处世的原则重要。立身处世的原则正确，而且思想又顺应了原则，那么，即使形体相貌非常丑陋，但是思想和立身处世的原则是好的，不会妨碍他成为君子；即使形体相貌非常好看，但是思想与立身处世原则非常丑恶，也不能阻挡他成为小人。对于君子来说是吉，对于小人来说是凶。所以高矮、大小、美丑等形体、相貌上的特点，并不是判断吉凶的标准。古代的人没有给人看相的，有学识的人也不探讨这种卜术。

原文

盖帝尧长，帝舜短；文王①长，周公②短；仲尼③长，子弓④短。昔者卫灵公⑤有臣曰公孙吕，身长七尺，面长三尺，焉⑥广三寸，鼻、目、耳具，而名动天下。楚之孙叔敖⑦，期思⑧之鄙人也，突秃长左，轩较之下⑨，而以楚霸。叶公子高⑩，微小短瘠，行若将不胜其衣然。白公⑪之乱也，令尹子西、司马子期皆死焉⑫，叶公子高入据楚，诛白公，定楚国，如反手尔，仁义功名善于后世。故士⑬不揣长，不挈（xié）⑭大，不权轻重，亦将志乎尔；长短、小大、美恶形相，岂论也哉？

[注释]

①文王：周文王，姓姬，名昌，商朝时周部落的首领，周武王的父亲，以贤明著称。

②周公：周文王之子，武王之弟，姓姬，名旦。他曾经辅助武王灭商，因为有功而受封于鲁，但他没有到他的封地，而是留在朝廷辅佐周成王，是历史上著名的贤臣。

③仲尼：儒家学派的创始人孔子。孔子名丘，字仲尼，春秋时期鲁国人。

④子弓：孔子的弟子，姓冉，名雍，字仲弓。

⑤卫灵公：春秋时卫国国君。

⑥焉：通“颜”，额头。

⑦孙叔敖：春秋时楚庄王的宰相，辅助楚庄王成就霸业。

⑧期思：古代地名，在今河南淮滨。

⑨轩：指古代大夫以上乘坐的车子。较：车前的横木。

⑩叶公子高：姓沈，名诸梁，字子高，春秋时期楚国大夫。因为其封地在叶（今河南叶县），楚国大夫都被称为公，所以称其为叶公子高。

⑪白公：名胜，楚平王太子建的儿子，逃难到吴国，后被召回，留在白邑（今河南息县），被称为白公。公元前479年，他发动政变，杀掉子西、子期，劫持了楚惠王，控制了楚国的都城，后来被叶公打败，自缢而死。

⑫令尹：楚国官名，相当于宰相。子西：即公子申，春秋时期楚平王的儿子、楚昭王、惠王时任令尹。司马：楚国官名，掌管军事政务。子期：即公子结，楚平王之子。

⑬士：《集解》作“事”，后来根据宋浙本改为“士”。

⑭揳：通“絜”，指衡量比较。

[译文]

据说尧帝身材高大，舜帝身材矮小；周文王身材高大，周公旦身材矮小；孔子身材高大，冉雍身材矮小。从前，卫灵公有个名字叫公孙吕的大臣，体有七尺长，脸有三尺长，额头有三寸宽，鼻子、眼睛、耳朵齐全，他的名声震撼天下。楚国的孙叔敖，是期思这个地方的粗野的乡下人，头发稀少且秃顶，左腿偏长，身材矮小，以至于高不过车身，但是他辅佐楚庄王，使楚国称霸于诸侯。楚国大夫叶公子高，身材矮小瘦弱，走起路来好像连自己的衣服也撑不住似的。白公胜作乱的时候，令尹子西、司马子期都死在这场战乱中，叶公子高却带领兵士进入楚国都城，杀死白公，使楚国安定了下来，他做这件事就像把手掌翻过来一样容易，他的仁义功名一直被后人所敬仰、赞美。因此，对于士，不要去测量他的个子的高矮，不要去揣度他的身材的大小，不要去称量他的身体的轻重，而只能看他的志向和修养；高矮、大小、美丑等形体相貌，怎么能用来评判一个人呢？

原文

且徐偃王①之状，目可瞻焉②；仲尼之状，面如蒙倛③；周公之状，身如断灾④；皋陶⑤之状，色如削瓜；闳夭⑥之状，面无见肤；傅说⑦之状，身如植鳍⑧；伊尹⑨之状，面无须麋⑩。禹跳，汤偏，尧、舜参牟⑪子。从者将论志意、比类文学邪？直将差长短⑫、辨美恶而相欺傲邪？

[注释]

①徐偃王：西周时徐国君主，据说他偃仰而不能俯，所以被称为“偃王”。他以仁义著称，又自称为王，所以周王使楚国灭了他。徐，诸侯国名，在今安徽泗县一带。

②焉：《集解》作“马”，后根据世德堂本改为“焉”，通“颜”，额头。

③蒙倛：古时人们驱鬼辟邪时蒙在脸上的一种狰狞丑恶的面具。其中四眼者被称为“方相”，两眼者被称为“倛”。

④灾：通“椔”，指立着的枯树。
⑤皋陶：传说是舜帝时掌管刑法的官。
⑥闳夭：周文王的臣子。
⑦傅说：商王武丁的宰相。
⑧植鳍：竖起的鱼鳍。这里指驼背。
⑨伊尹：商汤的宰相，辅助汤灭了夏桀。
⑩麋：通“眉”，眉毛。
⑪牟：通“眸”，眼睛。
⑫直将：还是。差：区别，辨别。

伊尹

伊尹，商汤的大臣，曾辅佐成汤灭夏自立。伊尹为了被成汤任用，曾经自贬为奴，后来烹汤以劝说成汤兴国自立。

[译文]

再说徐偃王的长相，眼睛只能仰视远处的马；孔子的长相，脸上好像蒙上了一个狰狞丑恶的祛邪避鬼的面具；周公旦的长相，身体好像一棵被折断的枯树；皋陶的相貌，脸色就像削了皮的瓜，呈现青绿色；再看看闳夭的长相，脸上的鬓须非常多，以至于看不见他脸上的皮肤；傅说的长相，身体像竖起的鱼鳞；伊尹的相貌，脸上不长胡须和眉毛。禹的腿是瘸的，走起路来一跳一跳的，汤的一半身体瘫痪，尧和舜的眼睛里有三个眸子。你们是研究他们的思想抱负，比较他们的学问呢？还是只分辨他们的高矮，辨别他们的美丑来互相欺骗、傲视呢？

原文

古者，桀、纣长巨姣美，天下之杰[1]也；筋力越劲[2]，百人之敌也。然而身死国亡，为天下大僇（lù）[3]，后世言恶，则必稽[4]焉。是非容貌之患也，闻见之不众[5]，论议之卑尔！

[注释]

①杰：这里指相貌出众。
②越劲：行为敏捷有力。
③僇：同“戮”，耻辱。
④稽：考。
⑤闻见之不众：承上文，“闻见”上省“从者”两字。

[译文]

古时候，夏桀和商纣都是身材高大、长相俊美的人，他们的相貌是天下最超群出众的；他们的体魄敏捷有力，足可以对抗上百人。但是他们身死国亡了，成为全天下最可耻的人，后世的人一说到坏人，就一定会拿他们做例子。这并不是由长相身材造成的祸患啊，而是他们见闻不广、思想言论卑下造成的！

原文

今世俗之乱君者[1]，乡曲之儇（xuān）子[2]，莫不美丽姚冶[3]，奇衣妇饰，血气态度拟于女子；妇人莫不愿得以为夫，处女莫不愿得以为士[4]，弃其亲家而欲奔之者，比肩并起。然而中[5]君羞以为臣，中父羞以为子，中兄羞以为弟，中人羞以为友；俄则束乎有司而戮乎大市，莫不呼天啼哭，苦伤其今而后悔其始。是非容貌之患也，闻见之不众，论议之卑尔。然则从者将孰可也？

[注释]

①乱君者：犯上作乱的人。

②儇子：轻薄巧言的人。

③姚冶：形容人长相妖艳。

④士：这里指未婚夫。

⑤中：一般的，普通的。

[译文]

当今世上犯上作乱的人，乡间轻薄巧言的少年，没有一个长得不美丽妖艳的，他们穿着怪异的衣服，打扮得像妇女一样，连神情态度都和女人相似；没有一个女人不想找这样的人做丈夫，没有一个未婚的姑娘不想找这样的人做未婚夫，抛弃自己的亲人和家庭而想跟这些人私奔的女人，一个接一个，多得不可胜数。可是一般的君主以让这种人做臣子为耻，一般的父亲以让这种人做儿子为耻，一般的哥哥以把这种人当作弟弟为耻，一般的人以把这种人当作朋友为耻；不久以后，这种人就会被官府绑走处死于大街闹市，他们这些人没有一个不呼天喊地号啕大哭，都为自己有今天这样的下场而感到痛心，都为自己当初的行为感到后悔。这并不是由长相造成的祸患，而是他们见闻不广、思想言论卑下造成的。既然这样，那么学者应该赞同以相貌论人的观点还是赞同以思想论人的观点呢？

原文

人有三不祥：幼而不肯事长，贱而不肯事贵，不肖而不肯事贤，是人之三不祥也。人有三必穷：为上则不能爱下，为下则好非其上，是人之一必穷也；乡则不若[1]，偝则谩之，是人之二必穷也；知行浅薄，曲直有以县矣[2]，然而仁人不能推，知士不能明[3]，是人之三必穷也。人有此三数行者，以为上则必危，为下则必灭。《诗》[4]曰："雨雪

biāo

瀌瀌⑤，宴然聿消⑥。莫肯下隧⑦，式⑧居屡骄。”此之谓也。

[注释]

①乡：通“向”，当面，面对面。若：顺从。

②有：通“又”。县：同“悬”，悬挂。

③知：通“智”，明智。明：尊重，敬重。

④《诗》：指《诗经·小雅·角弓》。

⑤雨：动词，下雨。瀌瀌：形容雨雪非常大的样子。

⑥宴然：指天放晴，太阳出来。宴，通“曕”，日出。聿：语气助词，没有实际意义。

⑦隧：通“坠”，坠落，落下。

⑧式：语气助词，没有实际意义。

[译文]

人在一生当中有三种不吉利的事情：年幼的人不愿意侍奉年长的人，地位卑贱的人不愿意侍奉身份尊贵的人，没有德操才能的人不愿意侍奉贤能的人，这是人所遇到的三种不吉利的事情啊。人在一生当中有三种必然使自己陷于困窘的事情：做了君王却不能爱护自己的臣民，做了臣民却喜欢非议自己的君主，这是人使自己必然陷于困窘的第一种境况；当着别人的面表现出不顺从的行为，背后又用恶语毁谤别人，这是人使自己必然陷于困窘的第二种境况；知识非常浅陋，品行不厚道，辨别是非曲直的能力又与别人相差很大，但是对仁爱的人却不推崇，对明智的士人却不敬重，这是人使自己必然陷于困窘的第三种境况。人一旦有了这三种使自己陷于困窘的行为，如果当了君王就必然会遭遇危险，如果做了臣民就必然会导致自己的灭亡。《诗经》说：“天空中的雪花纷纷落在地上，太阳出来以后地上的雨雪很快就会融化。处在高位的人却不肯引退，在位的人常常傲慢无礼。”说的就是这样的情况。

雪中行

纷飞大雪，在天晴后就会消融，就像人们会顺应天时而动一样。天晴雪不融，就会影响人们的生活，若居高位者应退而不退，便会招来祸患。

原文

人之所以为人者，何已①也？曰：以其有辨也。饥而欲食，寒而欲暖，劳而欲息，好利而恶害，是人之所生而有也，是无待而然者也，是禹、桀之所同也。然则人之所以为人者，非特以二足而无毛也，以其有辨也。今夫狌狌形笑[2]，亦二足而毛[3]也，然而君子啜其羹，食其胾(zì)[4]。故人之所以为人者，非特以其二足而无毛也，以其有辨也。夫禽兽有父子而无父子之亲，有牝牡而无男女之别。故人道莫不有辨。

[注释]

①已：同“以”，由于。

②狌狌：猩猩。笑：疑作“状”。

③毛：根据上下文，“毛”上当有“无”，指猩猩脸上无毛。

④胾：切成大块的肉。

[译文]

人之所以能成为人，凭借什么呢？回答说：凭借人对各种事物的界限都有所区别这个特性。人饿了就想吃饭，冷了就想取暖，累了就想休息，喜欢有利的事物而厌恶有害的事物，这是人从生下来就有的本性，它是不需要学习就能做到的，它是禹与桀相同的地方。然而人之所以能成为人，并不只是凭借长有两只脚而且身上没有毛发，而是凭借其对各种事物的界限都有所区别这种特性。如今，猩猩从外形上看与人相似，也是长有两只脚，而脸上没有毛，但是君子却喝它的肉做的汤，吃它的肉。所以人之所以能成为人，并不只是凭借他们长有两只脚而且身上没有毛发，而是凭借他们对各种事物的界限都有所区别这种特性。禽兽也有父有子，但是没有父子之间的那种亲情；也有雌雄之分，但是没有男女之间那种明显的区别。所以，人类社会的道德准则对所有的事物界限都要有所区别。

原文

辨莫大于分[1]，分莫大于礼，礼莫大于圣王。圣王有百，吾孰法焉？故[2]曰：文[3]久而息，节族[4]久而绝，守法数之有司极礼而褫(chǐ)[5]。故曰：欲观圣王之迹，则于其粲然者矣，后王[6]是也。彼后王者，天下之君也；舍后王而道上古，譬之是犹舍己之君而事人之君也。故曰：欲观千岁，则数今日；欲知亿万，则审一二；欲知上世，则审周道；欲知周道，则审其人所贵君子[7]。故曰：“以近知远，以一知万，以微知明。”此之谓也。

[注释]

①分：等级名分，指人或物的名称所相应的职位、地位、等级、权利等，也就是人们对人或物的一种规定。它是春秋战国时期一种非常流行的道德范畴。

②故：则，那么。

③文：指礼法制度。

④族：通“奏”，节奏。

⑤极：遥远，久远。礼：根据上下文疑为衍字。相传礼制为西周初年周公旦所作，至荀子时，已七八百年，所以说“极礼”。褫：废弛，松弛。

⑥后王：当代统治天下的周天子。

⑦其人所贵君子：周王朝的统治者所尊重的君子。

[译文]

对各种事物的辨别没有比确定等级名分更重要的了，确定等级名分没有比遵守礼法更重要的了，遵守礼法没有比效法圣明的帝王更重要的了。从古到今，圣明的帝王有上百个，我们应该效仿哪一个呢？回答说：礼法制度年代非常久远就会湮灭，音乐的节奏因为时间已经非常久了就会失传，掌管礼法条规的官吏也因为时间久了就会懈怠。所以我说：如果想要考察圣明帝王的事迹，就得考察其中事迹最容易让人明白的人物，这便是后代的帝王。所谓后代的帝王，就是指当今统治天下的君王；放弃后代的帝王而去谈论上古的帝王，这就好像舍弃了自己的君主去侍奉别国的君主一样。所以说：要想考察千年的历史，那就要仔细考察当今的事情；想要知道成万上亿的事情，那就要弄明白一两件事情；想要知道上古社会的情况，那就要仔细审察当今周王朝的治国之道；想要知道周王朝的治国之道，那就要仔细审察周王朝的统治者所尊重的君子。所以说：“根据近代社会的情况来了解远古社会的情况，通过了解一件事情来了解上万件事，通过了解隐晦的东西来了解明显的东西。”说的就是这个道理。

原文

夫妄人曰：“古今异情，其①所以治乱者异道。”而众人惑焉。彼众人者，愚而无说②，陋而无度③者也。其所见焉，犹可欺也，而况于千世之传也！妄人者，门庭之间④，犹可诬欺也，而况于千世之上乎！

[注释]

①其：这里指代“古今”。

②无说：不能辩解。

③无度：不会思考问题。

④门庭之间：这里指发生在身边的事情。

[译文]

那些无知而口出狂言的人说：“古今的情况是不一样的，之所以有时候安定，有时候混乱，是由于治理的方法不同。”于是一般百姓就被他们迷惑了。所谓的一般百姓，是那些思想愚昧而不能辩说、才学疏浅而不会判断分析的人。他们亲眼看到的东西，尚且能够欺骗他们，更何况是那些几千年以前的传闻！那些无知而且口出狂言的人，就是近在眼前的事情，尚且能够欺骗人，更何况是几千年以前的事情呢！

原文

圣人何以不可欺[1]？曰：圣人者，以己度者也。故以人度人，以情度情，以类度类，以说度功，以道观尽。古今一[2]也，类不悖，虽久同理。故乡[3]乎邪曲而不迷，观乎杂物而不惑，以此[4]度之。五帝之外无传人[5]，非无贤人也，久故也；五帝之中无传政，非无善政也，久故也；禹、汤有传政而不若周之察也，非无善政也，久故也。传者久则论略，近则论详。略则举大，详则举小。愚者闻其略而不知其详，闻其细而不知其大也。是以文久而灭，节族久而绝。

[注释]

①欺：欺骗。

②古今一：与上节“古今异情”相对。

③乡：通“向”。

④此：指代“类不悖，虽久同理”的观点。

⑤五帝：传说中的黄帝、颛顼、帝喾、唐尧、虞舜。外：之前，以前的意思。

[译文]

圣人为什么不会被欺骗呢？回答说：圣人，是凭借自己的资质才能来思考、推断事物的人。因此，他能依据当代人的情况去推断古代人的情况，依据当代人的感情去推断古代人的感情，根据当代的某一类事物去推断古代的同类事物，根据流传到现在的古代学说去推断古人所建的功业，根据事物发展的普遍规律揣度古代的一切事物。之所以这样做，是由于古今的情况都是一样的，只要是种类相同而且不相违背的事物，那么即使相隔的时间非常久远，它们的根本性质也还是一样的。因此圣人即使面对歪理邪说也不会被迷惑，看到杂乱的事物也不会被迷惑，这是因为他们能够按照上述道理去思考它们。在五帝出现之前，还有很多没有流传到后世的名人，并不是那个时期没有贤能的人，而是因为时间过于久远；但是这五位帝王的政治措施没有一个流传到后世，并不是他们的政治措施不好，而是因为时间过于久远；夏禹、商汤虽然政治措施流传到后世，但是不如周代的政治措施详细明了，并不是夏禹、商汤没有好的政治措施，而是因为时间过于久远。对于流传的东西，时间一旦过长，谈论起来就更简略了；近代的事情，谈起来就非常详尽。简略的东西，就只能列举出它们的大概；详尽的东西，才能列举出它们的细节。愚蠢的人听到关于事情的简略论述以后就不想再去了解详尽的细节论述，听到那详尽的细节之后就不想再去了解它的总体情况。所以，礼法制度便因为流传的年代久远而被湮灭，音乐的节奏便因为流传的年代久远而失传了。

原文

凡言不合先王、不顺礼义，谓之奸言；虽辩①，君子不听。法先王，顺礼义，党②学者，然而不好言，不乐言，则必非诚士也。故君子之于言也，志好之，行安之，乐言之。故君子必辩。凡人莫不好言其所善，而君子为甚。故赠人以言，重于金石珠玉；观③人以言，美于黼(fǔ)黻(fú)文章④；听人以言，乐于钟鼓琴瑟。故君子之于言无厌。鄙夫反是，好其实，不恤⑤其文，是以终身不免埤污、佣俗⑥。故《易》⑦曰："括⑧囊，无咎无誉。"腐儒之谓也。

[注释]

①辩：说话清晰有条理。

②党：亲近。

③观：使动用法，使……看。下文"听"字用法与此相同。

④黼黻文章：古代礼服上绣的色彩鲜艳的花纹，黑白相间的叫黼，青黑相间的叫黻，青赤相间的叫文，赤白相间的叫章。这里统指艳丽的服饰。

⑤恤：顾及，体谅。

⑥埤：通"卑"，低下，低贱。佣：通"庸"，庸俗。

⑦《易》：指《周易》。以下引文见《周易·坤卦》。

⑧括：结扎，封闭。

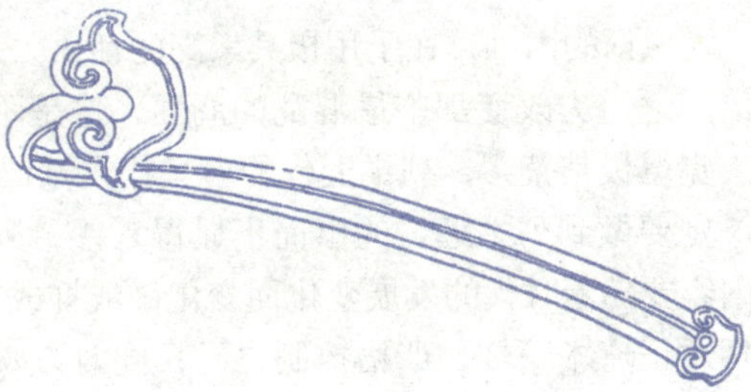

玉如意

古人喜好金石玉器，常有人为了得到心爱的珠玉珍玩而一掷千金。如果将"善言"看得比珠玉金石还要珍贵的人不是君子，那么谁还称得上是君子呢？

[译文]

凡是言语不符合古代圣王的礼法道德、不遵循礼义的，就是邪说；即使说得非常清晰有条理，君子也听不进去。效法古代圣王，遵循礼义，亲近有学识才能的人，但是不喜欢发表自己的言论，不愿意发表自己的言论，那这样的人肯定不是真诚好善之士。对于正确的理论学说，君子从心里喜欢它，行动上遵循它，乐意谈论它。因此君子说话一定是条理清晰。只要是人，就没有不喜欢谈论自己所推崇的东西的，而君子更是这样。因此，君子赠送给别人善意的话语，比赠送金银财宝还要显得贵重；使别人注意到自己善意的话语，比使人注意到礼服上的鲜艳花纹还要华美；使别人听到自己善意的话语，比让人听到钟鼓琴瑟还要快乐。因此，君子永远都不会厌倦善言。鄙俗小人的想法正好与此相反，他们只重视言语的实际性，而不顾及其文采，所以，这种人一辈子也免不了庸俗浅陋。因此，《周易》说："那些不善于言谈的人，就像被封闭在袋子里一样，既没有过错也没有赞誉。"说的就是这种迂腐的儒生。

原文

凡说之难，以至高遇至卑，以至治接至乱，未可直至也；远举则病缪①，近世则病佣。善者于是间也，亦必远举而不缪，近世而不佣；与时迁徙，与世偃仰、缓急、嬴绌②，府然若渠匽③、檃（yǐn）栝之于己也；曲得所谓焉，然而不折伤。

[注释]

①缪：通"谬"，荒谬。

②嬴：通"赢"，盈余。绌：减损，不足。

③府然：宽广包容的样子。匽：通"堰"，堤坝。

[译文]

说话的困难，在于用极其崇高的话语去对待那些思想极其卑劣的人，用最理想的治国之道去改变那些最混乱的局面，这是不可能直接达到目的的；列举远古的事让人觉得极其荒谬，列举近代的事又让人觉得极其庸俗。善于言谈的人在这种情况下，一定要做到列举远古的事而不显得荒谬，列举近代的事又不让人觉得庸俗；谈论的内容要随着时代的发展变化而变化，或抑或扬，或伸或曲，就要像渠坝拦截流水、檃栝矫正弯木一样，严格控制自己；向对方婉转地说出自己所要说的话，但是又不至于伤害他。

原文

故君子之度己则以绳①，接人则用抴（yì）②。度己以绳，故足以为天下法则矣；接人用抴，故能宽容，因求③以成天下之大事矣。故君子贤而能容罢④，知而能容愚，博而能容浅⑤，粹而能容杂，夫是之谓兼术。《诗》⑥曰："徐方⑦既同，天子之功。"此之谓也。

[注释]

①度：这里用作动词，使……端正。则：表示对待关系的连词。

②抴：通"枻"，短桨，引申为舟船。

③求：根据上下文，知"求"是"众"字之误。

④罢：通"疲"，疲弱无能。

⑤博、浅：一对反义词，博的意思是渊博，浅的意思是浅显。

⑥《诗》：指《诗经·大雅·常武》。

⑦徐方：徐国，古代国名，在今淮河中下游。

[译文]

因此，君子端正自己，应该像木工用墨线来取直一样严格，对待别人却很宽容。端正自己用墨线，这样就足以成为天下的楷模；用舟船似的胸怀待人，所以能够宽容地对待别人，因此就可以依靠众人的力量完成治理天下的大事。所以，君子贤能而且能容纳德才疏浅的人，聪慧而且能容纳愚蠢的人，渊博而且能容纳肤浅的人，纯洁而且能容纳驳杂的人，这就是我们所说的兼容并蓄法。《诗经》说："徐国已经前来归顺了，这是天子的功劳。"说的就是这个道理。

木工度材以绳

君子严于律己，宽以待人。君子要像木工用墨线来取直一样严格待己，应用舟船似的宽容胸怀待人。

原文

谈说之术：矜庄以莅之[①]，端诚以处之，坚强以持之，譬称以喻之，分别以明之[②]，欣驩(huān)、芬芗以送之[③]，宝之、珍之、贵之、神之。如是则说常无不受，虽不说人[④]，人莫不贵。夫是之谓为能贵其所贵。传曰："唯君子为能贵其所贵。"此之谓也。

[注释]

①矜庄：矜持庄重。莅：接近，靠近。

②譬称以喻之，分别以明之：《集解》里作"分别以喻之，譬称以明之"，根据《韩诗外传》卷五第二十二章改为"譬称以喻之，分别以明之"。

③驩：同"欢"，热烈，热情。芬芗：芳香，引申为和气。芗，通"香"，芬芳。

④说人：取悦人，讨好人。说，通"悦"，使喜悦，使高兴。

[译文]

谈话的方法是：用严肃庄重的态度去接近他，以正直真诚的态度去对待他，用坚强的意志去帮助他，用比喻的方法来使他通晓事理，用分析的方法来使他明白，热情、温和地引导他，使自己所说的话显得宝贵、珍重、神奇。如果真能够这样，那么你所说的话往往不会不被别人接受，即使不去取悦别人，也没有人不重视你的话。这样做就被称为能使自己所珍惜的东西得到别人的重视。古书上说："只有君子才能使自己所珍惜的东西得到别人的重视。"说的就是这种情况。

原文

君子必辩。凡人莫不好言其所善，而君子为甚焉。是以小人辩，言险；而君子辩，言仁也。言而非仁之中也，则其言不若其默也，其辩不若其呐也①；言而仁之中也，则好言者上矣，不好言者下也。故仁言大矣：起于上所以导②于下，政③令是也；起于下所以忠于上，谋救是也。故君子之行仁也无厌，志好之，行安之，乐言之。故言君子必辩。小辩不如见端④，见端不如见本分⑤。小辩而察，见端而明，本分而理，圣人、士君子之分⑥具矣。

[注释]

①辩：善于辩解。呐：同“讷”，不善于讲话，说话迟钝，言语不流畅。

②导：《集解》本作“道”，根据宋浙本改为“导”，引导。

③政：《集解》本作“正”，根据宋浙本改为“政”，政治。

④见端：显示事情发生的原因。见，同“现”，显示。

⑤本分：根据名分来推究。

⑥分：名分，此指身份、职责、地位。

[译文]

君子一定能言善辩。只要是人，就没有不喜欢谈论自己所认为的最好的东西，然而君子更是这样。因此，小人能言善辩，但是总是宣扬险恶的道理；君子也能言善辩，但是总是宣扬仁爱的道理。一个人的言论如果不合乎仁爱的道理，那么他说话还不如不说，他能言善辩还不如他笨嘴拙舌；如果一个人的言论合乎仁爱的道理，那么喜欢说话的人就是高尚的人，而不喜欢说话的人就是卑下的人。因此，合乎仁爱道理的言论非常重要：发自于君主的口中而且用来引导臣民百姓的言语就是政策与命令；发自臣民的口中而且用来效忠于君主的言语就是谋略与谏言。所以君子从来不讨厌奉行仁爱的道理，从心里就喜欢它，在行动上专心遵循这种道理，喜欢谈论这种道理。因此，我们说君子肯定是能言善辩的。谈论细节不如揭示原因，揭示原因不如根据名分来推究。辩论细节能察明问题，揭示原因能理清问题的头绪，根据名分推究能使问题有条理，圣人、士君子所应有的作用全在于此。

原文

有小人之辩者，有士君子之辩者，有圣人之辩者。不先虑，不早谋，发之而当，成文而类[①]，居错、迁徙[②]，应变不穷，是圣人之辩者也；先虑之，早谋之，斯须之言而足听，文而致[③]实，博而党[④]正，是士君子之辩者也。听其言则辞辩而无统，用其身则多诈而无功；上不足以顺明王，下不足以和齐百姓；然而口舌之均噡(zhān)唯则节[⑤]，足以为奇伟、偃却[⑥]之属，夫是之谓奸人之雄。圣王起，所以先诛也，然后盗贼次之。盗贼得变，此不得变也。

[注释]

①成文而类：辩说既富有文采又合乎礼法。文，有文采。

②居错：通“举措”，这里指措辞。迁徙：移动，变动。

③致：细密，紧密。

④党：通“谠”，正直。

⑤噡：话多。唯：唯诺，话少。节：有节制的，适当的。

⑥偃却：同“偃蹇”，骄傲。

[译文]

有小人式的能言善辩，有士君子式的能言善辩，有圣人式的能言善辩。不事先考虑清楚，不提早谋划好，只要说话就说得非常得体，既富有文采又合乎礼法，无论是围绕一个话题还是变换话题，都能够应变自如，这是圣人式的能言善辩；事先考虑清楚，提早谋划好，即使是片刻的发言也值得听众一听，言论既有文采又缜密翔实，既广博又敢于直言，这是士君子式的能言善辩。听他说话振振有词却没有要领，如果任用他做事则狡诈多端而且做不出成效；这种人上不能顺从圣明的君主，下不能使老百姓之间和睦团结；然而，他讲话非常动听、有分寸，这类人可以称得上是骄傲自大的人，可以称得上是坏人中的奸雄。圣明的君主一旦执政，首先要杀掉的就是这种奸雄，接下来再诛杀盗贼。因为盗贼还能够重新做人，而这种人是不可能悔过自新的。

非十二子第六

题解

本篇对战国时期的各家学说进行了分析评论，荀子提出了自己的政治主张和思想行为标准。文中主要列举了六种学说、十二个代表人物，并且逐一对其进行了评论；同时也涉及其他一些学说与人物，表明了作者的观点。实际上，它是一篇全面总结春秋战国时期各家学说的文章，在中国思想史上具有非常重要的地位。

原文

假今之世[①]，饰邪说，文奸言，以枭[②]乱天下，矞(jué)宇嵬琐[③]，使天下混然不知是非治乱之所存者有人矣。

[注释]

①假今之世：乘着当今的世道，这里指战国时代。假，乘着，借着。

②枭：通“挠”，扰。

③矞：同“谲”，诡谲。宇：通“讦”，诡诈。嵬：通“傀”，怪诞。琐：委琐，庸俗。

[译文]

乘着当今这个时代，粉饰邪恶的学说，美化奸诈的言论，用来扰乱天下，那些诡诈、诡谲、怪异、庸俗的言论使天下的人浑浑噩噩地不知道是非标准、治乱的根源，已经有这样的人了。

原文

纵情性，安恣睢，禽兽行，不足以合文通治[①]；然而其持之有故，其言之成理，足以欺惑愚众。是它嚣、魏牟也[②]。

[注释]

①合文通治：符合礼义，达到对国家的治理。文，礼义。

②它嚣：人名，生平不详。魏牟：战国时魏国的公子牟。

[译文]

放纵矫情任性，习惯了恣意放荡，行为像禽兽一样，更谈不上合乎礼义、达到对国家的治理；但是他们所持的观点却有根有据，他们的言论又很有道理，足以欺骗迷惑愚昧的民众。它嚣、魏牟就是这样的人。

原文

忍情性，綦（qí）蹊利跂①，苟以分异人为高②，不足以合大众、明大分③；然而其持之有故，其言之成理，足以欺惑愚众。是陈仲、史鳅也。

[注释]

①綦：极。蹊：深。利：通“离”，离开。跂：通“企”，踮起脚跟。

②苟：不正当，这里指不合礼义。分异人：与别人不同。

③大分：原指根本区别，这里指忠孝的大义。

[译文]

抑制人的人情本性，偏离大道，离世独行，不遵守道德礼法，以与别人不同为高尚的品质，不能和广大民众融洽相处，不能彰显忠孝道义；但是他们所持的观点立论却有根有据，他们能把这些立论说得非常有条理，足以欺骗、迷惑愚昧的大众。陈仲、史鳅就是这样的人。

原文

不知壹天下、建国家之权称①，上②功用、大俭约而僈差等③，曾不足以容辨异、县君臣；然而其持之有故，其言之成理，足以欺惑愚众。是墨翟、宋钘也④。

[注释]

①权称：即“权衡”，这里喻指法度、准则。权，秤锤。称，同“秤”。

②上：同“尚”，崇尚，尊崇。

③大：重。僈：轻视，鄙视。

④墨翟：战国初鲁国人，墨家学派的创始人，主张兼爱、非攻等。宋钘：又称宋荣子，战国时宋国人，思想主张接近墨子，主张“禁欲”。

[译文]

不知道统一天下、建立国家的法度的重要性，崇尚功利实用、重视勤俭节约而轻视等级差别，甚至不能区分上下之别、君臣之异；但是他们所持的理论却有根有据，他们能把这些理论说得有条有理，足够用来欺骗、迷

秤

权秤，即秤与秤锤，是称重的器具。建立国家之秤，就是要统一天下，建立天下人共有的法度。在先秦时期，唯有统一才能解决战乱。

惑愚昧的民众。墨翟、宋钘就是这样的人。

原文

尚法而无法，下修而好作，上则取听于上，下则取从于俗，终日言成文典，及紃（xún）察[①]之，则倜然[②]无所归宿，不可以经国定分[③]；然而其持之有故，其言之成理，足以欺惑愚众。是慎到、田骈也[④]。

［注释］

①紃察：反复地考察。紃，通“循”，循环，反复。

②倜然：远离的样子，这里形容迂回腐朽而远离实际。

③经国：治理国家。定分：确定名分。

④慎到：战国时期的法家学者，强调依法治国，还强调强势，认为人只要是权力大、身份高贵就可以令行禁止。田骈：战国时期齐国的法家学者。

［译文］

推崇法治但又不以礼法为准则，轻视贤能的人又喜欢另搞一套，对上听从君主的主张，对下则顺从世俗的做法，整天谈论制定条文法典，但是，一旦对他们的言行反复考察，就会发现他们的言行远离实际，没有一个着落，不可以用它们来治理国家、确定名分；但是他们所持的理论却有根有据，他们能把这些理论说得有条有理，足以用来欺骗迷惑那些愚昧的民众。慎到、田骈就是这样的人。

原文

不法先王，不是礼义，而好治怪说，玩琦[①]辞，甚察而不惠[②]，辩而无用，多事而寡功，不可以为治纲纪；然而其持之有故，其言之成理，足以欺惑愚众。是惠施、邓析也[③]。

［注释］

①琦：通“奇”，怪异，奇怪。

②惠：恩惠，好处。

③惠施：战国中期宋国著名的学者，名家的代表人物。邓析：春秋时期郑国的法家先驱。

［译文］

不效法古代圣明的君主，不遵守礼义，而喜欢研究奇怪的言论，玩弄奇异的文辞，认真考察却没有用处，辩解非常动听却不切实际，做了很多事却得到很少的功效，如果这样，这些言论就不可以作为治国的纲领；但是他们所持的理论有根有据，他们能把这些理论说得有条有理，这就足够可以用来欺骗迷惑愚昧的群众。惠施、邓析就是这样的人。

原文

略法先王而不知其统，然而犹材剧志大[①]，闻见杂博。案[②]往旧造说，谓之“五行[③]”，甚僻违而无类[④]，幽隐而无说，闭约而无解，案饰其辞而祗（zhī）敬之曰[⑤]：“此真先君子之言也。”子思唱之[⑥]，孟轲[⑦]和之，世俗之沟犹瞀（mào）儒[⑧]，嚾（huān）嚾然[⑨]不知其所非也，遂受而传之，以为仲尼、子游为兹厚于后世[⑩]。是则子思、孟轲之罪也。

[注释]

①材：通“才”，才能。剧：繁多，大量。

②案：通“按”，按照，根据。

③五行：即五常，指仁、义、礼、智、信。

④僻违：邪癖。类：法。

⑤案：语气助词，没有实际意义。祗：恭敬，尊敬。

⑥子思：战国时鲁国人，名伋，孔子的孙子，儒家学派的代表人物之一。唱：同“倡”，倡导，提倡。

⑦孟轲：战国时期邹国人，字子舆，是孔子之后最有影响力的儒家学派代表人物，被后人尊为“亚圣”。

⑧沟、瞀：通“怐”“愗”，愚昧无知。犹：语气助词，没有实际意义。

⑨嚾嚾然：喧嚣、吵闹的样子。

⑩仲尼：孔子。子游：根据上下文，应该为“子弓”。厚于后世：被后世所推崇。厚，原意是重，引申为推崇的意思。

[译文]

大致上效法古代圣明的君主而不知道他们的治国要领，但是还自以为非常有才华、志向高远，见闻广博。根据以前的旧学说来创建新的学说，并把这种学说称为“五行”，这种理论极为邪僻而且不合乎道德礼法，幽深隐微而难以讲出来，晦涩而无法理解，但是还粉饰自己的言论，从而以庄重的口吻说：“这才是真正的先师孔子的言论啊。”子思倡导它们，孟轲附和它们，世俗中那些愚昧的儒生也在七嘴八舌地谈论，不知道它们的错误之处，于是就接受了这种学说并且把它们传承了下去，以为这种学说是由孔子、子弓创立的，而且这种学说被后世所推崇。这就是子思、孟轲的罪过了。

原文

若夫总方略，齐言行，壹统类，而群天下之英杰，而告之以大古[①]，教之以至顺[②]；奥窔（yào）之间[③]，簟（diàn）[④]席之上，敛然圣王之文章具焉，佛然平世之俗起焉[⑤]；六说者不能入也，十二子者不能亲也；无置锥之地，而王公不能与之争名；在一大夫之位，则一君不能独畜[⑥]，一国不能独容；成名况乎诸侯[⑦]，莫不愿以为臣。是圣人之不得势者也，仲尼、子弓是也。

[注释]

①大古：应为“大道”之误。

②顺：道理，观点。

③奥：指房间里的西南角。窔：指房间里的东南角。合起来指室内。

④簟：用竹子编成的席子。

⑤佛：通“勃”，蓬勃兴起的样子。平世：政治安定清明的时代。

⑥畜：养，任用。君主任用臣子，便用俸禄来养活臣子，所以，在这里“畜”指君王任用臣子。

⑦成：通“盛”，兴盛，繁盛。况：增益，超越。

孟子

孟子，名轲，战国时期儒家代表人物之一，被后世尊称为“亚圣”。孟子主张“以德服人”，著有《孟子》。

[译文]

至于总括治国的方针策略，统一自己的言行，统一治国的纲纪法度，聚集了很多天下的英雄豪杰，告诉了他们根本的治国原则，教诲他们最正确的道理；在室内、竹席之上，圣明君主的典籍都集中地聚集在这里，那清明时代的风俗在这里蓬勃地兴起；墨翟、孟轲等上述六家学说不能侵入这居室，魏牟、它嚣等十二个人不能接近这讲席；虽然他们没有立足之地，但是王公贵族不能与他们争夺名望；他们虽然只是一个微不足道的大夫，但是这样的职位并不是一个诸侯国的国君所独自任用的，不是一个国家所能单独容纳的；他们的盛名超过了诸侯，没有一个君主不愿意让他们做自己的臣下。这些人是圣人中没有得到权势的人，孔子、子弓就是这样的人。

原文

一天下，财[①]万物，长养人民，兼利天下；通达之属[②]，莫不从服，六说者立息，十二子者迁化[③]。则圣人之得势者，舜、禹是也。今夫仁人也，将何务哉？上则法舜、禹之制，下则法仲尼、子弓之义，以务息十二子之说。如是则天下之害除，仁人之事毕，圣王之迹著矣。

[注释]

①财：通“裁”，管理、利用。

②通达之属：整个天下。

③迁化：紧随着发生变化。

[译文]

统一天下，利用万物，养育人民，使全天下的人民都受益；凡车船所能到达的地方，就没有人不顺从的，在这种人面前，上述六种学说立刻消失，十二个人也随着发生转变。这种人是圣人中得到权势的人啊，舜、禹就是这样的人。在当今，讲究道德仁义的人应该做些什么呢？对上应该效法舜、禹的典章制度，对下应该效法孔子、子弓的道德礼义，坚决消除上述十二个人的学说。如果能做到这样，那么天下的祸害就会被消除，仁人的事业就会成功，圣明君主的政绩也就非常显著了。

原文

信信[①]，信也；疑疑[②]，亦信也。贵贤，仁也；贱不肖，亦仁也。言而当，知也；默而当，亦知也。故知默犹知言也。故多言而类[③]，圣人也；少言而法，君子也；多言无法而流湎然，虽辩，小人也。故劳力而不当民务，谓之奸事；劳知而不律先王，谓之奸心；辩说譬谕、齐给便利[④]而不顺礼义，谓之奸说。此三奸者，圣王之所禁也。知而险，贼而神，为[⑤]诈而巧，言无用而辩，辩不惠而察，治之大殃也。行辟[⑥]而坚，饰非而好，玩奸而泽，言辩而逆，古之大禁也。知而无法，勇而无惮，察辩而操僻[⑦]，淫太而用之[⑧]，好奸而与[⑨]众，利足[⑩]而迷，负石[⑪]而坠，是天下之所弃也。

[注释]

①信信：相信应该相信的。

②疑疑：怀疑应该怀疑的。

③故：犹“夫”，发语词，没有实际意义。类：这里指礼仪。

④齐给便利：动作迅速敏捷。

⑤为：通“伪”，诡诈，奸诈。

⑥辟：通“僻”，邪僻，怪僻。

⑦操僻：行为怪僻。

⑧淫：放荡，淫乱。太：过分。之：“乏”字之误。

⑨与：党羽，同伙。

⑩利足：走捷径，贪图便利。

⑪负石：身担重任。

[译文]

相信应该相信的东西，是诚实可信；怀疑应该怀疑的东西，也是诚实可信。尊崇贤能的人，是仁；轻视不贤能的人，也是仁。说得恰当得体，是明智的表现；沉默得恰当，也是明智的表现。因此，懂得在什么情况下沉默不语与懂得说什么话是相同的。所以话说得非常多而且这些话都合乎礼义法度的是圣人；话说得非常少而且合乎礼义法度的人就是君子；话说得多却不合乎礼义法度而且放纵自己，沉溺其中，这样，即使说得天花乱坠，也是个小人。因此，费尽心思而不符合百姓的要求，叫作奸邪事；费尽心思而不遵循古代君主礼义法度的动机叫作奸心；比喻辩说起来迅速敏捷而且不遵循礼义制度，叫作奸说。这三种奸邪的东西，是圣人禁止的。生性聪明但是心思险恶，手段狠毒而高超，行为诡诈而非常巧妙，言论不讲究实效却雄辩动听，辩说毫无实际作用而又非常周密，这些是治理国家最大的祸害。行为怪僻而顽固不化，掩饰罪过而且看起来非常巧妙，玩弄权术而且非常圆滑，能言善辩而违背常理，这些行为都是古代严加禁止的。聪明而不守礼义法度，勇敢而肆无忌惮，考察周密而行为怪僻，荒淫奢侈而所用匮乏，喜欢耍阴谋诡计而且党羽众多，贪图便利而深陷迷途，身担重任却又坠入深渊，这些行为都是为天下人所抛弃的啊。

原文

兼服天下之心：高上尊贵不以骄人，聪明圣知不以穷人，齐给速通不争先人，刚毅勇敢不以伤人。不知则问，不能则学，虽能必让，然后为德。遇君则修臣下之义，遇乡则修长幼之义，遇长则修子弟之义，遇友则修礼节辞让之义，遇贱而少者则修告导宽容之义。无不爱也，无不敬也，无与人争也，恢然如天地之苞万物①。如是则贤者贵之，不肖者亲之。如是而不服者，则可谓訞(yāo)②怪狡猾之人矣，虽则子弟之中，刑及之而宜。《诗》③云：“匪上帝不时，殷④不用旧。虽无老成人⑤，尚有典刑。曾是莫听，大命以倾⑥。”此之谓也。

[注释]

①恢然：广大恢宏的样子。苞：通“包”，包容。

②訞：怪异。

③《诗》：指《诗经 · 大雅 · 荡》。

④殷：商朝，这里指商纣王。

⑤老成人：经历的事情多、做事稳重的大臣，像伊尹（商汤的相）之类的人。

⑥大命：指国家的前途命运。倾：倾覆，颠覆。

[译文]

使天下人都对自己心悦诚服的方法是：地位高高在上、职位尊贵显达，但是不会因此就看不起别人；聪慧明智、通情达理，但是不因此就让别人难堪；才思敏捷、领悟能力很强，但是不会因此就在别人面前逞能；刚强坚毅、英勇果敢，但是不因此就伤害别人。不懂就向别人请教，不会就向别人学习，即使自己能做这件事也一定谦让给别人，这样做才算是有道德。面对君主就遵循做臣下的道义准则，面对父老乡亲就遵循长幼之间的道义准则，面对父母兄长就遵循子弟的道义准则，面对朋友就遵循礼节谦让的道义准则，面对地位卑贱而年纪又小的人就遵循教导宽容的准则。关爱所有的人，尊敬所有的人，从不与别人发生争执，心胸宽广得就像天地包容世间的万物那样。如果做到这样的话，那么贤能的人就会尊重你，不肖的人也会亲近你。如果能做到这样，但是还有人对你不心悦诚服的话，那么这种人就可以称为妖邪、怪诞、奸猾的人了，即使这种人是你的孩子或者兄弟，对他们施加刑罚也是应该的。《诗经》说："并不是上帝的过错，而是商纣王不用古时的治国之道，即使没有伊尹那样的人，尚且还有可以效仿的法度和准则。但是商纣王竟然连这些都听不进去，所以王朝最终被颠覆。"说的就是这个道理。

商纣暴虐

商代的亡国之君纣王，暴虐成性，荒淫无度，滥用酷刑杀戮忠良，连他的叔父比干都因以古代贤君的治国之道相谏而被处死。

原文

古之所谓士仕[①]者，厚敦者也，合群者也，乐可贵[②]者也，乐分施[③]者也，远罪过者也，务事理者也，羞独富者也。今之所谓士仕者，污漫[④]者也，贼乱者也，恣睢者也，贪利者也，触抵[⑤]者也，无礼义而唯权势之嗜者也。

[注释]

①士仕：根据上下文，应作"仕士"。

②乐可贵：注重道德。

③分施：把恩惠施舍给别人。

④污漫：这里指行为肮脏、恶劣。

⑤触抵：触犯法律。

[译文]

古时候人们所说的外出做官的官员，是忠厚温和的人，是和群众能够和谐相处的人，是注重道德的人，是乐意把恩惠施舍给别人的人，是远离犯罪过失的人，是努力研究道理的人，是耻于个人独自富有的人。当今社会我们所说的外出做官的官员，是行为污秽恶劣的人，是为非作歹的乱臣贼子，是恣意放纵自己的人，是贪图私利的小人，是触犯刑法的人，是不讲礼义只知道贪图权势的人。

原文

古之所谓处士者，德盛者也，能静者也，修正者也，知命者也，箸[①]是者也。今之所谓处士者，无能而云能者也，无知而云知者也，利心无足而佯无欲者也，行伪[②]险秽而强高言谨悫者也，以不俗为俗、离纵而跂訾[③]者也。

[注释]

①箸：通“著”，明显，显著。

②伪：通“为”。

③离纵而跂訾：背离世俗而放纵自己，一意孤行而诋毁别人。纵，放纵。訾，诋毁。

[译文]

古时候所说的不外出做官的隐士，是道德高尚的人，是能安分淡然的人，是善良正直的人，是懂得大道理的人，是宣扬正确主张的人。我们现在所说的不外出做官的隐士，是自己没有才能但是吹嘘自己有才能的人，是自己不聪明但是吹嘘自己聪明的人，是贪得无厌却又假装没有贪欲的人，是行为虚伪阴险污秽但是硬要吹嘘自己谨慎忠厚的人，是把不同于社会的习俗作为自己的习俗、标榜特立独行的人。

原文

士君子之所能不能为：君子能为可贵，不能使人必贵己；能为可信，不能使人必信己；能为可用，不能使人必用己。故君子耻不修[①]，不耻见[②]污；耻不信，不耻不见信；耻不能，不耻不见用。是以不诱于誉，不恐于诽，率道[③]而行，端然正己，不为物倾侧[④]，夫是之谓诚君子。《诗》[⑤]云：“温温恭人，维德之基。”此之谓也。

[注释]

①修：美好，这里指道德高尚。

②见：被。

③率道：遵循道德礼义的大道。

④倾侧：倾斜，倾倒。这里指动摇。

⑤《诗》：指《诗经·大雅·抑》。

[译文]

士君子能够做到的和不能够做到的是：君子能够做到被人尊重，但是不能让别人一定尊重自己；能够做到忠诚老实而被人信任，但是不能让别人一定信任自己；能够做到被人任用，但是不能让别人一定任用自己。因此，君子把自己品德不高尚当作一种耻辱，而不把被人诬陷当作一种耻辱；把自己不讲诚信当作一种耻辱，而不把不被别人信任看作一种耻辱；把自己无能当作一种耻辱，而不把不被别人任用当作一种耻辱。所以，君子不被外在的荣誉诱惑，也不被别人的诽谤吓倒，遵循道德礼仪来做事，严肃端庄地修正自己的言行，不被外在的事物迷惑得神魂颠倒，这种人才可以称为真正的君子。《诗经》说："温雅谦恭的人们，以道德作为言行的基础。"说的就是这种人。

原文

士君子之容：其冠进①，其衣逢②，其容良③；俨然④，壮然，祺然，肆(sì)然，恢恢然⑤，广广然，昭昭然，荡荡然，是父兄之容也。其冠进，其衣逢，其容悫；俭然，恀(shì)然⑥，辅然，端然，訾然⑦，洞然，缀缀然，瞀瞀然，是子弟之容也。

[注释]

①进：通"峻"，高大。

②逢：衣服宽大。

③良：温和，和善。

④俨然：庄重、端庄的样子。

⑤恢恢然：心胸宽广的样子。

⑥恀然：依恃尊长的样子。

⑦訾然：形容勤勉的样子。

[译文]

士君子的容貌衣着是这样的：帽子高高的，衣服宽大舒适，面容和善；庄重、严肃、安详、洒脱、豁达、开阔、坦率、开朗，这是父兄的样子。他们的帽子高高的，衣服宽大舒适，面容诚恳；谦卑、温和、亲和、正直、勤勉、恭敬、顺从、拘谨，这是子弟的样子。

原文

吾语汝学者之嵬[①]容：其冠绕[②]，其缨禁[③]缓，其容简连；填填然，狄狄然[④]，莫莫然，瞡瞡（guī）然；瞿瞿然，尽尽然，盱盱然。酒食声色之中，则瞒瞒然，瞑瞑然；礼节之中，则疾疾然，訾訾然；劳苦事业之中，则儢儢然，离离然，偷儒而罔[⑤]，无廉耻而忍謑诟[⑥]。是学者之嵬也。

[注释]

①嵬：怪异，奇怪。

②绕：通“俛”，俯下，俯身。

③禁：通“紟”，腰带。

④狄狄然：紧张浮躁，不稳重的样子。狄，通“趯”，跳跃。

⑤偷儒：偷懒而怯懦的样子。罔：不怕别人议论。

⑥謑诟：辱骂。诟，同“诟”，谩骂。

[译文]

我跟你们说说一些学者的丑态：帽子戴得低低的，帽带系得松松垮垮的，表情傲慢自大；装模作样，狂躁不安，或者冷淡沉默，或者眯起眼睛东张西望；或者一副惊慌失措的样子，或者消沉沮丧、一筹莫展的样子，或者冷眉竖眼、一副瞧不起别人的样子。在吃喝玩乐的时候，就神情迷乱，沉醉其中；在需要行使礼节的时候，就烦躁不安，百般抱怨；在做劳苦工作的时候，就懒散懈怠，骂骂咧咧，苟且偷安而无所顾忌，不怕别人的非议，没有廉耻之心，甘愿忍受别人的污辱谩骂。这就是一些学者的丑态。

原文

弟佗[①]其冠，神禫（dàn）[②]其辞，禹行而舜趋[③]，是子张[④]氏之贱儒也。正其衣冠，齐其颜色，嗛（xián）然而终日不言，是子夏[⑤]氏之贱儒也。偷儒惮事，无廉耻而耆[⑥]饮食，必曰“君子固不用力”，是子游[⑦]氏之贱儒也。彼君子则不然。佚[⑧]而不惰，劳而不僈[⑨]，宗原[⑩]应变，曲得其宜，如是，然后圣人也。

[注释]

①弟佗：颓唐、堕落的样子。

②神禫：通“冲淡”，说话平淡无味。

③禹行：像大禹那样跛脚走路。舜趋：像舜那样在父母面前低头快走。这里指

子张氏之贱儒效仿禹、舜走路，矫情做作，故作圣人的姿态。

④子张：姓颛孙，名师，春秋时期陈国人，孔子的学生。

⑤子夏：姓卜，名商，春秋时晋国人，孔子的学生。

⑥耆：同“嗜”，贪欲。

⑦子游：姓言，名偃，字子游，春秋时期吴国人，也是孔子的学生。

⑧佚：同“逸”，安逸。

⑨僈：懈怠。

⑩宗原：遵守根本原则。

圣门四科

子张、子夏、子游均为孔门弟子，他们从不同的方面发扬了儒家学派，但他们在荀子的眼中却是这样的形象，可见战国时代各学派，甚至同学派各分支之间学术斗争的激烈。

［译文］

帽子戴得歪歪斜斜，看着即将要掉下来一样，话说得平淡无味，像大禹那样跛脚走路，像舜那样低头快走，这是子张一派卑贱的读书人。衣帽端正，表情庄重严肃，看起来一副谦逊老实的样子，甚至整天不说话，这是子夏一派卑贱的读书人。苟且活着，胆怯怕事，没有廉耻之心，喜欢吃喝玩乐，还总是说“君子本来就是不用从事体力劳动的人”，这是子游一派卑贱的读书人的丑态。有些君子却不这样。他们虽然生活很安逸但是却不懒散，即使工作劳累也不懈怠，他们的言行能够遵守根本的原则，同时完全能够应付各种事变，各方面都处理得非常妥当，能够做到这些才可以成为圣人。

仲尼第七

题解

本篇取文章开头的两字作为篇名，与全文的内容无关。本篇重点阐述了成就统一天下伟业之道，篇中首先以问答的形式贬损了霸道，赞扬了王道，接着又论述了君主立身处世的原则。

原文

仲尼之门，五尺之竖子①，言羞称乎五伯②。是何也？曰：然，彼诚可羞称也。齐桓③，五伯之盛者也，前事则杀兄而争国④；内行则姑、姊、妹之不嫁者七人，闺门之内，般乐、奢汏⑤，以齐之分奉之而不足；外事则诈邾（zhū）、袭莒⑥，并国三十五⑦。其事行也若是其险污、淫汏也，彼固曷足称乎大君子之门哉？

[注释]

①竖子：这里指年龄比较小的学生。

②五伯：即“五霸”，伯，通“霸”。五霸指齐桓公、晋文公、楚庄王、吴王阖闾、越王勾践。

③齐桓：齐桓公，姜姓，名小白，春秋时期齐国国君，五霸之一。公元前 685 至公元前 643 年在位，他任用管仲为相，实行经济、政治方面的改革，使齐国国富兵强，成为春秋时期第一个霸主。

④前事：齐桓公称霸以前的事情。则：表示对比的连词。杀兄而争国：公元前 686 年，齐国大乱，管仲、召忽侍奉公子纠出奔鲁国，鲍叔牙侍奉公子小白出奔莒国，齐襄公在战乱中被杀。第二年，公子小白先回到齐国，被立为桓公，后出征鲁国，大败鲁军，并且命令鲁国国君杀死自己的哥哥公子纠。

⑤般乐：过分玩乐。汏：同“汰”，奢侈。

⑥邾：春秋时期一个小国家，就是邹国，今山东邹城一带。莒：也是春秋时期一个小国家，在今山东莒县一带。

⑦并国三十五：吞并了三十五个小的诸侯国。齐桓公二年（前 684 年）灭谭，五年（前 681 年）灭遂，四十三年（前 643 年）灭项，共征伐他国二十余次，其余不详。这“三十五”应该是虚数，并非实指。

[译文]

孔子的学生以及他周围的人，即使是身高五尺的童子，谈论起来都以称赞五霸为耻。为什么会这样呢？回答说：是的，五霸确实有不值得别人称道的地方。齐桓公，是五霸中最有名的君主，但是，拿他称霸之前所做的事情来说，便是为了争夺国家的大权把他的哥哥杀掉了；拿他在家庭内部的所作所为来说，他使姑姑、姐妹中有七个人没出嫁，在宫廷中，他纵情作乐，荒淫奢侈，以至于齐国税收的一半还不够用来供养他；拿外交政策来说，他欺骗邾国，偷袭莒国，吞并了三十五个诸侯国。他的做法是这样阴险肮脏、骄淫奢侈，他怎么能够被伟大的孔圣人的门下所称赞呢？

原文

若是而不亡，乃霸，何也？曰：於乎①！夫齐桓公有天下之大节焉，夫孰能亡之？倓然见管仲之能足以托国也②，是天下之大知也。安忘其怒，出忘其仇③，遂立以为仲父，是天下之大决也。立以为仲父，而贵戚莫之敢妒也；与之高、国④之位，而本朝⑤之臣莫之敢恶也；与之书社⑥三百，而富人莫之敢距⑦也；贵贱长少，秩秩焉，莫不从桓公而贵敬之；是天下之大节也。诸侯有一节如是，则莫之能亡也；桓公兼此数节者而尽有之，夫又何可亡也？其霸也，宜哉！非幸也，数也。

[注释]

①於乎：同“呜呼”，感叹词，相当于“唉”。

②倓然：形容毫不怀疑，深信不疑的样子。管仲：名夷吾，字仲，春秋初期齐国政治家，其思想为法家思想，他原来侍奉公子纠出奔鲁国，公子纠失败被杀后，鲍叔牙把他推荐给了齐桓公，齐桓公任命他做了宰相，他辅助齐桓公成就了千秋霸业，桓公尊称他为“仲父”。

③忘其仇：忘记原来的仇恨。公元前686年，齐襄公被杀后，公子小白（齐桓公）于次年自莒国回齐国，鲁国也派兵送公子纠回国争夺王位，并派管仲带兵去途中阻击公子小白，管仲射中公子小白的衣服上的带钩，公子小白装死才得以逃脱回国，但公子小白被立为桓公后并不记这个仇，仍然唯才是用，任用管仲为相。

④高、国：均是姓氏，高氏、国氏，是齐国的两大贵族，他们世代都在齐国做高官，地位非常尊贵。这里指齐桓公给管仲高氏、国氏那样显赫的地位。

⑤本朝：朝廷。朝廷是立国之本，所以称“本朝”。

⑥书社：古代二十五家为一个里，每个里分别立社。把社内人口登录在簿册上，称为书社，在这里“书社”指按社登记入册的人口与土地。

⑦距：通“拒”，拒绝。

[译文]

像他这样不但没有灭亡，反而成了霸主，这是为什么呢？回答说：唉！齐桓公掌握了治理天下的关键之处，谁还能把他灭掉呢？他毫不怀疑管仲的才能，认为完全可以把国家托付给他，这是天下最大的智慧。他在登基后完全忘掉了对管仲的愤怒，逃出困境后就忘掉了对管仲的仇恨，然后把管仲尊称为仲父，这是天下最明智的决断。把管仲尊称为仲父，没有一个皇亲国戚敢嫉妒他；齐桓公给他高氏、国氏那样的显赫地位，而没有一个朝廷大臣敢怨恨他；给他三百社封地，没有一个富人敢跟他对抗；高贵的、低贱的、年龄大的、年龄小的，秩序都非常好，没有一个人敢不顺从桓公尊敬他；这些都是治理天下的关键之处。任何一个诸侯，只要他掌握了一个这样的关键，就没有人能把他灭掉；齐桓公把这些关键全都掌握了，又怎么可能被别人灭掉呢？他称霸诸侯是理所当然的事情啊！这并不是侥幸，而是有其必然性的。

原文

然而仲尼之门人，五尺之竖子，言羞称乎五伯，是何也？曰：然，彼非本政教①也，非致②隆高也，非綦文理也③，非服人之心也；乡方略、审劳佚、畜积、修斗而能颠倒其敌者也④，诈心以胜矣。彼以让饰争、依乎仁而蹈利者也，小人之杰也，彼固曷足称乎大君子之门哉？

[注释]

①本政教：以政教为主。

②致：通“至”，极。

③綦：极。文理：区别等级的礼义制度。

④乡：通“向”，趋向，追求。这里是施行的意思。佚：通“逸”，安逸。畜：通“蓄”，积蓄。修斗：提高战斗方法，这里指加强战备。颠倒：倾覆、打垮的意思。

[译文]

然而孔子的学生和他周围的人，即使是身高五尺的童子，谈论起来都以称赞五霸为耻，这是为什么呢？回答说：是的，因为他们没有把政治教化作为立国的根本，没有达到讲求礼义的最崇高的精神境界，没有使礼义制度健全而且条理清晰，没有使人完全臣服；他们只是些实施了正确的方针策略、注意使民众劳逸结合、积蓄物资、加强战备，因此能彻底颠覆、打垮敌人的人，是一些依靠奸诈的计谋来取胜的人。他们是用谦让来掩饰争夺、假借仁爱的名义追求实利的人，是小人中的杰出人物，他们怎么能够被伟大的孔子的门人所称赞呢？

原文

彼王者则不然。致贤而能以救不肖，致强而能以宽弱，战必能殆之而羞与之斗；委然[①]成文以示之天下，而暴国安[②]自化矣；有灾缪[③]者，然后诛之。故圣王之诛也，綦省矣。文王诛四[④]，武王诛二[⑤]，周公卒业[⑥]，至于成王，则安以无诛矣[⑦]。故道岂不行矣哉？文王载[⑧]，百里地而天下一；桀、纣舍之，厚于有天下之势，而不得以匹夫老。故善用之，则百里之国足以独立矣；不善用之，则楚六千里而为仇人[⑨]役。故人主不务得道而广有其势，是其所以危也。

[注释]

①委然：美好安详的样子。《灵枢经 · 通天》：“阴阳和平之人，其状委委然。”

②安：语气助词，没有实际意义。

③缪：通“谬”，欺诈。

④文王诛四：文王曾讨伐过密、阮、共、崇四个国家。

⑤武王诛二：周武王灭掉商朝和奄国（今山东曲阜附近）。

⑥业：指大业，即平定天下的大业。

⑦成王：周武王的儿子，姓姬，名诵。武王死时，他年纪尚小，由叔父周公旦摄政，后来成王长大成人，周公旦又把政权还给了他。安：语气助词。

⑧载：行。“载”下当有“之”字，指“道”，载之指文王遵循王道。

⑨仇人：这里指秦国。楚怀王困死于秦，其子楚顷襄王又受制于秦国，因此楚以秦为仇人。

[译文]

那些能够实现统一天下大业的人就不是这样。他们自己非常贤明，能够帮助那些不贤明的国君；自己的力量非常强大，能够对弱者宽容忍让；一旦打起仗来一定能够战胜对方，而耻于和他们战斗；制定了美好的礼义制度并把它们昭示于天下，这样，统治残暴的国家就自然转变了；对那些有祸国殃民、危险奸诈行为的人，才去谴责惩罚他。因此，圣明的君主对别人的责罚，是极其少见的。周文王一生只讨伐了四个国家，周武王只诛灭了两个国家，周公旦完成了统一天下的大业，到了周成王的时候，就没有杀伐的行为了。难道礼义之道就不能施行了吗？文王遵循了礼义之道，虽然只是统治了百里见方的国土，但是最终天下还是被他统一了；夏桀、商纣背弃了礼义之道，虽然他们实力雄厚，甚至具有统治天下的实力，却不能像平民百姓那样活到老。因此，善于利用礼义之道，那么方圆百里的国家完全可以存在下去；如果不善于利用礼义之道，那么即便是像楚国一样拥有方圆六千里的国土，但是也还是被自己的仇敌所驱使。因此，君主不致力于遵守礼义之道而只是想扩展他的势力，这就是他最终会灭亡的原因。

牧野誓师图

周武王兴兵讨伐暴君商纣，在牧野誓师。周武王是安抚天下的贤王，他灭商自立后，并没有对商的臣民大加杀戮，而是只诛杀了祸乱天下的商纣和妲己，这正是“圣王之诛”。

原文

持宠、处位、终身不厌之术：主尊贵之，则恭敬而僔（zǔn）[1]；主信爱之，则谨慎而嗛[2]；主专任之，则拘守而详；主安近之，则慎比[3]而不邪；主疏远之，则全一而不倍；主损绌之[4]，则恐惧而不怨。贵而不为夸，信而不处谦[5]，任重而不敢专。财利至，则善而不及也，必将尽辞让之义然后受；福事至则和而理，祸事至则静而理。富则施广，贫则用节；可贵、可贱也，可富、可贫也，可杀而不可使为奸也。是持宠、处位、终身不厌之术也。虽在贫穷徒处之势，亦取象于是矣，夫是之谓吉人[6]。《诗》[7]曰：“媚兹一人，应侯顺德。永言[8]孝思，昭哉嗣服[9]！”

此之谓也。

[注释]

①僔：通“撙”，谦让。

②嗛：同“谦”，谦虚。

③慎比：小心谨慎的样子。慎，通“顺”，顺从。

④损：贬损，这里指降职。绌：通“黜”，罢免，废除。

⑤谦：通“嫌”，嫌疑。

⑥吉人：道德高尚而且地位显赫的君子。

⑦《诗》：指《诗经·大雅·下武》。诗句原来的意思是歌颂武王能够继承先人的事业，这里用来说明臣子对君主应该像武王那样，竭尽忠诚地继承祖先的事业。

⑧言：语气助词，没有实际意义。

⑨服：事，指武王继承文王的伐纣事业。

[译文]

保持长期的宠信、守住官位、终身不被别人厌弃的方法是：君主重视你，你就要恭敬而谦让；君主宠信你，你就要谨慎而谦逊；君主把事务全部委托给你，你就要小心谨慎地守住你的职位而非常熟悉礼义法度；君主喜欢亲近你，你就要顺从依附而不邪恶；君主疏远你，你还要全心全意侍奉君主而且不背叛；君主贬损罢免你，你心里就会非常恐惧但是并不埋怨君主。地位显赫的时候，不会过度奢侈；得到君主的信任时，要避免嫌疑；担负重要职务的时候，不敢独断专行。财物利益将要来临，而自己的善行做得不够得到它的时候，就一定要推让一番以后再接受；幸福的事情来临时要安静平和地去看待它，灾祸来临的时候要冷静地去处理它。有钱之后就广泛地施舍，没钱的时候就节约费用；能够上、能够下，可以富、可以贫，可以杀身成仁却不可以被驱使着做邪恶的事情。这些行为就是能够保持宠信、守住官位、永远不被人厌弃的方法。即使身处贫穷无助的环境下，也能坚持这种立身处世的方法，那么这个人就可以被称为吉祥的人。《诗经》说：“武王这位可爱的天子啊，能够遵循祖先的德行。永远孝敬祖先，继承祖先的大业，多么英明啊！”说的就是这种人。

原文

求善处大重①，理任②大事，擅宠于万乘之国，必无后患之术：莫若好同之，援贤博施，除怨而无妨害人。能耐③任之，则慎行此道也；能而不耐任，且恐失宠，则莫若早同之，推贤让能，而安随其后。如是有宠则必荣，失宠则必无罪。是事君者之宝而必无后患之术也。故知者之举事也，满则虑嗛，平则虑险，安则虑危，曲重其豫，犹恐及其祸，是以百举而不陷也。孔子曰：“巧而好度，必节④；勇而好同，必胜；知而好谦，必贤。”此之谓也。愚者反是：处重擅权，则好专事而妒贤能，抑有功而挤有罪，志骄盈而轻旧怨；以吝啬而不行施，道乎上为重⑤，招权于下以妨害人。虽欲无危，得乎哉？是以位尊则必危，任重则必废，擅宠则必辱，可立而待也，可炊而僮也⑥。是何也？则堕⑦之者众而持之者寡矣。

司马徽再荐名士

司马徽向刘备推荐了诸葛亮，才有了后来诸葛亮辅佐刘备开拓大业、建立蜀汉之事，而司马徽也因举荐有功而备受重用，可见荀子说“援贤博施”是“事君者之宝”，所言非虚。

[注释]

①重：权，此指重要的官位。

②理任：掌握。

③耐：能够。

④节：适当，适度。

⑤重：依靠君主专权自重。

⑥炊：煮饭。这里指很短的时间，即做一顿饭的工夫。僮：通“竟”，完毕，终结。

⑦堕：通“隳”，毁灭，毁掉。

[译文]

寻求妥善地保持至高的地位，掌握大权，在拥有数以万辆兵车的大国独得君主的宠信，杜绝后患的方法是：最好的办法莫过于善于与别人合作，推举贤人，广泛地向别人施舍恩惠，消除对别人的怨恨，不去伤害妨碍别人。如果自己有能力胜任这个重大的职务，那就小心谨慎地采用上面所说的这种方法；如果自己没有能力胜任这个重大的职务，而且还怕因为接受了这个任务而失去君主对自己的宠信，那就不如早点与人合作，推荐有才能的人，把这个重大的职务让给能人，自己则心甘情愿地追随在贤人左右。如果这样做了，那么得到君主的宠信一定会觉得是一种荣耀，即使失去了君主的宠爱也肯定不会遭到惩罚。这是侍奉君主的臣子的法宝，也就是不管得不得宠都一定没有后患的方法。因此，明智的人处理事情的时候，结果圆满时会考虑其不足，处理顺利时会考虑其艰难性，安全时会考虑其危险性，周详地从各方面对其加以防范，但是还是怕遇到灾祸，因此，做了上百件事也不会出现失误。孔子说：“做事灵活而又遵守法度，事情就一定会做得恰到好处；勇气过人而又喜欢和别人合作，这样就一定能够取得成功；聪明而又谦虚谨慎，这样，这个人就一定是德才兼备的人。”说的就是这个道理。愚蠢的人的做法正好与此相反：他们身居要职独揽大权时，喜欢独断专行而且嫉妒贤能的人，压制有功的人而排挤打击犯过错误的人，骄傲蛮横，而且不把自己结下的仇恨放在心上；由于吝啬小气，所以在上不肯实施恩惠，凭借君主的恩宠擅权自重，在下为了抬高自己、抓住权势而妨害了别人。这种人即使指望平安无事，但是能办得到吗？所以，这种人虽然身居官位却一定会遇到危险，虽然权力很大却一定会丧失，即使受到专宠也一定会遭到耻辱，这种后果只需片刻就可以得到，只需做一顿饭的工夫就可以完结。这是什么原因呢？就是因为损毁他的人太多而扶持他的人太少啊。

原文

天下之行术①，以事君则必通，以为仁②则必圣。立隆而勿贰③也，然后恭敬以先之，忠信以统之，谨慎以行之，端悫以守之，顿穷则疾力以申重之④；君虽不知，无怨疾之心；功虽甚大，无伐德⑤之色；省求多功，爱敬不倦。如是，则常无不顺矣。以事君则必通，以为仁则必圣，夫是之谓天下之行术。

[注释]

①行术：通行于天下的谋术。

②仁：仁人。

③隆而勿贰：敦厚专一，没有二心。

④顿穷：困顿贫穷。申重：反复强调。

⑤伐德：夸耀自己的功德。

[译文]

天下处处都能行得通的道术，用来侍奉君主就必定会通达，用来做仁人就必定会圣明。树立敦厚而始终如一的作风，然后用恭顺的态度来引导它，用忠厚诚信来统率它，用小心谨慎来推行它，用端正淳朴来维护它，困顿窘迫的时候就反复地强调它；君主即使对自己不了解、不重用，也没有怨恨之心；即使功劳很大，脸上也没有自我夸耀的神气；要求少而功劳多，敬爱君主永远都不知道厌倦。如果做到这样，就永远不会有不顺利的时候了。用来侍奉君主就必然会通达，用它来做仁人就一定会圣明，这就叫作通行于天下的道术。

原文

少事长，贱事贵，不肖事贤，是天下之通义也。有人也，势不在人上，而羞为人下，是奸人之心也。志不免乎奸心，行不免乎奸道，而求有君子、圣人之名，辟①之，是犹伏而咶（shì）天、救经而引其足也②，说必不行矣，俞③务而俞远。故君子时诎④则诎、时伸则伸也。

[注释]

①辟：通“譬”，譬喻，譬如。

②咶：通“舐”，舔。经：上吊。

③俞：通“愈”，更加，越。

④诎：通“屈”，屈从，屈服。

[译文]

年轻的侍奉年长的，身份卑贱的侍奉身份高贵的，不贤能的侍奉贤能的，这是通行于天下的普通原则。有的人所处的地位不在他人之上，却把处在别人之下当作耻辱，这种想法是奸邪的人的想法。心里没有消除邪恶的念头，行为上没有离开邪恶的道路，却想企求有君子、圣人的名声，这就好像是趴在地上用舌头去舔天、想去救助上吊的人却拉他的脚一样，这种做法一定行不通，越是想这样做离目标就越远。因此，君子顺应时势，时势需要自己屈从时就屈从，时势容许自己施展抱负时就施展抱负。

卷四

儒效第八

题解

本篇除了论述大儒的政治主张、道德品质和他们在社会变革与统一天下的过程中产生的巨大作用外，还较为全面地阐述了圣人、君子、劲士、雅儒、小儒、俗儒、俗人、众人、鄙夫等几类人的德行，强调了学习与法度的重要性。“大儒”是荀子理想中的思想家和政治家，他对“大儒”作了充分的肯定，这也表现出荀子的政治思想和理想追求。

原文

大儒之效：武王崩，成王幼，周公屏成王而及武王以属天下①，恶天下之倍周也②。履天子之籍③，听天下之断，偃然如固有之，而天下不称贪焉；杀管叔④，虚殷国⑤，而天下不称戾焉；兼制天下，立七十一国，姬姓独居五十三人，而天下不称偏焉。教诲、开导成王，使谕于道，而能掩迹于文、武。周公归周、反籍于成王⑥，而天下不辍事周，然而周公北面而朝之。天子也者，不可以少当也，不可以假摄⑦为也。能⑧则天下归之，不能则天下去之。是以周公屏成王而及武王以属天下，恶天下之离周也。

周公佐成王

周公旦在成王成年之后归政成王，是为臣子的本分。周公承继文武之志，诛杀叛逆，大治天下，令海内归一，天下安乐，并于成王成年后交归权柄，其为政能，为人贤，不愧为“大儒”。

成王冠⑨，成人，周公归周反籍焉，明不灭主之义也。周公无天下矣，乡⑩有天下，今无天下，非擅⑪也；成王乡无天下，今有天下，非夺也；变势次序节然也⑫。故以枝⑬代主而非越也，以弟诛兄而非暴也，君臣易位[14]而非不顺也。因天下之和，遂文、武之业，明枝主之义，抑[15]亦变化矣，天下厌然[16]犹一也。非圣人莫之能为，夫是之谓大儒之效。

[注释]

①屏：庇护，保护。及：继承。属：使归属，统治。

②恶：本意为厌恶，这里指担忧、担心。倍：通“背”，背叛，背离。

③履：践，登上。籍：位。

④管叔：周武王之弟，周公旦的兄长，他被封于管（今河南郑州），故史称管叔。因为鼓动殷商遗民造反，被周公旦杀掉。

⑤虚：同“墟”，废墟，在这里是动词，应该解释为“使……成为废墟”。国：国都。

⑥周：指周家的天下，周王朝的统治权。反：同“返”，归还，返还。

⑦假摄：代理执政。

⑧能：能够。它针对前两句而言，既指有能力（成王年少没有能力执政），也指够条件（假摄的做法不合名分，不够条件）。周公拥戴成王而执政，这样做可以两全。

⑨冠：古代的一种礼仪。古代男子在二十岁的时候行加冕礼，表示成年。

⑩乡：通“向”，从前，以前。

⑪擅：通“禅”，禅让，古代帝王把帝位让给别人。

⑫变势：调换君臣的位置，君权更替。节：节制，制约。这里指礼法的制约。

⑬枝：旁支，指拥有王位继位权的嫡长子以外的诸公子。周公是武王的弟弟，并不是嫡长子，所以称其为“枝”。

⑭君臣易位：当时周公只是代理成王执政，并未登基为帝，成王也并未成为臣子。此文说“君臣易位”，是古人行文不经意处。

⑮抑：犹“虽”，虽然。

⑯厌然：安然。

[译文]

大儒所起到的作用是：周武王去世的时候，成王还未成年，周公旦拥护成王继承了武王的帝位来统治天下，他这样做是因为他害怕天下的民众会背叛周室。周公登上了天子之位，处理天下的政事，安然自得地就像他本来就应该拥有王权一样，但是天下百姓并不说他贪婪自私；他杀掉了管叔，使殷国国都成了废墟，但是天下人并不说他残暴；他完全控制了天下的大权，在全国各地设置了七十一个诸侯国，其中姬姓诸侯就占了五十三个，但是天下人并不说他不公正。他教诲、开导成王，使成王明白治国的道理，从而能够继承文王、武王的基业，踏着文王、武王的足迹继续前进。成王长大后，周公把天下和王位还给了成王，而天下人并没有因此就不事奉周王朝了，而周公也再次回到臣子的位子上，面向北方朝拜成王。天子这个职位不可以让年幼的人担任，也不可以由别人代理。能担负起这个重任的人，天下人就会归顺于他；不能担负起这个重任的人，天下人就都会背离他而去。所以周公拥护成王继承武王的帝位来统治天下，是担心天下人背叛周王朝。

成王行了加冕礼，已经成为成年人，周公便把天下和王位归还给成王，通过这件事来表明他不会灭掉嫡长子的道德礼义。周公就失去了统治天下的权力了，以前他拥有天下，现在失掉了天下，这并不是帝位的禅让；成王在年幼时期没有得到天下，但是现在却拥有了天下，这也不是政权的篡夺；这是礼法制度对君权更替的法定次序的制约，确实应该这样。因此，周公以旁支的身份来代替嫡长子执政算不上超越自己的本职身份，以弟弟的身份杀掉兄长管叔也算不上残暴，君臣调换位置算不上不顺。周公凭借天下人的齐心协力，最终完成了文王、武王留下来的统一事业，表明了庶子与嫡长子之间的道义准则，虽然发生了这样的变化，但是天下却始终安定有序。如果不是圣人，就不能够做到这一点，这可以说是大儒所起的作用。

原文

秦昭王问孙卿子曰①：“儒无益于人之国？”

孙卿子曰：“儒者，法先王、隆礼义、谨乎臣子而致②贵其上者也。人主用之，则势③在本朝而宜；不用，则退编百姓而悫；必为顺下矣。虽穷困、冻餧(něi)④，必不以邪道为贪；无置锥之地，而明于持社稷之大义；嘄呼而莫之能应⑤，然而通乎财⑥万物、养百姓之经纪。势在人上，则王公之材也；在人下，则社稷之臣、国君之宝也。虽隐于穷阎漏屋⑦，人莫不贵之，道诚存也。仲尼将为司寇⑧，沈犹氏⑨不敢朝饮其羊，公慎氏出其妻⑩，慎溃氏⑪逾境而徙，鲁之粥(yù)牛马者不豫贾⑫，必蚤⑬正以待之也。居于阙党⑭，阙党之子弟罔(fú)不必分⑮，有亲者取多，孝弟⑯以化之也。儒者在本朝则美政，在下位则美俗。儒之为人下如是矣。”

[注释]

①秦昭王：即秦昭襄王，名稷，战国时期秦国的国君，秦武王的异母弟弟。孙卿子：即荀况。

②致：极其，非常。

③势：权位，权势。

④餧：同“馁”，饥饿。

⑤嘄呼：呼号，叫喊。嘄，叫喊。

⑥财：通“裁”，管理，统治。

⑦阎：街道里的里巷。漏：通“陋”，狭小，简陋。

⑧司寇：春秋战国时期各国的最高司法官。孔子曾经担任过鲁国的司寇。

⑨沈犹氏：春秋时鲁国人，据说他常在早晨把羊喂饱以后再赶到市场上去卖，通过这种做法来欺骗买主。

⑩公慎氏：春秋时期鲁国人，据说他的妻子生活淫乱，但是他却不管。出：把妻子休掉。

化行中都

孔子为司寇前曾为中都宰，在任一年而“四方皆则之”，可见儒者在朝堂之上，则为“社稷之臣、国君之宝”。

⑪慎溃氏：春秋时期鲁国人，据说他平时荒淫无度，胡作非为。

⑫粥：同“鬻”，卖。豫：欺骗。贾：同“价”，价格。

⑬蚤：通“早”。

⑭阙党：同“阙里”，地名，孔子的旧居，在今山东曲阜。这里指乡镇。

⑮罔：通“网”，原意是捕鱼的工具，这里指捕获的鱼。不：通“罘”，捕兽的网，这里指捕获的野兽。

⑯弟：同“悌”，尊敬兄长。

[译文]

秦昭王问荀子：“儒者对于世上的国家没有什么好处吧？”

荀子回答：“儒者，是效法古代帝王、尊崇礼义、谨守自己的职位而且极其敬重他们君主的人。君主如果任用他们，那么他们就会在朝廷有立足之地，而且能够适当地运用自己的权势；如果不任用他们，那么他们就退出官列，重新归入百姓的行列老实地做人；无论如何，他们一定是恭顺的臣民。即使他们贫穷困顿、受冻挨饿，也一定不会采取不正当的手段去谋取财利；即使没有立足的地方，也知道维护国家的大义；即使他们大声呼喊也没有人响应，可是他们通晓统治万物、养育民众的纲纪。如果他们的地位权势在别人之上，那他们就是做天子、诸侯的人才；如果他们的地位、权势在别人之下，那他们就是国家的贤臣、君主的宝贵财富。即使他们隐居在偏僻里巷的简陋的破房子中，也没有人不尊重他们，因为在他们手中确实掌握着治国之道。孔子将要担任鲁国司寇的时候，沈犹氏再也不敢在卖羊的当天早晨把自己的羊喂饱了，公慎氏把他淫乱的妻子休掉了，荒淫的慎溃氏越境搬走了，鲁国卖牛马的也不再虚定高价了，这些道德败坏的人必先改正以等待孔子。孔子住在阙里的时候，阙里的子弟必定会将捕获的鱼兽分给当地的百姓，有父母亲的人家就多分一些，之所以这么做，是因为孔子用孝悌的道理把他们感化了。儒者在朝廷做官，就能美化朝政；在下面做老百姓，就能美化风俗。儒者做臣民时就是这样的情况啊。”

原文

王曰："然则其为人上何如？"孙卿曰："其为人上也，广大矣。志意定乎内，礼节修乎朝，法则、度量正乎官，忠、信、爱、利形[1]乎下。行一不义，杀一无罪，而得天下，不为也。此君义信乎人矣，通于四海，则天下应之如讙(huān)[2]。是何也？则贵名白而天下愿也[3]。故近者歌讴而乐之，远者竭蹶[4]而趋之。四海之内若一家，通达之属，莫不从服。夫是之谓人师。《诗》[5]曰：'自西自东，自南自北，无思[6]不服。'此之谓也。夫其为人下也如彼，其为人上也如此，何谓其无益于人之国也？"

昭王曰："善！"

[注释]

①形：表现，行为。

②讙：同"欢"，喧哗，这里指齐声回答。

③则：因为，由于。愿：仰慕。

④竭蹶：力竭而跌倒，形容竭尽全力奔走、不辞劳苦的样子。

⑤《诗》：指《诗经·大雅·文王有声》。

⑥思：语气助词，没有实际意义。

[译文]

秦昭王问道："那么儒者位居人上又怎么样呢？"荀子说："儒者位居人之上，作用就大了。他内心意志坚定，用礼节整饬朝纲，用各种规章制度纠正官府的失误，使忠诚、老实、仁爱、利人等美德体现在民间。哪怕做一件不义的事、杀一个无罪的人就可以取得天下，他也不会这样干。这样，他的君主具有的道义就会被人民所相信，而且传遍了天下，那么天下的人就会像齐声应答一样来响应他。这是为什么呢？是因为他尊贵的名声显赫，受到天下人的仰慕，天下都得到了治理。因此，近处的人歌颂他而且喜爱他，远处的人竭力奔走前来投奔他。四海之内就像一家人一样，凡是车船所到、人迹所到的地方，没有谁不服从他。这可以称作是人民的表率了。《诗经》说：'从西到东，从南到北，没有不归顺他的。'说的就是这种情况。儒者做臣民的时候是前面所说的那种情况，他位居他人之上的时候，就是刚才所说的这种情况，怎么能说他们对于国家没有什么好处呢？"

秦昭王说："说得好！"

原文

先王之道，仁之隆也，比中而行之①。曷谓中？曰：礼义是也。道者，非天之道，非地之道，人之所以道②也，君子之所道也。

［注释］

①比：顺从。中：正，不偏不倚，适当，适宜。

②道：遵行，遵守。

［译文］

古代君主的治国之道，是仁人最推崇的，因为古代君主是按照中正之道来治国的。什么是中正之道呢？回答说：礼义就是这种中正之道。我所谓说道，不是指宇宙的运动规律，也不是指大地的变化规律，而是指人在行动时所要遵守的准则，是君子所要遵行的大道。

原文

君子之所谓贤者，非能遍能人之所能之谓也；君子之所谓知①者，非能遍知人之所知之谓也；君子之所谓辩者，非能遍辩人之所辩之谓也；君子之所谓察者，非能遍察人之所察之谓也；有所止②矣。相高下，视墝(qiāo)肥，序五种③，君子不如农人；通财货，相美恶，辨④贵贱，君子不如贾人；设⑤规矩，陈绳墨，便备用⑥，君子不如工人。不恤是非、然不然之情，以相荐撙⑦，以相耻怍，君子不若惠施、邓析。若夫谲德⑧而定次，量能而授官，使贤不肖皆得其位，能不能皆得其官，万物得其宜，事变得其应，慎、墨不得进其谈⑨，惠施、邓析不敢窜其察⑩，言必当理，事必当务，是然后君子之所长也。

［注释］

①知：通“智”，聪明。

②止：指君子的知识、才能有一定的限度。

③序：次序，这里指合理安排，不失农时。五种：指黍、稷、豆、麦、麻五种农作物，泛指各种庄稼。

④辨：《集解》本来写作“辩”，根据宋浙本改为“辨”，分辨。

⑤设：措置，这里是指使用。

⑥便备用：熟练使用器具。便，原意是方便，引申为熟练的意思。备用，器械，器皿。

⑦荐：通“践”，践踏。撙：压抑，抑制。
⑧谲德：分辨、判别德行层次。谲，通“决”，判断。
⑨进其谈：发表他们的主张。
⑩窜其察：宣扬他们的见解。

[译文]

君子所说的贤能，并不是指自己能够把别人所能做到的一切都做到；君子所说的智慧，并不是指知道别人所知道的一切；君子所说的善辩，并不是指能够把别人所辩明的一切都辩明；君子所说的明察，并不是指能够观察到别人所观察到的一切；君子的知识才能也是有一定限度的啊。查看土地地势的高低，辨清土质的贫瘠与肥沃，按照时序栽种各种庄稼，君子不如农民熟练；使财物流通，鉴别货物质量的好坏，分清货物的贵贱，君子不如商人熟练；使用圆规、矩尺、绳墨等各种器具，熟练地运用各种器具，君子不如工人熟练。不顾是与非，也不管真实情况是不是这样，互相贬斥抑制，互相欺压凌辱，君子不如惠施、邓析熟练。至于根据评估的德行来确定等级，根据衡量出来的才能来授予官职，使有德与无德的人都能得到应有的位置，有才能与没有才能的人都得到应有的职位，使世间万物都得到适当的处置，各种突发事变都得到很好的处理，使慎到、墨翟不能再发表他们的言论，惠施、邓析不敢再卖弄他们貌似明察的诡辩，言语一定要合乎道理，做事一定要符合要求，这才是君子所擅长的。

原文

凡事行，有益于理者立之，无益于理者废之，夫是之谓中事①。凡知说，有益于理者为之，无益于理者舍之，夫是之谓中说。事行失中谓之奸事，知说失中谓之奸道。奸事、奸道，治世之所弃而乱世之所从服也。若夫充虚之相施②易也，“坚白”“同异”之分隔也，是聪耳之所不能听也，明目之所不能见也，辩士之所不能言也，虽有圣人之知，未能偻③指也。不知，无害为君子；知之，无损为小人。工匠不知，无害为巧；君子不知，无害为治。王公好之，则乱法；百姓好之，则乱事。而狂惑、戆(zhuàng)陋之人④，乃始率其群徒，辩其谈说，明其辟称，老身长子，不知恶也。夫是之谓上愚，曾不如相鸡狗之可以为名也。《诗》⑤曰：“为鬼、为蜮(yù)⑥，则不可得；有靦(tiǎn)⑦面目，视人罔极⑧。作此好歌，以极反侧。”此之谓也。

[注释]

①中事：正确的理想和主张。

②施：通“移”，移动，迁移。

③偻：速度快。

④戆：愚昧。陋：见识少，知识浅薄。

⑤《诗》：指《诗经·小雅·何人斯》。

⑥蜮：传说这种动物能含沙射人。

⑦靦：同“婩”，面貌丑恶狡猾的样子。

⑧视：通“示”，给人看。罔极：没有边际。

[译文]

大凡行事，有益于社会治理的事情和行为就可以做，无益于社会治理的就不要做，这叫作正确的立场。大凡研习学说，有益于社会治理的知识和学说的就施行，无益于治理的就废除，这叫作正确的学说。事情和行为不妥当，是奸邪的事；知识和学说不妥当，是奸邪的学说。奸邪的事和奸邪的学说是被太平盛世所抛弃的，却被混乱的社会所推崇。至于世间万物盈和虚的互相转化，对“坚白”“同异”命题的分析，即使是耳朵灵敏的人也听不懂，即使是眼睛明亮的人也看不清，即使是能言善辩的学者也说不明白，即使具有圣人一样的智慧，也不能很快地将它们一一说明。然而，即使不知道这些学说，君子还是君子；即使懂得这些学说，小人还是小人。即使工匠不了解这些学说，也并不妨碍他们掌握技艺；即使卿大夫不懂得这些学说，也不妨碍他们从事政治。但是，如果帝王、诸侯喜欢这些学说，就会乱了法度；如果老百姓喜欢这些学说，就会把他们的事情搞乱。可是，那些狂妄糊涂、愚昧肤浅的人，却带着他们那一伙门徒，为他们的主张学说大加辩护，阐述他们的比喻引证，一直到自己衰老、孩子长大，他们也不知道厌恶。这可以说是愚昧到极点的人，他们的名声甚至还不如给鸡狗治病的人。《诗经》说：“你是鬼，你作怪，无法看清楚你的本来面目；你如此丑陋，让人无法看透。作这首好歌传唱一下，用来揭穿你的反复无常。”说的就是这种人。

原文

我欲贱而贵，愚而智，贫而富，可乎？曰：其唯学乎。彼学者：行之，曰士也；敦慕焉，君子也；知之，圣人也。上为圣人，下为士君子，孰禁我哉？乡[①]也，混然涂之人也，俄而并乎尧、禹，岂不贱而贵矣哉？乡也，效门室之辨，混然曾不能决也，俄而原仁义，分是非，图回天下于掌上而辨白黑[②]，岂不愚而知矣哉？乡也，胥靡[③]之人，俄而治天下之大器举在此，岂不贫而富矣哉？今有人于此，屑然藏千溢之宝[④]，虽行贷(tè)[⑤]而食，人谓之富矣。彼宝也者，衣之，不可衣也；食之，不可食也；卖之，不可偻售也。然而人谓之富，何也？岂不大富之器诚在此也？是杅杅亦富人已⑥，岂不贫而富矣哉？

[注释]

①乡：通“向”，从前，以前。

②回：转。而：如，像。辨：《集解》本作“辩”，根据宋浙本改为“辨”。

③胥靡：空无所有。胥，疏，空。靡，无。

④屑然：杂而多的样子。溢：通“镒”，古代重量单位，以黄金二十两或二十四两为一镒。宝：珍宝。

⑤行贷：以乞讨为生。

⑥是：这里是指知识。杅杅：广大，充裕。已：同“矣”。

[译文]

我想由卑贱变成高贵，由愚昧变成聪明，由贫穷变成富有，行吗？回答说：可能唯一的办法就是学习了。那些学习的人学了以后能遵行的，就可以称为士人；勤奋努力学习的，就是君子；对学到的东西非常精通的，就是圣人。学得最好的成为圣人，学得一般的也可以成为士人、君子，谁能阻挡我上进呢？以前，生活得混混沌沌，是个走在路上不会被别人认出的普通人，没过多久，就可以和尧、禹这样的贤君相提并论了，这难道不是由卑贱变得高贵了吗？以前，询问他门外和室内的礼节有什么不同，他竟然糊涂到不能判断，没过多久，他就能追溯仁义的本源，辨别是非，把天下的事运转于手掌之中，就像辨别黑白一样容易，这难道不是由愚昧变得明智了吗？以前，是个一无所有的人，没过多久，他很快就掌握了治理天下的重要手段，这难道不是由贫穷变得富有了吗？现在如果有一个人在这儿，他收藏了很多价值千金的宝贝，那么即使这个人依靠外出乞讨来生活，人们还是说他非常富有。他的那些宝贝，穿它吧，不能穿；吃它吧，不能吃；把它卖了吧，又不能很快地卖出去。然而人们却说他非常富有，这是因为什么呢？难道不是因为他确实拥有许多非常值钱的宝器吗？由此看来，那种知识渊博的学者也是富有的人，这难道不是由贫穷变得富有了吗？

帝尧德治

尧、舜是古代的贤王、至贵之人。普通人通过学习儒术，培养治理天下之志，可以获得包容天下的仁心和安抚天下之力，就可以成为尧、舜那样的人，这就是“学”的好处。

原文

故君子无爵而贵，无禄而富，不言而信，不怒而威，穷处而荣，独居而乐，岂不至尊、至富、至重、至严之情举积此哉？故曰：贵名不可以比周[①]争也，不可以夸诞有也，不可以势重胁也，必将诚此[②]然后就也。争之则失，让之则至；遵道则积，夸诞则虚。故君子务修其内而让之于外，务积德于身而处之以遵道。如是则贵名起如日月，天下应之如雷霆。故曰：君子隐而显，微而明，辞让而胜。《诗》[③]曰："鹤鸣于九皋，声闻于天。"此之谓也。

[注释]

①比周：这里指结党营私。

②诚此：指刻苦认真地学习上述道理。

③《诗》：指《诗经·小雅·鹤鸣》。

[译文]

因此君子即使没有爵位也很尊贵，即使没有俸禄也很富有，即使不善言谈也被别人信任，即使不发怒脸色看起来也很威严，即使处境窘困也感到很荣耀，即使孤独地生活也感到很快乐，这难道不是因为那最尊贵、最富有、最诚实、最威严的东西都聚集在他这里了吗？所以说：尊贵的地位不是靠结党营私争得的，不是靠炫耀吹牛得到的，不是靠权势地位掠夺到的，一定要在学习上确实下了苦功夫，才能成就这些辉煌。与人争夺名誉就会丧失自己原有的名誉，对名誉不争不抢反而会得到名誉；遵循正确的道义就能使名誉得到积累，炫耀吹牛反而会落空。因此，君子注重自己内在的修养，行为上则表现出谦虚辞让的美德，注重自身德行的积累，遵循正确的道义去处理事情。如果能这样做，那么显赫的名声就会像太阳、月亮从东方升起一样，天下人就会像雷霆那样响应他。因此，我们说：君子即使隐居不仕地位也会显赫，即使地位卑微也会感到荣耀，即使谦虚退让也会做得比别人好。《诗经》说："仙鹤在遥远的沼泽地鸣叫，叫声会一直传到云霄。"说的就是这种情况。

原文

鄙夫反是。比周而誉[①]俞少；鄙争[②]而名俞辱；烦劳以求安利，其身俞危。《诗》[③]曰："民之无良[④]，相怨一方。受爵不让，至于己斯亡[⑤]。"此之谓也。

[注释]

①誉：通"与"，关系亲近。

②鄙争：用不正当的手段争夺。

③《诗》：指《诗经·小雅·角弓》。

④无良：不善良。

⑤斯：语气助词，没有实际意义。亡：本意是灭亡，这里指遭遇了灾祸。

[译文]

鄙陋浅薄的人的言行正好与君子相反。他们结党营私，但是同伙越来越少；卑鄙无礼地去与人争夺名利，名声因此而越来越臭；竭尽全力去追求安逸的生活与个人利益，但是自身的处境越来越危险。《诗经》说："小人的心地不善良，他们互相责怪怨恨另一方。争取爵位的时候毫不谦让，一直到自己遇上灾祸。"说的就是这种人。

原文

故能小而事大，辟[①]之是犹力之少而任重也，舍粹折无适也[②]。身不肖而诬贤，是犹伛身[③]而好升高也，指其顶者愈众。故明主谲德而序位，所以为不乱也；忠臣诚能，然后敢受职，所以为不穷也。分不乱于上，能不穷于下，治辩[④]之极也。《诗》[⑤]曰："平平[⑥]左右，亦是率从。"是言上下之交不相乱也。

[注释]

①辟：通"譬"，譬如。

②粹：通"碎"，粉碎。无适：没有路可走。

③伛身：驼背。

④辩：通"办"，治理。

⑤《诗》：指《诗经·小雅·采菽》。

⑥平平：公平。

[译文]

因此，能力小反而去做大事，打个比方，这就好像是力气小而担子重一样，除了会把骨头压碎、把腰折断外，就没有别的后果了。自己不贤能反而妄称自己很贤能，这就好像是弯腰驼背却喜欢抬高自己一样，指着他的头顶笑话他的人就会越来越多。因此，贤明的君主评定各位臣子的德行，并且以此来安排职位，这样做是为了避免乱加任用；忠诚的臣子的确有能力，然后才敢接受官职，之所以这样做是为了不使自己生活陷入困境。君主妥善地安排职位但是不乱来，臣子有能力胜任这个官职，从而使自己不至于陷入困境，这是治理国家的最高境界。《诗经》说："君主公平对待身边的臣子，大家就会遵从君主的命令而不是违反君主的命令。"这是说君臣上下之间的关系不能乱。

原文

以从俗[1]为善，以货财为宝，以养生为己至道，是民德也。行法志[2]坚，不以私欲乱所闻，如是，则可谓劲士矣。行法志坚，好修正其所闻，以矫饰其情性[3]；其言多当矣，而未谕也；其行多当矣，而未安也；其知虑多当矣，而未周密也；上则能大其所隆，下则能开道[4]不己若者：如是，则可谓笃厚君子矣。修百王之法，若辨白黑；应当时之变，若数一二；行礼要[5]节而安之，若生四枝[6]；要时立功之巧，若诏四时；平正和民之善[7]，亿万之众而博[8]若一人：如是，则可谓圣人矣。

[注释]

①从俗：遵循一般的习俗。

②志：志气。

③矫：矫正。饰：通“饬”，整治。

④道：通“导”，指导，开导。

⑤要：通“约”，吻合，迎合。

⑥生：通“伸”，伸展。枝：通“肢”，肢体。

⑦平：治理。正：通“政”，政治。

⑧博：根据上下文，应为“抟”，聚集。

孔子乘辂

孔子是儒家学派的创始人、古来备受赞誉的圣人。他倡导仁爱，遵从礼法，明辨是非，他在鲁国为官期间平和爱民，团结百姓，尽心辅佐君王，他的行为正是圣人之行。

[译文]

把遵从固有的习俗作为美德，把货物钱财当作宝贝，把保养自己的身体作为最高行为准则，这是普通百姓的德行。行为合乎法度，意志坚定，不因为个人的喜好而歪曲自己所听到的事情，如果一个人能够这样做，这个人就可以称得上是正直的士人了。行为合乎法度，意志坚定，喜欢修正自己所学到的东西来矫正自己的情感脾气；他的言论大部分是恰当的，但是还没有完全说清楚；他的行为大部分是恰当的，但是还没有完全踏实稳妥；他的想法大部分是恰当的，但还不够周密详细；对上他能发扬光大他所推崇的礼义，对下能开导不如自己的人：如果能这样做，他就可以称得上是一个诚实忠厚的君子了。致力于学习历代帝王的礼义法度，就像分辨黑白一样清楚；应对时事的变化，就像数一二一样容易；奉行礼义遵守礼节，把做这种事情当作再平常不过的事情，就像平时伸展四肢一样自如；抓住时机建立功绩的技巧，就像知晓四季的到来一样准确；稳定政局、安定百姓，使亿万群众团结得像一个人一样：如果能这样做，就可以称得上是圣人了。

原文

井井兮其有理也，严严兮其能敬己也[①]，分分[②]兮其有终始也，厌厌兮其能长久也[③]，乐乐兮其执道不殆也[④]，照照兮其用知之明也[⑤]，修修兮其用统类之行也[⑥]，绥绥兮其有文章也[⑦]，熙熙兮其乐人之臧也，隐隐[⑧]兮其恐人之不当也：如是则可谓圣人矣。

［注释］

①严严：神情威严的样子。敬己：使自己受尊敬，指不允许别人用不礼貌的态度去侵犯他。

②分分：根据上下文应为“介介”，指坚定不移，始终如一。

③厌厌：安然、安静的样子。长久：如果人们对生活很满意而且与世无争，一辈子就会平安无事，所以他们能长久地立足于社会。

④乐：乐于、乐意。殆：通“怠”，怠慢。

⑤照照：光明。知：通“智”，智力。

⑥修修：通“条条”，端正大方的样子。统类：纲纪法度，这里指礼法。

⑦绥绥：安详从容的样子。文章：指文采。

⑧隐隐：通“殷殷”，忧伤、忧虑的样子。

［译文］

做事井然有序、有条不紊，看起来威风凛凛，这样能使自己不会受到别人的侵犯；做事坚定不移、有始有终，对自己的生活心满意足，所以能得到长久的安稳，满腔热忱，坚守道义不懈怠，运用智慧洞察一切，多英明啊；一丝不苟，实施礼法并且严格遵行礼法；安泰自若，掌握礼义制度有根有据；温和快乐，喜欢别人的美好言行；忧心忡忡，害怕别人的行为违反礼义：能够做到这样的人就可以称得上圣人了。

原文

此其道出乎一。曷谓一？曰：执神[①]而固。曷谓神？曰：尽善挟[②]治之谓神，万物莫足以倾之之谓固，神固之谓圣人。

［注释］

①神：这里指翔实而完备的治国方法。

②挟：通“浃”，周到，完善。

［译文］

圣人的品德产生于专一。什么是专一？回答说：就是掌握着神明而且使它稳固。

什么叫作神明？回答说：能使天下尽善尽美和谐统一的治国方法叫作神明，什么是稳固？回答说：任何事物都不能使之倾斜改变的叫作稳固，用最完备、最美好的办法治理国家而且不使国家被任何事物动摇的人叫作圣人。

原文

圣人也者，道之管[①]也。天下之道管是矣[②]，百王之道一是矣，故《诗》《书》《礼》《乐》之归是矣。《诗》言是，其志也；《书》言是，其事也；《礼》言是，其行也；《乐》言是，其和也；《春秋》言是，其微也。故《风》所以为不逐者[③]，取是以节之也；《小雅》[④]之所以为小雅者，取是而文[⑤]之也；《大雅》之所以为大雅者，取是而光之也；《颂》[⑥]之所以为至者，取是而通之也。天下之道毕是矣。乡[⑦]是者臧，倍是者亡。乡是如不臧、倍是如[⑧]不亡者，自古及今，未尝有也。

[注释]

①管：枢纽，关键。

②管：汇总。是：指儒家的学说。

③《风》：即《国风》，是《诗经》的一部分，收录了各地的土风歌谣，所以称为“风”。逐：原意指追赶，这里指为了追赶时髦而追随歪风邪气。

④《小雅》：《诗经》的一部分。雅，正。

⑤文：指润饰，使其有文采。

⑥《颂》：《诗经》的一部分，它记录的是宗庙祭祀的舞曲。

⑦乡：通“向”，迎合，顺从。

⑧如：通“而”，转折连词，无实际意义。

[译文]

圣人，身上汇总了天下所有的道。天下的道都汇总在他这里了，历代圣明君主的道都汇总在圣人这里，因此，《诗》《书》《礼》《乐》的道也都汇总到他这里了。《诗》表达了圣人的心意，《书》表达的是圣人的政事，《礼》表达的是圣人的行为，《乐》表达的是圣人的和谐思想，《春秋》表达的是圣人的微言大义。所以，《国风》之所以内容不淫荡，是因为道节制了它；《小雅》之所以称为小雅，是因为道润饰了；

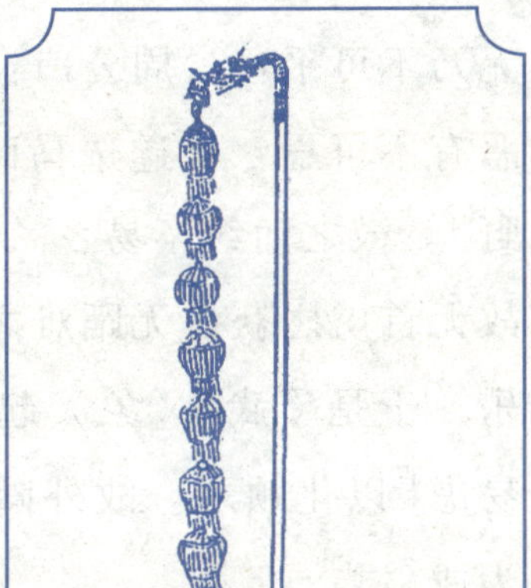

祭祀中和韶舞节

祭祀是我国古代告慰神灵、祖先的仪式，《颂》是我国周代所辑的祭祀舞曲集，里面蕴含了很多治国安邦、惠爱天下的道理。

《大雅》之所以称为大雅，是因为道把它发扬光大了；《颂》之所以被称为至高无上的作品，是因为道把它贯通了。天下的道完全汇总在这里了。顺从道就会有美好的结果，背离它就会遭到灭亡。顺从道而没有好结果、违背道不会遭到灭亡，这种事情，从古到今，还不曾有过。

原文

客有道曰："孔子曰：'周公其盛乎。身贵而愈恭，家富而愈俭，胜敌而愈戒。'"应之曰："是殆非周公之行、非孔子之言也。武王崩，成王幼，周公屏成王而及武王，履天子之籍，负扆(yǐ)而坐①，诸侯趋走堂下。当是时也，夫又谁为恭矣哉？兼制天下，立七十一国，姬姓独居五十三人焉；周之子孙，苟不狂惑者，莫不为天下之显诸侯。孰谓周公俭哉？武王之诛纣也，行之日以兵忌②，东面而迎太岁③，至汜④而泛，至怀而坏⑤，至共头而山隧⑥。霍叔⑦惧曰：'出三日而五灾至，无乃不可乎？'周公曰：'刳比干而囚箕子⑧，飞廉、恶来知政⑨，夫又恶有不可焉？'遂选马而进，朝食于戚⑩，暮宿于百泉⑪，厌旦于牧之野⑫。鼓之而纣卒易乡⑬，遂乘殷人而诛纣。盖杀者非周人，因殷人也，故无首虏之获，无蹈难之赏。反而定三革⑭，偃⑮五兵，合天下，立声乐，于是《武》《象》起而《韶》《护》废矣⑯。四海之内，莫不变心易虑⑰以化顺之。故外阖⑱不闭，跨天下而无蕲⑲。当是时也，夫又谁为戒矣哉？"

［注释］

①扆：古代宫殿中矗立在门和窗之间的屏风。天子接见诸侯的时候，背靠屏风而面向南，接收诸侯的朝见。坐：根据《礼记·曲礼》，似乎应为"立"。

②兵忌：出兵忌讳的日子。古代迷信，认为出兵要选择吉日，在忌讳的日子出师会不利。

③迎：冲着。太岁：即木星，又名岁星。古代占星家认为岁星是吉星，当它运行到某一星宿的时候，那么与这一星宿相对应的地面上的国家就会吉利。如果冲犯了它所在的方位，这个国家就会遭殃。

④汜：汜水，河名，在今河南汜水。

⑤怀：指怀城，地名，在黄河附近。坏：坍塌。

⑥共头：山名，在今河南辉县境内。隧：通"坠"，山石崩塌。

⑦霍叔：姓姬，名处，周文王之子，武王的弟弟，封于霍（在今山西霍州市），故历史称其为霍叔。

⑧刳：古代的一种酷刑，把人的腹部剖开挖空。比干：商纣王的叔父，商王文丁（太丁）的儿子。他因屡次劝说纣王而被剖腹挖心。箕子：纣王的叔父，为太师，封于箕（在今山西太谷东北），所以世人称其为箕子。他曾经劝谏纣王无效，后来披发装疯，被囚禁在牢中，周武王灭商后被释放。

⑨飞廉：纣王的宠臣，以善于奔走著称。恶来：纣王的臣子，飞廉的儿子，力气过人，善讲谗言，周武王伐纣时被杀掉。

⑩戚：地名，在今河南濮阳。

⑪百泉：地名，在今河南辉县。

⑫厌旦：根据上下文应为“旦厌”。牧：地名，在今河南淇县。

⑬易乡：调换方向，这里指纣王的士兵倒戈起义。乡，通“向”。

⑭反：同“返”，返回。定：停止，使静止不动。三革：指制造铠甲用的犀皮、兕皮、牛皮。

⑮偃：放下。

⑯《武》：又名《大武》，周公所作的歌颂武王功绩的乐曲名。《象》：又称《象舞》，周武王所作的模仿文王击刺之法的舞曲名。《韶》：舜时的乐曲名。《护》：商汤时的乐曲名。

⑰变心易虑：改变思想。

⑱闉：门户，这里指国门。

⑲跨：跨越。蕲：通“圻”，边界。

［译文］

有个客人说：“孔子说：‘周公的品德非常高尚。他身份高贵而更加谦逊有礼，家里富有而更加节约简朴，战胜敌人而更加警惕。’”荀子对答说：“这大概不是周公的行为，也不是孔子所说的话吧。武王去世的时候，成王还未成年，周公拥护成王继承了武王帝位，登上了天子的宝座，背靠屏风面向南而立，诸侯在堂下恭敬地小步快跑前来朝见他。在这个时候，他又对谁谦恭了呢？他完全控制了天下，设立了七十一个诸侯国，其中姬姓诸侯就独自占了五十三个诸侯国；周族的子孙，如果不是发疯糊涂的人，没有一个不是天下显贵的诸侯。谁说周公节俭呢？武王讨伐商纣王的时候，出兵那天正好是兵家禁忌的日子，向东进军，冲犯了太岁，到达汜水河水泛滥，到达怀城城墙倒塌，到达共头山岩石崩落。霍叔恐惧地说：‘只是出兵三天就已经遇到了五次灾祸，恐怕不宜出兵吧。’周公说：‘纣王对比干施以酷刑，将其剖腹挖心，还囚禁了箕子，任用飞廉、恶来当政，我们又为什么不可以出兵呢？’于是挑选了良马组成马队继续前进，早晨在戚地吃饭，晚上在百泉宿营，第二天黎明来到牧野。击鼓进攻，纣王的士兵掉转方向倒戈起义了，于是就利用商王朝的士兵而杀了纣王。原来杀死纣王的并不是周朝的人，而是凭借了商朝的人，因此，周朝的将士没有缴获首级、俘虏，也没有因为冲锋陷阵而得到奖赏。周国的军队回朝以后停止制造盔甲，放下了手中的兵器，汇合天下诸侯，创作乐曲，于是，《武》《象》等乐曲兴起而《韶》《护》等乐曲被废弃了。天下之人没有不转变思想来归顺周朝的。所以，家家不关大门，走遍天下也没有什么边界。在这个时候，他又对谁加以警惕了呢？”

原文

造父①者，天下之善御者也，无舆马则无所见②其能；羿③者，天下之善射者也，无弓矢则无所见其巧；大儒者，善调一④天下者也，无百里之地则无所见其功。舆固马选矣，而不能以至远、一日而千里，则非造父也；弓调矢直矣，而不能以射远、中微⑤，则非羿也；用百里之地，而不能以调一天下、制强暴，则非大儒也。

[注释]

①造父：传说是周穆王的车夫，以善于驾驭车马著称。

②见：同“现”，出现。

③羿：夏代东夷族有穷氏（居于今山东德州）的部落首领，所以又称夷羿、后羿，以善于射箭而著称，射技很高，据说射掉了九个太阳。

④调一：协调一致。

⑤中微：射中微小的目标。

[译文]

造父，是天底下以善于驾驭车马而著称的人，但是，没有车马就不能表现出他的才能；后羿是天底下以善于射箭而著称的人，但是，没有弓箭就不能表现出他高超的箭术；伟大的儒者是善于统一治理天下的人，但是没有方圆百里的国土就无法显示出他的功劳。如果车子坚固、马匹优良但是不能驾它到达很远的地方，不能一日行千里，那这个驾车的车夫就不是造父了；如果弓调好了，箭直了，却不能用它来射中远处微小的目标，那这个弓箭手就不是后羿了；统辖百里见方的领土，却不能靠他的治国之理来统一治理天下、制服强暴的国家，那这个君主就不是伟大的儒者。

后羿射白龙

后羿，古代善射者。在我国的神话传说里，后羿射落了九个太阳，但像他这样的射手，如果没有弓矢，便与普通人无异了。

原文

彼大儒者，虽隐于穷阎漏[①]屋，无置锥之地，而王公不能与之争名；在一大夫之位，则一君不能独畜，一国不能独容，成名况乎诸侯[②]，莫不愿得以为臣；用百里之地，而千里之国莫能与之争胜；笞棰[③]暴国，齐一天下，而莫能倾也：是大儒之征也。其言有类[④]，其行有礼，其举事无悔，其持险、应变曲当；与时迁徙，与世偃仰，千举万变，其道一也：是大儒之稽也。其穷也，俗儒笑之；其通也，英杰化之，嵬琐[⑤]逃之，邪说畏之，众人愧之。通则一天下，穷则独立贵名。天不能死，地不能埋，桀、跖之世不能污，非大儒莫之能立，仲尼、子弓是也。

[注释]

①漏：通“陋”，简陋。

②成名：盛名，好的名声。况：更加，愈。

③笞棰：打击。笞，用鞭子、竹板抽打。棰，用木棍打。

④类：法度。

⑤嵬琐：指行为。

[译文]

那些伟大的儒者，即使隐居在偏僻的里巷与简陋的房子中，贫困得没有站立的地方，其他天子和诸侯也没有和他竞争名望的能力；虽然他只是一个小小的大夫，但也不是任何一个诸侯国的国君就能单独奉养的，不是任何一个诸侯国就能单独容纳的，他比诸侯更加有名，各个诸侯没有一个不愿意让他来做自己的臣子的；如果他统辖方圆百里的封地，那么没有一个千里见方的国家能胜过他；他鞭挞施行暴政的国家，统一天下，没有哪个诸侯能推翻他的统治：这些都是伟大的儒者所具备的特征。他的话语合乎法度，他的行为合乎礼义，他办事能力很强，没有出现由于失误而引起的悔恨，他处理危险的局面、应付突发的事变，处处都做得非常恰当；他顺应时世的变化，随着时代的变化而变化，即使实施上千种举措，遇到上万次变化，他也始终如一地奉行自己的原则：这是伟大的儒者的考核标准。当他陷入贫困失意的境地时，庸俗的儒者会讥笑他；当他显达得志的时候，英雄豪杰都会受到他的感化而前来归顺他，怪异鄙陋的人都躲避他，坚持异端邪说的人都畏惧他，一般民众都感到有愧于他。他显达得志了就能统一天下，处于困境时就独自树立好的名声。上天不能使他灭亡，大地不能把他埋葬，桀、跖时代不能使他污浊，不是伟大的儒者就不能起这么大的榜样作用，孔子、子弓就是这样的人。

原文

故有俗人者，有俗儒者，有雅[1]儒者，有大儒者。不学问，无正义，以富利为隆，是俗人者也。逢衣浅带[2]，解果其冠[3]，略法先王而足乱世；术缪[4]学杂举，不知法后王而一制度，不知隆礼义而杀《诗》《书》[5]；其衣冠行伪[6]已同于世俗矣，然而不知恶者[7]；其言议谈说已无以异于墨子矣，然而明不能别；呼先王以欺愚者而求衣食焉，得委积足以掩其口，则扬扬如也；随其长子，事其便辟[8]，举其上客，億[9]然若终身之虏而不敢有他志：是俗儒者也。法后王，一制度，隆礼义而杀《诗》《书》；其言行已有大法矣，然而明不能齐法教之所不及、闻见之所未至[10]，则知不能类也[11]；知之曰知之，不知曰不知，内不自以诬[12]，外不自以欺[13]，以是尊贤畏法而不敢怠傲：是雅儒者也。法先王[14]，统礼义，一制度，以浅持博[15]，以古持今，以一持万；苟仁义之类也，虽在鸟兽之中，若别白黑；倚[16]物怪变，所未尝闻也，所未尝见也，卒[17]然起一方，则举统类而应之，无所儗㤰[18]；张法而度之，则晻然若合符节[19]：是大儒者也。

故人主用俗人，则万乘之国亡；用俗儒，则万乘之国存；用雅儒，则千乘之国安；用大儒，则百里之地久，而后三年，天下为一，诸侯为臣；用万乘之国，则举错[20]而定，一朝而伯[21]。

董仲舒

董仲舒，汉代大儒。汉武帝采纳了他“罢黜百家，独尊儒术”的建议，使得汉代儒教大行，天下人知礼仁爱，汉朝国力强盛。

[注释]

①雅：正直。

②逢衣：蓬松宽大的衣服。浅带：宽阔的腰带。用宽阔的腰带束衣服束得很浅，所

以称“浅带”。

③解果其冠：帽子很高。这两句话是说他模仿儒者的穿戴。解果，中央高四周低的样子。

④缪：通“谬”，荒谬。

⑤不知隆礼义而杀《诗》《书》：指不懂得把奉行礼义放在首位，而把《诗》《书》降到次要的地位。杀，减少，降等。这里指贬低、轻视。

⑥伪：通“为”。

⑦恶者：厌恶俗儒自己。者，犹“之”，代词。

⑧便辟：通“便嬖”，侍奉在君主左右的宠臣。

⑨億：当为“亿”字之误。

⑩齐：通“济”，补救，救助。教：教令，诸侯的命令。闻见之所未至：视力和听力没有达到的地方。

⑪则：即。知：通“智”，智慧。

⑫自以诬：即“以诬己”，用虚假的东西欺骗自己。

⑬外不自以欺：当作“外不以欺人”，不用虚假的东西欺骗别人。

⑭法先王：根据上下文，应为“法后王”。

⑮浅、博：浅指肤浅，博指广博。

⑯倚：通“奇”，奇怪，奇异。

⑰卒：通“猝”，突然。

⑱儗：通“疑”，疑惑。怍：同“怍”，惭愧，颜面变色。

⑲晻：通“奄”，相合。符节：古代出入门关时用来作为凭证的信物，这种信物是用竹片做成的，上面刻有文字，剖而为二，双方各存一半，验证时两片合起来完全相符，才可以通行。

⑳举错：通“举措”，采取措施。

㉑伯：通“白”。

[译文]

所以，有庸俗的人，有庸俗的儒者，有雅正的儒者，有伟大的儒者。如果不学习请教，不追求正义，把追求财富利益当作自己的最终目标，这样的人是庸俗的人。穿着蓬松宽大的衣服，束着宽阔的腰带，戴着高高的帽子，稍微地模仿古代圣明的君主，这样做只能用来扰乱当今社会；学习一些荒谬的东西，杂乱无章地做一些事情，不懂得效法后代的帝王却想统一制度，不知道把礼义放在最高地位，降低《诗》《书》的地位；他的衣着、行为已经与世俗之人没有什么不同了，但是不知道厌恶自己；他的言谈议论已经与墨子没有什么区别了，但是他的智慧不能够分辨；他称颂古代圣王，欺骗愚昧无知的百姓，以此向他们求取衣食，得到一点积蓄用来养家糊口，这个时候，他就得意扬扬了；跟随公卿贵人的长子，侍奉他们的亲信，吹捧他们的座上客，心安理得得好像自己是官府的奴仆，不敢有其他的思想：这是庸俗的儒者。效仿后代的君王，统一制度，推崇礼义但贬低《诗》《书》的地位；他的言行已经符合最高的法规了，但是他的智慧不能解决法制教令还没有涉及的地方、对于自己的主张所没有影响到的地方，他的智慧也不能触类旁通；但是，懂的东西就说懂，不懂的就说不懂，对内不用虚假的消息欺骗自己，对外不欺骗人，并且按照这种观念来尊重贤人、畏服法令，而且不敢懈怠骄傲：这是雅正的儒者。效法古代的圣明君王，总括礼义，统一制度，用浅显易懂的道理去把握广博的知识，根据古代的情况把握现在的实际情况，用个别的事物把握万物；只要是合乎仁义的事情，哪怕它存在于鸟兽之中，也能像辨别黑白一样把它分辨出来；怪异的事物、奇异的变化，虽然从来没有听说过，从来没有看到过，它突然发生在某一个地方，也能用纲纪来应付它，而且不会迟疑，不会感到不安，用法度来衡量一切事物，就像符节一样完全相合：这就是伟大的儒者。

因此，君主如果任用庸俗的人，那么即使拥有万辆兵车的大国也会灭亡；如果任用了庸俗的儒者，那么仅能保存拥有万辆兵车的大国；如果任用了雅正的儒者，那么就是拥有千辆兵车的小国也能安定；如果任用了大儒，那么即使只有方圆百里土地的国家也能长久，以后三年，能够统一天下，诸侯就会前来称臣；如果任用大儒来治理拥有万辆兵车的大国，那么他一定会采取措施平定天下，很快就能称霸。

原文

不闻不若闻之，闻之不若见之，见之不若知之，知之不若行之。学至于行之而止矣。行之，明也，明之为圣人。圣人也者，本仁义，当是非，齐言行，不失毫厘①，无它道焉，已②乎行之矣。故闻之而不见，虽博必谬；见之而不知，虽识③必妄；知之而不行，虽敦必困。不闻不见，则虽当，非仁也，其道百举而百陷也。

[注释]

①毫厘：古代一种长度单位，十丝为一毫，十毫为一厘，十厘为一分，十分为一寸。这里比喻数量非常少。毫，《集解》本作“豪”，后来根据世德堂本改为“毫”。

②已：停止，最终。

③识：记住。

[译文]

没有听到不如听到，听到不如看到，看到不如了解，了解不如应用到实际中。学习达到应用就是到了顶点。能应用，才能彻底地明白事理，彻底地明白了事理就是圣人。所谓圣人，就是能够以仁义为根本，能够恰当地判断是非，能够使言行保持一致，不出现丝毫的差错，这并没有别的道理，最终就在于他能把学到的理论付诸实际行动而已。因此听到了而没有看到，即使听到了很多，也必然存在谬误；见到了而不了解，即使记住了，也必然有错误；理解了而不应用，即使了解的知识非常丰富，也必然会感到很困惑。不去听不去看，即使偶尔做对了，也不合乎仁德，这种办法使用一百次就会失败一百次。

原文

故人无师无法而知，则必为盗；勇，则必为贼；云能[①]，则必为乱；察，则必为怪；辩，则必为诞。人有师有法而知则，速通[②]；勇，则速威；云能，则速成；察，则速尽[③]；辩，则速论[④]。故有师法者，人之大宝也；无师法者，人之大殃也。

[注释]

①云能：有才能。云，有。

②速通：很快就通达显赫。

③尽：事理了解得非常透彻。

④论：决断。

[译文]

因此，人如果没有老师、不懂得法度而非常聪明的话，他就一定会做出偷窃的事情；如果他勇敢，就一定会成为贼寇；如果有才能，就一定会为非作歹；如果明察，就一定会搞奇谈怪论；如果善辩，就一定会荒诞无耻。人如果有了老师、懂得了法度，如果非常聪慧，就会很快变得通达显赫；如果勇敢，很快就会变得威武；如果有才能，很快就会获得成功；如果明察，很快就会理解一切事理；如果善辩，很快就能决断疑难问题。所以有老师、懂法度，是人们的一大财富；没有老师、不懂法度，是人们的一大灾祸。

原文

人无师法，则隆性矣；有师法，则隆积矣；而师法者，所得乎情[①]，非所受乎性，不足以独立而治[②]。性也者，吾所不能为也，然而可化也；情也者，非吾所有也，然而可为也。注错[③]习俗，所以化性也；并一而不二，所以成积也。习俗移志，安久移质；并一而不二，则通于神明，参于天地矣。

[注释]

①情：合乎礼义的高尚道德情操。

②不足以独立而治：不可能依靠自我进行完善，要依靠礼义来完善自己。

③注错：措置。这里指举止。

[译文]

因此，一个人如果没有老师、不懂法度，就会更加放纵人的本性；有了老师、懂了法度，就会使人通过后天学习教育所形成的积累更加深厚；而师长、法度，是从合乎礼义的高尚情操中习得的，并不是来自人的先天的本性，因此也不能单独使人的身心完善。本性这种东西不是我们所能造就的，但是，它可以通过教育学习来改变；高尚道德情操不是我们所固有的，却可以造就。举止习俗可以使人的本性发生转变；只要专心致志地而不是三心二意地学习，就会逐步养成一种习惯风俗。风俗习惯能使人的思想发生转变，长时间地安于一种习俗就会改变人的本质；专心致志而不三心二意地学习，就能达到智慧的最高层，可以与天地相并列了。

原文

故积土而为山，积水而为海，旦暮积谓之岁，至高谓之天，至下谓之地，宇中六指谓之极[①]，涂[②]之人百姓积善而全尽谓之圣人。彼求之而后得，为之而后成，积之而后高，尽之而后圣。故圣人也者，人之所积也。人积耨[③]耕而为农夫，积斫(zhuó)[④]削而为工匠，积反[⑤]货而为商贾，积礼义而为君子。工匠之子莫不继事，而都国之民安习其服，居楚而楚，居越而越，居夏而夏。是非天性也，积靡[⑥]使然也。

[注释]

①宇：空间。六：指上、下、东、南、西、北六个方向。指：指向。

②涂：通“途”，道路，路途。

③耨：锄草。

④斫：砍伐。

⑤反：通“贩”，贩卖。

⑥靡：通“磨”，磨炼。这里指受外力的影响。

[译文]

所以，堆积泥土就可以形成高山，积聚水流就可以形成大海，一朝一夕积累起来称为年，最高的叫作天，最低的叫作地，宇宙中最远的六个方向称为极，道路上的普通百姓积累自己的善行从而达到了尽善尽美的程度，能做到这样的人就叫作圣人。这些都是经过努力的追求才得到的，凡事只有努力做了以后才会取得成功，只有通过不断的积累才变得高超，达到尽善尽美的程度以后才会变得圣明。因此，圣人实际上是德行积累达到尽善尽美程度以后的普通人。普通人积累了锄草耕地的本领就可以成为农夫，积累了砍削树木的技巧就可以成为工匠，积累了贩卖货物的经验就可以成为商人，积累了合乎礼义的道德行为就可以成为君子。工匠的儿子没有一个不继承父亲的事业，而国都里的百姓都习惯了本地的风俗习惯，人生活在楚国就像楚国人那样生活，人生活在越国就像越国人那样生活，人生活在中原各国就像中原各国的人一样生活。这不是人的天生本性，而是后天的长期的磨炼使他们这样的啊。

原文

故人知谨注错，慎习俗，大积靡，则为君子矣；纵性情而不足问学，则为小人矣。为君子，则常安荣矣；为小人，则常危辱矣。凡人莫不欲安荣而恶危辱，故①唯君子为能得其所好，小人则日徼②其所恶。《诗》③曰："维此良人，弗求弗迪；维彼忍心，是顾是复。民之贪乱，宁为荼毒？"此之谓也。

[注释]

①故：通"顾"，但是。

②徼：通"邀"，招致。

③《诗》：指《诗经·大雅·桑柔》。

[译文]

因此，人懂得谨慎地安排自己的行为，小心谨慎地对待风俗习惯，加强道德行为的积累和磨炼，就能成为君子；如果放纵自己的本性而不注重学习，就会成为小人。成为君子，就常常会得到安宁与荣誉；成为小人，就经常会遭遇危险和耻辱。只要是人，没有不希望得到安宁、荣誉，而厌恶危险、耻辱的，但是只有君子才能得到他所喜欢的东西，小人每天都会招致他所厌恶的东西。《诗经》说："有这样善良的人，你不寻访不任用；那些心地残忍的人，你却照顾庇护。民众图谋造反，谁甘愿受这样的残害？"说的就是这个情况。

原文

人论①：志不免于曲私，而冀人之以己为公也；行不免于污漫②，而冀人之以己为修也；甚愚陋沟瞀③，而冀人之以己为知也，是众人也。志忍私，然后能公；行忍情性，然后能修；知而好问，然后能才。公、修而才，可谓小儒矣。志安公，行安修，知通统类④，如是则可谓大儒矣。大儒者，天子三公⑤也；小儒者，诸侯大夫、士⑥也；众人者，工、农、商贾也。礼者，人主之所以为群臣寸、尺、寻、丈检式也⑦。人伦尽矣。

[注释]

①人论：人的类别，也就是下文所说的众人、小儒、大儒等。论，通

“伦”，类。

②污漫：污秽肮脏。

③甚：《集解》本作“其”，根据宋浙本改为“甚”。沟瞀：通“怐愗”，形容人愚昧无知。

④统类：事物的基本原则。

⑤三公：辅助君主掌握国家大权的最高官员，各个朝代的名称各不相同，周朝为太师、太傅、太保。

⑥士：先秦时，贵族的最低等级，其位次于大夫。

⑦为群臣寸、尺、寻、丈：这是一种比喻的说法，指衡量群臣的德才是一寸高，还是一尺、一寻、一丈高。寸、尺、寻、丈都是古代度量衡单位名称。这里指衡量人的好坏的尺度。检、式：都是法度、准则的意思。

[译文]

人的类别：思想上没有消除偏邪自私，却希望别人认为自己大公无私；行为上没有摆脱污秽肮脏，却希望别人认为自己善良美好；本来非常愚昧鄙陋，却希望别人认为自己聪慧，这样的人是普通的民众。只有从思想上克制了私心，然后才能做到公正；只有从行为上抑制了人的本性，然后才能变得善良美好；聪明而又好学，然后才会变得非常有能力。思想上消除自私，从而变得公正无私；行为表现美好，非常聪明，以至于能知晓各种事物的基本原则，这样的人就可以称为小儒了。思想上安于公正无私，行为上安于善良美好，具有能够精通纲纪法度的智慧，像这样的人就可以称为大儒了。大儒这种人，能做天子的三公；小儒，可以做诸侯的大夫和士；普通人，只能做工匠、农民、商人。礼制，是君主用来衡量群臣等级的标准。人的类别就是这些。

原文

君子言有坛宇[①]，行有防表[②]，道有一隆。言道德[③]之求，不下于安存；言志意之求，不下于士；言道德之求，不二后王。道过三代谓之荡，法二后王谓之不雅。高之、下之、小之、臣之[④]，不外是[⑤]矣，是君子之所以骋志意于坛宇、宫庭也[⑥]。故诸侯问政，不及安存，则不告也；匹夫问学，不及为士，则不教也；百家之说，不及后王，则不听也。夫是之谓君子言有坛宇、行有防表也。

[注释]

①坛宇：指祭祀、拜将等仪式所用的土筑高台和屋边。引申为界限范围。坛，殿堂的基础。宇，屋檐。

②防：堤防，引申为限度。表：标志，标准。

③道德：根据上下文，应为“政治”。

④之：指道。臣：根据上下文，应为“巨”。

⑤是：指“不下于安存”“不下于士”“不二后王”。

⑥骋：尽情地施展，充分地活动。宫庭：室内的厅堂，这里指范围。

灵公问陈

卫灵公曾以军旅事问孔子，孔子对曰：“未之学也。”是以孔子作为圣人亦非全知全能，只是了解君子说话办事的基本准则罢了。

[译文]

君子说话有一定的界限，行为有一定的标准，言论与行动的根本准则是有所推崇的。说到政治方面的要求，那就是不能低于关系到国家安危存亡的问题；说到思想方面的要求，那就是不低于士的标准；说到道德方面的要求，那就是不能背叛当代的帝王。言行的根本原则超过了夏、商、周三代就叫作放荡荒诞，法度背离了当代的帝王就叫作不正。使自己的主张或高、或低、或小、或大，但是都不能超越这个限度，这就是君子能在一定的界限、范围内使自己的思想驰骋无阻的原因。因此，诸侯询问政治方面的问题，如果不涉及国家的安危存亡，就没必要教导他；一般的人来向他请教问题，如果不涉及如何才能成为一个士，就不要教他；各家的学说，如果不涉及当代的君王，就不必听他的问题。这就叫作君子说话有一定的界限、行动有一定的标准。

卷五

王制第九

题解

本篇阐述了奉行王道从而成就帝王大业的圣王的制度，论及王者的政治纲领、策略措施、用人方针、听政方法、管理制度、官吏职事等，同时还论述了王制以外那些导致强大称霸、仅能安存、危殆、灭亡等后果的所作所为，以供君主们借鉴。

原文

请问为政？曰：贤能不待次而举，罢不能不待须而废①，元恶不待教而诛，中庸不待政而化。分未定也，则有昭缪②。虽王公士大夫之子孙也③，不能属④于礼义，则归之庶人。虽庶人之子孙也，积文学，正身行，能属于礼义，则归之卿相士大夫。故奸言、奸说、奸事、奸能、遁逃反侧⑤之民，职而教之，须⑥而待之；勉之以庆赏，惩之以刑罚；安职则畜⑦，不安职则弃。五疾⑧，上收而养之，材而事之，官施而衣食之⑨，兼覆无遗。才行反时⑩者，死无赦。夫是之谓天德⑪，王者之政也。

姜尚

姜尚，姓姜，名望，字子牙，是周朝的贤臣。相传姜尚曾经家贫，后在河边垂钓时遇到出行的周文王，文王爱其才，将其带回并加以重用。这是我国历史上为数不多的“贤能不待次而举”的实例之一。

［注释］

①罢：通“疲”，没有德才。荀子多拿它来和“贤”对举，用来指道德行为不好的人。须：须臾，一会儿。

②昭缪：同“昭穆”根据古代宗法制度，宗庙或墓地按照辈分主次排列，始祖居于中间，二世、四世、六世位于始祖的左方，称

昭；三世、五世、七世位于始祖的右方，称穆，以此来区分辈分。

③也：《集解》本没有“也”，根据宋浙本补。

④属：归附，归属。

⑤反侧：反复无常。

⑥须：很短的时间。

⑦畜：收留。

⑧五疾：人身体的五种残疾，即哑、聋、瘸、断臂、侏儒。

⑨施：安排。衣：给衣穿。食：给饭吃。

⑩反时：违背时事。

⑪天德：最高尚的德行。

[译文]

请问怎样治理国家？回答说：对于贤能的人，不需要根据级别次序就可以破格提拔任用；对于德行不好的人、没有才能的人，不需要短时间的迟疑就把他们罢免；对于罪魁祸首，不需要说服教育，可以马上把他们杀掉；对于普通百姓，不需要依靠行政手段对其进行感化教育。即使名分还没有确定，也应该像宗庙里有昭穆的分别一样，有父子、远近、长幼、亲疏的等级次序。即使是帝王公侯士大夫的子孙，如果其言行不合乎礼义，就把他们归入平民的行列。即使是平民的子孙，如果不断地积累古代文化经学方面的知识，端正自身的行为，能遵循礼义，就把他们归入卿相士大夫的行列。对于那些发表邪恶的言论、鼓吹邪恶的学说、干邪恶的事情、有邪恶的才能、四处流窜、不守本分、反复无常的人，就要给他们安排强制性的工作并教育他们，给他们一定的时间等待他们转变；用奖赏去勉励他们，用刑罚去惩处他们；安心工作的就继续留用，不安心工作的就遣散出去。对于有残疾的五种人，君主应该收留并养活他们，根据他们特殊的才能给他们事做，根据他们所能从事的工作供给他们吃穿，对他们全部加以照顾，不能遗漏。对那些凭借自己的才能和行为违背现行制度的人，坚决处以死刑，决不赦免。这就是最高尚的德行，这就是帝王为了成就大业所采取的政治措施。

原文

听政之大分①：以善至者，待之以礼；以不善至者，待之以刑。两者分别，则贤不肖不杂，是非不乱。贤不肖不杂，则英杰至；是非不乱，则国家治。若是名声日闻，天下愿，令行禁止，王者之事毕矣。

凡听，威严猛厉而不好假道人②，则下畏恐而不亲，周闭而不竭；若是，则大事殆乎弛，小事殆乎遂③。和解调通，好假道人，而无所凝止之，则奸言并至，尝试之说锋④起；若是，则听大事烦，是又伤之也。

故⑤法而不议，则法之所不至者必废。职而不通，则职之所不及者必队⑥。故法而议，职而通，无隐谋，无遗善，而百事无过，非君子莫能。故公平者，职之衡⑦也；中和⑧者，听之绳也。其有法者以法行，无法者以类举，听之尽也。偏党而无经，听之辟⑨也。故有良法而乱者，有之矣；有君子而乱者，自古及今，未尝闻也。传曰："治生乎君子，乱生乎小人。"此之谓也。

[注释]

①听政：处理政事。大分：关键，要领。

②假：宽容。道：由，从。

③遂：通"坠"，坠落，失落。

④锋：通"蜂"。

⑤故：犹"夫"，发语词，没有实际意义。

⑥队：通"坠"，跌落。

⑦衡：秤，这里指准则。

⑧中和：适中而且和谐，指处理政事时宽严适中，分寸把握得很好。

⑨辟：通"僻"，偏邪，不公正。

[译文]

听取意见处理政事的要领是：对那些怀着美好的心意而来的人，就用礼节对待他；对那些怀着恶意而来的人，就要对他处以刑罚。只有把这两种情况区别开来，有德才的人和没有德才的人才不会混在一起，是非也才不会被搞得混淆不清。只有有德才的人和没有德才的人不被混杂在一起，英雄豪杰才会前来归顺于君主；如果是非不被混淆，国家就能得到很好的治理。如果能做到这样，名声就会一天天显赫起来，天下的人就会敬仰他，就能做到令行禁止，这样，王者的大业也就完成了。

一般来说，在朝廷上处理政事，如果态度非常威武、严肃、凶猛、刚烈，不喜欢以宽容的态度顺从别人，那么做臣子的就会恐惧他，不敢亲近他，就会隐瞒事情的真相而不把心里话全部说出来；如果这样做，那么大事恐怕会废弛，小事恐怕会毁掉。如果对待别人一味随和，喜欢以宽容的态度顺从别人，但是这些做法都没有一定的限度，那么奸诈邪恶的言论就会纷至沓来，各种试探性的话语就会蜂拥而起；如果这样做了，那么听到的事情就会又繁多又琐碎，这就会不利于政事的处理。

所以，制定了法律而不公平地执行法律，那么法律没有涉及的地方就一定会被废弃。规定了各级官吏的职权范围，但是彼此之间并不沟通，后果就是职权范围没有涉及的地方就必然会遭到遗弃。因此，制定了法律而又能秉公执法，规定了各级官吏的职权范围而又能彼此相互沟通，那就不会有被隐藏起来的邪恶行为，不会有没被发现的善良行为，从而能够保证各种工作不会出现失误，不是君子是做不到这些的。因此公正是处理政事的基本准则，宽严适当是处理政事的标准。那些有法律依据的事情就依据法律来办理，没有法律依据的事情就按照类推的办法来办理，这是处理政事的最好的办法。偏袒而没有原则，是处理政事的忌讳。因此，有了完善的法制，但是社会上还是会出现混乱的事情，这种现象是存在的；有了德才兼备的君子，但是还是出现动乱的国家，从古到今，还没有听说过。古书上说："国家的安危系于君子，国家的动乱出于小人。"说的就是这个道理。

原文

分均则不偏[1]，势齐则不壹，众齐则不使。有天有地而上下有差，明王始立而处国有制。夫两贵之不能相事，两贱之不能相使，是天数也。势位齐，而欲恶同，物不能澹[2]，则必争；争则必乱，乱则穷矣。先王恶其乱也，故制礼义以分之，使有贫、富、贵、贱之等，足以相兼临[3]者，是养[4]天下之本也。《书》[5]曰："维齐非齐。"此之谓也。

[注释]

①分：名分。偏：部属。这里用作动词，统率、指挥对方。

②澹：通"赡"，满足。

③兼临：互相督促监视。

④养：养育，这里指统治。君主统治臣民，给他们安排一定的职务，使他们能生存下来，因此把统治美称为"养"。

⑤《书》：指《尚书·吕刑》。

[译文]

名分相同就无法统属了，权势相等了就谁也不能统率谁了，大家地位平等了就谁也不能役使谁了。自从天地形成以后，人类中就有了上下级的差别，圣明的帝王一旦登上王位，为了治理国家就会制定一定的等级制度。两个身份一样高贵的人不可能互相侍奉对方，两个身份一样卑贱的人不可能互相役使对方，这是合乎规律的道理。如果人们具有相等的权势地位，而具有相同的爱好与厌恶，那么由财物不能满足自身需要而引发的争夺之战就一定会发生；一旦发生争夺就一定会导致社会的混乱，社会混乱就会使天下陷于困境了。古代的君王厌恶这样的混乱，因此，制定了礼义制度来给他们分类，使天下的百姓有贫穷与富有、高贵与卑贱的差别，这样，君主就能够凭借礼义制度统治百姓，这是君主治国的根本原则。《尚书》上说："想齐，就应该先有不齐。"说的就是这个道理。

原文

马骇舆，则君子不安舆；庶人骇政，则君子不安位。马骇舆，则莫若静之；庶人骇政，则莫若惠之。选贤良，举笃敬，兴孝弟[1]，收孤寡[2]，补贫穷，如是，则庶人安政矣。庶人安政，然后君子安位。传曰："君者，舟也；庶人者，水也。水则载舟，水则覆舟。"此之谓也。

舟行

"君者，舟也；庶人者，水也。水则载舟，水则覆舟。"这句话深刻而形象地讲述了庶人百姓与君王社稷的关系。为君者只有牢牢记住这个道理，才能治国安天下。

故君人者，欲安，则莫若平政爱民矣；欲荣，则莫若隆礼敬士矣；欲立功名，则莫若尚贤使能矣。是君人者之大节[3]也。三节者当，则其余莫不当矣。三节者不当，则其余虽曲当，犹将无益也。孔子曰："大节是也，小节是也，上君也。大节是也，小节一出焉，一入焉，中君也。大节非也，小节虽是也，吾无观其余[4]矣。"

[注释]

①弟：同"悌"，古代指弟弟尊敬兄长。

②孤寡：年幼而没有父亲的孩子被称为孤，年老而没有丈夫的女子称为寡。《礼记·王制》说："少而无父者谓之孤，老而无夫者谓之寡。"

③大节：关系生死存亡的大事。

④无观其余：不用再观察这位君主的其他事迹了，这是因为现在已经可以断定这个君主属于下等。无，通"毋"，不要，不会。

[译文]

马在拉车时受到了惊吓，导致其不听车夫的使唤一路狂奔，君子当然就不能在车子里坐安稳了；老百姓被政事所惊扰，君子当然就不能在王位上坐安稳了。马在拉车时受到了惊吓，没有比使它安静下来更好的办法了；老百姓受到了政事的惊扰，那就没有比对他们施以恩惠更好的办法了。选用德才兼备的人，提拔诚实谦恭的人，提倡孝顺父母、尊敬兄长，收养孤儿寡妇，帮助生活贫穷的人，如果这样做的话，老百姓就会安于政事了。老百姓安于政事，那么君子才能在王位上坐得安稳。古书上说："君主好比是一条船，百姓好比是江河里的水。水能把船载起来，水也能把船弄翻。"说的就是这个道理。

因此统治百姓的君主，如果想让国家安定下来，调整好治国政策、爱护人民就是最好的办法；如果君主自己要想人们的赞美，尊崇礼义、敬重士人就是最好的办法；如果君主想建立功业和名望，那么推崇品德高尚的人、使用德才兼备的人是最好的办法。这些是做君主所要记住的关键。如果这三个关键都做得恰当适宜的话，其余的方面就没有什么不恰当了。如果这三个关键做得不恰当，那么其余的方面即使处处都非常恰当，还是不能称为一个好的君主。孔子说："大节正确，小节也正确，这是上等的君主所能做到的。大节正确，小节有些失误，这是中等的君主所能做到的。大节不正确，小节即使做得很正确，我也不需要再看其余的方面了。"

原文

成侯、嗣公①，聚敛计数之君也，未及取民也；子产②，取民者也，未及为政也；管仲，为政者也，未及修礼③也。故④修礼者王，为政者强，取民者安，聚敛者亡。故王者富民，霸者富士，仅存之国富大夫，亡国富筐箧⑤、实府库。筐箧已富，府库已实，而百姓贫，夫是之谓上溢而下漏。入不可以守，出不可以战，则倾覆灭亡可立而待也。故我聚之以亡，敌得之以强。聚敛者，召⑥寇、肥敌、亡国、危身之道也，故明君不蹈⑦也。

[注释]

①成侯：战国时卫国国君。嗣公：卫国国君，卫成侯的孙子。

②子产：春秋时郑国政治家，姓公孙，名侨，字子产，在郑国实行改革并推行法治。

③修礼：这里指实施礼义制度。

④故：犹"夫"，发语词，没有实际意义。

⑤筐箧：泛指盛东西的器具，这里指君主的私囊。

⑥召：通"招"，招来，招引。

⑦蹈：通"踏"，走的意思。

[译文]

卫成侯、卫嗣公，这两个君王是搜刮民财、善于算计的昏君，他们没能取得民心；子产是得到民心的人，却也没有治理好国家；管仲是善于处理国事的人，但是也没有遵循礼义制度。遵循礼义的君子能够成就帝王大业，善于处理政事的君子能够变得非常强大，取得民心的君子能够安定百姓，搜刮民财的君主会使自己最终灭亡。称王于天下的君主能够使百姓富足，称霸于诸侯的君主能够使有战功的人富足，勉强使国家存在的君主使朝中的士大夫富足，亡国的君主富足的是自己的私囊、充实的是自己的仓库。自己的箱子已经被装满了，仓库已经被塞满了，但是老百姓则穷了，这叫作上面的东西多得漫出来而下面的东西则漏得精光。这样的国家，对内不能维持国家的秩序，对外不能讨伐征战，国家遭遇垮台灭亡的灾祸很快就会到来。因此，搜刮民财会招致国家的灭亡，而敌人得到这些财物会变得更加富强。搜刮民财实际上是一条招来外来侵略者、强盛敌国、灭亡自己的国家、危害自身的道路，因此，贤明的君主是不会走这条道路的。

原文

王夺之[①]人，霸夺之与[②]，强夺之地。夺之人者臣诸侯[③]，夺之与者友诸侯[④]，夺之地者敌诸侯[⑤]。臣诸侯者王，友诸侯者霸，敌诸侯者危。

[注释]

①之：指代他国。
②与：指友邦国家。
③臣诸侯：使诸侯成为自己的臣子。
④友诸侯：使诸侯成为自己的友邦。
⑤敌诸侯：使诸侯成为自己的敌人。

[译文]

想要称王天下的会跟别的国家争夺民众，想要称霸诸侯的会跟别的国家争夺同盟国，只是为了逞强的会跟别的国家争夺土地。跟别的国家争夺民众的可以使别的诸侯成为自己的臣子，跟别的国家争夺同盟国的可以使别的诸侯成为自己的朋友，跟别的国家争夺土地的就会使别的诸侯成为自己的敌人。使其他诸侯臣服的君主能够称王于天下，同其他诸侯保持友好关系的能称霸于诸侯，和诸侯为敌的君主处境就很危险了。

原文

用强者，人之城守，人之出战，而我以力胜之也，则伤人之民必甚矣。伤人之民甚，则人之民恶我必甚矣。人之民恶我甚，则日欲与我斗。人之城守，人之出战，而我以力胜之，则伤吾民必甚矣。伤吾民甚，则吾民之恶我必甚矣。吾民之恶我甚，则日不欲为我斗。人之民日欲与我斗，吾民日不欲为我斗，是强者之所以反弱也。地来而民去，累[①]多而功少，虽守者[②]益，所以守者损，是以大者之所以反削也。诸侯莫不怀交[③]接怨而不忘其敌，伺强大之间，承强大之敝[④]，此强大之殆时也。

［注释］

①累：忧愁劳累。

②守者：土地。

③怀交：互相结交。

④承：通“乘”，趁着。敝：通“弊”，疲惫，衰败。

［译文］

使用强大的力量来和别的国家争夺土地的君主，别的国家或许凭借城池把国家守卫得非常严密，或者勇敢地出城迎战，而我们用武力去战胜别的国家，那么必然严重地伤害到别国的民众。如果严重地伤害到别国的民众，别国的民众心中对我们产生的怨恨也必然很厉害。别国的民众心里非常怨恨我们，天天都会想着和我们战斗。人家或者凭借城池严守国家，或者勇敢地出城迎战，而我们用武力去战胜他们，必然会深深地伤害到自己的民众。深深地伤害自己的民众，那么自己的民众心中就会非常怨恨我们。自己的民众心中对我们的怨恨太深的话，他们不会想着为我们而去战斗。别国的民众天天想和我们拼命，而我们自己的民众却不想为我们而奋战，这就是强的国家反而变为弱的国家的原因。土地夺来了而民众却离我们远去了，忧患增多了而功劳却减少了，虽然需要守卫的土地增多了，用来守卫土地的民众却减少了，这就是大的国家反而削弱的原因。没有哪个心怀怨恨的诸侯不与别的诸侯互相联合的，他们时刻不忘自己的仇敌，他们窥伺着强大之国的漏洞，趁着强大之国陷入困境的时候对其大举进攻，这个时候就是强大之国的危险时刻了。

原文

知强大者不务强①也，虑②以王命全其力，凝③其德。力全，则诸侯不能弱也；德凝，则诸侯不能削也；天下无王霸主④，则常胜矣。是知强道者也。

［注释］

①不务强：不专门用强大的力量战胜敌人。

②虑：大概，可能。

③凝：凝聚。这里指完成。

④王霸主：称王称霸的君主。

［译文］

懂得使国家强大之道的君主不会专门用武力逞强，会考虑凭借天子的命令来完备自己的实力，积聚自己的名望。实力完备了，其他诸侯就无法使他衰弱了；名望积聚了，那么各国诸侯就无法削弱他了；如果天下没有能够称王称霸的君主，那么他就能够经常取得胜利了。这种人才是懂得强国之道的君主。

原文

彼霸者不然。辟田野，实仓廪，便备用[①]，案谨募选阅材伎之士[②]，然后渐庆赏以先之[③]，严刑罚以纠之；存亡继绝[④]，卫弱禁暴，而无兼并之心，则诸侯亲之矣。修友敌之道以敬接诸侯，则诸侯说[⑤]之矣。所以亲之者，以不并也；并之见[⑥]，则诸侯疏矣。所以说之者，以友敌也；臣之见，则诸侯离矣。故明其不并之行，信其友敌之道，天下无王，霸主则常胜矣。是知霸道者也。

[注释]

①便：改进，改良。备用：设备器具。

②案：语助词，没有实际意义。阅：容纳。伎：通“技”，技术。

③渐：加重，加深。先：引导，引诱。

④继绝：这里指使将要灭绝的后代能继承其祖宗的血脉，使其香火不断。

⑤说：通“悦”，高兴。

⑥见：同“现”，出现。

[译文]

那些称霸的君主就不是这样。他们开垦荒野，充实粮仓，改进设备器具使它们能够更好地被使用，严格谨慎地招募、选择、收容那些身怀才能技艺的士人，然后加重奖赏来引诱他们，加重刑罚来督责规范他们；使即将灭亡的国家得以保存，使灭亡了的国家的后代能继续祭祀祖先，保护实力弱小的国家、制止残暴的国家，但是并没有吞并别国的野心，那么其他国家的诸侯就会慢慢地亲近他了。与本国国力匹敌的国家保持友好的关系，并且遵循这个原则以恭敬的态度接待各国诸侯，这样，各国诸侯就对他产生好感。各国诸侯亲近他的原因是他没有吞并别国的野心，吞并别国的野心一旦暴露出来，各国诸侯就会疏远他了。各国诸侯喜欢他的原因是他同与他国力匹敌的国家保持友好的关系，使各国诸侯臣服的意图一旦暴露出来，各国诸侯就会背离他了。因此，如果向各个诸侯国表明自己没有吞并别国的野心和行为，遵守自己与本国国力匹敌的国家保持友好的原则，天下如果没有出现成就王业的君主，那么，奉行这种霸道的君主就能处于长胜的地位了。这才是懂得称霸之道的君主。

原文

闵王毁于五国[①]，桓公劫于鲁庄[②]，无它故焉，非其道而虑之以王也。

彼王者不然。仁眇[③]天下，义眇天下，威眇天下。仁眇天下，故天下莫不亲也。义眇天下，故天下莫不贵也。威眇天下，故天下莫敢敌也。以不敌之威辅服人[④]之道，故不战而胜，不攻而得，甲兵[⑤]不劳而天下服，是知王道者也。知此三具[⑥]者，欲王而王，欲霸而霸，欲强而强矣。

[注释]

①闵王：即齐闵王，又称齐湣王、齐愍王，战国时齐国国君，姓田，名地，齐宣王之子。五国：指燕、赵、秦、楚、魏。

②桓公劫于鲁庄：公元前681年齐桓公与鲁庄公在柯地会盟，齐桓公被迫答应归还鲁国的土地。

③眇：高远的样子。

④服人：征服人心，使人心服。

⑤甲兵：军队。

⑥三具：指上文所述或强、或霸、或王的条件。

[译文]

齐闵王被五国联军打败，齐桓公被鲁庄公的臣子胁迫，这没有别的原因，就是因为他们实行的政策不是统一天下的王道，但是他们却又想统一天下。

那些奉行王道的君主就不这样做。他们的仁爱远远高于天下各国，他们所奉行的道义远远高于天下各国，他们所具有的威势远远高于天下各国。正是因为他们的仁爱远远高于天下各国，因此天下的各个诸侯都去亲近他。因为他们所奉行的道义远远高于天下各国，因此天下各国都很尊重他。因为他们所具有的威势远远高于天下各国，因此天下的人都不敢与他为敌。凭借不可抵挡的威势去辅助可以征服人心的仁义之道，可以不战而胜，不攻而得，不费一兵一甲就可以征服整个天下，这是懂得王道的君主。懂得了上述三种条件的君主，想要称王就能称王，想要称霸就能称霸，想要强大就能强大了。

原文

王者之人[①]：饰[②]动以礼义，听断以类[③]，明振毫末[④]，举措应变而不穷。夫是之谓有原。是王者之人也。

[注释]

①人：指为人。

②饰：通“饬”，整治，约束。

③听断：对事情做出决断。类：法令制度。

④振：兴起，引申为考察的意思。毫末：这里指极其细微的事物。

[译文]

奉行王道而成就王业的君主的为人：能用礼义来约束自己的行为，根据法令规定来处理决断政事，明察秋毫，随机应变，能随着各种变化而采取相应的措施，但是也不会穷于应付。这叫作掌握了根本。这就是奉行王道的君主的为人。

原文

王者之制：道不过三代，法不贰后王。道过三代谓之荡，法贰后王谓之不雅。衣服有制，宫室有度，人徒有数，丧祭械用皆有等宜①。声，则凡非雅声者举废；色，则凡非旧文者举息；械用，则凡非旧器②者举毁。夫是之谓复古。是王者之制也。

[注释]

①宜：通“仪”，法度，规则。

②旧器：指合乎旧制的器物。

[译文]

奉行王道的君主所实行的制度：治国的原则不会超出夏、商、周三代，具体的法度不能违背当代的君王。治国之道古老得超过了三代叫作荒诞，具体的法度违背了当代的君王便叫作不正。衣服有一定的体制，不同等级的人衣服各有规格，住房各有一定的标准，随从人员有一定的限度，丧葬祭祀用的器具也有相应的等级制度的规定。音乐只要是不合乎正声雅乐的全部废除，色彩只要是不合乎原色的全部取缔，器具只要是与旧制不合的一律毁掉。这叫作复古。这就是奉行王道的君主制定并且遵守的制度。

不用利口

汉文帝有一次视察虎圈，并没有因一个小吏的伶牙俐齿而将他破格提拔为上林令。古时的贤君不会因臣子有口舌之利、善于表现而给予他高位，他们选拔人才的标准是“德”“能”。

原文

王者之论①：无德不贵，无能不官，无功不赏，无罪不罚。朝无幸位，民无幸生。尚贤使能，而等位不遗②；折愿③禁悍，而刑罚不过。百姓晓然皆知，夫为善于家而取赏于朝也，为不善于幽而蒙刑于显也。夫是之谓定论。是王者之论也。

[注释]

①论：通“伦”，等级差别。这里指用人方针。

②不遗：没有差错。

③折愿：制裁奸诈狡猾的人。

[译文]

奉行王道的君主的用人原则：没有道德的人不能给他尊贵显赫的地位，没有才能的人不能给他官职，没有功劳的人不能给他奖赏，没有罪过的人不能给他处罚。朝廷中没有侥幸获得官位的人，百姓中没有侥幸生存下来的人。尊敬贤德的人，任用有才能的人，所授给他的等级地位与他的德才相匹配，不会出现差错；制裁阴险狡诈的人，禁止凶残暴虐的人，施加的刑罚与他犯下的罪行相当，不会出现疏忽。老百姓都非常清楚地知道，在家里做了善事，也能在朝廷上得到赏赐，暗地里做坏事，也会在光天化日之下受到惩罚。这样做就确定了用人的原则。这就是奉行王道的君主的用人原则。

原文

王者之法[①]：等赋[②]，政[③]事，财[④]万物，所以养万民也。田野，什一；关市，几[⑤]而不征；山林泽梁，以时禁发而不税。相地而衰(cuī)政[⑥]，理[⑦]道之远近而致贡。通流财物粟米，无有滞留；使相归(kuì)移[⑧]也，四海之内若一家。故近者不隐其能，远者不疾其劳，无幽闲隐僻之国[⑨]，莫不趋使而安乐之。夫是之谓人师。是王者之法也。

[注释]

①法：原本没有，但是根据上下文，这里缺一个“法”字，法的原意是法规，这里指的是具体的经济政策。

②等赋：按照等级规定赋税的多少。

③政：通“正”，治理。

④财：通“裁”，裁断。

⑤几：通“讥”，查问，查看。

⑥衰政：按照等级征收赋税。衰，差别。政，通“征”，征收。

⑦理：区分，分别。

⑧归移：交流、交换。归，通“馈”，供给。移，运输。

⑨无：犹“虽”，即使。幽：深。闲：间隔。

[译文]

奉行王道的君主的经济政策是：按照等级规定赋税，处理好民众事务，管理好万物，用来养育天下百姓。按照农田收入的十分之一征收赋税，只对关卡和集市进行检查而不对其征税，按时封闭和开放山林渔场，但是不征收赋税。视土地的肥瘠程度来征收赋税，区别道路的远近再去收取贡品。使物资、粮米流通方便，不出现滞留积压的情况；使各地商品互相交换，四海之内就像一家人一样。因此，近处的人不会隐藏自己的才能，远处的人不会厌恶到处奔走的劳苦，即使是地处偏远的国家，都会高兴地前来归附，听从君主的役使。这种君主可以称得上是人民的师表。这就是奉行王道的君主的经济政策。

原文

北海①则有走马、吠犬焉，然而中国得而畜使之。南海则有羽翮、齿革、曾青、丹干焉②，然而中国得而财③之。东海则有紫紶(xì)④、鱼、盐焉，然而中国得而衣食之。西海则有皮革、文旄(máo)焉，然而中国得而用之。故泽人足乎木，山人足乎鱼；农夫不斫削、不陶冶而足械用，工贾不耕田而足菽粟。故虎豹为猛矣，然君子剥而用之。故天之所覆，地之所载，莫不尽其美、致⑤其用，上以饰贤良、下以养百姓而安乐之⑥。夫是之谓大神⑦。《诗》⑧曰："天作高山，大王⑨荒之；彼作⑩矣，文王康⑪之。"此之谓也。

[注释]

①北海：我国的北方边远地区。下文的"东海""南海""西海"也是一样的意思。

②齿革：象牙和犀牛皮。曾青：一种矿产品，又称铜精，即碳酸铜，是铜的化合物，青色，可用来绘画及熔化黄金，产于四川西昌一带。丹干：朱砂，又叫丹砂，即硫化汞。

③财：通"裁"，指根据情况安排。

④紶：根据上下文，是"绤"字之误。

⑤致：极，尽。

⑥饰：装饰。养：供养，指供给衣食。

⑦大神：即大治，天下大治的政治局面。神，治。

⑧《诗》：指《诗经·周颂·天作》。

⑨大王：周太王，也叫古公亶父，周文王的祖父，古代周族领袖。相传他受到戎、狄等少数民族的逼迫，由豳（今陕西彬县）迁至岐山下的周（今陕西岐），周族从此逐渐强盛起来。

⑩彼作：天生万物。

⑪康：安康，这里指安居乐业。

[译文]

北方盛产善于奔跑的骏马和善于吠叫的猎狗，而中原地区可以得到并且畜养役使它们。南方盛产羽毛、象牙、犀牛皮、曾青、朱砂，而中原地区也可以得到并使用它们。东方盛产紫色的粗麻布、鱼、盐，而中原地区也能够得到并穿着、食用它们。西方盛产皮革和彩色的牦牛尾，而中原地区还是可以得到并且使用它们。因此，在湖边的渔民也会有足够的木材可用，住在山上的人也会有足够的鲜鱼吃；农民不砍削、不制作陶瓷、不冶炼钢铁也有足够的器具可用，工匠、商人即使不种地也有足够的粮食可吃。虎、豹算是凶猛的了，但是君子还是能够把它们的皮剥下来使用。因此，只要是苍天所覆盖的，大地所承载的东西，没有什么不会充分发挥它们的优点、竭尽它们的作用，对上供给贤能的人们车服以装饰他们，对下供养百姓的衣食来使他们享受安乐。这就是大治。《诗经》说："天创造了这座高大的岐山，太王使它得到了开辟；太王在此建立都城，文王使它有了长远的发展。"说的就是这个意思。

原文

以类行杂[①]，以一[②]行万，始则终，终则始，若环之无端也。舍是而天下以衰矣。天地者，生之始也；礼义者，治之始也；君子者，礼义之始也。为之，贯之，积重之，致好之者，君子之始也。故天地生君子，君子理天地。君子者，天地之参[③]也，万物之总也，民之父母也。无君子，则天地不理，礼义无统，上无君师，下无父子，夫是之谓至乱。君臣、父子、兄弟、夫妇，始则终，终则始，与天地同理，与万世同久，夫是之谓大本。故丧祭、朝聘、师旅，一也。贵贱、杀生、与夺[④]，一也。君君、臣臣、父父、子子、兄兄、弟弟，一也。农农、士士、工工、商商，一也。

[注释]

①类：指处理各种事情的总原则，即同类事物所共有的规律。行：统率，治理。

②一：这里指礼义。

③参：配合，这里指人的能力与天地的作用相配合。

④与夺：给予、剥夺，指赏罚。

[译文]

用处理各种事物的总法则统率各种纷繁复杂的事物，用礼仪作为始终不变的法则去统率万事万物，从始到终，周而复始，就像圆环一样没有终端。如果丢掉了这个原则，天下就会因此而衰败混乱了。天地，是生命的源头；礼义，是天下大治的根本；君子，是礼义的本源。学习并且研究礼义，熟悉并贯彻礼义，积累礼义方面的知识，爱好礼义以期使其达到最完美的境界，这是君子首先要做到的。因此，天地养育了君子，君子治理天地。君子是配合天地而生的，是万物的总管，是人民的父母。如果没有君子，天地就不能得到治理，礼义就会变得混乱无绪，在上没有对君主、师长的尊敬，在下不遵守父子之间的伦理道德，这会造成极其混乱的现象。君臣、父子、兄弟、夫妻之间的伦理关系，从开始到结束，从结束到开始，这种关系的存在与天地有上下之分的道理是一样的，像千秋万代一样长久，这就是最大的根本。因此，关于丧葬祭祀事宜的礼仪、诸侯定期朝见天子的礼仪、军队中使用的礼仪，其中的道理都是一样的。使人显贵或低贱、将人处死或赦免、给人赏赐或惩罚，其中的道理都是一样的。君主的言行要像个君主，臣子的言行要像个臣子，父亲的言行要像个父亲，儿子的言行要像个儿子，兄长的言行要像个兄长，弟弟的言行要像个弟弟，其中的道理是一样的。农民就要有农民的样子，读书人要有读书人的样子，工匠要有工匠的样子，商人要有商人的样子，其中的道理也是一样的。

原文

水火有气①而无生，草木有生而无知，禽兽有知而无义②；人有气、有生、有知，亦且有义，故最为天下贵也。力不若牛，走不若马，而牛马为用，何也？曰：人能群③，彼不能群也。人何以能群？曰：分④。分何以能行？曰：义。故义以分则和，和则一，一则多力，多力则强，强则胜物，故宫室可得而居也。故序四时⑤，裁万物，兼利天下，无它故焉，得之分义也。

[注释]

①气：古代哲学概念，指构成宇宙万物的要素。古人认为万物都是由气构成的，它是一种物质。

②义：礼义。

③群：组织起来。

④分：等级名分。

⑤序四时：安排一年四季的活动。

[译文]

水、火有气却没有生命，草木有生命但是没有知觉，禽兽有知觉但是不讲礼义；人有气、有生命、有知觉，而且有礼义，所以是天下最尊贵的。人的力气不如牛，跑起来不如马快，但牛、马被人使唤，这是什么原因呢？回答说：人能够结合成群体，但是牛、马不能结合成社会群体。人为什么能结合成群体呢？回答说：就是因为人类内部存在等级名分。为什么等级名分能够实行？回答说：就是因为人类社会存在礼义。因此，人们根据礼义确定了名分，人们就能互相协调，关系协调就能团结一致，团结一致就可以使力量强大起来，力量强大了就会强盛，强盛了就能战胜外物，因此，人类才有在房屋中安居的可能。因此，人才能安排好一年四季的活动，管理好万事万物，使天下的人都能受益，这样做并没有其他的原因，凭借的就是等级名分和礼义。

原文

故[①]人生不能无群，群而无分则争，争则乱，乱则离，离则弱，弱则不能胜物，故宫室不可得而居也，不可少顷舍礼义之谓也。

[注释]

①故：犹“夫”，发语词。

[译文]

人活在世上不能离开社会群体，但是结合成了社会群体以后没有划分等级名分就会发生争夺，一旦发生争夺，就会产生动乱，一旦发生动乱就会导致离散，一旦离散就会削弱力量，力量衰弱了就不能战胜外物，所以也就不可能在房屋中安居了，这是说人们片刻也不能丢掉礼义。

原文

能以事亲谓之孝，能以事兄谓之弟，能以事上谓之顺，能以使下谓之君。君者，善群也。群道当[①]，则万物皆得其宜[②]，六畜[③]皆得其长，群生皆得其命。故养长[④]时，则六畜育；杀生时，则草木殖；政令时，则百姓一，贤良服。

[注释]

①群道当：指把人们组织起来、使人们合群的方法得当。

②宜：意之所属，即合乎理想的。

③六畜：即猪、羊、牛、马、鸡、狗六种家畜。

④长：抚养，养育。

[译文]

能够遵循礼义来侍奉父母的行为叫作孝，能够遵循礼义来侍奉兄长的行为叫作悌，能够遵循礼义来侍奉君主的行为叫作顺，能够遵循礼义来统治臣民的行为叫作君。所谓君，就是善于把人们组织成社会群体的人。如果组织的方法恰当，世上的万物就能得到合理的安排，六畜都能够正常生长，一切生物都能得到正常的寿命。所以饲养牲畜适时，六畜就会生育兴旺；砍伐种植适时，草木就会繁殖茂盛；政策法令适时，老百姓就能万众一心，贤才良将就会心悦诚服。

原文

圣王之制也：草木荣华滋硕之时①，则斧斤不入山林，不夭其生，不绝其长也；鼋（yuán）、鼍（tuó）、鱼、鳖、鳅、鳣孕别之时②，罔罟（gǔ）③、毒药不入泽，不夭其生，不绝其长也。春耕、夏耘、秋收、冬藏，四者不失时，故五谷不绝而百姓有馀食也；污池、渊沼、川泽④，谨其时禁，故鱼鳖优多而百姓有馀用也；斩伐养长不失其时，故山林不童⑤而百姓有馀材也。

鳖

鱼、鳖、鳝、蟹都是在江河湖泽生活的水族，它们的生长繁殖都有一定的时期，如果在这段时期滥加捕杀，就会使水族大量夭折，渔业就会大受损伤。

［注释］

①荣华：草本植物开花叫“荣”，木本植物开花叫“华”。荣华就是指植物开花结果。滋：生长，繁殖。硕：大。

②鼋：大鳖。鼍：一种鳄鱼。鳣：同“鳝”，鳝鱼。别：指离别母体，即产卵。

③罔罟：渔网。

④污池：蓄水的池塘。污，通“洿”，聚积在一起不流动的水。渊：深水潭。沼：水池。川：河流。泽：湖泊。

⑤童：光秃。

［译文］

圣明帝王的制度是：草木开花结果的时候，砍伐的斧头不准带进山林，这是为了不使草木的生命夭折，不使它们的生长停止；鼋、鼍、鱼、鳖、鳅、鳝等产卵的时候，渔网、毒药不准投入江河湖泽，这是为了不使它们的生命半途夭折，使它们能够不断生长。春天耕种、夏天锄草、秋天收获、冬天储藏，四个季节都不会错过，所以五谷不断地生长，老百姓就有多余的粮食了；池塘、水潭、河流、湖泊，严格禁止在限定的时期到这些地方捕捞，所以鱼鳖就会越来越丰饶，老百姓就可以有多余的资财；树木的砍伐与培育养护不错过适当的季节，山林就不会变得光秃秃，老百姓就有多余的木材了。

原文

圣王之用也：上察于天，下错[①]于地；塞备天地之间，加施万物之上；微而明，短而长，狭而广；神明博大以至约[②]。故曰：一与一[③]，是为人者，谓之圣人。

[注释]

①错：通“措”，处置，安置。

②神明：最高的智慧。以：而，表示转折的连词。至约：极其简约，这里是对礼义而言。

③一与一：用礼义统率各种事物。前一个“一”指礼义这一总原则，后一个“一”指各种具体事物。

[译文]

圣明的君王的作用：上能明察天时，下能安置好地上的万物；他的作用充斥于天地之间，作用于万物之上；这种作用隐微而又显著，短暂而又深长，狭小而又广大；它达到了智慧的最高境界，既博大却又极其简约。所以说：用礼义这个总的原则去统率一切的人就是圣人。

原文

序官：宰爵知宾客、祭祀、飨食、牺牲之牢数[①]。司徒[②]知百宗、城郭、立器之数。司马知师旅、甲兵、乘白之数[③]。修[④]宪命，审诗商[⑤]，禁淫声，以时顺修，使夷俗[⑥]邪音不敢乱雅，大师[⑦]之事也。修堤梁，通沟浍[⑧]，行水潦[⑨]，安水臧[⑩]，以时决塞；岁虽凶败水旱，使民有所耘艾[⑪]，司空[⑫]之事也。相高下，视肥垅，序五种[⑬]，省农功，谨蓄藏，以时顺修，使农夫朴力而寡能，治田之事也。修火宪，养山林薮泽草木鱼鳖百索[⑭]，以时禁发，使国家足用而财物不屈[⑮]，虞师[⑯]之事也。顺州

大事卜吉

在我国古代，每有大事时都要进行占卜。在先秦时期，占卜吉凶、观气看相几乎是与渔牧农桑之事同样重要。

里[17]，定廛（chán）宅[18]，养六畜，闲树艺[19]，劝教化，趋[20]孝弟，以时顺修，使百姓顺命，安乐处乡，乡师[21]之事也。论[22]百工，审时事[23]，辨功苦[24]，尚完利，便备用，使雕琢文采不敢专造于家，工师[25]之事也。相阴阳[26]，占祲（jìn）兆[27]，钻龟陈卦[28]，主禳择五卜[29]，知其吉凶妖祥，伛巫跛击[30]之事也。修采清[31]，易道路，谨盗贼，平室[32]律，以时顺修，使宾旅[33]安而货财通，治市之事也。抃急[34]禁悍，防淫除邪，戮之以五刑[35]，使暴悍以变，奸邪不作，司寇[36]之事也。本政教，正法则，兼听而时稽之，度其功劳，论其庆赏，以时慎[37]修，使百吏免尽而众庶不偷[38]，冢宰之事也。论礼乐，正身行，广教化，美风俗，兼覆而调一之，辟公[39]之事也。全道德，致隆高，綦文理，一天下，振毫末，使天下莫不顺比从服，天王之事也。故政事乱，则冢宰之罪也；国家失俗[40]，则辟公之过也；天下不一，诸侯俗反，则天王非其人[41]也。

［注释］

①宰爵：主管宰杀牲畜，调配膳食以供接待宾客、祭祀时所用的官。知：掌管。飨：用酒食招待客人。牺牲：古代用于祭祀的猪、牛、羊。

②司徒：掌管民政的官。

③司马：掌管军队的官。乘：量词，一乘包括一辆战车、四匹马、三个甲士、七十二个步兵。白：通“伯”，古代军队的编制，十人为一什，百人为一伯。

④修：制定。

⑤商：通“章”，乐章。

⑥夷俗：指夷族野蛮落后的风俗习惯。夷，古时候对中原汉族以外的边远民族的蔑称。

⑦大师：指太师，主管音乐的官。

⑧浍：田间的大水沟。“沟”宽、深各是四尺，“浍”宽、深各是一丈六尺。

⑨行：通，使流出。潦：积水。

⑩水臧：指水库。臧，通“藏”，储存东西的地方。

⑪耘：锄草。艾：通“刈”，收割。

⑫司空：主管土木工程的官。

⑬序五种：按照时令种植黍、稷、豆、麦、麻等五种农作物。

⑭养山林薮泽草木鱼鳖百索：“草木”承“山林”而言，“鱼鳖”承“薮泽”而言。百索，指人类对山林湖泽的各种求索，如伐木、捕鱼等。

⑮屈：尽。

⑯虞师：古时候管理山林湖泊的长官。

⑰顺：使动用法，使协调顺从。州里：周代以二千五百家为一州，二十五家为一里。本来是行政单位，这里泛指乡里。

⑱廛宅：通指生活居住的地方。市场上的店铺叫“廛”，居民区的住所叫“宅”。

⑲闲：同“娴”，熟习，熟练。树艺：种植，古代种植五谷及果木蔬菜都叫“树艺”。

⑳趋：促使，督促。

㉑乡师：古代乡一级行政单位的长官。周代以一万二千五百家为一乡，管辖五个州。乡师掌管本乡的教化和政事。

㉒论：与下句的“审”同义。

㉓审时事：时节的不同会影响到造房、制作器械的质量，所以这里说要“审时事”。

㉔功：通“工”，精通，精于。苦：通“盬”，粗劣，粗糙。

㉕工师：管理手工业工匠的官。

㉖阴阳：古代思想家认为万事万物必然由一对矛盾的基本因素构成，这就是所谓的阴阳。天地、日月、昼夜、男女等都有阴阳之分。他们认为阴阳双方是相待而变的，阴盛则阳衰，阳盛则阴衰，如此盈虚消长而循环不已。万事万物的生成、变化都跟阴阳的变化有关，所以做事情要观察阴阳的变化。

㉗占：占卜，观察征兆来预测吉凶。祲：阴阳二气相侵所形成的云气，是不吉利的象征。

㉘钻龟：古代一种占卜的方法。陈卦：古代的筮法。古代占卦，用四十九根蓍草按一定的方式计算，把得出的奇数偶数作为阴阳符号，排列成卦，以此来推断吉凶。古人用卜和筮两种迷信方法推断吉凶，遇到大事先筮后卜。

㉙禳：《集解》本作“攘”，根据世德堂本改为“禳”。禳是古代一种用祈祷来排除灾祸的迷信活动。择：选择吉日。古时凡祭祀、婚嫁、安葬等，都选择吉日而行。五卜：指占卜时龟板上出现的五种兆形，即雨兆（像雨点落下一样的兆形）、q 霁兆（像雨停天晴时云雾散开一样的兆形）、蒙兆（像阴天时云雾蒙蒙一样的兆形）、驿兆（像多云时云气不连接一样的兆形）、克兆（像云气互相交错一样的兆形）。

㉚击：通“觋”。古代从事求神卜卦等迷信职业的人，男的称觋，女的称巫。

㉛采清：粪坑、厕所。清，通“圊”，厕所。

㉜室：根据上下文，应为“质”。质指古人进行贸易时买方抵押给卖方的代金券。因为它具有法律效力，所以称“质律”。

㉝宾：指商贩，后世常用“商”字表示。宾旅，客商。

㉞抃急：根据上下文，应为“折愿”。

㉟戮：惩罚。五刑：古代五种刑法，即墨（脸上刺字后涂墨）、劓（割鼻）、剕（断足）、宫（阉割）、大辟（砍头）。

㊱司寇：掌握刑罚的官。

㊲慎：通“顺”。

㊳免：通“勉”，努力。尽：指尽心。

㊴辟公：诸侯。

㊵俗：通“欲”。

㊶其人：指理想的人选。

［译文］

叙述官员的职责：宰爵掌管供接待宾客和祭祀时所用的酒食和祭品的数量。司徒掌管各个宗族、城郭以及器械的数量。司马掌管军队、武器、战车、士兵的数量。制定法令，审查诗歌乐章，禁止淫荡的乐曲，根据时势整治修订，使蛮夷的风俗和淫荡的乐曲不敢扰乱雅正的乐曲，这是太师的职事。修理堤坝、架设桥梁，疏通田间的沟渠，排除积水，加固水库，根据时令来开放或者关闭水库；即使遇上饥荒歉收、涝灾旱灾不断的年景，也依然能使民众继续耕耘、有所收获，这是司空的职责。观察地势的高低，了解土地的肥瘠情况，依照时令合理地安排各种庄稼的种植，考核农事，认真地储备粮食，根据时令去调整，使农民专心致力于农业生产而不求兼有其他技能，这是农官的职责。制定防火的法令，保护山林中的草木、湖泊中的鱼鳖，对人们的各种求索，根据时令来禁止与开放，使国家有充足的物资而不至于匮乏，这是虞师的职责。整治乡里，划定店铺区与居民区的界限，鼓励百姓饲养六畜，精通种植，引导人们接受教化，督促人们孝顺父母、敬爱兄长，根据时势去治理政事，使百姓服从君主的命令，安于乡里，这是乡师的职责。考核各个工匠的技艺，审查各个时节的生产活动，辨别产品质量的优劣，提高产品的坚固性，从而使生产设备用得更持久，雕刻有图案的器具与绣有彩色花纹的礼服不敢私自制作，这是工师的职责。观察阴阳天相的变化，根据云气来预测事情的吉凶，钻灼龟板，排列卦象，掌管攘除不祥、选择吉日，预见吉凶祸福，这是女巫与男巫的职责。清理厕所，修理道路，严防盗贼，平衡物价，按时来整治，保证商人旅客的安全，使货物钱财流通顺畅，这是治市的职事。惩罚狡猾奸诈的人，严禁凶狠强暴的人，防止淫乱，铲除邪恶，用五种刑罚来惩治罪犯，使强暴凶悍的人发生转变，使淫乱奸邪的事不再发生，这是司寇的职责。把政治教化作为治国的根本，端正法律规则，多方听取意见并经常对臣民进行考核，衡量他们的功劳，评定对他们的赏赐，按时整治，使各级官吏都勉力尽职，老百姓都不敢苟且偷生，这是冢宰的职责。讲究礼乐，端正行为，推广教化，美化风俗，普遍地照顾百姓并使他们关系协调，这是诸侯的职责。完善道德，使其达到崇高的境界，使礼义制度更为完善，统一天下，明察秋毫，使天下人归顺悦服，这是天子的职责。因此，政治混乱，是冢宰的失职；国家风俗败坏，就是诸侯的失职；天下不统一，诸侯企图造反，那是由于天子不是最佳的人选。

原文

具具[①]而王，具具而霸，具具而存，具具而亡。用万乘之国者，威强之所以立也，名声之所以美也，敌人之所以屈也，国之所以安危、臧否也[②]，制与在此亡乎人[③]。王、霸、安存、危殆、灭亡，制与在我亡乎人。夫威强未足以殆邻敌也，名声未足以县[④]天下也，则是国未能独立也，岂渠[⑤]得免夫累乎？天下胁于暴国，而党[⑥]为吾所不欲，于是者，日与桀同事同行，无害为尧，是非功名之所就也，非存亡安危之所堕[⑦]也。功名之所就，存亡安危之所堕，必将于愉殷赤心之所[⑧]。诚以其国为王者之所，亦王；以其国为危殆灭亡之所，亦危殆灭亡。

[注释]

①具具：前一个“具”是动词，具备；后一个“具”是名词，条件。

②臧否：好坏。这里指由坏变好、化凶为吉。

③与：通“举”，全，都。此：指自己。亡：通“无”，不，没有。乎：于，在。

④县：同“悬”，挂。这里指挂在天下人的嘴边，四处传扬。

⑤渠：同“讵”，怎么。

⑥党：同“倘”，假如，如果。

⑦堕：根由，缘由。

⑧愉：快乐，指得志。殷：忧伤的样子。

[译文]

具备了王者的条件就能够称王，具备了霸者的条件就可以称霸，具备了生存的条件就可以生存下去，具备了灭亡的条件就会灭亡。治理一个万乘之国，威武强大的地位之所以能确立，名声之所以这么美好，敌人之所以屈服，国家之所以转危为安，全部的关键都在自己而不在别人身上。是称王天下、称霸天下、安全生存下来，还是危险、灭亡，全部的关键都在自己而不在别人身上。威武强大但是还不足以危及相邻的国家，名声很好但是还不足以让天下人挂在嘴边，那么，这个国家就还不能独自立于天下，怎么能够免除忧患呢？天下被强暴的国家所威胁，如果这种情况不是我所想看到的，但是被迫与桀那样的暴君天天在一起做事、一起行动，这样做并不妨碍自己成为尧那样的贤君，所以说这不是成就功名的关键，也不是存亡安危的根本原因。成就功名的关键，存亡安危的根本原因，必定建立在自身诚心的基础上。如果真心要把自己的国家变成一个实行王道的地方，也就能称王天下；如果想把自己的国家弄到危险灭亡的境地，就会趋于危险甚至灭亡。

原文

苏秦相六国

在战国时期，有苏秦、张仪等人以捭阖之术游说各国，各国也根据自身情况选择联合强秦的“连横”或六国联合的“合纵”以进行政治和军事斗争，来提高本国的国力，是为“纵横之事”。

殷之日，案[①]以中立，无有所偏而为纵横之事[②]，偃然案[③]兵无动，以观夫暴国之相卒[④]也；案平[⑤]政教，审节奏[⑥]，砥砺百姓，为是之日，而兵刬(zhuǎn)[⑦]天下之劲矣；案然[⑧]修仁义，伉隆高[⑨]，正法则，选贤良，养百姓，为是之日，而名声刬天下之美矣。权者，重之；兵者，劲之；名声者，美之。夫尧、舜者，一天下也，不能加毫末于是矣[⑩]！权谋倾覆之人退，则贤良知圣之士案自进矣；刑政平，百姓和，国俗节，则兵劲城固，敌国案自诎矣；务本事，积财物，而勿忘栖迟薛越也[⑪]，是使群臣百姓皆以制度行，则财物积，国家案自富矣。三者体[⑫]此而天下服，暴国之君案自不能用其兵矣。何则？彼无与至也。彼其所与至者，必其民也；其民之亲我欢若父母，好我芳若芝兰；反顾其上，则若灼黥[⑬]，若仇雠。彼人之情性也，虽桀、跖[⑭]，岂有肯为其所恶贼其所好者哉？彼以[⑮]夺矣。故古之人，有以一国取天下者，非往行之也，修政其所，莫不愿，如是而可以诛暴禁悍矣。故周公南征而北国怨，曰：“何独不来也？”东征而西国怨，曰：“何独后我也？”孰能有与是斗者与？安[⑯]以其国为是者王。

[注释]

①案：同“安”，语气助词，没有实际意义。

②无：通“毋”，没有、不要。纵横之事：指战国七雄相互之间的斗争策略。纵指合纵。战国时苏秦主张齐、楚、燕、韩、赵、魏六国结成联盟对抗秦国。由于六国在位置上成南北向，所以称“合纵”。横：东西为横，此指连横。秦国为了对付合纵，采纳张仪的主张，与六国分别结成联盟，以便各个击破。由于秦国在六国

的西面，东西联合，所以称“连横”。

③案：通“按”。

④卒：通“捽”，争斗，对打。

⑤平：整治，治理。

⑥节奏：指礼节制度。

⑦刬：通“专”，独占。

⑧然：衍字。

⑨伉：通“亢”，极，尽。隆高：尊贵，显贵。

⑩毫末：毫毛的末端，比喻极细微的东西。于是：指权重、兵劲、名声美三者好得不能再好了。

⑪忘：通“妄”，胡乱。栖迟：滞留等待，即遗弃。薛越：同“屑越”，碎落的意思，即搞得破碎散乱后又抛弃它。

⑫体：表现，体现。

⑬灼：烧。黥：即墨刑，用刀在犯人的面额上刺字，然后再把墨涂在刺纹中。

⑭桀、跖：这里比喻残暴、贪婪之人。

⑮以：同“已”，已经。

⑯安：语气助词，没有实际意义。

［译文］

国家富强的时候，保持中立的、不偏不倚的态度，不要去做合纵连横的事情，要安然地按兵不动，静观那些残暴的国家互相争斗；搞好政治教化，审察礼义制度，训练百姓，如果一个君主能做到这一点，那他的军队就是天下最强大的军队了；奉行仁义之道，达到最高的政治境界，端正法律条令，选拔贤才良将，使百姓休养生息，如果一个君主做到了这一点，那么他就可以独自拥有天下最美好的名声了。权势使他的地位举足轻重，军队使他强大有力，名声使他美好无比。就是尧、舜那样统一了天下的圣明君主也不能在这三个方面做得更好了。如果把玩弄权术、专搞倾轧的小人清除掉的话，那么，贤能善良明智的君子自然就会到来了；如果刑法政令公正无私，百姓和睦团结，国家的风俗有节制，那么兵力就会变得强大、城防就会变得坚固，敌国自然就会屈服了；一心致力于农业生产，积聚财物，但是不要随意地遗弃抛撒，使群臣百姓都按照规章制度来行事，那样，财物就能积聚、国家自然就富足了。如果能做到以上三个方面，那么天下的百姓就会顺从我们，强暴之国的君主自然就不敢侵略我们了。这是什么原因呢？这是因为他已经找不到民众跟他一起来进攻我们了。和他一起来的肯定是他统治下的民众，而他的民众就像喜欢自己的父母一样欢迎我，就像酷爱芳香的芝兰一样热爱我；如果回头看到他们的国君，就像看到了遭到火刑、黥刑的犯人一样厌恶，就像看到了仇人一样愤怒。一个人即使有夏桀、盗跖那样的本性，难道肯为了他所憎恨厌恶的人去迫害他所喜爱的人吗？他的百姓已经被我们争取过来了。因此，古代的人有凭借一个小小的诸侯国夺取天下的，但是并不是跑到别的国家去夺取政权，而是把自己国家的政治搞好，天下没有人不仰慕他，这样他就可以铲除强暴制止凶悍了。因此，周公征伐南方的国家时北方的国家都抱怨他，说："为什么单单不来我们这里呢？"征伐东方的国家时西面的国家都抱怨，说："为什么唯独把我们放在后面呢？"谁能够同这样的君主争斗呢？把自己的国家治理成这样的君主就可以称王于天下。

原文

殷之日，安以静兵息民①，慈爱百姓，辟田野，实仓廪，便备用，安谨募选阅材伎之士，然后渐赏庆以先之，严刑罚以防之，择士之知事者使相率贯也，是以厌然畜②积修饰，而物用之足也。兵革器械者，彼将日日暴露毁折之中原，我今将修饰之，拊循③之，掩盖之于府库。货财粟米者，彼将日日栖迟薛越之中野，我今将畜积并聚之于仓廪。材技股肱（gōng）、健勇爪牙之士④，彼将日日挫顿竭之于仇敌，我今将来致之、并阅之、砥砺之于朝廷⑤。如是则彼日积敝，我日积完；彼日积贫，我日积富；彼日积劳，我日积佚。君臣上下之间者，彼将厉厉焉⑥日日相离疾也，我今将顿顿焉⑦日日相亲爱也，以是待其敝。安以其国为是者霸。

[注释]

①静兵：停止打仗。息民：使老百姓休养生息。

②畜：通"蓄"。

③拊循：抚摸，这里指擦拭、保养。

④股肱：大腿和上臂。喻指得力的大臣。爪牙：武士。

⑤来：通"徕"，招来。致：招引，引来。并：吞并，接纳。

⑥厉厉焉：恶狠狠的样子，仇视的样子。

⑦顿顿焉：诚恳忠厚的样子。

[译文]

国家富强的时候，采取停止打仗、使人民休养生息的政策，爱护百姓，开垦田野，充实粮仓，改良设备器用使它们更适用，谨慎地招募、选择、接纳才艺高超的士人，然后加重奖赏来引导他们，加重刑罚来约束他们，从这些士人中挑选一些明白事理的人率领他们，这样，他们就会安心地积蓄粮食财物、修理改进器械用具，所以可供使用的财物也就十分充足了。兵器盔甲等器械，他国天天把它们丢弃损毁在原野之中，而我们现在都要修理改进它们，爱护保养它们，并把它们收藏起来放在仓库里。货物粮食，他国天天把它们丢弃散落在田野之中，而我们现在把它们储藏、聚集在仓库里。才艺高强的辅佐大臣、健壮勇敢的武士，他国天天让他们受敌人的攻击而遭受挫折，他们生活困顿，筋疲力尽，而我们则在朝廷上公开招募他们、收容他们、磨炼他们。这样，他国愈来愈破败，我们愈来愈完善；他国愈来愈贫困，我们则愈来愈富有；他国的百姓愈来愈劳苦，我们则愈来愈安逸。君臣、上下之间，他国是严重地互相疏远憎恨，我们则诚恳地更加相亲相爱，我们用这样的方法去等待他们的衰败。把自己的国家治理成这样的君主就能称霸于诸侯。

原文

立身则从佣[①]俗，事行[②]则遵佣故，进退贵贱则举佣士[③]，之所以接下之人百姓者则庸[④]宽惠，如是者则安存。

[注释]

①佣：通“庸”，平庸，平常。

②事行：办事，做事。

③佣士：平常的人。

④庸：通“用”，采取，采用。

[译文]

做人就要遵循一般的风俗习惯，做事就要遵循惯例，选拔人才、举贤任能则推崇普通的人，接近老百姓的态度则是宽容和仁爱的，像这样的君主就可以安定地生存下来。

原文

立身则轻楛[①]，事行则蠲(juān)疑[②]，进退贵贱则举佞侻[③]，之所以接下之人百姓者则好取侵夺，如是者危殆。

[注释]

①轻楛：态度轻率恶劣。

②蠲疑：毫不迟疑，指急躁鲁莽、毫无顾忌。蠲，除去。

③侻：通“锐”，形容口齿伶俐。

[译文]

做人态度轻率恶劣，做事态度肆无忌惮，选择人才、评定等级时提拔花言巧语的人，对待平民百姓的态度是强取豪夺，像这样的君主就必定危险了。

原文

立身则憍[①]暴，事行则倾覆，进退贵贱则举幽险诈故[②]，之所以接下之人百姓者，则好用其死力矣而慢其功劳，好用其籍敛矣而忘其本务[3]，如是者灭亡。

[注释]

①悖：通“骄”，骄横。

②故：巧诈。

③籍：税。敛：征收。本务：根本事务，这里指农业生产。

[译文]

做人骄傲暴虐，做事反复无常，在选择人才、评定等级上提拔的是阴险狡诈的人，用来对待平民百姓的态度，则是喜欢他们为自己卖命出力而不看重他们的功劳，喜欢横征暴敛而不顾百姓所从事的农业生产，像这样的君主必定会遭到灭亡。

应奉花石

宋徽宗不顾百姓死活，一味聚敛财物，并建立应奉局在民间大肆搜刮，使百姓无粮可食，流离失所，最终宋国被金人所侵，社稷几乎倾覆，可见“好用其籍敛矣而忘其本务，如是者灭亡”所言非虚。

原文

此五等者[1]，不可不善择也，王、霸、安存、危殆、灭亡之具也。善择者制人，不善择者人制之；善择之者王，不善择之者亡。夫王者之与亡者、制人之与人制之也，是其为相县[2]也亦远矣。

[注释]

①五等者：指上面所说的五种做法。

②县：“悬”之古字，差别，悬殊。

[译文]

以上这五种不同的做法，是不能不认真地加以选择的，它们是称王天下、称霸天下、安存下来、危险、灭亡的条件。善于选择的，就能制服别人；不善于选择的，就被别人所制服；善于选择的，就能称王天下；不善于选择的，就会遭到灭亡。称王的和灭亡的、制服别人和被别人制服，这中间的差别实在是相差太远了。

卷六

富国第十

题解

本篇论述了富国之道，提出了要抓住农业生产这个根本大业，要实施一系列开源节流的经济政策。如“明分使群”“裕民以政”，加强政治统治使社会安定，促进经济发展；“尚贤使能”“严明赏罚”，用来刺激百姓积极性；“强本抑末”“开源节流”“节用裕民”，用来调整生产，以保证经济的良性发展。只有这样，才能使国家富强，天下统一。

原文

万物同宇而异体，无宜而有用为人①，数也。人伦②并处，同求而异道③，同欲而异知④，生⑤也。皆有可也，知愚同；所可异也，知愚分。势同而知异⑥，行私而无祸，纵欲而不穷，则民心奋而不可说也。如是则知者未得治也；知者未得治，则功名未成也；功名未成，则群众未县也；群众未县，则君臣未立也。无君以制臣，无上以制下，天下害生纵欲。欲恶同物，欲多而物寡，寡则必争矣。故百技所成⑦，所以养一人也。而能不能兼技，人不能兼官⑧，离居不相待则穷，群而无分则争。穷者，患也；争者，祸也。救患除祸，则莫若明分使群矣。强胁弱也，知惧愚也，民下违上，少陵长，不以德为政，如是则老弱有失养之忧，而壮者有分争之祸矣。事业所恶也，功利所好也，职业无分，如是则人有树事之患⑨，而有争功之祸矣。男女之合、夫妇之分、婚姻、娉内、送逆无礼⑩，如是则人有失合之忧，而有争色之祸矣。故知者为之分也。

［注释］

①宜：适合，指主动去迎合他人需要的一种应变能力。为：即“于”。

②人伦：指不同类别的人。伦，类。

③同求而异道：意思是有的人追求行善，有的人则追求作恶。道，主张、思想原则。

④知：通“智”。

⑤生：通“性”。

⑥知异：认识到不同的存在，指所认可的事物不同，即生活追求不相同。

⑦故：即“夫”，是发语词。技：有技艺之人。

⑧官：职业，职事。

⑨有树事之患：事业难以建立起来。事，指劳役之事。

⑩娉：同“聘”，送礼物订婚。内：同“纳”，指纳币，古婚礼六礼之一，派人去送聘书、聘礼到女方家，女方家接受了聘书、聘礼之后复书，婚姻关系就算是确定了。逆：迎。

[译文]

万物并生共存于宇宙之中而形体各不同，它们不会主动地去迎合人类的需要但是对人都有作用，这是一条客观规律。人类在一起群居，同样都有追求而思想原则却各不相同，同样都有欲望而智慧却各不相同，这是人类的本性。人们都有自己所认同的事物，这是智者和蠢人所相同的；但是各人所认可的事物却是不相同的，这是智者和蠢人的区别。如果人们的地位相同而智慧却不相同，谋取私利而不受到惩罚，随心所欲而不碰壁，那么人们都将会奋力竞争，求取私欲，而不可说服了。如果像这样，那么有智慧的人就不能够进行治理；有智慧的人不能治理，那么他们的功业和名望就不能建立；他们的功业名望不能建立，那么人群就不会存在等级差别了；人群如果没有了等级差别，那么君主和臣子的关系就没有办法确立起来。如果没有君主来统治臣子，没有上级来控制下级，那么天下的祸患就会因为个人的为所欲为而不断发生了。人们需要和厌弃同样的东西，可需要的多而东西却相对要少，东西少就必定会发生争夺。供一个人需要的产品是由各个行业的人所制造的。一个人的能力不可能同时精通所有部门的技艺，一个人也不可能同时从事所有种类的职业，因此人们如果离群索居而不互相依赖就会陷入困境之中，如果群居在一起而没有名分规定就会发生争夺的情况。陷于困境之中，是一种祸患；争夺的情况，也是一种灾难。要将祸患消除灾难免除，就没有比明确每个人的名分、使人们结合成一个社会群体更好的办法了。如果强暴之人威胁弱小之人，聪明之人害怕愚昧之人，那么民众就可能会违抗君主，年轻之人就可能会欺凌年长之人，不根据礼义来治理政事，像这样，那么年老体弱之人就会有无人养护的忧虑，而身强力壮之人也会有竞相争夺的祸患了。做事劳动是人们所厌恶的，功名利益是人们所喜欢的，如果每个人的职事没有名分规定，那么人们不仅会有难以成就事业的忧患，而且有争夺功名的灾祸。男女的结合、夫妇的区别、娶妻出嫁、定亲送礼、送女迎亲等如果没有礼制去规定，那么人们就会有失去配偶的忧虑，有争夺女色的祸患了。因此智者才给人们制定了各种名分。

原文

皇天辅德图

为君者，理应爱民如子，勤于朝政，克制私欲而富足百姓，如此，天下就会像受到皇天德泽一样安泰和乐。

足国之道：节用裕民，而善臧其余[①]。节用以礼，裕民以政。彼裕民[②]，故多余；裕民，则民富。民富，则田肥以易[③]；田肥以易，则出实百倍。上以法取焉，而下以礼节用之。余若丘山，不时焚烧，无所臧之。夫君子[④]奚患乎无余？故知节用裕民，则必有仁义圣良之名，而且有富厚丘山之积矣。此无他故焉，生于节用裕民也。不知节用裕民，则民贫；民贫，则田瘠以秽；田瘠以秽，则出实不半。上虽好取侵夺，犹将寡获也；而或以无[⑤]礼节用之，则必有贪利纠矫(jiǎo)之名[⑥]，而且有空虚穷乏之实矣。此无他故焉，不知节用裕民也。《康诰》[⑦]曰："弘覆乎天，若德裕乃身[⑧]。"此之谓也。

[注释]

①臧：通"藏"。其余：指国家、百姓用度所余的财物。

②彼：犹"夫"，发语词。裕民：当作"节用"。

③肥：施肥，使肥沃。易：治理。

④君子：即指墨子。

⑤以无：无以。

⑥利：贪图。纠：收。矫：通"挢"，取。

⑦《康诰》：《尚书》中的篇名。

⑧若：顺。裕：在《尚书》中本来是宽裕之意，此处断章取义为富裕之意。乃：你。荀子引用此语为了说明，君主裕民，则自己也会有富厚之积。

[译文]

使国家富足的方法：节约费用，使民众富裕，并善于收藏那些多余的粮食财物。依照礼制节省费用，采取政治措施使民众富裕。推行节约费用的制度，因此粮食财物就会有盈余；实施使民众富裕的政策，民众就能富裕起来。民众富裕了，那么田地就会肥沃并能得到精心的耕作治理；农田肥沃得到精心耕作，那么产量就会成百倍地增长。国君按照法律制度向他们收税，而臣民又按照礼制规定去使用它们。这样，剩余的粮食财物就会堆积如山，即使不时地被焚毁，也还是多得无处储藏它们。那君子还会发愁没有盈余吗？所以懂得节约费用、使民众富裕的人，一定会享有仁爱贤良的好名声，而且还会拥有丰厚得像山陵一样的积蓄。这没有别的缘故，就是由于使用了节约费用、使民众富裕的方法。不懂得节约费用、使民众富裕，那么民众必定会贫困；民众贫困了，那么田地必定会贫瘠而且荒芜；田地贫瘠而且荒芜，那么产量还达不到正常收入的一半。这样，国君即使想方设法地去侵占掠夺，也仍将收获很少；如果又不按照礼制制度节约地使用这些收获，那就必定会获得一个贪婪搜刮的名声，而且还会有粮仓空空、穷困贫乏的实际后果。这也没有别的缘故，而是因为不懂得节约费用、使民众富裕。《康诰》说："广大地庇护民众啊就像上天覆盖大地，顺从礼义道德的标准就能使你本人也富裕。"说的就是这个道理。

原文

礼者，贵贱有等，长幼有差，贫富轻重皆有称者也①。故天子袾(zhū)裷(gǔn)、衣冕②，诸侯玄裷、衣冕，大夫裨③、冕，士皮弁(biàn)、服④。德必称位，位必称禄，禄必称用。由士以上则必以礼乐节之，众庶百姓则必以法数制之。量地而立国，计利而畜⑤民，度人力而授事；使民必胜事，事必出利，利足以生民，皆使衣食百用出入相掩⑥，必时藏余，谓之称数。故自天子通于庶人，事无大小多少，由是推之。故⑦曰："朝无幸位，民无幸生。"此之谓也。

[注释]

①轻重：指尊卑。称：合适，相称。

②袾：通"朱"，大红色。裷：即"衮"，画有卷曲的龙形图案的礼服。冕：礼帽，大夫以上才可戴。

③裨：一种礼服的名称，诸侯卿大夫觐见天子时所穿的，可以显示出地位的尊卑。

④士：先秦时贵族等级，其位次于大夫。皮弁：一种用白鹿皮制成的帽子。服：指便服。

⑤畜：畜养。

⑥出入相掩：即收支平衡。掩，合，同。

⑦故：历史典故。

[译文]

所谓礼，就是高贵的和卑贱的有等差，年长的和年幼的有差别，贫穷的和富裕的、权轻势微的和权重势大的都有和他们的等级相宜的规定。所以天子穿戴的是朱红色的龙袍和礼帽，诸侯穿戴的是黑色的龙袍和礼帽，大夫穿戴的是裨衣和礼帽，士戴的是白鹿皮制成的帽子，穿便服。德行一定要和地位相称，职位一定要和俸禄相称，俸禄一定要和费用相称。从士以上一定要用礼乐制度来节制他们，对平民百姓一定要用法度去治理他们。根据土地的多少来建立行政区域，根据收益的多少来养育百姓，按照人的能力的大小来安排适当的事务；使人民都能胜任自己所从事的事务，这些事务必定会产生收益，而这种收益又足够用来养活百姓，普遍地使百姓的衣食以及各种费用等能收支平衡，一定还能及时地储藏多余的粮食财物，这就叫作合乎法度。因此，从天子到老百姓，事情无论大小多少，都要按照礼制的规定来进行类推。所以说："朝廷上没有无德无功就能够侥幸获得官位的，百姓中没有游手好闲就能够侥幸存活的。"说的就是这个道理。

原文

轻田野之税，平[①]关市之征，省商贾之数，罕兴力役，无夺农时，如是则国富矣。夫是之谓以政裕民。

[注释]

①平：整治，这里指免除。

[译文]

减轻农田山野的赋税，整治关卡集市的收税，减少商人的数量，少兴劳役，不要耽误农时，像这样，那么国家就能富足了。这就叫作用政策来使百姓富裕。

原文

人之生，不能无群，群而无分则争，争则乱，乱则穷矣。故无分者，人之大害也；有分者，天下之本利也；而人君者，所以管分之枢要也。故美之者，是美天下之本也；安之者，是安天下之本也；贵之者，是贵天下之本也。古者先王分割[①]而等异之也，故使或美、或恶，或厚、或薄，或佚乐、或劬劳[②]，非特以为淫泰、夸丽之声[③]，将以明仁之文[④]，通仁之顺也。故为之雕琢、刻镂、黼黻、文章[⑤]，使足以辨贵贱而已，不求其观；为之钟鼓、管磬、琴瑟、竽笙[⑥]，使足以辨吉凶、合欢定和而已[⑦]，不求其余；为之宫室台榭[⑧]，使足以避燥湿、养德、辨轻重[⑨]而已，不求其外。《诗》[⑩]曰："雕琢其章，金玉其相[⑪]。亹(wěi)亹[⑫]我王，纲纪四方。"此之谓也。

[注释]

①割：制，裁断。

②或佚乐、或劬劳：根据上下文的意思，应该是"或佚或乐或劬或劳"。劬，过度劳累。

③淫：放荡。泰：奢侈。夸：美好。丽：美好。

④仁：指隆礼尊贤。文：指礼乐等级制度。

⑤雕琢：雕刻玉器。刻：雕刻木器。镂：雕刻金器。黼：黑白相间的花纹。黻：黑青相间的花纹。文：赤青相间的花纹。章：赤白相间的花纹。

⑥管：一种竹制的管状乐器。磬：一种石制的敲击乐器，形状弯曲。瑟：一种弦乐器，由二十五根弦组成。竽：一种像笙的乐器。

⑦吉：吉事，指祭祀、冠、婚娶等。凶：凶事，指丧事。合欢：得到欢乐。定和：得到和谐。定，成。

⑧台：用土筑成的高台，以供观察瞭望之用。榭：建立在土台之上的房子。

⑨轻重：指尊卑。

⑩诗：指《诗经·大雅·棫朴》。

⑪相：质料。

⑫亹亹：勤勉不倦的样子。

[译文]

人们生活，不能不组成一个社会群体，但是组合在一起而没有名分等级的限制就会发生纷争，一发生纷争就会产生混乱，一产生混乱就会陷入无法生存的困境之中。所以没有名分等级，是人类最大的祸患；有名分等级，是天下根本利益之所在；而君主是用来掌管名分等级的关键。所以赞美君主，这就是赞美天下之根本；维护君主，这就是维护天下之根本；尊重君主，这就是尊重天下之根本。古代君主将人们划分出等级名分的差异，所以使他们的地位有的高贵有的低下，待遇有的优厚有的微薄，有的安乐有的劳苦，这并非要特地用来造成放荡奢侈或美好贤良的名声，而是要用它来明确仁德尊贤的礼义制度，并贯彻仁德尊贤的等级礼乐秩序。所以为人们在各种金、石、玉、木等各种器具上雕刻图案，制作各种颜色的服装，使它们能用来充分辨别贵贱而已，并不追求更多的东西；制造各种钟、鼓、管、磬、琴、瑟、竽、笙等乐器，使它们能充分辨别吉事、凶事，让人们能欢乐和谐而已，并不追求其他的；建造了宫、室、台、榭，使人们能充分避免日晒雨淋、修养德性、辨别尊卑而已，并无另外的追求。《诗经》说："雕琢它们呈现纹章，金玉是它的质料。勤勤恳恳的君王，治理着四面八方。"说的就是这个道理。

原文

若夫重色而衣之，重味而食之，重财物而制之，合天下而君之，非特以为淫泰也，固以为王天下、治万变、材万物、养万民、兼制天下者①，为莫若仁人之善也夫。故②其知虑足以治之，其仁厚足以安之，其德音足以化之。得之，则治；失之，则乱。百姓诚赖其知也，故相率而为之劳苦以务佚之，以养其知也；诚美其厚也，故为之出死断亡以覆救之③，以养其厚也；诚美其德也，故为之雕琢刻镂、黼黻文章以藩饰之，以养其德也。故仁人在上，百姓贵之如帝，亲之如父母，为之出死断亡而愉者，无它故焉，其所是焉诚美，其所得焉诚大，其④所利焉诚多也。《诗》⑤曰："我任我辇(niǎn)，我车我牛，我行既集，盖云归哉！"此之谓也。

［注释］

①材：通"裁"，利用。制：根据上下文意思，当为利。

②故：犹"夫"，发语词。

③出死断亡：决死战斗。断，决。覆救：捍卫，掩护。

④其：指仁人，君主。

⑤《诗》：指《诗经·小雅·黍苗》。荀子以此来说明百姓辛勤劳作以侍奉君主。

［译文］

至于把色彩丰富的衣服给君主穿，把多种口味的食品给君主吃，积聚多种多样的财物给君主使用，把整个天下都交给君主统治，这并不是特意要用它们来造成放荡奢侈，而不过是为了统一天下、治理各种事变、管理万物、养育百姓、使天下人都得到利益，实在没有比仁德的君主更好的人了。那仁人君子的智慧足以治理天下，他的仁爱厚道足以用来安定天下，他的道德声望足以用来教化天下。得到了这样的人，天下就太平；失去了这样的人，天下就大乱。老百姓确实需要依靠他的智慧，所以才争先恐后地替他劳作，务必让他能够安逸，以此来保养他的智慧；老百姓确实是真心诚意地赞美他的仁厚，所以才出生入死来捍卫他，以此来保养他的仁厚；老百姓确实是真心诚意地赞美他的品德，所以才给他在各种器具上雕刻上花纹，制造了各种颜色的礼服，来想方设法地修饰他，以此来保养他的品德。所以仁人君子处在君主的位置之上，老百姓敬重他就像敬重上帝一样，爱戴他就像爱戴自己的父母一样，为他出生入死也心甘情愿，这并没有别的缘故，而是因为他的政令实在是美好，他所取得的成就实在是巨大，他所带给百姓的利益实在是多啊。《诗经》说："我背粮食我拉车，我扶车子我牵牛，我们的行程已结束，吩咐我们都回去。"说的就是这种情况。

原文

故曰："君子以德，小人以力。力者，德之役也。"百姓之力，待之而后功[1]；百姓之群，待之而后和；百姓之财，待之而后聚；百姓之势，待之而后安；百姓之寿，待之而后长[2]。父子不得不亲，兄弟不得不顺，男女不得不欢。少者以长[3]，老者以养。故曰："天地生之，圣人成之。"此之谓也。

[注释]

①待之：依赖君主。之，代君主。

②百姓之寿，待之而后长：靠着君主的治理，百姓才不会争夺，因此才能长寿。

③以长：指依靠着君主的德行教化而成长。

[译文]

所以说："君子靠的是德行，小人靠的是力气。用力气的人，受用德行的役使。"百姓的力，依靠君子的德然后才能取得成效；百姓组织在一起，依靠君子的德然后才能和谐；百姓的财物，依靠君子的治理才能够积聚起来；百姓的地位，依靠君子的治理才能够安定；百姓的寿命，依靠君子的仁爱才能够长久。父子之间没有君子的教化就不会相互亲爱，兄弟之间没有君子的教化就不会相互和顺，夫妇之间没有君子的治理就得不到欢愉。青少年依靠君子的治理长大成人，老年人依靠君子的教化得到赡养。古书上说："天地养育了他们，圣人成就了他们。"说的就是这个道理。

原文

今之世而不然，厚刀布[1]之敛以夺之财，重田野之税以夺之食，苛[2]关市之征以难其事。不然而已矣，有掎挈伺诈[3]、权谋倾覆，以相颠倒，以靡敝[4]之。百姓晓然皆知其污漫暴乱而将大危亡也。是以臣或弑其君，下或杀其上，粥其城、倍其节而不死其事者[5]，无它故焉，人主自取之也。《诗》[6]曰："无言不仇，无德不报。"此之谓也。

[注释]

①刀布：古代的钱币，这里泛指钱财。

②苛：苛刻，这里指繁重。

③有：通"又"。掎挈伺诈：故意挑剔，伺机欺诈。掎，挟制，牵制。挈，持，抓。

④靡敝：败坏，倾坏。

⑤粥：通“鬻”。倍：通“背”。不死其事者：不为君主的事业卖命。

⑥《诗》：指《诗经·大雅·抑》。

[译文]

当今的社会却不是这样，在上位的人加重对钱财的聚敛而夺走百姓的财物，加重对田地山野的赋税来夺走百姓的食物，加重对关卡集市的税收来阻碍百姓的贸易活动。不仅如此，而且还百般敲诈，抓住对方的弱点伺机欺诈、玩弄权术阴谋，以倾轧陷害等种种手段来颠倒是非，败坏世道，摧残百姓。百姓们都明白他们的污秽、肮脏、残暴、淫乱将导致极大的危难以至于灭亡。因此，有的臣子杀死了自己的君主，有的下级杀死了自己的上司，有的出卖城池、背叛节操而不为君主的事业卖命，这没有别的缘故，而是君主自作自受的结果啊。《诗经》中说：“说话总会有相应的应答，施恩总会有相应的回报。”说的就是这个道理。

原文

兼足天下之道在明分。掩地表亩[①]，刺[②]草殖谷，多粪肥田，是农夫众庶之事也。守时力民，进事长功，和齐百姓，使人不偷，是将率[③]之事也。高者不旱，下者不水，寒暑和节，而五谷以时孰[④]，是天下[⑤]之事也。若夫兼而覆之，兼而爱之，兼而制之，岁虽凶败水旱，使百姓无冻馁[⑥]之患，则是圣君贤相之事也。

[注释]

①掩：掩盖，使有植被，指翻耕田地。表亩：即表明田地亩数。

②刺：杀，铲除。

③将率：即将帅。率，同“帅”。古代的将帅兼管民众。古代战时征战，平时农耕；而将帅战时指挥军队，平时便是行政长官。

④孰：同“熟”。

⑤天下：当是“天地”的误写。

⑥馁：同“馁”，饥饿。

[译文]

使天下普遍富足的方法在于明确职分。开

仁惠民富

贤能的君主要庇护天下万民，“兼而覆之，兼而爱之，兼而制之”，令百姓无论在丰年、灾年都能安乐富足，不会因天时不利而挨饿受冻。

垦田地，表明田亩的数量，铲除杂草，种植谷物，多施粪使土地肥沃，这是农民们的事情。遵守农时，督促百姓勤奋的劳作，促进生产发展，增加收益，协调百姓，使他们不偷懒，这是将帅的事情。使高地不受干旱，洼地不受水涝，寒暑和顺适宜，而五谷按时成熟，这是上天的事情。至于普遍地庇护百姓，普遍地爱抚百姓，普遍地管理百姓，即使遇到饥荒歉收旱涝的年岁，百姓也没有挨饿受冻的祸患，这是圣明君主、贤能宰相的事情。

原文

墨子之言，昭昭然①为天下忧不足。夫不足，非天下之公患也，特墨子之私忧过计也②。今是土之生五谷也，人善治之，则亩数盆③，一岁而再获之；然后瓜桃枣李一本数以盆鼓④；然后荤菜百疏以泽量⑤；然后六畜禽兽一而剸⑥车：鼋、鼍、鱼、鳖、鳅、鳣以时别⑦，一而成群；然后飞鸟、凫雁若烟海；然后昆虫万物生其间，可以相食养者不可胜数也⑧。夫天地之生万物也，固有余足以食人矣；麻葛、茧丝、鸟兽之羽毛齿革也⑨，固有余足以衣人矣。夫有余⑩不足，非天下之公患也，特墨子之私忧过计也。

[注释]

①昭昭然：通“耿耿然”，忧愁不安的样子。

②特：只是。过计：过分忧虑。

③盆：古代一种量器，一盆合十二斗八升。

④然后：此外，其次。数：计算。鼓：古量器名，一鼓合十斗。这里是计量的意思。

⑤荤菜：指葱、蒜、韭菜、姜之类气味辛辣的蔬菜。疏：通“蔬”。以泽量：用池泽来量，极言其多。泽，水草丛生之地，低洼有水之地。

⑥剸：通“专”，独占。

⑦以时别：按时生殖繁育。

⑧相食养者：作为食物供人食用。食，供养。胜：尽。

⑨麻：大麻，其皮坚韧，可用来织布。葛：多年生草本植物，茎皮可以制成葛布。齿：指象牙。

⑩有余：衍文。

[译文]

墨子的论调，是在焦灼不安地为天下人担忧物资不够。他所谓的不足，并不是天下共同的忧患，而只不过是墨子个人过分的担忧。现在这些土地上生长的五谷，只要人们善于经营管理它，每亩田就可以生产几盆谷物，一年可以收获两次；此外，瓜、桃、枣、李等水果每棵的果实也要用盆、鼓来计算；其次，葱、蒜之类以及各种蔬菜也多得要用池泽来量；再次，各种家畜与猎取的禽兽都样样齐全，肥大得一只就要用整车来装；鼋、鼍、鱼、鳖、鳅、鳝按时繁殖，样样齐全而且都能成群；再次，飞鸟、野鸭、大雁之类多得浩如烟海；还有，生长在天地之间的昆虫万物，可以作为食物供人食用的东西多得数不胜数。天地生育万物，本来就绰绰有余，足以用来供给人食用；大麻、葛、蚕丝、鸟兽的羽毛牙齿皮革等，本来就足以供给人穿戴。那所谓的物资不足，并不是天下共同的忧患，而只不过是墨子个人过分的担忧罢了。

原文

天下之公患，乱伤之也。胡不尝试相与求乱之者谁也？我以墨子之“非乐”也，则使天下乱；墨子之“节用”也，则使天下贫。非将堕（huī）[①]之也，说不免焉。墨子大有天下，小有一国，将蹙然衣粗食恶[②]，忧戚而非乐[③]。若是则瘠，瘠，则不足欲；不足欲，则赏不行。墨子大有天下，小有一国，将少人徒，省官职，上[④]功劳苦，与百姓均事业、齐功劳。若是，则不威；不威，则罚不行。赏不行，则贤者不可得而进也；罚不行，则不肖者不可得而退也。贤者不可得而进也，不肖者不可得而退也，则能不能不可得而官也。若是则万物失宜，事变失应，上失天时，下失地利，中失人和，天下敖[⑤]然，若烧若焦；墨子虽为之衣褐带索[⑥]，嚽（chuò）菽饮水[⑦]，恶能足之乎？既以[⑧]伐其本，竭其原[⑨]，而焦天下[⑩]矣。

菽

菽，是豆类的统称。《诗经·小雅·小宛》有语：“中原有菽，小民采之”，说明菽在人们生活中有很重要的地位。

［注释］

①堕：通“隳”，毁坏，这里是诽谤、诋毁之意。

②蹙然：局促不安，忧愁的样子。衣粗食恶：相对于“节用”而言。墨子主张穿粗布衣服，不吃山珍海味。

③忧戚而非乐：针对“非乐”而言。墨子为民生疾苦而忧愁，认为音乐对于解决百姓的温饱、对于阻止战争的发生等都毫无用

处，因此反对音乐。

④上：同“尚”。

⑤敖：通“熬”。

⑥褐：粗布衣服。带：腰带，这里用作动词。索：粗绳。

⑦嚽菽饮水：形容生活的清苦。嚽，同“啜”，吃。菽，豆类总称。

⑧以：同“已”。

⑨原：古“源”字，源泉。

⑩焦天下：使天下枯竭。焦，枯竭。

[译文]

天下共同的祸患，是混乱造成的。为什么不尝试着探讨一下造成天下混乱的是谁呢？我认为，墨子“非乐”的观点会造成天下混乱；墨子“节用”的主张会使天下贫穷。我并不是要诋毁墨子，只是他的学说不可避免地会导致这样的结果。如果让墨子权势大得足以掌管天下，或者小到统治一个诸侯国，他就会忧心忡忡地穿粗布衣服、吃劣质的食品，忧愁地反对音乐。如果像这样，那么人们的生活就一定非常微薄，生活微薄，人们的生活欲望就得不到满足；得不到满足，那么对有功劳之人的奖赏就没有办法实行。如果让墨子的权势大得足以掌管天下，或者小到统治一个诸侯国，那他将会减少仆从，减少官职，崇尚辛勤劳苦，与百姓从事同样的事情，功劳也是一样的。如果像这样，君主就没有威严；君主没有威严，那么处罚就不能执行。奖赏无法实行，那么有德才的人就不能得到任用；处罚无法实行，那么坏人就得不到罢免。有德才的人得不到任用，坏人不能够罢免，那么有才能的人和没有才能的人就得不到适当的职事。如果像这样，那么就会万物失调，突发的事件就得不到及时处理，上错失天时，下丧失地利，中失掉人和，天下都愁苦不堪，像被熬干了一样；墨子即使为百姓穿粗布衣服，用粗绳做腰带、吃豆类、喝白水，又怎么能使百姓富足呢？既然已经砍掉了根本，又枯竭了源头，当然就会使天下财物枯竭了。

原文

故先王圣人为之不然，知夫为人主上者不美不饰之①不足以一民也，不富不厚之不足以管下也，不威不强之不足以禁暴胜悍也。故必将撞大钟、击鸣鼓、吹笙竽、弹琴瑟以塞其耳，必将錭②琢刻镂、黼黻文章以塞其目，必将刍豢稻粱、五味③芬芳以塞其口，然后，众人徒、备官职、渐庆赏、严刑罚以戒其心，使天下生民之属，皆知己之所愿欲之举在是于④也，故其赏行；皆知己之所畏恐之举在是于也，故其罚威。赏行罚威，则贤者可得而进也，不肖者可得而退也，能不能可得而官也。若是则万物得宜，事变得应，上得天时，下得地利，中

pāng

得人和，则财货浑浑⑤如泉源，汸汸⑥如河海，暴暴如丘山，不时焚烧，无所臧之，夫天下何患乎不足也？故儒术诚行，则天下大⑦而富，使而功，撞钟击鼓而和。《诗》⑧曰：“钟鼓喤喤⑨，管磬玱玱⑩。降福穰穰⑪，降福简简⑫，威仪反反⑬。既醉既饱，福禄来反⑭。”此之谓也。

[注释]

①之：指君王自己。

②锢：同“雕”。

③五味：即甜、咸、酸、苦、辣，此处指蜜、盐、醋、酒、姜等调味品烹制的佳肴。

④是于：于是，在这里。

⑤浑浑：同“滚滚”，水流湍急的样子。

⑥汸汸：同“滂滂”，水流盛大的样子。

⑦大：通“泰”，安泰，平安。

⑧《诗》：指《诗经·周颂·执竞》。

⑨喤喤：声音宏大。

⑩玱玱：声音和谐。

⑪穰穰：声音众多。

⑫简简：广泛的样子。

⑬反反：慎重的样子。

⑭来反：往复。反，通“返”。

[译文]

古代的帝王圣人就不是这样做的，他们懂得作为百姓的君主，不使自己华美，不装饰自己，就没有办法统一民心；不使自己财产富足，待遇优厚，就不足以管理臣民；不使自己威严强大，就不能够禁止残暴战胜凶悍。所以必须要撞大钟、敲鸣鼓、吹笙竽、弹琴瑟来满足自己的耳朵，必须要在器物上雕刻各种花纹、在礼服上绘制各种图案来满足自己的眼睛，必须要用牛羊猪狗等各种肉、稻米谷子等细粮、用各种芳香美味的食物来满足自己的嘴巴，此外，还要增多随从、配备各种官职、加重奖赏、严格刑罚来警诫人们的心，使天下所有的人民都知道自己所向往所喜爱的全在君主这里，于是君主的奖赏得以实行；都知道自己所畏惧害怕的全都在君主这里了，于是君主的处罚就有了威力。奖赏得到实施，而处罚有了威力，那么有德才的人就能得到任用，坏人就会得到贬斥，有才能的人和没有才能的人都得到适当的职事。如果像这样，那么万物就得到适当的利用，突发的事件就得到及时处理，上得到天时，下得到地利，中得到人和，于是财物就会像湍急的源泉那样滚滚而来，会像江河海洋那样浩浩荡荡没有边际，会像崇山峻岭一样高大累积起来，即使时常被烧掉，也没有地方收藏，那天下还怕不富足吗？所以儒家的学说如果真的能够实行，那么天下就会太平而且富足，民众就能被役使而且有成效，敲钟打鼓而和睦相处。《诗经》中说：“钟鼓敲得咚咚响，管磬相和声锵锵，幸福纷纷从天降。天赐幸福宽又广，威严仪容多端庄。酒醉饭饱德无量，福禄往复万年长。”说的就是这种情况。

原文

故墨术诚行，则天下尚俭而弥贫[1]，非斗而日争，劳苦顿萃[2]而愈无功，愀然[3]忧戚非乐而日不和。《诗》[4]曰：“天方荐瘥(cuó)[5]，丧乱弘多。民言无嘉，憯(cǎn)莫惩嗟[6]。”此之谓也。

[注释]

①弥贫：更加贫困。

②顿萃：困苦到了极点。萃，通“悴”。

③愀然：悲戚难过的样子。

④《诗》：指《诗经·小雅·节南山》。

⑤荐：重，一再。瘥：疾病。

⑥憯：曾，竟然。惩：止，吸取教训而停止。嗟：语末助词，表示无可奈何而只能悲叹不已。

[译文]

所以如果天下真的实行了墨子的学说，那么天下就会崇尚节俭而更加地贫穷，反对争斗而一天比一天争夺得更加厉害，勤劳辛苦、困顿憔悴而更加地没有成效，哭丧着脸忧愁地反对音乐而一天比一天更加不和谐。《诗经》中说：“上天正在降下疾病，死亡祸乱非常多。民众开口没有赞许，你竟然从未警醒过。”说的就是这种情况。

原文

垂事养民[1]，拊循之，唲(wā)呕[2]之，冬日则为之饘(zhān)粥[3]，夏日则与之瓜麮(qù)[4]，以偷取少顷之誉焉，是偷道也；可以少顷得奸民之誉，然而非长久之道也；事必不就，功必不立，是奸治者也。傮然要时务民[5]，进事长功，轻非誉而恬失民[6]，事进矣而百姓疾之，是又不可偷偏者也；徙坏堕落[7]，必反[8]无功。故垂事养誉，不可；以遂功[9]而忘民，亦不可。皆奸道也。

[注释]

①垂事：放弃应该做的事。垂，放下，弃置。养民：养育百姓。此处指用小恩小惠来养育百姓，收买人心。

②唲呕：幼儿语声，引申为疼爱、哄逗。

③则：表对比关系的连词。为之饘粥：给他稠粥。饘粥，稠粥。

④麮：大麦粥。

⑤僒：与“嘈”同源，嘈杂纷乱之意。要时：赶时间。务民：强迫百姓服劳役之意。

⑥轻非誉：指不把非难和称誉放在心上。恬失民：指对失去民心很安然，即任凭失去民心而毫不在意。恬，内心安然，不在乎。

⑦徙：移，趋于。坏：败坏，毁坏。堕落：衰败。

⑧反：通“返”。

⑨遂功：成功。

[译文]

放下应该做的事情，而用小恩小惠去养育民众，安抚他们，疼爱他们，冬天为他们熬煮稀饭，夏天为他们准备瓜果、大麦粥，以此来窃取一时的名誉，这是苟且的做法；虽然可以在短时间内得到一些奸邪之人的赞誉，但是绝不是长久之计；其结果，事业必定不会取得成功，功绩必定不能建立，这是违背礼义的治国方法。急急忙忙赶着时节去使民众从事劳役，追求事业的进展和功效的迅速增长，不把百姓的毁誉放在心上，任凭民心的丧失，事情虽然有进展百姓却怨声载道，这又是一种不正当的行为；最终会败坏堕落，必定没有任何功效。所以放下应该做的事情而沽名钓誉，是不行的；因为要成就功业而不顾百姓，也是不行的。这些都是不合礼义的办法。

原文

故古人为之不然。使民夏不宛暍（yē）[①]，冬不冻寒，急不伤力，缓不后时，事成功立，上下俱富，而百姓皆爱其上，人归之如流水，亲之欢如父母，为之出死断亡而愉者，无它故焉，忠信、调和、均辨之至也[②]。故君国长民者[③]，欲趋时[④]遂功，则和调累解[⑤]，速乎急疾；忠信均辨，说乎赏庆矣[⑥]；必先修正其在我者，然后徐责其在人者，威乎刑罚。三德[⑦]者诚乎上，则下应之如景向[⑧]，虽欲无明达，得乎哉？《书》[⑨]曰：“乃大明服，惟民其力懋（mào）[⑩]，和而有疾。”此之谓也。

[注释]

①宛：通“蕴”，暑气。暍：中暑。

②均辨：公平。辨，通“遍”。

③君国：君临一国，即统治一个国家。长民：养育百姓。

④趋时：抓紧时机，争取时间。

⑤累解：缓解。

⑥说：通“悦”，喜悦。乎：于。

⑦三德：指上面所说的调和无为、忠信公平、正人先正己三种美德。

⑧如景向：即如影随形，如回声应响，比喻百姓的响应积极迅速，紧相跟随。景，同“影”。向，通“响”，回声。

⑨《书》：指《尚书·康诰》。

⑩惟：语助词。懋：勉力，努力。

[译文]

古人做事就不是这样。古代的君主役使民众的时候，夏天不会让他们闷热中暑，冬天不会让他们被严寒所冻，紧急的时候不伤害百姓的劳力，松缓的时候也不耽误农时，结果事业成就、功绩建立，君主和臣民都非常富裕，因而百姓都爱戴他们的君主，像流水归入大海一样地归附他、亲近他，高兴得就像亲近自己的父母，为了他出生入死也心甘，这没有别的缘故，而是因为君主忠信、调和、公正。所以统治国家养育人民的君主，要想争取时间建立功业，那么用调和无为的办法，比用急于求成的方法更快；用忠信公平的方法比赏赐更令人喜悦；必定先纠正自己身上的缺点，然后再慢慢地去纠正别人身上的缺点，这样的威力比使用刑罚更大。调和无为、忠信公平、正人先正己这三种德行，如果君主能够真正实行，那么臣民们就会如影随形，像回声响应一样紧随其后，即使想不显赫通达，可能吗？《尚书》中说：“君主非常英明地统治百姓，百姓就会尽力劳作，协调而又迅速。”说的就是这个道理。

流水

水向低处流，是自然而然的事。君主如能爱护百姓如同爱护自己的子女，酷暑不会令他们生病，严寒不会使他们冻伤，天下百姓就会像水流向低处一样归附他，也是自然的事。

原文

故不教而诛，则刑繁而邪不胜；教而不诛，则奸民不惩；诛而不赏，则勤励[①]之民不劝；诛赏而不类[②]，则下疑、俗俭[③]而百姓不一。故先王明礼义以壹之；致忠信以爱之；尚贤使能以次之；爵服庆赏以申重之[④]；时其事、轻其任以调齐[⑤]之；潢(huàng)然[⑥]兼覆之，养长之，如保赤子。若是故奸邪不作，盗贼不起，而化善者劝勉矣。是何邪？则其道易，其塞固，其政令一，其防表明。故曰：“上一则下一矣，上二则下二矣；辟之若草木，枝叶必类本。”此之谓也。

[注释]

①勤励：勤勉。

②类：法。

③俗俭：习俗险恶，指侥幸免罪、苟且求赏。俭，通“险”。

④爵服：指官职的等级、与等级相应的服饰以及官室车骑等。申：一再告诫。重：反复强调。

⑤调齐：调整，调剂，使之协调。

⑥潢然：流水广大的样子，此处形容君主恩泽。

[译文]

不实施教化就进行惩罚，那么刑罚就会烦乱复杂，反而不能制服邪恶；只讲教化而不进行惩罚，那么奸邪的人就不会受到惩罚；只进行惩罚而不实行奖赏，那么勤劳努力的人就不会受到鼓励；有惩罚有奖赏，但如果赏罚不当，百姓就会疑虑、社会风气就会险恶而百姓就不会齐心一致。所以古代的圣王用彰明礼制道义来统一百姓；用努力做到忠诚信实来爱护百姓，崇尚贤人、任用有才能的人；按照他们的品德能力来排定职位；用爵位、服饰、表扬、奖赏来激励他们；按照时节来安排他们的劳作、减轻他们的负担来协调统一他们；广泛普遍地保护他们，抚养他们，就像保护初生的婴儿一样。如果像这样，那么奸诈邪恶的人就不会产生，盗贼也就不会出现了，而得到感化而改恶从善的人就会受到鼓励了。这是为什么呢？就是因为古代圣王引导人们为善的方法简便易行，他灌输给人们的思想非常牢固，他的政策法令稳定统一，他的制度措施明确清晰。古语说：“上面统一，下面就会统一，上面四分五裂，下面也就四分五裂；就好像草木一样，什么根长出什么样的枝叶。”说的就是这个道理。

原文

不利而利之[1]，不如利而后利之之利也。不爱而用之，不如爱而后用之之功也。利而后利之，不如利而不利者之利也。爱而后用之，不如爱而不用者之功也。利而不利也、爱而不用也者，取天下者也。利而后利之、爱而后用之者，保社稷者也。不利而利之、不爱而用之者，危国家者也。

[注释]

①不利：指不给予百姓利益。利之：指向百姓索取利益。

[译文]

不给予百姓利益而是向百姓身上索取利益，不如先给予百姓利益然后再向他们索取利益有利。不爱护百姓而驱使他们，不如爱护他们以后再驱使他们更加有效。给予百姓利益而不索取利益，爱护而不驱使的，是取得天下的君主。给予利益然后再索取利益，爱护百姓然后再驱使百姓的，是保有天下的君主。不给予百姓利益而只是索取，不爱护百姓而只是驱使百姓的君主，是危害国家的君主。

原文

观国之治乱臧否，至于疆易而端已见矣①。其候徼支缭②，其竟关之政尽察③：是乱国已。入其境，其田畴秽，都邑露④：是贪主已。观其朝廷，则其贵者不贤；观其官职，则其治者不能；观其便嬖⑤，则其信者不悫：是暗主已。凡主相臣下百吏之俗⑥，其于货财取与计数也，须孰⑦尽察；其礼义节奏⑧也，芒轫僈楛⑨：是辱国已。其耕者乐田，其战士安难⑩，其百吏好法，其朝廷隆礼，其卿相调议：是治国已。观其朝廷，则其贵者贤；观其官职，则其治者能；观其便嬖，则其信者悫：是明主已。凡主相臣下百吏之属，其于货财取与计数也，宽饶⑪简易；其于礼义节奏也，陵⑫谨尽察：是荣国已。贤齐，则其亲者先贵；能齐，则其故者先官；其臣下百吏，污者皆化而修，悍者皆化而愿，躁者⑬皆化而悫：是明主之功已。

[注释]

①疆易：边界。易，通“埸”，界。端：头绪，端倪。见：同“现”，表露，显现。

②候：斥候，哨兵。徼：巡逻，巡察。缭：缭绕，分散环绕，此处有往返不断之意。

③竟：通“境”。尽察：察看详尽。此处是极其苛严之意。

④露：破败，指没有城墙。

⑤便嬖：君主左右宠信的人。

⑥俗：根据上下文当作“属”。

⑦须孰：非常缜密地检查。须，当为“顺”字之误。“顺”，通“慎”，小心之意。孰，同“熟”，周详，仔细。

⑧节奏：指礼仪礼节方面的具体制度。

⑨芒：通“茫”，昏暗，模糊。轫：柔软，此处指怠惰无力。僈：同“慢”，怠慢。

⑩安难：安于困难，即不逃避困难。难，祸难，指战争。

⑪宽饶：宽恕，谦让。此处指手续宽松简便。

⑫陵：严明。

⑬躁者：指狡猾奸诈之人。

[译文]

观察一个国家的治乱好坏，来到它的边界就可以看到端倪了。如果那个国家的哨兵来回不断地巡逻，那个国家边境的关卡征收非常苛刻的赋税：这就是个混乱的国家。进入国境，它的田地荒芜，城镇破败：这个国家的君主一定是个贪婪的君主。观察他的朝廷，那些地位高贵的人并不贤良；考察他的官员，那里处理政事的人并无才能；看看他的左右亲信，那些被君王信任的人并不诚实：这个国家的君主就是个昏庸的君主了。凡是君臣上下所有的大小官员，对于货物钱财的收取和支出的计算，都谨慎仔细地检查；但是他们对于礼义制度，茫然无知、怠慢马虎：这样的国家是被人欺凌的国家。那个国家的农民乐意种田，他的战士不避危难，他的百官都依照法律办事，他的朝廷崇尚礼义，他的卿相协调商议国事：这样的国家就是治理得非常好的国家。观察他的朝廷，那些地位高贵的人非常贤良，考察他的官员，那些处理政事的人都非常有才干；看看君王的左右亲信，君王信任的人都非常诚实：这个国家的君主就是个圣明的君主。凡是君臣上下大小官员，对于货物钱财的收取和支出的计算手续宽松简便；他们对于礼义法度，严肃认真、一丝不苟：这样的国家就是个繁荣昌盛的国家。如果都是同样的贤德，那么有亲戚关系的人先尊贵；如果都是一样的有能力，那么有故旧关系的人先得到官职；他的臣下百官，思想行为肮脏的都受到感化变得善良美好，凶狠强暴的受到感化都变得朴实善良，狡猾奸诈的受到感化都变得忠厚老实，这一切都是圣明君主的功劳。

原文

观国之强弱贫富有征：上不隆礼，则兵弱；上不爱民，则兵弱；已[①]诺不信，则兵弱；庆赏不渐[②]，则兵弱；将率不能，则兵弱。上好功，则国贫；上好利，则国贫；士大夫众，则国贫；工商众，则国贫；无制数度量[③]，则国贫。下贫，则上贫；下富，则上富。故田野县鄙者[④]，财之本也；垣窌(jiào)仓廪者[⑤]，财之末也。百姓时和[⑥]、事业得叙者，货[⑦]之源也；等赋府库者，货之流也。故明主必谨养其和，节其流，开其源，而时斟酌[⑧]焉，潢然使天下必有余，而上不忧不足。如是则上下俱富，交无所藏之，是知国计之极也。故禹十年水，汤七年旱，而天下无菜色者；十年之后，年谷复熟，而陈积有余。是无它故焉，知本末源流之谓也。故田野荒而仓廪实，百姓虚而府库满，夫是之谓国蹶。伐其本，竭其源，而并之其末，然而主相不知恶也，则其倾覆灭亡可立而待也。以国持之，而不足以容其身[⑨]，夫是之谓至贪，是愚主之极也。将以求富而丧其国，将以求利而危其身，古有万国，今无十数焉，是无它故焉，其所以失之一也⑩。君人者，亦可以觉矣。百里之国，足以独立矣。

禹浚畎浍图

大禹是我国古代治水的贤王，同时，他还是一位懂得发展农业、体恤百姓的明君。只因他懂得“田野县鄙者，财之本也；垣窌仓廪者，财之末也”的道理，百姓才会在十年大灾之后过上安乐的生活。

[注释]

①已：止，禁止。

②渐：加强，加重。

③无制数度量：指耗费钱财，没有一定的限度和规定。布帛的幅面叫作“制”，一、二、三、四等数字叫作“数”，尺、寸等长度单位叫作“度”，斗、石等容量单位叫作“量”，都是法度之意。

④故：犹“夫”，发语词。县、鄙：都是古代的行政区划单位，此处泛指农村。

⑤垣：矮墙，此处指官府的粮仓。窌：同“窖”，地窖。

⑥时和：指顺应天时耕种。

⑦货：粮食布帛之类叫作“财”，钱币叫作“货”。此处泛指财物。

⑧斟酌：原指筛酒，酒筛得少叫斟，筛得多叫酌。此处指税收与赈济要随着年成的好坏增多或者减少，即调节。

⑨不足以容其身：指亡身失国。

⑩所以失之一也：即失去国家都是因为贪婪。

[译文]

一个国家的强弱贫富也有一定的征兆：君主不崇尚礼义，那兵力就会衰弱；君主不爱护百姓，那兵力就会衰弱；已经承诺的事情不讲信用，那兵力就会衰弱；奖赏不厚重，那兵力就会衰弱；将帅无能，那兵力就会衰弱。君主好大喜功，那国家就会贫穷；君主贪图利益，那国家就会贫穷；士大夫众多，那国家就会贫穷；工匠商人众多，那国家就会贫穷；耗费钱财而没有明确的规章制度，那国家就会贫穷。百姓贫穷，那君主就会贫穷；百姓富裕，那君主就会富裕。因此田野乡村，是财物的根本；货仓和粮仓，是财物的末梢。百姓顺应天时耕作，生产有条不紊，这是财富的源头；按照等级征收的赋税来充实国库，这是财富支流。所以圣明的君主必定谨慎地顺应天时节气的变化，节制支流，开拓源头，而且对钱财的收支随时加以斟酌，使天下百姓都有一定的盈余，君主也就不会再为财富不够而担忧了。如果像这样，那么君主和民众都会富足，都没有储藏财物的地方了，这是最懂得国计民生的方法。所以夏禹时虽然碰上了十年水灾，商汤时遇到了七年旱灾，但天下并没有面有菜色的人；十年之后，七年之后，谷物又都得到了丰收，而旧有的储备粮还有剩余。这并没别的缘故，而是因为他们懂得本末、源流的关系。所以，田野荒芜而国家的粮仓却是充实的，百姓家里空空荡荡而国家的仓库却是满满的，这可以叫作国家将亡。砍断了根本，枯竭了源头，把钱财都聚敛到国库中，但是君主、宰相还不知道事情的严重，那么国家的覆亡很快就要到来了。用整个国家来扶持供养他，还保不住他自己，这就叫作最大的贪婪，他是最愚蠢的君主。想要求得富裕反而丧失了自己的国家，本来想要追求利益反而危害了本身，古时候有许许多多个国家，现在不到十几个，这没有别的缘故，之所以这样，道理都是相同的。统治人民的君主，也该醒悟了吧。百里见方的小国，是完全可以独立存在的。

原文

凡攻人者，非以为名，则案[①]以为利也；不然，则忿之也。仁人之用国，将修志意，正身行，伉[②]隆高，致忠信，期[③]文理。布衣纠屦(xún jù)[④]之士诚是，则虽在穷阎漏屋，而王公不能与之争名；以国载之，则天下莫之能隐匿[⑤]也。若是则为名者不攻也。将辟[⑥]田野，实[⑦]仓廪，便备用，上下一心，三军[⑧]同力。与之远举极战[⑨]，则不可。境内之聚也保固[⑩]，视可，午[⑪]其军，取其将，若拨麷[⑫]；彼得之不足以药[⑬]伤补败。彼爱其爪牙，畏其仇敌。若是则为利者不攻也。将修小大、强弱之义以持慎之，礼节将甚文，圭璧将甚硕，货赂将甚厚，所以说之者必将雅文辩慧之君子也。彼苟有人意焉，夫谁能忿之？若是则忿之[⑭]者不攻也。为名者否，为利者否，为忿者否，则国安于盘石，寿于旗、翼[⑮]。人皆乱，我独治；人皆危，我独安；人皆失丧之，我案[⑯]起而制之。故仁人之用国，非特将持其有而已矣，又将兼人[⑰]。《诗》[⑱]曰："淑人君子，其仪不忒[⑲]。其仪不忒，正[⑳]是四国。"此之谓也。

[注释]

①案：乃，于是，语助词。

②伉：通"亢"，极。

③期：通"綦"，极。

④布衣纠屦：指身份低贱的平民。纠屦，用麻绳编制的鞋子。

⑤隐匿：埋没。

⑥辟：开辟。

⑦实：充实。

⑧三军：即上军、中军、下军或左军、中军、右军。此处指全军。

⑨之：指代“辟田野三军同力”之国。远举：远征，这里有孤军深入之意。极：竭力。

⑩聚：众，此处指城镇。保：守卫。

⑪午：通“迕”，遭遇，此处是迎击的意思。

⑫拨：折断。麰：麦芽。

⑬药：医治。

⑭忿之：当作“为忿”。

⑮旗：通“箕”，箕宿，二十八宿之一。翼：二十八宿之一。

⑯案：就，乃。

⑰兼人：指征服人心。

⑱《诗》：指《诗经·曹风·尸鸠》。

⑲仪：通“义”，礼义。忒：差错，变更。

⑳正：长，用为动词，做君长。

[译文]

凡是进攻别的国家，不是为了追求惩除暴虐的美名，就是为了要谋取利益；否则，就是为了愤怒。仁德之人治理国家，将修养意志，端正行事，达到崇高的礼义的境界，做到忠厚有信用，极其遵循法度。即使穿布衣、麻鞋的读书人，只要他们确实能做到这些，那么虽然住在偏僻的穷巷陋屋之中，而天子诸侯也没有能力和他争夺名望；如果把国家大事委任给他，这样的仁人，天下就没有谁能埋没他的崇高德行。像这样，那么为追求美名的人就不会来攻打了。讲究仁德的人治理国家，将开垦田野，充实粮仓，改进设备器械，上下团结一心，三军共同努力。如果仅仅靠孤军奋战，那肯定不行。因为还要使境内的城镇坚实牢固，看到情况许可了，再去迎击敌人，擒获他们的将领就像掰断麦芽一样容易；敌军所得到的还不够用来医治伤员、弥补损失。他们还得顾惜自己的武将，又惧怕自己的敌人，像这样，那么为谋利而攻战的人就不会来进攻了。讲究仁德的人治理国家，将会谨慎遵行大国与小国、强国与弱国之间的道义，礼节将更加完善，会见时赠送的玉器将特别大，敬献的礼品将更加丰厚，派遣的使者必定是文辞优雅善辩聪慧的君子。那别国的君主如果通情达理的话，谁还能怨恨这样的仁人君主呢？像这样，那么出于怨恨而进攻的人就不会来进攻了。追求美名的人不来攻打，谋取利益的人不来攻打，要发泄怨愤的人也不来攻打，那么国家就会像磐石一样稳固，像天上的恒星一样长寿。别的国家都混乱，只有我的国家治理得好；别的国家都危险，只有我的国家安稳；别的国家都丧权失国，我便起来征服他们。所以讲究仁德的人治理国家，不单单将保住他自己所有的，还要征服天下之人心。《诗经》中说：“善人君子忠于仁，坚持道义没有差错。他的道义没有差错，可以治理四方的国家。”说的就是这个道理。

原文

持[①]国之难易：事强暴之国难，使强暴之国事我易。事之以货宝，则货宝单而交不结；约信盟誓，则约定而畔无日[②]；割国之锱铢[③]以赂之，则割定而欲无厌[④]。事之弥顺其侵人愈甚，必至于资单、国举[⑤]然后已。虽左尧而右舜，未有能以此道得免焉者也。辟之，是犹使处女婴宝珠、佩宝玉、负戴黄金，而遇中山之盗也，虽为之逢蒙视[⑥]，诎要桡腘(guó)[⑦]，君卢[⑧]屋妾，由[⑨]将不足以免也。故非有一人之道也，直将巧繁[⑩]拜请而畏事之，则不足以持国安身。故明君不道[⑪]也。必将修礼以齐[⑫]朝，正法以齐官，平政以齐民；然后节奏齐于朝，百事齐于官，众庶齐于下。如是则近者竞亲，远方致愿，上下一心，三军同力，名声足以暴炙[⑬]之，威强足以捶笞之，拱揖[⑭]指挥，而强暴之国莫不趋使，譬之是犹乌获与焦侥搏也[⑮]。故曰："事强暴之国难，使强暴之国事我易。"此之谓也。

[注释]

①持：保住，保持。

②畔：通"叛"，背叛。无日：没有多少日子，形容时间短。

③锱铢：古代的重量单位，这里喻指少量的国土。

④厌：满足。

⑤国举：将国家给予强国。

⑥逢蒙视：不敢正视。逢蒙，朦胧，模糊。

⑦诎要：屈腰。桡腘：弯曲膝盖。

⑧卢：通"庐"，贫穷的人家。

⑨由：同"犹"，仍然。

⑩繁：通"敏"，敏捷，指殷勤。

⑪不道：不采取这种方法。道，采取，遵行。

⑫齐：统一。

⑬暴炙：日晒火烤，此处乃威慑别人之意。暴，同"曝"。

秦王并六合

战国末期，六国合纵难以为继，纷纷放弃抵抗，转而割地赂秦，正是"割国之锱铢以赂之，则割定而欲无厌"，最终六国都被秦所灭。

⑭拱揖：两手作揖，形容轻松自如。

⑮乌获：传说是秦国的大力士，能举千斤。焦侥：传说中的矮人，身高只有三尺。

［译文］

保住国家的难易之法：用侍奉强暴国家的方法来保住自己的国家是困难的，采取使强暴的国家侍奉自己的方法来保住国家是容易的。因为用财宝去侍奉强暴的国家，那么财宝用完了而邦交仍没有缔结；采取订立盟约、立誓言的方法，可是盟约刚刚签订好了不久强国就会毁约；割让少量的国土来贿赂强国，割让完毕之后，强国的欲望却没有满足。对强国侍奉得越依顺，它的侵略就越厉害，一定要到了使别国财物用尽、把国家全部给他然后才会罢休。即使你身边有尧、舜等贤人的辅助，也不可能用这种方法使自己避免灭亡。这就好比是让一个姑娘脖子上系着宝珠、身上佩着宝玉、背着黄金，却遇到了山中的强盗一样，即使那个姑娘只敢眯着眼睛看，弯腰屈膝，像穷人家的子女一样，仍然不可避免被抢劫的厄运。所以，如果没有使本国百姓人心一致来对抗强国的办法，只希望用花言巧语，畏畏缩缩地侍奉强国，是完全不能够保住自己的国家，使自己安然无恙的。所以圣明的君主不采用这样的方法，而必定是用修定礼制来整治朝廷，用端正法制来统一官吏，用公正地处理政事来统一百姓；从而使礼义制度能够在朝廷上得到严格执行，各种事情在官府中治理得有条不紊，黎民百姓在下层齐心合力。像这样，那么邻近国家的人就会争先恐后地来亲近，远方国家的人也愿意来归附，国内上下团结一心，三军共同努力，这样，名声威震天下，威力足以镇服强暴；只要从容地指挥，而强暴的国家没有不被驱使的，这就好像是力举千斤的乌获和矮子焦侥搏斗一样。所以说："采取侍奉强暴国家的方法来保住自己的国家是困难的，而采取使强暴的国家事奉自己的办法来保住国家就容易了。"说的就是这个道理。

卷七

王霸第十一

题解

本篇论述了君主治理国家、实现政权的巩固和国家的统一的一系列政治措施，如守要领、立礼法、讲道义、明名分、择贤相、用能人、取民心等；同时，篇中兼述了执掌政权、治理国家的三种迥然相异的做法，即王道、霸道和亡国之道。

原文

国者，天下之制利用也[①]；人主者，天下之利势也。得道以持之，则大安也，大荣也，积美之源也；不得道以持之，则大危也，大累也，有之不如无之，及其綦[②]也，索为匹夫不可得也，齐湣、宋献是也[③]。故人主，天下之利势也，然而不能自安也，安之者必将道也。故用国者[④]，义立而王，信立而霸，权谋立而亡。三者，明主之所谨择也，仁人之所务白也。

［注释］

①制：衍文。利用：即最重要的工具。利，便利，有利。用，用具，工具。

②綦：极。

③齐湣：齐湣王，战国时齐国国君，他执政时齐国曾一度非常强大。宋献：宋康王，名偃，公元前329年自立为宋国国君，公元前286年，被齐闵王所灭。

④故：犹“夫”，发语词。用国：治理国家。

［译文］

国家是天下最重要的工具，君主处于天下最有权力的地位。如果能用正确的治国原则去掌握它们，就会使国家得到最大的安定和繁荣昌盛，成为积聚一切美好业绩和名声的源泉；如果不能用正确的治国原则去掌握它们，就会

商鞅变法

商鞅变法时，曾以五十金赏能搬动木柱者，以此来确立新法的威信。由于政令施以信，秦国国力增强，很快成为可与中原各国抗衡的强国。

使国家遭到非常大的危险和祸患，这样，有了它还不如没有它，这种情况发展到极点，要求做个普通的百姓也办不到，齐闵王、宋献公就是这样的。所以，君主处于天下最有权力的地位，但不一定使自己得到安定，要安定就一定要执行正确的治国原则。治理国家的人，施行道义就可以称王天下了，恪守信用就能称霸诸侯，玩弄权术谋略就会灭亡。这三种情况，是圣明的君主要慎重选择的，是讲究仁德之人必须明白的。

原文

挈国以呼礼义而无以害之①，行一不义、杀一无罪而得天下，仁者不为也，拣（luò）然②扶持心国，且若是其固也！之所与③为之者，之人则举义士也④；之所以为布陈⑤于国家刑法者，则举义法也；主之所极然帅群臣而首乡之者⑥，则举义志也。如是则下仰上以义矣，是綦⑦定也。綦定而国定，国定而天下定。仲尼无置锥之地，诚义乎志意，加义乎身行，箸⑧之言语，济之日，不隐乎天下，名垂乎后世。今亦以⑨天下之显诸侯诚义乎志意，加义乎法则度量，箸之以政事，案⑩申重之以贵贱杀生，使袭然⑪终始犹一也。如是则夫名声之部发⑫于天地之间也，岂不如日月雷霆然矣哉？故曰：以国齐义，一日而白，汤、武是也。汤以亳⑬，武王以鄗⑭，皆百里之地也，天下为一，诸侯为臣，通达之属，莫不从服，无它故焉，以济⑮义矣。是所谓义立而王也。

[注释]

①挈：约束，带领，引申为领导。呼：呼唤，引申为提倡。

②拣然：坚固如同石头的样子。拣，通“砾”。

③之所与：即其所与。

④之人：衍文。举：都。

⑤布陈：设置，颁布。战国时期的刑法，一般是在百姓身上实行，因此才称之为“布陈”。

⑥主：衍文。极：通“亟”，急切。首乡：即面向，引申为向往，追求。乡，通“向”。

⑦綦：通“基”，根据，基础，指政治的基础，立身于天下的根本。

⑧箸：通“著”，表现，显露。

⑨以：使。

⑩案：语助词。

⑪袭然：重叠，一致的样子，表示不断地将义加在政治、思想、法制等各个方面。袭，合一，重叠。

⑫部发：发扬，广大。部，通“勃”。发，发扬，散发。

⑬汤：指商汤王，商朝的第一个国君。亳：商朝的国都，在今河南商丘。

⑭武王：周武王，周朝的第一位国君。鄗：一作“镐”，西周的国都，在今陕西西安。

⑮济：成功，完全做到。

[译文]

提倡用礼法道义来治理国家而绝不用别的东西去妨碍它，如果做一件不义的事、杀一个无罪的人而取得天下，这种事讲究仁德的人是绝不会干的，他像坚硬的石头那样坚定地维护和控制着自己的思想和国家。所以，和他一起行动的人，都是符合道义的人；那些在国内颁布的刑法，就都是符合道义的法；那些他所急切地统率群臣去追求的，就都是符合道义理想的。像这样，那么臣民们就会依据道义来敬仰君主，这样国家的基础就稳固了。国家的基础稳固了，国家就安定了；国家安定了，天下就安定了。孔子没有立锥之地，但由于他真正用道义来指导自己的意志和思想，落实在自己的行为上，并表现在言谈中，到成功的时候，他就显扬于天下，名声流传到后代。现在如果也让天下显赫的诸侯们用道义来指导自己的意志和思想，落实到各种法令制度上，并将它体现在政事中，反复强调它，又用提拔、废黜、处死、赦免等手段，使它贯彻如一。像这样，那么他的名声就会在天地之间光大，难道不就像日月雷霆那样显赫吗？所以说：使国家统一于道义，这个国家的名声很快就会显赫，商汤王、周武王就是这样。商汤王凭借着亳，周武王凭借着鄗，都只不过是方圆百里的小国，但统一了天下，诸侯做了他们的臣下，凡能到达的地方，没有不归服的，这没有其他的缘故，而是因为他们完全实现了道义。这就叫作施行道义而称王天下。

原文

德虽未至也，义虽未济也，然而天下之理略奏矣①，刑赏已诺②信乎天下矣，臣下晓然皆知其可要也③。政令已陈，虽睹利败，不欺其民；约结已定，虽睹利败，不欺其与。如是则兵劲城固，敌国畏之；国一綦④明，与国信之。虽在僻陋之国，威动天下，五伯⑤是也。非本政教也，非致隆高也，非綦⑥文理也，非服人之心也；乡方略，审劳佚，谨畜积，修战备，齺(zōu)然⑦上下相信，而天下莫之敢当。故齐桓、晋文、楚庄、吴阖闾、越句践⑧，是皆僻陋之国也，威动天下，强殆中国，无它故焉，略信⑨也。是所谓信立而霸也。

[注释]

①理：事理，各种事情的具体规律。略奏：粗略地聚集，大体具备的意思。略，大致。奏，通“凑”，会聚。

②已诺：不允许和允许。

③其：代指君主。可要：可以相信。要，约、结，引申为合作。

④綦：通“期”，约定。

⑤五伯：指齐桓公、晋文公、楚庄王、吴王阖闾、越王勾践，他们在春秋时期曾经先后称霸。伯，通“霸”。

⑥綦：极。

⑦齺然：上下牙齿相咬的样子，形容配合密切。

⑧齐桓：名小白，春秋时齐国国君。晋文：晋文公，名重耳，春秋时晋国国君。楚庄：楚庄王，名旅，春秋时楚国国君。阖闾：或作“阖庐”，名光，春秋末吴国君主。句践：或作“勾践”，春秋末越国国君。

⑨略信：取信。

[译文]

德行虽然还没有达到完美的程度，道义虽然还没有完全实现，然而治理天下的事理大体上具备了，刑罚与奖赏、禁止与许诺都能取信于天下，臣下都明白地知道他是可以结交的。政令已经发布，即使看到有弊病，也不失信于他的百姓；与诸侯国的盟约已经签订，即使看到有弊病，也不失信于他的盟友。像这样，就会军队强大、城池牢固，而敌国畏惧；国家上下统一，道义彰明，而同盟国信任他。即使是地处偏僻的国家，也会威震天下，五霸就是这样。他们虽然没有将政治教化作为立国的根本，不是极其崇尚礼法，没有健全礼制，也没有使天下人心悦服；但是他们注重方针策略，注意使民众有劳有逸，谨慎地积蓄财物，加强战备物资的休整，君臣上下像上下牙齿一样地契合，因而天下也就没有人敢与他们为敌。齐桓公、晋文公、楚庄王、吴王阖闾、越王勾践，这些人统治的都是地处偏僻的国家，却能威震天下，强大到足以危及中原各国，这没有其他缘故，就是因为他们能够取信于天下啊。这就叫作恪守信义而称霸诸侯。

原文

挈国以呼功利，不务张其义、齐[①]其信，唯利之求，内则不惮诈其民而求小利焉，外则不惮诈其与而求大利焉，内不修正其所以有[②]，然常欲人之有。如是则臣下百姓莫不以诈心待其上矣。上诈其下，下诈其上，则是上下析也。如是则敌国轻之，与国疑之，权谋日行，而国不免危削，綦[③]之而亡，齐闵、薛公[④]是也。故用强齐，非以修礼义也，非以本政教也，非以一天下也，绵绵常以结引驰外为务。故强，南足以破楚[5]，西足以诎秦[6]，北足以败燕[7]，中足以举宋[8]；及以燕、赵起而攻之[9]，若振槁然[10]，而身死国亡，为天下大戮，后世言恶，则必稽[11]焉。是无他故焉，唯其不由礼义而由权谋也。三者[12]，明主之所谨择也，而仁人之所务白也。善择者制人，不善择者人制之[13]。

[注释]

①齐：成，实现。

②修正：整治。以：同“已”。

③綦：极。

④薛公：战国时期齐国的贵族，姓田，名文，号孟尝君，因为袭其父田婴的封爵而封于薛（今山东滕州市），因此称薛公。曾任齐闵王的相。

⑤破楚：指齐湣王二十三年（前301年）和秦国一起打败楚国之事。

⑥诎秦：屈秦，使秦国屈服。指齐闵王二十六年（前298年）与韩、魏一起攻打秦国，一直打到函谷关。诎，同“屈”。

⑦败燕：指齐湣王十年（前314年）乘燕国内乱而打败燕国之事。

⑧举宋：指齐湣王三十八年（前286年）攻占宋国。

⑨及以：相当于“及”。燕、赵起而攻之：指公元前284年燕国联合赵、魏、韩、秦等国攻占齐国都城临淄。

⑩若振槁然：像秋风摇落树叶一样。振，击，拔起。槁，枯木。

⑪稽：考察。

⑫三者：指“义立而王”“信立而霸”“权谋立而亡”。

⑬善择者制人，不善择者人制之：善于选择的“立义”“立信”会称王、称霸，而不善于选择的用权谋则会灭亡。

[译文]

提倡功利来治理国家，不致力于伸张道义，不实现信誉，唯利是图，对内则肆无忌惮地欺诈自己的百姓来贪求蝇头小利，对外则不惜欺骗盟国来追求大利，在内不好好管理已有的土地财富，却常常去追求别人所拥有的土地财富。像这样，那么臣下、百姓就没有不用欺诈的心来对待他们的君主的。君主欺诈臣民，臣民欺诈君主，这就是上下离心离德。像这样，那么敌国就会轻视他，盟国就会怀疑他，权术谋略一天天地盛行，国家就不免危险削弱，发展到了极点，国家就会灭亡了，齐湣王、孟尝君就是这样。他们原本掌握着强大的齐国，却不是用权力去修明礼法道义，不将政治教化作为立国之本，不用它们来统一天下，而是将不断地勾结别国、四处纵横游说作为自己的追求目标。所以，他们强大的时候，向南能够攻破楚国，向西能够使秦国屈服，向北能打败燕国，向中能够攻占宋国；可是等到燕国、赵国一起攻打齐国的时候，就像秋风扫落叶一样，齐湣王便身死国亡了，蒙受的是天下最大的耻辱，后代的人谈起恶人，就必定会以他们为鉴。这并没有其他缘故，只是因为他们不遵循礼法道义而遵循权术阴谋啊。这三种情况，是圣明的君主要谨慎选择的，也是讲究仁德的人必须要明白的。善于选择的人统治别人，不善于选择的人被别人所统治。

原文

国者，天下之大器也，重任也，不可不善为择所而后错之①，错险②则危；不可不善为择道然后道之③，涂萝则塞④；危塞，则亡。彼国错⑤者，非封焉之谓也⑥，何法之道、谁子之与也。故道王者之法⑦，与王者之人⑧为之，则亦王；道霸者⑨之法，与霸者之人为之，则亦霸；道亡国之法⑩，与亡国之人为之，则亦亡。三者，明主之所以谨择也，而仁人之所以务白也。

[注释]

①择所：选择处所，此处指选择治国的人。错：通“措”，安置，此指委任。

②险：险恶，此处指险恶之人。

③择道：此处指选择治国的原则。道之：取道而行，指实施、实行。道，引导。

④涂：通“途”，道路，此指办法，原则。萝：杂草丛生，这里比喻治国原则污浊。塞：堵塞，阻碍。

⑤国错：国家的处置。

⑥封：垒土作为疆界。焉：于之，给它。

⑦故：犹“夫”。王者：依靠德化，遵行礼法道义，推行仁政而能称王天下的人。

⑧王者之人：指王者的辅佐大臣，即奉行王道的大臣。

⑨霸者：依靠强力、仁义之名，努力确立信用而能称霸诸侯的人。

⑩亡国之法：指追求功利，搞权谋陷害。

[译文]

国家，是天下最大的工具，是最沉重的任务，不能不妥善地为它选择治理的人，然后来安置它，如果把它安置在险恶之人的手中就危险了；不能不妥善地为它选择治理的原则，然后实施这种治国原则，如果治国的原则污浊，国家就会堵塞；危险而又受阻，国家就会灭亡。国家的安置，并不是指为它立好疆界，而是指实施哪种治国方法，将国家委任给谁。遵行王者的方法，交与实施王道的大臣来治理国家，也就可以称王于天下了；实施霸者的方法，交与实施霸道的大臣治理国家，也就可以称霸于诸侯了；实施使国家灭亡的方法，交与实施亡国之道的大臣去治理国家，国家也就会灭亡。这三种情况，是圣明的君主要谨慎选择的，也是讲究仁德的人所必须明白的。

原文

故国者，重任也，不以积持之则不立[①]。故国者，世所以新者[②]也，是惮[③]；惮，非变[④]也，改玉改行[⑤]也。故一朝之日也，一日之人也[⑥]，然而厌焉[⑦]有千岁之国，何也？曰：援夫千岁之信法以持之也[⑧]，安与夫千岁之信士为之也[⑨]。人无百岁之寿，而有千岁之信士，何也？曰：以夫千岁之法自持者，是乃千岁之信士矣。故与积礼义之君子为之，则王；与端诚信全之士为之，则霸；与权谋倾覆之人为之，则亡。三者，明主之所以谨择也，而仁人之所以务白也。善择之者，制人；不善择之者，人制之。

[注释]

①以积持之：用长期积累的正确办法去治理国家。立：存在。

②世所以新者：指国家是用来更新世代的工具。

③惮：通“禅”，禅让，意即平稳的承继过程。

④变：改变，指彻底的根本性改变。

⑤改玉改行：指更换佩玉与交换步伐，古代贵族，不同等级的人佩玉不同，在举行仪式时走路的间距、快慢也不相同，因此“改玉改行”也就是改变贵族阶层的等级地位。玉，佩玉。

⑥故一朝之日也，一日之人也：形容一朝一代的君主所在的时日都非常短暂。

⑦厌焉：即“厌然”，安然。

⑧援：援引，引用。夫：彼，那。

⑨安：语助词。信士：指坚守礼仪制度之人。

[译文]

国家是个最为沉重的任务，如果不用长期积累的正确方法来治理它，它就要垮掉。所以，国家虽然是用来更新世代的工具，但这种更替是平稳的，不是制度性的改变；这种更替，只是君臣上下地位的变化。日子如同一个早上那样短促，人生就像一天那样短暂，然而却有安然存在着的历经上千年之久的国家，这是为什么呢？回答说：这是因为沿用了千年的礼法来治理国家，而且是把国家交与信守礼法千年的人来管理它。人没有百年的寿命，为什么却会有信守千年的诚信之士呢？回答说：用那些积累了上千年的礼法来约束自己的人，就是信守礼法千年的士人了。所以，把国家交给长久奉行礼法的君子治理，就能够称王天下；把国家交给正直忠诚、守信、完美的人治理，就能称霸诸侯；把国家交给搞阴谋权术、颠覆活动的人治理，就会导致灭亡。这三种情况，是圣明的君主要谨慎选择的，也是讲究仁德的人所必须明白的。善于选择的，就能统治别人；不善于选择的，就被别人统治。

原文

彼持国者，必不可以独也；然则强固荣辱在于取相矣[①]。身能，相能，如是者王。身不能，知恐惧而求能者，如是者强。身不能，不知恐惧而求能者，安唯便僻左右亲比己者之用[②]，如是者危削，綦之而亡。国者，巨用之则大，小用之则小；綦大而王，綦小而亡，小巨分流者存。巨用之者，先义而后利，安不恤亲疏，不恤贵贱，唯诚能之求，夫是之谓巨用之。小用之者，先利而后义，安不恤是非，不治曲直，唯便僻亲比己者之用，夫是之谓小用之。巨用之者若彼，小用之者若此；小巨分流者，亦一若彼、一若此也。故曰："粹而王，驳（bó）[③]而霸，无一[④]焉而亡。"此之谓也。

[注释]

①固：通"盬"，不坚实，脆弱。取相：选取辅佐之人。

②安：语助词。下同。便僻：通"便嬖"，善于逢迎而取得君主信任的近臣。

③驳：同"驳"，杂。指介于"巨用"和"小用"之间去治理国家。

④无一：指上述两种情况都不具备。

[译文]

那些掌握了国家政权的君主，必定不能单独依靠自己的力量去治理国家；这样看来，国家的强大衰弱、光荣耻辱关键就在于选取辅佐之人了。君主有才能，辅佐的人也就有才能，像这样的君主就能称王天下。君主自己没有才能，但还知道畏惧而去寻觅有才能的人，像这样的君主也能够强大。自己没有才能，又不懂得畏惧而去寻求有才能的人，只是任用身边善于阿谀奉承的宠臣、亲近自己的人，像这样的国君就会身处危险权势削弱，危险削弱达到极点就会灭亡了。国家，立足于大处去治理它就强大，只是注意那些细枝末节去治理它就会弱小；极其强大就能称王天下，极其弱小就会灭亡，介于小大之间的就能生存。所谓立足于大处去治理国家，就是先考虑道义然后再考虑利益，任用人不顾亲疏，不分贵贱，只求寻找到真正有才能的人，这就叫作立足于大处去治理国家。所谓注意那些细枝末节去治理国家，就是先考虑利益然后考虑道义，不顾是非，不管曲直，只任用善于阿谀奉承的宠臣和亲近自己的人，这就叫作注意那些细枝末节去治理国家。立足于大处去治理国家就像那样，注意那些细枝末节去治理国家就像这样；所谓介于两者之间的有的地方像前面那样，有的像后面那样。所以说："完全立足于大处治国的就能称王天下，介于立足大处与注重细枝末节之间的就能称霸诸侯，这两种情况都不具备的会遭到灭亡。"说的就是这个道理。

原文

国无礼则不正。礼之所以正国也，譬之犹衡之于轻重也，犹绳墨之于曲直也，犹规矩之于方圆也，既错①之而人莫之能诬也。《诗》②云："如霜雪之将将③，如日月之光明；为之则存，不为则亡。"此之谓也。

大雪

大雪纷飞，天地一片肃杀。国家有了严正的礼法，让百姓的行为有所凭依，国家才能昌盛。

[注释]

①错：通"措"，设置。

②《诗》：指《诗经》中的篇章，已经失传。

③将将：形容霜雪覆盖大地的样子。

[译文]

国家没有礼制就不能治理好。礼制之所以能用来治理国家，就好像用秤来衡量轻重，用墨线来规范曲直，用圆规、曲尺来确定方圆一样，已经把它们设置好了，以此来治理国家，就没有人能搞欺骗了。《诗经》中说："像霜雪覆盖大地那样普遍，像日月那样光明；实行礼制就能存在，不实行礼制就会灭亡。"说的就是这个道理啊。

原文

国危则无乐君，国安则无忧民。乱则国危，治则国安。今君人者，急逐乐而缓治国，岂不过甚矣哉？譬之是由好声色而恬无耳目也①，岂不哀哉？夫人之情，目欲綦色②，耳欲綦声，口欲綦味，鼻欲綦臭（xiù）③，心欲綦佚。此五綦者，人情之所必不免也。养五綦者有具，无其具，则五綦者不可得而致也。万乘之国可谓广大富厚矣，加有治辨强固之道焉④，若是则恬愉无患难矣，然后养五綦之具具也。故百乐者，生于治国者也；忧患者，生于乱国者也。急逐乐而缓治国者，非知乐者也。故明君者，必将先治其国，然后百乐得其中。暗君⑤者，必将急逐乐而缓治国，故忧患不可胜校也⑥，必至于身死国亡然后止也，岂不哀哉？将以为乐，乃得忧焉；将以为安，乃得危焉；将以为福，乃得死亡焉。

岂不哀哉？於乎⑦！君人者，亦可以察若言⑧矣！

［注释］

①由：通“犹”，犹如，好像。恬：通“觍”，惭愧。
②綦色：最好的颜色。綦，极。
③臭：气味。
④加：更。辨：通“办”，治理。
⑤暗君：昏庸的君主。
⑥胜：尽。校：计数。
⑦於乎：同“呜呼”。
⑧若言：如此之言，即上面所说。

［译文］

国家危险就不会有安乐的君主，国家安定就不会有忧愁的君主。政事混乱，国家就会危险；政事处理得好，国家就会安定。当今统治人民的君主，急于追求享乐却把治理国家放在后面，难道不是大错特错了吗？这就好像是喜好声色而不在意没有耳朵眼睛一样，难道不太可悲了吗？人之常情是，眼睛希望看到最美丽的颜色，耳朵希望听到最悦耳的音乐，嘴巴希望吃到最美味的佳肴，鼻子希望闻到最好闻的气味，心里追求最大的安逸。追求这五种极好的享受，是人之常情不可避免的。但满足这五种极好的享受需要一定的条件，没有这些条件，那么这五种极好的享受就得不到。拥有万辆兵车的国家，可以说是辽阔富裕的了，再有一套治理并使它强大巩固的办法，像这样，就可以安然快乐而没有祸患了，然后，满足于五种极好享受的条件就具备了。所以各种快乐的事情，产生于治理得好的国家；忧虑祸患，产生于混乱的国家。急于追求享乐而放松治国的人，并不是真正懂得安乐的人。所以圣明的君主，必定先要治理好自己的国家，然后各种快乐也就都在其中了。而昏庸愚昧的君主，必定要急于追求安乐而把治理国家放在后面，所以忧虑祸患就会数不胜数，一定要发展到身死国亡的地步才会停止，难道不太可悲了吗？准备用这种办法去得到欢乐，得到的却是忧愁；想要用这种办法去求得安定，得到的却是危险；想要用这种办法去求得幸福，得到的却是死亡。难道不是太可悲了吗？唉！统治人民的君主，也可以体察一下这些话！

原文

故治国有道，人主有职。若夫贯日而治详，一日而曲列①之，是所使夫百吏官人②为也，不足以是伤游玩安燕③之乐。若夫论④一相以兼率之，使臣下百吏莫不宿道乡方而务⑤，是夫人主之职也。若是则一天下，名配尧、禹。之主者，守至约而详，事至佚而功，垂衣裳⑥，不下簟(diàn)席⑦之上，而海内之人莫不愿得以为帝王。夫是之谓至约，乐莫大焉。

[注释]

①列：古“裂”字，解决。

②官人：政府官吏。

③燕：通“宴”，安闲，逸乐。

④论：通“抡”，选择。

⑤宿道：归于正道。宿，守。乡方：指向正确的方向。

⑥垂衣裳：穿着长衣，直垂而下。形容安闲，无所事事。垂，下挂。

⑦簟席：竹席。

[译文]

所以治理国家有一定的方法，君主有一定的职责。至于将几天才能治理得周详完备的事情，在一天之内就周到地加以解决了，这是君主指派各级官吏去做的，这些事不会妨害君主的游玩安逸。至于选择一个辅佐的人去统率群臣百官，使臣下百官无不归于道义而向着正道努力，这才是君主的职责啊。如果这样，就可以统一天下，名声和尧、禹相配。这样的君主，掌管的事情是最简要的却又是最为周详的，所做的事情虽然是最为闲适的却也是最有成效的，衣裳休整下垂，不必从竹席之上走下来，而四海之内没有人不希望以他为帝王。这叫作最大的简约，最大的快乐。

原文

人主者，以官人为能者也；匹夫者，以自能为能者也。人主得使人为之，匹夫则无所移之。百亩一守，事业穷，无所移之也。今以一人兼听天下，日有余而治不足者，使人为之也。大有天下，小有一国，必自为之然后可，则劳苦耗顇（hào cuì）莫甚焉；如是则虽臧获不肯与天子易势业。以是县（xuán）①天下，一四海，何故必自为之？为之者，役夫之道也，墨子之说②也。论德使能而官施之者③，圣王之道也，儒之所谨守也。传曰：“农分田而耕，贾分货而贩，百工分事而劝，士大夫分职而听，建国诸侯之君分土而守，三公总方而议④，则天子共⑤己而已矣。”出若入若，天下莫不平均⑥，莫不治辨，是百王之所同也，而礼法之大分也。

[注释]

①县：古“悬”字，这里指治理。

②墨子之说：墨子的主张。墨子主张君主要和百姓一起辛勤劳动，所以荀子认为“自为之”是墨子的说法。

③论德：选择有德行的人。施：施加，给。

④总方而议：归总全国大政方针加以讨论。总，统领。方，地方，方面。

⑤共：同“拱”，拱手，形容轻松自如。

⑥平均：均等，齐一，指人与人之间的关系协调平衡。

任贤图治

帝尧任用贤臣，使天下人都各得其所，各为其事，农人、百工、大臣都各安本分，则帝尧垂手而天下大治，正是“论德使能而官施之者，圣王之道也”所说之道。

［译文］

君主以善于用人为有能力，平民百姓以自己能干为有能力。君主可以指使别人去办事，平民百姓却没有办法推卸责任。一百亩土地一个农夫来管理，土地经营得不好，这是因为他无法推脱给别人。现在君主凭一个人的力量统管处理天下的事，每天尚有余暇而治理的事务没有出现过失，这是因为他指派别人去干。权力大而拥有整个天下，权力小而拥有一个诸侯国，如果所有的事情必须亲自去做才行的话，那么就没有比这更加辛劳艰苦的了；像这样，那么即使是奴婢也不肯和天子交换地位了。由此来看，君主在上掌管天下，统一四海，为什么所有的事情都必定要自己去做呢？亲自去做各种事情，是服劳役的人的办法，是墨子的主张。选择有德行的人、使用有才能的人而将官职委任给他们，这是圣明帝王的办法，是儒家所必须谨慎遵循的。古书上说：“农民分田耕种，商人分货贩卖，工匠分行业勤勉努力地劳作，士大夫分职处理政事，各诸侯国的国君分封一定的领土去守卫，司空、司马、司徒归总全国的大政方针加以商议，那么君主只要拱着手就可以了。”朝廷内外都如此办理，天下就没有不公平的事情，就没有得不到治理的事情，这是历代圣王都相同的，这是礼法的总纲。

原文

百里之地可以取天下，是不虚，其难者在人主之知之也。取天下者，非负①其土地而从之之谓也，道足以壹人而已矣。彼其人苟壹，则其土地且奚去我而适它？故百里之地，其等位爵服②，足以容天下之贤士矣；其官职事业，足以容天下之能士矣；循其旧法，择其善者而明用③之，足以顺服好利之人矣。贤士一焉，能士官焉，好利之人服焉，三者具而天下尽④，无有是其外⑤矣。故百里之地，足以竭势⑥矣；致忠信，箸[⑦]仁义，足以竭人[⑧]矣。两者合而天下取，诸侯后同者先危。《诗》[⑨]曰："自西自东，自南自北，无思不服。"一人之谓也。

[注释]

①负：背负，携带。

②爵服：指爵位。

③明用：明确地加以利用。

④尽：穷尽，指全部取得。

⑤是其外：在这之外。

⑥竭势：指取得天下全部的权力地位。竭，穷尽。

⑦箸：通"著"，使显著。

⑧竭人：指征服天下所有的人。

⑨《诗》：指《诗经·大雅·文王有声》。

[译文]

凭借方圆百里的领土就可以夺得天下，这并不是虚假的，它的难处在于君主要懂得凭借小国可以取得天下的道理。所谓取得天下，并不是指别的国家都带着他们的土地来顺从的意思，而是指你治理国家的办法能够统一人心罢了。如果那个国家的人和我们统一了，那么他们的土地又怎么会离开我们去别的地方呢？所以尽管只是方圆百里的领土，但它的各个等级的爵位，足够容纳天下的贤德之士；它的各种官职事业，足够容纳天下有才能的人；遵循原有的法度，选择其中好的东西来明确地加以实施，足够用来使贪图财利的人顺服了。贤德之士统一在一起了，有才能的人被任用了，贪图财利的人顺服了，这三种情况都具备了，那么天下的人才就全都归顺我了，没有谁在这之外。所以凭借方圆百里的土地，足够用来取得天下全部的权力地位；做到忠诚守信，提倡仁义，就足以征服天下所有的人了。权力地位和人心这两者结合在一起，那么就取得了整个天下，诸侯中归附晚的就先有危险。《诗经》中说："从西到东，从南到北，没有谁不顺服。"说的就是统一人心的道理。

原文

羿、蠭(páng)门者[①]，善服射者也；王良、造父者[②]，善服驭者也；聪明君子者，善服人者也。人服而势从之，人不服而势去之，故王者已[③]于服人矣。故人主欲得善射，射远中微，则莫若羿、蠭门矣；欲得善驭，及速致远，则莫若王良、造父矣；欲调壹天下，制秦、楚，则莫若聪明君子矣。其用知[④]甚简，其为事不劳而功名致大，甚易处而綦可乐[⑤]也。故明君以为宝，而愚者以为难[⑥]。

[注释]

①羿：后羿，古代传说中善于射箭的人。蠭门：又作逢蒙，后羿的徒弟。

②王良：春秋末年晋国大夫赵简子的车夫，善于驾车。造父：传说中周穆王的车夫。

③已：止，完毕，终止。

④知：通“智”。

⑤綦可乐：极其轻松快乐。

⑥难：灾难，祸患。

[译文]

羿、蠭门是善于射箭的人；王良、造父是善于驾车的人；聪明的君子善于使所有的人顺服。人们都敬佩服从他，那么权势也就随之而来了；人们不敬顺佩服，那么权势也就随之而去了；所以称王天下的君主做到使人顺服就是止境。君主想要得到善于射箭的人，能够射中既远而又微小的目标，那就没有比羿、蠭门更合适的了；君主想要得到善于驾车的人，速度既快又能够跑到很远方的地方，那就没有比王良、造父更合适的了；想要统一治理天下的人，制服秦国、楚国这样的大国，那就没有比聪明的君子更合适的了。聪明的君子运用智慧很简约，办事情也不费力，但功绩名声却非常大，非常容易安顿而且很乐观。所以圣明的君主把聪明的君子看作是宝贝，但愚昧的君主却把他们看作是可怕的人。

原文

夫贵为天子，富有天下，名为圣王，兼制人，人莫得而制也，是人情之所同欲也，而王者兼而有是者也。重色而衣之，重味而食之，重财物而制之，合天下而君之；饮食甚厚，声乐甚大，台谢[①]甚高，园囿甚广，臣使诸侯，一天下，是又人情之所同欲也，而天子之礼制如是者也。制度以[②]陈，政令以挟[③]；官人失要[④]则死，公侯[⑤]失礼则幽，四方之国有侈离之德[⑥]则必灭；名声若日月，功绩如天地，天下之人应之如景向[⑦]，是又人情之所同欲也，而王者兼而有是者也。故人之情，口好味，而臭味莫美焉；耳好声，而声乐莫大焉；目好色，而文章致繁、妇女莫众焉；形体好佚，而安重闲静莫愉焉；心好利，而谷禄莫厚焉；合天下之所同愿兼而有之，皋牢[⑧]天下而制之若制子孙，人苟不狂惑戆陋者，其谁能睹是而不乐也哉！欲是之主并肩而存[⑨]，能建是之士不世绝，千岁[⑩]而不合，何也？曰：人主不公，人臣不忠也。人主则外贤而偏举[11]，人臣则争职而妒贤，是其所以不合之故也。人主胡不广焉、无恤亲疏、无偏贵贱、唯诚能之求？若是则人臣轻职业让贤，而安随其后；如是则舜、禹还[12]至，王业还起。功壹天下，名配舜、禹，物由[13]有可乐如是其美焉者乎？呜呼！君人者亦可以察若言矣！杨朱哭衢涂[14]，曰："此夫过举跬步而觉跌千里者夫[15]！"哀哭之。此亦荣辱、安危、存亡之衢已，此其为可哀，甚于衢涂。呜呼！哀哉！君人者千岁而不觉也。

[注释]

①谢：通"榭"，建筑在高土台上的房子。

②以：同"已"。

③挟：通"浃"，周洽，完备。

④失要：指违背政令规定。要，约，此处指规定。

⑤公侯：指司空、司马、司徒三公和诸侯。

⑥侈离之德：分裂的行为思想。侈，同"诼"，分离。

⑦景向：同"影响"，如影随形，如响回声。

⑧皋牢：牢笼，控制之意。

⑨并肩而存：极言其多。

⑩千岁：千百年来。

⑪则：表示对待关系的连词。偏：偏袒，不公正。

⑫还：复，再。

⑬由：通"犹"，还。

⑭杨朱：战国时魏国人，主张"为我""贵生重己"，反对儒家的"仁义"与墨家的"兼爱"。衢涂：十字路口。

⑮举：抬起，指提腿迈步。跌：失误，走错。

[译文]

取得天子那样高贵的地位，富裕得拥有天下，被称为圣王，统治所有的人，而不为任何人所统治，这是人们心中所共同追求的，而称王天下的君主这一切全都具有。穿五颜六色的衣服，吃品种繁多的食物，把丰富的财富拿来用，使整个天下归自己统治；饮食非常丰富，

水榭

亭台水榭，高楼雅阁，是古时贵胄的宫苑，只有德高的君子住在其中才是合适的。如果不重礼法，荒淫暴虐，天下人都反对的人，他们在这些庭院中又怎么能住得长久？

乐声非常洪亮，台阁非常高大，园林兽苑非常广阔，统治诸侯，统一天下，这又是人们心中所共同追求的，而天子的礼法制度正是这样。制度已经公布，政令已经完备；群臣百官违反了政令的规定就处以死刑，三公诸侯不守礼法就遭到囚禁，四方的诸侯国如果有分裂的想法、行为就必然灭亡；名声像日月一样光明，功绩像天地一样宏大，普天之下的人如影随形、如回声响应一样地跟随他，这又是人们心中所共同追求的，而称王天下的君主这一切都具有。所以人的感情是，嘴巴喜欢吃美味的食物，而味道没有比王者吃到的更好的了；耳朵喜欢听悦耳的声音，而歌声、乐曲没有比王者听到的更洪亮的了；眼睛喜欢看华丽的色彩和美女，而华丽的色彩和美女没有比王者看到的更多的了；身体喜欢安逸，而安稳闲静没有比王者享受到的更愉快的了；心里喜欢财利，而俸禄没有比王者得到的更丰厚的了；把天下所共同有的愿望都加起来自己完全拥有，控制整个天下像控制自己的子孙一样，人如果不是疯子与智力障碍者，哪一个人看着这种局面不感到高兴呢？想要获得这一切的君主数不胜数，能够建立这种事业的贤人世世代代都没有断绝过，但近千年来这样的君主和贤人却没有遇合，这是为什么呢？回答说：是因为君主用人不公正，臣下对君主不忠诚。君主排斥贤能的人而任用自己偏爱的人，臣子争权夺位而嫉妒贤能的人，这就是他们不能遇合的缘故。君主为什么不广招人才，不去顾及亲疏，不要有贵贱亲疏，只寻求真正有才能的人呢？如果能这样，那么臣子就会看轻职位而礼让贤能的人，自己安心地跟随在贤能之人的后面；如果这样，那么舜、禹统治的那样的盛世就会重新到来，称王天下的大业又能建立起来了。取得统一天下的功绩，名声可以和舜、禹相配，事情如此的美好，还有比这更高兴的吗？唉！统治人民的君主应该认真考察这些话了！杨朱在十字路口哭着说："在那错误之处跨出一步，而觉察时就已走错了千里啊！"他为此而悲哀痛苦。任用人也是光荣或耻辱、安定或危险、生存或灭亡的十字路口啊，在这件事上的可悲，比在十字路口走错路更沉重。唉！可悲啊！统治人民的君主们，竟然上千年也没有觉悟。

原文

无国而不有治法，无国而不有乱法；无国而不有贤士，无国而不有罢(pí)[①]士；无国而不有愿民，无国而不有悍民；无国而不有美俗，无国而不有恶俗；两者并行而国在，上偏[②]而国安，在下偏而国危[③]；上一而王，下一而亡，故其法治，其佐贤，其民愿，其俗美，而四者齐，夫是之谓上一。如是则不战而胜，不攻而得，甲兵不劳而天下服。故汤以亳，武王以鄗，皆百里之地也，天下为一，诸侯为臣，通达之属，莫不从服，无它故焉，四者齐也。桀、纣即厚[④]于有天下之势，索为匹夫而不可得也，是无它故焉，四者并亡也，故百王之法不同，若是所归者一[5]也。

[注释]

①罢：通“疲”，病，此处指品性不好。

②上偏：即偏上，指偏重于上面所说的四种情况。

③在：衍文。下偏：后面所说的四种情况。

④厚：多、重。

⑤所归者一：指道理归根结底就一个。

[译文]

没有哪一个国家不存在使国家安定的法令制度，没有哪一个国家不存在导致国家动乱的法令制度；没有哪一个国家不存在贤能的士人，没有哪一个国家不存在无行的士人；没有哪一个国家不存在朴实善良的百姓，没有哪一个国家不存在凶悍强暴的百姓；没有哪一个国家不存在美好的习俗，没有哪一个国家不存在恶劣的习俗；这两种情况同时存在，国家仍然可以保存；如果偏重于上一种情况，国家就安定；如果偏重于下一种情况，国家就危险；前面四个方面都一一具备了，就可以称王天下了；后面四种情况都一一具备了，就会灭亡。如果国家的法令制度是使国家安定的法令制度，它的辅佐大臣是贤能的，它的人民是朴实善良的，它的习俗是美好的，这四个方面都齐备了，那就叫作前面的几个方面一一具备了。像这样，那么就可以不战而胜，不攻而得，可以不劳累军队而使天下顺从了。商汤王凭借亳，周武王凭借鄗，都不过是方圆百里的领土，而使天下统一，使诸侯称臣，凡能到达的地方，没有不服从的，这没有别的缘故，而是因为上述四个方面都齐备了。夏桀、商纣拥有天下最大的权势，但到最后想要做个普通老百姓也办不到，这没有别的缘故，而是因为上述四个方面全都丧失了，历代君主的治国方法尽管不同，如果照上述情况看来，道理归结起来还是一样的。

原文

上莫不致[1]爱其下，而制之以礼；上之于下，如保赤子。政令制度，所以接下之人百姓；有不理者如豪末[2]，则虽孤独鳏寡必不加焉。故下之亲上欢如父母，可杀而不可使不顺。君臣上下，贵贱长幼，至于庶人，莫不以是为隆正[3]，然后皆内自省以谨于分，是百王之所以同也，而礼法之枢要[4]也。然后农分田而耕，贾分货而贩，百工分事而劝，士大夫分职而听，建国诸侯之君分土而守，三公总方而议，则天子共[5]己而止矣。出若入若，天下莫不平均，莫不治辨，是百王之所同，而礼法之大分也。

［注释］

①致：此处指努力、尽力。

②不理者：指不合理。豪末：毫末。

③隆正：最高的标准。

④枢要：关键。

⑤共：通“拱”，拱手。

［译文］

君主没有不尽力爱护自己的百姓的，因而用礼制来治理他们；君主对于百姓，就像爱护初生的婴儿一样。政令制度，是用来对待下面百姓的；如果它有丝毫不合理的地方，那么即使是对鳏寡孤独，也必定不会加在他们的头上。所以百姓亲近君主如同喜欢自己的父母一样，宁可被杀死也不能使他们不顺从君主。君主、臣子、上级、下级，高贵的、卑贱的、年长的、年幼的，直到普通百姓，没有谁不把礼制当成最高标准，然后又都从内心深处检查自己，谨慎地守着自己的本分，这是历代圣王相同的政治措施，也是礼制法度的关键。这些做到以后，农民分田耕种，商人分货贩卖，各种工匠分行业勤勉地劳作，士大夫分职务去处理政事，诸侯国的国君分疆土去守卫，三公归总全国的大政方针加以讨论，那么天子只要让自己拱着手就可以了。朝廷内外都如此处置，天下就没有不平均的，就没有得不到治理的，这些是历代君王相同的地方，也是礼法的大纲领。

原文

若夫贯日而治平，权物而称用①，使衣服有制、宫室有度、人徒有数、丧祭械用皆有等宜，以是用挟②于万物，尺寸寻丈③，莫得不循乎制度数量然后行④，则是官人使吏之事也，不足数于大君子之前⑤。故君人者，立隆政⑥本朝而当，所使要百事者诚仁人也，则身佚而国治，功大而名美，上可以王，下可以霸；立隆正本朝而不当，所使要百事者非仁人也，则身劳而国乱，功废而名辱，社稷必危；是人君者之枢机也。故能当一人而天下取，失当一人而社稷

召公

召公，姓姬，名奭，他曾辅佐武王灭商自立。圣王任用贤臣，则“垂衣裳而天下定”。

危。不能当一人而能当千人、百人者，说无之有也。既能当一人，则身有[7]何劳而为？垂衣裳而天下定。故汤用伊尹[8]，文王用吕尚[9]，武王用召[shào]公[10]，成王用周公旦[11]。卑者五伯，齐桓公闺门之内，县乐、奢泰、游抏之修[12]，于天下不见谓修，然九[13]合诸侯，一匡天下[14]，为五伯长[15]，是亦无他故焉，知一政[16]于管仲也，是君人者之要守也。知者易为之[17]，兴力而功名綦大，舍是而孰足为也？故古之人，有大功名者，必道是者也；丧其国、危其身者，必反是者也。故孔子曰："知者之知，固以[18]多矣，有以守少[19]，能无察乎？愚者之知，固以少矣，有以守多，能无狂乎？"此之谓也。

[注释]

①权：调节秤锤使秤杆平衡叫"权"，引申为合理地调节。称用：恰当地加以利用。称，合适，配得上。

②用挟：当作"周浃"，普遍。

③尺、寸、寻、丈：均是古代长度单位，此处借指处理各种事情的标准。

④制：规格。度：标准。

⑤数：数说。大君子：德才最完备的君子。

⑥隆政：最高标准。政，通"正"。

⑦有：通"又"。

⑧汤：商汤。伊尹：名挚，商汤王的相。

⑨文王：周文王。吕尚：姜姓，名尚，字子牙，俗称姜太公，周文王的相。

⑩武王：周武王。召公：姓姬，名奭，周武王的弟弟。因采邑在召（今陕西岐山一带），因此称为召公。

⑪成王：周成王。周公旦：姓姬，名旦，周武王的弟弟，周成王的相。

⑫县：古"悬"字。奢泰：奢侈。泰，同"汰"，侈。抏：同"玩"。修：追求。

⑬九：表示多。

⑭一匡天下：统一天下，恢复正道。一，统一，一致。匡，正。

⑮五伯：即五霸。长：首。五伯并非同时，而桓公居先，所以称"五伯长"。

⑯一政：把政事统一起来。

⑰知：通"智"。之：指代"要守"，指任用贤人为相。

⑱以：同"已"。

⑲有：通"又"。守少：指聪明的君主自己所负担的事务少。守，管。

[译文]

至于连续详尽地处理各种政事，合理地调节万物来使它们得到恰当的使用，使各级官吏穿的衣服有一定的规格、住的宫室有一定的标准、仆役有一定的数量、丧葬祭祀器械用具都符合等级规定，并且把这种做法贯彻到各种事情中，像尺寸寻丈等标准一样，没有不是遵循了法度数量的规定然后才加以施行的，这些都是政府官吏所做的事情，不值得在德才完备的君子面前陈说。所以统治人民的君主，职责在于为国家确定最高的标准，如果为本朝所确立的最高准则完全恰当，所任用的人是真正有德才的人，那么他就会使自身安逸而国家安定，功绩伟大而名声美好，上等的可以称王天下，下等的也可以称霸诸侯；如果为本朝所确立的最高准则不恰当，所任用的人不是真正有德才之人，那么他就会使自身劳累而国家混乱，功业毁弃而名声受损，国家必定会危险；任用人是当君主的关键啊。所以，能恰当地任用一个人，那么天下就能安定；不能恰当地任用一个人，那么国家就会危险。不能恰当地任用一个人而能恰当地任用千百人，从来没有这种说法。既然能恰当地任用一个人，那么君主还有什么可以劳累的呢？只要整理好衣服天下就可以安定了。所以商汤王任用伊尹，周文王任用吕尚，周武王任用召公，周成王任用周公。次一些的五霸，齐桓公在宫门之内悬挂乐器，尽情地奢侈放纵，游荡玩乐，但天下没有人认为他在追求享乐，相反他却多次会盟了诸侯，使天下归于一致而恢复了正道，成为五霸中的首领，这也没有别的缘故，而是因为他懂得把政事全部交给管仲，这就是当君主最重要的德行和操守啊。有智慧的君主很容易任用恰当的人并使他们出力，取得强大的实力而名望极大，除此以外，君主还有什么值得去做的呢？所以古代的人，凡是有伟大的功业和名望的人，必定是遵照这一点去做的；凡是丧失了自己的国家，危害到他本人的人，必定是违反了这一点去做的。所以孔子说："有智慧的人智慧本来就丰富，又因为自己所负责的具体事物少，能不明察吗？蠢人的智慧本来就少，又因为他所负责的事物多，能不惑乱吗？"说的就是这个道理。

原文

治国者，分已定①，则主相臣下百吏各谨其所闻，不务听其所不闻；各谨其所见，不务视其所不见。所闻所见，诚以齐②矣，则虽幽闲隐辟③，百姓莫敢不敬分安制以礼化④其上，是治国之征也。

[注释]

①分已定：指已经将名分等级确定。

②诚以齐：真正地按照一致的原则去处理事物。

③闲：闭塞，阻隔。辟：通"僻"。

④化：顺从。

[译文]

治理得好的国家，等级名分已经确定，那么君主和官吏们各自谨守自己所听到的，不去追求自己所没有听到的；各自谨守自己所看到的，不去追求自己所没有看到的。

君主官吏所看到、所听到的事情，都能真正地名分一致了，那么即使是那些幽远闭塞地方的百姓，都安于严守本分、遵守制度、根据礼来顺服他们的君主，这就是治理得好的国家的象征。

原文

主道：治近不治远，治明不治幽，治一不治二。主能治近，则远者理；主能治明，则幽者化；主能当一，则百事正。夫兼听天下，日有余而治不足者如此也，是治之极也。既能治近，又务治远；既能治明，又务见幽；既能当一，又务正百：是过者也，过犹不及也，辟[①]之是犹立直木而求其景[②]之枉也。不能治近，又务治远；不能察明，又务见幽；不能当一，又务正百：是悖者也，辟之是犹立枉木而求其景之直也。故明主好要，而暗主好详。主好要，则百事详；主好详，则百事荒。君者，论一相、陈一法、明一指[③]，以兼覆之、兼炤之[④]，以观其盛[⑤]者也。相者，论列百官之长[⑥]，要百事之听，以饰[⑦]朝廷臣下百吏之分，度其功劳，论其庆赏，岁终奉其成功以效于君，当则可[⑧]，不当则废。故君人劳于索之[⑨]，而休于使之。

[注释]

①辟：通“譬”。

②景：通“影”，影子。

③论：通“抡”，选择。指：同“旨”，宗旨，指主要原则。

④覆：覆盖，庇护，指统治。炤：同“照”，明察。

⑤盛：通“成”，成功。

⑥论列：评论，选择。论，通“抡”。列，安排位次。

⑦饰：同“饬”，整顿，整治。

⑧可：用。

⑨索之：寻找国相。

[译文]

君主治理国家的办法：治理身边的事而不去治理远方的事，治理明显的事而不去治理不明显的事，治理主要的事而不去治理各种烦琐的小事。君主能够治理好身边的事，那么远方的事自然就会得到治理；君主能够治理好明显的事，那么不明显的事就会自然随之而变化；君主能恰当地治理好主要的大事，那么各种烦琐的小事就会因此而得到正确的处理。同时处理全天下的事务，而每天还有余暇，需要治理的事少，像这样，就是治理国家的最高境界了。既能治理身边的事，又力求治理远方的事；既能治理明显的事，又力求洞察治理不明显的事；既能恰当地治理好主要的大事，又力求治理好各种烦琐的小事：这是太过分的要求，过分就如同达不到一样，就好像是树起笔直的木头而要求它的影子是弯曲的一样。不能够治理好身边的事，又力求治理好远处的事；不能够明察明显的事，又力求洞察不明显的事；不能恰当地治理好主要的大事，又力求治理好各种烦琐的小事：这是荒谬的做法，这就好像是树起弯曲的木头而要求它的影子是笔直的一样。所以圣明的君主喜欢抓住要点，而昏庸的君主喜欢每件事情都管理周详。君主喜欢抓住要点，结果是一切事情都办得周详；君主喜欢管得周详，结果是一切事情都荒废了。君主，只需选择一个宰相，公布一套法制，明确一个主要的原则，用这种手段来统率一切，洞察一切，并以此来显示自己的成功。宰相，是负责选拔安排各部门的长官，总管各种事情的治理，整顿规范朝廷大臣和各级官吏的职分等级，考核他们的功劳，论定对他们的奖赏，年终时拿出他们的成绩呈报给君主，他们当中称职的就留用，不称职的就罢免。所以，君主的辛苦在于寻觅贤相，在使用贤相以后就安逸了。

原文

用国者，得百姓之力①者富，得百姓之死②者强，得百姓之誉者荣③。三得者具而天下归之，三得者亡而天下去之。天下归之之谓王，天下去之之谓亡。汤、武者，修其道，行其义，兴天下同利，除天下同害，天下归之。故厚德音以先之，明礼义以道之，致忠信以爱之，赏贤使能以次之，爵服赏庆以申重之，时其事、轻其任以调齐之，潢然兼覆之，养长之，如保赤子。生民则致宽，使民则綦理。辩④政令制度，所以接天下之人百姓⑤；有非理者如豪末，则虽孤独鳏寡必不加焉。是故百姓贵之如帝，亲之如父母，为之出死断亡而不愉⑥者，无他故焉，道德诚明，利泽诚厚也。

[注释]

①力：为君主拼力。

②死：为君主献身。

③誉：赞誉，称誉。荣：有名望。

④辩：通“办”，治理、制订。

⑤所以接天下之人百姓：“天”“百姓”三字当为衍文。

⑥不愉：不偷，不苟且偷生。愉，通“偷”。

［译文］

治理国家的君主，得到百姓为他卖力的就富足，得到百姓为他拼死作战的就强大，得到百姓颂扬他的就有名望。这三者都具备了，那么天下人就会归顺他；这三者都不具备，那么天下人就会叛离他。天下人都归顺他就能称王天下，天下人都叛离他就会灭亡。商汤王、周武王等人，遵循他们的治国原则，施行他们的礼法道义，兴办对天下人都有利的事情，废止对天下人都有害的事，因而天下人都归顺他们。所以，君主重视提高道德声誉来引导臣民，彰明礼制道义来开导臣民，尽力做到忠诚守信来爱护臣民，尊崇贤人、任用能人来安排职位，用爵位、服饰、赏赐、表扬去反复激励臣民，根据时节安排臣民的事务，减轻他们的负担来调剂臣民，广泛普遍地庇护他们，养育他们，如同养护初生的婴儿一样。养育臣民极其宽容，使用百姓则极其合理。制定政令制度，是用来对待下面的老百姓的；丝毫不合理的地方，即使是对待鳏寡孤独，也一定不加到他们头上。所以，百姓敬重这种君主就好像是敬重天帝一样，亲近他就好像是亲近自己的父母一样，为他不怕死亡，不苟且偷生，这没有别的缘故，而是因为君主的道德真正贤明，君主的恩泽真正深厚。

原文

乱世不然。污漫突盗[①]以先之，权谋倾覆以示之，俳优、侏儒、妇女之请谒以悖之[②]，使愚诏知，使不肖临贤，生民则致贫隘[③]，使民则綦劳苦。是故百姓贱之如尪（wāng）[④]，恶之如鬼，日欲司间[⑤]而相与投藉之，去逐之。卒（cù）有寇难之事[⑥]，又望百姓之为己死，不可得也。说无以取之焉。孔子曰："审吾所以适人[⑦]，人之所以来我[⑧]也。"此之谓也。

［注释］

①突盗：欺凌盗窃的行为。

②俳：滑稽演员。优：优伶，演员。侏儒：因发育不良而身材矮小之人，古代常充当滑稽演员，以供贵族们戏弄取乐。

③隘：通"厄"，穷困，窘迫。

④尪：同"尫"，有残疾的人。

⑤司间：寻找可乘之机。司，通"伺"，探查，侦察。间，间隙。

⑥卒：通"猝"，突然。寇难：敌人入侵的危难。

⑦审：弄明白。适人：对待别人。

⑧来我：对待我。

［译文］

混乱的国家的君主就不是这样。君主以污秽卑鄙、强取豪夺的行为来引导他的臣民，用玩弄权术阴谋、搞倾轧陷害之人来作为臣民的示范，让倡优、侏儒、女人的请托来迷惑臣民，让愚蠢的人去教诲有智慧的人，让品性恶劣的人凌驾于有德才的人之上，他们养育百姓却使得百姓更加贫穷困厄，又使百姓极其疲劳辛苦。因此百姓鄙视他就好像是鄙视残疾人一样，厌恶他就好像是厌恶鬼魅一样，每天都在寻找机会要共同抛弃这样的君主，要背离、驱逐这样的君主。突然遇到了外敌入侵的危难之事，这时这样的君主还希望百姓为他卖命，这是不可能办到的啊。上述治理国家的方法，毫无可取之处。孔子说："要弄明白我怎样对待别人，别人就会怎样对待我。"说的就是这个道理。

原文

伤国者何也？曰：以小人尚民而威①，以非②所取于民而巧，是伤国之大灾也。大国之主也，而好见小利，是伤国；其于声色、台榭、园囿也，愈③厌而好新，是伤国；不好循正其所以有④，啖（dàn）啖⑤常欲人之有，是伤国。三邪者在匈中，而又好以权谋倾覆之人断事其外，若是则权轻名辱，社稷必危，是伤国者也。大国之主也，不隆本行，不敬旧法，而好诈故⑥，若是则夫朝廷群臣亦从而成俗⑦于不隆礼义而好倾覆也。朝廷群臣之俗若是则夫众庶百姓亦从而成俗于不隆礼义而好贪利矣。君臣上下之俗莫不若是则地虽广，权必轻；人虽众，兵必弱；刑罚虽繁，令不下通；夫是之谓危国，是伤国者也。

十侍乱政

东汉桓帝宠信侍从，任用奸党，巧取豪夺，致使百姓困苦，天下大乱，最终为后世引来了亡国之灾。可见"以小人尚民而威，以非所取于民而巧"的确是"伤国之大灾"。

[注释]

①以：使。尚民：在百姓之上。尚，通"上"。

②非：指非法手段。

③愈：通"愉"，乐。

④循：当作"修"。以：同"已"。

⑤啖啖：贪心的样子，形容贪婪。啖，吃。

⑥诈故：巧诈。

⑦成俗：形成风气。

[译文]

危害国家的是什么呢？回答说：使小人骑在百姓头上作威作福，用非法的手段巧妙地欺诈、搜刮百姓，这是危害国家的大灾祸。身为一个大国的君主，却喜欢蝇头小利，这就会危害国家；他对于音乐、美色、高台亭阁、园林兽苑，越是满足却越是追求新奇，这就会危害国家；不好好管理自己所已经拥有的土地财富，却总是贪婪地想着他人所拥有的，这就会危害国家。这三种邪恶的念头在心中，而又喜欢任用那些搞权术阴谋、倾轧陷害之人来处理政务，像这样，那么君主的权势就会轻微，声名就会败坏，国家政权必然会危险，这是危害国家的君主啊。身为一个大国的君主，却不崇尚德行，不谨守原有的礼法制度，而喜欢搞欺诈，像这样，那么朝廷上的臣子们也就跟着养成一种不尊崇礼法道义而热衷于搞倾轧陷害的风气。朝廷上群臣的风气如此，那么群众百姓也就跟着养成一种不崇尚礼法道义而热衷于贪图财利的风气了。君臣上下的风气如果都是这样，那么土地即使辽阔宽广，权势也必定会轻微；人口即使众多，兵力也必定会衰弱；刑罚即使繁多，政令也不能下达；这就叫作危险的国家，这是危害国家的君主啊。

原文

儒者为之不然，必将曲辨[①]。朝廷必将隆礼义而审贵贱，若是则士大夫莫不敬节死制者矣。百官则将齐其制度，重其官秩，若是则百吏莫不畏法而遵绳矣。关市几[②]而不征，质律禁止而不偏[③]，如是则商贾莫不敦悫而无诈矣。百工将时斩伐，佻（yáo）其期日而利其巧任[④]，如是则百工莫不忠信而不楛（kǔ）矣。县鄙将轻田野之税，省刀布之敛，罕举力役，无夺农时，如是则农夫莫不朴力[⑤]而寡能矣。士大夫务节死制，然而[⑥]兵劲。百吏畏法循绳，然后国常不乱。商贾敦悫无诈，则商旅安，货通财[⑦]，而国求给矣。百工忠信而不楛，则器用巧便而财不匮矣。农夫朴力而寡能，则上不失天时，下不失地利，中得人和，而百事不废。是之谓政令行，风俗美。以守则固，以征则强；居则有名，动则有功。此儒之所谓曲辨也。

[注释]

①曲辨：周全详尽的治理。辨，通“办”，治理。

②几：通“讥”，查问。

③质律：古代评定市价的文书。偏：指偏听一面之词。

④佻：延长，放宽。期日：约定的日期。任：能力。

⑤朴力：专心一致。

⑥然而：然则。

⑦货通财：当作“货财通”。

［译文］

儒者的做法就不是这样的，他们一定要周全详尽地治理国家。在朝廷中一定要崇尚礼法道义而明确贵贱等级，像这样，那么士大夫就没有不看重节操、死守职责的了。各级官吏就将遵守统一的管理制度，十分注重他们的官职俸禄，像这样，那么群臣百官就没有不畏惧法律而遵守法制的了。对于关卡和集市只稽查坏人而不征收赋税，评定物价的文书禁止投机而不偏听一面之词，像这样，那么商人就会忠厚老实而没有欺诈了。对于各种工匠将要求他们按照时节砍伐木材，放宽对他们的限期以发挥他们巧妙的才能，像这样，那么各种工匠就无不忠诚可信而不粗制滥造了。在农村，将减轻对农田的赋税，减少货币的聚敛，少兴劳役，不侵占农时，像这样，那么农民就无不专心致志地耕种而很少从事其他的技能了。士大夫重视名节而殉身于礼制，这样兵力就会强劲。群臣百官畏惧法制而遵守法度，这样以后国家的基本法律制度就不会混乱。商人忠厚老实而没有欺诈，那么流动的商贩就安全保险，货物钱财就能流通，而国家的各种需求就能得到供应了。各种工匠忠诚老实而不粗制滥造，那么器械用具就做得精巧便利而材料也不会匮乏了。农民专心致志地劳作而没有从事其他行业，那么就会上不失天时，下不失地利，中能得到人和，于是一切事情都不会荒废。这些情况叫作政令通行，风俗美好。凭借这种政治局面来保卫自己，防守就会非常牢固；攻打别的国家，攻势就会非常强劲有力；安居无事就会有名望，采取行动就会有功绩。这就是儒家所说的周全详尽的治理。

卷八

君道第十二

题解

本篇论述了为君之道，指出了君主在实施礼法、治理国家中的重要作用。主张君主要“修身”，要以身作则、“隆礼至法”、“尚贤使能”、善于用人、“慎取相”，这样，就能治理好国家。篇中所说的“君人者，爱民而安，好士而荣，两者无一焉百亡”，是君主所必须遵循的主要原则。除君道外，篇中也涉及臣道、父道、子道、兄道、弟道、夫道、妻道等，总而言之，就是要以礼为治。

原文

有乱君[①]，无乱国；有治人[②]，无治法。羿之法非亡也，而羿不世中；禹之法犹存，而夏不世王。故法不能独立[③]，类[④]不能自行；得其人[⑤]则存，失其人则亡。法者，治之端也；君子者，法之原也。故有君子，则法虽省，足以遍[⑥]矣；无君子，则法虽具，失先后之施，不能应事之变，足以乱矣。不知法之义而正法之数者，虽博[⑦]，临事必乱。故明主急得其人，而暗主急得其势。急得其人，则身佚而国治，功大而名美，上可以王，下可以霸；不急得其人，而急得其势，则身劳而国乱，功废而名辱，社稷必危。故君人者，劳于索之，而休于使之。《书》[⑧]曰：“惟文王敬忌[⑨]，一人[⑩]以择。”此之谓也。

[注释]

①乱君：使国家混乱的君主。

②治人：使国家安定的人。

③立：建树。

④类：指法令、制度。

⑤其人：此指上文的“治人”。

⑥遍：指普遍得到治理，与下文“乱”相对。

⑦博：多闻。

⑧《书》：指《尚书·康诰》。

⑨惟：思。文王：周文王。

⑩一人：指代天子。

［译文］

有搞乱国家的君主，没有本来就混乱的国家；有使国家安定的人才，没有自行使国家安定的法制。后羿射箭的方法并没有散佚，但后羿这样的人并不是世世代代都有的；大禹的法制仍然存在，但夏朝不能世世代代称王。所以法制不可能自行有所建树，制度不可能自行实行；得到善于治理国家的人才，那么法制就能存在；失去治理国家的合适的人才，那么法制也就灭亡了。法制是治理国家的根本，君子又是法制的本原。所以有了君子，即使法令简略，也足以治理国家；如果没有君子，即使法律完备，但实施的先后次序颠倒，不能适应事情的各种变化，足够使天下混乱。不懂得法治的道理却要去确定法的条文，即使条文了解得很多，遇事必定会出现混乱。所以圣明的君主急于得到治国的人才，而愚昧的君主急于得到权势。急于得到治国人才的君主，就会使自身安逸而国家安定，功绩伟大而名声美好，上等的可以称王天下，下等的可以称霸诸侯；不急于得到治国人才，而急于得到权势的君主，只会使自身劳累而国家混乱，功业废弛而声名狼藉，国家政权必然危险。所以统治百姓的君主，在寻觅人才时劳苦，而使用人才时就闲适了。《尚书》中说："要想想文王的恭敬谨慎，亲自去选择一个人才。"说的就是这个道理。

梦赉良弼

商高宗曾经遍寻天下找寻贤臣傅说，后来高宗得到傅说的辅佐，才使百姓安泰，国家昌盛，高宗与傅说也都在历史上留下美名，这就是所谓的"急得其人，则身佚而国治，功大而名美"。

原文

合符节、别契券者[1]，所以为信也；上好权谋，则臣下百吏诞诈之人乘是而后欺。探筹、投钩者，所以为公也；上好曲私，则臣下百吏乘是而后偏。衡石称县者[2]，所以为平也；上好倾覆，则臣下百吏乘是而后险。斗斛敦(duì)概者[3]，所以为啧(zé)[4]也；上好贪利，则臣下百吏乘是而后丰取刻与，以无度取于民。故械数者，治之流也，非治之原[5]也；君子者，治之原也。官人守数，君子养原；原清则流清，原浊则流浊。故上好礼义，尚贤使能，无贪利之心，则下亦将綦辞让，致忠信，而谨于臣子矣。如是则虽在小民，不待合符节、别契券而信，不待探筹、投钩而公，不待衡石称县而平，不待斗斛敦概而啧。故赏不用而民劝，罚不用而民服，有司不劳而事治，政令不烦而俗美；百姓莫敢不顺上之法、象上之志而劝上之事，而安乐之矣。故藉敛⑥忘费，事业忘劳，寇难忘死；城郭不待饰⑦而固，兵刃不待陵而劲⑧，敌国不待服而诎，四海之民不待令而一。夫是之谓至平。《诗》⑨曰："王犹允塞⑩，徐方⑪既来。"此之谓也。

［注释］

①符节：古代用竹、木、铜等制作作为凭信的东西，分成两半，双方各执一半，合以为准。契券：契据证券，古代作为凭证文书契约，双方各执一半，立以为凭证。

②衡石：古代测量重量标准的工具。称县：指称。称，称杆。县，称砣。

③斛：古代量器，十斗为一斛。敦：古代量黍稷的器具，形状似盂，一敦为一斗二升。概：量米粟时刮平斗斛的木板。

④啧：整齐，指标准统一。

⑤原：古"源"字。

⑥藉敛：按户籍征收赋税。藉，进贡。敛，收取赋税。

⑦饰：同"饬"，整治，休整。

⑧陵：磨砺。劲：强，坚硬。

⑨《诗》：指《诗经·大雅·常武》。

⑩王：指周宣王。犹：道。允塞：确实充满，遍布天下的意思。允，确实。塞，充满。

⑪徐方：古代的族名，聚居在今淮河下游地区，此处泛指远方的异族。

［译文］

对合符节，分辨契券，都是用来讲求信用的；但如果君主喜欢玩弄阴谋权术，那么大臣百官和搞谎言欺诈的人就会乘机欺诈。抽签、抓阄，是用来讲求公正的；但如果君主喜欢偏私，那么大臣百官就会乘机跟着偏私。用衡器来称量，是用来讲求公平的；但如果君主喜欢颠倒是非，那么大臣百官就会乘机跟着邪恶不正。各种量具，是用来讲求统一平等的；但如果君主热衷于贪图财利，那么大臣百官就会乘机跟着多取少给，毫无限度地去搜刮百姓。所以，关于各种度量器具的规定，仅仅是治理国家的支流，并不是治理国家的根本；君子才是治理国家的源头。官吏是掌握支流的，而君子则是掌握根本的。源头清澈，那么支流就会清澈；源头混浊，那么支流也就随之混浊。所以君主如果崇尚礼法道义，尊重贤德的人、使用有才能的人，没有贪图财利的想法，那么臣下也就会尽量推辞谦让，就会最讲究忠诚信实，而谨慎地做到一个臣子的本分。像这样，即使是在卑微的百姓之中，也不必等待对合符节、辨认契券就可以做到有信用了，不等抽签、抓阄就能做到公正，不用衡器来称量就能做到公平，不需要各种称量器具就可以做到标准统一。所以，不用奖赏而百姓也会勤勉，不用刑罚而百姓就能服从，各级官吏无须劳累而事物就能处理得非常好，政策法令不繁多而习俗就能美好；没有谁敢不服从君主的法令，没有谁敢不按照君主的意志为君主勤勉地完成事务，而且对此感到安乐。所以，百姓在缴纳赋税时不觉得是过分的负担，为国家承担事务时忘记了疲劳，在外敌入侵的危难中能够舍生取义，发动战争时能拼死作战；城墙不等修整就坚固，兵刃不用磨砺就锋利，敌国不等去征服就屈从，天下的百姓不需要命令而行动就是统一的。这叫作最安定。《诗经》中说："王道遍布天下，远方异族也会来归顺。"说的就是这种情形。

原文

请问为人君？曰：以礼分施①，均遍②而不偏。请问为人臣？曰：以礼待③君，忠顺而不懈。请问为人父？曰：宽惠而有礼。请问为人子？曰：敬爱而致④恭。请问为人兄？曰：慈爱而见友⑤。请问为人弟？曰：敬诎而不苟。请问为人夫？曰：致功而不流，致临而有辨⑥。请问为人妻？曰：夫有礼则柔从听侍，夫无礼则恐惧而自竦⑦也。此道也，偏立而乱，俱立而治，其足以稽⑧矣。请问兼能之奈何？曰：审之礼也。古者先王审礼以方皇周浃于天下⑨，动无不当也。故君子恭而不难⑩，敬而不巩⑪，贫穷而不约，富贵而不骄，并遇变应而不穷⑫，审之礼也。故君子之于礼，敬而安之⑬；其于事也，径而不失⑭；其于人也，寡怨宽裕而无阿；其所为身也，谨修饰而不危⑮；其应变故也，齐给便捷而不惑；其于天地万物也，不务说其所以然而致善用其材；其于百官之事⑯、技艺之人也，不与之争能而致善用其功；其待上也，忠顺而不懈；其使下也，均遍而不偏；其交游也，缘类而有义⑰；其居乡里也，容而不乱⑱。是故穷则必有名，达则必有功；仁厚兼覆天下而不闵⑲，明达用⑳天地、理万变而不疑；血气和平，志意广大，行义塞于天地之间，仁知之极也。夫是之谓圣人，审之礼也。

[注释]

①分施：分别施舍，指治理国家。

②均遍：公平。遍，普遍。

③待："侍"字之误。下文"待上"之"待"同此。
④致：极。
⑤见友：表现出友爱之情。见，同"现"。友，兄弟之间的亲爱帮助。
⑥临：近。有辨：指夫妻有别，保持一定的界限。
⑦自竦：自己知道警惕。
⑧稽：考证。
⑨方皇：广大，推广。周浃：周遍。
⑩难：恐惧。
⑪巩：通"恐"，恐惧。
⑫不穷：不窘困，不束手无策的意思。
⑬安之：安于礼，即自觉地遵守礼仪。
⑭径：直截了当。失：差错。
⑮饰：同"饬"，整治。危：险诈，凶险。
⑯事：当为"吏"字之误。
⑰缘类而有义：寻求志同道合的人并做到有礼仪。
⑱容：宽容。乱：过分。
⑲不闵：没有止境。闵，通"穷"，尽。
⑳用：治。

[译文]

请问怎样做君主呢？回答说：按照礼去治理国家，公平而不偏私。请问怎样做臣子呢？回答说：按照礼去对待君主，忠诚顺从而不懈怠。请问怎样做父亲呢？回答说：要宽厚仁爱而有礼节。请问怎样做儿子呢？回答说：敬爱父母而又非常恭顺。请问怎样做哥哥呢？回答说：仁慈地爱护弟弟而又表现出友好。请问怎样做弟弟呢？回答说：恭敬顺从而从不马虎。请问怎样做丈夫呢？回答说：要尽力取得功业而不放荡淫乱，尽力和妻子亲近而又有一定的界限。请问怎样做妻子呢？回答说：丈夫遵行礼就温柔和顺地侍奉丈夫，丈夫不遵行礼就害怕担心而自知警惕。这些原则，只做到某些方面，国家仍然会混乱；如果全部都做到了，那国家就会安定：这是已经被充分证实了的。请问要全部做到这些该怎么办呢？回答说：必须透彻地了解礼。古代圣王透彻地了解了礼而普遍地推行于天下，行动就没有不妥当的地方了。所以君子谦恭但不胆怯，肃敬但不惶恐，贫穷却不卑躬屈膝，富贵却不骄横霸道，同时遇到各种事变，也能够应对自如而不束手无策，这都是因为透彻地了解了礼。所以君子对于礼，恭敬而自觉地遵守它；他对于事务，做起来直截了当而不会出差错；他对于别人，很少怨恨、宽宏大量而又不阿谀逢迎；他做人的原则，是谨慎地加强修养而不违反礼；他应付各种事变，迅速敏捷而不迷惑；他对于天地万物，不致力于去解释它们形成的原因而能够最好地利用它们的物产；他对于官府中的各级官吏和有技艺的人才，不和他们竞争才能的高下而能够很好地利用这些人的成就；他侍奉君主，忠诚顺从而不懈怠；他使用下属，公平而不偏私；他和人交往，依据志同道合的原则并做到有礼；他住在家乡，待人宽容而不过分。所以君子即使处境穷困时也一定会享有声望，显达时就必定会建立功勋；他的仁爱宽厚之德普照天下而没有止境，他明智通达地处理天地万物、处理各种事变而不疑惑；他心平气和，胸怀开阔，德行道义充满天地之间，仁德智慧达到了顶点。这就叫作圣人对礼的透彻了解。

楚灵王挟诈灭陈蔡

楚灵王是春秋时期楚国的君主，他在位期间不用古代贤君的治国之道，为了维持霸主国的面子，借平定陈国内乱为名，灭掉了陈国，还诱杀蔡灵侯，攻灭蔡国。由于他喜欢细腰，朝中官员多饿得面黄肌瘦，更无心治理政事，令国家衰败。

原文

请问为国[1]？曰：闻修身，未尝闻为国也。君者，仪[2]也；民者，景[3]也；仪正而景正。君者，槃[4]也；民者，水也；槃圆而水圆。君者，盂也；民者，水也，盂方而水方。君射则臣决[5]。楚庄王好细腰，故朝有饿人。故曰：闻修身，未尝闻为国也。

[注释]

①为国：治理国家。

②仪：日晷，凭日影来测定时间的仪器。

③景："影"之古字。

④槃：通"盘"。

⑤决：古代射箭时套在右手大拇指上的象牙骨套子。此处指射箭。

[译文]

请问怎样治理国家？回答说：我只听说过君主如何修养自身，不曾听说过怎样去治理国家。君主就像测定时刻的标杆；百姓就好像这标杆的影子；标杆端正，那么影子也会端正。君主就好像盛水的盘子；百姓就好像盘中的水；盘子是圆形的，那么盘子中的水也成为圆形。君主就像盛水的盂，百姓就像盂里的水；盂是方形的，那么盂里的水也成为方形。君主喜欢射箭，那么臣子就会套上扳指经常射箭。楚灵王喜欢细腰，所以宫中就经常出现饿得面黄肌瘦的人。所以说：我只听说过君主如何修养自身，不曾听说过怎样治理国家。

原文

君者，民之原也，原清则流清，原浊则流浊。故有社稷者而不能爱民、不能利民，而求民之亲爱己，不可得也。民不亲不爱，而求其为己用、为己死，不可得也。民不为己用、不为己死，而求兵之劲、城之固，不可得也。兵不劲、城不固，而求敌之不至，不可得也。敌至而求无危削、不灭亡，不可得也。危削、灭亡之情举积此矣，而求安乐，是狂生者也。狂生者，不胥[①]时而落。故人主欲强固安乐，则莫若反之民[②]；欲附下[③]一民，则莫若反之政，欲修政美俗，则莫若求其人。彼或蓄积，而得之者不世绝。彼其人者，生乎今之世而志乎古之道。以天下之王公莫好之也，然而是子独好之；以天下之民莫欲之也，然而是子独为之。好之者贫，为之者穷，然而是子犹将为之也，不为少顷辍焉。晓然独明于先王之所以得之、所以失之，知国之安危、臧否若别白黑。是其人也，大用之，则天下为一，诸侯为臣；小用之，则威行邻敌；纵不能用，使无去其疆域，则国终身无故。故君人者，爱民而安，好士而荣，两者无一焉而亡。《诗》[④]曰："介人维藩，大师维垣。"此之谓也。

[注释]

①胥：通"须"，等待。

②反之民：指反过来依靠百姓。

③附下：使臣子依附。

④《诗》：指《诗经·大雅·板》。

[译文]

君主是百姓的源头，源头清澈，那么水流就会清澈，源头混浊，那么水流也会混浊。所以治理国家的人如果不能够爱护百姓、不能够使百姓得利，反而要求百姓亲近爱戴自己，那是办不到的。百姓不亲近、不爱戴自己，反而要求百姓为自己所用、为自己牺牲，那也是办不到的。百姓不肯为自己所用、不肯为自己牺牲，却要求兵力强大、城池坚固，那也是办不到的。兵力不强大、城池不坚固，却希望敌人不来侵犯，那是办不到的。敌人来了却要求自己的国家不危险削弱、不灭亡，那是办不到的。国家危险削弱以至于灭亡的情势全都积聚在这里了，却还希望能够享受安逸，这是狂妄无知的人。狂妄无知的人不用等多久就会衰败灭亡的。所以君主想要强大稳固安乐，那就不如反过来依靠百姓；要想使臣下归附、使百姓与自己一条心，那就不如反过来处理好政事；要想治理好政事、使风俗淳美，那就不如寻求有德才的治国之人。那些得到并积聚有德才的治国之人的君主，世世代代从没有断绝过。那些有德才的人，生在今天，而知道古代的政治原则。虽然天下的君主没有谁喜欢古代的政治原则，只有这些有德才的人喜欢；虽然天下人没有谁去实施这些政治原则，只有这些有德才的人去实施遵行。喜欢古代政治原则的人往往会贫穷，遵行实施古代政治原则的人往往会困厄，但是这些有德才的人还是要去实施它，而且不会有片刻的停止。唯独他们清楚地明白国家的安危、好坏，就好像分辨黑白一样。这种有德才的治国之人，如果得到君主的重用，那么就能够统一天下，诸侯就会来称臣；如果得到君主的任用，那么国家的威势也能够波及邻邦敌国；即使君主不能够任用他，只要不让他离开自己的国土，那么这个国家在他活着的时候就可以没有祸患。所以统治百姓的君主，爱护百姓国家就会安宁，喜欢有德才的人，国家就会繁荣，这两者都不具备的，国家就会灭亡。《诗经》中说："有德才的人就是那屏障，百姓就是那围墙。"说的就是这个道理。

原文

道者，何也？曰：君之所道[①]也。君者，何也？曰：能群也。能群也者，何也？曰：善生养人者也，善班[②]治人者也，善显设[③]人者也，善藩饰[④]人者也。善生养人者，人亲之；善班治人者，人安之；善显设人者，人乐之；善藩饰人者，人荣之。四统者[⑤]俱而天下归之，夫是之谓能群。不能生养人者，人不亲也；不能班治人者，人不安也；不能显设人者，人不乐也；不能藩饰人者，人不荣也。四统者亡而天下去之，夫是之谓匹夫。故曰：道存则国存，道亡则国亡。省工贾，众农夫，禁盗贼，除奸邪，是所以生养之也。天子三公[⑥]，诸侯一相，大夫擅官，士保职，莫不法度而公，是所以班治之也。论[⑦]德而定次，量能而授官，皆使人载其事而各得其所宜，上贤使之为三公，次贤使之为诸侯，下贤使之为士大夫，是所以显设之也。修冠弁[⑧]衣裳、黼黻文章、雕琢刻镂皆有等差，是所以藩饰之也。

[注释]

①所道：所遵循的原则。

②班：通"辨"，治理。

③显设：任用，安排。

④藩饰：修饰，装饰。

⑤四统者：指上面所说的四个要点。

⑥三公：司空、司马、司徒。

⑦论：审察。

⑧弁：冠名。古代男子穿通常礼服时所戴的冠称弁。

[译文]

道，是什么？回答说：是君主所遵循的原则。君，是什么？回答说：是能够按照等级名分和分工把人组织起来的人。所谓能够按照等级名分和分工把人组织起来，是指什么呢？回答说：是指善于养育百姓，善于治理百姓，善于任用安置百姓，善于使人们从衣服穿戴中就显示出等级的人。善于养育百姓的，百姓就会亲近他；善于治理百姓的，百姓就会安心顺从他；善于任用安置百姓的，百姓就会喜欢他；善于从服饰上来区分百姓的，百姓就会赞扬他。这四个要点都具备了，天下的人就会归顺他，这就叫作能够按照等级名分和分工把人组织起来的君主。不能养育百姓的，百姓就不会亲近他；不能治理百姓的，百姓就不会安心顺从他；不能任用安置百姓的，百姓就不会喜欢他；不能从服饰上区分出百姓的，百姓就不会赞扬他。这四个要点都不具备，天下的人就会背离他，这就叫作孤立的人。所以说：道存在，国家就会存在；道丧失了，国家就会灭亡。减少手工业者和商人的数量，增多农民的人数，禁止盗窃，铲除奸诈邪恶之徒，这就是用来养育百姓的办法。天子有司空、司马、司徒三公，诸侯有一个相，大夫担任某一官职，士谨守自己的职责，没有不按照法令制度办事而公正无私的，这就是用来治理百姓的方法。审察德行的优劣来确定等级，衡量才能的高低来授予官职，使每个人都能胜任他所承担的工作，各人都能得到和自身才能相适合的职务，上等的贤人让他们担任三公，次一等的贤人让他们做诸侯，下等的贤人让他们当大夫，这就是安排任用百姓的方法。整饰帽子与衣裳、在礼服上绘制五彩花纹，在各种器具上雕刻图案等都有一定的等级差别，这就是使百姓从衣服穿戴上显示出等级的方法。

原文

故由天子至于庶人也，莫不骋[①]其能、得其志、安乐其事，是所同也；衣暖而食充，居安而游乐，事时[②]制明而用足，是又所同也。若夫重色而成文章，重味而成珍备[③]，是所衍也。圣王财衍以明辨异，上以饰贤良而明贵贱，下以饰长幼而明亲疏。上在王公之朝，下在百姓之家，天下晓然皆知其非以为异也，将以明分达治而保万世也。故天子诸侯无靡费之用，士大夫无流淫之行，百吏官人无怠慢之事，众庶百姓无奸怪之俗、无盗贼之罪，其能以称义遍矣。故曰："治则衍及百姓，乱则不足及王公。"此之谓也。

[注释]

①骋：发挥。

②事时：指事务处理及时。

③味：食物。备：完美。

[译文]

从天子一直到普通百姓，无不充分施展自己的才能、满足他们的意愿、安逸愉快地从事自己的事务，这些方面是各人都相同的；他们穿得暖和而吃得饱，居住安适而玩得快乐，事情处理及时、制度明白清楚而生活用品充足，这些方面，也是完全相同的。至于用各种各样的颜色而绘成衣服上的彩色花纹，用各种各样的食物而烹煮成珍馐美味，这是富足有余的表现。圣明的君主掌握好这种富足有余的财物来显示出等级差别，在上用来修饰贤能善良的人来显示贵贱，在下用来修饰老少来显示亲疏关系。这样，上至君主朝廷，下至平民百姓，天下人都清楚知道这不是制造差别表示特殊，而且是要用它来明确名分，达到治理国家，从而保持千秋万代永远太平的目的。所以天子诸侯没有浪费用度，士大夫没有放荡的行为，群臣百官不怠慢政事，群众百姓没有奸诈怪僻的习俗、没有盗窃的行为，这就能够称道义普及天下了。所以说："国家安定，那么百姓就会富裕；国家混乱，那么王公也会拮据。"说的就是这个道理。

生民保居图

天子爱民如子，贤臣在其位，勤于政事，百姓安乐，天下大治。

原文

至道大形[①]：隆礼至法[②]，则国有常；尚贤使能，则民知方；纂论[③]公察，则民不疑；赏克[④]罚偷，则民不怠；兼听齐明[⑤]，则天下归之。然后明分职，序事业，材技官能[⑥]，莫不治理，则公道达而私门塞矣，公义明而私事息矣。如是则德厚者进而佞说者止，贪利者退而廉节者起。《书》[⑦]曰："先时者，杀无赦；不逮时者，杀无赦。"人习其事而固。人之百事，如耳目鼻口之不可以相借官也。故职分而民不慢[⑧]，次定而序不乱，兼听齐明而百事不留[⑨]。如是则臣下百吏至于庶人莫不修己而后敢安止，诚能而后敢受职；百姓易俗，小人变心，奸怪之属莫不反悫；夫是之谓政教之极。故天子不视而见，不听而聪，不虑而知，不动而功，块然[⑩]独坐而天下从之如一体、如四肢之从心，夫是之谓大形。《诗》[⑪]曰："温温恭人，维德之基。"此之谓也。

［注释］

①大形：最充分的表现。形，表现。此指实行"至道"以后所表现出来的政治效果。

②至法：指深入细致地审定法制。至，极。

③纂论：指允许百姓相与议论。纂，继。

④克：当为"免"字之误，通"勉"，勤勉。

⑤齐明：指明察一切事情。

⑥材技：指使用有技术的人。官能：任用有才能的人做官。

⑦《书》：指《尚书·胤征》。

⑧慢：怠慢。

⑨留：停滞，停留。

⑩块然：同"岿然"，屹立不动的样子。

⑪《诗》：指《诗经·大雅·抑》。

［译文］

道最充分的体现是：推崇礼法，并且使法制高于一切，那么国家就会有秩序；尊重贤德之人，任用有才能的人，那么百姓就会知道努力的方向；允许人们互相议论然后再作出公正的考察，那么百姓就不存在疑虑了；奖赏勤劳的人，惩罚偷懒的人，那么百姓就不会怠惰了；广泛地听取各种意见，一切事务都明察秋毫，那么天下人就会归顺他。然后明确名分职位，区分事务的轻重缓急，安排有技艺的人，任用有才能的人，就没有什么是得不到治理的了，那么为公家效劳的道路就会通达而为自己谋私的门径就被堵塞了，为公的原则昌明了而谋私的事情停止了。像这样，那么品德高尚的人就得到任用而花言巧语的人就遭到罢免，贪图财利的人被黜退而廉洁奉公的人被启用。《尚书》说："擅自提前行动的人，杀而不赦；超过时刻而按兵不动的人，杀而不赦。"人们常常因为熟悉了自己的工作而固守本职。人们的各种工作，就像耳朵、眼睛、鼻子、嘴巴的功能不能相互替代一样。所以，职务划分明确之后，百姓就不会怠慢；等级确定后，秩序就不会混乱；广泛地听取各种意见，明察一切事务，那么各种工作就不会停滞而会得到及时处理。像这样，那么从大臣百官直到平民百姓就无不约束自己然后才敢安于自己所在的职位，真正有了才能然后才敢接受官职；百姓变更了习俗，小人转变了心思，奸邪怪僻之流无不变得诚实敦厚，这就叫作政治教化的最高境界。所以天子不用察看就能清楚，不用打听就能明白真相，不用考虑就能了解，不用行动就能功成业就，岿然不动地独自坐着而天下人顺从他就像一个整体，像四肢听从心的支配一样，这就是"道"的最好体现。《诗经》中说："温柔谦恭的百姓，是以道德为基础。"说的就是这种人。

原文

为人主者莫不欲强而恶弱，欲安而恶危，欲荣而恶辱，是禹、桀之所同也。要①此三欲，辟②此三恶，果③何道而便？曰：在慎取相，道莫径是矣。故知而不仁，不可；仁而不知，不可；既知且仁，是人主之宝也，而王霸之佐也。不急得，不知；得而不用，不仁。无其人④而幸有其功，愚莫大焉。

[注释]

①要：设法取得。

②辟：通“避”，避免。

③果：确实。

④其人：指有才德懂礼仪，可以担任辅相之人。

[译文]

做君主的没有不希望强盛而厌恶衰弱的，没有不希望安定而厌恶危险的，没有不希望荣耀而厌恶耻辱的，这一点禹和桀是相同的。要实现这三种愿望，避免这三种厌恶的东西，究竟采取什么途径才是最方便的呢？回答说：在于慎重地选取辅相，没有什么办法比这个更为简便了。所以辅相只有智慧而没有仁德，不行；只有仁德而没有智慧，也不行；既有智慧又有仁德，这便是君主的珍宝，是成就王业、霸业的人的助手。君主不急于得到这样的人，是不聪明的；得到了这样的人却不重用他，是不仁义的。没有这样德才兼备的辅相而希望取得王霸之功，没有比这更加愚蠢的了。

原文

今人主有六①患：使贤者为之，则与不肖者规之；使知者虑之，则与愚者论之；使修士行之，则与污邪之人疑②之。虽欲成功，得乎哉？譬之，是犹立直木而恐其景之枉也，惑莫大焉。语曰：“好女之色，恶者之孽也③。公正之士，众人④之痤（cuó）也。修道之人，污邪之贼也。”今使污邪之人论其怨贼而求其无偏，得乎哉？譬之，是犹立枉木而求其景之直也，乱莫大焉。

[注释]

①六：当为“大”字之误。

②疑：通“拟”，估量，揣度。

③恶者：指相貌丑陋之人。孽：祸害。

④众人：此处指进谗言之人。

［译文］

当代的君主有个大祸患：让贤能的人去做事，却和不贤的人一起去限制他；让有智慧的人去考虑问题，却和愚蠢的人一起去评判他；让品德美好的人去实施政令，却和肮脏邪恶的人一起去猜疑他。像这样，虽然想要获得成功，能够办到吗？这就好像是竖起一根笔直的木头却怕它的影子是弯曲的，没有比这更糊涂的了。俗话说："美女的姿色，是丑人的灾祸。公正的贤士，是那些进谗言人的疖子。遵循道义的人，是品德肮脏邪恶人的灾难。"现在让品德肮脏邪恶的人来评判他们所怨恨的人，还要求他们没有偏见，能办到吗？这就好像竖起一根弯曲的木头却要求它的影子是笔直的，没有比这更加混乱的了。

原文

故古之人为之不然。其取人有道，其用人有法。取人之道，参之以礼；用人之法，禁之以等。行义①动静，度之以礼；知虑取舍，稽之以成；日月积久，校之以功。故卑不得以临尊，轻不得以县②重，愚不得以谋知，是以万举不过也。故校之以礼，而观其能安敬也；与之举错迁移③，而观其能应变也；与之安燕④，而观其能无流慆（tāo）⑤也；接之⑥以声色、权利、忿怒、患险，而观其能无离守也。彼诚有之者与诚无之者若白黑然，可诎⑦邪哉？故伯乐⑧不可欺以马，而君子不可欺以人。此明王之道也。

［注释］

①行义：品行，仪表。

②县：古"悬"字，衡量。

③举错迁移：指动荡变化的环境。

④安燕：指安闲宁静的环境。燕，通"宴"，安闲。

⑤流慆：放荡淫乱。慆，怠慢，偷惰。

⑥接之：指让所选取的人去接触。

⑦诎：屈，此处指歪曲。

⑧伯乐：春秋秦穆公时人，姓孙，名阳，善于相马。

［译文］

古代的君主做事就不是这样。他选取人有一定的原则，他任用人有一定的法度。选取人的原则，是用礼制来检验他们；任用人的法度，是用等级来约束他们。对他们的品行举止，都用礼制来衡量；对他们的智慧以及判断取舍的能力，都用最后的成效来考查；对他们日积月累的长期工作，用功绩来验证他们。所以，地位卑下的人不能凌驾在地位尊贵的人之上，地位低微的人不能去衡量地位尊贵的人，愚蠢的人不能去为聪明的人出谋划策，因此做任何事都不会失误。所以用礼制来考核他，观察他们是否能安泰恭敬；给他上下调动来回迁移，看他是否能应付各种变化；让他舒适安逸，观察他是否能不放荡淫乐；让他接触美色音乐、权势财利、怨恨愤怒、祸患危险，看他是否能够不背离职守。这样，那些真正具备的和确实没有具备的品德，就像白黑一样分明，这还能够歪曲吗？所以不能用马来欺骗伯乐，不能用人来欺骗君子。以上这些就是英明君主的原则。

原文

人主欲得善射，射远中微者，县[①]贵爵重赏以招致之。内不可以阿[②]子弟，外不可以隐[③]远人，能中是者取之，是岂不必得之之道也哉？虽圣人不能易也。欲得善驭速致远者，一日而千里，县贵爵重赏以招致之。内不可以阿子弟，外不可以隐远人，能致是者取之，是岂不必得之之道也哉？虽圣人不能易也。欲治国驭民，调壹上下；将内以固城，外以拒难。治则制人，人不能制也；乱则危辱灭亡可立而待也。然而求卿相辅佐，则独不若是其公也，案[④]唯便嬖亲比己者之用也，岂不过甚矣哉？故有社稷者莫不欲强，俄则弱矣；莫不欲安，俄则危矣；莫不欲存，俄则亡矣。古有万国，今有数十[⑤]焉，是无它故，莫不失之是也。故明主有私人以金石珠玉，无私人以官职事业。是何也？曰：本不利于所私也。彼不能而主使之，则是主暗也；臣不能而诬能，则是臣诈也。主暗于上，臣诈于下，灭亡无日。俱害之道也。夫文王，非无贵戚也，非无子弟也，非无便嬖也，倜然乃举太公于州人而用之[⑥]，岂私之也哉？以为亲邪？则周，姬姓也；

爱惜郎官

东汉明帝时，馆陶公主为其子求郎官，明帝虽赏钱千万，却不肯许以郎官。明帝时国家大治，百姓安乐。内不阿子弟，任人唯贤，正是明君治国的原则。

而彼，姜姓也。以为故邪？则未尝相识也。以为好丽[7]邪？则夫人行年七十有二，齫（yǔn）然[8]而齿堕矣。然而用之者，夫文王欲立贵道[9]，欲白[10]贵名，以惠天下，而不可以独也，非于是子莫足以举之，故举是子而用之。于是乎贵道果立，贵名果明，兼制天下，立七十一国，姬姓独居五十三人，周之子孙，苟不狂惑者，莫不为天下之显诸侯。如是者，能爱人也。故举天下之大道，立天下之大功，然后隐[11]其所怜、所爱，其下犹足以为天下之显诸侯。故曰："唯明主为能爱其所爱，暗主则必危其所爱。"此之谓也。

［注释］

①县：同"悬"，悬挂，指挂出布告公开昭示。

②阿：偏袒。

③隐：埋没。

④案：语助词。

⑤数十：当作"十数"，十多个。

⑥倜然：突出，与众不同的。州：古国名，姜姓，在今山东安丘东北。

⑦好丽：漂亮，美好。

⑧齫然：没有牙齿。

⑨贵道：指良好的政治秩序。

⑩白：显扬。

⑪隐：此处是偏爱之意。

［译文］

君主要想得到善于射箭，能够射远又能命中微小目标的人，就要拿出尊贵的爵位、丰厚的赏赐来招引他们。对内不偏袒自己的子弟，对外不埋没疏远的人，只要是符合目标的人就选取他，这难道不就是必定得到善射的人的办法吗？即使是圣人也不能改变这种办法。君主想要得到善于驾驭马车、很快能到达遥远地方的人，就要拿出尊贵的爵位、丰厚的赏赐来招引他们。对内不偏袒自己的子弟，对外不埋没疏远的人，只要符合标准就选取他，这难道不是必定得到善于驾车人的办法吗？即使是圣人也不能改变这种办法。君主想要治理好国家，驾驭百姓，协调统一君臣上下；就要对内巩固城防，对外抵御入侵。因为国家治理好了，就能够制服别人，而别人不能制服他；国家混乱，那么危险、耻辱、灭亡的局面马上就会到来。但是君主在选取辅佐的卿相的时候，却不是这样的公正，而只任用左右亲近自己的人，这难道不是大错特错了吗？所以掌握了国家政权的君主没有不希望强盛的，但不久就衰弱了；没有不希望安定的，但不久就遭到了危险；没有不希望国家长存的，但不久就灭亡了。古代有上万个国家，如今却只有十几个了，这没有别的缘故，都是在用人的问题上出现了差错。所以圣明的君主有时候会把金银宝石赠送给他人，但从来不把官职政务赠送给他人。这是为什么呢？回答说：因为赠送官职从根本上不利于那些被偏爱的人。那些人没有才能，而君主却要任用他，那么这个君主是昏庸的；臣子没有才能，却冒充有才能，那么这个臣子是欺诈的。君主昏庸在上，臣子欺诈在下，国家很快就会灭亡了。这是对君主和他宠爱的臣子都有害的做法。周文王不是没有显贵的亲戚，不是没有子弟，不是没有宠臣亲信，但他却异乎寻常地从州地选中了姜太公而重用他，这难道是偏袒他吗？是因为姜太公是亲族吗？但周族姓姬，而姜太公姓姜。是因为姜太公是故交吗？他们却从来不相识。是因为周文王爱漂亮吗？姜太公已经有七十二岁了，牙齿都已经掉光了。但是周文王还是要任用他，那是因为周文王想要建立良好的政治秩序，想要显扬尊贵的名声，从而来造福天下，而这些是不能单靠自己一个人就能办到的，除了姜太公这个人，就没有值得推举的了，所以推举姜太公并任用他。于是良好的政治秩序果然就树立起来了，尊贵的名声果然显扬了，完全控制了天下，设置了七十一个诸侯国，其中姬姓诸侯就独占了五十三个人，周族的子孙，只要不是发疯糊涂的人，没有不成为天下最显贵的诸侯的。像这样，才算是能够爱护人的人。所以实施统一天下的重大原则，建立统一天下最大的功劳，然后才能偏私自己所怜爱的人，那么他的后人也完全能够成为天下最显贵的诸侯。所以说：“只有圣明的君主才能爱护他所宠爱的人，昏庸的君主就必定会危害他所宠爱的人。”说的就是这个道理。

原文

墙之外，目不见也；里之前[①]，耳不闻也；而人主之守司，远者天下，近者境内，不可不略知也。天下之变，境内之事，有弛易齵(óu)差者矣[②]，而人主无由知之，则是拘胁蔽塞之端也。耳目之明，如是其狭也；人主之守司，如是其广也，其中不可以不知也；如是其[③]危也。然则人主将何以知之？曰：便嬖左右者，人主之所以窥远收众之门户牖响也[④]，不可不早具也。故人主必将有便嬖左右足信者然后可，其知惠足使规物、其端诚足使定物然后可[⑤]。夫是之谓国具。人主不能不有游观安燕之时，则不得不有疾病物故之变焉。如是国者，事物之至也如泉原，一物不应，乱之端也。故曰：人主不可以独也。卿相辅佐，人主之基杖[⑥]也，不可不早具也。故人主必将有卿相辅佐足任者然后可，其德音足以镇[⑦]抚百姓、其知虑足以应待万变然后可，夫是之谓国具。四邻诸侯之相与，不可以不相接也，然而不必相亲也，故人主必将有足使喻志决疑于远方者然后可，其辩说足以解烦，其知虑足以决疑，其齐断足以距难⑧，不还秩⑨，不反君⑩，然而应薄扞患足以持社稷⑪，然后可。夫是之谓国具。故人主无便嬖左右足信者谓之暗，无卿相辅佐足任者谓之独，所使于四邻诸侯者非其人谓之孤，孤独而晻⑫谓之危。国虽若存，古之人曰亡矣。《诗》⑬曰："济济多士，文王以宁。"此之谓也。

百官朝武王图

贤明的君主能审视臣下的能力而任用良臣，就像合理地使用茶几和手杖，唯有如此，国家才会安泰，君主才不会为国事所累。

[注释]

①里之前：指里门之前。里，居民区，周朝以二十五家为一里，里有里门。

②弛易：怠慢，懈怠。齵差：参差不齐，此指不协调。

③如是其：像这样的。

④收众：监督各级官吏。收，通"纠"，监督。牖响：窗户。响，通"向"。

⑤知惠：通"智慧"。规物：指谋划事情。

⑥基杖：几杖，古代老人坐着依靠几案，走路依靠手杖，此处喻指君主的依靠。基，通"几"，古代设于座侧的一种小桌子，用来依靠身体。

⑦镇：安定。

⑧齐断：迅速地断绝。距：通"拒"，拒绝，指拒之于外。

⑨还秩：辞职，指不愿干。还，归还。秩，官吏的职位俸禄。

⑩反君：指反对君主。

⑪应薄：指应付胁迫。薄，通"迫"，急迫。扞：同"捍"，抵御。

⑫晻：同"暗"。

⑬《诗》：指《诗经·大雅·文王》。

[译文]

墙壁外面的东西，眼睛不能看到；一里外的声音，耳朵不能听到；但君主所管辖的范围，远的遍及整个天下，近的在一国之内，不可能不大概知道一些。天下的变化，境内的事情，有懈怠的，有变动纷乱的，然而君主却无从得知，这就是被局限和被人挟制蒙蔽的开端。耳朵眼睛所能弄清楚的，是如此的狭窄；而君主的管辖范围，又是如此的广大，狭窄和广阔的情况不能不知道；如果不知道其中的情况，就会有被挟制蒙蔽的危险了。既然如此，那么君主如何了解情况呢？回答说：君主身边的亲信，是君主用来观察远处监督各级官吏的耳目，不能不及早具备。所以君主一定要有可以充分信任的左右亲信，然后才行；他们的智慧要足以谋划事情，他们的正直诚实要足以判断事务，然后才行。这就叫作治国的人才。君主不可能没有游览安逸的时候，也不可能没有疾病死亡的变故。如果遇到这种情况，一个国家之内，各种事务就像源泉一样不断地涌来，一件事情不能处理，就是祸乱的开端。所以说：君主不能单独一个人治理国家。卿相辅佐，就是君主凭靠的茶几和手杖，不能不及早具备。所以君主一定要有足可胜任的卿相辅佐，然后才行；而这些卿相辅佐的道德声望要足以安定百姓，他们的智慧要足以应付一切变化，然后才行，这就是治国的人才。四邻诸侯国互相交往，不可能不互相接触，但是不一定都亲近友好，所以君主一定要完全能够在远方传达自己的旨意、解决疑难问题的使臣，然后才行；这些使臣的辩说足以消除纷繁的事情，他们的智慧思虑足以解决疑难的事情，他们的敏捷果断足以排除危难，他们既不推卸职责，也不回到君主身边请示，然而应付紧急情况、抵御患难的时候却足以捍卫国家的政权，只有这样才行。这种人叫作治国的人才。所以君主没有足以信赖的亲信就叫作昏庸，没有足以胜任的卿相辅佐就叫作孤独，所派遣到四邻诸侯国的使者不是恰当的人就叫作孤立，孤立、孤独再加上昏庸，就会危险。国家虽然似乎还存在着，但古代的人却说它已经灭亡了。《诗经》中说："人才济济多精英，文王因此得安宁。"说的就是这个道理。

原文

材人①：愿悫拘录②，计数纤啬③而无敢遗丧，是官人使吏之材也。修饰端正，尊法敬分，而无倾侧之心；守职修业④，不敢损益，可传世也，而不可使侵夺，是士大夫官师之材也。知隆礼义之为尊君也，知好士之为美名也，知爱民之为安国也，知有常法之为一俗也，知尚贤使能之为长功也，知务本禁末之为多材⑤也，知无与下争小利之为便于事也，知明制度、权物称用之为不泥也，是卿相辅佐之材也，未及君道也。能论官⑥此三材者而无失其次，是谓人主之道也。若是则身佚而国治，功大而名美；上可以王，下可以霸，是人主之要守也。人主不能论此三材者，不知道此道⑦，安值将卑势出劳⑧，并⑨耳目之乐，而亲自贯日而治详，一日而曲辨⑩之，虑与臣下争小察而綦偏能，自古及今，未有如此而不乱者也。是所谓"视乎不可见，听乎不可闻，为乎不可成"。此之谓也。

[注释]

①材人：指量才用人。

②拘录：勤劳。

③啬：吝啬，节俭，此处指精打细算。

④修业：做好本职工作。

⑤材：通“财”。

⑥论官：评定，任用。

⑦道此道：遵循这一原则方法。

⑧值：同“直”，只。卑势：降低自己的身份地位，亲自操劳。出劳：操劳。

⑨并：通“摒”，放弃。

⑩辨：通“辩”，治理。

[译文]

安排任用人才的原则：诚实勤劳，细微的事情都计算得非常精细，而且不敢有遗漏，这样的人是管理一般事务的人才。修养品德、端正身心，崇尚法制、重视名分，而没有偏斜不正之心；谨守职责、遵循法典，不敢随意增减既定的法令制度，并使它们世代相传，而不让它们受损，这样的人是当士大夫和官长的人才。知道崇尚礼法道义就是尊重君主，知道喜爱有道德才能的人就会有美好的名声，知道爱护百姓就是安定国家，知道有了固定的法制就有了统一的习俗，知道尊重贤士、任用能人就是长远的事业，知道重农抑商就是拥有财富，知道不与百姓争夺小利就是为了有利于办大事，知道彰明制度、权衡事情要符合实用而不拘泥于成规，这样的人是做卿相辅佐的人才，但是还没有能懂得君主之道。能够选择任用这三种人才而不使他的等级发生错误，这才可以称为君主之道。如果能这样，那么君主自身安逸而国家安定，功业伟大而名声美好；上等的可以称王天下，下等的可以称霸诸侯，这是君主必须遵守的要领。君主不能择取这三种人才，不知道遵循这个原则，却降低自己的地位去操劳，抛弃声色娱乐，天天亲自去详尽地处理各种事务，一天之内想要把各方面的事情都办好，总是想和臣下在细小的方面比精明，极力去追求某一方面的才能，从古到今，还没有像这样做而不使国家混乱的。这就是所谓“看不到的要去看，听不到的要去听，做不到的要去做”。说的就是这种情况。

卷九

臣道第十三

题解

本篇论述了臣子的重要作用以及所应遵守的思想、行为准则。此外，还详细说明了不同等级、类别的大臣侍奉君主的不同态度。

原文

人臣之论[1]：有态臣[2]者，有篡臣者，有功臣者，有圣臣者。内不足使一民，外不足使距[3]难；百姓不亲，诸侯不信；然而巧敏佞说[4]，善取宠乎上：是态臣者也。上不忠乎君，下善取誉乎民；不恤公道通义，朋党比周，以环主[5]图私为务：是篡臣者也。内足使以一民，外足使以距难；民亲之，士信之；上忠乎君，下爱百姓而不倦：是功臣者也。上则能尊君，下则能爱民；政令教化，刑[6]下如影；应卒[7]遇变，齐给如响[8]；推类接誉[9]，以待无方，曲成制象[10]：是圣臣者也。故用圣臣者王，用功臣者强，用篡臣者危，用态臣者亡。态臣用，则必死；篡臣用，则必危；功臣用，则必荣；圣臣用，则必尊。故齐之苏秦、楚之州侯、秦之张仪[11]，可谓态臣者也。韩之张去疾、赵之奉阳、齐之孟尝[12]，可谓篡臣也。齐之管仲、晋之咎犯、楚之孙叔敖[13]，可谓功臣矣。殷之伊尹[14]、周之太公，可谓圣臣矣。是人臣之论也，吉凶贤不肖之极也，必谨志之，而慎自为择取焉，足以稽矣。

[注释]

①论：通“伦”，类别。

②态臣：谄媚的大臣。态，姿态，引申为阿谀奉承。

③距：通“拒”。

④说：通“锐”，指口齿伶俐。

⑤环主：蒙蔽君主。环，环绕，引申为蒙蔽。

⑥刑：通“型”，榜样，典范。此处用作动词，做榜样。

⑦卒：通“猝”，突然。

⑧齐给如响：迅速得像回声响应。

⑨接：接触。誉：通“与”，相与。

⑩曲成制象：指他的行为各方面都成为楷模，这是他严格遵守法度的结果。曲，各方面。制，法度，制度。象，榜样，法式。

⑪故：犹“夫”，发语词。苏秦：战国时东周洛阳人，字季子。他曾游说燕、赵、韩、魏、齐、楚六国联合抗秦，后来在齐国被刺死。州侯：楚顷襄王的宠臣。张仪：战国时期魏国人，秦惠王时秦国的宰相。他促使六国各自和秦结成联盟，打破了苏秦的纵约。

⑫张去疾：战国时韩国的宰相。奉阳：即奉阳君，战国时期赵国赵肃侯的弟弟，曾任赵相。孟尝：即孟尝君。

⑬管仲：春秋时期齐国人，任齐国相四十年。咎犯：春秋时晋国人，名狐偃，字子犯，曾辅助晋文公称霸。咎，通“舅”。孙叔敖：春秋时楚国人，楚庄王时任楚国的宰相。

⑭伊尹：商汤王的宰相。

［译文］

臣子的类别：有阿谀奉承的臣子，有篡夺君权的臣子，有建立功业的臣子，有圣贤的臣子。对内不能用他来统一百姓，对外不能用他去抵御祸患；百姓不亲近他，诸侯不信任他；但是他却花言巧语，善于从君主那里博得宠信：这就是阿谀奉承的臣子。上不忠于君主，下却善于在百姓中骗取声誉；不顾法律道德和制度规范，结党营私，相互勾结，把蒙蔽君主图谋私利作为自己的追求：这就是篡夺君权的臣子。对内用他足以统一百姓，对外用他足以抵御患难；百姓亲近他，士人信赖他；上忠于君主，下爱护百姓而不怠惰：这就是建立功业的臣子。上能尊敬君主，下能爱护百姓；履行政策法令和教育感化，使百姓效法，如影随形；应付突发事件、对待事变，迅速得像回应回声一样；以法类推各种事物，用这种方法来应对各种变化无常的情况，他的举措各方面都符合法制：这就是圣贤的臣子。所以任用圣贤的臣子就能够称王天下，任用建立功业的臣子就会强大，任用篡权的臣子就会危险，任用阿谀奉承的臣子就会灭亡。阿谀奉承的臣子掌握了政权，那么君主必定会丧命；篡权的臣子掌握了政权，那么君主必定会危险；建立功业的臣子掌握了政权，那么君主必定会荣耀；圣贤的臣子掌握了政权，那么君主必定会尊贵。齐国的苏秦、楚国的州侯、秦国的张仪，都可以称为阿谀奉承的臣子。韩国的张去疾、赵国的奉阳君、齐国的孟尝君，都可以称作篡夺君权的臣子。齐国的管仲、晋国的咎犯、楚国的孙叔敖，都可以称为建立功业的臣子。商朝的伊尹、周朝的姜太公，都可以称为圣贤的臣子。以上这些就是臣子的类别，它是预测国家安危与辨别君主贤与不贤的标准，君主一定要谨慎地记住它，并慎重地亲自加以选择取用，前面说的足以作为参考借鉴了。

原文

父师少师图

箕子，商末贤臣，因劝谏而被贬。比干，商末忠臣，因劝谏被杀。这二人都是商朝的社稷之臣，为国之栋梁。商纣自毁长城，贬杀贤臣，无怪乎商会亡国。

从命而利君谓之顺，从命而不利君谓之谄；逆命而利君谓之忠，逆命而不利君谓之篡。不恤君之荣辱，不恤国之臧否①，偷合苟容，以持禄养交而已耳，谓之国贼。君有过谋过事，将危国家、殒社稷之惧②也，大臣、父兄有能进言于君，用则可，不用则去，谓之谏；有能进言于君，用则可，不用则死，谓之争③；有能比智④同力，率群臣百吏而相与强君挢君⑤，君虽不安，不能不听，遂以解国之大患，除国之大害，成于尊君安国，谓之辅；有能抗君之命，窃君之重，反君之事，以安国之危，除君之辱，功伐足以成国之大利，谓之拂（bì）⑥。故谏、争、辅、拂之人，社稷之臣也，国君之宝也，明君之所尊厚也，而暗主惑君以为己贼也。故明君之所赏，暗君之所罚也；暗君之所赏，明君之所杀也。伊尹、箕子⑦可谓谏矣；比干、子胥可谓争矣⑧；平原君⑨之于赵，可谓辅矣；信陵君⑩之于魏，可谓拂矣。传曰："从道不从君。"此之谓也。

［注释］

①臧否：好坏。
②惧：担心。
③争：同"诤"，直言规劝。
④比智：指联合有智慧的人。比，合。
⑤强：勉力强求。挢：纠正。
⑥拂：通"弼"，匡正，矫正式的辅助。
⑦箕子：商朝末年人，曾多次劝谏纣王，被贬为奴隶。
⑧比干：商朝末年人，曾多次劝谏纣王，被处死。子胥：伍子胥，春秋时楚国

人，受楚平王迫害而逃到吴国，为吴国大夫。越王勾践被吴王夫差打败后向夫差求和，伍子胥多次劝说吴王拒绝，但吴王不听，反而赐剑逼他自杀，结果吴国被越国所灭。

⑨平原君：赵胜，战国时赵惠文王的弟弟，曾三任赵相。秦国围赵都邯郸，他联合楚魏救助了赵国。

⑩信陵君：魏无忌，战国时魏安釐王的异母弟弟，号信陵君。秦国围赵都邯郸，信陵君率领魏军打败秦国，后秦伐魏，他曾联合五国击退秦军的进攻。

[译文]

服从君主的命令而有利于君主的，叫作顺从；服从君主的命令而不利于君主的，叫作谄媚；违抗君主的命令而有利于君主的，叫作忠诚；违抗君主的命令而不利于君主的，叫作篡逆。不顾君主的荣辱，不顾国家的得失，一味地放弃原则去迎合君主，只为了能够苟且安身，来保住自己的俸禄，豢养结交私党的，这种人就叫作国家的奸贼。君主有了错误的谋划、错误的行为，将要有危害国家、毁灭国家的危险时，做大臣、父兄的能够向君主进呈意见，意见被采用就行，不被采纳就离去，这叫作谏；有人能向君主进呈意见，意见被采纳就行，不被采纳就去殉身，这叫作诤；有人能够联合有智慧的人同心协力，率领群臣百官共同强制君主去纠正自己的过失，君主虽然不服，却不能不听从，因而解除了国家的大祸患，去掉了国家的大灾难，结果使君主尊贵、国家安定，这就叫作辅；有人能够抵抗君主的命令，取得君主的权力，反对君主的错误行为，因而使国家转危为安，免除了君主蒙受的耻辱，功劳足以成就国家的最高利益，这叫作弼。所以，能够谏、诤、辅、弼的人，是维护国家政权的重臣，是国君的珍宝，是为圣明的君主所尊敬、厚待的，愚昧昏庸的君主却将他们看作自己的敌人。所以圣明的君主所奖赏的人，正是昏庸愚昧的君主所惩罚的对象；昏庸愚昧的君主所奖赏的人，正是圣明的君主所杀戮的对象。伊尹、箕子可以称为谏臣了；比干、子胥可以称为诤臣了；平原君对于赵国来说，可以称为辅臣了；信陵君对于魏国来说，可以称为弼臣了。古书上说："服从正确的原则，而不服从君主。"说的就是这个道理。

原文

故正义之臣设①，则朝廷不颇；谏、争、辅、拂之人信，则君过不远；爪牙之士施，则仇雠不作；边境之臣处，则疆垂②不丧。故明主好同而暗主好独；明主尚贤使能而飨其盛③，暗主妒贤畏能而灭其功。罚其忠，赏其贼，夫是之谓至暗，桀、纣所以灭也。

[注释]

①设：任用，安排。

②垂：同"陲"，边疆。

③飨：通"享"，此处是嘉奖的意思。盛：通"成"，指卓越的功绩。

［译文］

坚持正义的臣子得到重用，那么朝廷政务就不会出现偏邪失误；谏、诤、辅、弼的人得到重用，那么君主的过错就不会延续很久；勇猛有力的武士得到重用，那么仇敌就不敢兴风作浪；边境上的大臣坚守职位，那么边境就不会沦陷。所以圣明的君主喜欢和各种人才一起商议大事，而昏庸愚昧的君主喜欢独断专行；英明的君主推崇贤德的人、使用有才能的人，并且嘉奖他们的成果，昏庸愚昧的君主则嫉妒贤德的人、害怕有才能的人，并埋没他们的功绩。惩罚自己的忠臣，而赏识那些奸邪之人，这就叫作极其昏庸愚昧，夏桀、商纣就是因此而灭亡的。

原文

事圣君者，有听从无谏争[①]；事中君者，有谏争无谄谀[②]；事暴君者，有补削无挢拂[③]。迫胁于乱时，穷居于暴国，而无所避之，则崇其美，扬其善，违[④]其恶，隐其败，言其所长，不称其所短，以为成俗。《诗》[⑤]曰："国有大命[⑥]，不可以告人，妨其躬身。"此之谓也。

［注释］

①有听从无谏争：因圣君没有过失，所以说"有听从无谏争"。

②有谏争无谄谀：因中等资材的君主可上可下，所以需要"谏争"以使他明智；如果"谄谀"，就会使他成为昏君。

③补削：弥补缺陷，修正过失。挢拂：矫正。挢，通"矫"。

④违：通"讳"，避开。

⑤《诗》：此为逸诗。

⑥大命：指重大的事变。

［译文］

侍奉圣明的君主的大臣，只有听从而没有谏诤；侍奉一般君主的大臣，只有谏诤而没有阿谀奉承；侍奉残暴的君主的，有弥补缺陷免除过失的，而没有强行纠正的。被强迫挟制于混乱的时代，走投无路居住在暴君统治的国家，而又无处逃身，就宣扬他的美德，宣扬他的善行，而回避他的罪恶，隐瞒他腐败的一面，只称道他的长处，不谈他的短处，并将其作为习惯。《诗经》中说："国家有了重大的事变，不能把它告诉别人，否则就会危害自身。"说的就是这个道理。

原文

恭敬而逊，听从而敏，不敢有以私决择也[①]，不敢有以私取与[②]也，以顺上为志，是事圣君之义也。忠信而不谀，谏争而不谄，挢然刚折，端志而无倾侧之心，是案曰是，非案曰非，是事中君之义也。调而不流，柔而不屈，宽容而不乱，晓然以至道而无不调和也，而能化易，时关内之③，是事暴君之义也。若驭朴马，若养赤子，若食馁人④，故因其惧也而改其过，因其忧也而辨⑤其故，因其喜也而入其道，因其怒也而除其怨，曲得所谓⑥焉。《书》⑦曰："从命而不拂⑧，微谏⑨而不倦；为上则明，为下则逊。"此之谓也。

[注释]

①有：通"又"，再，更。决择：指对政事作出决断和选择。

②取与：指官职的授予和剥夺。

③关内：关照他并使他接受。内，同"纳"，使接受。之：指代"至道"。

④食：给人吃东西。馁：同"馁"，饥饿。

⑤辨：通"变"。

⑥所谓：所要达到的目的，指改变暴君的性情。谓，通"为"。

⑦《书》：指《尚书》，引文所在的篇目已经失传。

⑧拂：违背。

⑨微谏：细心地规劝。

[译文]

恭敬而又谦逊，顺从而又敏捷地执行命令，不敢凭私利对政事作出决断和选择，不敢凭私利去给予或剥夺别人的爵位，把顺从君主作为自己的志向，这是侍奉圣明君主的合宜原则。忠诚信实而不阿谀，谏诤而不谄媚，果断强硬，意志坚定，没有偏斜不正的念头，是就是是，非就是非，这是侍奉一般君主的合宜原则。顺从却不随波逐流，温柔却不低头屈从，宽容待人而不至于扰乱原则，用最正确的道理去启发君主，而没有不顺从协调的，从而使君主感化，转变其暴虐的本性，时时把正确的原则灌输到他心中去，使他接受，这就是侍奉暴君的合宜原则。侍奉暴君就像驾驭没有经过调教的马，就像抚养初生的婴儿，就像喂养饥饿的人吃东西一样，所以要根据他所畏惧的来引导他改正错误，根据他所忧虑的来引导他分析忧虑的原因，根据他喜欢的来教导他走入正道，趁着他发怒的时候消除他所怨恨的，这样就能处处达到目的。《尚书》说："服从命令而不违背，暗暗规劝而不厌倦；这样做君主就圣明，这样做臣子就谦逊。"说的就是这种情况。

原文

事人而不顺①者，不疾者也；疾而不顺者，不敬者也；敬而不顺者，不忠者也；忠而不顺者，无功者也；有功而不顺者，无德者也。故无德②之为道也，伤疾、堕(huī)功、灭苦③，故君子不为也。

[注释]

①不顺：指不顺君主的心意。

②无德：指不具备道德。

③伤疾：损伤了精力。疾，精力。堕：同"隳"，毁坏。灭：此处是埋没的意思。苦：辛苦。

[译文]

侍奉君主却不顺从的，是因为不勤勉；勤勉了却不顺从的，是因为不恭敬；恭敬了却不顺从的，是因为不忠诚；忠诚了却不顺从的，是因为没有建立功绩；建立了功绩却不顺从的，是因为不具备品德。所以把不具备顺从这种品德作为原则，就会伤害精力、毁掉功绩、埋没勤劳，所以，君子不做这种事。

原文

有大忠者，有次忠者，有下忠者，有国贼者。以德覆[1]君而化之，大忠也；以德调君而辅之，次忠也；以是谏非而怒之，下忠也；不恤君之荣辱，不恤国之臧否，偷合苟容，以之持禄养交而已耳，国贼也。若周公之于成王也，可谓大忠矣；若管仲之于桓公，可谓次忠矣；若子胥之于夫差[2]，可谓下忠矣；若曹触龙[3]之于纣者，可谓国贼矣。

[注释]

①覆：覆盖，引申为抚育。

②夫差：春秋末年吴国国君，阖闾之子，他没有听伍子胥的劝谏，结果为勾践所灭。

③曹触龙：商纣王的大臣，善于谄媚。

[译文]

有头等的忠臣，有次一等的忠臣，有下等的忠臣，还有的人做国家的奸贼。用道德熏陶君主而使他感化的，是头等的忠诚；用道德来调养君主而辅助他的，是次一等的忠诚；用正确的道理去规劝君主的错误而使他发怒的，是下等的忠诚；不顾君主的荣辱，不顾国家的得失，一味放弃原则迎合君主苟且安身，并以此来保住自己的俸禄、豢养结交私党的，是国家的奸贼。像周公对于周成王，可以叫作头等的忠诚了；像管仲对于齐桓

夫差

吴王夫差，春秋时期吴国的国君。他杀死忠臣伍子胥，荒淫不顾朝政，最终导致吴国被勾践灭亡。

公，可以叫作次一等的忠诚了；像伍子胥对于夫差，可以叫作下等的忠诚了；像曹触龙对于商纣王，可以叫作国家的奸贼了。

原文

仁者必敬人。凡人非贤，则案不肖也。人贤而不敬，则是禽兽也；人不肖而不敬，则是狎虎也。禽兽则乱，狎虎则危，灾及其身矣。《诗》[1]曰："不敢暴[2]虎，不敢冯(píng)[3]河。人知其一，莫知其它。战战兢兢，如临深渊，如履薄冰。"此之谓也。故仁者必敬人。

[注释]

①《诗》：指《诗经·小雅·小旻》。

②暴：空手搏击。

③冯：徒步涉水。

[译文]

仁德之人必定尊敬别人。一个人不是贤人，就是不贤的人。对贤能的人不尊敬，那就是禽兽了；对没有德才的人不尊敬，那就是在戏弄老虎。是禽兽就会作乱，戏弄老虎就会非常危险，灾难就会降到自己身上了。《诗经》中说："不敢空手打老虎，不敢光脚把河渡。百姓只知有这种危险，不知道有其他危险。要害怕啊要小心，要像面临那深渊，要像脚踩那薄冰。"说的就是这个道理。所以讲究仁德的人必定尊敬别人。

原文

敬人有道：贤者则贵而敬之，不肖者则畏而敬之；贤者则亲而敬之，不肖者则疏而敬之。其敬一也，其情二也。若夫忠信端悫而不害伤，则无接而不然，是仁人之质也。忠信以为质，端悫以为统，礼义以为文[1]，伦类以为理[2]，喘而言，臑[3]而动，而一可以为法则。《诗》[4]曰："不僭(jiàn)不贼[5]，鲜不为则。"此之谓也。

[注释]

①文：文饰，此处指规范、法度。

②伦类：指等级统属关系。理：指原则。

③臑：通"蠕"，轻微，缓慢。

④《诗》：指《诗经·大雅·抑》。

⑤僭：过分、过失。贼：害。

[译文]

尊敬人有一定的原则：对贤能的人，就用敬重的态度去尊敬他；对没有德才的人，就用畏惧的态度去尊敬他；对贤能的人，就用亲切的态度去尊敬他；对没有德才的人，就用疏远的态度去尊敬他。尊敬是一样的，但其实质却是不同的。至于忠诚守信敦厚而不伤害人，无论和任何人交往都应该如此，这是仁德之人的本质。以忠诚守信为根本，以正直敦厚为纲纪，以礼法道义为规范，以一定的等级关系为原则，小声地说话，轻缓地行动，都可以成为别人效法的榜样。《诗经》中说："不犯错误不伤害人，很少有不成为表率的。"说的就是这个道理。

原文

恭敬，礼也；调和，乐也；谨慎，利也；斗怒，害也。故君子安礼乐利[①]，谨慎而无斗怒，是以百举不过也。小人反是。

[注释]

①乐利：喜爱利益。

[译文]

恭敬就是礼法，和谐就是音乐舞蹈，谨慎就是利益，相互愤恨、争斗就是祸害。君子喜爱礼法、音乐，谨慎小心而不愤恨、争斗，因此各种行动都不会出现过失。小人却与此相反。

原文

通忠之顺[①]，权[②]险之平，祸乱之从声[③]，三者非明主莫之能知也。争，然后善；戾[④]，然后功；出死无私，致忠而公：夫是之谓通忠之顺，信陵君似之矣。夺，然后义；杀，然后仁；上下易位，然后贞[⑤]；功参天地，泽被生民：夫是之谓权险之平，汤、武是也。过而通情，和而无经[⑥]，不恤是非，不论曲直，偷合苟容，迷乱狂生：夫是之谓祸乱之从声，飞廉、恶来是也。传曰："斩而齐，枉而顺，不同而壹。"《诗》[⑦]曰："受小球大球[⑧]，为下国缀旒(liú)[⑨]。"此之谓也。

[注释]

①通：推行。之：到。

②权：变革。

③从声：放纵声势。声，声势。

④戾：违背，背离。

⑤贞：安定。

⑥无经：没有原则。

⑦《诗》：指《诗经·商颂·长发》。

⑧小球：小玉，一尺二寸长的圭，是古代贵族朝聘、祭祀、丧葬时用的礼器。大球：大玉，三尺长的大圭，是帝王所持的玉笏。

⑨缀旒：表率，喻指商汤王、周武王成为表率。缀，表记。旒，挂在旗帜上的飘带。

[译文]

推行忠诚达到顺从，改变危险的局面而达到安定，祸乱产生又对其声势加以放纵，这三种情况除了圣明的君主没有谁能够理解。对君主谏诤，然后才能使君主行善；违背君主，然后才能使君主建立功绩；豁出生命而没有私心，极其忠诚而公正：这就叫作推行忠诚达到顺从，信陵君就是这种大臣。夺取了君权，然后才能推行道义；杀掉了君主，然后才能做到仁德；君臣上下交换了位置，然后才能天下安定；功业与天地并列，恩泽遍及百姓：这叫作改变危险的局面而达到安定，商汤王、周武王就是这样的人。君主错了却予以同情，一味附和而毫无原则，不分是非曲直地迎合君主以求苟且容身，使本来就迷惑混乱的君主更加狂妄无知：这叫作产生祸乱又对其声势加以放纵，飞廉、恶来就是这种人。古书上说："有了参差不齐才能整齐，有了不直才有直，有了不一致才有一致。"《诗经》中说："接受了大法与小法，成为天下诸侯的表率。"说的就是这种情况。

信陵君窃符救赵

战国后期，赵国被秦国打败，向魏国求救，信陵君苦劝魏王依照信义救助赵国，魏王不允，信陵君偷窃兵符私自调兵救下赵国，当时诸国均感念魏国仁信。信陵君就是"出死无私，致忠而公"之臣。

致士第十四

题解

本篇集中阐述招引贤士的方法，包括“刑政平”“礼义备”“明其德”等几个方面，同时也指出了贤士对稳定国家局势所起到的重要作用。

原文

衡听、显幽、重明、退奸、进良之术[1]：朋党比周之誉，君子不听；残贼加累之谮（zèn）[2]，君子不用；隐忌雍蔽之人[3]，君子不近；货财禽犊[4]之请，君子不许。凡流言、流说、流事、流谋、流誉、流愬不官而衡至者[5]，君子慎之，闻听而明誉[6]之，定其当而[7]当，然后士其刑赏而还与之[8]。如是则奸言、奸说、奸事、奸谋、奸誉、奸愬（sù）莫之试也，忠言、忠说、忠事、忠谋、忠誉、忠愬莫不明通，方起以尚尽矣[9]。夫是之谓衡听、显幽、重明、退奸、进良之术。

［注释］

①衡：通“横”，广泛。幽：隐匿，此指隐居的贤士。重：再，进一步。明：声名已然显扬的贤士。

②贼：残害。累：祸害。谮：诬陷。

③隐忌：妒忌，猜忌。隐，通“意”，猜测。雍蔽：遮盖，此指埋没贤士。雍，通“壅”，阻塞。

④禽犊：家禽与牛犊，泛指送人的财物。

⑤流：无根据的。愬：诉说。官：官方，此指正当途径。衡：通“横”，非正当途径。

⑥誉：当为“察”字之误，同“察”。

⑦而：当为“不”字之误。

⑧士：当为“出”字之误。还：通“旋”，立刻。与：施行。

⑨方：并。尚：通“上”，向上。

［译文］

广泛听取意见、起用隐居贤士、彰显贤德之人、摒弃奸邪之徒、招纳忠良的方法：结党营私、互相吹捧的称誉，君子不要听信；残害嫁祸、无端诬陷的言辞，君子不要采用；嫉贤妒能、埋没人才的奸佞，君子不要接近；用财帛礼品加以贿赂的请求，君子不要答应。凡是没有凭据的言论、学说、事情、计谋、赞誉、诉说等并非由正当途径得知的信息，君子要谨慎对待，听到之后要分辨清楚，确定这些信息是否正确，之后给予相应的刑法或奖励并立刻执行。如此一来，那么奸邪的言论、学说、事情、计谋、赞誉、诉说就没人再敢拿来试探了，而忠诚的言论、学说、事情、计谋、赞誉、诉说就没有不能畅通明达地进献给君主的了。那么这些就是广泛听取意见、起用隐居贤士、彰显贤德之人、摒弃奸邪之徒、招纳忠良的方法。

原文

川渊深而鱼鳖归之，山林茂而禽兽归之，刑政平而百姓归之，礼义备而君子归之。故礼及身而行修，义及国而政明；能以礼挟①而贵名白，天下愿，令行禁止，王者之事毕矣。《诗》②曰："惠此中国，以绥四方。"此之谓也。川渊者，龙鱼之居也；山林者，鸟兽之居也；国家者，士民之居也。川渊枯则龙鱼去之，山林险则鸟兽去之，国家失政则士民去之。

[注释]

①挟：通"浃"，周遍。

②《诗》：指《诗经·大雅·民劳》。

[译文]

江河水深，鱼鳖就会前来归附；山林茂盛，禽兽就会前来归附；刑罚政令公允，百姓就会前来归附；礼制道德完备，君子就会前来归附。所以自身能够贯彻礼法，就会有美好的品行；国家能够贯彻道义，就会有清明的政治；能够将礼法推广遍及各个方面，那么高贵的名声就得以显扬，天下人都会倾慕，有号令就执行，有禁令就停止，称王的大业也就达成了。《诗经》说："恩惠遍及国都之中，就能以此安抚四方。"说的就是这个道理。江河，是龙、鱼栖息之处；山林，是鸟、兽栖息之处；国家，是士、民栖息之处。江河干涸，龙、鱼就会离开；山林险恶，鸟、兽就会离开；国家混乱，士、民就会离开。

原文

无土则人不安居，无人则土不守，无道法则人不至，无君子则道不举。故土之与人也、道之与法也者，国家之本作①也；君子也者，道法之总要也，不可少顷旷也。得之则治，失之则乱；得之则安，失之则危；得之则存，失之则亡。故有良法而乱者，有之矣；有君子而乱者，自古及今，未尝闻也。传曰："治生乎君子，乱生乎小人。"此之谓也。

[注释]

①本作：本源。作，开始。

[译文]

没有土地，百姓就无法安居；没有百姓，土地就无法守护；没有原则和法制，百姓就不会归附；没有君子，大道就不能实行。所以土地和人民、原则和法制，这些都是国家的根本；君子，是原则和法制的关键，时刻都不能缺少。得到君子，国家就得以治理；失去君子，国家就会陷入混乱；得到君子，国家就会安稳；失去君子，国家就会出现危机；得到君子，国家就可以保全；失去君子，国家就会走向灭亡。所以，法制完善的国家却陷入混乱，这种情况是存在的；国中有君子却陷入混乱的，从古到今，都没有听说过。古书上说："国家安定是因为有君子，国家混乱是因为有小人。"说的就是这个道理。

原文

得众动天，美意延年。诚信如神，夸诞逐魂[①]。

[注释]

①逐魂：失神。此四句与本篇上下文不相衔接，疑为它篇篡入。

[译文]

得到百姓拥戴，就能感动上天；拥有愉悦的心境，就能益寿延年。诚实守信，就会精明如神；浮夸荒诞，就会失魂落魄。

原文

人主之患，不在乎不言用贤，而在乎不诚必用贤。夫言用贤者，口也；却贤者，行也；口行相反，而欲贤者之至、不肖者之退也，不亦难乎？夫耀蝉[①]者，务在明其火、振其树而已；火不明，虽振其树，无益也。今人主有能明其德者，则天下归之若蝉之归明火也。

[注释]

①耀蝉：捕蝉方法，夜间用灯火照蝉，蝉趋光而飞，即可捕捉。耀，照。

[译文]

君主的灾祸，不在于不谈论、起用贤士，而在于不能切实坚决地起用贤士。谈论、起用贤士，是嘴里说的；摒弃贤士，是实际中做的；嘴里说的和实际上做的相违背，却希望贤士能够归附、无能者离开，不是很难吗？用灯火捕蝉的人，重在点亮灯火、摇动树身而已；灯火倘若不亮，即使再摇动树身，也不会有所收获。现在如果有君主能够彰显自己的贤德，那么天下人就会像蝉扑向灯火一样归附他了。

原文

临事接民，而以义变应，宽裕而多容，恭敬以先之，政之始也；然后中和察断以辅之，政之隆也；然后进退诛赏之[1]，政之终也。故一年与之始，三年与之终。用其终为始，则政令不行而上下怨疾，乱所以自作也。《书》[2]曰："义刑义杀，勿庸[3]以即，女惟曰：'未有顺事。'"言先教也。

［注释］

①进：起用贤士。退：黜免奸佞。诛：惩处罪犯。赏：奖励功臣。

②《书》：指《尚书·康诰》。此处引文字句与今本《尚书》有所出入。

③庸：用。

［译文］

处理政事、对待百姓，应当遵照道义灵活变通，宽宏大度善于包容，用恭敬的态度对他们加以引导，这是为政的开始；然后公允和顺地明察决断来辅助他们，这是为政的中间过程；然后起用、黜免，惩罚、奖励他们，这是为政的终点。所以在第一年实施第一步，到了第三年才实施最后一步。将最后一步作为第一步施行，那么政策法令就无法实行，而致使官民上下埋怨痛恨，这就是出现混乱的原因。《尚书》说："即使是正当的刑罚与杀戮，也不要马上执行，你只能说：'没能处理好政事。'"说的是对百姓应当以教化为先。

原文

程[1]者，物之准也；礼者，节[2]之准也。程以立数，礼以定伦；德以叙位，能以授官。凡节奏欲陵[3]，而生民欲宽。节奏陵而文，生民宽而安。上文下安，功名之极也，不可以加矣。

［注释］

①程：度量衡。

②节：法度。

③陵：严格。

［译文］

度量衡，是称量物品的标准；礼仪，是确定法度的标准。用度量衡可以称定物品数量，用礼仪可以确定等级秩序；用道德可以确定地位排列，用能力可以确定授予何种官职。但凡礼仪法度都应当严格遵循，而对待百姓应当宽容。礼仪法度严格，行为就会得体；对待百姓宽容，国中就会安定。君主得体而百姓安定，这是立功显名的极致，再没有更出众的了。

原文

君者，国之隆也；父者，家之隆也。隆一而治，二而乱。自古及今，未有二隆争重而能长久者。

师术有四，而博习不与焉[①]。尊严而惮，可以为师；耆(qí)艾而信[②]，可以为师；诵说而不陵[③]不犯，可以为师；知微而论，可以为师。故师术有四，而博习不与焉。水深而回，树落则粪本，弟子通利则思师。《诗》[④]曰："无言不仇，无德不报。"此之谓也。

[注释]

①博习：学识广博。与：参与，包括。

②耆：六十岁。艾：五十岁。

③陵：超越，此引申为违背。

④《诗》：指《诗经·大雅·抑》。

[译文]

君主，是一国之中地位最高的人；父亲，是一家之中地位最高的人。地位最高的人有一个，局势就会安定；倘若有两个，就会出现混乱。从古到今，没有两个地位高贵的人争权夺利而国家还能长久的。

做老师有四种方法，而博闻强识不在其中。庄重严肃令人畏惧，可以凭此做老师；年迈老成拥有威信，可以凭此做老师；讲习经典而不违背成说，可以凭此做老师；通晓精微之理而又能详细解说，可以凭此做老师。所以做老师有四种方法，而博闻强识不在其中。水深就会有漩涡，树叶凋落就可以滋养树根，学生通达了就会想到老师。《诗经》说："没有什么言论得不到回应，没有什么恩德得不到回报。"说的就是这个道理。

原文

赏不欲僭(jiàn)[①]，刑不欲滥。赏僭则利及小人，刑滥则害及君子。若不幸而过，宁僭无滥；与其害善，不若利淫。

[注释]

①僭：过度。

[译文]

奖赏不能过度，刑罚不能滥用。奖赏过度就会让小人得到利益；刑罚滥用就会让君子受到危害。倘若不幸有了过错，那么宁愿过度奖赏也不能滥用刑罚；与其让好人受害，不如让小人获利。

卷十

议兵第十五

题解

这是一篇论述军事的文章，反映了荀子的军事思想。荀子认为称王天下的人用兵的目的是“禁暴除恶”，而取得战争胜利的关键“在乎壹民”，“在乎善附民”；要“附民”，就必须“隆礼”“贵义”“好士”“爱民”“政令信”“权出一”。只有这样，才能“壹民”，才能使“三军同力”，从而取得战争的胜利。当然，本篇内容极其丰富，还涉及将领的职责、其应该遵循的治军原则以及军队内部的各种制度等。

原文

临武君与孙卿子议兵于赵孝成王前①。王曰：“请问兵要②。”临武君对曰：“上得天时，下得地利，观敌之变动，后之发，先之至，此用兵之要术也。”孙卿子曰：“不然。臣所闻古之道，凡用兵攻战之本在乎壹民。弓矢不调，则羿不能以中微；六马③不和，则造父不能以致远；士民不亲附④，则汤、武不能以必胜也。故善附民者，是乃善用兵者也。故兵要在乎善附民而已。”

[注释]

①临武君：楚国将领，姓名与事迹不详。孙卿子：即荀况。兵：此处指如何用兵。赵孝成王：名丹，惠文王子。

②兵要：指用兵的要领。

③六马：古代君王所乘坐的车用六匹马拉。

④亲附：亲近依附。

[译文]

临武君和荀卿在赵孝成王面前讨论用兵之道。赵孝成王说：“请问用兵的要领。”临武君回答说：“上得天时，下得地利，观察好敌人的变动情况，具备了这几方面的条件之后再发兵，在这几个方面的条件具备之前作充分的考虑，这就是用兵的要领。”荀卿说：“不对。我所听说的古代用兵方法是：大凡用兵打仗，最根本的在于统一百姓。如果弓箭不协调，那么后羿也不能用它来射中微小的目标；如果六匹马不协调，那么造父也不能使车到达很远的地方；如果百姓不亲近归附自己的君主，那么商汤王、周武王也不能必胜。所以善于使百姓归附的人，才是善于用兵的人。所以，用兵的要领仅仅在于善于使百姓归附自己罢了。”

原文

临武君曰：“不然。兵之所贵者，势利也；所行者，变诈也。善用兵者，感忽悠暗①，莫知其所从出。孙、吴用之②，无敌于天下。岂必待附民哉？”孙卿子曰：“不然。臣之所道，仁人之兵、王者之志也。君之所贵，权谋势利也；所行，攻夺变诈也。诸侯之事也。仁人之兵，不可诈也；彼可诈者，怠慢者也，路亶(dàn)③者也，君臣上下之间涣然④有离德者也。故以桀诈桀，犹巧拙有幸焉；以桀诈尧，譬之若以卵投石、以指挠沸⑤，若赴水火、入焉焦没耳！故仁人上下，百将一心，三军同力，臣之于君也，下之于上也，若子之事父、弟之事兄，若手臂之扞头目而覆胸腹也；诈而袭之与先惊而后击之，一也。且仁人之用十里之国，则将有百里之听；用百里之国，则将有千里之听；用千里之国，则将有四海之听；必将聪明警戒，和传⑥而一。故仁人之兵，聚则成卒⑦，散则成列；延则若莫邪之长刃⑧，婴⑨之者断；兑⑩则若莫邪之利锋，当之者溃；圜居而方止⑪，则若盘石然，触之者角摧⑫，案角鹿埵、陇种、东笼而退耳⑬。且夫暴国之君，将谁与至哉？彼其所与至者，必其民也，而其民之亲我欢若父母，其好我芬若椒兰，彼反顾其上，则若灼黥，若仇仇；人之情，虽桀、跖，岂又肯为其所恶、贼其所好者哉？是犹使人之子孙自贼其父母也，彼必将来告之，夫又何可诈也？故仁人用国日明，诸侯

成汤革夏图

成汤是夏末有名的贤人，他桑林祷雨的事迹传遍天下，天下人都知道他是仁爱百姓的君主，都来归附他。他讨伐无道的夏桀是众望所归，当时的夏国怎么能挡得住这样的正义之师呢？

先顺者安，后顺者危，虑敌之者削，反之者亡。《诗》[14]曰：'武王载发[15]，有虔秉钺[16]；如火烈烈，则莫我敢遏。'此之谓也。"

[注释]

①倏忽：行动迅速，指难以捉摸。悠暗：悠远昏暗，指神秘莫测。

②孙：指孙武，春秋时齐国人，著名的军事家。吴：指吴起，战国初期军事家，卫国人，魏武侯的将领。

③路亶：疲弱不堪。亶，通"瘅"。

④涣然：离散的样子。

⑤挠沸：搅动沸腾的水。

⑥和传：齐心协力。传，通"抟"，把散碎的东西捏成团。

⑦卒：周代的军队的一种编制，一百人为卒。

⑧延：延伸，指将队列横向拉长。莫邪：传说中的宝剑。

⑨婴：通"撄"，触犯。

⑩兑：通"锐"，引申为冲锋。

⑪圜：指军队扎营的阵为圆形。圜，通"圆"。方止：指军队扎营的阵势是方形的。

⑫角催：头破血流。

⑬案：语助词。角：衍文。鹿埵、陇种：都是古代方言，形容衰败的样子。东笼：同"笼东"，与"陇种"通，或为衍文。

⑭《诗》：指《诗经·商颂·长发》。

⑮载发：戴旗，指旗帜在商汤头顶上飘动，这是古代国君出征时的情景。载，戴。发，读为"旆"，旌旗。

⑯虔：严肃恭敬的样子。秉钺：拿着大斧。

[译文]

临武君说："不对。用兵最重要的，是有利的形势和有利的条件；所施行的，是变幻莫测机变诡诈的计谋和行动。善于用兵的人，神出鬼没，没有人知道他们是从哪里来的。孙武、吴起用了这种战术，因而无敌于天下。难道一定要依靠百姓的归附吗？"荀卿说："不对。我所说的，是仁德之人的用兵，是称王天下者的志向。您所看重的，是权变谋略、形势有利；所施行的，是攻取掠夺、机变诡诈。这些都是诸侯所做的事。仁德之人的用兵，是不可能被欺诈的；可以被欺诈的，是斗志懈怠、疲弱不堪的、君臣上下之间涣散而离心离德的军队。所以用桀来欺骗桀一类的人，还能因灵巧、笨拙的不同而侥幸成功；如果用桀一类的人欺骗尧，就好像用鸡蛋砸石头、用手指搅动沸腾的水，就好像投入了水火之中，一进去就会被烧焦、淹没。仁德之人上下相爱，各位将领齐心协力，三军共同努力，臣子对君主，下级对上级，就像儿子侍奉父亲、弟弟侍奉兄长一样，就像手臂护卫脑袋、眼睛、胸部、腹部一样；所以用诡诈的手段去袭击他人与先惊动对方然后攻击他，那结果是一样的。况且仁德之人治理方圆十里的国家，必定能了解方圆百里之内的情况；治理方圆百里的国家，就必定能调查了解方圆千里之内的情况；治理方圆千里的国家，就必定能调查了解天下的情况；他的军队一定耳聪目明，警惕戒备，全国协调团结而成为一个整体。所以，仁德之人的军队，集合起来就成为有组织的队伍，分散开来便成为整齐的行列；队伍横向伸展开来就像莫邪宝剑的长刃，接触它就会被折断；向前冲刺就像莫邪宝剑那样锐利的锋芒，抵挡它就必然会被击溃；无论是摆成圆形的还是方形的扎营阵势，都像磐石一样岿然不动，触犯它的就会头破血流，只有狼狈不堪地败退。再说那些强暴的国君，将有谁和他一起来作战呢？那些和他一起来的，必定是他所统治的百姓，而他的民众亲近我们，高兴得就像看到了父母一样，他们热爱我们，认为我们像椒、兰一样芳香，而他们回过头去看看他们的君主，君主就像被火烧烤过，就像受到了刺脸涂墨的刑罚一样令人厌恶，就像仇人一样令人愤怒；他们这些人的性情即使像夏桀、盗跖那样残暴贪婪，难道肯为他所厌恶的而去伤害他所喜欢的吗？这就好像让别人的子孙去伤害自己的父母一样，他们必定会来相告，那么我们又怎么可以实行诡诈呢？所以仁德之人当政，国家日益昌盛，诸侯中先去归顺的就会安宁，后归顺的就危险，与他作对的就会削弱，背叛他的就会灭亡。《诗经》中说：‘武王头上旗飘舞，威严恭敬握大斧；气势如熊熊烈火，没有人敢阻挡我。’说的就是这种情况。”

原文

孝成王、临武君曰：“善。请问王者之兵设何道、何行而可？”孙卿子曰：“凡在大王，将率末事也[①]。臣请遂道王者诸侯强弱存亡之效、安危之势。君贤者其国治，君不能者其国乱；隆礼、贵义者其国治，简礼、贱义者其国乱。治者强，乱者弱，是强弱之本也。上足卬[②]，则下可用也；上不足卬，则下不可用也。下可用则强，下不可用则弱，是强弱之常[③]也。隆礼、效功[④]，上也；重[⑤]禄、贵节，次也；上功、贱节，下也。是强弱之凡也。好士者强，不好士者弱；爱民者强，不爱民者弱；政令信者强，政令不信者弱；民齐者强，民不齐者弱；赏重者强，赏轻者弱；刑威者强，刑侮者弱；械用兵革攻完[⑥]便利者强，械用兵革窳(yǔ)[⑦]楛不便利者弱；重用兵者强，轻用兵者弱；权出一者强，权出二者弱。是强弱之常也。齐人隆技击[⑧]，其技也，得一首者，则赐赎锱金，无本赏[⑨]矣。是事小、敌毳则偷可用也[⑩]；事大、敌坚则涣焉离耳，若飞鸟然，倾侧反覆无日。是亡国之兵也，兵莫弱是矣，是其去赁市佣而战之几矣[⑪]。魏氏之武卒，以度取之。衣三属之甲[⑫]，操十二石之弩[13]，负服矢五十个[14]，置戈其上，冠轴(zhòu)[15]带剑，赢三日之粮，日中而趋百里。中试则复[16]其户，利其田宅。是数年而衰而未可夺也，改造则不易周也[17]。是故地虽大，其税必寡，是危国之兵也。

［注释］

①率：同“帅”。末事：非根本的，次要的事。

②卬：同“仰”，仰赖。

③常：常规，通常的情况。

④效功：考核战功，论功行赏。效，验。

⑤重：看重，指不轻易给人。

⑥攻完：坚固。攻，通“工”。完，坚固。

⑦窳：不坚固。

⑧技击：凭借武力击杀敌人。

⑨本赏：基本的奖赏。

⑩事小：指战争规模小。毳：通“脆”，脆弱。偷：苟且，勉强。

⑪赁：指雇取。市佣：指在市场上等待雇佣的人。战之：使之作战。几：接近。

⑫三属之甲：古代作战时，战士身上穿的一种三件一套的护身铠甲。

⑬石：古代容量单位，十斗为一石。弩：一种有力量强大的弓。

⑭负：背。服：通“箙”，用竹木或兽皮做成的装箭用的器具。

⑮冠：戴。轴：同“胄”，盔。

⑯复：免除徭役。

⑰改造：重新选择。易：改变。

［译文］

赵孝成王和临武君都说：“说得好。请问称王天下的君主，用兵采取什么办法，如何行动才行呢？”荀卿说：“一切都在于君王，将帅都是次要的。请让我全面地谈谈称王天下的君主与诸侯强盛、衰弱、存在、灭亡的效验和他们的安危形势。君主贤明的，他的国家就会安定；君主无能的，他的国家就会混乱；君主崇尚礼法道义的，他的国家就安定；君主怠慢轻视礼法道义的，他的国家就混乱。安定的国家强大，混乱的国家衰弱，这是强盛与衰弱的根本原因。君主足以被敬仰的，那么臣民就可以供君主使用；君主不足以被敬仰的，那么臣民就不可能被君主所使用。臣民可以供君主使用的国家就会强盛，臣民不能被君主所使用的国家就会衰弱，这是国家强盛与衰弱的常规。推崇礼法、考核战功，是上策；看重利禄、推崇气节，是次一等的策略；崇尚战功、鄙视气节，是下等的策略。这些是导致强盛与衰弱的关键。喜欢贤士的国家就强盛，不喜欢贤士的国家就衰弱；爱护百姓的国家强盛，不爱护百姓的国家就衰弱；政策法令讲信用的国家就强盛，政策法令没有信用的国家就衰弱；百姓齐心合力的国家就强盛，百姓不齐心的国家就衰弱；奖赏丰厚的国家就强盛，奖赏微薄的国家就衰弱；刑罚威严的国家就强盛，刑罚轻慢的国家就衰弱；器械、用具、兵器、盔甲等器具精善坚固的国家就强盛，器械、用具、兵器、盔甲等器具粗劣的国家就衰弱；用兵谨慎的国家就强盛，用兵轻率的国家就衰弱；权力集中的国家就强盛，权力分散的国家就衰弱。这些是强盛与衰弱的常规。齐国人推崇用武力斩杀敌人，它的办法是，得到一个敌人的首级，就赏赐八两黄金，而不问战事的胜败，这就违背了奖赏的根本原则。这种办法，对于小规模的战役和脆弱的敌人，那还勉强可以使用；对于大规模的战役和强大的敌人，那么士兵就会涣散，像乱飞的鸟一样逃离，用不了多长时间就会覆灭。这是使国家灭亡的军队，没有比这更弱的军队了，这和雇佣市场上等待雇佣的人去打仗差不多。魏国的武士，用考试的方法来选取。让他们穿上三件一套的护身甲，拿着需要千斤的力量才能拉开的弩弓，背着装有五十支箭的箭袋，再把长枪放在上面，戴着头盔，佩带宝剑，带上三天的口粮，半天之内要奔走一百里。考试合格就免除他家的徭役，免除他家的田宅税。这些武士过几年就衰老了，他所享有的权利却是不能剥夺的，另外选取人又难以完全符合条件。所以，魏国的土地虽然辽阔，但它的税收必定会减少，这是危害国家的军队。

原文

“秦人，其生民也陿阸(xiá è)①，其使民也酷烈，劫之以势，隐②之以阸，忸③之以庆赏，鰌④之以刑罚，使天下之民所以要利于上者⑤，非斗无由也；阸而用之，得而后功之，功赏相长也，五甲首⑥而隶五家。是最为众强长久，多地以正⑦。故四世有胜⑧，非幸也，数也。

“故齐之技击不可以遇魏氏之武卒，魏氏之武卒不可以遇秦之锐士，秦之锐士不可以当桓、文⑨之节制，桓、文之节制不可以敌汤、武之仁义；有遇之者，若以焦熬投石焉。兼是数国者，皆干赏蹈利之兵也，佣徒鬻卖之道也，未有贵上、安制、綦节之理也。诸侯有能微妙之以节，则作而兼殆之耳。故招近⑩募选，隆势诈，尚功利，是渐⑪之也；礼义教化，是齐之也。故以诈遇诈，犹有巧拙焉；以诈遇齐，辟⑫之犹以锥刀堕⑬太山也，非天下之愚人莫敢试。故王者之兵不试。汤、武之诛桀、纣也，拱揖⑭指麾，而强暴之国莫不趋使，诛桀、纣若诛独夫⑮。故《泰誓》⑯曰‘独夫纣’，此之谓也。故兵大齐，则制天下；小齐，则治⑰邻敌。若夫招近募选、隆势诈、尚功利之兵，则胜不胜无常，代翕(xī)代张，代存代亡，相为雌雄耳矣。夫是之谓盗兵，君子不由也。

“故齐之田单[18]，楚之庄跻[19]，秦之卫鞅[20]，燕之缪虮[21]，是皆世俗之所谓善用兵者也。是其巧拙强弱则未有以相君也，若[22]其道，一也，未及和齐也，掎契司诈[23]，权谋倾覆，未免盗兵也。齐桓、晋文、楚庄、吴阖闾、越勾践，是皆和齐之兵也，可谓入其域矣，然而未有本统也，故可以霸而不可以王。是强弱之效也。”

［注释］

①陋：同“狭”，狭窄。此指使百姓生路狭窄。阸：同“厄”，穷困。

②隐：穷困。

③忸：同“狃”，迷惑，此处指使……习惯。

④鰌：逼近。

⑤天下之民：指秦国之民。要：通“徼”，求取。利：爵禄的赏赐。

⑥五甲首：指斩断五个士兵的首级。

⑦正：通“征”，征税。

⑧四世：指秦孝公、秦惠文王、秦武王、秦昭王。有胜：保住强盛。

⑨桓、文：齐桓公、晋文公。

⑩招近：招来，召集。近，使……近，即招徕。

⑪渐：欺诈。

⑫辟：通“譬”。

⑬堕：同“隳”，毁坏。

⑭拱揖：拱手作揖，形容从容镇定。

⑮独夫：指残酷暴虐、众叛亲离的国君。

⑯《泰誓》：指《尚书·泰誓》。

⑰治：通“殆”，使危亡，打败。

⑱田单：战国时齐将领。燕攻齐，田单坚守即墨城，后用火牛阵大破燕军，收复了一度丢失的七十多座城池，封为安平君。

⑲庄跻：楚顷襄的大将，曾率领夺取了今云南、贵州一带。

⑳卫鞅：即商鞅，战国时期著名的法家人物。在作战中，他经常不惜使用欺骗旧友的手段。

㉑缪虮：人名，事迹不祥。

㉒若：助词。

㉓掎契：偏邪。契，通“挈”。司：通“伺”。

［译文］

“秦国的人，他们生存的道路非常狭窄，秦国人役使百姓非常严酷，用残酷的办法威逼百姓，用狭窄的生路使百姓穷困，用奖赏使他们习惯，用刑罚强迫他们，使国内的百姓向君主求取利益，除了作战就没有别的方法；使百姓穷困而后再驱使他们，使百姓得到胜利后再给他们记功，功劳和奖赏相互促进，得到五个敌人首级的就可以役使五户百姓。秦国军队兵员最多，战斗力最强而且持久，可以征税的土地也多。所以秦国四代都保持强盛，这并不是因为侥幸，而是必然的规律。

田单火牛破敌

田单以火牛阵破燕军，为齐国收复失地。在荀子看来，他是以奇巧诡计战胜敌人，而非以仁义胜敌，是为“盗兵”。

“因此，齐国凭勇力取胜的士兵，不能够抵挡魏国的武士，魏国的武士不能抵挡秦国精锐的士兵，秦国的士兵不能抵挡齐桓公、晋文公那样有纪律的军队，齐桓公、晋文公那有纪律的军队，不能抵挡商汤王、周武王的仁义之师；如果抵抗他们，就会像用枯焦烤干的东西扔在石头上一样。所有这些国家的军队，都是追求奖赏、贪图利益的军队，是受雇佣的人出卖气力的办法，他们并没有尊重君主、遵守制度、极尽气节的理性。诸侯中如果有用仁义节操尽善尽美地来训导士兵的，就能一举歼灭所有的国家。所以，招引、募求、挑选士兵，注重权谋诡诈，崇尚功利，这是在欺骗百姓；讲求礼制道义教化，这才能使士兵齐心合力。用诡诈去抵挡诡诈，还有高明和拙劣的区别；而用诡诈的军队去对付齐心合力的军队，就好像是用小刀去毁坏泰山一样，如果不是天底下最愚蠢的人，是没有人敢这样尝试的。所以称王天下的君主的军队不去做这种尝试。商汤王、周武王讨伐夏桀、商纣的时候，从容自如地指挥，而那些强横暴虐的诸侯国也没有不接受驱使的，除掉夏桀、商纣就好像除掉独夫一样。所以《泰誓》说‘独夫纣王’，说的就是这个道理。所以军队能达到高度统一就可以齐心合力，就能制服天下；小规模的统一，也能打败邻近的敌国。至于那种招募选拔士兵，崇尚权谋诡诈，崇尚功利的军队，那胜负就变化无常了，有时衰弱，有时强盛，有时保存，有时灭亡，互有胜负罢了。这就叫作盗贼式的军队，君子是不使用这样的军队的。

“所以，齐国的田单、楚国的庄蹻、秦国的卫鞅、燕国的缪虮，这些都是世俗所说的善于用兵的人。这些人的巧妙拙劣、强大弱小不分上下，至于他们所遵行的原则，却是相同的，他们都还没有使士兵和谐一致，只是抓住对方弱点伺机进行欺诈，玩弄权术，颠覆敌人，所以仍不免是盗贼式的军队。齐桓公、晋文公、楚庄王、吴王阖闾、越王勾践，这些人的军队都是和谐一致的军队，可说是进入礼仪教化的境界了，但还没有抓住根本，所以可以称霸天下却不可以称王天下。这就是国家强弱的效验。”

原文

孝成王、临武君曰："善。请问为将？"

孙卿子曰："知莫大乎弃疑①，行莫大乎无过，事莫大乎无悔。事至无悔而止矣，成不可必也。故制号政令，欲严以威；庆赏刑罚，欲必以信；处舍收臧，欲周以固；徙举进退，欲安以重，欲疾以速；窥敌观变，欲潜以深，欲伍以参②；遇敌决战，必道吾所明③，无道吾所疑。夫是之谓六术。无欲将而恶废，无急胜而忘败，无威内而轻外，无见其利而不顾其害，凡虑事欲孰而用财欲泰④，夫是之谓五权。所以不受命于主有三：可杀而不可使处不完，可杀而不可使击不胜，可杀而不可使欺百姓，夫是之谓三至。凡受命于主而行三军，三军既定，百官得序，群物皆正，则主不能喜，敌不能怒，夫是之谓至臣。虑必先事而申之以敬，慎终如始，终始如一，夫是之谓大吉。凡百事之成也必在敬之，其败也必在慢之，故敬胜怠则吉，怠胜敬则灭，计胜欲则从，欲胜计则凶。战如守，行如战，有功如幸。敬谋无圹（kuàng）⑤，敬事无圹，敬吏无圹，敬众无圹，敬敌无圹，夫是之谓五无圹。慎行此六术、五权、三至，而处之以恭敬无圹，夫是之谓天下之将，则通于神明矣。"

[注释]

①知：通"智"。弃疑：指放弃尚存疑虑的计谋。疑，犹豫不定。

②伍、参：分析，验证。

③道：按照，遵循。明：指了解的情况。

④孰：通"熟"，精审。泰：宽松，宽裕。

⑤圹：通"旷"，荒废，松懈。

[译文]

孝成王和临武君都说："说得好。请问如何做将领？"

荀卿说："将领最高的智慧莫过于放弃犹豫不决的谋略，最重要的行动莫过于不犯错误，最重要的事情莫过于毫无悔恨。事情做到了没有后悔的地步就可以了，不能要求一定取得成功。所以制度号令，要严肃而有权威；赏赐刑罚，要坚决实行而讲信用；军队驻扎的营垒和收藏物资的军库，要周密而牢固；军队的转移行动，既要安全而稳重，又要迅疾而快速；侦探敌情、观察敌军的变动，既要隐蔽而深入，又要多方比较而分析验证；对付敌人决定战略战术，一定要按照自己所了解的情况来决定，不要按照自己还在怀疑的情况去决定。这些叫作六种战术策略。不要热衷于行动而厌恶止息，不要急于求胜而忘记了有失败的可能，不要只对内部威严而对外轻敌，不要只看见有利的一面而不顾有害的一面，凡是考虑事情都要深思熟虑，而用财物进行奖赏则要慷慨大方，这些就叫作五种权术。不服从君主命令的原因有三种：宁可被杀死也不可使自己的军队驻扎在守备不坚固的地方，宁可被杀死也不可使自己的军队去攻击不可能打败的敌人，宁可被杀死也不可使自己的军队去欺负百姓，这叫作三条最高的原则。大凡听从君主的命令而去统帅三军的将领，把三军安排妥当，各级军官都各司其职，各种事情都正常地运转，那么君主的奖赏就不会让他沾沾自喜，敌人的奸计也不会使他愤怒，这就叫作最合格的将领。在战事发生之前一定要深思熟虑，并且以谨慎的态度重视它，谨慎地对待事情的结束，就像对待事情的开始时一样，始终如一，这就叫作最大的吉利。大凡各种事情成功，都在于谨慎，失败必定在于怠慢，所以谨慎胜过怠慢就吉利，怠慢胜过谨慎就会灭亡，冷静的谋划胜过冲动的欲望就顺利，冲动的欲望胜过冷静的谋划就凶险。作战时像防守一样谨慎，行军时要像作战一样警惕，有了战功要像是侥幸获得。谨慎对待谋划而不要疏忽大意，谨慎对待战事而不要疏忽大意，谨慎对待军吏而不要疏忽大意，谨慎对待士兵而不要疏忽大意，谨慎对待敌人而不要疏忽大意，这就叫作五种不疏忽大意。谨慎地根据这六种策略、五种权衡、三条最高原则办事，并且用恭敬严谨的态度来处理一切，这就叫作天下无敌的将领，他用兵就可以和神明相通了。”

原文

临武君曰：“善。请问王者之军制。”

孙卿子曰：“将死鼓[①]，御死辔，百吏死职，士大夫死行列[②]。闻鼓声而进，闻金[③]声而退；顺命为上，有功次之；令不进而进，犹令不退而退也，其罪惟均。不杀老弱，不猎[④]禾稼，服者不禽，格者不舍，奔命者不获。凡诛，非诛其百姓也，诛其乱百姓者也；百姓有扞其贼，则是亦贼也。以故顺刃者生，苏[⑤]刃者死，奔命者贡[⑥]。微子开[⑦]封于宋，曹触龙[⑧]断于军，殷之服民所以养生之者也，无异周人。故近者歌讴而乐之，远者竭蹶[⑨]而趋之，无幽闲辟[⑩]陋之国，莫不趋使而安乐之。四海之内若一家，通达之属莫不从服，夫是之谓人师。《诗》[⑪]曰：‘自西自东，自南自北，无思不服。’此之谓也。王者有诛而无战，城守不攻，兵格不击，上下相喜则庆之，不屠城，不潜军，不留众，师不越时。故乱者乐其政，不安其上，欲其至也。”

临武君曰：“善！”

[注释]

①将死鼓：将领因指挥部队前进的鼓声而死。

②死行列：至死不能离开队列。

③金：鼓钲之声。古代作战的时候以击鼓表示进军，以鸣金表示收兵。

④猎：通“躐”，践踏。

⑤苏：通“傃”，向。

⑥贡：当为“贳”字之误。贳，赦免。

⑦微子开：名启，商纣王的庶兄，归顺周朝后被封于宋。

⑧曹触龙：商纣王的大将。

⑨竭蹶：尽力颠簸，即不怕路途的艰难。

⑩辟：通“僻”。

⑪《诗》：指《诗经·大雅·文王有声》。

[译文]

临武君说：“说得好。请问称王天下的君主的军队制度。”

荀卿说：“将军指挥军队前进的时候，即使牺牲也不能后退，驾驭战车的至死不能丢下缰绳，各级官吏至死也不离开职位，战士至死都在队伍之中。听见战鼓的声音就前进，听见钲的声音就后退；服从命令是首要的，取得战功是次要的；命令不准前进却前进，就像命令不准后退却后退一样，它们的罪过是相同的。不杀害年老体弱的，不践踏庄稼，对不战而退的敌人不捉拿，对抵抗的敌人不放过，对前来投顺的敌人不把他当作俘虏。凡是讨伐杀戮，不杀害那些百姓，而是诛杀扰乱百姓的人；百姓中如果有保护那些贼寇的，那么他也就是贼寇了。因为这个，所以不战而退的就让他活命，顽强抵抗的就把他杀死，前来投顺的就赦免他的罪行。微子启归顺周朝而被封在宋国，曹触龙负隅顽抗而在军中被斩首。对于商王朝那些归顺的百姓，周军对他们的养育，与对周朝的人没有什么不同。所以近处的人讴歌周军而且欢迎周军，远处的人不怕路途遥远艰辛来归顺它，无论是多么偏僻边远的国家，没有不接受它的驱使而乐于、安于受到它的统治的。四海之内就像一个家庭一样，只要有人迹的地方就没有不服从的，这可以称作是百姓的军队了。《诗经》说：‘从西又从东，从南又从北，没有谁不服从。’说的就是这种情况。称王天下的君主只有讨伐不义而没有攻战，敌人坚守城池之时不攻打，敌军顽强抵抗的时候不攻击，敌人官兵上下同心应该为他们庆贺，不摧毁城郭，不屠杀居民，不秘密出兵偷袭，不把军队长期留在外面，军队出征不超过规定的时间。所以政治混乱的国家中的百姓都喜欢他的这些政策，而不爱自己的君主，都希望他的到来。”

临武君说：“说得好！”

原文

陈嚣[①]问孙卿子曰："先生议兵，常以仁义为本。仁者爱人，义者循理，然则又何以兵为？凡所为有[②]兵者，为争夺也。"

孙卿子曰："非女所知也。彼仁者爱人，爱人故恶人之害之也；义者循理，循理故恶人之乱之也。彼兵者，所以禁暴除害也，非争夺也。故仁人之兵，所存者神[③]，所过者化[④]，若时雨[⑤]之降，莫不说[⑥]喜。是以尧伐驩兜[⑦]，舜伐有苗[⑧]，禹伐共工[⑨]，汤伐有夏[⑩]，文王伐崇[⑪]，武王伐纣，此四帝、两王皆以仁义之兵行于天下也。故近者亲其善，远方慕其德；兵不血刃[⑫]，远迩来服；德盛于此，施[⑬]及四极。《诗》[⑭]曰：'淑人君子，其仪不忒。'此之谓也。"

[注释]

①陈嚣：荀子的学生。

②有：用。

③神：指尽善尽美的政治局面。

④化：指百姓得到教化。

⑤时雨：及时雨。

⑥说：通"悦"，喜悦。

⑦驩兜：古代部落首领，相传曾被尧流放于崇山。

⑧有苗：也称"三苗"，传说尧、舜时代的部落，在今湖南、江西交界一带，此当指其首领而言，相传被流放到三危。

⑨共工：古代神话中的人物，相传他被流放于幽州。

⑩有夏：即夏桀。

⑪崇：商朝时一个诸侯国，在今河南嵩县北。

⑫兵不血刃：指兵器不沾血，即不杀人，不流血。

⑬施：蔓延，延续。

⑭《诗》：指《诗经·曹风·尸鸠》。

夏禹班师

大禹发兵征讨不肯臣服的蛮夷，由于举着道义的大旗，军士都斗志昂扬，军纪严明。如此大军，蛮夷如何能抵抗？

[译文]

陈嚣问荀卿说："先生谈论用兵，常常把仁义作为根本。仁者爱人，义者遵循道理，既然这样，那么又为什么要用兵呢？大凡用兵的原因，就是为了争夺啊。"

荀卿说："这道理不是你所想的那样。那些仁者爱人，因此他们就憎恶恶人去危害他人；义者遵循道理，因此就憎恶恶人去祸害他人。他们用兵，是为了禁止强暴、消除危害，并不是为了争夺啊。所以仁人的军队，他们所停留驻守的地方会出现尽善尽美、全面治理的局面，他们所经过的地方，百姓都会受到教化，就像落下及时雨，没有人不喜悦。因此尧讨伐驩兜，舜讨伐三苗，禹讨伐共工，汤讨伐夏桀，周文王讨伐崇国，周武王讨伐商纣，这四帝、两王都是凭借着仁义的军队驰骋于天下的。所以近处的人亲慕他们的善良，远方的人仰慕他们的道义；他们的兵器上还没有沾上鲜血，远近的人就都来归顺了；德行美好到这种程度，影响就会遍及四方极远的地方。《诗经》中说：'善人君子忠于仁，坚持道义无差错。'说的就是这种情况。"

原文

李斯①问孙卿子曰："秦四世有胜，兵强海内，威行诸侯，非以仁义为之也，以便从事②而已。"

孙卿子曰："非女所知也。女所谓便者，不便之便也。吾所谓仁义者，大便之便也。彼仁义者，所以修政者也；政修，则民亲其上，乐其君，而轻为之死。故曰：'凡在于君，将率末事也。'秦四世有胜，諰(xǐ)諰然常恐天下之一合而轧已也③，此所谓末世之兵，未有本统也。故汤之放桀④也，非其逐之鸣条⑤之时也；武王之诛纣也，非以甲子⑥之朝而后胜之也；皆前行素修也，此所谓仁义之兵也。今女不求之于本而索之于末⑦，此世之所以乱也。"

[注释]

①李斯：秦朝政治家，荀子的学生，曾先后任秦朝的廷尉和丞相，辅助秦始皇统一六国。

②以便从事：顺着便利的形势行事。

③諰諰然：恐惧害怕的样子。轧：倾轧。

④汤之放桀：传说汤打败桀之后，把桀流放到历山。

⑤鸣条：古地名，传说成汤讨伐夏桀的时候，大战于此地。

⑥甲子：甲子日，是周武王打败商纣王的日子。

⑦本：指实行仁义的政治措施。末：指诡诈机变的战略战术，即李斯所说的"以便从事"。

[译文]

李斯问荀卿说："秦国四代都保持强盛，在四海之内兵力最强大，威力扩展到各诸侯国之中，但他并不是依靠仁义去实现这种局面的，而只是顺着便利的形势去做罢了。"

荀卿说："这道理不是你所知道的。你所说的便利，不是真正便利的便利。我所说的仁义，才是极其便利的便利。那仁义，是用来把国家的制度和秩序治理好的工具；国家的制度和秩序治理好了，那么百姓就会亲近他们的君主，喜欢他们的君主，而且会毫不犹豫地为他们的君主去牺牲。所以说：'一切都在于君主，将帅是次要的事。'秦国四代都保持强盛，却还是提心吊胆地畏惧天下各国会联合起来颠覆自己，这就是百姓所说的乱世的军队，还没有抓住根本的纲领。所以从前商汤流放夏桀，并不是在鸣条大战追击的时候；武王诛杀商纣，并不是在甲子日早晨而是在后来才取胜的；都是靠原先一贯施行的措施，这就是我所说的仁义的军队。现在你不追求它的本源，而去探求它的细枝末节，这就是世道混乱的原因。"

原文

礼者，治辨①之极也，强固之本也，威行之道也，功名之总也。王公由②之，所以得天下也；不由，所以陨社稷也。故坚甲利兵不足以为胜，高城深池不足以为固，严令繁刑不足以为威，由其道则行，不由其道则废。

[注释]

①辨：治理。

②由：遵循。

[译文]

礼是治理国家的最高准则，是使国家强盛稳固的根本措施，是威力得以扩展的有效途径，是建立功名的要领。天子诸侯遵循了它，就统一了天下；不遵循它，就毁灭了国家。所以，坚固的铠甲、锋利的兵器不足以取得胜利，高耸的城墙、深深的护城河不足以巩固国防，严格的命令、繁多的刑罚不足以形成威势，遵循礼仪之道才会取得成功，不遵循礼仪之道就会遭到失败。

原文

楚人鲛革、犀兕以为甲①，坚如金石；宛钜铁铊(shī)②，惨如蜂虿(chài)③；轻利僄遬(piào sù)④，卒如飘风⑤。然而兵殆于垂沙⑥，唐蔑⑦死；庄跻起，楚分而为三四。是岂无坚甲利兵也哉？其所以统之者非其道故也。汝、颍以为险⑧，江、汉以为池，限之以邓林⑨，缘之以方城⑩，然而秦师至而鄢、郢举⑪，若振槁然。是岂无固塞隘阻也哉⑫？其所以统之者非其道故也。纣刳比干，囚箕子，为炮烙⑬刑，杀戮无时，臣下懔然莫必其命，然而周师至而令不行乎下，不能用其民。是岂令不严、刑不繁也哉？其所以统之者非其道故也。

［注释］

①鲛革：鲨鱼皮。兕：雌性的犀牛。

②宛：战国时楚国地名，在今河南南阳。钜：钢。𫓧：矛。

③惨：狠毒，厉害。虿：蝎子一类的毒虫。

④僄遫：轻捷迅速。遫，同“速”。

⑤卒：通“猝”，突然，急速。飘风：疾风，旋风。

⑥殆：失败，危亡。垂沙：古地名。

⑦唐蔑：或作“唐昧”，战国时楚将。楚怀王二十八年（前301年），秦、齐、韩、魏一起进攻楚国，他率领军队抵御，在垂沙大败被杀。

⑧汝、颍：水名，均流入河南。

⑨邓林：楚国北部边境古邓国（今河南邓州市）一带的山林。

⑩缘：环绕。方城：楚山名，在楚国北部。

⑪鄢、郢：楚国的大城市，两地曾先后为楚国国都。

⑫固、塞、隘、阻：四字同义并列，都是指险要的地形。

⑬炮烙：相传为纣所使用的一种酷刑。

［译文］

楚国人用鲨鱼皮、犀兕皮做成铠甲，坚硬得就像金属、石头一样；用宛地出产的坚硬的钢铁做成长矛，狠毒得就像蜂、蝎的毒刺一样；士兵行动轻快敏捷，迅速得就像疾风一样。但是最终却是兵败沙场，大将唐蔑阵亡；庄跻起兵造反，楚国便四分五裂了。这难道是因为没有坚固的铠甲、锋利的兵器吗？这是由于他们统治自己的国家没有遵循礼仪之道的缘故啊。楚国以汝水、颍水作为天险，以长江、汉水作为护城河，把邓地一带的山林作为屏障，方城环绕保护着自己，但是秦军一到，鄢、郢就被占领了，好像是枯叶被吹一样。这难道是因为没有坚固的要塞、险要的地形吗？这是由于他们用来统治国家的不是礼仪之道啊。商纣王将比干剖腹挖心，囚禁了箕子，设置了炮烙的酷刑，任意杀戮，臣下都战战兢兢，不知道是否能保住自己的性命，但是周军一到，商纣王的命令就无法在下面贯彻执行了，他就不能调动自己的百姓了。这难道是因为法令不严酷、刑罚不繁多吗？这是由于他统治自己国家没有遵循礼仪之道。

原文

古之兵，戈、矛、弓、矢而已矣，然而敌国不待试而诎；城郭不辨[①]，沟池不抇（hú）[②]，固塞不树，机变不张，然而国晏然不畏外而固者，无它故焉，明道而钧分之[③]，时使而诚爱之，下之和上也如影向[④]。有不由令者，然后俟之以刑，故刑一人而天下服，罪人不邮[⑤]其上，知罪之在己也。是故刑罚省而威行如流，无它故焉，由其道故也。古者帝尧之治天下也，盖杀一人、刑二人而天下治。传曰："威厉[⑥]而不试，刑错[⑦]而不用。"此之谓也。

[注释]

①辨：治理。

②抇：挖掘。

③明道：指使百姓明确道义。分：作状语，即用名分。钧：通"均"，平衡，调节。

④和：附和，响应。向：通"响"，回声。

⑤邮：通"尤"，埋怨。

⑥厉：严正。

⑦错：通"措"，放置，搁置。

[译文]

古代圣王的兵器，不过是戈、矛、弓、箭而已，但是敌国没有等到他使用就屈服了；他的城墙还没有整修，护城河还没有挖掘，坚固的要塞还没有建立，机智变诈还没有实施，但是他的国家却安然宁静不畏惧外敌而又能昌盛稳固，这没有别的缘故，是由于明确了礼仪之道，而且按照等级名分来协调臣民，适时使用百姓，真诚地爱护百姓，因而臣民附和君主就像影子和回声附和形体和声音一样。有不遵从命令的，才用刑罚来处罚他，所以惩罚了一个人而天下都信服了，罪犯也不怨恨自己的君主，知道罪责在他自己身上。所以刑罚用得少而威力却像流水一样畅行无阻，这没有别的缘故，是因为遵循了礼仪之道。古代帝尧治理天下，只杀了一个人，处罚了两个人，而天下就得到了很好的治理。古书上说："权威严正而不使用，刑罚设置而不施行。"说的就是这个道理。

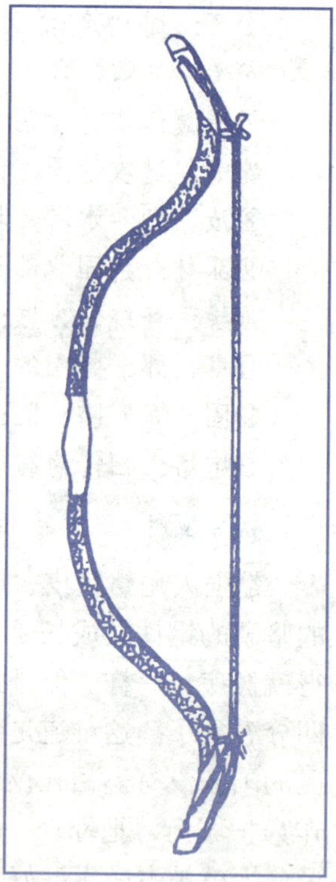

弓

弓箭矛戈，是古代战争时常用的兵器，在此处以使用"戈、矛、弓、矢"指代发动战争。而"敌国不待试而诎"则是君主遵从道义的结果。

原文

凡人之动也，为庆赏为之，则见害伤焉[①]止矣。故赏庆、刑罚、势诈不足以尽人之力、致人之死[②]。为人主上者也，其所以接下之百姓者，无礼义忠信，焉虑卒用赏庆、刑罚、势诈除阸其下[③]，获[④]其功用而已矣。大寇则[⑤]至，使之持危城，则必畔；遇敌处战，则必北；劳苦烦辱[⑥]，则必奔；霍焉[⑦]离耳，下反制其上。故赏庆、刑罚、势诈之为道者，佣徒鬻[⑧]卖之道也，不足以合大众、美国家[⑨]，故古之人羞而不道[⑩]也。故厚德音以先之，明礼义以道之，致忠信以爱之，尚贤使能以次之，爵服庆赏以申之，时其事、轻其任以调齐之，长养之，如保赤子。政令以[⑪]定，风俗以一，有离俗不顺其上，则百姓莫不敦[⑫]恶，莫不毒[⑬]孽，若祓(fú)[⑭]不祥，然后刑于是起矣。是大刑之所加也，辱孰大焉？将以为利邪？则大刑加焉。身苟不狂惑戆陋，谁睹是而不改也哉？然后百姓晓然皆知修[⑮]上之法、像[⑯]上之志而安乐之。于是有能化善、修身、正行、积礼义、尊道德，百姓莫不贵敬，莫不亲誉，然后赏于是起矣。是高爵丰禄之所加也，荣孰大焉？将以为害邪？则高爵丰禄以持养之。生民之属[⑰]，孰不愿也？雕雕焉县贵爵重赏于其前[⑱]，县明刑[⑲]大辱于其后，虽欲无化，能乎哉？故民归之如流水，所存者神[⑳]，所为者化。之属为之化而顺：暴悍勇力之属为之化而愿，旁辟曲私之属为之化而公[㉑]，矜纠收缭[㉒]之属为之化而调，夫是之谓大化至一。《诗》[㉓]曰：“王犹允塞，徐方既来。”此之谓也。

[注释]

①焉：而，乃。

②势：与“诈”同义连用，权谋。致：取得，招致。

③焉：于此。虑：大凡，大致。除阸：威逼。除，当作“险”。

④获：获得。

⑤则：若。

⑥烦辱：同“繁缛”。

⑦霍焉：涣然，散去的样子。

⑧鬻：卖。

⑨美国家：指美化国家的风俗。

⑩不道：不采用这种方法。

⑪以：通“已”。

⑫敦：通“憝”，怨恨。

⑬毒：祸害。

⑭祓：古代一种除灾驱邪的仪式，此处指消除、驱除。

⑮修：当作“循”，遵循，遵从。

⑯像：随从，模仿。

⑰属：类。

⑱雕雕焉：清楚明白的样子。县：同“悬”，挂。

⑲明刑：刑罚的名称。将犯人的冠饰除去，将犯人的罪状写在板子上，并插在他背部来公开示众。

⑳神：指大治的局面。

㉑旁辟：偏邪不诚实。曲私：专为自己打算。

㉒矜纠收缭：急躁暴力，不讲道理。矜，骄傲。纠，检举揭发。收，夺取。缭，纠缠。

㉓《诗》：指《诗经·大雅·常武》。

［译文］

大凡百姓的行动，如果是为了赏赐和表扬而去做的，那么当他们受到损害的时候就不会去做了。所以赏赐表扬、行刑处罚、权谋欺诈不足以使百姓竭尽全力，以致献出生命。作为百姓的君主，他们用来对待百姓的，不是礼、义、忠、信，而大抵是用赏赐表扬、行刑处罚、权谋欺诈去欺骗控制自己的百姓，以获得他们的成果罢了。如果强大的敌寇来临，让他们去把守孤立无援的城邑，就必定会叛变；让他们去抵抗敌人，就一定会打败仗；让他们去做繁重艰苦的事，就必定会逃跑；百姓人心涣散，四分五裂，反过来却制约了自己的君主。所以赏赐表扬、行刑处罚、权谋欺诈作为一种办法，不过是一种让受雇佣的人出卖气力的办法，它不足以团结广大百姓、使国家的风俗淳美，所以古代的圣王认为可耻而不遵循它。古代的圣王重视用道德声誉来影响百姓，彰明礼制道义来引导百姓，尽力做到忠诚守信来爱护百姓，用崇尚贤人、任用能人的方法来安排百姓的职位，用爵位、服饰来赏赐激励百姓，适时地安排劳动，减轻他们的负担，来调整统一他们、抚养他们，就像保护初生的婴儿一样。政策法令因此而稳定，风气习俗因此而一致，如果还有违背习俗而不顺从自己君主的，那么百姓就没有谁不厌恶他，就没有谁不痛恨他，就像消除不吉祥的东西一样要除掉这个人，于是，刑罚就自然而然地产生了。重刑施加在这种人身上，还有比这更大的耻辱吗？要把不顺从君主看作是有利的事吗？但是重刑加在身上了，只要不是发疯、糊涂、愚蠢、浅陋的人，谁能看到了这种处罚而不改过自新呢？这样做了以后，百姓都明明白白地知道要遵从君主的法令，顺从君主的意志，爱戴自己的君主。在这种情况下，如果有人能够改恶从善、修养身心、端正行为、不断奉行礼仪、崇尚道德，百姓就没有谁不器重尊敬他，就没有谁不亲近赞誉他，于是，奖赏也就随之而产生了。高官厚禄加在他们身上，还有比这更大的荣耀吗？还会将此看成有害的事吗？可是用高官厚禄供养着他们，谁不羡慕呢？明明白白地高官厚禄等奖赏摆在他们的面前，罪行的刑罚与最大的耻辱放在他们的后面，有人即使不想被感化，可能吗？所以百姓归顺这样的君主就像流水奔向大海一样，君主所在的地方就得到全面的治理，凡是采取这种措施的地方，百姓都受到教化而顺服。残暴、凶狠只知道使用武力的人受到这些感化而变得忠厚老实，偏颇、邪僻的人受到这些感化而变得大公无私，骄傲自大的人受到这些感化而变得和气温顺，这就叫作教化到了统一的境界。《诗经》中说："王道遍行于四海，各方都来归顺。"说的就是这种情形。

原文

凡兼人者有三术：有以德兼人者，有以力兼人者，有以富兼人者。彼贵我名声，美我德行，欲为我民，故辟门除涂以迎吾人。因其民，袭其处，而百姓皆安，立法施令莫不顺比。是故得地而权弥重，兼人而兵俞[1]强。是以德兼人者也。非贵我名声也，非美我德行也，彼畏我威，劫我势，故民虽有离心，不敢有畔虑。若是则戎甲俞众，奉养必费。是故得地而权弥轻，兼人而兵俞弱。是以力兼人者也。非贵我名声也，非美我德行也，用[2]贫求富，用饥求饱，虚腹张口来归我食[3]。若是则必发夫掌窌之粟以食之[4]，委之财货以富之，立良有司以接之，已朞[5]三年，然后民可信也。是故得地而权弥轻，兼人而国俞贫。是以富兼人者也。故曰：以德兼人者王，以力兼人者弱，以富兼人者贫。古今一也。

[注释]

①俞：通"愈"，更加。

②用：此指因为。

③食：养。

④掌：当作"禀"，"禀"同"廪"，粮仓。窌：地窖。

⑤朞：通"綦"，极。

[译文]

一般来说，兼并别的国家的方法有三种：有依靠德行兼并别国的，有依靠武力兼并别国的，有依赖财富兼并别国的。别的国家的百姓景仰我的名声，赞赏我的德行，希望成为我的百姓，所以打开国门、休整道路来迎接我进城。进入之后，沿袭这个国家百姓的习俗，不改变他们的住处，而百姓都很安宁，对我所制定的法律与颁布的法令，百姓无不顺从。所以我得到了土地而权势越来越大，兼并了别国而兵力越来越强。这就是依靠德行兼并别的国家。那个国家的百姓并不景仰我的名声，也不赞赏我的德行，他们只是畏惧我的威武，迫于我的声势，所以百姓虽然有离开我的心思，也不敢有背叛我的意图。像这样，那么我所需要的兵力就会越来越多，所需要的给养就越来越大。所以得到了土地而权势却越来越弱，兼并了别国而兵力却越来越弱。这就是依靠武力兼并别的国家。那个国家的百姓并不景仰我的名声，也不赞赏我的德行，而是因为贫穷想要求得富裕，因为饥饿想要吃饱，所以空着肚子张着嘴来到我这里求食。像这样，就必须打开米仓地窖把粮食分给他们吃，给他们财物来使他们富裕，委任善良的官吏来管理照顾他们，三年之后，这些归附的老百姓才可以信任。所以，得到了土地而权势却越来越弱，兼并了别国而自己的国家却越来越贫穷。这是依靠财富去兼并别的国家。所以说：依靠德行兼并别国的君主称王天下，依靠武力兼并别国的君主衰弱，依靠财富兼并别国的君主贫穷。古往今来，都是这个道理。

原文

兼并易能也，唯坚凝之难焉。齐能并宋[①]，而不能凝也，故魏夺之[②]。燕能并齐[③]，而不能凝也，故田单夺之[④]。韩之上地[⑤]，方数百里，完全富足而趋赵[⑥]，赵不能凝也，故秦夺之[⑦]。故能并之而不能凝，则必夺；不能并之又不能凝其有，则必亡。能凝之，则必能并之矣；得之则凝，兼并无强。古者汤以薄[⑧]，武王以滈[⑨]，皆百里之地也，天下为一，诸侯为臣，无它故焉，能凝之也。故凝士以礼，凝民以政。礼修而士服，政平而民安。士服民安，夫是之谓大凝。以守则固，以征则强，令行禁止，王者之事毕矣。

[注释]

①齐能并宋：公元前286年，齐国讨伐宋国，宋王偃（康王）出逃，死于温地，齐国兼并了宋国。

②魏夺之：公元前284年，魏与秦、赵、韩、燕共同伐齐，临淄被攻破，齐闵王出逃，齐国被瓜分。

③燕能并齐：公元前284年，燕昭王派大将乐毅率兵攻齐，攻占了齐国七十余座城池。

④田单夺之：指齐国将领田单收复被燕国占领的齐国七十余座城池。

⑤上地：指上党，在今山西长治。

⑥趋赵：归顺赵国，公元前262年，秦国将领白起攻打韩国，上党郡守冯亭不愿降秦之事。

⑦秦夺之：指公元前260年至公元前259年秦国攻占上党之事。

⑧薄：通“亳”。

⑨滈：通“镐”。

[译文]

兼并别国容易做到，只是坚守和巩固它就很困难。齐国能够兼并宋国，但是不能巩固凝聚，所以魏国又夺走了宋国。燕国能够兼并齐国，但是不能巩固凝聚，所以田单又将它夺了回去。韩国的上党地区，方圆几百里，城池完备无损，府库充足而归顺了赵国，赵国却不能巩固凝聚它，所以秦国又夺取了它。所以，能够兼并别国的土地而不能巩固凝聚的，就一定还会被夺走；不能够兼并别国又不能巩固凝聚自己拥有的国家的，就一定会遭到灭亡。能巩固凝聚自己的国家，就必定能兼并别国；得到别国的土地就予以巩固凝聚，那么再去兼并别国就会天下无敌了。古代商汤所凭借的亳，周武王所凭借的鄗，都不过是方圆百里的地方，却使天下统一，诸侯称臣，没有别的缘故，是因为他们能够巩固凝聚啊。巩固凝聚士人要依靠礼仪，巩固凝聚百姓要依靠政策。礼仪搞好了，士人就会归服；政治清明了，百姓就会安定。士人归服、百姓安定，这叫作最大的巩固凝聚。靠这种政治局面来防守就会牢不可破，靠它来征伐别的国家就会强大无比，有令必行、有禁必止，这样，称王天下的事业就完备了。

齐王伐宋

战国后期，齐闵王伐宋并吞并了宋国，后来齐国又被五国大军打败，齐地被瓜分。战国时期，诸侯以武力互相攻伐，胜败都不长久。当时一切的功名利禄，都被历史的长河淹没了。

强国第十六

题解

本篇着重论述国家强盛之道，荀子认为必须行“胜人之道”，包括“求仁厚明通之君子”“与之参国政”“慎礼义务忠信”“隆礼尊贤”“重法爱民”“尚贤使能，赏有功，罚有罪”等内容，而归结起来则是“赏不用而民劝，罚不用而威行”的“道德之威”。

原文

刑范①正，金锡美，工冶②巧，火齐③得，剖刑而莫邪已④。然而不剥脱，不砥厉⑤，则不可以断绳；剥脱之，砥厉之，则劙(lí)盘盂、刎(wěn)牛马忽然耳⑥。彼国者，亦强国之剖刑已。然而不教诲，不调一，则入不可以守，出不可以战；教诲之，调一之，则兵劲城固，敌国不敢婴⑦也。彼国者亦有砥厉，礼义、节奏⑧是也。故人之命在天，国之命在礼。人君者，隆礼、尊贤而王，重法、爱民而霸，好利、多诈而危，权谋、倾覆、幽险而亡。

[注释]

①刑范：浇铸器物所使用的模具。刑，通“型”。
②工冶：冶金工匠。
③火齐：冶炼青铜器的火候与用料配比。齐，同“剂”，配方。
④莫邪：春秋时名剑。已：成。
⑤砥厉：磨石，此处作动词，研磨。厉，通“砺”。
⑥劙：割。盘盂：两种铜器，古人常用以试剑。刎：割断。
⑦婴：通“撄”，触犯。
⑧节奏：法度。

[译文]

模具端正，铜、锡原料质量高，冶炼工匠技艺巧，火候和配料比例适当，那么剖开模具就铸成了名剑莫邪。但是不剥除它粗糙的硬皮，不对其加以研磨，那么就连绳子都砍不断；剥除了它粗糙的硬皮，对其加以研磨，那么用它来砍削铜器、宰杀牛马就轻而易举了。所谓国家，也就是强国剖开模具时的毛坯。但如果不通过教化，不能使百姓协调一致，那么在内不能依靠他们保卫国家，在外不能依靠他们迎敌作战；如果加以教化，让他们协调一致，那么士卒强悍、城池牢固，敌国就不敢来侵犯。国家也有磨石，就是礼仪和法度。所以人的命运由上天决定，国家的命运由礼仪决定。作为君主，推崇礼仪、尊重贤士就能够称王，重视法治、爱护百姓就能够称霸，喜好财物、多行欺诈就很危险，玩弄权术、残害他人、阴暗险恶就会灭亡。

原文

威有三：有道德之威者，有暴察之威者，有狂妄之威者。此三威者，不可不孰察也。

礼乐则修，分义则明，举错则时，爱利则形。如是百姓贵之如帝，高之如天，亲之如父母，畏之如神明。故赏不用而民劝，罚不用而威行。夫是之谓道德之威。

礼乐则不修，分义则不明，举错则不时，爱利则不刑，然而其禁暴也察，其诛不服也审，其刑罚重而信，其诛杀猛而必，黭（yǎn）然而雷击之①，如墙厌（yā）②之。如是百姓劫则致畏，嬴则敖上③，执拘则冣（zuì）④，得间⑤则散，敌中⑥则夺，非劫之以形势⑦，非振⑧之以诛杀，则无以有其下。夫是之谓暴察之威。

无爱人之心，无利人之事，而日为乱人之道，百姓讙敖⑨，则从而执缚之，刑灼之，不和人心。如是，下比周贲溃以离上矣⑩，倾覆灭亡，可立而待也。夫是之谓狂妄之威。

此三威者，不可不孰察也。道德之威成乎安强，暴察之威成乎危弱，狂妄之威成乎灭亡也。

[注释]

①黭然：突然。黭，通“奄”。而：通“如”。

②厌：通“压”。

③嬴：通“赢”，盈余，引申为宽松。敖：通“傲”。

④执拘：强行集中。

⑤间：空隙，时机。

⑥中：击。

⑦形势：指权势地位。

⑧振：通“震”，恐惧。

⑨讙：喧哗。敖：通“嗷”，众声嘈杂。

⑩比周：结伙。贲：通“奔”。

[译文]

威势有三类：有因道德而生的威势，有因暴虐严察而生的威势，有因肆意妄为而生的威势。这三类威势，不能不仔细考察。

礼乐制度完善，等级道义清楚，措施合乎时宜，爱护、造福百姓体现在行动上。这样百姓会像对待天帝一样尊崇他，像对待上天一样仰慕他，像对待父母一样亲近他，像对待神明一样敬畏他。所以不必加以奖赏而百姓就会尽职尽力，不必动用刑罚而威势就能得以扩展。这就是因道德而生的威势。

礼乐制度不完善，等级道义不清楚，措施不合时宜，爱护、造福百姓不能实行，但是他制裁暴徒能够明察，惩处不服从的人也很谨慎，他动用严刑而非常守信，诛杀犯人严厉而果决，迅速得如同雷击，如同倒塌的墙壁将他们压垮。像这样，百姓因胁迫而畏惧，宽缓时就会轻视君主，强行集中就聚集起来，一有空隙就四处逃散，敌人进攻就会被掳掠过去，倘若不用权势胁迫，不用诛杀震慑，就无法控制他们。这就是因暴虐严察而生的威势。

没有爱护百姓的心意，不做为百姓造福的事，每天所做的都是扰乱百姓的邪事，百姓如果有怨言，就跟着将其逮捕，对他们动用烧灼的酷刑，而不去聚拢调和民心。像这样，百姓就会成群逃散离弃君主，倾覆灭亡很快就会到来了。这就是因肆意妄为而生的威势。

这三类威势，是不能不仔细审查的。因道德而生的威势会使得国家安定强盛，因暴虐严察而生的威势会使国家走向衰微，因肆意妄为而生的威势会导致国家灭亡。

原文

公孙子[①]曰："子发将西伐蔡[②]，克蔡，获蔡侯[③]，归致命[④]曰：'蔡侯奉其社稷而归[⑤]之楚，舍属[⑥]二三子而治其地。'既，楚发其赏，子发辞曰：'发诫布令而敌退，是主威也；徙举相攻而敌退[⑦]，是将威也；合战用力而敌退，是众威也。臣舍不宜以众威受赏。'"讥之曰："子发之致命也恭，其辞赏也固。夫尚贤使能，赏有功，罚有罪，非独一人为之也，彼先王之道也，一人之本也，善善、恶恶之应也，治必由之，古今一也。古者明王之举大事、立大功也，大事已博，大功已立，则君享其成，群臣享其功，士大夫益爵，官人益秩，庶人益禄。是以为善者劝，为不善者沮，上下一心，三军同力，是以百事成而功名大也。今子发独不然，反先王之道，乱楚国之法，堕[⑧]兴功之臣，耻受赏之属，无僇(lù)乎族党而抑卑其后世[⑨]，案独以为私廉，岂不过甚矣哉？故曰：子发之致命也恭，其辞赏也固。"

[注释]

①公孙子：齐国的宰相，以公孙为氏，“子”是尊称。

②子发：楚宣王时令尹（相当于别国的相），姓景，名舍，字子发。将：带兵。蔡：此指高蔡，在楚国之西，巫山与洞庭湖之间。

③蔡侯：指蔡圣侯。

④致命：复命。

⑤归：通“馈”，赠送。

⑥属：嘱托。

⑦徙：调动。举：发动。

⑧堕：通“惰”，懈怠。

⑨僇：羞辱。族党：同族亲属。

[译文]

公孙子说：“子发统帅兵马向西征伐蔡国，攻克蔡国，擒获了蔡圣侯，回来向楚宣王复命说：‘蔡侯献出自己的国家将其赠送给楚国，我嘱托几个人负责治理那里。’之后，楚宣王赐给他奖赏，子发推辞道：‘发布戒令使敌人退却，这是君主的威势；调动军队攻打使敌人退却，这是将领的威势；短兵相接拼力使敌人退却，这是士卒们的威势。我不能依仗士卒们的威势接受奖赏。’”荀子批评这件事说：“子发向君主复命谦恭有礼，他推辞奖赏的做法却很浅陋无知。推崇贤士，任用能人，奖励有功者，惩罚有罪者，并非只有一个人这样做，那是前代圣明君王的为政原则，是统领百姓的根本，是奖励善行、惩治恶行的回应，治国必须要遵循这个原则，自古至今都是一个道理。古时贤明的君王举行大事、建立大功，大事已经达成，大功已经建立，君王就享有其成果，大臣们就分享其功劳，士大夫提升爵位，官吏提高俸禄，士卒们增加粮饷。所以行善者受到勉励，为恶者受到制止，上下齐心一致，三军共同出力，所以任何事情都会成功并取得伟大的名声。现在唯独子发不是这样，他违背前代圣明君王的为政原则，扰乱了楚国的法律，使有功之臣怠惰，使受赏之人受辱，即使没使家族蒙羞，也使后代受到了压抑，还自以为廉洁，难道不是很过分吗？所以说：子发向君主复命谦恭有礼，他推辞奖赏的做法却很浅陋无知。”

原文

荀卿子说齐相曰①：

“处胜人之势，行胜人之道，天下莫忿，汤、武是也；处胜人之势，不以胜人之道，厚于有天下之势，索为匹夫不可得也，桀、纣是也。然则得胜人之势者，其不如胜人之道远矣。

“夫主相者，胜人以势也。是为是，非为非，能为能，不能为不能，

孟尝君

孟尝君，是齐国贵族、战国四公子之一，曾养士数千。战国四公子均以善于发现有才能的士人而著称。

并[2]己之私欲，必以道夫公道通义之可以相兼容者[3]，是胜人之道也。今相国上则得专主，下则得专国，相国之于胜人之势，亶[4]有之矣。然则胡不驱[5]此胜人之势、赴胜人之道、求仁厚明通之君子而托王焉？与之参国政，正是非，如是则国孰敢不为义矣？君臣上下，贵贱长少，至于庶人，莫不为义，则天下孰不欲合义矣？贤士愿相国之朝，能士愿相国之官，好利之民莫不愿以齐为归，是一天下也。相国舍是而不为，案直为是世俗之所以为，则女主乱之宫，诈臣乱之朝，贪吏乱之官，众庶百姓皆以贪利争夺为俗，曷若是而可以持国乎？今巨楚县[6]吾前，大燕鳍[7]吾后，劲魏钩吾右[8]，西壤之不绝若绳，楚人则乃有襄贲、开阳以临吾左[9]。是一国作谋，则三国必起而乘我。如是则齐必断而为四三，国若假[10]城然耳！必为天下大笑。曷若两者孰足为也？

[注释]

①说：劝说。齐相：指孟尝君，曾任齐湣王相国。

②并：通“屏”，摒弃。

③以：使。道：遵行。兼容：相互容纳不抵触。

④亶：确实。

⑤驱：赶马。此处将“势”比作马。

⑥县：同“悬”，耸立。

⑦鳍：通“遒”，逼迫。

⑧钩：牵制。右：指西方。

⑨乃：又。襄贲、开阳：均为楚国城邑，在今山东临沂市北。左：指东方。

⑩假：借。

[译文]

荀子劝说齐相孟尝君说：

“处在控制他人的地位，实施控制他人的手段，天下却没人怨恨，商汤王、周武王就是如此；处在控制他人的地位，不实施控制他人的手段，强大到拥有统治天下的威势，连想要做一个普通百姓也办不到，夏桀、商纣就是如此。看来拥有控制他人的威势地位，相对于实施控制他人的手段差得太远了。

“君主与相国，是通过威势来控制他人的。对就是对，错就是错，有才干的就是有才干，没才干的就是没才干，摒弃个人欲望，必须要让自己遵行相互包容的公正道义，这就是控制他人的手段。现在相国您在上独得君王的宠信，在下独揽一国大权，相国对于控制他人的威势地位，确实已经拥有了。既然如此为何不驾驭这控制人的威势，施行控制他人的手段，寻求仁慈宽宏、英明通达的君子将其推荐给君主呢？您和他一起谋划国政，端正是非，这样的话国内谁敢不遵行道义？君主和臣下，上级和下级，地位高的和地位低下的，年迈的和年少的，以至于平民，没人不遵行道义，那么天下有谁不希望归附道义？贤德之士希望来相国的朝堂任职，干练之士希望在相国属下为官，好利的百姓无不希望来到齐国定居，这样天下就统一了。相国舍弃这些措施不去做，而只采用世俗之人的做法，那么妃子就会搅乱后宫，奸臣就会搅乱朝堂，贪官污吏就会搅乱官府，广大百姓就会将贪图私利当成习俗，难道如此就能够治理好国家了吗？如今巨大的楚国在我们面前耸立，强大的燕国在我们后面逼迫，强劲的魏国在我们西方牵制，对西边领土的控制就像一根快要断开的绳子，楚国有襄贲、开阳两个城邑在我们的东边。如此只要一个国家有动作，那么三个国家一定会一同起来欺凌我们。这样的话齐国必然会被割裂为三四块，国土就像借来的城池一样了！一定会被天下人讥笑。怎么样，上述两种办法哪个可行呢？

原文

“夫桀、纣，圣王之后子孙也，有天下者之世也，势籍之所存①，天下之宗室②也；土地之大，封内千里；人之众，数以亿万；俄而天下倜然举去桀、纣而奔汤、武③，反然④举恶桀、纣而贵汤、武。是何也？夫桀、纣何失而汤、武何得也？曰：是无它故焉，桀、纣者，善为人之所恶也；而汤、武者，善为人之所好也。人之所恶何也？曰：污漫、争夺、贪利是也。人之所好者何也？曰：礼义、辞让、忠信是也。今君人者，辟称比方，则欲自并乎汤、武；若其所以统之，则无以异于桀、纣；而求有汤、武之功名，可乎？

[注释]

①所存：所在，存在的地方。

②宗室：古称嫡系长房之庙为宗室，后用以指代王室。

③倜然：远离的样子。举：全都。

④反然：通“翻然”，迅速改变的样子。

［译文］

“夏桀和商纣，是圣明的君主的后代，是统治天下的君王的继承者，是权势地位的归属者，是天下的宗室；疆域之广大，方圆可达上千里；人口之众多，数量可达亿万；但不久天下人就都远离夏桀和商纣而归附商汤王和周武王，很快开始憎恶夏桀和商纣而尊崇商汤王和周武王。这是什么原因呢？夏桀和商纣有什么过失而商汤王和周武王又有什么功业呢？答道：此事没有其他原因，夏桀和商纣，喜欢做百姓所厌恶的事；而商汤王和周武王，喜欢做百姓所喜好的事。百姓厌恶什么呢？答道：就是污秽、争夺、贪利。百姓喜好什么呢？答道：就是礼法道义、谦逊推让、忠诚信用。现在的那些君主，倘若加以比拟，就希望将自己和商汤王、周武王并列；至于他们治国的手段，却和夏桀、商纣没有区别；这样反倒期望获得商汤王、周武王那样的功业名望，可能吗？

原文

“故凡得胜者，必与[①]人也；凡得人者，必与道也。道也者，何也？曰：礼义、辞让、忠信是也。故自四五万而往者，强胜，非众之力也，隆在信矣；自数百里而往者，安固，非大之力也，隆在修政矣。今已有数万之众者也，陶诞[②]比周以争与；已有数百里之国者也，污漫突盗以争地。然则是弃己之所安强，而争己之所以危弱也；损己之所不足，以重[③]己之所有余。若是其悖缪也，而求有汤、武之功名，可乎？辟之，是犹伏而咶(shì)天、救经而引其足也，说必不行矣，愈务而愈远。

“为人臣者，不恤己行之不行，苟得利而已矣，是渠冲入穴而求利也[④]，是仁人之所羞而不为也。故人莫贵乎生，莫乐乎安；所以养生安乐者，莫大乎礼义。人知贵生乐安而弃礼义，辟之，是犹欲寿而歾(wěn)颈也，愚莫大焉。

“故君人者，爱民而安，好士而荣，两者无一焉而亡。《诗》[⑤]曰：‘价人维藩，大师维垣。’此之谓也。”

［注释］

①与：亲近。

②陶诞：虚妄夸诞。

③重：增加。

④渠冲：用以冲撞城墙的大型战车。入穴：古代的一种攻城术，挖掘地道至敌城纵火使城墙倒塌。

⑤《诗》：指《诗经·大雅·板》。

［译文］

“因而凡是获胜的，必然是因为亲近百姓；凡是获得百姓拥护的，必然是因为遵循正道。所谓的正道是什么呢？答道：就是礼法道义、谦逊推让、忠诚信用。所以拥有四五万以上人口的国家，能够获取很大的胜利，并非是因为人口众多，重点在于忠实守信；拥有方圆几百里以上疆土的国家，能够维持安定稳固，并非是因为疆域广阔，重点在于政治清明。如今已经拥有数万人口的国家，用虚假夸诞的手段去勾结争取盟国；已经拥有数百里疆域的国家，用肮脏强夺的手段去掠取土地。这样就是舍弃能使自己稳定强盛的办法，而争相使用令自身危险衰弱的手段；耗损自身所缺少的东西，来增多自身本就多余的东西。就像这样荒谬，反倒期望获得商汤王和周武王那样的功业名望，可能吗？打个比方，就像是趴下来去舔天，拉住两脚来挽救上吊的人，这样的主张必然行不通，越是坚持就离目标越远。

“做臣子的，不顾惜自身德行的好坏，只要有利可图就行，这就像是用冲车或掘地攻城谋求利益一样，是仁德之士感到羞耻而不屑去做的事。所以对人来说没什么比生命更珍贵，没什么比安稳更快乐；能够倚仗用来保养生命、获取安乐的，没什么比礼法道义更重要的了。人知道珍视生命、喜好安稳却舍弃礼义道义，打个比方，这就如同希望长寿却割断脖子一样，没有比这更愚蠢的了。

“所以作为一国之君，爱护百姓就会安稳，喜好贤士就会荣耀，二者全都不具备就会灭亡。《诗经》说：‘贤士就是屏障，大众就是围墙。’就是这个道理。”

原文

“力术止，义术行。曷谓也？”

曰：“秦之谓也。威强乎汤、武，广大乎舜、禹，然而忧患不可胜校也，諰諰然常恐天下之一合而轧己也，此所谓力术止也。”

“曷谓乎威强乎汤、武？”

“汤、武也者，乃能使说已者使耳[①]。今楚父[②]死焉，国举焉，负三王之庙而辟于陈、蔡之间[③]，视可、伺间，案欲剡(yǎn)其胫而以蹈秦之腹[④]；然而秦使左案[⑤]左，使右案右，是能使仇人役也。此所谓威强乎汤、武也。”

“曷谓广大乎舜、禹也？”

曰："古者百王之一天下、臣诸侯也，未有过封内千里者也。今秦，南乃有沙羡[6]与俱，是乃江南也；北与胡、貉为邻[7]；西有巴、戎[8]；东，在楚者乃界于齐，在韩者逾常山乃有临虑[9]，在魏者乃据圉(yǔ)津，即去大梁百有二十里耳[10]，其在赵者剡然有苓而据松柏之塞、负西海而固常山[11]：是地遍天下也。威动海内，强殆中国，然而忧患不可胜校也，諰諰然常恐天下之一合而轧己也。此所谓广大乎舜、禹也。"

"然则柰何？"

曰："节威反文[12]，案用夫端诚信全之君子治天下焉，因与之参国政，正是非，治曲直，听咸阳[13]，顺者错[14]之，不顺者而后诛之。若是则兵不复出于塞外而令行于天下矣；若是则虽为之筑明堂[15]于塞外而朝诸侯，殆可矣。假今之世，益地不如益信之务也。"

［注释］

①乃：仅，只。说：通"悦"。

②楚父：楚顷襄王之父楚怀王受骗入秦被扣，终死于秦。

③三王：指楚祖鬻熊、受封之君熊绎与春秋霸主楚庄王。庙：神主牌位。辟：通"避"。秦将白起攻破楚都郢，楚君臣退于陈城。

④剡：抬起。胫：小腿。

⑤案：则，就。

⑥沙羡：地名，在今湖北武昌。

⑦胡：我国古代西北少数民族。貉：我国古代东北少数民族。

⑧巴：古国名，在今四川省东部，为秦惠文王所灭。戎：我国古代西部少数民族。

⑨常山：即恒山，汉时避文帝讳，更名常山。临虑：战国韩邑，即今河南林州市。

⑩圉津：应为"围津"，在今河南濮阳西南。大梁：魏国都，在今河南开封。

⑪苓：通"灵"，灵丘，在今山西灵丘东，赵武灵王葬于此。松柏之塞：生长松柏的要塞。西海：赵湖名，在常山西南。

⑫威：指"力术"。反：通"返"。文：指"义术"。

⑬咸阳：战国时秦国都，在今陕西咸阳东。

⑭错：通"措"，放置，搁置。

⑮明堂：古代天子宣明政教、举行大典的场所。

［译文］

"强硬的手段行不通，合乎道义的方法行得通。这是为什么？"

答道："这是在说秦国。秦国力量的强大超过了商汤王和周武王，其疆域的广阔超过了舜和禹，但是其忧虑祸患多得数不过来，总是担心列国合力来对抗自己，这说的就是强硬的手段行不通。"

"为什么说其力量的强大超过了商汤王和周武王？"

回答说："商汤王和周武王，只是能够使用喜爱自己的人而已。如今楚王之父死于秦国，国都被攻克，楚王带着三位先王的牌位在陈、蔡两地躲避，观察合适的时机，等待可乘之隙，试图抬脚攻击秦国腹地；然而秦国让他向左就向左，让他向右就向右，这是能控制仇敌为自己做事。这就是所说的力量强大超过了商汤王和周武王。"

河朔誓师图

武王伐商纣，曾在河朔誓师。商纣、夏桀都是古代无道的昏君，他们荒淫无度，杀戮忠良，以天下之财物满足一己私欲，终于招致天下人的不满。周武王、商汤兴兵讨伐他们顺应了天道。

"为什么说其疆域广大超过了舜和禹？"

答道："古时列位君王统一天下、臣服诸侯，从没过方圆超出千里的疆域。如今的秦国，南方占据着沙羡及其周边地区，这已经在长江以南了；北方与胡、貉之地相接；西方占据着巴、戎之地；东方，其所占领的楚国土地与齐国接壤，在韩国越过常山占据着临虑，在魏国占据了圉津，即距魏国都大梁仅一百二十里而已，赵国的军队势如破竹地占据了灵丘而盘踞在生长着松柏的要塞、背靠西海以常山为屏障，如此领地遍布天下。威势震动四海之内，武力逼迫中原列国，但是其忧虑祸患多得数不过来，总是担心列国合力来对抗自己。这就是所说的疆域的广阔超过了舜和禹。"

"这样的话又该怎么办？"

答道："节制武力回归文治，任用正直、诚实守信、完美的君子治理天下，并和他们一同谋划国家政事，端正是非，治理曲直，听候咸阳的政令，顺从的就放在一边，不顺从的就兴兵讨伐。这样的话，军队不用再进发到边塞之外而政令就得以在天下推行；这样的话，即使在边塞之外建造明堂而使诸侯来朝拜，差不多也能办到了。当今的局势，增加土地不如增加信用更有必要。"

原文

应侯[1]问孙卿子曰："入秦何见？"

孙卿子曰："其固塞险，形势便，山林川谷美，天材之利多，是形胜也。入境，观其风俗，其百姓朴，其声乐不流污，其服不挑[2]，甚畏有司而顺，古之民也。及都邑官府，其百吏肃然，莫不恭俭、敦敬、忠信而不楛，古之吏也。入其国，观其士大夫，出于其门，入于公门，出于公门，归于其家，无有私事也；不比周，不朋党，倜然莫不明通而公也，古之士大夫也。观其朝廷，其朝间[3]，听决百事不留，恬然如无治者，古之朝也。故四世有胜，非幸也，数也。是所见也。故曰：佚而治，约而详，不烦而功，治之至也。秦类之矣。虽然，则有其諰[4]矣。兼是数具者而尽有之，然而县[5]之以王者之功名，则倜倜然，其不及远矣。是何也？则其殆无儒邪！故曰：粹而王，驳而霸，无一焉而亡。此亦秦之所短也。"

［注释］

①应侯：范雎，战国时魏人，秦昭王时为秦相，封于应地（今河南鲁山县东北），号应侯。

②挑：通"佻"，轻佻。

③朝间：指退朝。间，空隙。

④諰：忧患，惧怕。

⑤县：同"悬"，衡量。

［译文］

应侯问荀子说："进入秦国看到了什么？"

荀子说："它的边塞险要，地势有利，山林河谷美好，天然物产非常丰富，这是地理上的优势。进入国境，观察那里的习俗，百姓淳朴，音乐不淫邪污秽，衣着不轻佻妖艳，十分敬畏官吏而非常顺从，就像是上古时代的人民。等来到各城邑的官府，那里的各级官吏都很严肃认真，都恭敬节俭、敦厚谨慎、忠实守信而不草率懈怠，就像是上古时代的官吏。来到国都，观察那里的士大夫，出了自己家，就进入公家衙门，出了公家衙门，就回到自己家，没有个人私事；不勾结，不结党，都明智通达秉公处事，就像是上古时代的士大夫。观察朝廷，在君主处理朝政的间隙，解决各类政事毫无遗漏，安闲得像没什么事一样，就像是上古时代的朝堂。所以秦国经历四代君主都能获胜，并非是出于侥幸，是有其必然原因的。这些就是我看到的。所以说：安闲却能治理好国家，政令简要却巨细无遗，政务不繁杂却卓有成效，这是为政的最高境界。秦国就仿佛如此了。即使是这样，却还是有其自身的忧患。具备了上述几个条件，然而用称王的标准去衡量，就相差很远了。这是什么原因呢？那大概是他们没有任用儒者吧。所以说：纯粹地推崇道义、任用贤士的就能称王，驳杂地行义取利、亲信贤士的就能称霸，一样都做不到的就会灭亡。这也正是秦国的缺陷。"

原文

积微，月不胜日，时不胜月，岁不胜时。凡人好敖[①]慢小事，大事至，然后兴之务之。如是则常不胜夫敦比于小事者矣。是何也？则小事之至也数(shuò)[②]，其县[③]日也博，其为积也大；大事之至也希，其县日也浅，其为积也小。故善日者王，善时者霸，补漏者危，大荒者亡。故王者敬日，霸者敬时，仅存之国危而后戚之，亡国至亡而后知亡，至死而后知死。亡国之祸败，不可胜悔也；霸者之善箸[④]焉，可以时托[⑤]也；王者之功名，不可胜日志也。财物货宝[⑥]以大为重，政教功名反是，能积微者速成。《诗》[⑦]曰："德輶如毛，民鲜克举之。"此之谓也。

[注释]

①敖：通"傲"。

②数：屡次，频繁。

③县：同"悬"。

④箸：通"著"。

⑤托：当为"记"字之误。

⑥货宝：货币。

⑦《诗》：指《诗经·大雅·烝民》。

[译文]

累积微小的成就，每月累积不如每天累积，每季累积不如每月累积，每年累积不如每季累积。平常人习惯轻视怠慢小事，大事降临，才想到要努力去做。这就往往不如那些认真着眼于小事的人。这是什么原因呢？因为小事总是频繁出现，接触到的时间多，累积起来就会有很大的成效；大事很少遇到，接触到的时间少，累积的成效小。所以善于每天累积的君主就能够称王，善于每季累积的君主就能够称霸，出现漏洞再去补救的君主会陷入危机，荒废掉时间的君主就会灭亡。所以能够称王的君主会认真对待每一天，能够称霸的诸侯会认真对待每一季，勉强维持的国家陷入危机之后君主才开始担忧，亡国之君到国家灭亡后才意识到会灭亡，临死的时候才意识到要死。导致亡国的祸患和失败，多得懊悔不过来；能够称霸的君主政绩显著，可以用季度来记录；能够称王的君主的功绩和名望，每天记录恐怕也记录不过来。财物货币以大为贵，政教功名却与之相反，善于累积微小成就的君主才会迅速成功。《诗经》说："道德轻得像毫毛，人们却很少能举起它。"就是这个道理。

原文

凡奸人之所以起者，以上之不贵义、不敬义也。夫义者，所以限禁人之为恶与奸者也。今上不贵义、不敬义，如是则下之人百姓皆有弃义之志而有趋奸之心矣，此奸人之所以起也。且上者，下之师也。夫下之和上，譬之犹响之应声、影之像形也。故为人上者，不可不顺[①]也。夫义者，内节于人而外节于万物者也，上安于主而下调于民者也。内外上下节者，义之情也。然则凡为天下之要，义为本，而信次之。古者禹、汤本义务信而天下治；桀、纣弃义倍[②]信而天下乱。故为人上者，必将慎礼义、务忠信，然后可。此君人者之大本也。

[注释]

①顺：通“慎”。

②倍：通“背”，背弃。

[译文]

大凡奸邪之人产生的原因，都是君主不重视道义、不崇尚道义。道义，是用来限制、防止人们做出恶事和奸行的。如今君主不重视道义、不崇尚道义，这样下面的百姓就都会有背离道义的心思而产生趋附奸邪的想法了，这就是奸邪之人产生的原因。而且君主是臣民的榜样。臣民响应君主，就妙同回响应和声音、影子形似本体一样。所以作为君主，不能不慎重。道义，在内能调养个人而在外能调养万物，在上能安定君主而在下能协调民众。内外上下都能调养，这就是道义的本质。但凡是治理天下的要领，道义都是其根本，而守信是其次。古时夏禹和商汤以道义为本，致力于守信而天下大治；夏桀和商纣舍弃道义、违背诚信而天下大乱。所以作为君主，必须要慎重看待礼法道义、认真忠诚守信，然后才会有所成就。这就是作为君主的最大根本。

原文

堂上不粪，则郊草不瞻旷芸[①]；白刃扞[②]乎胸，则目不见流矢；拔戟[③]加乎首，则十指不辞断。非不以此为务也，疾养缓急之有相先者也[④]。

[注释]

①瞻：当为“赡”字之误，足。旷：空闲。芸：通“耘”，除草。

②扞：通“干”，触犯。

③拔戟：枝戟，古兵器，矛头带戈刃，如木出枝，故称。拔，当为“枝”字之误。

④疾：痛。养：通“痒”。

［译文］

厅堂之上尚未清扫，那么生在郊外的野草就没有足够闲暇去铲除；雪亮的刀锋抵触在胸前，那么眼睛就不会去看飞来的快箭；长戟落到头上，那么就不会吝惜十指被砍断。这并非不将杂草、快箭、十指当回事，是因为痛痒缓急是有先后之分的。

卷十一

天论第十七

题解

本篇探讨了一系列关于自然的问题，认为“天行有常”，是不以人的意志为转移的；阐释了人间福祸的产生之源是“人”而并非“天”，因此要“明于天人之分”；同时又提出人类可以“制天命而用之”的思想，具有很强的开拓性。

原文

天行有常，不为尧存，不为桀亡①。应之以治则吉②，应之以乱则凶。强本而节用，则天不能贫；养备而动时，则天不能病；修道而不忒③，则天不能祸。故水旱不能使之饥④，寒暑不能使之疾，祆怪不能使之凶。本荒而用侈，则天不能使之富；养略而动罕，则天不能使之全；倍道而妄行，则天不能使之吉。故水旱未至而饥，寒暑未薄而疾，祆怪未至而凶。受时与治世同，而殃祸与治世异，不可以怨天，其道⑤然也。故明于天人之分⑥，则可谓至人矣。

[注释]

①“天行有常”三句：指出了“天行有常”的事实依据，天道不因为人事的改变而改变。行，运行。常，不变、定数。

②之：这里指“天行”，即天道。治：治世，太平安定之世。

③道：这里指的是自然和社会的道理。忒：逆行、相悖的意思。

④故水旱不能使之饥：这里是根据《群书治要》之文删节的，在《集解》中“饥”之后有“渴”。

⑤道：指的是施行的方法。

⑥天人之分：自然与社会相区别的地方。两者各自独立，社会中发生的事只能是和人有关，而与天无关。

[译文]

自然界的变化规律是永恒不变的，并不会因为尧而存在，也不会因为桀而灭亡。用适当的措施加以适应就会收获吉利，相反，用混乱去适应就会招致凶险。加强农业生产同时节约用度，那么天自然不会使他贫穷；衣食充足而让百姓按时令劳作，同时进行适时的活动，那么天自然不会使他困苦；按照规律办事同时又不出差错，那么天自然不会使他遭殃。这样的话，水旱灾害都不能使他挨饿，酷暑严寒都不能让他生病，自然界的异常变化不能使他遭殃。荒废农业同时又奢侈无度，那么天自然不会使他富裕；衣食没有充足的供给同时又很懒惰，那么天自然不会使他健康地生存下去；背离规律同时又肆意而为，那么天自然不会使他吉利。因此水旱灾害没有来临他就挨饿了，酷暑严寒没有降临他就生病了，自然界异样的变化还没有出现他就遭殃了。遇到的天时与安定时期相同，可是遇到的灾祸与安定时期不相同，不可以埋怨天，这是人施行了不合理的措施造成的。因此懂得了大自然与人类社会的区分，就能够算得上是一个思想修养很高的人了。

原文

不为而成，不求而得，夫是之谓天职[①]。如是者，虽深，其人不加虑焉[②]；虽大，不加能[③]焉；虽精，不加察焉。夫是之谓不与天争职。天有其时，地有其财[④]，人有其治，夫是之谓能参[⑤]。舍其所以参，而愿其所参，则惑矣！

［注释］

①天职：自然的职能。

②其人：就是上面讲到的“至人”。焉：于之。

③能：这里作动词，尽力参与的意思。

④财：通“材”。

⑤参：并举。

［译文］

不去行动就能获得成功，不去索求就能得到，这可以称其为自然的天职。类似这样的事情，就算是很有意义，思想境界高深的人对它也不会加以思考；就算影响力很大，思想境界高深的人对它也不会加以干预；就算是道理十分精妙，思想境界高深的人对它也不会加以发掘。这种状态称之为不与自然争职能。天有它自己的时令和季节，地有它自己的资源和物产，人能利用有利条件加以治理，这即是一种能够和谐相处的状态。假使人舍弃了自己与天、地相生的治理方法，而只是一味地寄希望于和自己并列的天、地，就太糊涂了。

原文

列星[①]随旋，日月递炤，四时代御[②]，阴阳大化[③]，风雨博施。万物各得其和[④]以生，各得其[⑤]养以成。不见其事而见其功，夫是之谓神。

皆知其所以[⑥]成，莫知其无形，夫是之谓天[⑦]。唯圣人为不求知天[⑧]。

［注释］

①列星：在天空有固定的位置，同时又会定时出现的星，即通常所说的二十八宿。

②代：更迭、轮换之意。御：控制、掌握之意。这里指的是控制每一季中的节气。

③阴阳大化：古代的思想家大多认为，宇宙中所有的事物都是由阴阳二气间相互作用产生的，这就是所说的大化。“化”即是变化生成之意。

④和：和气，是我国古代的哲学概念，指阴阳二气到达和谐水平后处在稳定位置。

⑤其：在这里指的是“风雨”。

⑥以：通“已”。

⑦天：据上下文，应为“天功”，即自然界的功绩。

⑧不求知天：不强求非要了解天，不去刻意地探究自然生成万物的缘由和过程。荀子认为天道是出于人想象之外的，人是很难参透其中的奥秘的。圣人不去做那些无谓的探索，而将探求的重心放在治理社会的道理上。

星

天上星座因时令而变换位置。日月轮转，繁星变换，四时互相更替，这些都是自然规律，在荀子看来，这叫作“神”。

［译文］

天空中的繁星互相伴随旋转，太阳和月亮轮流照耀大地，四季接替控制着节气，阴阳二气生成万物，风雨施惠于万物生灵。万物在阴阳和气中不断地产生，得到了风雨的滋养并且不断地成长。万物由阴阳之气转化、生成的过程我们难以看到，看到的只有它的功效，这叫作神。人们知道的只是阴阳生成的万物，却对万物生成的过程知之甚少，这叫作天的生成之功。只有圣人才知道尽人事而不寻求去通晓天。

原文

天职既立，天功既成，形具而神生，好恶、喜怒、哀乐臧焉，夫是之谓天情。耳、目、鼻、口、形，能各有接[①]而不相能也，夫是之谓天官。心居中虚，以治五官[②]，夫是之谓天君。财[③]非其类，以养其类，夫是之谓天养。顺其类者谓之福，逆其类者谓之祸，夫是之谓天政。暗其天君[④]，乱其天官，弃其天养，逆其天政，背其天情[⑤]，以丧天功，夫是之谓大凶。圣人清其天君，正其天官，备其天养，顺其天政，养其天情，以全其天功。如是则知其所为[⑥]、知其所不为矣，则天地官[⑦]而万物役矣，其行曲[⑧]治，其养曲适，其生不伤，夫是之谓知天。

[注释]

①能各有接：指的是五官不同的感知力，即耳感知声、目感知色、鼻感知臭、口感知味、身感知寒热痛痒。

②心居中虚，以治五官：心统治着人的五种感官。五官，在古代通用的说法中指的是耳、目、鼻、口、身体五种感官。

③财：通“裁”，控制。

④暗其天君：古时人们认为心脏是思维的器官，所以此句指使自己混乱。

⑤乱、弃、逆、背：在这里与“暗”意义相近，都有搅乱、叛乱之意。

⑥所为：在这里指的是人的所作所为。

⑦官：职守。

⑧曲：周全，兼顾各个方面。

[译文]

自然的能力已经确立，自然的功绩已经显现，人的形体诞生，精神也就随之产生了，喜爱与讨厌、兴奋与压抑、哀伤与快乐都在人的形体和精神里面蕴藏着，这是人天生具有的情感。耳朵、眼睛、鼻子、嘴巴、身体，根据它们的功能来看，它们的感受对象各不相同而且不能互相替代，这些都是天生的感官。心位于身体的胸腔内，它的职能是管理这五种感官，这就是天生的主宰者。人能够利用与自己不同类的万物，来供养自己的同类，这种供养是源自天然的。有能力让自己的同类听从自己的意志叫作福，招致同类的攻击叫作祸，这种政治原则也是源自天然的。天生的主宰者被搞晕，天生的感官被扰乱，天然的供养被丢弃，天然的政治原则被违反，天生的情感被背离，天的生成之功也就随之丧失了，这称之为大凶。圣人能够清楚地认识到自己那天生的主宰，有能力运用好自己那天生的感官，尽力完备那些天然的供养，自觉地去顺应天然的政治原则，细心保护那天生的情感，以此来保全天的生成之功。这样的话，才是真正明白了什么事情是自己应该做的，明白了什么事情是自己不应该做的，就能做到利用天地从而操纵万物了，他的行动也就会处处有条理，他的保养也就能处处恰当，他的生命就不会受到伤害，这就称之为了解了天。

原文

故大巧[①]在所不为，大智在所不虑[②]。所志[③]于天者，已其见象之可以期者矣[④]；所志于地者，已其见宜之可以息者矣[⑤]；所志于四时者，已其见数[⑥]之可以事者矣；所志于阴阳者，已其见知[⑦]之可以治者矣。

官人[8]守天而自为守道[9]也。

[注释]

①大巧：最能干，技艺最高。

②不虑：不加考虑。

③志：通“识”，明白。

④已：通“以”，根据。见：通“现”，显现。期：预期。

⑤宜：适宜，这里指的是适宜作物生长的条件。息：繁殖、生长。

⑥数：季节、时令的更迭变化。

⑦知：据上下文，应为“和”。

⑧官人：将官职授给某人。

⑨守道：遵守道德。

[译文]

因此，最高超的技巧在于拒绝去做某些事情，最高超的智慧在于拒绝考虑某些事情。对上天来说，所要了解的，只是它天象中呈现出来的那些可以测定气候变化的天文数据而已；对大地来说，所要了解的，只是它呈现出的适宜条件中利于种植庄稼的地理资料而已；对四季来说，所要了解的，只是它们呈现出的规律中可以用来安排农业生产的节气而已；对阴阳来说，所要了解的，只是它们呈现出的和气中能有利于事物的因素而已。圣人完全可以让其他的人来掌握这些自然现象，让自己专心去研究治理国家的原则。

原文

治乱，天邪[1]？曰：日月、星辰、瑞历[2]，是禹、桀之所同也；禹以治，桀以乱。治乱非天也。时邪？曰：繁启、蕃长于春夏[3]，畜[4]积、收臧于秋冬，是又禹、桀之所同也；禹以治，桀以乱。治乱非时也。地邪？曰：得地[5]则生，失地则死，是又禹、桀之所同也；禹以治，桀以乱。治乱非地也。《诗》[6]曰：“天作高山，大王荒[7]之；彼作矣，文王康之。”此之谓也。

[注释]

①邪：置于句末，表疑问。

②星辰：两词皆指星。还有将其分开而论的，即星指金、木、水、火、土五大行星，辰则指二十八宿。瑞历：历象。古代制造璇、玑、玉衡以象征日月星辰运行，故称瑞历。

③繁启、蕃长：生长。

④畜：通“蓄”，储备。

⑤得地：庄稼有了能够生长的土壤。

⑥《诗》：指《诗经·周颂·天作》。

⑦荒：开辟之意。

[译文]

一个社会的治乱，是上天决定的吗？回答说：太阳、月亮、星辰、历象，这在禹与桀的时代是完全一样的；禹使天下安定，桀使天下混乱。从这一点可以看出，社会的安定或混乱，上天并不是决定性因素。那是季节的原因吗？回答说：庄稼在春夏两季相继发芽，并且茂盛地生长，在秋冬两季收获、储藏，这在禹与桀的时代又是完全相同的；然而，禹使得天下安定，桀使得天下混乱。由此可以看出，社会的安定或混乱，季节并不是决定性因素。那是大地的原因吗？回答说：庄稼拥有了大地就会生长，离开了大地就会死亡，这一道理在禹与桀的时代又是相同的；禹使得天下安定，桀使得天下混乱。由此可知，社会的安定或混乱，大地并不是决定性因素。《诗经》中曾说：“天生高耸的岐山，太王让它得以发展；太王已经建造这座都城，文王给了它长久的平安。”说的就是这个意思。

原文

天不为人之恶寒也辍①冬，地不为人之恶辽远②也辍广，君子不为小人之匈匈③也辍行。天有常道矣，地有常数矣，君子有常体④矣。君子道其常，而小人计其功⑤。《诗》⑥曰：“礼义之不愆⑦，何恤人之言兮？”此之谓也。

[注释]

①辍：终止、停止。

②辽远：远大广阔。

③匈匈：同“讻讻”，指的是喧哗争论的声音。

④常体：最普遍一般的状态。体，规律，准则。

⑤计其功：计较功利得失之意。

⑥《诗》：此诗已失传。

⑦愆：错误、失误、过失。

[译文]

上苍不会因为人们讨厌寒冷就隐藏冬季，土地不会因为人们讨厌辽远就不再宽广，君子不会因为小人的奚落误解就停止自己前进的脚步。上天的规律是无法改变的，大地的法则是无法改变的，君子的规矩也是无法改变的。君子遵循的是常规，小人看中的是功利。《诗经》中讲道：“礼法道义上没有犯任何的错误，何必为人们的议论而烦心？”说的就是这个意思。

原文

楚王后[①]车千乘，非知也；君子啜菽饮水[②]，非愚也。是节[③]然也。若夫志意修，德行厚，知虑明，生于今而志乎古，则是其在我者也。故君子敬[④]其在己者，而不慕其在天者[⑤]；小人错[⑥]其在己者，而慕其在天者。君子敬其在己者，而不慕其在天者，是以日进也；小人错其在己者，而慕其在天者，是以日退也。故君子之所以日进与小人之所以日退，一[⑦]也。君子、小人之所以相县[⑧]者，在此耳！

[注释]

①后：后面。

②啜菽饮水：吃豆类食物，喝清水。

③节：时势、命运。

④敬：重视、看重。

⑤在天者：富贵之人。

⑥错：通“措”，放弃、遗忘。

⑦一：一样。

⑧县：通“悬”，差距很大。

[译文]

楚王出行时后面随行的车子有上千辆，并不是他聪明；君子吃粗茶淡饭，并不是他愚蠢。这种情况之所以出现，是时势命运造成的。至于思想高尚，德行优良，谋虑过人，生在今世而向往古代的事情，这些就取决于我们自己了。因此，君子对那些取决于自己的事情很是小心谨慎，对那些取决于上天的东西毫无羡慕之情；小人则是放弃去做那些取决于自己的事情，一味地指望那些取决于上天的东西。正是因为君子对那些取决于自己的事情很是小心谨慎，对那些取决于上天的东西毫无羡慕之情，所以每天都有进步；小人则是放弃去做那些取决于自己的事情，一味地指望那些取决于上天的东西，所以每天都退步。因此君子每天进步的原因和小人每天退步的原因是一样的。君子、小人之间的差别之所以如此之大，原因就在这里。

原文

星队[①]、木鸣，国人皆恐，曰：是何也？曰：无何也。是天地之变、阴阳之化[②]、物之罕至者也。怪之，可也；而畏之，非也。夫日月之有蚀，风雨之不时，怪星之党见[③]，是无世而不常[④]有之。上明而政平，则是虽并世起[⑤]，无伤也；上暗而政险[⑥]，则是虽无一至者，无益也。夫星之队、木之鸣，是天地之变、阴阳之化、物之罕至者也。怪之，可也；而畏之，非也。

彗星

彗星，古代称其为怪异之星，因其形如扫帚而被称为扫帚星。古人以出现彗星为凶兆。

［注释］

①队：同“坠”，坠落。

②阴阳之化：泛指大自然的变化。

③怪星：彗星之类的星体。党：通“倘”，偶然。见：通“现”。

④常：经常。

⑤并世起：同一时刻发生。

⑥险：险恶。

［译文］

流星坠落、树木作响，国人都感到害怕，说：这是什么？回答说：没有什么。这是自然界正常变化、阴阳二气交替、事物中很少出现的现象。认为它奇怪，可以；但害怕它，就不对了。像太阳、月亮所发生的日食、月食，狂风暴雨毫无规律地突然出现，奇怪的星象偶尔出现，这些现象在任何社会都经常发生。君主英明而政治开明，这些现象即使同时发生，也没有什么伤害；君主愚昧而政治险恶，这些现象即使都没有出现，也不会有任何的好处。流星坠落、树木作响，是自然界变化、阴阳二气交替、事物中很少出现的现象。认为它奇怪，可以；但害怕它，就不对了。

原文

物之已至者，人祆[①]则可畏也。楛耕伤稼，耘耨失岁，政险失民，田萝稼恶，籴贵民饥，道路有死人，夫是之谓人祆；政令不明，举错不时，本事不理，勉力不时，夫是之谓人祆；礼义不修，内外无别，男女淫乱，父子相疑，上下乖离，寇难并至，夫是之谓人祆。祆是生于乱。三者错，无安国。其说甚尔[②]，其灾甚惨。则牛马相生，六畜作祆，可怪也，而不可畏也。传曰：“万物之怪，书[③]不说。”无用之辩，不急[④]之察，弃而不治。若夫君臣之义，父子之亲，夫妇之别，则日切瑳而不舍也。

[注释]

①人祅：人事上的异常现象。祅，通“妖”。

②尔：通“迩”，浅近。

③书：指经书。

④不急：不急需。

[译文]

在已经出现的事情中，人事上的异常现象才是可怕的。不精心地耕种伤害了庄稼，敷衍地锄草阻碍了生长，险恶的政治失掉了民心，田地荒芜而收成糟糕，昂贵的米价使得百姓挨饿，道路上有死于饥饿的人，所有这些就是人事上的异常现象；政策法令混乱，行动的措施不合时宜，一国之基的农业生产无人监管，征兵不考虑农时，这些都称之为是人事上的反常现象；礼法道义不修整，内外不做严格的区分，男女没有恪守自己的规范，父子之间互相猜疑，君臣之间互相背离，外患内乱一起产生，所有这些都称为人事上的异常现象。人事上的异常现象产生于混乱的状态。如果以上三类异常现象交替出现，安宁的国家就不可能存在了。要想解释这种人事上的异常现象是很容易的，但它造成的灾难却非常悲惨。那么，牛马相互生出怪胎，六畜出现怪异现象，这是可怪的，但没有什么可怕的。古书中说：“各种事物出现的怪现象，经书上不去解释。”毫无用处的辩说、不是急需的考察，应该抛弃不理。至于那些君臣间的道义，父子间的亲情，夫妇间的分别，就要每天探讨思考而不能抛弃。

原文

雩（yú）①而雨，何也？曰：无何也，犹不雩而雨也。日月食而救之②，天旱而雩，卜筮③然后决大事，非以为得求也，以文之也。故君子以为文，而百姓以为神。以为文则吉，以为神则凶也。

[注释]

①雩：古代为求雨而举行的一种祭祀活动。

②日月食而救之：古人认为日食、月食是“天狗”吃掉太阳、月亮的原因，于是敲击盆鼓来把“天狗”赶走。

③卜筮：古代人占卜用语，用龟甲占卜叫卜，用蓍草占卜叫筮。

[译文]

祭神求雨之后就下雨了，原因是什么呢？回答说：这没有什么，这就和没有祭神求雨而下雨是一样的。太阳、月亮发生了日食、月食就解救它们，天干旱就祭神求雨，占卜算卦然后决定大事，在古人看来，并不是因为这些行动能得到所要祈求的东西，而是一种文饰。所以君子把这些活动当成一种文饰，而老百姓却认为这是求神。把它们当成是一种文饰就吉利，把它们当成是求神就凶险了。

原文

在天者莫明于日月[①]，在地者莫明于水火，在物者莫明于珠玉，在人者莫明于礼义。故[②]日月不高，则光晖不赫；水火不积，则晖润不博；珠玉不睹[③]乎外，则王公[④]不以为宝；礼义不加于国家，则功名不白[⑤]。故人之命在天[⑥]，国之命在礼[⑦]。君人者[⑧]，隆礼、尊贤而王，重法、爱民而霸，好利、多诈而危，权谋、倾覆、幽险[⑨]而尽亡矣。

[注释]

①莫……于:“没有……比”的意思。

②故：与“夫”用法相同，发语词。

③睹：显现、展现。

④王公：君王、天子。

⑤白：显露、彰显。

⑥在天：在于怎样对待天。

⑦在礼：在于如何看待礼法。

⑧君人者：指统治者。

⑨幽险：阴险。

[译文]

天上的东西没有比太阳、月亮更明亮的了，地上的东西没有比水、火更明亮的了，物品之中没有比珍珠、宝玉更明亮的了，人间没有比礼法道义更明亮的了。假如太阳、月亮没有高悬在空中，它们的光辉就不会那么显著；假如水、火不积聚在一起，火的光辉、水的光泽就不会那么明亮广大；假如珍珠、宝玉的光彩没有表现在外，那么天子、诸侯就不会把它们当作宝贝；假如礼法道义没在国家中施行，那功业就不会显露。因此人的命运在于天，国家的命运在于礼法道义。统治国家和人民的君主，如果以礼法道义为上、重用贤人，就能称王天下；看重法治、关爱民众，就能称霸诸侯；贪图财利、长于欺诈，就会危险；玩弄权势、坑害人民、险恶刁钻，就会灭亡。

原文

大天而思之[①]，孰与物畜而制[②]之？从天而颂之，孰与制天命而用之？望时[③]而待之，孰与应时而使之？因[④]物而多之，孰与骋能[⑤]而化之？思物而物[⑥]之，孰与理物而勿失之也？愿于物之所以生，孰与有物之所以成？故错人[⑦]而思天，则失万物之情[⑧]。

[注释]

①大天而思之：认为天伟大而去仰慕它。

②制：控制。

③望时：盼望作物生长的时节。

④因：依着、顺着。

⑤骋能：施展才能之意。

⑥物：使动用法，使……成为物。

⑦错人：指的是放弃人的自身努力。

⑧失：背弃。万物之情：世间万物是不会主动赐予人类任何东西的，所以，当人放弃自身的努力，等待上天的恩赐就违背了“万物之情”。

[译文]

认为大自然神圣而思慕它，哪里能比得上把它当作物资储备来操纵它？顺从自然而赞扬它，哪里能比得上掌握自然规律而运用它？期盼时令而等待它，哪里能比得上因时而动来让它为我所用？依托万物的自然属性而使它增多，哪里能比得上发挥人的才能而改造它？思恋万物而占为已有，哪里能比得上管理好万物从而不失去它？想要知道万物产生的缘由，哪里能比得上促进万物的生长？因此放弃了人自身的努力而指望于天，就违背了万物最本质的东西。

原文

百王之无变，足以为道贯①。一废一起②，应之以贯。理贯，不乱。不知贯，不知应变。贯之大体未尝亡也。乱生其差，治尽其详。故道之所善，中，则可从；畸，则不可为；匿③，则大惑。水行者④表深，表不明，则陷；治民者表道⑤，表不明，则乱。礼者，表也。非礼，昏世也；昏世，大乱也。故道无不明，外内⑥异表，隐显⑦有常，民陷乃去。

[注释]

①道贯：这里指的是道的一贯的原则，专指礼仪方面。

②一废一起：指的是朝代世事的兴废变故。

③匿：通“慝”，差错。

④水行者：指的是涉水、蹚水之人。

⑤表道：指以道作为标准。

⑥外内：指外事和内政。

⑦隐显：指目光所见和所不见的。

[译文]

每个朝代的帝王都没有改变的东西，足以成为道的一贯的原则。国家的兴衰交替出现，都应该有一个通用的政治原则去应对。有一个通用的原则，国家就不会混乱。

不知道一贯的原则，就不知道如何应对变化。这种原则所包含的内容从来没有消亡过。社会之所以混乱，是由于在实施原则的时候出了差错；社会之所以安定，是由于在实施这些原则时考虑得十分周详。因此，那些被人们称为好的东西，假使它们符合这种原则，就可以遵从；如果背离了这种原则，就不能遵从；假如违反了这种原则，就会产生极大的迷惑。跋涉于水中的人用某些特定的标志来测量深度，假如标志是不明确的，人就会陷入水中；治理国家的君主用道作为标准，标准不明确，就会混乱。礼制，指的就是这种标准。违背了礼制，昏暗的社会就会形成；昏暗的社会形成了，就会天下大乱。因此，道没有不明确的，对外对内时用不一样的标准，对隐蔽或显露之事，都有一定的规则，民众的灾难就能避免了。

原文

万物为道一偏①，一物为万物一偏。愚者为一物一偏②，而自以为知道，无知也。慎子有见于后③，无见于先④；老子⑤有见于诎，无见于信⑥；墨子⑦有见于齐，无见于畸；宋子⑧有见于少，无见于多。有后而无先，则群众无门⑨；有诎而无信，则贵贱不分；有齐而无畸，则政令不施；有少而无多，则群众不化。《书》⑩曰："无有作好，遵王之道；无有作恶，遵王之路。"此之谓也。

[注释]

①一偏：指的是整体的一个部分。

②一物一偏：对一物只有一个方面的了解和认识。

③后：指的是跟随在事物的后面。

④先：根据事物的变化有所倡导。两句由慎子"蔽于法而不知贤"和"上则取听于上，下则取从于俗"推断出来。

⑤老子：春秋时期的思想家，道家的创始人，姓李，名耳，号老聃，著有《老子》，主张虚静无为。

⑥信：通"伸"，这里指的是积极进取、有所作为。

⑦墨子：春秋末战国初期人，名翟，墨家学派的创始人。其思想主要包括"尚同""兼爱"，主张平等，反对等级差别，因此称他"有见于齐，无见于畸"。

⑧宋子：即宋钘，认为人的欲望是很少的，只要"五升之饭是矣"。

⑨门：指方向。

⑩《书》：指《尚书·洪范》。

[译文]

世间万物仅仅表现了自然规律的某一方面，某一种事物只能看作是万事万物中的一部分。愚昧无知的人只看到了某一种事物的一个方面，就认为自己认识到了自然规律，着实是一种无知的表现啊。慎子只看到了跟从在后面的部分，但没看到前面引导的部分；老子只看到了忍让的一面，但对进取的一面却毫不关注；墨子只看到了平等的一面，但对那些等级差别的一面却知之甚少；宋子只看到了寡欲的一面，但对多欲的一面认识却很少。只是懂得服从而不会主动地在前面引导，这样的话，群众就没有方向；一味地忍让而不以积极的态度开拓，那么高贵和卑贱就没有差别了；只有平等而没有任何等级差别，那么政策法令就很难贯彻实行；仅强调寡欲而不提倡多欲，群众就很难被感化。《尚书》中讲道："不要只凭着自己的喜好，要依照君主确立的道义原则；不要只凭着自己的厌恶，要依照君主指明的方向。"说的就是这个道理。

卷十二

正论第十八

题解

荀子看到了社会上有一些谬论，便将它们逐一挑拣出来，并以公正的议论来对它们进行批驳，从而形成本篇。这种驳论式的文章深入体现了当时百家争鸣的学术气氛，韩非子的《难》篇即对此文思想有所借鉴。

原文

世俗之为说者[1]曰："主道利周[2]。"是不然。主者，民之唱也；上者，下之仪[3]也。彼将听唱而应，视仪而动。唱默[4]则民无应也，仪隐则下无动也。不应不动，则上下无以相有[5]也。若是则与无上同也，不祥莫大焉。故上者，下之本也。上宣明，则下治辨[6]矣；上端诚，则下愿悫矣；上公正，则下易直矣。治辨则易一，愿悫则易使，易直则易知。易一则强，易使则功，易知则明，是治之所由生也。上周密，则下疑玄[7]矣；上幽险，则下渐诈矣；上偏曲，则下比周矣。疑玄则难一，渐诈则难使，比周则难知。难一则不强，难使则不功，难知则不明，是乱之所由作也。故主道利明不利幽，利宣不利周。故[8]主道明，则下安；主道幽，则下危。故下安，则贵上；下危，则贱上。故上易知，

武王德盛

周武王德高望重，以道义讨伐商纣后建立周朝，以礼法道义统管百姓，则天下安泰，百姓重义，民风淳朴，社会秩序井然，此之谓"上宣明，则下治辨矣"。

则下亲上矣；上难知，则下畏上矣。下亲上，则上安；下畏上，则上危。故主道莫恶乎难知，莫危乎使下畏己。传曰："恶之者众则危。"《书》[9]曰："克明明德[10]。"《诗》[11]曰："明明在下。"故先王明之，岂特玄之耳哉[12]？

[注释]

①为说者：著书立说的人。

②主道：统治国家所用的制度原则。周：指隐秘不外露，不为人知。

③仪：表率、楷模。

④唱默：遵循的原则不够透明公开。

⑤有：通"友"，友爱、友善。

⑥辨：治理。

⑦玄：通"眩"，迷惑。

⑧故：发语词。

⑨《书》：指《尚书·典尧》。

⑩明德：美好的德行。

⑪《诗》：指《诗经·大雅·大明》。

⑫岂特：岂但之意。玄：与"宣"同，是告知公众的意思。

[译文]

世间一些低劣的创立学说的人讲："君主统治的时候是以周密隐蔽为益的。"这是一种不正确的说法。君主，是人民的倡导者；帝王，是臣子的楷模。人民都随着君主的引导来应和，看着楷模来行动。倡导者沉默，民众就无法应和；楷模隐没了，臣子就无法行动。不响应、不行动，君主和臣民之间和善的关系就会打破。这样的话，就和没有君主一样，不吉利的事没有比这更大的了。所以君主，是臣民的根本所在。君主公开无隐瞒，臣民自然就能被妥善治理；君主诚实守信，臣民就顺从无争；君主大公无私，臣民就正直通达。治理好了臣民就容易统一，淳朴忠厚就容易支配，正直通达就容易了解。容易统一，国家就会强盛；臣民容易支配、派遣，君主建立功业就显得很容易了；臣民容易了解，君主心中就会明白：这是安定的政治局面产生的原因。君主隐秘不露真情，臣民就怀疑迷惑；君主险恶阴暗，臣民就阴险刁钻；君主偏私不正，臣民就会相互勾结。臣民怀疑迷惑就难以统一，阴险刁钻就难以役使，相互勾结就难以了解。难统一就不强盛，难以支配就不会建立功业，难瞭望就不会明白：这些都是混乱产生的缘由。因此君主的统治措施要宜于开明而不宜阴暗，宜于公开不宜隐秘。君主的统治措施公开明朗，臣民就能安定；君主的统治措施阴暗不明，臣民就会危险。所以臣民安定，就会尊敬君主；臣民危险，就会轻视君主。所以君主容易了解，臣民就会敬重君主；君主难以了解，臣民就畏惧君主。臣民敬重君主，那么君主就能安定；臣民畏惧君主，那么君主就会危险。因此君主的统治措施最坏的情况莫过于难以了解，没有什么比让臣民害怕自己更危险的了。古书中讲：“厌恶他的人多，他就陷入危险的境地。”《尚书》中讲：“要宣扬美好的德行。”《诗经》中讲：“把美德彰显于天下。”所以古代的圣王使臣民明白自己，哪能迷惑他们呢？

原文

世俗之为说者曰：“桀、纣有天下，汤、武篡而夺之。”是不然。以桀、纣为常有天下之籍[①]，则然；亲有天下之籍，则不然；天下谓在桀、纣，则不然。

古者天子千官，诸侯百官。以是千官也，令行于诸夏之国[②]，谓之王；以是百官也，令行于境内，国虽不安，不至于废易遂亡[③]，谓之君。圣王之子也，有天下之后也，势籍之所在也，天下之宗室也，然而不材[④]不中，内则百姓疾之，外则诸侯叛之，近者境内不一，遥者诸侯不听，令不行于境内，甚者诸侯侵削之，攻伐之；若是则虽未亡，吾谓之无天下矣。圣王没，有势籍者罢[⑤]，不足以县天下，天下无君。诸侯有能德明威积，海内之民莫不愿得以为君师；然而暴国[⑥]独侈，安能诛之，必不伤害无罪之民，诛暴国之君若诛独夫。若是则可谓能用天下矣。能用天下之谓王。汤、武非取天下也，修其道，行其义，兴天下之同利，除天下之同害，而天下归之也。桀、纣非去天下也，反禹、汤之德，乱礼义之分，禽兽之行，积其凶，全其恶，而天下去之也。天下归之之谓王，天下去之之谓亡。故桀、纣无天下，而汤、武不弑君，由此效之也。汤、武者，民之父母也；桀、纣者，民之怨贼也。今世俗之为说者，以桀、纣为君，而以汤、武为弑，然则是诛民之父母，而师民之怨贼也，不祥莫大焉。以天下之合为君，则天下未尝合于桀、纣也，然则以汤、武为弑，则天下未尝有说也，直堕[⑦]之耳！故天子唯其人[⑧]。天下者，至重也，非至强莫之能任；至大也，非至辨[⑨]莫之能分；至众也，非至明莫之能和。此三至者，非圣人莫之能尽，故非圣人莫之能王。圣人，备道[⑩]全美者也，是县天下之权称[⑪]也。桀、纣者，其知虑至险也，其至意[⑫]至暗也，其行之为至乱也。亲者疏之，贤者贱之，生民怨之，禹、汤之后也而不得一人之与。刳比干，囚箕子，身死国亡，为天下之大僇，后世之言恶者必稽焉。是不容⑬妻子之数也。故至贤畴⑭四海，汤、武是也；至罢不容妻子，桀、纣是也。今世俗之为说者，以桀、纣为有天下而臣汤、武，岂不过甚矣哉？譬之，是犹伛巫跛匡(wāng)⑮大自以为有知也。故可以有夺人国，不可以有夺人天下；可以有窃国，不可以有窃天下也。可以夺⑯之者可以有国，而不可以有天下；窃可以得国，而不可以得天下。是何也？曰：国，小具也，可以小人有也，可以小道得也，可以小力持也；天下者，大具也，不可以小人有也，不可以小道⑰得也，不可以小力持⑱也。国者，小人可以有之，然而未必不亡也；天下者，至大也，非圣人莫之能有也。

[注释]

①常：通“尝”，曾经。籍：权力地位。

②诸夏之国：指处在中原地区的各个国家。

③废易：废黜。遂：通“坠”，跌落。

④材：通“才”，才能。

⑤罢：通“疲”，无能无才。

⑥暴国：在国家里施暴虐。

⑦堕：污蔑。

⑧唯其人：指的是只有汤武这样的圣人。

⑨至辨：指的是具有很强的分辨能力。

⑩备道：道德完备。

⑪权称：标准法则。

⑫至意：即“志意”，意志。

⑬不容：不能包容庇护。

⑭畴：通“帱”，覆盖。

⑮匡：通“尪”，残疾人。

⑯夺：与下文的“窃”相对。

⑰道：方法。

⑱持：持有、保有。

[译文]

人世间那些创立学说的人讲道：“夏桀、商纣统治着天下，是商汤、周武王把王位给篡夺了。”这是一种不对的说法。在他们看来，夏桀、商纣曾掌握过统治国家的权力，那是对的；而要说他们亲自独享过统治天下的权力，就有不对的地方了；如果认为天下都掌握在夏桀、商纣手中，同样也是不对的。

在古代，天子手下拥有上千个官吏，诸侯手下拥有上百个官吏。如果靠着上千个官吏，把政治法令推行至中原各诸侯国，就能称之为是统治天下的帝王；如果靠着上百个官吏，把自己的政治法令推行到国家各地，即使国家不安定，也不至于被倾覆导致灭亡，这就能称之为是诸侯国的国君。圣明帝王的后代子孙，是拥有天下的后代，是权力的所有者，是天下人都尊重和敬仰的帝王之家，但假如说没有才能，还偏私，在内百姓怨恨他，在外诸侯背叛他，近的地方是国家不统一，远的地方是诸侯不服从，政令难于在国家实施，甚至于诸侯开始侵略分割，起兵讨伐攻打；这样的话，即使国家还没有灭亡，也不得不说他已经失掉天下了。英明的帝王死了，掌握着权力的后代无德无才，不足以掌管天下，天下就没有君主了。诸侯中有德行齐备、崇高威信的人，天下的人民没有不愿意让他做自己的君王的；可是暴君统治的国家又刚好是骄奢放纵的，于是他能杀掉暴君，又不会伤害没有罪过的民众，杀掉暴虐之国的君主像杀一个孤家寡人一样。这样的话，就可以说他能使用天下之民了。能使用天下之民的就被称为帝王。商汤、周武王并非夺取天下，而是他们遵循了正确的政治原则，实行道义，为天下人谋取共同的福利，为天下人除去共同的祸害，而天下人就都归顺了他们。夏桀、商纣并非放手丢开了天下，而是他们违背了夏禹、商汤的德行，把礼法的名分完全搅乱了，他们的行为和禽兽是一样的，行凶作乱，无恶不作，导致天下人把他们抛弃了。天下人都归顺于他就叫作称王，天下人都逃离了他就叫作灭亡。因此夏桀、商纣并没有真正地拥有天下，商汤、周武王没有蓄意地杀害君主，从这里就能够得到证明。商汤王、周武王是人民的父母；夏桀、商纣是人民的仇敌。如今世间那些创立学说的人，将夏桀、商纣看作是真正的君王，而把商汤王、周武王的行为看作是杀君，那就是诛杀了人民的父母，把人民最大的仇敌称为君王，这应该算是最不吉利的事了。认为天下人归附的人是君王，那么天下人从来没有归附过夏桀、商纣，同样的道理，如果认为商汤王、周武王是杀君之人，就成了天下人从来没有过的说法了，这只能算作是在毁谤他们了！因此，担任天子的人一定要是合适的人。治理天下，是最重的任务，只有最强劲有力的人才能担当此重任；治理天下所涉及的范围是极其广大的，只有具有很强的分辨能力的人才能将所有问题搞清；治理天下所涉及的人民是极其众多的，只有最英明的人才能协调他们。上面的三个“最”，不是圣人不能完全具备，因此不是圣人就不能坐在君王的位置上。圣人是道德完备、至善至美的人，是挂在人世中的一杆秤。夏桀、商纣，他们的谋划意图十分险恶，他们的思想十分阴暗，他们的行为十分混乱。和他们亲近的人都渐渐地疏远了，有才能的人都鄙视他们，人民纷纷怨恨他们，虽然他们是夏禹、商汤的后代，却得不到一个人的帮助。商纣将比干剖腹挖心，囚禁箕子，最终自杀、国亡，成为天下最大的耻辱，后人眼中的坏人最典型的代表。这就是他们不能保护妻儿的道理。因此，天赋德才的人才能统治天下，商汤、周武王便是；德才全无的人不能保护妻儿，夏桀、商纣便是。如今世道上创立学说的人，认为夏桀、商纣统治着天下，而将商汤、周武王当成是他们的臣子，难道这不是很严重的错误吗？用一个比喻来讲，好像是驼背的女巫、瘸腿的残疾人自以为高明一样。因此，可以夺取别人的国家，不可以夺取别人的天下；可以窃取别人的国家，不可以窃取别人的天下。夺取政权的人可以控制一个国家，而不可以控制整个天下；窃取政权的人可以拥有一个国家，而不可以拥有整个天下。这里面的原因是什么呢？回答说：国家是个小物品，德行卑劣的小人可以占有，依靠歪门邪道也能得到，较小的力量就能将它维护；而天下则是个大物品，德行卑劣的小人是不能占有它的，是不能靠歪门邪道取得的，不能依靠较小的力量来维护它。国家，可以让小人拥有，但灭亡与否就很难断定；天下，庞大至极，不是圣人则不能占有它。

原文

世俗之为说者曰："治古[①]无肉刑，而有象刑。墨黥(qíng)[②]；慅婴[③]；共(yì)艾毕[④]；菲对屦[⑤]；杀，赭(zhě)衣而不纯(zhǔn)[⑥]。治古如是。"是不然。以为治邪？则人固莫触罪，非独不用肉刑，亦不用象刑矣。以为人或触罪矣而直轻其刑？然则是杀人者不死，伤人者不刑也。罪至重而刑至轻，庸人不知恶矣，乱莫大焉。凡刑人之本，禁暴恶恶，且征[⑦]其未也。杀人者不死，而伤人者不刑，是谓惠暴而宽贼也，非恶恶也。故象刑殆非生于治古，并起于乱今也。治古不然。凡爵列、官职、赏庆、刑罚皆报也，以类相从[⑧]者也。一物失称[⑨]，乱之端也。夫德不称位，能不称官，赏不当功，罚不当罪，不祥莫大焉。昔者武王伐有商，诛纣，断其首，县[⑩]之赤旆。夫征暴诛悍，治之盛也。杀人者死，伤人者刑，是百王之所同也，未有知其所由来者也。刑称罪则治，不称罪则乱。故治则刑重，乱则刑轻；犯治[⑪]之罪固重，犯乱之罪固轻也。《书》[⑫]曰："刑罚世轻世重[⑬]。"此之谓也。

［注释］

①治古：古时候太平盛世的年代。

②黥：古代的一种刑罚，在犯人脸上刺字之后用墨汁涂黑，即墨刑。

③慅婴：同"草婴"。

④共：通"宫"，宫刑。艾毕：指的是将衣服的前袍子或是膝盖部分割去，以此来代替宫刑。

⑤菲：通"剕"，是一种砍掉脚的刑罚。对屦：指的是用穿上麻鞋来代替剕刑。对，当为"�"字之误，麻鞋。

⑥赭：红褐色。不纯：指的是没有领子的衣服。

⑦征：通“惩”，惩罚警戒使以后不再干。

⑧以类相从：善恶各自有报。

⑨失称：有失妥当的意思，指的是爵位、官职、奖赏、刑罚的颁发和实施未能很好地依从以类相从的原则。

⑩县：通“悬”，悬挂。

⑪犯治：指的是在治世之时犯罪。

⑫《书》：指《尚书·吕刑》。

⑬世轻世重：根据治世和乱世的不同，所犯罪行也就有轻有重。

[译文]

人世间那些创立学说的人讲：“肉刑在治理得很好的古代社会是不存在的，有的只是象征性的刑罚。用黑墨涂在脸上来代替脸上刺字的黥刑；用系上草制的帽带来代替割鼻子的劓刑；用割去衣服前的蔽膝来代替阉割生殖器的宫刑；用穿麻鞋来代替砍掉脚的剕刑；用穿上红褐色的没有衣领的衣服来代替杀头的死刑。治理得很好的古代社会就是如此。”这是一种不对的说法。难道认为这就是社会治理得很好的体现吗？那时的人本来就没有犯罪，用不着肉刑，象征性的刑罚也就没有存在的必要了。认为当时人有的犯了罪，只是把刑罚减轻了吗？这样做的结果就是，杀人的不会受到极刑，伤人的不会受到相应的惩罚。对极重的罪行，却用极轻的刑罚，让人们就不憎恨罪恶了，这要算是最大的祸患了。历来惩罚人的根本目的，就是要让暴行停止、恶行藏匿，并且防患于未然。这里杀人的不用处死，伤害人的不用刑罚，这是善待暴徒的同时纵容强盗，并不是反对作恶。因此象征性的刑罚应该不存在于治理得很好的古代社会，而应该存在于混乱的现在。治理得很好的古代完全不是这样。各种爵位、官职、奖赏、刑罚都是一种回报，与所施的行为是相符合的。对一件事情奖罚不当，祸乱就由此开始。德行和地位不相符合，能力和官职不相符合，奖赏和功劳不相符合，刑罚和罪行不相符合，这应该算是最为不吉利的事了。过去，周武王讨伐商王朝，诛杀了商纣，割下他的头挂在旌旗上。征讨暴君、惩治恶徒，是安定社会的一项功绩。杀人者被处死，伤人受到惩罚，历代帝王都是如此，至于说它是从什么时代传下来的，便无从得知了。刑罚和罪行相称，社会才能治理好；刑罚和罪行不相称，社会就会混乱。因此社会有秩序，刑罚就会重；社会混乱，刑罚就会轻；在治世之时所犯的罪，本来就很重，在混乱的时代所犯的罪，本来就很轻。《尚书》中讲：“刑罚在有的时代里轻，有的时代里重。”说的就是这个道理。

原文

世俗之为说者曰：“汤、武不能禁令。”是何也？曰：“楚、越不受制。”是不然。汤、武者，至天下之善禁令者也。汤居亳，武王居鄗，皆百里之地也，天下为一，诸侯为臣，通达之属，莫不振[①]动从服以化顺之，曷为楚、越独不受制也？彼王者之制也，视形势而制械用，称远迩[2]而等贡献，岂必齐哉？故鲁人以榶(táng)[3]，卫人用柯[4]，齐人用一革。土地刑制[5]不同者，械用备饰不可不异也。故诸夏之国同服同仪[6]，蛮、夷、戎、狄[7]之国同服不同制。封内甸服[8]，封外[9]侯服，侯、卫宾服[10]，蛮、夷要服[11]，戎、狄荒服[12]。甸服者祭[13]，侯服者祀[14]，宾服者享[15]，要服者贡[16]，荒服者终王[17]。日祭，月祀，时享，岁贡，终王。夫是之谓视形势而制械用，称远近而等贡献，是王者之制也。彼楚、越者，且时享、岁贡、终王之属也，必齐之日祭、月祀之属，然后曰受制邪？是规磨[18]之说也。沟中之瘠[19]也，则未足与及王者之制也。语曰："浅不足与测深，愚不足与谋知，坎井之蛙不可与语东海之乐。"此之谓也。

蛮夷率服图

蛮夷身居边疆，其风俗与中原不同，而中原各地人们的风俗也各不相同，但他们都归顺圣明的君主。圣主"称远近而等贡献"，天下才能安稳。

[注释]

①振：通"震"，恐惧、惧怕。

②迩：临近。

③榶：古代碗的一种叫法。

④柯：古时候装食物的器皿。

⑤土地刑制：地方环境与习俗。

⑥服：供奉、提供服务的意思。仪：制度礼仪之意。

⑦蛮、夷、戎、狄：这里是我国古代各少数民族的统称。

⑧封内：君主居住的地方方圆五百里以内的地方。甸服：由于耕种了国君的土地，就要服侍他。根据距离君王居住地的远近，按五百里为一区来划分，分别称为是甸服、侯服、宾服、要服、荒服。他们各自为君王提供不同的贡品和服务。

⑨封外：指的是甸服之外的方圆五百里的地方。

⑩宾服：用按时进贡的方式服侍君王。

⑪要服：运用教化礼数来统治人民。

⑫荒服：采用不定期进贡的方式服侍君王。

⑬祭：下文所说的“日祭”，意思是供给君王每天祭祀死去的祖父、父亲的物品。

⑭祀：下文所说的“月祀”，意思是供给君王每月祭祀曾祖、高祖所用的物品。

⑮享：下文所说的“时享”，意思是供给君王每个季度祭祀远祖、始祖所用的物品。

⑯贡：下文所说的“岁贡”。意思是供给君王每年祭祀天神所用的物品。

⑰王：以……为王，这里指的是承认天子为王。在古代，有新的天子即位时，九州之外的蕃国，都要来朝见一次，承认天子的统治地位，与此同时还要献上自己国家的宝物作为礼物。

⑱规磨：依照着圆规磨圆，指的是过于循规蹈矩。

⑲沟中之瘠：因贫困死于沟中的人，这里指缺乏知识的人。

[译文]

人世间那些创立学说的人讲：“商汤、周武王没有严格地实施禁令。”这是为什么呢？他们讲：“楚国、越国不在其管辖范围之内。”这种说法没有依据。商汤、周武王，是天底下最能严格实施禁令的人。商汤在亳居住，周武王在鄗居住，管辖区域都只有区区百里，但整个天下被他们统治了，诸侯变成了他们的臣子，所有能通达之处，没有不惧怕而顺应并听从他们、依附于他们的，那为什么楚国、越国不在其管辖范围之内呢？王者的制度是，根据不同的地域来制造器械用具，用距离的远近来制定进贡的等级，怎么可能整齐划一呢？因此鲁国人用的是碗，卫国人用的是盂，齐国人用的是皮囊。人情地貌、习俗不同的地方，所使用的器具、所穿着的服饰是一定会有差别的。因此中原各国同样听命于天子而有着相同的礼仪规范。南蛮、东夷、西戎、北狄这些国家也是一样归顺于天子而有着不同的制度。对于天子居住都城周围五百里之地的，他们听命天子的方法是耕种王田，再往外五百里之内的“封外”，他们听命天子的方法是侦察敌情，担任警戒，在这之外的侯圻、卫圻等地区，他们听命于天子的方法是按时进贡物品，南蛮、东夷这些少数民族则以承受约束来听命于天子，西戎、北狄这些少数民族地区则是以不定期的进贡来听命于天子。那些以耕种王田来听命于天子的地区，要给天子提供祭祀祖父、父亲的物品，那些以侦察警戒来听命于天子的地区，要给天子提供祭祀曾祖、高祖的物品，那些按时进贡来听命于天子的地区，要给天子提供祭祀远祖、始祖的物品，那些以承受约束来听命于天子的地区，要给天子提供祭祀天神的物品，那些以不定期的进贡来听命于天子的地区，要坚信天子的统治地位。祭祀祖父、父亲一天一次，祭祀曾祖、高祖每月一次，祭祀远祖、始祖每个季度一次，祭祀天神每年一次，新王继位也要进贡。以上所说的就是根据不同的地域来制造器械用具，用距离的远近来制定进贡的等级，这是王者所规定的制度。楚国、越国也只是进贡每季祭祀、每年祭祀的祭品，新王继位时进贡，莫非要让他们和那些供给每天祭祀、每月祭祀的祭品一类的国家一样，这样才说他们是“受制约”了吗？这种说法是没有道理的。这种人缺乏见识，不值得和他们探讨有关圣王的制度。俗语说：“不能和肤浅的人探讨深刻的事，不能和愚蠢的人商量有智慧的事，不能和废井中的青蛙探讨东海的乐趣。”讲的就是这个道理。

原文

世俗之为说者曰："尧、舜擅让①。"是不然。天子者，势位至尊，无敌②于天下，夫有③谁与让矣？道德纯备④，智慧甚明，南面而听天下⑤，生民之属，莫不振动从服以化顺之，天下无隐士，无遗善，同焉者是也，异焉者非也，夫有恶⑥擅天下矣？曰："死而擅之。"是又不然。圣王在上，决德而定次，量能而授官，皆使民载其事而各得其宜；不能以义制利，不能以伪饰性⑦，则兼以为民。圣王已没，天下无圣，则固莫足以擅天下矣。天下有圣而在后子者，则天下不离，朝不易位，国不更制，天下厌然与乡⑧无以异也；以尧继尧，夫又何变之有矣？圣不在后子而在三公⑨，则天下如归，犹复而振之矣，天下厌然与乡无以异也；以尧继尧，夫又何变之有矣？唯其徙朝改制为难。故天子生，则天下一隆⑩，致顺而治，论德而定次；死，则能任天下者必有之矣。夫礼义之分尽矣，擅让恶用矣哉？

曰："老衰而擅。"是又不然。血气筋力则有衰，若夫智虑取舍则无衰。曰："老者不堪其劳而休也。"是又畏事者之议也。天子者，势至重而形至佚，心至愉而志无所诎⑪，而形不为劳，尊无上矣。衣被，则服五采⑫，杂间色⑬，重文绣，加饰之以珠玉。食饮，则重大牢⑭而备珍怪，期臭味⑮，曼⑯而馈，伐⑰皋而食，《雍》而彻乎五祀⑱，执荐者百人侍西房⑲。居⑳，则设张容㉑，负依而坐，诸侯趋走乎堂下。出户而巫觋有事㉒，出门而宗祀有事㉓；乘大路、趋越席以养安㉔，侧载睪芷以养鼻㉕，前有错衡㉖以养目。和鸾㉗之声步中《武》《象》、驺中《韶》《護》以养

牺牲图

古时人们常用猪、牛、羊三种牲畜祭祀，称为"太牢"，这是祭祀的最高礼制。猪、牛、羊三牲如用于食饮，则说明宴会奢侈浮华。

耳，三公奉轭持纳[28]。诸侯持轮、挟舆、先马，大侯编后，大夫次之，小侯、元士次之，庶士介而夹道，庶人隐窜莫敢视望。居如大神，动如天帝，持老养衰，犹有善于是者与不[29]？老者，休也，休犹有安乐恬愉如是者乎？故曰：诸侯有老，天子无老；有擅国，无擅天下。古今一也。夫曰"尧、舜擅让"，是虚言也，是浅者之传，陋者之说也[30]。不知逆顺[31]之理，小大、至不至之变者也[32]，未可与及天下之大理者也。

［注释］

①擅让：传位给别人。擅，通"禅"。

②敌：相匹配。

③有：通"又"。在这里强调的是地位相当的推让。

④纯备：完善、完备。

⑤听天下：统治天下，决断天下的大事。

⑥恶：通"乌"，为什么。

⑦以伪饰性：用后天的努力来修饰本性的不足。

⑧乡：通"向"，从前。

⑨三公：在这里指的是辅政大臣。

⑩一隆：指的是只对一个人表达尊敬之感。

⑪诎：通"屈"，受到阻碍、不能顺利到达。

⑫五采：在这里指的是青、赤、黄、白、黑五种颜色。

⑬杂：混杂的意思。间色：指的是五种颜色之外的其他颜色，例如粉红、绿、碧、紫色等，之所以是间色，因为是由这五种颜色调成的。古时候的人上衣一般用正色，下衣一般用间色。

⑭大牢：就是"太牢"。古时候人们将祭祀用的牲畜叫作牢，太牢用的是猪、牛、羊三种牲畜。

⑮臭：指的是鼻子闻到的气味。味：指的是口舌尝到的味道。

⑯曼：古代的一种舞蹈。

⑰伐：砍打、敲击。

⑱《雍》：《诗经·周颂》中的乐章名，在古代撤下宴席时演奏此种音乐。彻：通"撤"，指的是撤去宴席。五祀：本指古代的五种祭祀，即户神、灶神、宅神、门神、路神，在这里指祭灶神。在古代，君王用完膳，就把宴席撤回到灶上来祭灶神。

⑲执：举着、拿着之意。荐：没有食用过准备进献的食物。百人：虚数。

⑳居：处在君王的位置上听政。

㉑张容：指的是屏障、屏风之类。

㉒有事：在这里指的是为君王占卜凶吉祛除不祥。

㉓宗：大宗伯这一官职，主管祭祀。祀：应为“祝”，太祝，指的是主管祈求福祥的官。

㉔路：通“辂”，君王出行时乘坐的车子。商朝是木辂，周朝成了玉辂，较为华贵。越席：用蒲草编织而成的席子，清洁、柔软，可以当作是车上的垫席。

㉕睪：同“泽”，泽兰。芷：白芷。二者均为香草。

㉖错衡：装饰有交错花纹的车辕前面的横木。

㉗和鸾：二者分别指的是挂在车厢前和车辕前横木上的车铃。

㉘奉軶：握着车辕前套在马脖子上的曲木。持纳：拉着靠外侧的两匹马的内侧缰绳。

㉙不：同“否”。

㉚浅、陋：两者分别指的是少听和少见。

㉛逆顺：顺与不顺、对与不对的意思。

㉜小大：一个国家和天下的意思。至：君主至高无上的地位。

[译文]

人世间那些创立学说的人讲：“尧、舜将王位禅让给别人。”这是一种不对的说法。天子的权力和地位至高无上，普天之下无人能及，能把王位推让给谁？尧、舜都有着美好的德行、丰富的智慧，朝南端坐着统治天下，人民没有不惧怕而顺应并听从他们、依附于他们的，天下没有隐居的贤士，没有遗漏掉的好人，和尧、舜有相同的言行就是正确的，和他们持有不同的言行就是错误的，他们为何要把天下让给别人呢？有的人讲：“等到他们死了再把王位禅让给别人。”这也是不对的。贤明的君主坐在统治者的位置上，用德行的优劣来确定等级，以此作为标准授予官职，让人们能够各自担负起自己的职能而同时各自又都得到适当的安排；如果不使用道义来制约私利，本性不能通过人的努力来得以改善，那就只能是凡夫俗子。圣明的帝王已经逝去，普天之下如果没有和他一样贤明的人，就根本谈不上是禅让了。普天之下如果有圣人并且是在圣明君主的后代之中，那么天下就不会出现分崩离析的状态，朝廷各自的官位不会有任何动摇，国家的制度也会一直延续，社会就会和过去一样没有什么差别；这里讲的是用和尧一样贤明的君主来继承尧，这样的话怎么能有改变呢？假如说圣人没有在圣明帝王的后代子孙之中出现，而出现在臣子之中，那天下人都顺从他，就像重新恢复国家而支持他一样，社会也会安稳得像过去一样没有差别；因为这是让和尧一样贤明的君王来继承尧，怎么会有改变呢？最困难的是改朝易代、变更制度。因此圣明的君主活着，天下人就会一心一意地听命于他，人民非常谦和而社会有序，用德行的评定来划分各自的等级；贤明的君主死了，一定会出现能够担负起统治天下的继承人。礼仪全部施行得很好，哪还用去禅让呢？

有人讲：“是由于他们老了才把王位禅让给别人。”这同样也是不对的。人的精神、体力会衰退，但是智慧、分析问题的能力、判断选择的能力却不会衰退。有人讲：“年迈的人不能承担如此劳累的工作才停下来休息的。”这又是怕事的人所说的。君王有着很大的权力，而且身体状况很好，心态积极，而志向不改变，所以天子的身体不会因为统治天下的工作而感到劳苦，他具有无上的尊贵。身穿的衣服是五色的上衣、杂色的下衣，上面带有花纹图案的刺绣，还有用来修饰衣服的珠玉。吃的食物，猪、牛、羊齐备，接连不断，珍奇的佳肴经常会出现，各种甘美的食物应有尽有，伴随着悠扬的音乐送来食物，在鼓声中进餐，在《雍》响起的时候把宴席撤走，放回灶上用来祭祀灶神，在西厢房有上百个端菜的人为他服务。坐在天子的位置上执政，帷帐和小屏风在那里摆着，背靠大屏风坐在前面，诸侯在堂下有次序地前来朝见。出宫门的时候，巫觋就要为他扫除不祥，出王城大门时，大宗伯、大祝就要为他祭神祈福；坐上宽敞的大车、脚下踩着柔软的蒲席，身体始终保持平稳端正，身边放有香草来调养鼻子，车前有纵横交错的花纹来调养他的眼睛。在车子慢行的时候，车铃的声音和着《武》《象》的节奏；在车子飞驰的时候，车铃的声音和着《韶》《頀》的节奏，这些声音都使他的耳朵得到享受。三公扶着车轭、握着缰绳，有的诸侯扶着车轮、有的诸侯在车厢两侧保护着、有的在马前指引前进的方向，大国诸侯在车后依次排列，大夫在他们的后面跟着，小国诸侯和那些天子任用的高级文官则在大夫的后面跟随着，士兵们身着铠甲在道路两旁警卫，百姓们纷纷都隐藏起来，没有人敢出来观看。天子端坐着像神一样，行动像天帝一样没有拘束，安享余年的生活，保持良好的身体，还能有比这更好的吗？老年人，都要休息，还有比这样的安定快乐更好的吗？因此说：诸侯会有因年迈而休息的情况，君主不会有这样的情况；有禅让自己的国家的，而没有禅让天下的。古往今来，道理都是一样的。那些说“尧、舜把王位禅让给了别人”，是一种不符合事实的传言，是浅薄之人的传闻，是缺少见识之人的乱语。他们这些人并不懂得是否违反了世间人情的道理，不懂得国家和天下、至尊与平凡之间的差异，不能和这些人谈论天下的道理。

原文

世俗之为说者曰：“尧、舜不能教化。”是何也？曰：“朱、象不化[①]。”是不然也。尧、舜者，至天下之善教化者也，南面而听天下，生民之属莫不振动从服以化顺之。然而朱、象独不化，是非尧、舜之过，朱、象之罪也。尧、舜者，天下之英也；朱、象者，天下之嵬、一时之琐也[②]。今世俗之为说者，不怪朱、象而非尧、舜，岂不过甚矣哉？夫是之谓嵬说[③]。羿、蠭门[④]者，天下之善射者也，不能以拨弓[⑤]曲矢中；王梁[⑥]、造父者，天下之善驭者也，不能以辟[⑦]马毁舆致远；尧、舜者，天下之善教化者也，不能使嵬琐化。何世而无嵬？何时而无琐？自太皞、燧人莫不有也[⑧]。故作者[⑨]不祥，学者受其殃，非者有庆。《诗》⑩曰："下民之孽，匪降自天⑪；噂沓⑫背憎，职竞由人⑬。"此之谓也。

丹朱慢游图

丹朱，尧的嫡长子，相传他天资聪颖，但性情不和顺，天性残酷，不能惠爱百姓、安抚天下，最终为舜所取代。

[注释]

①朱：尧的儿子，由于封地是丹，所以又称丹朱。由于从小没有好的德行，所以尧没有将王位传给他而给了舜。象：是舜同父异母的弟弟，相传他曾多次谋杀舜，品行不好。

②嵬：怪。一时：当时的意思。琐：指行为恶劣的人。

③嵬说：荒诞无稽的说法。

④蠭门：夏朝善于射箭的人，即"逢蒙"。

⑤拨弓：指的是不周正的弓。

⑥王梁：相传是春秋时期善于骑马驾车的人。

⑦辟：通"躄"，瘸腿。

⑧太皞：相传是东夷部落的首领。燧人：即燧人氏，相传发明了人工取火，被推举为部落首领。

⑨作者：指的是制造"嵬说"的人。

⑩《诗》：指《诗经·小雅·十月之交》。

⑪匪：通"非"。

⑫噂沓：当面说笑。

⑬职竞由人：常常是由人造成的。

[译文]

人世间那些创立学说的人讲："尧、舜不会教育感化人。"这是为什么呢？他们讲："因为丹朱、象都没有被感化。"这是一种不对的说法。尧、舜可以称为是人世间最善于教育感化的人，他们朝南坐着统治整个天下，所有民众没有不惧怕而顺应并听从他们、依附于他们的。其中唯独丹朱、象不能被感化，这并不能算是尧、舜的过错，而是丹朱、象的罪过。尧、舜是天下贤明的君主；丹朱、象是天下的异类、那个时代的无用之人。如今世间那些肤浅的创立学说的人，不去非难丹朱、象而去责怪尧、舜，这难道不是大错特错了吗？这种事情真是无稽之谈。天下善于射箭的羿、蠭门，不能用蹩脚的弓和弯曲的箭来射中微小的目标；天下善于驾驭马车的王梁、造父，不能用瘸腿的马和破损的车子到达远方的目的地；尧、舜是天下善于施行教育感化的人，也不能让那些怪癖刁钻的人得到转化。社会之中怎么会没有怪僻的人？每朝每代哪能没有低俗的人？从太皞氏、燧人氏直至今日，这种人一直存在。所以那些创立这种学说的人不怀好意，学习这种学说的人会受害，不接受这种学说的人值得庆幸。《诗经》中讲："人民所受的灾难和不幸，并不是与生俱来的；当面说笑背后记恨，都是人在作怪。"说的就是这个道理。

原文

世俗之为说者曰："太古薄葬，棺厚三寸，衣衾三领[①]，葬田不妨田[②]，故不掘也。乱今厚葬，饰棺，故扣[③]也。"是不及知治道，而不察于扣不扣者之所言也。凡人之盗也，必以有为[④]，不以备不足，足则以重有余也。而圣王之生民也，皆使当厚优犹不知足[⑤]，而不得以有余过度。故盗不窃，贼不刺[⑥]，狗豕吐菽粟[⑦]，而农贾皆能以货财让；风俗之美，男女自不取于涂[⑧]，而百姓羞拾遗。故孔子曰："天下有道，盗其先变乎！"虽珠玉满体，文绣充棺，黄金充椁，加之以丹矸(gān)[⑨]，重之以曾青[⑩]，犀、象以为树，琅玕、龙兹、华觐以为实[⑪]，人犹且莫之扣也。是何也？则求利之诡缓[⑫]，而犯分[⑬]之羞大也。

夫乱今然后反是[⑭]。上以无法使，下以无度行，知者不得虑，能者不得治，贤者不得使[⑮]。若是则上失天性，下失地利，中失人和；故百事废，财物诎[⑯]，而祸乱起。王公则病不足于上，庶人则冻馁羸瘠于下；于是焉桀、纣群居，而盗贼击夺以危上矣。安禽兽行，虎狼贪，故脯[⑰]巨人而炙婴儿矣。若是则有何尤扣人之墓、抉人之口而求利矣哉[⑱]？虽此裸而薶之[⑲]，犹且必扣也，安得葬薶哉？彼乃将食其肉而龁其骨也。夫曰："太古薄葬，故不扣也；乱今厚葬，故扣也。"是特奸人之误于乱说，以欺愚者而潮陷之以偷取利焉[⑳]，夫是之谓大奸。

传曰："危人而自安，害人而自利。"此之谓也。

[注释]

①三领：三件。

②葬田不妨田：由于在商代以前安葬后不垒坟，所以不会妨碍种田。

③扣：挖，这里指盗墓。

④有为：有原因。

⑤当：应为"富"。优犹：与"优游"同，宽阔舒展的样子。不：应为"而"。

⑥刺：偷盗杀人之意。

⑦菽粟：泛指粮食。

⑧不取于涂：不走同一条道路之意。取，通“聚”，聚集。涂，通“途”。

⑨丹矸：朱砂。

⑩曾青：指的是一种绘画颜料，色彩极青。

⑪琅玕、龙兹、华觐：三者都是珠宝名。

⑫缓：小、少。

⑬犯分：指违反法令。

⑭是：指圣明的君主统治时的情形。

⑮使：使令、使用。

⑯诎：通“屈”，竭尽。

⑰脯：肉干。

⑱有：通“又”。抉人之口：指盗开坟墓，撬开死者的口，取出含在里面的美玉。

⑲裸：同“裸”，赤裸着身体，既不是“珠玉满体”，也没有“衣衾三领”。薶：同“埋”。

⑳潮陷：应为“淖陷”，指陷于泥淖中，陷害。偷：苟且，指出薄葬是对死者的一种不负责任的表现。

［译文］

人世间那些创立学说的人讲：“上古时候的葬礼是很节俭的，棺材只用三寸厚的木材，衣服只给穿戴三套，被子只给配备三条，埋在土地里也不碍着种田，所以不会被挖掘。如今世态混乱，葬礼奢华，棺材要用珍宝来装饰，所以被盗挖。”这是没有完全理解治国的道理，同时对盗墓与否的原因没有完全弄明白的说法。人们之所以要盗窃，一定是有内在原因的，不是为了让自己短缺的东西能齐备，就是为了让自己本身就很多的东西更加丰厚。贤明的君主在教化百姓的时候，会让他们都富足宽裕并且知足，不去占有多余的财物，绝对不超过规定的标准。因此没有来偷窃的盗贼，没有杀人抢劫的强盗，狗猪不吃粮食，农夫商人自觉地分发财物；社会风气良好，男女不会私自在路上相会，天下人都认为把捡到的东西据为己有是一种耻辱。因此孔子讲：“天下太平，盗贼应该会最先转变吧！”这样的话，尽管尸体上挂满了珠宝，内棺中堆满了绣有花纹的丝织品，外棺中摆满了黄金，朱砂涂刷，曾青粉饰，墓穴有着用犀牛角和象牙雕刻成的树，有用琅玕、龙兹、华觐做成的果实，仍然不会有人去盗挖它。原因是什么呢？因为人们谋取私利的心思减少了，而违反道义时的耻辱感增强了。

混乱的现代社会和古代是相反的。君王并不依照法令来役使人民，臣民不依照法令去办事，有才智的人不能参与国家大事，有能力的人不能管理国家，有德行的人不能获得官位治理人民。这样的话，农时就会被错过，土地所产生的利益就会消减，人民心中的合力就会减弱；各种事情就会相继被废弃，国家财物紧缺，祸乱就会接踵而来。上面的君王忧虑财物的短缺，下面的百姓挨冻受饿，瘦弱不堪；桀、纣这类的暴君就蜂拥而至，占领各国的君位，盗贼这时候也就开始群起而动一直危害到他们的君主了。他们禽兽般横行、虎狼般贪婪，出现了把大人做成肉干把婴儿烤熟当作美味的现象。这种情况之下，又怎么能指责盗墓人盗掘死人的坟墓、撬开死人的嘴巴来获得利益的行为呢？在这种情况之下，假使是赤身裸体被埋葬的死人，也会招来盗墓者的攻击，这怎么能埋葬呢？他们会把死人的肉吃掉，啃干死人的骨头。那些人说："远古时代节俭的葬礼，不会招致盗墓者的挖掘；混乱的今天奢侈的葬礼，难以躲避盗挖。"这只是邪恶的人被谬论迷住了，反过来又用它来欺骗那些没有头脑的人进而谋害他们，从中获利是他们的目的，这就可以算作是最大的邪恶了。

古书上讲："让他人陷入危险来获得自己的安全，让他人遭受迫害来保全自己的利益。"说的正是这种人。

原文

子宋子[①]曰："明见侮之不辱[②]，使人不斗。人皆以见侮为辱，故斗也；知见侮之为不辱，则不斗矣。"应之曰：然则亦以人之情为不恶侮乎？曰："恶而不辱也。"曰：若是则必不得所求焉。凡人之斗也，必以其恶之为说[③]，非以其辱之为故也。今俳优、侏儒、狎徒詈侮而不斗者[④]，是岂钜[⑤]知见侮之为不辱哉？然而不斗者，不恶故也。今人或入其央渎[⑥]，窃其猪彘，则援剑戟而逐之，不避死伤，是岂以丧猪为辱也哉？然而不惮斗者，恶之故也。虽以见侮为辱也，不恶则不斗；虽知见侮为不辱，恶之则必斗。然则斗与不斗邪，亡于[⑦]辱之与不辱也，乃在于恶之与不恶也。夫今子宋子不能解人之恶侮，而务说人以勿辱也，岂不过甚矣哉？金舌弊口，犹将无益也。不知其无益，则不知；知其无益也，直[⑧]以欺人，则不仁。不仁不知，辱莫大焉。将以为有益于人，则与[⑨]无益于人也，则得大辱而退耳！说莫病是矣。

[注释]

①宋子：即宋荣子，是战国时期的宋国人，主张"欲寡而不欲多"，这样可以避免战争的产生，接近墨家。

②见：受到的意思。辱：在这里是意动用法，认为是辱。

③说：理由。

④俳：古时的滑稽演员。优：优伶，演戏之人。狎：戏弄。詈：责备、训斥。

⑤钜：通"讵"，与"岂"同义，两者连用，是难道的意思。

⑥央渎：排水沟。

⑦亡于：不在于。

⑧直：只是。

⑨与：通“举”，全部。

[译文]

宋子讲道：“明白被人侮辱并不是耻辱的道理，就能让人们不争斗。如果人们都把被侮辱看作是耻辱的事情，争斗自然会产生；懂得了被侮辱并不是什么耻辱的话，争斗就不会产生了。”回答说：这样说来，那么人的本性是不憎恶被人侮辱的吗？宋子说：“憎恶是肯定的，但并不把它当作是耻辱。”回答说：这样的话，宋子所追求的目标就很难达到了。一切人们的斗争，无一不是把自己的憎恶作为辩词，而不是将自己感到耻辱当成原因。如今那些滑稽演员和唱戏的优伶、专门逗乐人们的侏儒、受人捉弄的奴仆，互相欺侮但不争斗，难道这是因为他们懂得了被人侮辱并不算作耻辱的道理吗？然而他们的不争斗，实际上是因为他们不憎恶对方啊。如果现在有人从某家的出水沟里进入，把这家猪偷走了，那么主人就会拿起刀剑去追赶窃贼，甚至自己受到伤害也不顾惜，这难道是因为他把丢失猪看作是一种耻辱吗？然而他不害怕争斗，实际上是因为对窃贼十分憎恶啊。所以说，就算是把被侮辱看成耻辱，不憎恶不会产生争斗；假如知道被侮辱不能算作是耻辱的道理，憎恶就一定会产生争斗。如此说来，争斗与否，不在于是否感到耻辱，而是在于憎恶与否。如今宋子不能消解人们心中对被人侮辱的憎恶，而是一味地让人们别把受侮辱看作耻辱，这种错误难道不是很大吗？即使是把善辩的巧嘴说破了，也没有什么好处。不知道这样的劝说毫无意义，就是不明智；知道它没有意义，还专门用它来骗人，就是不仁慈。不仁慈不明智，没有比这更大的耻辱了。自认为对人有益，但实际全无益处，只能抱着耻辱退出罢了！没有比这种学说更有害的了。

原文

子宋子曰：“见侮不辱。”应之曰：凡议[①]，必将立隆正然后可也，无隆正[②]，则是非不分而辨讼不决。故所闻曰：“天下之大隆，是非之封界，分职名象之所起[③]，王制是也。”故凡言议期命[④]，是非以圣王为师；而圣王之分[⑤]，荣辱是也。是有两端矣，有义荣[⑥]者，有势荣[⑦]者，有义辱[⑧]者，有势辱[⑨]者。志意修，德行厚，知虑明，是荣之由中出者也，夫是之谓义荣。爵列尊，贡禄厚[⑩]，形势胜，上为天子诸侯，下为卿相士大夫，是荣之从外至者也，夫是之谓势荣。流淫、污僈[⑪]，犯分、乱理，骄暴、贪利，是辱之由中出者也，夫是之谓义辱。詈侮、捽搏[⑫]，捶笞、膑脚[⑬]，斩断、枯磔(zhé)[⑭]，藉靡、舌缕[⑮]，是辱之由外至者也，夫是之谓势辱。是荣辱之两端也。故君子可以有势辱而不可以有义辱，小人可以有势荣而不可以有义荣。有势辱无害为尧，有势荣无害为桀。义荣、势荣，唯君子然后兼有之；义辱、势辱，唯小人然后兼有之。是荣辱之分也。圣王以为法，士大夫以为道，官人以为守，百姓以成俗，万世不能易也。

今子宋子案不然，独诎容为己，虑一朝而改之；说必不行矣。譬之，是犹以抟涂塞江海也⑯，以焦侥而戴⑰太山也，蹎(diān)⑱跌碎折不待顷矣。二三子之善于子宋子者，殆不若止之，将恐得伤其体也。

[注释]

①议：议论、讨论。

②隆正：指的是正确性最高的标准。

③分职：各自掌管的职务。名象：事物各自的名称。

④命：命名，规定事物的名称。

⑤分：总的原则。

⑥义荣：因自己的言行而获得的荣耀。

⑦势荣：因外界的事物而获得的荣耀。

⑧义辱：因自己的言行而遭受的耻辱。

⑨势辱：因外界的事物而遭受的耻辱。

⑩贡：贡品，这里指的是君王。禄：俸禄，这里指的是士大夫。

⑪僈：通“漫”，肆无忌惮、不检点。

⑫捽：揪住头发。搏：用手打。

⑬捶笞：用鞭、杖抽打。膑脚：剔掉膝盖骨的酷刑。

⑭斩断：古代砍头分尸的刑罚。枯磔：古代的一种酷刑，即车裂后弃尸于市，也叫作五马分尸。

⑮藉靡：捆绑。舌绁：应为“后缚”，即反绑。

⑯抟：通“抟”。涂：泥巴。

⑰戴：用头顶着，或者是用背驮。

⑱蹎：摔倒。

五牛分商鞅

车裂是古代的酷刑，十分残忍。东周时在秦国变法的商鞅就是受了车裂之刑而死。

[译文]

宋子讲："被侮辱并不是耻辱。"回答说：要想发表议论，就要确立一个很高的标准才行，没有这个准则，是非就难以区分，辩论也就没有办法决断。过去我曾听说："天下最高的准则，明辨是非的界限，确定各种官制、名物制度的根据，都在于古代圣王的制度。"因此，所有发表议论或约定事物的名称，其中的是非标准都要以圣王为参照；而且圣王的道德制度，就是光荣和耻辱。光荣和耻辱又各自有两个方面，有道义上的光荣，有势力上的光荣，有道义上的耻辱，有势力上的耻辱。志存高远，德行敦厚，聪明精巧，这种光荣是从内心产生出来的，这就是道义上的光荣。位高权重，享有优厚的俸禄，占有优越的地位，最强的做了君王诸侯，稍逊的做了宰相大夫，这种光荣是从外部得到的，这就是势力上的光荣。行为随意、丑恶阴险，违背道义、打破伦理，凶暴残忍、唯利是图，这种耻辱是从内心产生出来的，这就是道义上的耻辱。遭到责骂训斥、挨打被揪头发，被鞭打遭受杖刑、被剔去膝盖骨遭受膑刑，被砍头断指、被五马分尸暴露于街市，遭受五花大绑、被反绑吊起，这些耻辱都是从外部得到的，这就是势力上的耻辱。上面讲的就是光荣、耻辱的两个方面。作为君子只能有势力上的耻辱而不会有道义上的耻辱，小人则可能有势力上的光荣而不会有道义上的光荣。有势力上的耻辱对他成为尧没有任何阻碍，有势力上的光荣对他成为桀没有障碍。道义上的光荣、势力上的光荣，能同时拥有它们的只能是君子；道义上的耻辱、势力上的耻辱，同时占有它们的只能是小人。这些就是光荣和耻辱的区别。君王将它们当成是法度，士大夫将它们当成是原则，一般官吏则把它们当成是守则，百姓依照着它们养成习惯，这是永世都不会改变的。

现在宋子的看法却不是这样的，他一味地委曲求全，想有一天改变荣辱观念，他的学说一定得到宣扬。打个比方，就好像是用揉成团的泥巴去堵塞江河，让一个三尺长的侏儒去背负泰山，跌倒后变得粉身碎骨只是瞬间就会发生的事情。各位有谁是和宋子来往较多的，不如快点前去制止他，不然的话，会让自己的身体受到伤害。

原文

子宋子曰："人之情，欲寡[1]，而皆以己之情为欲多，是过也。"故率其群徒，辨[2]其谈说，明其譬称，将使人知情之欲寡也。应之曰：然则亦以人之情为欲目不欲綦[3]色、耳不欲綦声、口不欲綦味、鼻不欲綦臭[4]、形不欲綦佚？此五綦者，亦以人之情为不欲乎？曰："人之情，欲是已。"曰：若是则说必不行矣。以人之情为欲此五綦者而不欲多，譬之，是犹以人之情为欲富贵而不欲货也、好美而恶西施也。古之人为之不然。以人之情为欲多而不欲寡，故赏以富厚[5]，而罚以杀(shài)[6]损也，是百王之所同也。故上贤[7]禄天下，次贤禄一国，下贤禄田邑，愿悫之民完衣食。今子宋子以是之情为欲寡而不欲多也，然则先王以人之所不欲者赏，而以人之所欲者罚邪？乱莫大焉。今子宋子严然[8]而好说，聚人徒，立师学[9]，成文曲[10]，然而说不免于以至治为至乱也，岂不过甚矣哉？

[注释]

①欲寡：指欲望少。

②辨：通“辩”，辩说。

③綦：极尽，指的是最好的。

④臭：指气味。

⑤厚：指财富。

⑥杀：减少。

⑦上贤：指君王。

⑧严然：与“俨然”同，庄重神圣的样子。

⑨立师学：当成是学习的样本。

⑩文曲：应为“文典”，泛指文章。

[译文]

宋子讲道：“人的本性是贪图很少的东西，但如今人们都认为自己的本性是去获得尽可能多的东西，这是不对的。”因此他带着他的弟子们，把他的言论讲得头头是道，把他的比喻讲得精辟深入，目的就是让人们都知道人的本性是贪图很少的东西。回答说：这就是说，宋先生认为人的本性就应该是，眼睛不想看最美丽的颜色、耳朵不想听最动听的音乐、嘴巴不想吃最美味的菜肴、鼻子不想闻最好的气味、身体不想追求最大的安逸吗？这里说的五种极好的享受，人对它们都是没有兴趣的吗？他说：“本性当中，人都是想要这些享受的。”回答说：这样的话，前后说法就有矛盾之处了。承认人的本性是想要这五种极好的享受，同时又没有兴趣索取很多，打个比方，这就像认为人的本性是想要荣华富贵却又对钱财没有兴趣，喜爱美色却又对西施很厌恶。古时候的人做事并不是这样。在他们看来，人的本性是想要多而不是少，因此才产生了用增加财物来作为奖赏，用减少财物来作为惩罚，历代君王都是如此。因此最为优秀的贤士享受天下的俸禄，低一级的贤士享受一国的俸禄，下等的贤士享受封地内的俸禄，忠实的百姓要的是保全自己的吃穿。如今宋先生所认为的古代人的本性也是想要少而非多的看法如果成立，那么古代的君王不就是用人们不想要的东西来作为奖赏，用人们想要的东西来作为处罚吗？这应该算是最大的混乱了。宋子现在执着地坚信自己的看法，广收门徒，组织师生建立教学关系，著书成文，但他的学说着实是在把治世中最好的情况看成是最荒谬的事情，这难道不是犯了很大的错误吗？

卷十三

礼论第十九

题解

在这篇文章中，荀子系统地阐释了礼制的起源、内容和作用等。荀子认为“人生而有欲”，为了使欲望得到满足，就不能不争夺，争夺就会发生混乱，统治者为了避免这种局面发生，就不断地用礼法来加以约束。礼法的制定，不单单是为了调节和满足人们的物质欲望，同时也是为了更好地确立社会等级制度。社会中的各种道德规范和礼法对等级制度的确立与巩固是有好处的，因此，隆礼是治国的根本，即“人道之极”，国家的安危存亡有赖于此。所以，统治者要重视礼法制度。文章关于礼制的论述很完备，对我们了解古代礼制方面的情况很有帮助。

原文

礼起于何也？曰：人生而有欲；欲而不得，则不能无求；求而无度量分界，则不能不争；争则乱，乱则穷。先王恶其乱也，故制礼义以分①之，以养②人之欲、给人之求，使欲必不穷乎物，物必不屈③于欲，两者相持而长。是礼之所起也。

[注释]

①分：名分，用作动词，确定名分、等级的意思。

②养：养育、保养之意。

③屈：竭尽。

[译文]

礼是怎样产生的呢？回答道：人的欲望是与生俱来的；如果想要的东西不能拥有，就不能没有追求；一味追求而没有限度的话，就不能不争夺；一发生争抢混乱就会随之而来，混乱就会产生困境。古代的君王憎恶混乱，因此就制定了礼法来规定人们的职责，用这种办法来调节人们的欲望、满足人们的需求，让人们的欲望绝对不能因为财物的缺乏而得不到满足，财物不会因为人们的欲望而耗尽，让物资、欲望两者互相制约而增长。这是礼产生的原因。

原文

故礼者，养也。刍豢稻粱，五味调香①，所以养口也；椒兰芬苾(bì)②，所以养鼻也；雕琢刻镂，黼黻(suì mào)③文章，所以养目也；钟鼓、管磬、琴瑟、竽笙，所以养耳也；疏房④、檖貌、越席，床第、几筵⑤，所以养体也。故礼者，养也。

[注释]

①香：原当作"盉"，通"和"，调味。

②芬苾：芬芳、芳香之意。

③黼黻：古代礼服上绣的花纹，也用来比喻文采。

④疏房：宽敞透亮的房子。

⑤几：古人席地而坐时旁边放着的用来倚靠的小桌子叫几。筵：竹制的垫席。

[译文]

因此说，礼是用来调养人们欲望的。牛、羊、猪、狗等肉食和稻米谷子这类作物、五味调和好的美味，是作调养嘴巴用的；椒兰散发诱人的香味，是作调养鼻子用的；器具上雕刻的花纹图案，礼服上绘制的精美图形，是作调养眼睛用的；钟、鼓、管、磬、琴、瑟、竽、笙等乐器，是作调养耳朵用的；高房大屋，竹席几筵，是作调养身体用的。所以礼是用来调养人们欲望的。

原文

君子既得其养，又好其别。曷谓别？曰：贵贱有等，长幼有差，贫富轻重皆有称者也。故天子大路越席，所以养体也；侧载睪芷，所以养鼻也；前有错衡，所以养目也；和鸾之声，步中《武》《象》，趋中《韶》《護》，所以养耳也；龙旗九斿(yóu)①，所以养信②也；寝兕、持虎、蛟韅(xiǎn)、丝末、弥龙③，所以养威也；故大路之马，必信至教顺④，然后乘之⑤，所以养安也。孰知夫出死要节⑥之所以养生也？孰知夫出费用之所以养财也？孰知夫恭敬辞让之所以养安也？孰知夫礼义文理⑦之所以养情也？故人苟生之为见⑧，若者必死；苟利之为见，若者必害；苟怠惰偷懦之为安⑨，若者必危；苟情说⑩之为乐，若者必灭。故人一之于礼义，则两得之矣；一之于情性，则两丧之矣。故儒者将使人两得之者也，墨者将使人两丧⑪之者也，是儒、墨之分也。

［注释］

①斿：旗上的飘带。

②信：即“符信”，凭据。古代君王和各级官员为了区别不同的地位和身份，使用不同的旗，龙旗九斿是君王的符信，因此有“养信”一说。

③寝兕：卧着的雌性的犀牛。持虎：蹲着的老虎。两者都是画在君王车子上的图案。蛟韅：用鲛鱼皮做的马腹带，放在两腋旁，上面在马鞍上固定。丝末：指的是用丝制成的车帘。弥龙：车壁上画着的龙。

④教顺：调教驯服之意。

⑤乘之：驾驭马。

⑥出死要节：指的是为了保持良好的节操，舍身求之。

⑦礼义文理：各种礼仪范式。

⑧生之为见：见生，只看到生的意思。之为，构成宾语前置的助词。

⑨安：乐、欢喜之意。

⑩情说：就是恣情欢悦。说，通“悦”。

⑪两丧：礼仪和情性都丢失了。

［译文］

君子不仅得到了礼的调养，同时又喜好礼的区别。何为区别呢？回答道：高低贵贱有着不同的等级，长幼老少有一定的差别，贫富尊卑之间、权重和位卑之间的差别是存在的。所以，天子坐的是宽阔的大车，车里面铺垫着绵软的蒲席，这都是为了保养身体而设的；身体旁边放着香草，是为了调养鼻子而设的；车前有画满美丽图案的横木，是为了调养眼睛而设的；在车子慢行时，车铃的声音与《武》《象》的节奏相合，在车子飞驰时，车铃的声音又和《韶》《頀》的节奏相合，这是为了调养耳朵而设的；画有龙图案的旗帜下有九条飘带，是为了显示天子的神气而设的；车子上画着横卧的犀牛和蹲着的老虎、马系着的腹带是用鲛鱼皮制成的、车前挂有丝制的车帘、车耳的形状像龙形，这是为了彰显天子的威严而设的；天子的大车上所配备的马一定要训练得特别顺服，然后才能乘坐，这是为了保证安全而设的。有谁知道舍弃生命而换来名节也是为了保养生命呢？有谁知道破费钱财是为了追求钱财呢？有谁知道谦让之礼是为了安全无争斗呢？有谁知道礼仪仪式是为了调养情操呢？因此一个人看见的只是生，那么他就一定会死；如果眼睛里只有利，那么他就一定会受到损害；假如只喜欢苟且偷安，那么他就一定会面临危难；如果整日纵情于歌舞，那么他就一定会灭亡。一个人如果能一心放在讲究礼仪上，礼仪情性就都能长期伴随着他；如果只是把心思放在情性的满足上，礼仪情性就不能和他长久地相伴。儒家提倡的是将它们都保全下来，墨家提倡的则是将它们统统毁灭，这正是儒墨两家的区别之所在。

原文

礼有三本①：天地者，生之本也；先祖者，类②之本也；君师者，治之本也。无天地，恶生？无先祖，恶出？无君师，恶治？三者偏亡③，焉无安人④。故礼，上事⑤天、下事地，尊先祖而隆君师。是礼之三本也。

[注释]

①本：根本、最基础的东西。

②类：种族。

③偏亡：缺乏某方面。

④焉无安人：这样的话，人们不能享受安宁。

⑤事：祭祀。

拜天

我国古人敬奉天地，将天地作为世界之本源来崇拜，即为“天地者，生之本也”。当然，“礼，上事天”并不是要人听天由命，而是说人要对自然本身有所敬畏。

[译文]

礼有三个根本：天地，是生存的根本；祖先，是种族的根本；君主与师长，是政治的根本。天地不存在的话，何谈生存？祖先没有诞生，何谈种族的产生？君主与师长没有出现，何谈太平的天下？三样之中不论少了哪一样，都不可能安宁。因此，礼就是对上听命于天、对下遵从于地，尊重祖先，推崇君王与师长。这就是礼的三个根本。

原文

故王者天太祖①，诸侯不敢坏②，大夫、士有常宗③，所以别贵始④。贵始，得⑤之本也。郊⑥止乎天子，而社⑦止于诸侯，道⑧及士、大夫，所以别尊者事尊、卑者事卑、宜大者巨、宜小者小也。故有天下者事七世⑨，有一国者事五世，有五乘之地⑩者事三世，有三乘之地者事二世，持手而食者不得立宗庙，所以别积厚，积厚者流泽广、积薄者流泽狭也。

[注释]

①天太祖：把太祖与天同祭。太祖，指的是国家的缔造者。

②坏：指毁坏始祖的庙。

③常宗：指的是同一个祖宗传下来的宗族体系，这一宗法是永久的。

④别贵始：各自尊重各自宗族的始祖。

⑤得：通“德”。

⑥郊：指的是郊祭，古代的君王每年冬至都要到南郊举行大型的祭天活动。只有这些受命于天的天子才有资格举行郊祭。

⑦社：指的是社祭，也就是祭地。

⑧道：祭路神。

⑨事七世：指的是侍奉七代祖先，建好七代祖先的神庙来进行祭祀。《礼记·祭法》中规定，天子立七庙，诸侯立五庙，大夫立三庙，适士立二庙，庶士、庶人无庙。

⑩五乘之地：古代十里为一成，每成出兵车一辆，即一乘。五乘之地，即五十里。

［译文］

因此统治天下的君王可以把初创国家的始祖与天同时祭祀，诸侯也不敢毁坏始祖的宗庙，大夫和士拥有世代不能改变的祭祀的大宗，这样的宗法祭祀制度把各自尊奉的始祖一一加以区别。道德的根本，是从尊重始祖开始的。能到郊外祭祀天神的人只能是天子，而土地神的祭祀则是从天子开始直到诸侯都可以参与，祭路神的活动则一直到士和大夫都可以进行，这样就区别出来了，尊贵的人只能是由尊贵的人去侍奉、卑贱的人只能由卑贱的人去侍奉、有能力做大事的就做大事、只能够做小事的就做小事。因此，拥有天下的君王建立宗庙祭祀七代祖先，拥有一个国家的诸侯建立宗庙祭祀五代祖先，拥有五十里封地的大夫建立宗庙祭祀三代祖先，拥有三十里封地的士建立宗庙祭祀两代祖先，普通的百姓则没有建立祖庙的权利，这种做法是用来区别功绩大小的，功德高的人流传的恩德就广远、功德低的人流传的恩德就相对狭小。

原文

大飨①，尚玄尊②，俎生鱼，先大(tài)羹③，贵食饮之本④也。飨⑤，尚玄尊而用酒醴⑥，先黍稷而饭稻粱⑦；祭⑧，齐大羹而饱庶羞⑨；贵本而亲用⑩也。贵本之谓文⑪，亲用之谓理⑫，两者合而成文⑬，以归大一⑭，夫是之谓大隆⑮。故尊之尚玄酒也，俎之尚生鱼也，豆⑯之先大羹也，一也。利爵之不醮也⑰，成事之俎不尝也，三臭之不食也，一也。大昏之未发齐也⑱，太庙之未入尸⑲也，始卒之未小敛⑳也，一也。大路之素末集也㉑，郊之麻绕㉒也，丧服之先散麻也，一也。三年之丧㉓，哭之不反㉔也；《清庙》㉕之歌，一倡而三叹也㉖；县一钟㉗，尚拊、膈㉘，朱弦而通越也㉙；一也。

[注释]

①大飨：指古人在太庙中，将历代的祖先一起祭祀。这种大的祭祀活动一般三年举行一次。

②尚：通“上”，上供。玄尊：指的是盛有清水的酒杯。

③大羹：不加任何调味品的肉汤。

④本：本源、最早的。上面讲的清水、生鱼、大羹是人类最为原始的食物。在古人看来，祭祀远祖时，就要用远祖生活时所吃的东西，这样才合适。

⑤飨：通“享”，用祭品来进贡神灵。这里主要是指每个季度举行的祭祀活动。

⑥酒醴：甜酒。

⑦黍：黍子，孔子将它称为是“五谷之长也，祭先王为上盛（上等祭品）”。稷：一种谷类作物，看起来像黍，但是没有黏性。粱：粟，谷子，去皮之后即是小米。

⑧祭：每月举行的祭祀活动。

⑨齐：通“跻”，进献。庶：众、全部的。羞：味美的食物。

⑩亲用：接近实用、方便实用的意思。

⑪文：礼的形式。

⑫理：指最为通常的道理。

⑬文：完善周全的礼法。

⑭大一：远古时期的淳朴状态。大，通“太”。

⑮大隆：最为盛大、庄重的礼节。

⑯豆：古代一种盛食物的器具，像高脚盘，祭祀时也用来盛祭品。

⑰利：祭祀时，将祭品端给尸的人。醮：喝光。

⑱大昏：指君王的婚礼。昏，通“婚”。发：举办之意。齐：通“醮”，古代婚礼的一种形式。

⑲尸：古代在祭祀时，代表死者接受祭祀的人。

⑳小敛：为死者换上寿衣。

㉑大路：即大辂，指的是到郊外祭天时天子乘的车。素末：即“丝末”。

㉒绕：通“冕”。

㉓三年之丧：服丧三年。

㉔不反：不返回，放声大哭，声音没有刻意的声调。反，通“返”。

㉕《清庙》:《诗经·周颂》中讲周统治者祭文王的颂歌。

㉖倡：通“唱”。三叹：三个人随声应和。

㉗县一钟：只挂有一口钟，用编钟，朴素为标准。县，同“悬”。

㉘拊、膈：都是古代的打击乐器。

㉙朱弦：染成红色的丝弦。通越：打通瑟底的孔，这样做可以使瑟音低沉。

[译文]

在太庙里合祭历代祖先的时候，把装满清水的酒器作为最高祭品，把俎里盛上生鱼，先要进献的是不加任何调味品的肉汁，这是尊重祖先饮食的本源。四季祭祀远祖的时候，上等祭品是将酒器中盛上清水，敬献甜酒，先要献上黍、稷，再去供奉上稻、粱；每月祭祀近祖的时候，首先要敬献的是不加任何调味品的肉汁，其次就是呈上各种美味的食物；所有的东西都既尊重了祖先饮食的本源，同时又接近实际的功用。尊重祖先饮食的本源是一种形式上的修饰，接近实际的功用是一种最为通常的道理，两者结合起来形成的就是礼仪制度，与此同时，又不乏远古的质朴，这可以称得上是最隆重的礼节。因此，酒杯的清水代替了酒，俎中放有生鱼，先盛上不加任何调味品的肉汁，以上三种做法回归了远古的质朴状态。代替死者受祭的尸，不把祭祀之人所献的酒喝光，祭礼完毕后，俎中的生鱼不能吃掉，受祭者将祭祀之人献上的饮食用鼻子闻三次而不吃掉，以上三种做法回归了远古的质朴状态。举行盛大的婚礼还没有去迎亲的时候，祭祀太庙代死者受祭的尸还没有进庙的时候，在人刚死还未给他穿上寿衣的时候，以上三种情况回归了远古的质朴状态。天子祭天时所用的大车选取没有上色的丝绸做车帘，在郊外祭天时要头戴麻布制的礼帽，居丧时先在腰间系上麻带，以上三种做法回归了远古的质朴状态。服丧三年内，放声哭号而没有曲折的声调；《清庙》的颂歌，一个人领唱三个人附和；悬挂一口钟，用拊、膈奏乐；将瑟底部打孔；以上三种做法回归了远古的质朴状态。

伯夷典礼图

相传伯夷为上古贤王舜的大臣，他制定并掌管礼仪，在他的管理之下，天下礼仪齐备，百姓和顺。上古时代的礼仪是我国礼法的源头。

原文

凡礼，始乎棁（tuō）[①]，成乎文[②]，终乎悦校[③]。故至备，情[④]文俱尽；其次，情文代胜[⑤]；其下，复情以归大一也。天地以合，日月以明；四时以序，星辰以行；江河以流，万物以昌；好恶以节，喜怒以当；以为下则顺，以为上则明；万物变而不乱，贰[⑥]之则丧也。礼岂不至矣哉？立隆以为极[⑦]，而天下莫之能损益也。本末相顺，终始相应；至文[⑧]以有别，至察[⑨]以有说。天下从之者治，不从者乱；从之者安，不从者危；从之者存，不从者亡。小人不能测也。

[注释]

①棁：通“脱”，简略。

②文：文饰，礼节仪式之意。

③校：应为“恔”，愉悦。

④情：情感，礼所要表达的情感，比如说丧礼表达哀伤，祭礼表达敬意。

⑤情文代胜：情、文两者相互之间不协调，轮流、更迭之意。或是情胜过文，或是文胜过情。

⑥贰：违背。

⑦隆：完善的礼制。极：言行的极致。

⑧至文：非常完善。

⑨至察：非常细致。

[译文]

所有的礼，都是从简略开始，直到有了礼节，仪式就成形了，最终又会走到让人称心如意的境地。因此那些最为完备的礼，要表达的感情和礼节仪式都有很形象的表现；在这之下，那些所要表达的感情和礼节仪式就有相互交错的现象；最下一层，就是让那些所要表达的感情回归远古的质朴。天地由于礼的作用而风雨应时，日月会由于礼的作用而光芒万丈；四季由于礼的作用而按时更替，星辰由于礼的作用而正常流转；江河由于礼的作用而奔腾不息，万物由于礼的作用而欣欣向荣；爱憎由于礼的作用而适当迸发，喜怒由于礼的作用而恰到好处；用它来统治自己的国家和民众就能得到人民的归顺，用它来要求君王就能使他保持英明通达；世间万物瞬息万变而不混乱，假如离弃了礼，那么一切将不复存在了。礼岂不是成了至高无上的了？贤明的人确立了发展到高度成熟的礼制并把它制定成了最高的准则，天下人没有谁敢随意增减改变它的。这种礼制的根本原则和具体细节协调统一，终始相互呼应；完美至极又不乏明确的等级区分，细致入微又理论充分。普天之下，但凡是遵循礼的国家就有序，违背礼的国家就混乱；遵循礼的国家会享受安定，违背礼的国家会遭受危险；遵循礼的国家生存，违背礼的国家毁灭。对小人来说，礼的这些作用他们是估量不到的。

原文

礼之理诚深矣，“坚白”“同异”之察入焉①而溺；其理诚大矣，擅作典制、辟陋之说入焉而丧②；其理诚高矣，暴慢恣睢轻俗以为高之属入焉而队③。故绳墨诚陈④矣，则不可欺以曲直；衡诚县矣，则不可欺以轻重；规矩诚设矣，则不可欺以方圆；君子审于礼，则不可欺以诈伪。故绳者，直之至；衡者，平之至；规矩者，方圆之至；礼者，人道⑤之极也。然而不法礼，不足礼⑥，谓之无方之民⑦；法礼，足礼，谓之有方之士。礼之中焉能思索，谓之能虑；礼之中焉能勿易，谓之能固。能虑，能固，加好之者焉，斯圣人矣。故天者，高之极也；地者，下之极也；无穷者，广之极也；圣人者，道之极也。故学者，固学为圣人也，非特学为无方之民也。

[注释]

①入焉：指用礼来衡量。

②辟：通“僻”，邪僻。陋：缺少见识。

③以为高：自高自大的意思。队：同“坠”。

④陈：陈列，拉出来的意思。

⑤人道：指处世为人的道理。

⑥足礼：依照、重视礼法。

⑦无方之民：不走正道、没有原则的人。

[译文]

礼的道理很深奥，所谓“坚白”“同异”明察的辨析进入到礼中就被淹没了；礼的道理很伟大，所有擅自编写的制度、凡俗的学说进入到礼中就葬送了自己的生命；礼的道理很高深，所有那些把粗暴残酷这些习俗当作高尚的人进入到礼中就气焰全无了。因此当木工的墨线弹出来后，再用曲直来搞欺骗就是不可能的了；秤实实在在地挂了起来，再用轻重来搞欺骗就是不可能的了；圆规尺子真正摆了出来，再用方圆来搞欺骗就是不可能的了；君子心中对礼有了深刻的了解，再用诡诈来欺骗他就是不可能的了。可以这样说，墨线是直的极点；秤，是公平的极点，圆规尺子，是方圆的极点；礼，则是社会道德规范的极点。这样的话，不遵循礼，不能透彻地理解礼，就是一个没有原则的人；遵循礼，透彻地理解礼，就能称之为有原则的贤士。在遵循礼、理解礼的过程中能积极地思索判断，就可以称为善于谋虑；在遵循礼、理解礼的过程中能保持不变，就能称为有坚定的意志。能够谋虑，能够坚定，同时还有对礼的喜爱，就成为圣人了。因此天是高的极点，地是低的极点，无穷是广阔的极点，圣人自然就是道德的极点。因此一个善于学习的人，就应该以圣人为标准，不是只学怎样做一个没有原则的人。

原文

礼者，以财物为用①，以贵贱为文，以多少②为异，以隆杀为要③。文理繁，情用省，是礼之隆也。文理省，情用繁，是礼之杀也。文理情用相为内外表里，并行而杂④，是礼之中流也。故君子上致⑤其隆，下尽其杀，而中处其中⑥。步骤、驰骋、厉骛不外是矣⑦，是君子之坛宇、宫廷也[8]。

人有是[9]，士君子也；外是，民也；于是其中焉，方皇周挟[10]，曲得其次序，是圣人也。故厚者，礼之积也；大者，礼之广也；高者，礼之隆也；明者，礼之尽也。《诗》[11]曰："礼仪卒度，笑语卒获。"此之谓也。

［注释］

①以财物为用：相互赠送礼物，表达情意的行为。

②多少：得到实际物质的多少。

③隆：大量的。杀：减少。

④并行而杂：并列着相互配合。

⑤致：竭尽全力去做的意思。

⑥中处其中：适当对待中等的礼。

⑦步骤：漫步之意。厉骛：快跑。

⑧坛宇、宫廷：指的是君王居住、安身的地方。

⑨有：通"域"，居住、居处。

⑩方皇周挟：指的是无所顾忌地活动。

⑪《诗》：指《诗经·小雅·楚茨》。

［译文］

礼以财物馈赠为行礼之用，将车服旗章的不同装饰作为尊贵与卑贱的文饰，用享受的多少表示上下等级的差别，将繁复和节俭当成是要领。礼节仪式繁复，所要表达的情感和所起到的作用简约，这是隆重的礼。礼节仪式简约，所要表达的情感和所起到的作用繁复，这是简省的礼。礼节仪式和它所要表达的情感以及所要起到的作用之间是互为表里的，二者相互交错配合，这是适中的礼。因此懂礼的君子在面对隆重的礼仪时就极尽它的隆重，在面对简省的礼仪时就极尽它的简省，而在面对适中的礼仪同样会以适中的方式来对待。慢慢地走、迅速地跑、剧烈地奔跑都不去超越这一规矩，君子活动范围就是这样划定的。

人的活动如果限定在这个范围内，那就是君子的风范；如果超出了这个规矩，自然就成为普通人；如果是在这个规矩中左右周旋，又能适时地符合它的次序，便成为圣人了。因此圣人的厚道，是靠礼的积蓄；圣人的大度，是靠礼的深广；圣人的崇高，是靠礼的高大；圣人的明察，是靠礼的透彻。《诗经》中讲："礼仪如果完全和法度吻合，谈吐就自然得当。"说的就是这种情况。

原文

礼者，谨于治生死者也。生，人之始也；死，人之终也。终始俱善，人道毕矣。故君子敬始而慎终。终始如一，是君子之道、礼义之文也。夫厚其生而薄其死，是敬其有知而慢其无知也，是奸人之道而倍叛之心[①]也。君子以倍叛之心接臧、谷，犹且羞之，而况以事其所隆亲乎！故死之为道也[②]，一而不可得再复也，臣之所以致重其君，子之所以致重其亲，于是尽矣。故事生不忠厚、不敬文，谓之野；送死不忠厚、不敬文，谓之瘠。君子贱野而羞瘠。故天子棺椁(guǒ)[③]十重，诸侯五重，大夫三重，士再重；然后皆有衣衾多少厚薄之数，皆有翣蒌(shà liǔ)文章之等[④]，以敬饰之，使生死终始若一，一足以为人愿，是先王之道、忠臣孝子之极也。天子之丧动四海，属[⑤]诸侯。诸侯之丧动通国[⑥]，属大夫。大夫之丧动一国，属修士。修士[⑦]之丧动一乡，属朋友。庶人之丧，合族党，动州里[⑧]。刑余罪人之丧，不得合族党，独属妻子，棺椁三寸，衣衾三领，不得饰棺，不得昼行，以昏殣(jìn)[⑨]，凡缘[⑩]而往埋之，反，无哭泣之节，无衰[⑪]麻之服，无亲疏月数之等，各反其平，各复其始，已葬埋，若无丧者而止，夫是之谓至辱。

吊丧

在我国古代，丧葬是十分重大的事情，丧葬礼节不仅包涵对死者一生的总结评价，更反映出生者对死者的态度。在重礼仪讲仁爱的先秦儒者眼中，丧葬的礼节不可偏废，等级差别更是不可忽略的。

[注释]

①倍叛之心：当别人活着的时候，就对他很恭敬，当他死去就变得怠慢了，这种对人的态度就是“倍叛之心”。倍，通“背”。

②故：与“夫”同，语气词。为：有。

③棺椁：在古代，棺材最里面的一口叫“棺”，套在“棺”外的大棺材叫作“椁”。

④翣蒌：遮盖棺材的物件。翣，像团扇，木条制成的框，蒙上带有图案的布，灵车行驶

过程中，用来遮蔽灵柩，埋葬的时候插在墓穴中遮蔽棺材。蒌，古代用来衬垫棺材的物件。文章：这里指翣蒌上的花纹图案。

⑤属：汇集。

⑥通国：友好的国家。

⑦修士：上士，是士一级中地位较高的人。

⑧州里：周代的行政单位，一乡中包括一万二千五百户，一州中包括二千五百户，一里中包括二十五户。

⑨殣：掩埋。

⑩凡缘：指的是平常的衣服。在古代送葬时是应该穿丧服的，这里是说不是作为丧礼来办的。

⑪衰：通“缞”，古代的一种丧服，将宽四寸、长六寸的麻布条披在胸前。

［译文］

礼，对于生死之事的办理十分慎重。生，是人生的开始；死，是人生的终结。能把这终结和开始处理好，为人之道也就没有什么不懂的了。因此君子总是会谨慎地对待人生的开始，严肃地对待人生的终结。这种对待终结与开始的问题和对待事情是相通的，君子的原则就在于此，这同时也是礼义的具体规定。看重人活着的时候而轻视人死了的时候，这是尊重活人有知觉而怠慢死人没有知觉，这是邪恶之人遵循的原则，背叛了始终如一的原则。君子假使用背叛的心去对待奴仆、儿童，都有耻辱感，何况让他用这种心态供奉自己的君主和父母呢！所以死亡只有一次，不论是谁，只要死掉了就不可能再重来一次，所以臣子所要表达的对自己君主的敬重，子女所要表达的对自己父母的敬重，此时就到达了终点。因此供养生者不忠诚信实、不谦恭有礼，就叫作粗野；葬送死者不忠诚信实、不谦恭有礼，就叫作薄待。君子不但鄙视粗野，与此同时还将薄待认为是耻辱的事情。因此君王的棺材所用的木材有七层，诸侯有五层，大夫有三层，士有两层；此外，他们又都有衣服被子等东西，它们的多少、厚薄都有着规定的数目，棺材都有遮蔽物而且花纹图案存在着等级差别，所有这些是用来恭敬地装饰死者的，让他们生前和死后的样子都一样，用这种始终如一的满足来完成人们的愿望，古代圣王遵循的就是这一原则，忠臣孝子以此为最高的标准。为君王举办丧事，天下齐哀，各处的诸侯都要来送葬。为诸侯举办丧事，所有友好的国家都要派大夫前去送葬。为大夫举办丧事则牵动一国，各处的上士都要前来送葬。为上士举办丧事则牵动一乡，各处的朋友都要来送葬。至于为百姓举办丧事，牵动州里，则要召集同族亲属前来送葬。为那些受过刑罚的罪犯举办丧事，同族亲属不能聚集起来送葬，只有妻子、儿女前来送葬，棺材三寸厚，衣服和被子三套，棺材没有任何文饰，白天不准送葬，只能在黄昏时埋葬。妻子、儿女不穿丧服，只能穿着平常的服装把他埋掉，没有任何哭泣的礼节，披麻戴孝的丧服也没有，也就没有按照亲戚的亲疏关系所形成的不同的服丧日期的等级差别，每个人很快地回到正常生活状态，都恢复到自己以前的样子，埋葬之后，就像是没有死人一样，这是最大的耻辱。

原文

礼者，谨于吉凶不相厌[①]者也。纩纩听息[②]之时，则夫忠臣孝子亦知其闵[③]已，然而殡敛之具未有求也[④]；垂涕恐惧，然而幸生之心未已，持生之事未辍也；卒矣，然后作具之。故虽备家，必逾日然后能殡，三日而成服。然后告远者出矣，备物者作矣。故殡，久不过七十日，速不损五十日。是何也？曰：远者可以至矣，百求可以得矣，百事可以成矣。其忠至矣，其节大矣，其文备矣，然后月朝卜日，月夕卜宅[⑤]，然后葬也。当是时也，其义止，谁得行之？其义行，谁得止之？故三月之葬，其貌[⑥]以生设饰死者也，殆非直留死者以安生也，是致隆思慕之义也。

[注释]

①相厌：相当、等同，这里是相互混淆之意。

②纩纩听息：把新棉絮放在临终者的口鼻前，以此观察他是否还有气息。纩，与“注”同，安置。纩，新棉絮，它质地柔软轻薄，微薄的气息就能够使其飘动。

③闵：与“惛”同，昏迷、生命垂危。

④殡：死者入棺之后到埋葬前的仪式。未有求：没有顾及。

⑤月朝卜日，月夕卜宅：在早晨的时候卜卦，来确定葬期，晚上的时候卜卦，来确定葬地。

⑥貌：象，效法。

[译文]

礼，对于凶吉之事最为谨慎，严格地让那些吉利的事与凶恶的事互不干扰。用新的棉絮放在人的鼻前测定他的气息时，即使是忠臣孝子也明白他垂危的事实了，但这时还不能去准备停柩入殓的用具；虽然他们此时满脸泪痕，担心害怕，但希望他能幸运地活下去的想法一直不断，不停地在做延续他生命的事情；直至他死了，治丧的物品才开始着手准备。因此，就算是那些有齐备的治丧物品的人家，也要在人死一天之后才能入棺停柩，三天后才开始穿丧服守丧。之后到各地报丧的人才出发，准备治丧物品的人这时才开始行动起来。因此停放灵柩的时间，最长不过七十天，最快也要在五十天之上。是什么原因呢？回答是：要让远处来奔丧的亲友都能来到，最后的需求都得到了，事情都操办得很妥当了。人们的忠诚之心尽到了，对长辈的礼节施行过了，仪式齐备了，在这之后才会在月底占卜定下埋葬的地点，还要在月初占卜定下埋葬的日期，安排好了才去埋葬。这时，道义上禁止的一切事情，谁又能去做？道义上推行的一切事情，谁又能禁止？因此三个月的停柩葬礼，看似是用还活着的时候的器具来装饰死者的过程，其实是在保留死者来安慰在世的生者，这正是在表达尊敬怀念之意。

原文

丧礼之凡①：变②而饰，动而远③，久而平④。故死之为道也⑤，不饰则恶，恶则不哀；尔则玩⑥，玩则厌，厌则忘，忘则不敬。一朝而丧其严亲⑦，而所以送葬之者不哀不敬，则嫌于⑧禽兽矣。君子耻之。故变而饰，所以灭恶也；动而远，所以遂敬也；久而平，所以优⑨生也。

[注释]

①凡：所有的，总共的。

②变：人死之后，尸体腐烂变形。

③动而远：举行葬礼时死者逐步远离生前居住的房间。动，这里指举行丧礼时各种不同的仪式。

④平：指生者对死者的哀伤之情逐渐地平复。

⑤故：与“夫”同。为：与“有”同。

⑥尔：通“迩”，近。玩：轻视、狎昵。

⑦严亲：君主和父母之类的亲属。

⑧嫌于：与……相近似。

⑨优：好处、益处。

[译文]

举行丧礼的一般原则：人死后要进行装饰，举行丧礼的每一个仪式都是为了使死者逐步远去，在过了很长时间之后，内心就恢复了平静。对待死者，假如不装饰死者，就很难看；难看的话，就没有人会哀痛了；如果离死者太近了，人们就会产生轻视的态度；轻视，就会厌弃；厌弃了，怠慢就会产生；怠慢了，不恭敬的行为就出现了。假使有一天自己尊敬的父母去世了，但送葬的人却不哀痛、不恭敬，那就无异于禽兽了。君子是将这当成耻辱的。因此人死后之所以要进行装饰，是为了消除丑恶厌烦；举行丧礼仪式时渐渐地让死者远去，是表示敬意；长时间之后哀痛的心情逐渐平复，是为了让生者好好生活下去。

闻雷泣墓

魏晋王裒之母生前害怕雷声，后王裒母去世，每逢雷雨天气，王裒都去到母亲墓前安慰、哭泣，这就是《二十四孝》里“闻雷泣墓”的故事。临墓哭泣，就是对亡故亲人思念的一种表现。

原文

礼者，断长续短，损有余、益不足，达爱敬之文、而滋成行义之美者也，故文饰、粗恶[①]，声乐、哭泣，恬愉、忧戚，是反也；然而礼兼而用之，时举而代御[②]。故文饰、声乐、恬愉，所以持平奉吉也[③]；粗恶、哭泣、忧戚，所以持险奉凶也。故其立文饰也，不至于窕[④]冶；其立粗恶也，不至于瘠弃；其立声乐、恬愉也，不至于流淫惰慢；其立哭泣、哀戚也，不至于隘慑伤生[⑤]。是礼之中流也。

[注释]

①粗恶：简单的礼仪。

②时举而代御：适时采用并且交替更换地使用。

③持、奉：对待、看待。

④窕：通“姚”，妖艳。

⑤隘：穷困。慑：悲伤。

[译文]

礼，用来取长补短，消减多余、增加不足的，让表达怜惜恭敬的仪式能顺利地实施，以此来养成美好的德行道义。所以美丽的修饰和粗俗简陋，音乐和哭泣，安逸愉快和悲伤苦闷，它们都是相反的；但礼把它们弄到一起使用，随时拿出来变换使用。所以美丽的修饰、音乐、安逸愉快，是用来对待平安和吉祥的事；粗俗简陋、哭泣、悲伤苦闷，是用来对待凶恶和不幸的事。以此礼在确立美丽修饰的规范时，要极力避免妖艳的样子；在确立粗略简陋的规范时，毁坏形体的事情也是不会做的；在确立音乐、安逸愉快的规范时，放荡不羁的程度是不可能出现的；在确立哭泣、苦闷的规范时，过度悲伤、有损身体的极限是不会达到的。这可以称其为礼的中庸之道。

原文

故情貌之变，足以别吉凶、明贵贱亲疏之节，期止[①]矣；外是，奸也；虽难，君子贱之。故量食而食之，量要[②]而带之。相高以毁瘠[③]，是奸人之道也，非礼义之文也，非孝子之情也，将以有为[④]者也。故说豫娩泽[⑤]，忧戚萃恶[⑥]，是吉凶忧愉之情发于颜色者也。歌谣謷笑[⑦]，哭泣谛号[⑧]，是吉凶忧愉之情发于声音者也。刍豢、稻粱、酒醴、餰(zhān)鬻[⑨]，鱼肉、菽藿、酒浆[⑩]，是吉凶忧愉之情发于食饮者也。卑绕、黼黻、文织[⑪]，资粗、衰绖(cuī dié)、菲繐、菅屦[⑫]，是吉凶忧愉之情发于衣服者也。疏房、槌貊、越席、床笫、几筵，属茨、倚庐、席薪、枕块[13]，是吉凶忧愉之情发于居处者也。两情者，人生[14]固有端焉。若夫断之继之，博之浅之[15]，益之损之，类之[16]尽之，盛之美之，使本末终始莫不顺比[17]，足以为万世则，则是礼也。非顺孰修为之君子[18]，莫之能知也。

[注释]

①期止：这样就够了。

②要：同“腰”。

③相高：追求更大的荣誉和利益。毁瘠：损坏自己的身体。

④有为：有所追求，此处是别有企图的意思。

⑤故：与“夫”同。说：通“悦”。豫：通“娱”，欢愉之意。娩：美好，温顺之意，主要是形容脸色喜悦。泽：人在高兴时容光焕发的样子。

⑥萃：面色憔悴、黄瘦之意。恶：愁眉苦脸难看的样子。

⑦谠笑：戏谑，开玩笑。

⑧谛：通“啼”，出声哭。号：放声大哭。

⑨饰鬻：稠粥。

⑩藿：豆叶，幼小时可以食用。酒：应为“水”。

⑪卑绕：与“裨冕”同。这里指的是祭服。文织：有彩色花纹的丝织品。

⑫资粗：守丧时穿的粗布衣服。衰绖：丧服。绖，古代服丧期间结在头上或腰间的麻带。菲繐：薄而稀的麻布，指的是丧期为五个月的丧服。菅屦：茅草编织的鞋子。

⑬属茨：用芦苇、茅草搭成屋顶的房子。倚庐：在古代，为父母守丧时居住的简陋房屋。房子位置在中门之外的东墙下，用木头斜倚在墙上搭成的。席薪、枕块：用柴草当褥子，用土块当枕头。

⑭人生：即为“人性”。

⑮博、浅：见识多称“博”，见识少称“浅”。此处是使动用法。

⑯类之：和上面的一样就以此类推。

⑰顺比：协调。

⑱顺：通“慎”，谨慎。孰：与“熟”同。

[译文]

因此神情容貌上的变化，是用来区别吉利和不幸、显示亲疏之间的礼节等级，这样就足够了；超过了这个限度，就变成了奸邪的行为；尽管难以做到，也会遭到君子的鄙视。因此要依据食量吃东西，依据腰身的尺寸扎带子。用过度的哀伤毁坏自己的身体从而在别人面前证实自己的高尚，这是奸邪之人的行径，它并不在礼仪规定的范围之内，也不能称之为孝子的真情，而是有其他目的。兴奋欢乐时容光焕发，愁苦悲伤时愁眉苦脸，这是碰到吉利与不幸时忧愁与愉快不同心情在容貌上的表现。歌唱时嬉笑，哭泣时啼号，这是碰到吉利与不幸时忧愁与愉快不同心情在声音上的表现。刍豢、稻粱、酒醴，饀鬻、鱼肉、菽藿、酒浆，这分别是碰到吉利与不幸时忧愁与愉快不同心情在食物上的表现。卑絻、黼黻、文织、粗布、衰绖、菲穗、草鞋，这分别又是碰到吉利与不幸时忧愁与愉快不同心情在服饰上的表现。疏房、檖貌、越席、床笫、几筵，草屋、倚庐、席薪、枕块，这分别是碰到吉利与不幸时忧愁与愉快不同心情在住所上的表现。忧愁与愉快这两种心情，是人生来就有的。要让这两种情绪断绝或持续，让它们被大部分的人或少部分的人了解，增强或减损它们，让它们在合乎法度的前提下得到充分的表达，让它们保持旺盛和美好的状态，让所有根本的原则和具体的细节、人生终结和人生开始的仪式没有相抵触的地方，这样的话就可以用来做世世代代的法则了，这就是所谓的礼。不是依从礼、理解礼、学习礼、施行礼的君子，是没办法懂得这个道理的。

原文

故曰：性者，本始材朴①也；伪者，文理隆盛也。无性，则伪之无所加；无伪，则性不能自美。性、伪②合，然后成圣人之名，一天下之功于是就也。故曰：天地合而万物生，阴阳接而变化起，性伪合而天下治。天能生物，不能辨③物也；地能载人，不能治人也；宇中万物、生人之属，待圣人然后分④也。《诗》⑤曰："怀柔百神，及河乔岳。"此之谓也。

[注释]

①材朴：天然的材质。

②伪：指人为。

③辨：治理、统治。

④分：安排。

⑤《诗》：指《诗经·周颂·时迈》。

[译文]

因此可以这样讲：人天生的本性，是未加工过的原始木材；后天人为的修饰，在隆重盛大的礼节仪式中可以体现出来。没有本性的话，人为的修饰就没有地方施行；没有人为的修饰，天生的本性也不能自我达到完美。本性和人为的修饰相配合，圣人的名声才能由此成就，统一天下的功业才能由此而建立。因此说：上天和大地相配合，就产生了万物；阴气和阳气相配合，就出现了变化；本性和人为的修饰相配合，天下就治理好了。上天能使万物产生，但不能把万物治理好；大地承载着人民，但不能治理人民；宇宙中的各种事物和各类人群，必须在圣人的管理下才能安排好。《诗经》说："安抚众神仙，祭祀黄河高山。"说的就是这个意思。

原文

丧礼者，以生者饰死者也，大象①其生以送其死也。故如死如生，如亡如存②，终始一也。始卒，沐浴、鬠(kuò)体、饭唅③，象生执④也。不沐，则濡栉三律而止⑤；不浴，则濡巾三式⑥而止。充耳而设瑱⑦，饭以生稻，唅以槁骨⑧，反生术⑨矣。设亵衣⑩，袭三称⑪，缙绅⑫而无钩带矣。设掩面儇目⑬，鬠而不冠笄(jī)⑭矣。书其名⑮，置于其重⑯，则名不见而柩独明⑰矣。荐器⑱，则冠有鍪(móu)而毋縰⑲，瓮、庑(wǔ)⑳虚而不实，有簟席而无床笫㉑，木器不成斫㉒，陶器不成物㉓，薄器不成用，笙、竽具而不和㉔，琴、瑟张而不均，舆藏而马反，告不用也。具生器㉕以适墓，象徙道也。略而不尽，䫉而不功㉖，趋舆而藏之，金革辔靷(yǐn)㉗而不入，明不用也；象徙道，又明不用也。是皆所以重哀也。故生器文而不功㉘，明器䫉而不用。凡礼，事生，饰㉙欢也；送死，饰哀也；祭祀，饰敬也；师旅㉚，饰威也。是百王之所同、古今之所一也，未有知其所由来者也。故圹垄㉛，其䫉象室屋也；棺椁，其䫉象版盖斯象拂也㉜；无帾丝歶缕翣㉝，其䫉以象菲帷帱尉也㉞；抗折㉟，其䫉以象槾茨番阏也㊱。故丧礼者，无它焉，明死生之义，送以哀敬而终周藏也。故葬埋，敬藏其形也；祭祀，敬事其神也；其铭诔系世㊲，敬传其名也。事生，饰始也；送死，饰终也。终始具，而孝子之事毕、圣人之道备矣。

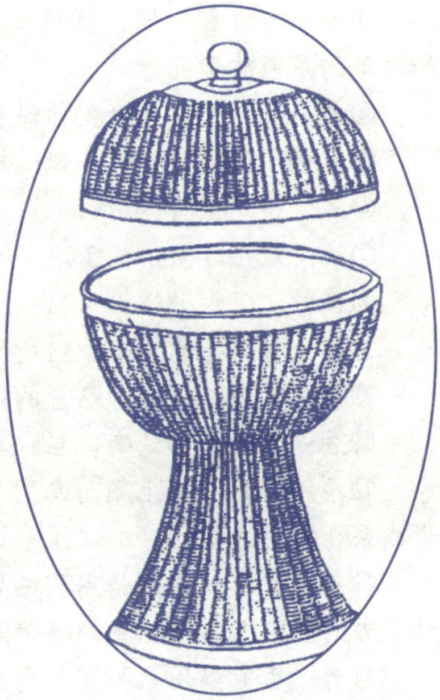

太庙庑

庑，一种与瓮形似的瓦制容器。古代在祭祀、丧葬时，会用庑做祭器或陪葬之物。

[注释]

①大象：大致仿效的意思。

②如死如生，如亡如存：根据篇末的“事死如事生、事亡如事存”来看，应该是“事死如生、事亡如存”。

③鬠：与“髻”同，指将头发束起。体：修整四肢、剪指甲等。饭唅：将玉、米之类的东西放到死者口中。

④象生执：效仿死者生前做过的事情。

⑤濡栉：将梳子弄湿。律：梳头的动作。

⑥式：通“拭”，擦拭。

⑦瑱：塞在耳朵中的玉。

⑧槁骨：应为“皓贝”，白色的贝。

⑨反生术：指的是与生前所做的事情相反。

⑩设：穿上。亵衣：贴身的内衣。

⑪袭：穿上。称：套、层。

⑫缙绅：将官吏上朝时拿的手板插在腰带上。缙，与“搢”同，插。绅，古代贵族系在腰间的带子。

⑬掩面儇目：指的是用整幅宽五尺长的白色熟绢将死者的头部裹住，用一尺二寸见方的黑色方巾将死者的眼睛蒙上。

⑭笄：古时候用来固定发髻或别住帽子的饰物。男女都有固定发髻的笄，而固定帽子的笄只有男子才有。

⑮书其名：古代贵族在其死后，要把名字写在铭旌这种用来写死者姓名的狭长旗幡上。

⑯置于其重：指的就是将写好名字的铭旌贴在重上。重，木制的代以受祭的神主牌。

⑰柩独明：只有灵柩明显地摆在前面。

⑱荐器：摆出来的用竹、木、陶土等制成的随葬器物。

⑲鍪：帽子。毋：通“无”。缕：古时候包头发的丝织物。

⑳庑：一种陶制的容器，和酒瓮形状相似。

㉑簟席：指竹席。床笫：指床垫。

㉒不成斫：没有经过雕琢。

㉓不成物：不成器物、不能使用。

㉔不和：乐器的音乐不和谐。

㉕生器：死者生前用过的器物。

㉖额而不功：外表粗略，没有精细加工。

㉗金革辔靷：古代车马上的用具。

㉘文而不功：只是起到礼仪的作用，并没有实际的功用。

㉙饰：表达。

㉚师旅：军事活动中的礼仪。

㉛圹垄：坟墓、墓穴。

㉜版：车上挡风尘的厢板。盖：指车盖。斯：疑为“靳”，“靳”借作“鞎”，即车前革制的装饰。拂：即“茀”，车后的遮蔽。

㉝无：通“幠”，盖在尸体上的布。帾：通“褚”，盖在棺材上的布。丝歶：修饰丧车用的丝织物。缕翣：棺木上的装饰物。

㉞菲：挡门用的草帘。帷：围在四周的帷帐。帱：单层的帐子。尉：通“罻”，网状的帷帐。

㉟抗折：两者都是承重的木制葬具。折是指木条制成的床屉子，安置于抗的下面，在墓穴之上，仿佛是墓穴的天花板一样。抗与折的形状相似，但更结实，安置于折的上面、坟冢的下面，泥土的压力主要由它来承受。

㊱槾：用泥土涂抹墙壁和房顶。茨：用茅草、芦苇盖房子。番：通“藩”，篱笆。阏：指挡风尘的门。

㊲铭：刻在钟鼎等金属器物上记述死者生平功德的文字。诔：记述死者功德，同时表示哀悼的文字。系世：世代相传的记载帝王与诸侯氏族世系的家谱。

[译文]

丧葬中的礼仪，是按照活人的情形来装饰死人的，主要是依照他生前的情形来为他送终。因此对待死亡就像是对待出生一样，侍奉死人就要像侍奉活人一样，对待人生的终结要与对待人生的开始一样。在人刚死的时候，要给他洗头洗澡，把头发扎起来，把指甲剪干净，把珠玉等含物放入死者的口中，这些都是在模仿他生前的行为。如果不给他洗头的话，就用沾水的梳篦梳理三下就行了；如果不洗澡的话，就用沾水的毛巾擦三遍就行了。把耳朵填塞起来，将生米放入口中，将贝塞在嘴里，这又和生前所做的事情相反了。为死者穿好内衣，再穿上三件外衣，朝板照例插在腰带上，不要设紧腰带的钩子。裹上用来遮脸的白绢和遮眼的黑色丝巾，把头发扎起来而不戴帽子、不插簪子。将死者的名字写在铭旌上，然后把它放在神主牌上，他的名字就只有在灵柩前能看清楚。给死者的随葬物品，有帽子但没有包发的丝巾，有瓮、庑但是空着不放东西，有竹席但没有床垫，木器都没有经过雕饰，陶器都没有成形，竹子制成的物品只是略具其形而没有什么用处，笙、竽都有但声音不和谐，琴、瑟上了弦但还没有调音，运棺材的车子一同埋葬，马要牵回去，但不再用了。将生前的用具准备好了之后送到墓中，像搬家一样。随葬的物品简约不够齐备，徒有外表却没有功效，赶着车将它们送到墓地埋葬，车辔、车套等车上的用具不入葬，但都不再用了；像搬家，也表示了那些随葬的东西不再用了。所有的这些都是为了加重哀伤的情感。因此，生前的用具只有礼仪上的作用而不再使用它，随葬的物品只有外表却不精制。所有的礼仪，侍奉活着的人都是为了渲染欢乐之情，葬送死者是为了更深层地表达哀伤，祭祀是为了表达恭敬的情感，军队礼仪是为了彰显威武的气势。各代帝王在这方面都是相同的，古今也都是一致的，至于它是从什么时代传下来的，就没有人知道了。因此，墓穴和坟冢的形状像房屋；内棺外棺的形状像车，尸体和棺材上盖的被子、丝织麻织的遮蔽物、棺材的遮蔽物是在窗帘和各种帷帐的基础上变化而来的；承受坟冢之重、覆盖墓穴的葬具硬度很高，它们是模仿墙壁、屋顶、篱笆和门户而来的。因此，丧葬的礼仪，没有什么其他含义，只是为了显示出生、死的意义，用悲痛哀悼的心情去葬送死者，最终把他妥善地掩埋好。所以埋葬，是恭敬地将死者的躯体收起来；祭祀，是为了恭敬地侍奉死者的灵魂；那些铭文、诔辞、传记家谱，是恭敬地传颂死者的名声。侍奉活着的人，是用礼对待生命的开始；葬送死者，是用礼对待生命的终结。终结与开始完备了，孝子的事情也就办完了，圣人之道也就齐备了。

原文

刻死而附生谓之墨[①]，刻生而附死谓之惑，杀生而送死[②]谓之贼。

大象其生以送其死，使死生终始莫不称宜而好善，是礼义之法式也，儒者是矣。

[注释]

①刻：减缩。附：丰厚。墨：昏暗之意。墨家主张节俭的丧葬，所以把丧葬俭省称为“墨”，具有一定的社会文化意义。

②杀生而送死：用活人来殉葬。

[译文]

减损死者的所用之物从而增加生者的所用之物，叫作刻薄，减损生者的所用之物从而增加死者的所用之物，叫作迷惑，将生者杀掉来殉葬死者，叫作残害。

大概模拟他生前的情景来为他送终，让死生都恰当、适宜，尽善尽美，这是礼仪的标准，儒者就是这样的啊。

原文

三年之丧，何也？曰：称情[①]而立文，因以饰群[②]，别亲疏、贵贱之节而不可益损也。故曰：无适不易之术也。创巨者，其日久；痛甚者，其愈迟。三年之丧，称情而立文，所以为至痛极[③]也。齐衰、苴杖、居庐、食粥、席薪、枕块[④]，所以为至痛饰也。三年之丧，二十五月而毕，哀痛未尽，思慕未忘，然而礼以是断之者，岂不以送死有已、复生[⑤]有节也哉？凡生乎天地之间者，有血气之属[⑥]必有知，有知之属莫不爱其类。今夫大鸟兽则失亡其群匹[⑦]，越月逾时，则必反铅[⑧]；过故乡，则必徘徊焉，鸣号焉，踯躅焉，踟蹰焉，然后能去之也。小者是燕爵犹有啁（zhōu）噍（jiū）之顷焉[⑨]，然后能去之。故有血气之属莫知于人，故人之于其亲也，至死无穷。将由夫愚陋淫邪之人与？则彼朝死而夕忘之；然而纵之，则是曾鸟兽之不若也，彼安能相与群居而无乱乎？将由夫修饰之君子⑩与？则三年之丧，二十五月而毕，若驷之过隙；然而遂之，则是无穷也。故先王圣人安为之立中制⑪节，一使足以成文理，则舍⑫之矣。

雀

燕雀是禽类，其亲者逝去，也要盘桓哀鸣，更何况，“有血气之属莫知于人，故人之于其亲也，至死无穷”。

［注释］

①称情：度量哀伤的程度。

②饰：通“饬”，整治、调整。群：相互之间有亲属关系的群体。

③极：最高的、极度的。极度的哀伤不可再超过这三年的期限，就是指下文所讲的“送死有已”。

④齐衰：熟麻布做成的丧服。苴杖：用粗糙的竹子做成的临时手杖，是在哭丧时用的。

⑤复生：丧事办完之后，恢复正常的生活秩序。

⑥血气之属：泛指动物和人。

⑦群匹：指的是同类或是配偶。

⑧反铅：返沿，指的是顺流而下，此处是从众的意思。反，通“返”。铅，同“沿”。

⑨是：则。爵：通“雀”。啁噍：与“啁啾”同，嘈杂的鸟叫声。

⑩修饰之君子：指的是处处按照礼仪的要求做事的人。

⑪中制：合理的丧服制度。

⑫舍：脱下、除去丧服的意思。

［译文］

人子为父母服丧三年，这是为什么呢？回答道：这种礼仪制度是根据人的感情而确立的，是用来调整亲族，区分远近亲疏以及高贵与卑贱的不同礼节，再不能增减了。因此说：这种措施无论到什么地方都是不可改变的。大的伤口，愈合的时间就长；严重的伤痛，痊愈的过程就慢。三年服丧的礼仪制度，是根据人的感情而确立的，是用来表示伤痛至极的感情。身上穿着丧服、手中撑着孝棍、整日居住在简陋的房屋中、只吃薄粥、用柴草做垫席、用土块做枕头，这是为了表达特别悲痛的心情。服丧三年，实际上二十五个月就终止了，但哀伤的情绪不会随时间终止，思念的心情是难以抑制的，礼制规定却要在这个时候终止服丧，这样做的原因，难道不是因为送别死者要有个终结、恢复正常的生活要有一定的节制吗？但凡是生存于天地之间的有血气的动物和人，就一定有智力，有智力的动物和人就一定爱他的同类。现在那些大的鸟兽失去了自己的群体或配偶，那在一个月或之后一定的时间里，总有一天会返回队伍；每当来到原来住过的地方，就一定会在那里做几次徘徊周旋，啼鸣吼叫一番，并且还要驻足一阵，来回走动，然后才会离开。连小的燕子、麻雀也还要在那里叽叽喳喳一会儿，之后才离开。所以有血气的动物中没有比人更聪明的了，因此人对自己父母的感情，直到死都不会穷尽。是要跟从那些浅陋无耻的人吗？早晨他们的父母亲死了，晚上他们就忘了；这样放任自流的话，那他们就连鸟兽都不及了，他们又如何能够互相在一起居住而没有纷争呢？是要依从那些修养很深的君子吗？那三年的服丧期，二十五个月，如同驾车的四匹马经过墙缝一样迅速；如果还依顺着他们的话，那就会无限期地服丧。因此先王圣明的人就综合确定了适中的标准，制定出服丧三年的礼节，让人们只要做到了礼仪的要求，就要除去丧服。

原文

然则何以分之①？曰：至亲以期断②。是何也？曰：天地则已易矣，四时则已遍矣，其在宇中者莫不更始矣，故先王案以此象之也③。然则三年何也？曰：加隆焉，案使倍之，故再期也。由九月以下，何也？曰：案使不及也。故三年以为隆，缌、小功以为杀④，期九月以为间⑤。上取象于天，下取象于地⑥，中取则于人，人所以群居和一之理尽矣。故三年之丧，人道之至文⑦者也。夫是之谓至隆。是百王之所同、古今之所一也。

[注释]

①分之：按照亲疏远近关系制定穿丧服的年限。在古代，父亲在为母、已嫁女为父母的服丧期都是一年。

②以期断：一年为期限。

③案：语气助词。象：象征新的开始。

④缌：细的麻布，这里指的是细麻布做成的丧服，穿三个月。古代的五种丧服包括：斩衰、齐衰、大功、小功、缌麻，缌麻是最轻的一种。那些关系较为疏远的亲属穿缌麻丧服。小功：也是一种丧服名，它是用较细的熟麻布做成的，穿五个月。男子在为从祖父母、堂伯、堂叔等人服丧时，服小功。小功之上的一级是大功，穿九个月的丧服。杀：减少的意思。

⑤间：介于隆、杀之间中等的礼数。

⑥上取象于天，下取象于地：服丧三年的根据在于农历每三年出现一个闰月，服丧一年的根据在于天时每年按照规律变化一次，服丧九月的根据在于天地以九为阳数，服丧五月的依据在于地有东西南北中五向、金木水火土五行，服丧三月的根据在于天时三月为一季。取象，取法的意思。

⑦至文：最为完善的礼仪制度。

［译文］

然而如何区分亲疏不同的丧礼呢？回答道：最亲近的父母，对他们本来就是要在一周年时终止服丧的。原因是什么呢？回答道：经过了一周年，天地都变了模样，四季又轮回了一遍，宇宙中的动植物没有不重新开始生长的，因此古代的圣王就用人事效法天地。即是如此，那为什么又有三年的丧期呢？回答道：为了特别加重哀情，使时间加倍，所以加了两年。九个月以下的丧期，为什么呢？回答道：为的是让它不如父母的丧礼隆重。人们把服丧三年作为最隆重的礼，把服丧三个月的缌、服丧五个月的小功作为减等的丧礼，服丧一年、九个月也就成了中等的丧礼。这种礼的制定，上得自于天，下得自于地，中得自于人，人们之所以能合群居住在一起，并且和谐相处，其中的道理也就体现出来了。因此三年的服丧，是人间最高的礼仪。也就是最为隆重的礼仪。各代帝王在这方面都是相同的，古往今来也都是一致的。

原文

君之丧所以取三年，何也？曰：君者，治辨①之主也，文理②之原也，情貌③之尽也，相率而致隆之，不亦可乎？《诗》④曰："恺悌君子，民之父母。"彼君子⑤者，固有为民父母之说焉。父能生之，不能养之；母能食之，不能教诲之；君者，已能食⑥之矣，又善教诲之者也，三年毕矣哉？乳母，饮食之者也，而三月；慈母⑦，衣被之者也，而九月；君，曲备之者也，三年毕乎哉？得之则治，失之则乱，文之至也。得之则安，失之则危，情之至也。两至者俱积焉，以三年事之犹未足也，直无由进之耳⑧！故社，祭社⑨也；稷，祭稷⑩也；郊者，并百王于上天而祭祀之也。

［注释］

①辨：治理、整治。

②文理：指的是礼仪、规范。

③情貌：指臣民忠诚、恭敬的样子。

④《诗》：指《诗经·大雅·泂酌》。

⑤君子：有地位同时德才兼备的统治者，这里指的是君主。

⑥食：喂养、供奉。君主给人分发俸禄，因此说"食之"。

⑦慈母：这样称呼本来是表示对生母的尊称。在古礼，同时还要指称抚育自己成长的庶母或保姆之类。

⑧直：但是。由进：指的是由此而增多。

⑨祭社：祭土地神。社，社祭。

⑩祭稷：祭祀谷神。稷，稷祭。

［译文］

君主的丧礼期限选取三年，为什么呢？回答道：君主是整个社会的主宰者，礼仪制度的本源，是忠实的内情和恭敬的外貌所要侍奉的极致，人们纷纷争着推崇他，不也是可以理解的吗？《诗经》讲："和蔼平易的君子，是人民的衣食父母。"那些君子生来就有是民众父母的说法。父亲能将自己生下，但不能喂养；母亲能够喂养自己，又不能教诲自己；君主则是既能养育自己，又能适时而教的人，为君主服丧三年就结束了吗？乳母是喂养自己的人，应该为她服丧三个月；慈母为自己料理衣被床铺，应该为她服丧九个月；君主照顾自己的各个方面，为他服丧三年就结束了吗？注意到了这一点，就能把国家治理好；忽视了这一点，国家就会变得混乱；这是在礼仪制度中最重要的礼节啊。这一点做到了，国家就会安定；这一点做不到，国家就会危险。这是忠信之情的最高体现啊。最重要的礼节和最高的情感表达这两方面都积聚起来，用三年时间来侍奉君主的神灵恐怕还是不足啊，只是这丧期实在是没有办法再增加了！所以在社祭时，祭祀的是土地神；稷祭时，祭祀的是谷神；郊祭时，就把历代的帝王和上天合起来一同祭祀。

原文

三月之殡，何也？曰：大之[①]也，重之也。所致隆也，所致亲也，将举措之[②]，迁徙之，离宫室而归丘陵[③]也，先王恐其不文也，是以繇[④]其期，足之日也。故天子七月，诸侯五月，大夫三月，皆使其须足以容事[⑤]，事足以容成，成足以容文，文足以容备，曲容备物之谓道矣[⑥]。

［注释］

①大之：扩大丧礼。

②举措之：安置死者，准备各种各样的东西。

③丘陵：小土山称之为是丘，大土山称之为是陵。丘陵，在这里指的是坟墓。古代帝王诸侯之墓有称为丘的，比如说吴王阖闾之丘。也有称之为陵的，比如说绍兴的禹陵、北京的十三陵等。

④繇：通"遥"。

⑤须：等待，停留，指灵柩等待下葬的时间。容：容许、确保、可以。

⑥曲容：各方面都很周全、适宜。道：丧礼遵循的原则。

［译文］

停柩三个月，是什么原因呢？回答道：这样做，就是为了使丧事盛大，使丧事隆重。对死者很尊重，十分亲密，要安置他，把他移走，从宫室中离开，继而埋葬到陵墓中去，古代的圣明君王唯恐这种事情不能够合乎礼仪，所以就把停柩的日期延长，让操办丧事的人能够有足够的时间来安排各项事情。因此天子停柩时间是七个月，诸侯是五个月，大夫是三个月，这样做的原因都是为了在停留的时间内能从容地操办各种事情，丧事的成功是由这些所安排的事情来保证的，礼仪的实施又是通过这些成功安排的事情来保证的，礼仪的实施又使得丧葬物品得以完备，诸多方面能确保丧葬物品的完备，这就是最正确的、应遵循的原则了。

原文

祭者，志意思慕之情也。愅（gé）诡唈（yì）僾（ài）而不能无时至焉[①]。故人之欢欣和合之时，则夫忠臣孝子亦愅诡而有所至矣。彼其所至者，甚大动也；案屈然已[②]，则其于志意之情者惆然不嗛（qiè）[③]，其于礼节者阙然[④]不具。故先王案为之立文，尊尊亲亲之义至矣[⑤]。故曰：祭者，志意思慕之情也。忠信爱敬之至矣，礼节文貌之盛矣，苟非圣人，莫之能知也。圣人明知之，士君子安行之，官人以为守，百姓以成俗。其在君子，以为人道也；其在百姓，以为鬼事也。故钟、鼓、管、磬、琴、瑟、竽、笙，《韶》《夏》《護》《武》《汋》《桓》《箾》简《象》[⑥]，是君子之所以为愅诡其所喜乐之文也。齐衰、苴杖、居庐、食粥、席薪、枕块，是君子之所以为愅诡其所哀痛之文也。师旅有制，刑法有等，莫不称罪，是君子之所以为愅诡其所敦[⑦]恶之文也。卜筮视日[⑧]，斋戒修涂[⑨]，几筵、馈荐[⑩]，告祝[⑪]，如或飨之[⑫]。物取[⑬]而皆祭之，如或尝之。毋利举爵，主人有尊[⑭]，如或觞[⑮]之。宾出，主人拜送，反，易服，即位而哭，如或去之。哀夫！敬夫！事死如事生，事亡如事存，状乎无形影，然而成文。

祭神

古人重视祭祀。春季祭社，祈求社神福保一方，使当地风调雨顺，五谷丰登，这在民间十分流行。

［注释］

①愅诡：感动的样子。愅，与“隔”同音。唈僾：心抑郁不快，不欢

畅的意思。至：本意到达，这里引申为表达出来。

②案：语气词。屈然：闲置的样子，不施行祭祀之礼。屈，竭、完。

③惆然：悲伤的样子。嗛：愉快高兴的意思。

④阙然：缺失的意思。

⑤尊尊：敬重君王。亲亲：孝敬父母。

⑥《韶》：指的是舜曲名。《護》：汤曲名。《武》：周武王时期的乐曲名。《夏》：即《大夏》，夏禹时的曲名。《汋》：用来歌颂周武王秉承先祖之德治天下的乐章。《桓》：祭祀周武王所用的乐章。《箾》：周初产生的歌颂周文王的曲名。简：是衍文。《象》：周武王伐纣的曲子。

⑦敦：通"憝"，憎恨，怨恨。

⑧视日：依照日期和时辰来预测吉凶的一种迷信活动。

⑨修涂：与"修除"同，指的是修饰整理祠庙的意思。

⑩几筵：祭祀的席位。馈荐：在祭祀的时候，所进贡的牺牲黍稷等祭品。

⑪告祝：古时祭祀的一种仪式。祝，辅助祭祀的人。

⑫或：这里指有的神。飨：通"享"，指鬼神享用祭品。

⑬物取：积攒起来、准备好的祭品。取，通"聚"。在古代，祭品是要提前备办的，免得不齐备。《礼记·祭义》中曾讲"孝子将祭，虑事不可以不豫；比时（事先）具物，不可以不备。"

⑭有：通"侑"，劝说之意。尊：酒具。

⑮觞：装着酒的杯叫"觞"，拿着觞劝人喝酒以及自饮都可以称之为"觞"。这里指自饮。

［译文］

祭祀活动，是用来表达人的心意和思慕之情的。人们感动郁闷的时候是需要表达出来的。所以人们欢喜和睦的时候，忠臣孝子也会有这样的感动，人们思念君主、亲人不得同享欢乐的心情也是需要表达的。他们想要表达的心情，是一种十分强烈的激动；假使没有祭祀的礼仪，那他们内心就会感到惆怅，就不会有满足感，在礼节方面他们就会产生欠缺和遗憾的感觉。所以古代的圣王就为他们制定了礼仪制度，使尊重君主、尊敬父母的道义有了表达的途径。因此可以说：祭祀是用来表达人的心意和思慕之情的。这是忠诚敬爱的最高表现形式，是礼节仪式的极致，假使不是圣人的话，这一点是很难弄明白的。圣人清楚地明白祭祀的意义，有道德的士君子坦然地参加祭祀活动，官吏将祭祀当成是自己的职责，百姓则将它变成自己的习俗。在君子那里，被认为是一种道德规范；在百姓那里，被认为是侍奉鬼神的事情。钟、鼓、管、磬、琴、瑟、竽、笙等乐器在祭祀的过程中被使用，《韶》《夏》《護》《武》《汋》《桓》《箾》《象》等乐曲在祭祀过程中被演奏，这都是君子在被他喜爱的事情感动之后，用一种礼仪形式加以表达这种感动的表现。穿着丧服、拄着孝棍、住在陋屋、只吃薄粥、把柴草当成是垫席、把土块当成是枕头，这是君子在被他感到哀伤的事情感动之后，用一种礼仪形式表达这种感动的表现。军队有它特定的制度，刑法有自己轻重的等级，没有任何刑罚与罪行是相悖的，这是君子在被他所厌恶的事情感动之后，用一种礼仪形式表达这种感动的表现。占卜卦数、观察日月星辰判断是否吉利，清洁身心、打扫装饰祠庙，把祭祀的席位摆好、把牺牲黍稷等祭品供奉好，受祭者支配辅助祭祀的人，仿佛真有神来享用祭品。先前准备好的祭品都献给代表死者受祭的尸，就仿佛真的有神尝过一样。辅助祭祀的人不准举杯向受祭者敬酒，祭祀的主人要亲自向受祭者劝饮，就仿佛真的有神在举杯喝酒。祭祀结束后宾客离开，主人拜揖为他们送行，返回之后，脱掉祭服换上丧服，坐到座位上痛哭，就仿佛神真的离开了一样。如此悲哀！如此恭敬！侍奉死亡就好像在侍奉出生一样，侍奉已故去的人就好像在侍奉依然活着的人一样，被祭祀的人虽然没有身影，但这种活动可以作为一种礼仪制度在人类社会中存在。

卷十四

乐论第二十

题解

此文探讨了音乐的起源及其社会教育作用，驳斥了墨子反对音乐的主张。在荀子看来，音乐是人自然性情的必然需要，在人生中起着重要的作用。音乐不仅能够表达人的情感，让人得到娱乐享受，同时还能传达出“入人也深”“化人也速”的独特作用，从而达到“移风易俗”的效果。假使对各种音乐放任自流，邪恶之音就会危害社会。从这个意义上讲，统治者有必要制定出一系列的正声雅乐来引导民众，让它“感动人之善心”，为巩固自己的统治发挥积极的作用。

原文

夫乐者，乐[①]也，人情之所必不免也，故人不能无乐。乐则必发于声音，形于动静；而人之道[②]，声音、动静、性术之变，尽是矣。故人不能不乐，乐则不能无形，形而不为道[③]，则不能无乱。先王恶其乱也，故制《雅》《颂》之声以道之[④]，使其声足以乐而不流[⑤]，使其文足以辨而不諰（xǐ）[⑥]，使其曲直、繁省、廉肉[⑦]、节奏，足以感动人之善心，使夫邪污之气无由得接焉。是先王立乐之方[⑧]也，而墨子非之[⑨]，奈何？

[注释]

①乐：欢乐的情感。与前一“乐”字同形异义。

②而：与“则”同。人之道：指的是做人的道理。

③道：与“导”同，引导、指导。

④《雅》《颂》:《诗经》中的两大诗歌类别，所配音乐分别称之为是雅乐和颂乐。“雅”是正的意思。《雅》指的是朝廷的正声雅乐，包括《大雅》《小雅》两种。“颂”指的是跳舞时的容貌。《颂》是宗庙祭祀时用的舞曲，包括《周颂》《鲁颂》《商颂》三种。

⑤乐而不流：快乐而不淫乱。

⑥辨：通“辩”，《礼记·乐记》中指的是“论”，即为“谈论义理”。諰：应为“偲”，邪。

⑦廉肉：指的是刚柔相继。

⑧方：原则之意。

⑨非之：反对音乐。

[译文]

音乐，意思就是快乐，是人的情感中必不可少的东西，所以人不能没有音乐。快乐的情绪一定会在歌唱吟咏的声音中有所体现，而且还会在手舞足蹈得以展现；人的一切言行，包括声音、举动、情感及其表达方式的变化，音乐之中都能够体会得到。所以人不能不快乐，快乐又是必须要表现出来的，但这种表达如果放任自流的话，就不能不混乱。古代的圣王憎恶这种混乱，因而创作了《雅》《颂》的音乐来指引人们，让歌声只用来表达快乐而不是淫乱，让歌词只用来宣扬正确的道理而并非只是华丽的句子，让音律在宛转或舒缓、繁杂或简单、清脆干净或丰满圆润、节律停顿或适时加快的变化之间，都是用来感动人的善心的，使那些歪斜之气无法接触人们。这些就是古代圣王选定音乐时遵循的原则啊，而墨子反对音乐，有什么办法呢？

原文

故乐在宗庙[①]之中，君臣上下同听之，则莫不和敬；闺门之内，父子兄弟同听之，则莫不和亲；乡里族长[②]之中，长少同听之，则莫不和顺。故乐者，审一以定和[③]者也，比物以饰节者也[④]，合奏以成文者也；足以率一道[⑤]，足以治万变。是先王立乐之术也，而墨子非之，奈何？

[注释]

①宗庙：祖庙。

②乡里族长：乡村里弄。“族长”也就是“族党”的意思，指在一起聚居的同族亲属。乡、里，古代的行政区划单位，一乡包括一万二千五百户，一里包括二十五户，一族包括一百户。

③审一以定和：古代的五音，音高都是相对的，官、商、角、徵、羽各自没有绝对音高，确定其中一个音的音高，其他各音的音高也就能够由此确定了。审一，审定一个基本的音作为基准。和，五音之中除主音外来配合主音的其他音。

④比：相互配合。物：这里指乐器。饰：通“饬”，整理、修饰。

⑤一道：治理国家和社会的总原则，其中有关于君臣上下“和敬”、父子兄弟“和亲”、长少“和顺”的种种细化的原则。

[译文]

所以音乐在祖庙中，君臣上下一起欣赏，不和谐恭敬的人就再也没有了；在家门内，父子兄弟一起欣赏了音乐，不相亲相爱的人就再也没有了；在乡村里弄，长幼老少的人在一起欣赏了音乐，不和谐服从的人就再也没有了。所以音乐是先确定一个主音之后来确定其他音的，是要配上各种乐器来演奏的，是一起演奏从而形成和谐的乐章；完全能够率领统一的原则，完全能够整治各种变化。古代圣王就是这样设置音乐的，而墨子反对音乐，有什么办法呢？

原文

故听其《雅》《颂》之声，而志意得广①焉；执其干戚②，习其俯仰屈伸，而容貌得庄焉；行其缀兆③，要④其节奏，而行列得正焉，进退得齐焉。故乐者，出所以征诛也，入所以揖让也。征诛揖让，其义⑤一也。出所以征诛，则莫不听从；入所以揖让⑥，则莫不从服。故乐者，天下之大齐⑦也，中和⑧之纪也，人情之所必不免也。是先王立乐之术也。而墨子非之，奈何？

干

干，即盾牌，戚是大斧，干戚是用以表现战争情景的舞蹈用具。

[注释]

①志意得广：心胸开阔。

②干戚：分别指的是盾牌和斧头，是为了表演战争情景时用的舞台道具。

③缀兆：指跳舞时的行列位置。缀，标记之意，指跳舞时行列的标志。兆，界限，指跳舞之人活动的区域。

④要：配合。

⑤义：作用。

⑥揖让：礼让。

⑦大齐：特别的整齐，统一。

⑧中和：情感符合理性的标准。

[译文]

因此，人们在听到《雅》《颂》之类的音乐时，心胸就变得宽广了；手举着盾牌斧头之类的舞具，做着低头抬头弯腰伸展之类的舞蹈动作，面部表情就变得庄重了；穿行在那舞蹈变化的行列位置上，配合着舞曲的节奏，队列自然就变得规整统一了，进退就变得整齐划一了。所以音乐对外可用来征战声讨，对内可用来施行礼让。对于征战与礼让，音乐所发挥的作用都是一样的。对外将音乐作为征战声讨的工具，就不会有人不听从；对内将音乐作为施行礼让的手段，就不会有人不服从。所以音乐成为一统天下的工具，是和平正气的关键，是人的情感必不可少的。古代圣王运用音乐的策略正在于此，而墨子反对音乐，有什么办法呢？

原文

且乐者，先王之所以饰[1]喜也；军旅𫓧(fū)钺(yuè)[2]者，先王之所以饰怒也。先王喜怒皆得其齐[3]焉。是故喜而天下和之，怒而暴乱畏之。先王之道，礼乐正其盛者也，而墨子非之。故曰：墨子之于道也，犹瞽之于白黑也，犹聋之于清浊也，犹欲之[4]楚而北求之也。

[注释]

①饰：表现。

②𫓧钺：两者都是古代刑杀的工具，一般指的是刑具。𫓧，斧子。钺，大斧。

③齐：恰当，适当。还有认为是界限、分寸的意思。

④欲之：想要去的意思。之，这里指的是到、前往。

[译文]

而且音乐是古代的圣王用来表现喜悦的，军队和刑罚是古代的圣王用来表现愤怒的。古代圣王的喜悦和愤怒之情都由音乐和军队刑罚得到了恰当的表达。因此，圣王高兴了，天下人附和他；圣王发怒了，作恶的人就畏惧他。在古代圣王的统治制度中，礼制和音乐是其中重要的部分，墨子却反对这些。因此说：墨子对那些正确的政治原则，仿佛是盲人没有分辨黑白颜色的能力一样，仿佛是聋人无法分辨声音的清浊一样，仿佛是一心想到达南方的楚国却向北方去一样。

原文

夫声乐之入人也深，其化人也速，故先王谨为之文。乐中平，则民和而不流；乐肃庄，则民齐而不乱。民和齐，则兵劲城固，敌国不敢婴[1]也。如是，则百姓莫不安其处，乐其乡，以至足其上矣。然后名声于是白，光辉于是大，四海之民，莫不愿得以为师。是王者之始也。乐姚冶以险，则民流僈鄙贱矣。流僈则乱，鄙贱则争。乱争，则兵弱城犯[2]，敌国危之。如是，则百姓不安其处，不乐其乡，不足其上矣。故礼乐废而邪音起者，危削侮辱之本也。故先王贵礼乐而贱邪音。其在序官[3]也，曰："修宪命[4]，审诗商，禁淫声，以时顺修[5]，使夷俗[6]邪音不敢乱雅，太师之事也。"

[注释]

①婴：通"撄"，侵犯、触犯。

②犯：侵犯、破坏。

③序官：指讲述官员的职责和义务。

④宪命：当朝的法令。

⑤以时顺修：依照时势的变化和发展加以休整。

⑥夷俗：少数民族的风俗。

[译文]

音乐对人的影响非常深远，它感化人心也很迅速，因此古代的圣王都很慎重地给它文饰。有了正义平和的音乐，民众就变得和睦顺从不淫乱；有了严肃庄重的音乐，民众就变得齐心协力不混乱。民众和睦顺从、齐心协力，国家的兵力就会强大，边防就会牢固，别的国家就不敢入侵了。这样的话，老百姓住在自己的住处没有不安心的，都喜欢自己的家乡，君主由此获得满足。之后，君主的名声就这样传播开了，光辉不断地增长，所有的人民，无一不盼望着这样的人做自己的君主。称王天下就是这样开始的啊。如果音乐表达的内容是轻浮邪恶的，那民众就会轻慢淫乱、卑鄙下贱。民众轻慢淫乱，社会就会变得混乱不堪；民众卑鄙低俗，争夺的事情就会发生。混乱、争夺，军队的士气就会减弱、城池将会面临被侵犯的危险，敌国的入侵就会产生。这样的话，老百姓就不会安心地在自己的住处居住，就会厌恶自己的家乡，君主也就不会从他们那里得到满足了。因此，废止了雅乐礼制，取而代之的是那些靡靡之音，这些是国家势力减小、遭受凌辱的根源所在。因此古代的圣王看重的是雅乐礼制，对靡靡之音是相当鄙视的。在评定官职时，讲："要严格地遵循法令，审核诗歌乐章，不准有淫荡的音乐，依照时势整治，让蛮夷部落的风俗和邪恶的音乐不敢侵扰正声雅乐，这些是太师要做的事情。"

原文

墨子曰："乐者，圣王之所非也，而儒者为之[①]，过也。"君子以为不然。乐者，圣人之所乐也，而可以善民心，其感人深，其移风易俗。故先王导之以礼乐而民和睦[②]。

[注释]

①为之：提倡它、遵从它的意思。

②和睦：和谐相处。

[译文]

墨子讲："音乐，是贤明的帝王反对的东

九歌劝民图

九歌相传为上古贤王所制的雅乐，用以教化万民，可使百姓在乐舞中驱除陋俗，让心性变得高雅，"故先王导之以礼乐而民和睦"。

西，儒者却很提倡它，那是很没有道理的。”君子认为并不是这样。音乐是圣人喜欢的东西，可以用来改善民众的思想，它能深深地感动人，它能够将风俗校正、改变。因此，古代的圣王用音乐礼制来引导人民，而人民就和谐恭顺了。

原文

夫民有好恶之情而无喜怒之应，则乱。先王恶其乱也，故修其行，正其乐，而天下顺焉。故齐衰之服，哭泣之声，使人之心悲；带甲婴[1]胄(zhòu)，歌于行伍[2]，使人之心伤[3]；姚冶之容，郑、卫之音，使人之心淫；绅、端、章甫[4]，舞《韶》歌《武》，使人之心庄。故君子耳不听淫声，目不视女色，口不出恶言。此三者，君子慎之。

[注释]

①婴：系，这里指的是把帽带系在脖子上。

②行伍：古代军队的编制形式，五人为伍，二十五人为行，因此用“行伍”代指军队。

③伤：应为“扬”，振作飞扬之意。

④绅：古代的士大夫扎在腰间一边垂下的长带子。端：古代在祭祀时，诸侯、大夫、士所穿的正式端正的礼服，在举行冠礼、婚礼时也要穿这样的服装。章甫：商代的一种礼帽，行过冠礼之后的成年男子戴的。章，表明。甫，成年男子，所以叫章甫。

[译文]

人民内心有了爱憎的感情，但是找不到相应的表达喜悦和愤怒的方式，混乱就会产生。古代的圣王对这种混乱极其厌恶，因此要修养自己的德行，校正国内的音乐，这样普天之下就归顺了。那些披麻戴孝的丧服、哭的声音，会让人的内心感到悲痛；那些穿上铠甲、戴上头盔的人，在军队里唱歌，会让人的内心感到忧伤；那些娇艳的容貌，郑国、卫国的靡靡之音，会让人的内心产生淫乱；那些系着肥大的腰带、身着礼服、头戴礼帽，伴着《韶》《武》的乐曲歌唱和舞蹈，会让人的内心产生威严。因此，君子的耳朵不会去听那些淫荡的音乐，眼睛不会去看女色，嘴巴不会去说那些邪恶的语言。这三件事，君子要慎重对待。

原文

凡奸声感人而逆气应之，逆气成象[1]而乱生焉。正声感人而顺气应之，顺气成象而治生焉。唱和有应，善恶相象[2]，故君子慎其所去就[3]也。

［注释］

①成象：形成气候、风气。

②相象：相随成风。

③去就：抛弃与留存，指的是取舍。

［译文］

所有淫乱的音乐打动人而歪风邪气就会响应它，歪风邪气形成风气，混乱的局面就产生了。正统的音乐打动人而平和顺畅的风气就响应它，平和顺畅的风气一旦形成了社会现象，和谐有序的社会风貌就产生了。有唱者必有和者，之后和善或邪恶的风气会跟随音乐而来，因此，君子对音乐要慎重地进行取舍。

原文

君子以钟鼓道①志，以琴瑟乐心②。动以干戚，饰以羽旄③，从④以磬管。故其清明⑤象天，其广大象地，其俯仰周旋有似于四时。故乐行而志清，礼修而行成。耳目聪明，血气和平，移风易俗，天下皆宁，莫善相乐⑥。故曰：乐者，乐也。君子乐得其道⑦，小人乐得其欲⑧。以道制欲，则乐而不乱；以欲忘道，则惑⑨而不乐。故乐者，所以道乐也。金石丝竹，所以道德也。乐行而民乡方⑩矣。故乐者，治人之盛者也，而墨子非之。

［注释］

①道：与“导”同，引导。

②乐心：陶冶情趣的意思。

③羽旄：野鸡和旄牛的毛，这里都指舞蹈中的道具。

④从：依从，配合之意。

⑤清明：指音乐的声音清脆敞亮。

⑥莫善相乐：没有比音乐更好的了。

⑦乐得其道：喜欢音乐的原因在于能增进良好的道德。道，道德。

⑧乐得其欲：喜欢音乐的原因在于能满足自己的欲望。欲，欲望。

⑨惑：伤感。

⑩方：道。

［译文］

君子用钟、鼓来引导自己的意志，用琴、瑟来愉悦心情。手里举着盾牌、斧头之类的舞具来跳舞，拿野鸡毛和牦牛尾这类舞具作为装饰，用磬、管来伴奏。使得那音乐像天空一样明朗，像大地一样广大，那舞姿的开合旋转仿佛四季轮回一样。因此，有音乐推行的地方，人们就会有高洁的志向，遵循礼制之后，人们就能养成良好的德行。如果想要让人们耳目聪明，感情平静温和，整治风俗，天下获得安宁，没有比推行音乐更好的方法了。因此要说：音乐，就是快乐。君子将那些从音乐中得到的道义当成快乐，小人则将那些从音乐中获得的欲望的满足当成是快乐。用道义掌控欲望，那就只有快乐而没有淫乱；为了满足欲望却忽视了道义，那就只有迷乱而没有快乐。因此音乐，是把人们引向快乐的。金石丝竹，是让人们修养道德的。有了音乐，人民就自然会奔向道义。因此音乐，是统治人民的重要工具，然而墨子却是持反对意见的。

原文

且乐也者，和之不可变者也；礼也者，理之不可易者也。乐合同，礼别异。礼乐之统①，管乎人心矣。穷本极变②，乐之情也；著诚③去伪，礼之经④也。墨子非之，几遇⑤刑也。明王已没⑥，莫之正也。愚者学之，危其身也。君子明乐⑦，乃其德也。乱世恶善，不此听也。於乎⑧哀哉！不得成也。弟子勉学，无所营⑨也。

[注释]

①统：总体。

②穷本极变：和前面讲的“入人也深”“化人也速”意义相连。穷，到极点。本，最为根本的。极，达到最高程度。变，变化。

③著诚：明显真诚之意。

④经：最核心的。

⑤遇：遭到。

⑥没：通“殁”，死去。

⑦明乐：提倡欣赏音乐。

⑧於乎：同“呜呼”。

⑨营：通“荧”，迷惑、混乱。

[译文]

除此之外，音乐还是用来调节人情时不能不用的手段；礼制，则是管理社会时不能不用的原则。音乐让人们齐心协力，礼制区分了人与人之间的等级差异。因此，有了音乐、礼制的纲领，就能够管理好人们的思想了。深深地触动、大幅度地改变人的心灵，推行音乐的实际情形就是如此；彰显真诚、擦去虚伪，礼制的永恒原则也正在于此。墨子的反对意见，相当于是一种犯罪。圣明的帝王已然离我们远去，纠正的人已经不复存在了。愚笨的人学习他，会对自己的生命造成危害。君子弘扬音乐，是仁德的表现。混乱的社会对善行是排斥的，不提倡音乐。真是可悲啊！音乐也就由此不能发挥功效。学生们要努力，千万不要被墨子的反对意见迷惑住。

原文

声乐之象：鼓大丽①，钟统实②，磬廉③制，竽笙箫和，管籥(yuè)发猛④，埙篪(chí)翁博⑤，瑟易良⑥，琴妇好⑦，歌清尽⑧，舞意天道兼。鼓，其乐之君邪？故鼓似天，钟似地，磬似水，竽笙箫管籥似星辰日月，鞉(táo)柷(zhù)拊(fǔ)鞷(gé)椌(qiāng)楬(qià)似万物⑨。曷以知舞之意？曰：目不自见，耳不自闻也，然而治俯仰诎信进退迟速莫不廉制⑩，尽筋骨之力以要钟鼓俯会之节而靡有悖逆者⑪，众积意谔谔乎⑫。

[注释]

①大丽：高亢激烈。丽，通“厉”。

②统：通“充”，洪亮饱满的样子。实：饱满，这里指声音浑厚。

③廉：清新简约，指声音清脆明亮。

④管、籥：都是古代的编管乐器。

⑤埙：用陶土烧制成的一种吹奏乐器。篪：一种单管横吹乐器。翁博：通“滃渤”，形容音乐的气势好似江河涌动，浩瀚澎湃。

⑥易良：平和温顺之意。

⑦妇好：用来形容声音婉转柔和。

⑧清尽：清新通透。

⑨鞉、柷、拊、鞷、椌、楬：都是古代打击乐器。

⑩诎：通“屈”。信：通“伸”。

⑪要：应和。俯会：应为“附会”，相互之意。

⑫众积意：指的是众人的态度。谔谔：即谆谆，认真的意思。

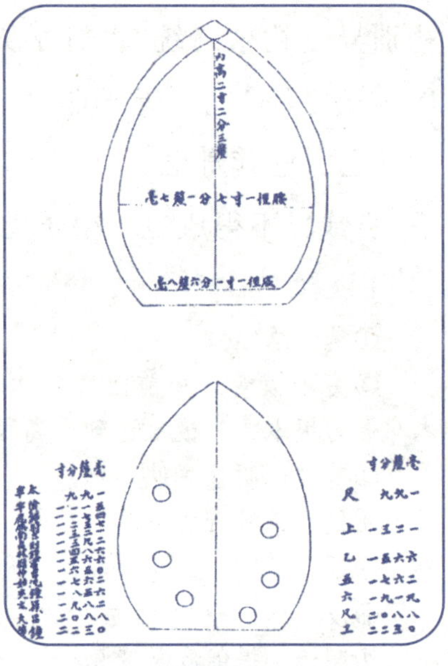

黄钟埙律分

埙，是我国古代一种以陶土烧制的吹奏乐器，鹅蛋大小，共有六孔，形如秤锤，其顶部有吹口。埙的音色低沉雅致，古朴醇厚，常与篪合奏。

[译文]

音乐的样子是这样的：鼓声洪亮高亢，钟声浑厚深沉，磬声清新明朗，竽、笙整齐和谐，管、籥激越昂扬，埙、篪汹涌磅礴，瑟的声音平和温良，琴的声音婉转优美，歌声轻扬又曲尽其情，舞蹈的形象则涵盖了自然界中的一切现象。鼓，应该是音乐中的君主吧？因此鼓声似天，钟声似的，磬声似水，竽、笙、管、籥的声音似日月星辰，鞉、柷、拊、鞷、椌、楬的声音似万物。怎么理解舞蹈的意象呢？回答道：跳舞的人眼睛看不到自己，耳朵听不到自己，但是处理舞蹈动作的俯仰与屈伸、进退与快慢，无不清楚明白，竭尽全身筋骨的力量来应和钟鼓交互联系的节奏，无丝毫悖乱之处，众人的态度是多么认真啊。

原文

吾观于乡[①]而知王道之易易也。主人亲速宾及介[②]，而众宾皆从之；至于门外，主人拜宾及介，而众宾皆入：贵贱之义别矣。三揖至于阶，三让以宾升，拜至[③]，献酬[④]，辞让之节繁；及介，省矣；至于众宾，升受，坐祭，立饮，不酢而降：隆杀之义辨矣。工人，升歌三终[⑤]，主人献之；笙入，三终[⑥]，主人献之；间歌[⑦]三终，合乐三终[⑧]，工告乐备，遂出。二人扬觯(zhì)[⑨]，乃立司正[⑩]。焉知其能和乐而不流也。宾酬主人，主人酬介，介酬众宾，少长以齿[⑪]，终于沃洗者。焉知其能弟[⑫]长而无遗也。降，脱屦，升坐，修爵[⑬]无数。饮酒之节，朝不废朝，莫[⑭]不废夕。宾出，主人拜送，节文[⑮]终遂。焉知其能安燕[⑯]而不乱也。贵贱明，隆杀辨，和乐而不流，弟长而无遗，安燕而不乱，此五行者，足以正身安国矣。彼国安而天下安。故曰：吾观于乡而知王道之易易也。

［注释］

①乡：指乡中饮酒时的礼仪。

②主人：这里指乡大夫，主要负责乡中政教禁令。速：宴请、迎接。“不速之客”的“速”即是这个意思。宾：指的是有地位的宾客。介：陪同宾的客人，地位次于宾。在古代，乡大夫以贤能的士作为宾客，请他们在家中饮酒同时商量事情。宾与介是有一定的地位差距的，在礼仪上的地位也有差别，通常情况介是辅佐宾的；礼仪上的地位次于介的叫众宾，在宾客中他们的地位最低。

③拜至：指主人一一对到来的所有宾客施见面礼。

④献酬：主客之间互相敬酒，献，指的是主人主动向客人敬酒。酬，指的是客人用酒回敬主人，如果主人为了表示答谢再次向客人敬酒，也叫“酬”。

⑤歌三终：这里指的是把《诗经·小雅》中的诗歌《鹿鸣》《四牡》《皇皇者华》三首各唱一遍。终，从头到尾歌唱或演奏完一首歌曲或乐曲叫一终。

⑥三终：这里指的是吹笙的人把《诗经·小雅》中的《南陔》《白华》《华黍》三首乐曲各奏一遍。

⑦间歌：指唱歌的人和吹笙的人轮番演出。

⑧合乐三终：指乐工在唱《诗经·周南》中的《关雎》《葛覃》《卷耳》，与此同时，吹笙吹奏《诗经·召南》中的《鹊巢》《采蘩》《采苹》，相互配合。

⑨觯：古人用于饮酒的圆形器皿。

⑩司正：古代招待宾客时监督饮酒礼仪的人，即为司正。

⑪齿：指的是年龄。

⑫弟：年轻人，这里表示的是对年轻人的尊重。

⑬修爵：举起酒杯，依次敬酒。

⑭莫："暮"的古字，傍晚。

⑮节文：礼节仪式。

⑯燕：通"宴"，饮酒享乐。

[译文]

当我看到了乡中请人喝酒的礼仪时，就明白了先王的政治原则实施起来是多么地轻而易举。主人亲自去迎接贵宾和主要的陪客，这时候其他陪客也就跟着到来；到了门外，主人会主动向贵宾和主要陪客拱手鞠躬，其他陪客也就随之都进门了：这一礼仪中就区分出高贵者和卑贱者的不同了。主人拱手作揖三次才会和贵宾一起来到厅堂的台阶下，再揖让三次贵宾才会登上厅堂，拜礼完所到的宾客，主人就向贵宾献酒，贵宾回敬主人，在这里，谦让推辞的礼节特别多；对主要陪客来说，礼节就减少了；至于其他客人，登上厅堂之后就接受敬酒，坐着酹酒祭神，饮酒时站着，无需用酒回敬主人就可以退下堂去了：从这里就将隆重与简省的礼仪区分开了。乐工走进来，登上厅堂，演奏三曲，主人这时向他们献酒；吹笙的人进入堂下演奏三曲，主人又向他们献酒；乐工与吹笙的互相交替歌唱演奏三曲，再一起共同歌唱演奏三曲，乐工报告曲目全部完了，就下去了。主人的两个侍从这时举起酒杯帮着敬酒，在这中间又有专门监督行酒礼的人员。能够在这些礼仪中看出他们能和谐相处而不入于流俗。贵宾向主人敬酒表达谢意，主人向主要陪客敬酒表达谢意，主要陪客向其他陪客敬酒表达谢意，宾主根据年龄对所有的人依次酬谢，最后向主人手下盥洗酒杯的人进行酬谢。从这些礼仪可以看出他们对年轻和年长的人很尊重而不遗漏一个人。退堂之后，把鞋子脱掉，再登堂坐下，又开始不断互相敬酒。请人喝酒的礼节是，如果在早上饮酒的话要不耽误上午的工作，在傍晚时分饮酒的话要不耽误晚上要做的事情。贵宾出门的时候，主人要拱手鞠躬去送行，礼节仪式就结束了。从这些礼仪中可以看出他们消遣娱乐而不混乱。高贵者和卑贱者在这里区分得很清楚，隆重的礼仪和简单的礼仪展示了不同的情形，和谐安乐而不入于流俗，尊重年轻与年长的而不漏掉任何一个人，娱乐而不混乱，这五种行为，完全能够来让身心得以安定，让国家得以太平。国家安定了，整个天下也就随之安定了。因此说：在我看到了乡中请人喝酒的礼仪之后，我就明白了先王的政治原则实施起来是多么容易。

原文

乱世之征：其服组[①]，其容妇[②]，其俗淫，其志利，其行杂[③]，其声乐险，其文章匿[④]而采，其养生无度，其送死瘠墨[⑤]，贱礼义而贵勇力，贫则为盗，富则为贼[⑥]。治世反是也。

［注释］

①组：本意是指带有花纹的腰带，这里指华丽的衣服。

②妇：男子扮成妇女花枝招展的样子。

③杂：指的是行为恶劣、不检点。

④慝：通“慝”，邪恶。

⑤瘠墨：薄，少之意，指葬送死者不恭敬慎重，即“送死不忠厚、不敬文谓之瘠。”

⑥贼：谋害好人。

［译文］

混乱社会的特征是：那里的人们穿着华丽的服装，男人把自己打扮得和妇女一样妖艳，风俗淫乱，唯利是图，行为恶劣，音乐邪恶怪诞，文章内容荒谬，只有华美的辞藻，生活花费毫无克制，葬送死人的礼节刻薄俭省，人们轻视道义礼制却青睐武力、勇气，穷困了就去盗窃，富贵了就陷害他人。安定的社会与此正相反。

卷十五

解蔽第二十一

题解

这篇文章讨论的是有关事物认知方法的问题。荀子认为:“凡以知,人之性也;可以知,物之理也。”人天生就具有认知客观事物的能力,同时客观事物又是可以被认知的。尽管如此,人们常常会犯一些片面性的错误,“蔽于一曲而暗于大理”。为了解决这一问题,人们就要用“虚壹而静”的方法认识和遵循客观规律,并以此治理国家,从而营造“大清明”的世界。这样的话,“明参日月”的状态就能够出现了,被蒙蔽的情况也就不复存在了。

原文

凡人之患,蔽于一曲而暗于大理①。治则复经,两疑则惑②矣。天下无二道,圣人无两心③。今诸侯异政,百家异说,则必或是或非,或治或乱。乱国之君,乱家之人,此其诚心莫不求正而以自为也,妒缪于道而人诱其所迨也④。私其所积,唯恐闻其恶也。倚其所私以观异术,唯恐闻其美也。是以与治虽走而是已不辍也⑤。岂不蔽于一曲而失正求也哉?心不使⑥焉,则白黑在前而目不见,雷鼓⑦在侧而耳不闻,况于使者⑧乎!德⑨道之人,乱国之君非之上,乱家之人非之下,岂不哀哉?

[注释]

①蔽:闭塞,指人认识上存在的局限。一曲:指的是局部片面的意思。大理:全局、全面的道理。

②两疑则惑:对公认的大道理不能有坚定的认识。疑,迟疑不决,不能迅速地判断是非。

③天下无二道,圣人无两心:天下只有一条真理,圣人是坚持真理的。道,指的是治国置业的正确道理。

④缪:通“谬”。这里指的是对“道”的看法错误到荒谬的地步。迨:通“怡”,喜爱。

⑤虽:应为“离”。走:奔跑。辍:停止。

⑥使:驱使、思考。

⑦雷鼓：古代祭祀神灵时所用的一种八面鼓。

⑧使者：指的是心路很正的人，和下面所讲的“德道主人”相类似。

⑨德：通“得”。

[译文]

人们的毛病在于，总被事物的某一个局部蒙蔽而不能明白全局的道理。纠正了片面的认识才能回到正确的道路上，在偏见与正确的道理之间犹豫不决的话就会产生疑惑。天下没有两种对立的正确原则，圣人也不会同时具有两种对立的思想。如今天下诸侯有着各自不同的政治措施，各个学派有各自不同的学说，结果就一定是有对的、有错的，有的带来安定的局面，有的造成社会的混乱。那些扰乱国政的君主、搞乱家邑的大夫，他们都并非不愿意去找一条正确的道路来为自己服务，之所以弄成现在这样，是由于他们偏离了正道，别人就会依照他们的爱好去诱导他们。他们执着于自己平时积累的学问，很是畏惧有谁会非议自己。他们用自己喜爱的那些学识去审视与自己不同的学说，害怕有人会对异己学说提出赞美。所以他们和那些正确原则的距离就越来越大了，而且还不停止。这难道不是被事物的某个局部蒙蔽以至于丧失了对正道的追求吗？假使心思没有放在正道上，那即使黑和白就摆在面前而眼睛也看不见，雷鼓就在身边不停地敲击而耳朵也听不到，更不用说那些用心正道的人了！了解正确的政治原则的人，扰乱国政的君主在堂上非难他，搞乱家邑的大夫在堂下非难他，这难道不是很可悲的事情吗？

原文

故为蔽？欲为蔽，恶为蔽；始为蔽，终为蔽；远为蔽，近为蔽；博为蔽，浅①为蔽；古为蔽，今为蔽。凡万物异，则莫不相为蔽②，此心术之公患也。

[注释]

①浅：浅陋，见闻或见识很少的意思。

②相为蔽：互相之间造成蒙蔽，指的是一个侧面将另一个侧面的实情掩盖了。

[译文]

什么东西容易让人遭受蒙蔽呢？欲望会让人遭受蒙蔽，憎恶同样会让人遭受蒙蔽；只看到事物的最初状态会让人遭受蒙蔽，只看到事物最终的状态也会让人遭受蒙蔽；只看到远处的事物会让人遭受蒙蔽，只看到近处的东西也会让人遭受蒙蔽；渊博的知识会让人遭受蒙蔽，浅陋的知识也会让人遭受蒙蔽；只对古代了解会让人遭受蒙蔽，只看到当下也会让人遭受蒙蔽。只要是事物存在相异的对立面，就没有不互相造成蒙蔽的，这是人们思想上最为普遍的祸害。

原文

昔人君之蔽者，夏桀、殷纣是也。桀蔽于末喜、斯观而不知关龙逢（páng）[①]，以惑其心而乱其行；纣蔽于妲己、飞廉而不知微子启[②]，以惑其心而乱其行。故群臣去忠而事私，百姓怨非而不用，贤良退处而隐逃，此其所以丧九牧之地而虚宗庙之国也[③]。桀死于鬲山[④]，纣县于赤旆[⑤]，身不先知，人又莫之谏，此蔽塞之祸也。成汤监[⑥]于夏桀，故主其心[⑦]而慎治之，是以能长用伊尹[⑧]而身不失道，此其所以代夏王而受九有[⑨]也。文王鉴于殷纣，故主其心而慎治之，是以能长用吕望[⑩]而身不失道，此其所以代殷王而受九牧也。远方莫不致其珍，故目视备[⑪]色，耳听备声，口食备味，形居备宫，名受备号，生则天下歌，死则四海哭，夫是之谓至盛。《诗》[⑫]曰："凤凰秋秋[⑬]，其翼若干，其声若箫。有凤有凰[⑭]，乐帝之心。"此不蔽之福也。

关龙逢

关龙逢，又称豢龙，夏朝末期的大臣。他为人耿直，忠君爱国，由于对夏桀淫逸无道、荒疏朝政不满而多次忠谏，最终被夏桀杀死。

[注释]

①末喜：也作"妺喜"，有施国的女子，夏桀的妃子。相传夏桀伐有施国，有施人将妺喜献给夏桀，夏桀十分宠爱她。之后桀又讨伐岷山，岷山人进献琬、琰二女，夏桀因为对这两个女子宠爱有加而将妺喜弃置，妺喜于是和伊尹勾结招致了夏桀的灭亡。斯观：夏桀的佞臣。知：赏识的意思。关龙逢：夏朝的贤臣。夏桀暴虐无道，为酒池、糟丘。关龙逢尽力劝谏阻止，夏桀将其关押后杀掉。

②妲己：有苏氏之女，商纣的妃子。纣伐有苏，有苏氏即把妲己嫁给纣，妲己得到宠爱之后，与胶鬲勾结导致商朝灭亡。飞廉：商纣王的佞臣，善于武力相争，有很强的行走能力。微子启：殷纣王的异母兄长。

③九牧：九州的长官，这里指的是九州，代指全国上下。虚：与"墟"同，这里是使动用法。宗庙：祖庙，指的是天子、诸侯祭祀祖先的庙堂，是国家政权的象征。

④鬲山：即历山，今称历阳山，地处今安徽和县西北四十里。相传是桀的流放

之地。

⑤纣县于赤旆：商纣赴火而亡，周武王砍下他的头颅，悬挂在赤旗上。县，与“悬”同，悬挂。旆，古代竖挂的旗帜下面垂挂着的装饰物。

⑥监：通“鉴”，借鉴，吸取教训。

⑦主其心：有主见的人自己主宰自己的思想，独自拿定主意，一点都不被奸臣所迷惑。

⑧伊尹：商汤的宰相，之前曾辅佐商汤灭夏立商。

⑨九有：指的是全国上下。九州在古代又被称为九有。

⑩吕望：西周开国功臣，被尊为师尚父，封于齐国，号为太公。

⑪备：各式各样、完备的、美好的。

⑫《诗》：此诗已失传。

⑬凤凰：传说中的一种吉祥之鸟，雄鸟叫凤，雌鸟叫凰。它们出现在天空，是祥和的象征。秋秋：与“跄跄”同，舞姿优美的样子。

⑭有凤有凰：指尧帝时有凤凰飞来的事情。

[译文]

之前的君主中，夏桀、商纣就是被蒙蔽的例子。夏桀被末喜、斯观蒙蔽，失去了赏识关龙逢的机会，从而让自己的思想变得惑乱而行为变得混乱；商纣被妲己、飞廉蒙蔽，失去了赏识微子启的机会，从而让自己的思想变得惑乱而行为变得混乱。因此，臣子们都扔掉了对他们的忠诚去谋求私利了，百姓们都怨恨他们，不愿意为他们效力，才能过人的官员都辞官回家了，这正是他们失掉天下，让那建有宗庙的国都变成一片废墟的原因。夏桀死在了鬲山，商纣的头被悬挂在了红色旗帜的飘带上，自己预先不知道，别人又没有进行劝告，正是蒙蔽带来的祸害。商汤把夏桀作为前车之鉴，因此下定了决心去谨慎地治理国家，所以他才能长期地任用伊尹同时还遵循着正确的治国原则，这正是他取代夏桀统治天下的原因。周文王则是吸取了商纣的教训，因此下定了决心去严肃地治理国家，所以他才能长期地任用吕望同时还能遵循着正确的治国原则，这正是他取代商纣统治九州的原因。远方各国送来了自己的珍贵器物，因此他们的眼睛能看到各种美好的颜色，耳朵能听到各种美妙的音乐，嘴巴能品尝到各种美味的饮食，住在各种豪华的宫殿，自己的名字被附上各种美好的称号，在世的时候，天下人都在颂扬他们的德行，过世之后，天下人都哭泣，这是最为兴盛伟大的情景。《诗经》说：“凤凰翩翩起舞，它的翅膀仿佛是盾牌，它的鸣声如洞箫一样的悠扬。凤凰都拥有了，君王心中喜气洋洋。”这才是不被蒙蔽的幸福。

原文

昔人臣之蔽者，唐鞅、奚齐是也[①]。唐鞅蔽于欲权而逐载子[②]，奚齐蔽于欲国而罪申生[③]。唐鞅戮于宋，奚齐戮于晋。逐贤相而罪孝兄，身为刑戮，然而不知，此蔽塞之祸也。故以贪鄙背叛争权而不危辱灭亡者，自古及今，未尝有之也。鲍叔、宁戚、隰朋仁知且不蔽[4]，故能持管仲而名利福禄与管仲齐。召公[5]、吕望仁知且不蔽，故能持周公而名利福禄与周公齐。传曰："知[6]贤之谓明，辅贤之谓能。勉之强之，其福必长。"此之谓也。此不蔽之福也。

［注释］

①唐鞅：战国时宋康王的臣子，后又被宋康王所杀。奚齐：晋献公宠妃骊姬的儿子。

②欲权：看重权力和地位。载子：应该是"戴子"，指戴讙，宋国太宰，最后被唐鞅驱逐并逃往齐国。

③申生：晋献公的太子，奚齐的同父异母兄长。骊姬为了让奚齐继位，就在晋献公面前诋毁申生，晋献公对她的话信以为真，逼迫申生自杀。晋献公同时又改立奚齐为继承人。献公过世后不久，奚齐就被晋国大夫里克杀害。

④鲍叔：春秋时齐国大夫，曾奉公子小白出奔莒。小白即位为齐桓公，鲍叔又推荐管仲，后人称为知人。宁戚：齐国大夫。相传他击牛角悲歌而得到齐桓公的任用。隰朋：齐庄公的曾孙，管仲临终前曾举荐他接替自己。

⑤召公：名奭，周武王之弟，曾与周公共同辅佐成王，被封于召，所以称召公。

⑥知：辨别、识别。

［译文］

之前的臣子中唐鞅、奚齐就是被蒙蔽的例子。唐鞅为了追求权势受到蒙蔽，驱逐了戴讙，奚齐为了争夺政权受到蒙蔽，加罪于申生。最后唐鞅在宋国遭到杀害，奚齐则在晋国被杀害。唐鞅把有德才的国相逐出了国家，奚齐给孝顺的兄长定罪，最后的结果是葬送了自己的性命，至死都不明白原因，这就是遭受蒙蔽带来的祸害。因此，从古到今，还没有谁贪婪卑劣而违背正道争夺权力，最后还能避免于屈辱灭亡的。鲍叔、宁戚、隰朋仁德明智并且不会被蒙蔽，因此能协助管仲，他们享有和管仲相同的名声和俸禄。召公、吕望仁德明智并且不会被蒙蔽，因此能扶助周公，他们享有和周公相同的名声和俸禄。古书上曾讲道："能分辨出贤人叫明智，能协助贤人叫贤能。努力辨别贤人、尽力协助贤人，这个人的幸福就会延续很久。"讲的就是这个意思。这正是不被蒙蔽带来的幸福。

原文

昔宾孟[1]之蔽者，乱家[2]是也。墨子蔽于用而不知文[3]，宋子蔽于欲而不知得[4]，慎子蔽于法而不知贤[5]，申子蔽于势而不知知[6]，惠子蔽于辞而不知实[7]，庄子[8]蔽于天而不知人。故由[9]用谓之道，尽利矣；由俗[10]谓之道，尽嗛[11]矣；由法谓之道，尽数矣；由势谓之道，尽便矣；由辞谓之道，尽论矣；由天谓之道，尽因矣。此数具者[12]，皆道之一隅也。夫道者，体常而尽变，一隅不足以举之。曲知[13]之人，观于道之一隅而未之能识也。故以为足而饰[14]之，内以自乱[15]，外以惑人，上以蔽下，下以蔽上，此蔽塞之祸也。孔子仁知且不蔽，故学乱术[16]足以为先王者也。一家得周道[17]，举而用之，不蔽于成积[18]也。故德与周公齐，名与三王[19]并，此不蔽之福也。

［注释］

①宾孟：到异国之人，这里指往来于各国的游说之士。宾，客。孟，通"萌"，民。

②家：学派。

③墨子：名墨，墨家代表人物。文：文饰，也指礼乐制度。《韩非子·外储说左上》中讲道："墨子之说，传先王之道，论圣人之言，以宣告人。若辩其辞，则恐人怀其文忘其直、以文害用也。故其言多不辩。"讲的是墨子只知道实用而忽视了文饰。

④宋子：名钘，战国中期宋国人，黄老学派代表人物。得：正确地使欲得到满足。

⑤慎子：慎到，战国中期赵国人，黄老学派代表人物。贤：贤人的用处。

⑥申子：申不害，战国中期郑国京邑人，法家代表人物，曾被韩昭侯任用为相。不知知：不懂得才智的重要作用。

⑦惠子：惠施，战国中期宋国人，名家代表人物，曾在魏国为官。辞：说辞，指的是一些没有道理的分析与逻辑。

⑧庄子：庄周，战国中期宋国人，道家代表人物。他宣扬的观点是人在自然面前是很弱小的，只能顺应它，不能改变它。

⑨由：从。

⑩俗：通"欲"。

⑪嗛：通"慊"，满足，指欲望虽少而知足。

⑫数：指上述学说。具：陈述。本句用作名词，指说法。

⑬曲知：片面地了解知识和问题。

⑭饰：通"饬"，整治、研究。

⑮内：指的是学派内部。以：因为。

⑯乱术：指的是治乱的办法。乱，治乱。

⑰一家：指的是孔子的学派。周道：全面完善的治国之道。

⑱成积：已经积累的知识。

⑲三王：夏、商、周三代开国君王。

[译文]

四夷来王图

大禹得天下之后，治国有方，国力日益强大，他的名声也越传越远，四方蛮夷纷纷来朝纳贡、称臣。这是因为大禹能体爱万民，不被一家之言蒙蔽，兼听天下，真正做到心怀天下。

之前那些被蒙蔽的游士，就是扰乱各学派的人。墨子被只重实用而不知文饰所蒙蔽，宋子被只知道人都有寡欲的一面而忽视了人有贪欲的一面蒙蔽，慎子被只懂得法治却不懂贤人的重要性蒙蔽，申子被只懂得权势的作用却不懂得才智的作用蒙蔽，惠子被只知道名辩却不懂得实际蒙蔽，庄子被只懂得自然的作用却忽视了人的力量蒙蔽。因此，从实用方面来看，功利成了唯一重要的了；从欲望方面来看，满足成了唯一重要的了；从法治方面来看，法律条文成了唯一重要的了；从权势方面来看，权势的好处成了唯一重要的了；从名辩方面来看，许多不切实际的理论成了唯一重要的了；从自然方面来看，遵循规律成了唯一重要的了。这些说法，都只是道的一个侧面。道本身是经久不变的，同时又能涵盖所有的变化，一个方面不能完整地概括和认识。片面地了解问题的人，看到的只是道的一个侧面，并没有切实地认识它的本质。因此把看到的这个侧面看成是完整的道加以研究，于是在内扰乱了学派的思想，在外迷惑了别人，在上则蒙蔽臣民，在下则蒙蔽君主，这些都是蒙蔽招致的祸害。孔子是有仁德智慧的人，不会被蒙蔽，多方学习之后，将他的学说融汇成能够作为辅助古代圣王的政治原则。只有孔子这一派人物把周备全面的道掌握了，不断地推崇和运用它，同时不被旧的习俗蒙蔽。所以德行与周公平齐，名声和三代开国君王一样显赫，这些就是不被蒙蔽带来的幸福。

原文

圣人知心术之患，见蔽塞之祸。故无①欲、无恶，无始、无终，无近、无远，无博、无浅，无古、无今：兼陈万物而中县衡焉②。是故众异不得相蔽以乱其伦也③。

[注释]

①无：指不只看到，下面几个“无”意义相同。

②中：心里。县衡：挂秤，制定一定的标准进行衡量。县，与“悬”同，悬挂。

③异：差异，指事物一端的对立面。伦：秩序之意。

[译文]

圣人明白人们心智、思想上的缺陷，知道被蒙蔽带来的祸害。因此既不只看到欲望，又不只看到憎恶；既不只看到开始，又不只看到终了；既不只看到近的地方，又不只看到远的地方；既不只看到广博，又不只看到浅陋；既不只了解古代，又不只懂得现在：圣人是要同时将各种事物放在心里，依照一定的标准进行权衡。因此各种事物的不同就不会受到遮掩而将条理搞乱了。

原文

何谓衡？曰：道[1]。故心不可以不知道[2]。心不知道，则不可[3]道而可非道。人孰欲得恣，而守其所不可以禁其所可？以其不可道之心取人，则必合于不道人[4]，而不知[5]合于道人。以其不可道之心，与不道人论道人，乱之本也。

夫何以知[6]？曰：心知道，然后可道。可道，然后能守道以禁非道。以其可道之心取人，则合于道人而不合于不道之人矣。以其可道之心与道人论非道，治之要也。何患不知？故治之要在于知道。

[注释]

①道：事物本身的道理和最为通行的规律。这里指的是治理社会应遵循的正确原则。

②知道：懂得道。

③可：赞同、认同。

④不道人：不懂得、不遵守道的人。

⑤知：应为衍文。

⑥知：与“智”同，了解道的人。

[译文]

那权衡事物的标准是什么呢？回答：是道。因此自己对道是不能一无所知的。假使自己心中不了解道，就会把道予以否定从而去认可那些违背道的东西。有谁能为了获得自如，来遵循自己否认的东西并且以此来对抗自己所赞成的东西呢？假使用那种否定道的思想来用人的话，那些不遵循道的人就会和他掺和在一起，而遵循道的人就会离他远去。用那些不遵循道的思想和人去评判那些遵循道的人，就是产生混乱的根本原因。

如何理解那些遵循道的人呢？回答：心里明白了道，之后才会赞同道。赞同了道，之后才能遵循道来遏制那些不遵循道的东西。拿那种遵循道的思想来选用人，自然会和遵循道的人融合在一起，而不会和那些不遵循道的人融合在一起。用那些遵循道的思想和人去评判那些不遵循道的人，这是治理有序的社会环境的关键。这样的话，还怕不了解遵循道的人吗？所以，把社会治理好的关键在于了解道。

原文

人何以知道？曰：心[①]。

心何以知？曰：虚[②]壹而静。

心未尝不臧也，然而有所谓虚；心未尝不满[③]也，然而有所谓一；心未尝不动也，然而有所谓静。人生而有知[④]，知而有志[⑤]；志也者，臧也；然而有所谓虚，不以所已臧害所将受谓之虚。心生而有知，知而有异，异也者，同时兼知之；同时兼知之，两也；然而有所谓一，不以夫一害此，一谓之壹。心，卧则梦，偷则自行[⑥]，使之则谋，故心未尝不动也。然而有所谓静，不以梦剧乱知谓之静[⑦]。未得道而求道者，谓之虚壹而静，作之则。将须道者之虚则人[⑧]，将事[⑨]道者之壹则尽，将思道者静则察。知道察，知道行，体道者也。虚壹而静，谓之大清明。万物莫形而不见，莫见而不论，莫论而失位[⑩]。坐于室而见四海，处于今而论久远，疏观万物而知其情，参稽治乱而通其度，经纬天地而材官万物[⑪]，制割大理而宇宙里矣[⑫]。恢恢广广[⑬]，孰知其极？睪(hào)睪[⑭]广(kuàng)广，孰知其德？涫(guàn)涫纷纷[⑮]，孰知其形？明[⑯]参日月，大满八极[⑰]，夫是之谓大人[⑱]。夫恶有蔽矣哉？

[注释]

①心：古时候，人们不了解脑的功能，就把心当成思维器官。因此这里说靠心来了解道。

②虚：虚心，即不用已有的知识来阻碍新知识的接受。

③满：应为“两”，指同时认识不同的事物。

④知：同“智”，这里指的是认识能力。

⑤志：记忆。

⑥偷：苟且、私自。自行：放纵自己。

⑦梦剧：指胡思乱想、梦中幻想。乱知：将智慧、心志搅乱。

⑧将：想要的意思。须：企求。人：当为“入”字之误，进来、得到。

⑨事：学习。

⑩失位：不到位的意思。

⑪经纬：安排、治理。官：任用，这里当利用讲。

⑫制割：掌握、利用、控制。宇宙里：掌握宇宙的理论，认识了宇宙。里，通“理”。

⑬恢恢：广阔的样子。广广：通“旷旷”，深远的样子。

⑭睪睪：通“浩浩”，广大的样子。

⑮涫涫：与“滚滚”同，水沸腾的样子，形容活跃、容易变化。纷纷：杂乱无序的样子。

⑯明：光明，这里指的是英明、智慧之光。

⑰八极：八方，指各个角落。

⑱大人：指的是到达清明境界之人。

[译文]

人如何能了解道呢？回答：靠的是心。

心又是如何了解道的呢？回答：靠的是虚心、专心和静心。

心从来就是用来储存东西的，但又有所谓的虚；心从来都是用来权衡所有东西的，但又有所谓的专；心从来都是不停地运动着的，但又有所谓的静。人天生就有智能，记忆也就由此产生；记忆就是将已有的信息进一步存储起来；但又有所谓的虚，指的就是不让那些已经存储的知识去妨害将要接受的知识。心天生就是有智能的，智能的存在让人能够区别不同的事物，与此同时又能够把它们了解；用时了解不同的事物，即是一种彼此兼顾；但又有所谓的专，指的就是不让某种事物来妨害对这一事物的认识。心休息的时候就会做梦，疲劳的时候就会随意遐想，在用它的时候就主动地思考，从这个意义上讲，心是一直处于运动状态的。但又有所谓的静，指的是不让梦境和杂乱的想法扰乱了智慧。对那些还没有理解道却一直寻求道的人，要将虚心、专心和静心的道理告诉给他们，作为他们的行动准则。想拥有道的人，在达到了虚心的时候就能够得到了；想施行道的人，在达到了专心的时候就能施行了；想明察道的人，在达到了静心的时候就能够明察了。得到道又能明察，知道了道又能施行，这可以称之为是实践道的人。如果能够到达虚心、专心与静心的境界，就能称其为最大的透彻清明。世间万物，只要有迹可循，在他眼里就没有看不见的，没有看到而不能一一作出评判的，没有评判而不到位的。他在屋里坐着就能看到整个天下，在现世就能评判远古，不仅通览万物，而且能看清它们的真相，不仅能评判社会的治乱，而且能参透它的法度，能治理天地进而控制万物，能掌握全局性的道理从而将宇宙掌握在手中。是如此的宽广啊，他智慧的尽头有谁能够知晓呢？是如此的广阔啊，他德行的深度有谁能够说得明白？变化万千、千头万绪，他思想的轮廓有谁能够清楚？其光辉能与日月相提并论，广博一直通达到很远的地方，伟大的人就是这样的。这样的人难道还会有被蒙蔽的时候吗？

原文

心者，形之君[①]也，而神明[②]之主也；出令而无所受令；自禁也，自使也；自夺也，自取也；自行也，自止也。故口可劫而使墨云[③]，形可劫而使诎申[④]，心不可劫而使易意，是之则受，非之则辞。故曰：心容[⑤]，其择也无禁，必自见[⑥]；其物也杂博，其情[⑦]之至也不贰。《诗》[⑧]云："采采卷耳[⑨]，不盈倾筐[⑩]。嗟我怀人，置彼周行[⑪]。"倾筐易满也，卷耳易得也，然而不可以贰周行[⑫]。故曰：心枝[⑬]则无知，倾[⑭]则不精，贰则疑惑。以赞稽之，万物可兼知也。身尽其故[⑮]，则美。类不可两[⑯]也，故知者择一而壹焉。

[注释]

①君：统治者、支配者。

②神明：精神之意。

③劫：强制、并非自愿。墨：通"默"。

④诎申：与"屈伸"同，弯曲伸展。

⑤心容：心表现出的样子。

⑥自见：自己只能看见自己，忽视别人的意见，自以为是。

⑦情：通"精"，用心专一。

⑧《诗》：指《诗经·周南·卷耳》。

⑨卷耳：又叫"苍耳""苓耳"，菊科一年生草本植物，长有青白色叶子，像鼠耳，嫩苗可以食用。枣核形果实，叫"苍耳子"，可入药。

⑩不盈倾筐：心思并不在于采摘，所以这小筐总是装不满。倾筐，像畚箕一样的容器，后部高前端低，这种竹筐很浅，装东西是容易满。

⑪置彼周行：没有心思摘卷耳而把筐子放在路上走掉了。周行，大路，另称之为路的拐弯处。

⑫贰周行：随便将筐子放在路上。

⑬心枝：心思杂乱，不集中。

⑭倾：不专心的样子。

⑮故：原因、道理。

⑯类不可两：即"天下无二道"，任何事物只有一种道理。类，任何的一种事物。

卷耳

卷耳，是一种可入药的草本植物，其叶形如鼠耳，以此得名。《诗经》中很多诗歌都是以野草、药草起兴的，展现了那个时代的生活场景，朴实亲切。

[译文]

心，是身体各个部位的主宰，是精神的总管；它只是发号施令而不从别的地方接受命令；它自己限制着自己，驱使着自己；抛弃什么、接受什么都由它自己决定；它自己开始行动，自己选择停止。因此，沉默或讲话可以强迫嘴巴去做，弯曲或伸展可以强迫身体去完成，心是无法强迫的，它的意志也是无法改变的，它认为什么是对的就要去接受，认为什么是错的就会去拒绝。因此会说：心选取外界事物的时候，它不受任何限制，只要是根据自己的见解就可以；虽然它认识的事物十分繁杂，但当它的真诚来临时是会专心致志的。《诗经》中讲："采呀采卷耳，斜口筐总也装不满。怀念我的心上人，把筐放在大路上。"斜口筐很容易被装满，卷耳是很容易采到的，但在采摘时是不能三心二意地把筐子放在大路上。因此说：思想分散的话，知识就不能聚集，思想偏斜了就不可能做到精确，思想不集中就会产生疑惑。假如抱着专心致志的态度来考察万物，那就没有什么是不能了解的了。将事物的缘由都认真透彻地进行一番了解，就完美了。认识事物的准则不会有对立的两种，因此，明智的人就会选择一种从而专心于它。

原文

农精于田而不可以为田师①，贾精于市而不可以为市师，工精于器而不可以为器师。有人也，不能此三技而可使治三官。曰：精于道者也，精于物者也。精于物者以物物②，精于道者兼物物。故君子壹于道而以赞稽物。壹于道则正，以赞稽物则察；以正志行③察论，则万物官④矣。

[注释]

①田师：与下面的市师、器师都是官名，分别管理农业、商业和手工业。

②以：能。物物：驾驭、管理具体的事物。

③行：做。

④官：能够掌握。

[译文]

农民对种田很精通，但是绝对不能因为这个原因就让他做管理农业的官吏；商人对买卖很精通，但是绝对不能因为这个原因就让他做管理市场的官吏；工人对制造物件很精通，但是绝对不能因为这个原因让他做管理器具制造的官吏。然而有的人，虽然不精通这三种技术，但可以任用他来管理这三种职业。所以说：要精于道，而不要精于具体事物。精于具体事物的人可以让他去支配这种具体事物，精于道的人可以让他去支配各种事物。因此君子致力于道从而用它来考察万物。专心于道的人能够做到正确不犯错，用它来考察万物就能认真地看清每个事物；用正确的思想来审查清楚的结论，这样的话，万物就都在掌控之中了。

原文

昔者舜之治天下也，不以事诏[①]而万物成。处一之危[②]，其荣满侧[③]；养一之微[④]，荣矣而未知。故《道经》[⑤]曰："人心之危，道心[⑥]之微。"危微之几[⑦]，惟明君子而后能知之。故人心譬如槃水，正错[⑧]而勿动，则湛[⑨]浊在下，而清明在上，则足以见须眉而察理[⑩]矣。微风过之，湛浊动乎下，清明乱于上，则不可以得大形[⑪]之正也。心亦如是矣。故[⑫]导之以理，养之以清，物莫之倾，则足以定是非、决嫌疑矣。小物引之，则其正外易，其心内倾，则不足以决粗理矣。故好书者众矣，而仓颉（jié）[⑬]独传者，壹也；好稼者众矣，而后稷[⑭]独传者，壹也；好乐者众矣，而夔[⑮]独传者，壹也；好义者众矣，而舜独传者，壹也。倕[⑯]作弓，浮游[⑰]作矢，而羿精于射；奚仲[⑱]作车，乘杜作乘马[⑲]，而造父精于御。自古及今，未尝有两而能精者也。曾子[⑳]曰："是其庭可以搏鼠，恶能与我歌矣？"

仓颉

仓颉为黄帝时期的史官，相传汉字就是他创造的。但是由于创造文字的工作浩大，不可能由一人完成，故一般认为仓颉是古代文字的整理者、传授者，因此荀子有"好书者众矣，而仓颉独传"的总结。

[注释]

①不以事诏：这里指的是舜掌握了道任用了贤人，具体的事务就不去亲自管理。事诏，每一件事都做出指示。

②处一之危：在处理具体事务时，能够被人感知，因此会"其荣满侧"，专注于道。危，谨慎。

③其荣满侧：他的荣誉被身边的人不断地称赞。

④养一之微：指品德修养之类的东西，不容易被人感知，因此会"荣矣而未知"。养一，培养专注于道。之，到达。

⑤《道经》：古代论述道的专著。

⑥道心：指的是得道之人的心。

⑦几：刚刚生长的征兆。

⑧错：通"措"，安置。

⑨湛：通“沉”，沉积的泥石。

⑩理：肌肤纹理。

⑪大形：人的形体。“大”字在象形上似人的样子。

⑫故：通“若”，假如。

⑬仓颉：传说中黄帝时的史官，他创造了汉字。因为文字的创造不可能是一个人完成的，所以，仓颉可能是一位古代文字的搜集整理者。

⑭后稷：尧时掌管农业的官员，周朝的始祖，名弃，被尊称为“后稷”，“后”表示君长，“稷”是一种谷物名，他被任命为掌管农业的官员，因此称他为“后稷”。

⑮夔：尧、舜时的乐官。相传他奏乐时能使鸟兽起舞。

⑯倕：尧、舜时的巧匠。传说他创造了弓。

⑰浮游：黄帝时人，传说他发明了箭。

⑱奚仲：夏禹时掌管车服的官，传说中他善于造车。

⑲乘杜：也称相土，商朝祖先契的孙子，由于他发明了驾车技术，后来就称他为“乘杜”。乘马：套在同一辆车上的四马。

⑳曾子：孔子的学生，名参，以孝闻名天下。

[译文]

古代的舜统治天下，不用每件事情都叮嘱就把事情都办好了。坚守专心于道的原则并且小心翼翼，心存戒惧，荣耀的气息就会充满他的周围；习得专心于道的品德到达至高的境界，有了荣耀也不知道。因此，《道经》中讲：“人的思想要时时警惕小心，得道之人的思想才能够进入到精妙的境界。”谨慎小心与精妙的差别，明智的君子才能了解。人的思想就好像是盘中的水一样，端正地放着不去动它，污浊之物就会沉淀下来，看到的只是清澈透明的水，用它能照见胡须眉毛同时也看清了皮肤的纹理。但假使有微风吹过，沉淀的污浊之物就会从下面泛起，清澈透明的水面就会被搅乱，要想得到人体正确的映像就不可能了。人的思想也是这样。假使用正确的道理指引，用高尚的德行来教化，外物的力量就不可能让它歪斜，这样的话就能够用它来判断是非、定夺嫌疑了。假如其中有些小事牵制了它，那它的正就会发生变化，内心也就会发生歪斜，也就不能决断各种事理。所以有很多喜欢写字的人，但只有仓颉的名声流传下来了，原因在于他用心专一；有很多人喜欢耕种，但只有后稷的名声流传下来了，

曾子

曾子，名参，春秋末期的思想家，是儒家学派承上启下的重要人物。相传他十分孝敬自己的母亲。

原因在于他用心专一；有许多人爱好音乐，但只有夔的名声流传下来了，原因在于他用心专一；有很多人爱好道义，但只有舜的名声流传下来了，原因在于他用心专一。倕发明了弓，浮游发明了箭，然而羿善于射箭；奚仲发明了车，乘杜首创了用四匹马拉车，然而造父擅长于驾车。古往今来，一心二用的人是不能够达到专业精通的。曾子讲：“看到空旷的庭院却想到了打老鼠，这样的话怎么能和我一起来唱歌呢？”

原文

空石①之中有人焉，其名曰觙（jí）。其为人也，善射以好思。耳目之欲②接，则败其思；蚊虻③之声闻，则挫其精④。是以辟⑤耳目之欲，而远蚊虻之声，闲居静思则通。思仁若是可谓微乎？孟子恶败而出妻⑥，可谓能自强矣，未及思也；有子恶卧而焠掌⑦，可谓能自忍矣，未及好也。辟耳目之欲，蚊虻之声闻则挫其精，可谓危矣，未可谓微也。夫微者，至人也。至人也，何强？何忍？何危？故浊明外景⑧，清明内景⑨。圣人纵其欲，兼⑩其情，而制焉者理矣。夫何强？何忍？何危？故仁者之行道也，无为⑪也；圣人之行道也，无强⑫也。仁者之思也恭，圣人之思也乐。此治心之道也。

[注释]

①空石：石洞。

②欲：欲望。耳朵的欲望是听美好的声音，眼睛的欲望是看美好的事物。

③虻：一种昆虫，也叫虻蝇，雄性吸食植物的汁液和花蜜，雌性吸食人和动物的血液。

④挫：干扰之意。精：集中精力。

⑤辟：通“避”。

⑥出妻：休妻。

⑦有子：孔子的学生有若。焠掌：用火烧灼自己的手掌。这里指的是夜以继日地刻苦读书。焠，烧灼。

⑧外景：指的是上面所说的“自强”“自忍”“危”“处一之危，其荣满侧”等情况。景，光亮。

⑨清明内景：即“养一之微，荣矣而未知”。

⑩兼：尽其全部。⑪无为：无意为之，即顺应自然，不注重人为努力。⑫无强：不勉强行事。

[译文]

石洞中有一个人，名叫觙。他天生就善于猜想、喜欢思考。但只要耳朵想听到的音乐、眼睛想看到的美色一和他碰撞，就会把他的思绪破坏；蚊子、虻蝇的声音一旦被他听到了，他聚精会神的状态就被打断了。所以当他躲开耳朵、眼睛所希望的音乐、美色，而且避开蚊子、虻蝇的声音，一个人待着静静地思考，这时他的思路就打通了。假如说思考仁德也是如此，能说是达到精妙的境界了吗？孟子为了不让自己的名声受到损害，把妻子休出了家门，可以说是能够自我勤勉了，但不能说考虑得很周到；有子因为害怕自己打瞌睡，就用火烧灼自己的手掌，这可以称之为是善于自我克制的了，但这与爱好读书还是有一定的差距；觙避开耳朵、眼睛所希望的音乐、美色，还远离蚊子、虻蝇的声音，能够称其到达小心谨慎的境界了，但还不能说是到达认识了道的精妙的境界。到达了精妙境界的人，就是指思想修养到达最高境界的人。既然是思想修养到达最高境界的人，还有什么是需要勉励的呢？还有什么是需要克制的呢？还有什么是需要小心谨慎的呢？因此混沌地懂得道的人，其光彩表露在外，真正懂得道的人，光芒才能从心中散发出来。圣人从心所欲，尽得其情，能将要管理的事情治理好。还要勉力吗？还要克制吗？还要什么小心谨慎？因此，对仁者来说，遵循道并非刻意而为；对圣人来说，遵循道是没有什么勉强的。仁者的思绪恭敬谨慎；圣人的思绪轻松愉悦。修养思想的方法正在于此。

原文

凡观物有疑，中心①不定，则外物不清；吾虑不清，则未可定然否也。冥冥而行者，见寝石②以为伏虎也，见植林以为后人③也，冥冥蔽其明也。醉者越百步之沟，以为跬步之浍（kuài）也④；俯而出城门，以为小之闺也；酒乱其神也。厌⑤目而视者，视一以为两；掩耳而听者，听漠漠而以为哅哅（xiōng）⑥；势⑦乱其官也。故从山上望牛者若羊，而求羊者不下牵也，远蔽其大也。从山下望木者，十仞之木若箸⑧，而求箸者不上折也，高蔽其长也。水动而景⑨摇，人不以定美恶，水势玄⑩也。瞽者仰视而不见星，人不以定有无，用精惑也⑪。有人焉，以此时⑫定物，则世之愚者也。彼愚者之定物，以疑决疑，决必不当。夫苟不当，安能无过乎？

[注释]

①中心：指心中。

②寝石：横放的石头。

③后人：应为“立人”。

④跬步：小步子。浍：小水沟。

⑤厌：用手按压。

⑥漠漠：没有声音。哅哅：喧嚣声。

⑦势：指外力作用。

⑧箸：筷子。

⑨景：通“影”。

⑩玄：通“眩”，眩晕，看不清。这里作动词。

⑪精：通“睛”，眼睛，视力。惑：迷乱。

⑫此时：指的是“中心不定”“吾虑不清”的时候。

[译文]

大凡观察事物时有困惑的，心中不能确定，外界的事物自然就看不清；自己的思想一片混乱，那是非就不能得到判断。在黑暗中行走的人，一旦看见横卧的石头就会认为是趴着的老虎，看见树林就会认为是站着的人，之所以这样，是因为黑暗阻碍了他的视觉。酒醉的人在通过百步宽的水道时，却认为是过一两步宽的小沟；低头走出城门，却认为是穿过了狭小的闺门；之所以这样，是因为酒把他的心神扰乱了。按住眼睛看东西，看见一件以为是两件；捂住耳朵听声音，默默无声会认为是嗡嗡作响；之所以会这样，是因为外力将他的官能扰乱了。所以从山上向下看，牛就好比是羊，但要羊的人是不会下山去牵的，这是因为距离蒙蔽了牛的大。从山下看山上的树木，几丈高的树木看起来却像根筷子，但要筷子的人是不会上山去折的，这是因为高蒙蔽了树木的高。水晃动的时候，水中的影子也跟着晃动，人们也不会用它来判断容貌的美丑，这是因为水把人的眼睛弄花了。盲人抬头不会看到星星，人们也不会凭借它来判断星星的有无，这是因为眼睛失去了看东西的能力。如果有一个人，在这种时候来断定事物，那他无疑是世界上最大的蠢材。蠢材断定事物时，是用充满疑虑的心去判断充满疑虑的事物，结果终究是不得当的。判断不得当，又怎么会没有过错呢？

原文

夏首①之南有人焉，曰涓蜀梁，其为人也，愚而善畏。明月而宵行，俯见其影，以为伏鬼也；卬②视其发，以为立魅也；背而走，比至其家，失气而死。岂不哀哉？凡人之有鬼也，必以其感忽③之间、疑玄之时正之。此人之所以无有而有无之时也④，而已以正事。故伤于湿而痹⑤，痹而击鼓烹豚，则必有敝鼓丧豚之费矣，而未有俞⑥疾之福也。故虽不在夏首之南，则无以异矣。

[注释]

①夏首：古地名，位于夏水分长江水之处，为夏水之头，所以叫作夏首，旧址在今天的湖北沙市东南。夏水因冬天阻塞夏天通畅而得名。

②卬：与“仰”同，抬起头。

③惑忽：神情恍惚的意思。

④无有：指将无当成有。有无：将有当成无。

⑤痹：因感风、寒、湿等引发的肢体疼痛和麻木的症状。

⑥俞：通“愈”，身体恢复健康。

[译文]

夏首的南边有一个人，叫涓蜀梁，天生很愚蠢而且容易害怕。在月光明亮的夜晚走路时，低头见到自己的影子，会认为是趴在地上的鬼；仰起头来看见自己的头发，会认为是站着的妖怪；吓得拔腿就跑，跑到自己的家中，就死掉了。这不是很可悲吗？但凡认为有鬼，必定是在他精神恍惚、疑惑迷乱之时所看到的。这个时候人们会将有当成没有、把没有当成有，但他们自己还要在这个时候来判断事情。有人在患上了风湿之后想要敲鼓来祛除疾病，同时还烹猪求神，打破鼓、损失猪的开销就不可避免了，但却没有治愈疾病的福气。因此这人尽管没有在夏首的南边，也和涓蜀梁没有什么差别了。

鬼

鬼神是不存在的，它们其实是人类在一定情况下的心理反应。但是在我国古代，鬼神之说是深入人心的。荀子能在那个时代提出鬼神是人在“感忽之间、疑玄之时”看到的假象的说法，实在是很有进步意义的。

原文

凡以知[①]，人之性也；可以知[②]，物之理[③]也。以可以知人之性，求可以知物之理，而无所疑[④]止之，则没世穷年不能遍也。其所以贯理焉虽亿万，已不足以浃万物之变[⑤]，与愚者若一。学，老身长子，而与愚者若一，犹不知错[⑥]，夫是之谓妄人。故学也者，固学止之也。恶乎止之？曰：止诸至足。曷谓至足？曰：圣也[⑦]。圣也者，尽伦者也[⑧]；王也者，尽制者也；两尽者，足以为天下极[⑨]矣。故学者，以圣王为师，案[⑩]以圣王之制为法，法其法以求其统类[⑪]，以务象效其人。向是而务，士也；类是而几[⑫]，君子也；知之，圣人也。故有知非以虑是，则谓之惧；有勇非以持是，则谓之贼；察孰[⑬]非以分是，则谓之篡[⑭]；多能非以修荡[⑮]是，则谓之知[⑯]；辩利非以言是，则谓之詍(yì)[⑰]。传曰：“天下有二：非察是，是察非。”谓合王制与不合王制也。天下有不以是为隆正也，然而犹有能分是非、治曲直者邪？若夫非分是非、非治曲直、非辨治乱、非治人道，虽能之，无益于人，不能，无损于人；案直将治怪说[18]，玩奇辞，以相挠滑[19]也；案强钳而利口，厚颜而忍诟，无正而恣睢，妄辨而几利，不好辞让，不敬礼节，而好相推挤。此乱世奸人之说也，则天下之治说者，方多然矣。传曰："析辞而为察，言物而为辨，君子贱之。博闻强志，不合王制，君子贱之。"此之谓也。

[注释]

①以知：认识事物的方法。

②可以知：事物可以被认识。

③理：规律。

④疑：通"凝"，固定。

⑤已：终。浃：通"挟"，掌握、控制。

⑥错：通"措"，搁浅，放弃。

⑦圣也："圣"下应有一"王"字。

⑧尽：完全精通。伦：指的是事物本来的规律。

⑨极：顶点，有表率的意思。

⑩案：语气助词。

⑪法其法：仿效圣人的法制。统类：法之大纲。

⑫类：指"法"，效法。几：接近、靠近。

⑬孰：与"熟"同，熟悉、周到。

⑭篡：通过不正当的途径获得，有大逆不道之意。

⑮荡：放纵，此处指的是发扬光大。

⑯知：通"智"，巧诈。

⑰讲：言多。

⑱案：语气助词。直：只不过。

⑲挠滑：搅乱。

[译文]

通常来说，认识事物是人先天具有的本性；事物能够被认识，这是事物自有的规律。用能够认识事物的本性，来寻求能够被认识的事物的规律，而对这没有一定限制的话，当一个人走完一生的时候也不能完全认识那些能够认识的事物。即使贯通事理的方法每个人都能够学到数亿万条，但最终如果不能拿它们来通晓万物的变化，就和蠢材没有什么区别了。如此的学习，等到自己老了、子女长大成人了，还像个蠢材，一直不放弃这种无益的做法，这就称之为是无知妄人。所以学习，本来就有一个学习的止境。那么自己要把学习的止境限制在何处呢？回答：最圆满的地方就是止境。那最圆满的止境指的是什么呢？回答：指的是圣王。圣，就是那些对事理完全精通的人；王，就是那些对制度彻底精通的人；如果有人两个方面都精通，那就可以称之为是天下最高的师表了。所以谈到学习，就要把圣王当成自己的老师，把圣王的制度作为要求自己的法度，仿效圣王的法度从而探求他们制定的纲领，他们的为人也要不断地效仿。向往这种圣王之道并且能付出努力的人，就是士人；效法这种圣王之道并且不断靠近的人，就是君子；精通这种圣王之道的，就是圣人。因此，拥有智慧但是不用来探讨圣王之道，就叫作胆怯；拥有力量但不是用来捍卫圣王之道，就叫作祸害；能仔细地观察问题但是不用来解析圣王之道，就叫作叛逆；有才能却不用来弘扬圣王之道，就叫作巧诈；能言善辩但不用来传扬圣王之道，就叫作废话。古书上讲："天下包含两个方面：一个是用错误的来判定正确的，一个是用正确的来判定错误的。"正确与错误之论，指的是符合圣王的法度与不符合圣王的法度。如果天下不将圣王的法度作为高标准，那分辨是非、弄清曲直的东西还能有吗？对那些不分清是非、不弄清曲直、不分辨治乱、不治理道德规范的学说，就算通达它，对人也没有什么好处，即使放弃它，对人也没有什么伤害；他们也不过是想要钻研怪论奇谈，玩弄怪诞的词句，互相扰乱而已；他们强行制约别人又那么能言善辩，厚着脸皮又那么能忍受谩骂，不守正道又那么放荡不羁，胡乱诡辩又那么急功近利，不懂得谦让，不重视礼节，却喜欢互相排挤。这些是混乱社会中奸佞之徒的理论，如今社会上探讨思想学说的人，很多都是这样的。古书上讲："只是分析言辞就当成是洞察，只会空谈名物就认为是擅长甄别，这种人是受君子鄙视的。有广博的见识和很强的记忆力，但与圣王的法度不符，这种人是受君子鄙视的。"说的就是这种情况。

民怀有仁图

由于商汤能惠爱万民，明辨是非，不被奸佞蒙蔽，行事光明正大，所以各地有很多百姓前来投奔他。在他的教化之下，原来在夏朝统治下阴险狠毒的人都变得仁慈宽厚了。

原文

为之无益于成也，求之无益于得也，忧戚之无益于几①也，则广焉②能弃之矣，不以自妨也，不少顷干③之胸中。不慕往，不闵来，无邑④怜之心，当时则动，物至而应，事起而辨⑤，治乱可否，昭然明矣！

[注释]

①几：差不多，这里指接近成功。

②广焉：广泛地。

③干：达到。

④邑：通“悒”，忧愁的样子。

⑤辨：整治。

[译文]

做了却对成功没有帮助，追求了却对取得没有帮助，担忧了却对实现愿望没有帮助，就可以抛弃它们，不让它们妨碍自己，不让它们在心中有片刻的停留。不留恋过去，不忧患未来，忧愁悲悯的心情完全不要，时机来了就行动，外物来了就应和，事情发生了就处理，这样的话，是治还是乱，是合适还是不合适，就很清楚明白地摆在面前了！

原文

周①而成，泄而败，明君无之有也。宣而成，隐而败，暗君无之有也。故君人者周则谗言至矣，直言反②矣，小人迩而君子远矣。《诗》③云：“墨以为明，狐狸而苍。”此言上幽而下险也。君人者宣则直言至矣，而谗言反矣，君子迩而小人远矣。《诗》④曰：“明明在下，赫赫在上。”此言上明而下化也。

[注释]

①周：周密。

②反：通“返”，回去。

③《诗》：此诗已失传。

④《诗》：指《诗经·大雅·大明》。

[译文]

坚守秘密就获得成功，泄露秘密就导致失败，这种事不会发生在英明的君主身上。吐露真情就获得成功，隐藏真相就遭到失败，这种事不会在昏暗的君主那里出现。统治人民的君王假如喜欢隐藏真情，谗言就会随之而来，正直的话就不会再出现了，小人因此而靠近，君子因此而远离。《诗经》中讲：“你将黑暗看成是光明，狐狸也能成为苍色。”这讲的就是君主昏庸愚昧而臣民阴险。统治人民的君主喜欢公开真情，正直的话就会层出不穷，谗言就不会再来了，君子因此而靠近，小人因此而远离了。《诗经》中讲：“皓白明亮在下，灿烂光辉在上。”讲的就是君主正大光明而臣民自然就会被感化。

卷十六

正名第二十二

题解

这篇文章主要论述了名称与它所反映的内容之间的关系，同时还讲到了如何制定名称的问题。这是中国古代逻辑学中的重要篇章之一。在荀子看来，每个事物都有自己约定俗成的名称，但它同时又是以客观事物的实际内容为本源的，因此制定名称时要“稽实”。另外，荀子还指出了名称虽然源起于实际内容，但是只要它确立下来了，就反过来能对实际内容产生影响，也就是所谓的“名定而实辨”。在社会政治领域中，“正名”有“明贵贱”“辨同异”“率民而一”的作用，这正是荀子所强调的“正名”包含的政治内涵。从正名深发开来，文章中还论述了与辩说相关的问题，批判了那些倾向于欲望方面的歪理邪说。

原文

后王之成名①：刑名②从商，爵名③从周，文名④从《礼》，散名之加于万物者，则从诸夏之成俗曲期⑤。远方异俗之乡，则因之⑥而为通。散名之在人者：生之所以然者谓之性。性之和所生、精合感应、不事而自然谓之性⑦。性之好、恶、喜、怒、哀、乐谓之情。情然而心为之择谓之虑。心虑而能为之动谓之伪。虑积焉、能习焉而后成谓之伪。正利⑧而为谓之事。正义而为谓之行。所以知之在人者谓之知。知有所合谓之智。智所以能之在人者谓之能。能有所合谓之能。性伤谓之病。节遇⑨谓之命。是散名之在人者也，是后王之成名也。

［注释］

①成名：指的是定名。

②刑名：刑法所用的名称。

③爵名：爵位所用的名称。

④文名：礼仪中所用的名称。

⑤散名：指的是世间万物各自零碎的名称。曲期：多方共同约定。

⑥之：这里指代的是“后王之成名”，由于各地有各地的方言，所以在不同的地区可以“因之而为通”。

⑦和：阴阳两气的和合。精：指人的感官本身具有的能力。感应：是人和外界

接触后被感动而产生的反应。不事：不去主动地努力。然：形成。

⑧正利：指符合礼仪的要求。

⑨节遇：不期而会、偶然遇到。

［译文］

当代君王确定名称：刑法的名称是从商朝那里传来的，爵位的名称是从周朝那里传来的，礼仪制度的名称是从《礼》那里传来的，万物的各种名称都是从中原地区各诸侯国既定的民风民俗中得到的共同约定。边远不同习俗的地区，依据中原地区的习俗名称来沟通。人事上的各种名称：人生下来就是这样称之为天性。天性的阴阳之气的和合而产生的、精神接触外物的感受、不经人力自然形成的东西称之为本性。本性中的喜爱、厌恶、高兴、愤怒、悲哀、快乐称之为情感。情感有这样几种而心对之进行选择称之为思虑。心思虑后，官能开始行动称之为人为。思虑一点点地积攒，官能不断地练习，之后形成一种常规，也称之为人为。为了功利去从事的称之为事业。为了道义去从事的称之为德行。人生而就具有的认识事物的能力称之为知觉。知觉和所认识的事物相符合称之为智慧。人生而就有的处置事物的能力称之为本能。本能和处置的事物相符合称之为才能。天性遭到迫害称之为疾病。左右人生的境遇称之为命运。这些都是人本身的各种名称，都是当代君王确定的名称。

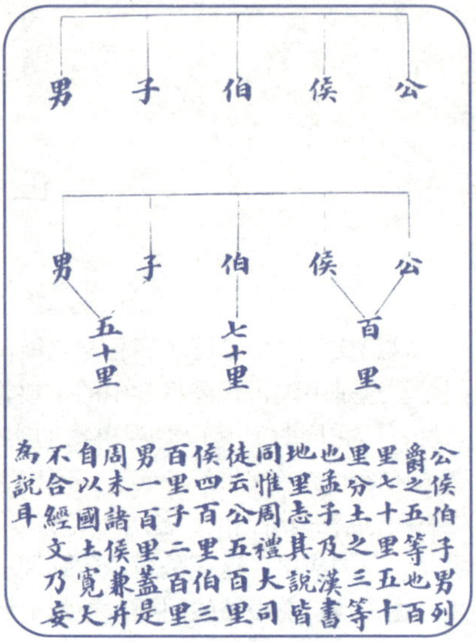

列爵分土图

西周在政权稳定之后，对宗室子弟和功臣进行了分封，他们的爵位按照与王室血缘的亲疏和功劳大小分别封为“公、侯、伯、子、男”，此后王室册封爵位都以此为名。

原文

故王者之制名，名定而实辨，道行而志通，则慎率①民而一焉。故析辞擅作名以乱正名，使民疑惑，人多辨讼②，则谓之大奸，其罪犹为符节、度量之罪也③。故其民莫敢托为奇辞以乱正名，故其民悫。悫则易使，易使则公④。其民莫敢托为奇辞以乱正名，故壹于道法⑤而谨于循令矣。如是则其迹长⑥矣。迹长功成，治之极也。是谨于守名约之功也。

［注释］

①率：引导。

②辨：通“辩”。讼：争辩、争论。

③为：通“伪”，伪造、作假。度量：泛指度、量、衡等标准器具。

④公：通“功”，功用、功效。

⑤道法：应该遵循的最本质、根本的法。

⑥迹长：建功立业，在位时间长久。迹，通“绩”，事业成就。

[译文]

因此君王制定事物的名称，事物一旦有了名称，那么分辨实际事物就容易了；制定名称的原则一旦推行开来，那么思想就便于沟通了；这样就能谨慎地引导民众统一起来行动了。因此，拆分词句、随心所欲地创造名称来扰乱事物正确的名称，疑惑民众，让人们产生争辩，此人就可以称之为罪大恶极的坏人，他有着和伪造信符与度量衡一样的罪。因此在圣王的统治之下，民众谁都不敢造出怪癖的词句来扰乱正确的名称，民众因此就很朴实。朴实就便于支配，便于支配就能成就功业。民众谁都不敢用怪癖的词句来扰乱正确的名称，因此就专心执行法度而谨遵政令了。这样的话，统治自然会长久。统治长久同时又能成就功业，是治世的最高境界。这是坚持谨慎地用名称来约束民众所产生的效果。

原文

今圣王没，名守[①]慢，奇辞起，名实乱，是非之形不明，则虽守法之吏、诵数[②]之儒，亦皆乱也。若有王者起，必将有循于旧名，有作于新名。然则所为有名[③]，与所缘以同异[④]，与制名之枢要，不可不察也。

[注释]

①名守：指的是遵守统一名称这件事。

②诵数：关注并研究各种学术。

③所为有名：之所以要有各自的名称。

④缘：根据、依从。以：使。

[译文]

如今，圣明的帝王过世了，名称遵循得不严谨了，怪僻的词句也就随之产生了，名称和实际事物的对应关系开始变得混乱，正确和错误失去了明确的区分，即使是那些掌管法度的官吏、推行礼制的儒生，也都变得迷乱不清。假使有王者再出现的话，将会沿用那些旧的名称，创造一些新的名称。如果这样，对于名称存在的意义、让名称各有不同的根据、制定名称的关键等问题，就不能不考察。

原文

异形离心交喻[①]，异物名实玄纽[②]，贵贱不明，同异不别。如是则志必有不喻之患，而事必有困废之祸。故知者为之分别制名以指实，上以明贵贱，下以辨同异。贵贱明，同异别，如是则志无不喻之患，事无困废之祸。此所为有名也。

[注释]

①异形：指的是各式各样的人。离心：各自不同的认识。交喻：相互告知。

②玄纽：互相联结、交错。玄，通“眩”，眩乱。

[译文]

假使不同的人用不同的认识来相互告知，假使让事物的名称和实际内容混杂在一起，社会地位的高贵和卑贱就无法彰显，事物的异同就无法区分。这样的话，意思就一定有不被了解的忧虑，事情就不免有被废止的祸患。因此明智的圣王给世间万物分别制定名称来表明实际事物，上以此来彰显贵贱，下以此来分辨异同。贵贱彰显了，异同区分了，这样的话，意思就不会面临不被理解的忧患，事情也就不会有被废止的祸患。制定名称的原因就在于此。

原文

然则何缘而以同异？曰：缘天官①。凡同类、同情者，其天官之意物②也同，故比方之疑似而通③，是所以共其约名以相期也④。形体、色、理⑤，以目异；声音、清浊、调竽、奇声，以耳异⑥；甘、苦、咸、淡、辛、酸、奇味，以口异；香、臭、芬、郁、腥、臊、洒、酸、奇臭，以鼻异⑦；疾、养、沧、热、滑、铍、轻、重，以形体异⑧；说、故、喜、怒、哀、乐、爱、恶、欲，以心异⑨。心有征知⑩。征知，则缘耳而知声可也，缘目而知形可也，然而征知必将待天官之当簿其类然后可也⑪。五官簿之而不知，心征之而无说，则人莫不然⑫谓之不知。此所缘而以同异也。

[注释]

①天官：与生俱来的感觉器官，指耳、目、鼻、口、身五种。

②意物：指人对事物的感知。

③比方：描摹事物。疑：通“拟”，模拟。

④约名：概括简化的名称。相期：相互交流。这几句解释了“何缘而以同”。因为人的感官对事物的感受是相同的，因此对同类的事物可以用相同的名称来表示。

⑤理：纹理。因为人的感官对事物认识是有个体差异性的，这就使得对各个具体的事物应该赋予它不同的名称。

⑥声音：指古代五音。五音单发叫“声”，相配而发叫“音”。竽：是古代的一

种吹奏乐器，由纵向排列的许多竹管制成，和笙的形状类似。竽的作用主要是协调其他乐器的声音，《韩非子·解老》中说：“竽也者，五声之长者也，故竽先则钟瑟皆随，竽唱则诸乐皆和。”这里单提“竽”的原因就在于此。

五声六律八音图

五声，分别为宫、商、角、徵、羽。我国古代的音乐，就是以这五音为基本调式，经调和变奏而生成的。

⑦郁：腐臭的气味，主要指草木腐烂的气味，一说指鸟发出的臭气。腥：腥臭气味，主要指猪发出的臭气。臊：臊臭气味，主要指狗发出的臭气。洒：应为“漏”，与“蝼”通假，指的是马身上像蝼蛄一样的臊臭气味。酸：应为“庮”，指的是牛身上像烂木头一样的臊臭气味。奇臭：特殊的气味。

⑧疾：与“痛”同义，如“痛心疾首”。养：通“痒”。冾：冷。铍：应为“钑”，不滑润。

⑨说：通“悦”。故：通“固”，心气郁结。

⑩有：能够。征：确证、验证。

⑪当：抵、触。簿：通“薄”，逼近。其类：指各自能感觉到的某类事物。如耳朵感觉声音这一类，眼睛感觉形态颜色这一类。

⑫然：是这样的。

[译文]

这样的话，依靠什么能让事物的名称产生异同呢？回答：依据天生的感官。只要是相同的民族、有着相同情感的人，他们的天生感官对事物自然会有相同的感受，因此在对事物进行描摹时，只要大体相似就能让人明白了，这正是人们能用概括的名称来相互交流的原因。形态、颜色、纹理，由于眼睛感觉的差别而显得不同；声音的清浊、和谐的乐曲与杂乱的声音，由于耳朵感觉的差别而显得不同；甜、苦、咸、淡、辣、酸以及奇异的味道，由于嘴巴感觉的差别而显得不同；香、臭、芬、郁、腥、臊、漏、庮以及奇怪的气味，由于鼻子感觉的差别而显得不同；痛、痒、冷、热、滑、涩、轻、重，由于身体感觉的差别而显得不同；愉快、郁闷、欢喜、愤怒、哀伤、快乐、喜爱、厌恶以及其他各种欲念，由于心感觉的不同而显得不同。心能够对感觉到的外界事物的印象进行分析、辨别。如此，才可以凭借耳朵来听取声音，才可以凭借眼睛来观看形状，然而心灵对外物的感知，是必须要在感官接触事物之后才能进行的。假如五官与外界事物相接触却不能认知，心体验了外物却不能表达出来，那么，称其为无知，是没有人反对的。这就是区分事物的名称有异同的根据了。

原文

然后随而命之：同则同之，异则异之；单[1]足以喻则单；单不足以喻则兼[2]；单与兼无所相避则共[3]，虽共，不为害矣。知异实者之异名也，故使异实者莫不异名也，不可乱也，犹使异实者[4]莫不同名也。故万物虽众，有时而欲遍举[5]之，故谓之物。物也者，大共名也。推而共之，共则有共[6]，至于无共然后止。有时而欲遍[7]举之，故谓之鸟兽。鸟兽也者，大别名也。推而别之，别则有别，至于无别然后止[8]。名无固宜，约之以命，约定俗成谓之宜，异于约则谓之不宜。名无固实，约之以命实，约定俗成谓之实名。名有固善，径易而不拂，谓之善名。物有同状而异所[9]者，有异状而同所[10]者，可别也。状同而为异所者，虽可合，谓之二实。状变而实无别而为异者，谓之化；有化而无别[11]，谓之一实。此事之所以稽实定数[12]也。此制名之枢要也。后王之成名，不可不察也。

[注释]

①单：单名，指的是一字名称，如“马”“车”。

②兼：复名，名字是由复音词或词组组成的，如“白马”“千里马”。

③相避：相违背的地方。共：一起。比如“马”与“白马”“千里马”都使用“马”这一名称。

④异实者：应为“同实者”。

⑤遍举：全面综合地加以概括。

⑥共则有共：通用的名称之中又有共用的名称。比如说“物”这个名称，之中又有“无机物”“有机物”等类别，“有机物”中又包括“动物”“植物”。“物”这个名称在它们中间都使用了，即为“共则有共”。

⑦遍：应为“偏”。

⑧别则有别，至于无别然后止：比如说，在“兽”这个类别中又有“牛”“马”之类的名称，“马”又有“驹”“驽”等类的名称，“驹”“驽”之下就再没有了。

⑨同状而异所：比如说，两匹相同的马有各自不同的实体。

⑩异状而同所：比如说，一个人从小到老，形状虽然在不断地变化，但实体是相同的。

⑪有化而无别：形态变化了，但是本质没变。

⑫数：每个事物名称和实际相符合的法度。

[译文]

然后就开始依照这些来给事物定名：一样的事物就给它们确定一样的名称，不一样的事物就给它们确定不一样的名称；单音节的名称能够让人理解的就用单音节的名称；单音节的名称不能让人理解的就用多音节的名称；单音节的名称和多音节的名称如果不互相违背就共同使用一个名称，虽然共同使用了这样一个名称，但不会带来什么害处。知道本质不一样的事物要用不一样的名称，因此本质不一样的事物都有着不一样的名称，不能混乱，就好像让本质一样的事物都具有一样的名称是一个道理。世间万物虽然众多，有时要把它们一起举出来，就称之为“物”。“物”这个名称，是很大的共用名称。由此就推及至给事物制定共用的名称，在共用的名称中又有共用的名称，一直到再没有共用的名称才结束。有时想把其中的一个部分举出来，因此会把它们称之为“鸟”“兽”。“鸟”“兽”这种名称，是有很大区别的名称。由此就推及至给事物制定区别性的名称，那么区别性的名称之中又有区别性的名称，一直到再没有区别性的名称才结束。名称并不是生来就符合的，而是人们约定的，约定俗成了就称之为是符合的，与约定俗成的名称不一样就称之为不符合。名称的表示对象并不是与生俱来的，而是人们给实际事物约定的，约定俗成了就称之为某一实际事物的名称。名称有的是之前就已经起好的，直接明显又不违背事理，这就是好的名称。事物有形状一样但实体不一样的，有形状不一样但实体一样的，这可以加以区别。形状一样却是不一样的实体，尽管它们可以共同使用一个名称，也要将它们称为两个实物。形状变化了，但实质没有改变成为异物的，就是变化；变化产生了而实质没有区别，应该称它是一个实物。这是所以要考察事物的实质来确定制定事物的名称并与实际相符合的法度的原因。它是制定名称的关键所在。现代圣王确定名称，对这些是不能不明察的。

原文

“见侮不辱①”，“圣人不爱己②”，“杀盗非杀人也③”，此惑于用名以乱名④者也。验之所以为有名而观其孰行，则能禁之矣。“山渊平⑤”，“情欲寡⑥”，“刍豢不加甘，大钟不加乐⑦”，此惑于用实以乱名⑧者也。验之所缘无以同异而观其孰调⑨，则能禁之矣。“非而谒楹⑩，有牛马非马也⑪”，此惑于用名以乱实者也。验之名约，以其所受悖⑫其所辞，则能禁之矣。凡邪说辟言⑬之离正道而擅作者，无不类于三惑者矣。故明君知其分而不与辨也⑭。

[注释]

①见侮不辱：受到欺侮并不感到耻辱。这是战国时宋钘的观点。

②圣人不爱己：圣人对自己并非格外地珍惜。《墨子·大取》中说：“天之爱人也，薄于圣人之爱人也。……圣人恶疾病，不恶危难。”

③杀盗非杀人也：墨子认为杀死强盗不能称之为杀人。

④用名以乱名：指的是用事物表面上的异同来混淆内部的异同。荀子认为，将“侮”与“辱”“人”与“己”“盗”与“人”这些名称割裂开来，没有看到它们的内在联系，也就搞乱了这些名称，因此说“惑于用名以乱名者”。荀子的说法也有偏颇之处，因为“见侮”是一种事实现象，“不辱”是一种对事实所持的态度和观点，两者不是完全相同的。同理，爱人是指爱别人，本身没有把自己包含在里面。“盗”仅仅是“人”的一部分，因此“杀盗”与“杀人”是有相异之处的。

⑤山渊平：高山和深谷一样的平坦，是惠施的观点。

⑥情欲寡：指人的欲望很少，是宋钘的观点。

⑦刍豢不加甘，大钟不加乐：墨子认为，肉类并不比其他食物的味道更甘美，大钟的声音并不能给人带来额外的快乐。

山渊

山岭高峻，渊潭幽深，山渊的地势是不平的，而惠施却认为“山渊平”，强调“异”的相对性和“同”的绝对性，这是一种唯心主义的逻辑思维。荀子对这种观点的批判，在当时是有进步意义的。

⑧用实以乱名：指的是用实际中的不同来混淆名称的本意。在荀子看来，高山与深渊并非一样平坦，贪欲是人的本性，肉食与其他食物相比是好吃的，音乐能给人带来更多的快乐，这些是不争的事实，因此认为“山渊平”的看法是“惑于用实”的说法。

⑨无：应为衍文。调：吻合、协调。

⑩非：通“飞”。而谒：应该是“矢过”两字。非矢过楹，飞箭经过柱子。指飞箭射过柱子后会停留很长时间。《墨子·经说上》中说：“止，无久之不止，当牛非马，若矢过楹。”时间长了飞箭虽然会停止，但在它经过柱子的时候并未停止，墨子用“过楹”来解释“止”，荀子认为这种无根据的推理扰乱了事实，因此说这是“惑于用名以乱实者”。

⑪有牛马非马也：这是墨子的观点。《墨子·经说下》中说：“牛不非牛，马不非马，而牛马非牛非马，无难。”单说“牛”指的是牛，单说“马”指的是马。如果说“牛马”，就既非牛，也非马。这是在概念判断的时候将事实搅乱了，因此荀子认为是“惑于用名以乱实者”。

⑫悖：违背。

⑬辟言：没有道理的谬论。

⑭故：句首语气词。知其分：指能分辨上述三类说法的区别之处。

[译文]

“被侮辱了还不认为是耻辱”，“圣人不珍视自己”，“杀死盗贼不能称其为杀人”，以上这些都是因为在使用名称时迷惑了，把事物的名称搞乱了。只要用制定名称缘由的道理去考证它们，观察它们与通常的说法哪一种是可行的，那么这种说法就能禁止了。“高山和深谷一样平坦”，“人的本性是少欲望的”，“牛羊猪狗等肉食不比一般食物更加香甜，大钟的声音不比一般的声音更加悦耳”，以上这些都是因为在安置实物时受到迷惑了，把事物的名称搞乱了。只要用为何事物的名称有异同的原则去考证它们，观察它们与通常的说法哪一种是与实际相符合的，那这些说法就能被禁止了。“飞箭经过柱子时的状态可以说明停止，有牛马，但它不是马”，以上这些是因为在使用名称时受到迷惑了，致使将实物的说法扰乱了。只要用名称约定的原则去考证它们，用他们接受的观点去驳斥他们拒绝的观点，禁止这些说法就很容易做到了。只要是背离了正确的原则而私自制造歪理邪说的，势必会和这三种迷乱的说法有相一致的地方。英明的君主懂得它与正确学说的区别所在，所以不与他们争辩。

原文

夫民易一以道而不可与共故[①]，故明君临之以势，道之以道，申之以命，章[②]之以论，禁之以刑。故其民之化道也如神，辨势[③]恶用矣哉？今圣王没，天下乱，奸言起，君子无势以临之，无刑以禁之，故辨说也。实不喻然后命[④]，命不喻然后期[⑤]，期不喻然后说，说不喻然后辨。故期、命、辨、说也者，用之大文[⑥]也，而王业之始也。名闻而实喻，名之用也。累而成文，名之丽[⑦]也。用、丽俱得，谓之知名。名也者，所以期累[⑧]实也。辞也者，兼异实之名以论一意也。辨说也者，不异实名[⑨]以喻动静之道也。期命也者，辨说之用也。辨说也者，心之象道[⑩]也。心也者，道之工宰[⑪]也。道也者，治之经理[⑫]也。心合于道，说合于心，辞合于说；正名而期，质请而喻[⑬]；辨异而不过，推类而不悖；听则合文，辨则尽故。以正道而辨奸，犹引绳以持[⑭]曲直，是故邪说不能乱，百家无所窜[⑮]。有兼听之明，而无奋矜之容；有兼覆之厚，而无伐德之色。说行，则天下正；说不行，则白道而冥穷[⑯]。是圣人之辨说也。《诗》[⑰]曰：“颙（yóng）颙卬卬[⑱]，如圭如璋[⑲]，令闻令望[⑳]。岂弟[㉑]君子，四方为纲。”此之谓也。

[注释]

①一以道：正确的语序为“以道一”，指的是用道的原则来统一。故：原因、理由。

②章：与“彰”同，彰显明白。

③辨势：与“共故”相对，指辩说出其中的道理。辨，通“辩”。

④命：指令、指派。

⑤期：会合，综合。意为用形状大小等事物的特征加以形容，使人容易明白。

⑥用之大文：指的是在实际运用过程中的重要形式。

⑦丽：配合、美化。

⑧累：联系、担负。

⑨不异实名：事物的名实相符。

⑩象道：表现道。

⑪工宰：主宰。

⑫经理：应遵循的原则。

⑬质：这里作动词，使……质朴。请：通“情”，实情，指事物的实际内容。

⑭持：了解、掌握。

⑮百家无所窜：指谬误被披露于光天化日之下，无处躲藏。

⑯冥穷：冥躬，无闻于世，指隐居。穷，通“躬”。

⑰《诗》：指《诗经·大雅·卷阿》。

⑱颙颙：外貌和体态恭敬温和的样子。卬卬：气势昂扬的样子。

⑲圭：玉器名，长条状，上圆下方。璋：玉器名，形状像半个圭。圭与璋都是在帝王、诸侯朝会时所持的玉器，喻指美德。

⑳令闻令望：美好的声望。令，美好。

㉑岂弟：与“恺悌”同，温和、平易近人。

[译文]

民众是易于用正道来统一的，但是不能与他们共同了解其中的缘由，因此，英明的君主用权势来管理他们，用正道来指引他们，用命令来劝诫他们，用理论使他们通达，用刑罚来禁止他们作恶。因此在他统治下的民众，依从于正道非常神速，辩说不就显得多余了吗？如今圣明的帝王逝去了，天下混乱，奸诈险恶的言论就由此产生了，君子没有足够的威力来管理他们，没有刑罚去禁止邪说，辩论解说就显得必要了。实际事物中有人们不能理解的就给它们命名，命名之后还是不能理解就用大小形状等加以形容，形容了之后还不能理解就解说，解说了之后还不能理解就辩论。因此，形容、命名、辩论、解说，就成为名称使用时最有用的文饰，帝王大业就是源起于此。一听到名称，所表示的实际事物就被理解了，这就是名称的使用。把名称积累起来连缀成文章，这就是名称的配合。名称的使用、配合都遵循规范，就称之为懂得名称。名称是互相约定之后来联系实际事物的。言语是将各种不同的事物杂糅在一起来阐释意思的。辩论与解说是让名实相符之后来阐明是非道理的。形容与命名，在辩论和解说时是经常使用的。辩论和解说，是心灵对道的认识的外在表现。心，是道的主宰者。道，又是治世的永恒原则。心与道相符，解说与心相符，言语与解说相符；运用正确的名称而且能够合乎共同的约定，这样就可以合乎事物的实际情况而实现相互了解；在辨别不一样的事物时不出现偏差，推论相似的事物合于情理；这样的话，征求意见时就会顺应于礼法，辩论的时候就能够明白地解释道理。用正确的方法来分辨奸邪，就像用拉直的线来衡量曲直一样，因此奸邪的学说就不能让视听混乱，各家的谬论邪说也无处藏匿。这样就会明智地同时听取各方意见，就不会趾高气扬、骄傲自大；有兼容并包的宽广胸怀，而没有夸耀美德的神色。自己的学说如果能够实行，那么天下就安定；自己的学说如果不能实行，那就表明正道，自己默默地隐身而退。这就是圣人的辩论和说明。《诗经》说："形貌温顺、士气高昂，品德像圭与璋一样洁白无瑕，美好的声名远播。温和快乐平易的君子，天下都把他当作榜样。"说的就是这种情况。

原文

辞让之节得①矣，长少之理顺矣；忌讳不称，祆辞②不出；以仁心说，以学心听，以公心辨；不动乎众人之非誉，不治③观者之耳目，不赂贵者之权势，不利传辟者④之辞。故能处道而不贰，吐而不夺，利而不流，贵公正而贱鄙争。是士君子之辨说也。《诗》⑤曰："长夜漫兮，永思骞⑥兮。大古⑦之不慢兮，礼义之不愆兮，何恤人之言兮？"此之谓也。

夜思

古时君子常要反思自己的行为、思想是否合乎仁，是否合乎礼，是谓"君子日叁省乎己"。只要行为合乎仁义礼法，又何须在乎他人的言语？

[注释]

①得：具备。

②祆辞：奇怪的言辞。祆，通"妖"。

③治：治理，修饰，指修饰言辞。

④传辟者：传播流言蜚语的人。辟，通"僻"，邪僻不端正。

⑤《诗》：此诗已失传。
⑥骞：通“愆”，过错。
⑦大古：远古。大，同“太”。

[译文]

谦让的礼节具备了，长幼的伦理顺序清楚了；不说忌讳的话，不发表奇谈怪论；用仁慈的心去说明道理，用学习的心去听取意见，用公正的心去辩论是非；不因为其他人的议论或者赞赏而动摇，不修饰言辞去遮掩别人的耳目，不贿赂有权势的高官，不喜欢传播邪僻之人的言辞。因此可以坚持正道而不三心二意，发表言论而不被别人的观点左右，说话流利却不恣意胡说，看重公正而鄙视低级粗野的争论。这是士君子的辩论和说明。《诗经》说：“黑夜长长漫无边际，常常思索自己的过失。不怠慢远古的传统，不犯礼法道义上的错误，何必顾及别人的流言蜚语呢？”说的就是这种情况。

原文

君子之言，涉然[①]而精，俛然而类[②]，差差然而齐[③]。彼正其名，当其辞，以务白其志义者也。彼名辞也者，志义之使也，足以相通则舍之矣；苟之，奸也。故名足以指实，辞足以见极[④]，则舍之矣。外是者谓之讱(rèn)[⑤]，是君子之所弃，而愚者拾以为己宝。故愚者之言，芴然[⑥]而粗，啧然[⑦]而不类，𧮪(tà)𧮪然而沸[⑧]。彼诱其名，眩其辞，而无深于其志义者也。故穷藉而无极[⑨]，甚劳而无功，贪而无名。故知者之言也，虑之易知也，行之易安也，持之易立也，成则必得其所好而不遇其所恶焉。而愚者反是。《诗》[⑩]曰：“为鬼为蜮，则不可得；有靦(tiǎn)[⑪]面目，视人罔极。作此好歌，以极反侧。”此之谓也。

[注释]

①涉然：深奥的样子。
②俛然：贴切中肯的样子。俛，同“俯”。类：有条理。
③差差：参差不齐。齐：有致。
④见：同“现”，表现。极：根本，中心。
⑤讱：言语迟钝。
⑥芴然：同“忽然”，没有根据、轻率的样子。
⑦啧然：大声纷乱的样子。
⑧𧮪𧮪然：话多的样子。沸：沸腾，比喻言语嘈杂。
⑨穷：穷尽。藉：指搬弄词句。

⑩《诗》：指《诗经·小雅·何人斯》。

⑪有靦：露出面目见人。

［译文］

君子的言论，深奥而又精微，贴近人情世故而有条理，具体说法参差变化而整齐有致。他正确无误地使用名称，使用的词句恰当准确，力求阐明他的思想学说。那些名称和词句，是思想和学说的使者，足够人们互相沟通就可以舍弃其余的了；但是如果滥用它们，就成为邪辞僻说了。所以名称足以表达事物的实质，词句足够用来表达主旨，就可以不管更多的了。背离这个原则就叫作语言迟钝，这是君子所摒弃的，但愚蠢的人却把它当作自己的宝贝。因此愚蠢之人的言论，没有根据，模糊而粗疏，吵吵嚷嚷却没有条理，啰唆而嘈杂。他们让名称富有诱惑力，炫耀词句，但是在思想学说方面却显得毫无深意。因此他们费力搬弄词句却让人看不到主旨，他们就会非常劳累而没有功效，贪于扬名而没有声誉。因此，有智慧的人的言论，只要努力思索就容易理解，按照他的说法做事就容易妥当，坚持它容易站稳脚跟，一旦成功，就一定能得到自己所喜欢的东西而不是自己所厌恶的东西。但是愚蠢的人却与此相反。《诗经》说："你如果是鬼或者狐，那么人们就无法看清楚你的面目；但是一旦你露出面目，人们就会看透你。我作这首善意的诗歌，用来揭穿你反复无常的面目。"说的就是这种情况。

原文

凡语治而待去欲者[①]，无以道欲而困于有欲者也。凡语治而待寡欲[②]者，无以节欲而困于多欲者也。有欲无欲，异类也，生死也，非治乱也。欲之多寡，异类也，情之数也，非治乱也。欲不待可得，而求者从所可，欲不待可得，所受乎天也；求者从所可，所受乎心也。所受乎天之一欲，制于所受乎心之多，固难类所受乎天也。人之所欲，生甚矣；人之所恶，死甚矣。然而人有从[③]生成死者，非不欲生而欲死也，不可以生而可以死也。故欲过之而动不及，心止之也。心之所可中理，则欲虽多，奚伤于治？欲不及而动过之，心使之也。心之所可失理，则欲虽寡，奚止于乱？故治乱在于心之所可，亡于情之所欲。不求之其所在而求之其所亡，虽曰"我得之"，失之矣。

［注释］

①语治：谈论治理国家的方法。去欲：去除欲望，这是道家的主张。

②寡欲：这是孟子、宋钘的观点。《孟子·尽心下》中说："养心莫善于寡欲。"

③从：通“纵”，放纵，此指放弃。

[译文]

凡是谈论治理国家的方法却试图依靠除去人们的欲望的人，是没有办法来正确引导人们的欲望反而被人们已有的欲望困扰了的人。凡是谈论治理国家的方法而试图依靠节制人们的欲望的人，是没有办法节制人们的欲望反而被人们过多的欲望困扰的人。有欲望和没有欲望，有本质上的不同，就像生与死的区别一样，但这不是治理国家祸乱的关键。欲望的多少是不同的，是人们性情所固有的，这也不是治理国家祸乱的关键。人的欲望并不是期待他想要得到的东西的时候才产生，追求满足欲望的人总是遵循可能得到的途径去争取。欲望并不是期待他想要得到的东西的时候才产生，而是天生就有的；追求满足欲望的人总是遵循可能得到的途径去争取，这是听从内心的安排。天生具有的单纯的欲望，受制于内心的许多的思考，因此当然与天生具有的欲望相似了。人们最想要得到的，就是生命了；人们最厌恶的，就是死亡了。但是却有人舍弃生命走向死亡，这不是他们不想活而想死，而是因为在一定的情况下不可以活而只能选择死亡。因此，有时有过度的欲望但是行动却没有达到那种程度，这是内心阻止了行动。内心所秉持的原则如果符合道理，那么即使有很多的欲望，又怎么会对国家的安定有所影响呢？有时虽然没有过度的欲望但是行动却超过了规定的程度，这是受了内心的驱使。内心所秉持的原则如果违背了道理，那么即使有很少的欲望，又怎么能阻止国家的动乱呢？因此国家的安定或者动乱取决于内心所秉持的原则是否合乎道理，而不在于人性的欲望的多少。不寻求本质的原因，却从不相干的地方去找原因，虽然自称“我找到了原因”，其实是丢失了。

原文

性者，天之就也；情者，性之质也；欲者，情之应也。以[①]所欲为可得而求之，情之所必不免也；以为可而道[②]之，知[③]所必出也。故虽为守门，欲不可去，性之具也。虽为天子，欲不可尽。欲虽不可尽，可以近尽也；欲虽不可去，求可节也。所欲虽不可尽，求者犹近尽；欲虽不可去，所求不得，虑者欲节求也。道者，进则近尽，退则节求，天下莫之若也。

[注释]

①以：认为。

②道：实行。

③知：同“智”，智慧。

[译文]

性情，是天生具有的；情感，是性情的本质内容；欲望，是情感对外界事物作出的反应。认为想要的东西可以得到就追求它，这是人的情感不能避免的；认为欲望可行而去实行它，这是智慧驱使人们作出这样的选择的。所以即使是地位低下的看门人，也不能没有欲望，因为这是天生具有的。即使是身份尊贵的天子，他的欲望也不能全部满足。他的欲望虽然不可能全部满足，但是却可以基本上满足；欲望虽然不可能除去，但是对于欲望的追求却是可以节制的。欲望虽然不可能全部满足，追求欲望的人能够使它尽可能全部满足；欲望虽然不可能除去，追求的东西又不能得到，经过思考的人就会节制自己的追求。按照道来行事的人，富贵了就尽量满足自己的欲望，贫穷了就节制自己的欲望，天下没有比这更好的了。

原文

凡人莫不从其所可而去其所不可。知道之莫之若也而不从道者，无之有也。假之有人而欲南，无多；而恶北，无寡。岂为夫南者之不可尽也、离南行而北走也哉[①]？今人所欲，无多[②]；所恶，无寡[③]。岂为夫所欲之不可尽也、离得欲之道而取所恶也哉？故可道而从之，奚以损之而乱？不可道而离之，奚以益之而治？故知者论道而已矣，小家珍说之所愿皆衰矣[④]。

[注释]

①行：道路。走：跑。

②无多：无所谓多，指再多也不嫌多。

③无寡：无所谓少，指再少也不嫌少。

④小家：小的流派。珍说：奇怪的言论。

[译文]

没有人不是依从自己所赞同的而放弃自己所不赞同的。知道什么也比不上正道却又不依从正道的，这种人是不存在的。如果有人想到南方去，就会不管路有多远也要去；厌恶到北方去的人，不管有多近也不会去。他难道会因为南去的路远得没有尽头就改变向南走为向北走吗？现在人们想要得到的，再多也不会觉得多；所厌恶的，再少也不嫌少。他们难道会因为那想要得到的东西不可能全部得到就不去追求，反而去索取自己厌恶的东西吗？因此

上路

要往南方去的人，不论路途有多么远，都会上路前往南方，这是人的本性使然。若是世人都能以正道为则，将仁义放于心中，那天下就匡正了。

人们赞同道而依从它，还能用什么来损害它而使国家产生混乱呢？人们不赞同道而背离它，还能用什么来增加它而使国家安定呢？因此明智的人只是谈论道，那些微小的学派和他们的奇谈怪论就都会衰微了。

原文

凡人之取也，所欲未尝粹[①]而来也；其去也，所恶未尝粹而往也。故人无动而不可以不与权俱[②]。衡不正[③]，则重县于仰[④]，而人以为轻；轻县于俛，而人以为重：此人所以惑于轻重也。权不正，则祸托于欲，而人以为福；福托于恶，而人以为祸：此亦人所以惑于祸福也。道者，古今之正权也；离道而内自择，则不知祸福之所托。

［注释］

①粹：纯粹，引申为彻底。

②无：不论。与权俱：指行动需要时时用准则来衡量。权，秤锤，这里引申为衡量行为的标准。俱，一起。

③衡：秤杆，泛指秤。不正：指悬挂秤杆的支点偏于一边。

④县：同“悬”，挂。仰：抬高。

［译文］

凡是人们求取的时候，希望得到的东西从来没有能完全地得到；人们舍弃东西的时候，厌恶的东西从来不能完全地去掉。因此无论什么行动，任何时候都不能不用正确的标准来衡量。秤杆上的刻度如果不准确，把重的东西挂上去就会仰起来，因而人们就会把它当作是轻的；把轻的东西挂上去秤反而低下去，因而人们就会把它当作是重的：这就是轻重让人们产生困惑的原因。衡量行为的标准如果不正确，那么灾祸就会隐藏在人们的欲求之中，而人们却把它当作幸福；幸福依附于人们所厌恶的事物之中，而人们却把它当作灾祸：这也就是祸福让人们产生迷惑的原因。道从古到今都是正确的衡量标准；一旦离开了道而任由内心任意选择，那就不能知道祸福各自存在于什么地方。

原文

易[①]者，以一易一，人曰无得亦无丧也；以一易两，人曰无丧而有得也；以两易一，人曰无得而有丧也。计者取所多，谋者从所可。以两易一，人莫之为，明其数也。从道而出[②]，犹以一易两也，奚丧？离道而内自择，是犹以两易一也，奚得？其累百年之欲，易一时之嫌[③]，然且为之，不明其数也。

[注释]

①易：交易。

②出：行动。

③嫌：通“慊”，满足。

[译文]

交易，是拿一件东西去换另一件东西，人们就会说既没有收获也没有损失；用一件东西换来两件东西，人们就会说没有损失却有收获；用两件东西换一件东西，人们就会说没有收获却有损失。善于计算的人获取数量多的东西，善于谋划的人获取适宜的东西。用两件东西换一件东西，没有一个人会做这种事，因为大家都知道数量的多少。依从道而行动，就像用一件东西去换两件东西，有什么损失呢？违背道而任由内心任意抉择，这就像拿两件东西去换一件东西，有什么收获呢？如果有人积累了长时间的欲望，而只是换取暂时的满足，然而还是去做，那么这种人实在是不知道得失间的数量关系。

原文

有尝试深观其隐而难其察者[①]。志轻理而不重物者，无之有也；外重物而不内忧者，无之有也。行离理而不外危者，无之有也；外危而不内恐者，无之有也。心忧恐，则口衔刍豢[②]而不知其味，耳听钟鼓而不知其声，目视黼黻[③]而不知其状，轻暖平簟而体不知其安[④]。故向万物之美而不能嗛也[⑤]，假而得问而嗛之[⑥]，则不能离也。故向万物之美而盛忧，兼万物之利而盛害。如此者，其求物也，养生也？粥(yù)[⑦]寿也？故欲养其欲而纵其情，欲养其性而危其形，欲养其乐而攻其心，欲养其名而乱其行。如此者，虽封侯称君，其与夫盗无以异；乘轩戴绕[⑧]，其与无足[⑨]无以异。夫是之谓以己为物役矣！

[注释]

①有：通“又”。尝试：试探。难其察：难以认清。“其”字是衍文。

②刍豢：家里豢养的牲畜。

③黼黻：礼服上的花纹。黑白相间为“黼”，青黑相间为“黻”。

④平：通“枰”，独坐的板床。簟：竹席。

⑤向：通“飨”，享用。嗛：通“慊”，满足。

⑥假：即使。问：应为“间”之误，间隙。

⑦粥：通“鬻”，出卖。

⑧轩：一种有篷遮蔽的车，是卿大夫及诸侯夫人等达官贵人乘坐的。绕：同

“冕”，大夫以上的官员戴的礼帽。

⑨无足：指受刖刑而被截去双脚的犯人。另说“无足”为“夫民”之误。

[译文]

又试探着深入地观察那些隐蔽而又难以认清的情况。内心轻视道义而又不看重物质利益的人是没有的，看重外在的物质利益而内心没有忧虑的人是没有的。行为违背道义而不遭遇外在危险的人是没有的，经受外在危险而内心没有恐惧的人是没有的。如果心里担忧惊恐，那么嘴里吃着牛羊猪狗等肉食也会感觉不到滋味，耳朵听着钟鼓奏出的音乐也不觉得悦耳，眼睛看着锦绣的花纹也对其存在没有感觉，穿着轻软暖和的衣服坐在竹席上，身体也不感觉舒适。因此享有了万物中美好的东西也不能满足，即使得到一时间的满足，那也不能摆脱忧虑恐惧。因此享有万物中美好的东西却仍然非常忧虑，占有了万物的利益却仍然觉得非常有害。这种人，他追求物质利益，是为了保养生命呢，还是为了出卖生命？因此想要满足自己的欲望却放纵了自己的情欲，想要保养自己的性情却伤害了自己的身体，想要培养自己的乐趣却伤害了自己的心灵，想要维护自己的名声却败坏了自己的德行。这种人，即使被封为诸侯、立为国君，他们和那些盗贼也没有什么不同；即使他们乘车戴冕，和没有脚的人也没有什么不同。这就叫作让自己被物质利益所役使了。

原文

心平愉，则色不及佣[1]而可以养目，声不及佣而可以养耳，蔬食[2]菜羹而可以养口。粗布之衣、粗紃（xún）[3]之履而可以养体，局室、芦帘、葭稾（gǎo）蓐、尚机筵而可以养形[4]。故无万物之美而可以养乐，无势列之位而可以养名。如是而加天下焉，其为天下多，其和[5]乐少矣，夫是之谓重己役物。无稽[6]之言，不见之行，不闻之谋，君子慎之。

[注释]

①佣：通“庸”，一般，平常。

②蔬食：粗食。蔬，同“疏”。

③紃：带子、绳子。

④局：局促，狭窄。葭：初生的芦苇。稾：谷类植物的茎秆。蓐：草垫子。尚：应为“敞”，同“敝”，破旧。机筵：凭几，即老人坐着所凭倚的器具。机，通“几”，几案。

⑤和：当为“私”字之误。

⑥无稽：无可查考。稽，考核。

[译文]

心情平静愉快，那么颜色就是不漂亮也可以带来视觉享受；声音就是不悦耳也可以带来听觉享受；粗茶淡饭，也可以用来供给口腹的需要；粗布做的衣服、粗麻绳编制的鞋子，也可以用来保养身体；狭窄的房间、芦苇帘子、草做的垫子、破旧的凭几，也可以用来保养体态容貌。因此，没有美好的东西却仍然可以培养乐趣，没有权势的高官地位仍然可以保养名声。如果把统治天下的权力交给这种人，他就会为天下的利益想得多，考虑自己的享乐少，这就叫作看重自己而役使外物。毫无根据的言论，没有见过的行为，没有听说过的计谋，君子要谨慎对待它们。

卷十七

性恶第二十三

题解

本篇是针对孟子的性善论而作的，阐明了关于人性本恶的基本观点。荀子和孟子同为儒家，但是在人性论方面的观点并不一致。“性恶论”是荀子最著名的观点，也是他政治思想的出发点。本文从人的物质欲望和心理需求出发，论证了“人之性恶”的道理。荀子一方面重视对人们后天的教育和环境的影响，主张“求师而事之，择友而友之”；另一方面非常重视政治的作用，提出了“立君上之势以临之，明礼义以化之，起法正以治之，重刑罚以禁之”的政治主张，其目的在于改变人性之恶。总之，荀子提倡用道德和政治手段让人弃恶从善，与儒家其他流派的主张还是相一致的。

原文

人之性恶，其善者伪①也。今人之性，生而有好利焉，顺是，故争夺生而辞让亡焉；生而有疾②恶焉，顺是，故残贼生而忠信亡焉；生而有耳目之欲，有好声色焉，顺是，故淫乱生而礼义文理③亡焉。然则从④人之性，顺人之情，必出于争夺，合于犯分乱理，而归于暴。故必将有师法之化、礼义之道⑤，然后出于辞让，合于文理，而归于治。用此观之，然则人之性恶明矣，其善者伪也。

[注释]

①伪：人为，矫饰。

②疾：嫉妒，憎恶。

③文理：礼法。

④从：通“纵”，纵容。

⑤化：教化。道：同“导”，引导。

[译文]

人的本性是邪恶的，那些善良的行为是后天加以修饰的结果。现在的人的本性，一生下来就喜好财利，依从这种本性，因此人们都争抢掠夺，谦让的 品德就消失了；一生下来就有妒忌憎恨的心理，依从这种本性，因此就会残杀陷害他人，忠诚守信的品德就消失了；一生下来就有声色的欲望，有喜欢美好音乐、美色的本能，依从这种本性，因此就会产生淫荡混乱，礼仪法度就消失了。那么，放纵人的本性，依从人的情欲，就一定会导致争抢掠夺，一定会出现违犯等级名分、扰乱礼仪法度的行为，而最终出现暴乱。因此一定需要师长和法度的教化、礼仪的引导，然后人们才会推辞谦让，遵守礼法，而国家最终走向安定太平。由此看来，人的本性是邪恶的道理就很明显了，那些善良的行为是人为的修饰。

原文

故枸木必将待檃栝烝矫然后直①，钝金必将待砻(lóng)厉然后利②。今人之性恶，必将待师法然后正，得礼义然后治。今人无师法，则偏险而不正；无礼义，则悖乱而不治。古者圣王以人之性恶，以为偏险而不正、悖乱而不治，是以为之起礼义、制法度，以矫饰③人之情性而正之，以扰化④人之情性而导之也。使皆出于治、合于道者也。今之人，化师法、积文学⑤、道礼义者为君子，纵性情、安恣睢⑥而违礼义者为小人。用此观之，然则人之性恶明矣，其善者伪也。

[注释]

①枸：弯曲。烝：同“蒸”，用蒸气加热，这是为了使被矫正的木材柔软以便矫正。

②金：金属器具，指有锋刃的武器或工具。砻：磨。厉：同“砺”，磨刀石，引申为磨砺。

③饰：通“饬”，整治。

④扰化：教化。

⑤文学：文化典籍知识。

⑥安恣睢：习惯于肆意妄为。

[译文]

因此弯曲的木料一定要经过矫木工具加热矫正才能变直，钝的金属器具一定要经过磨砺才能锋利。现在的人本性邪恶，一定要经过师长和法度的教化才能端正，用礼法道义加以引导才能守秩序。现在的人们如果没有师长和法度的教化，就会偏邪而不端正；没有礼法道义的引导，就会悖乱而不守秩序。古代圣明的君王认为人的本性是邪恶的，认为人们是偏邪而不端正的、悖乱而不守秩序的，因此建立了礼法道义、制定了法度，用它们来矫正整治人们

民相敌仇图

商代末年，纣王无道，不理朝政，天下失去了法度和礼教的制约，民间秩序大乱，百姓互相敌视，打斗、争端不断，是所谓“无礼义，则悖乱而不治”。

的性情让他们端正，用来教化人们的性情以便引导他们。让他们都能遵守秩序、从而行为合乎道德原则。现在的人，被师长和法度所感化、积累文献经典方面的知识、遵行礼法道义的人，就是君子；放纵性情、习惯于胡作非为而违背礼法道义的人，就是小人。由此看来，人的本性是邪恶的道理就很明显了，那些善良的行为是人为的修饰。

原文

孟子[①]曰："人之学者，其性善。"曰：是不然。是不及知人之性[②]，而不察乎人之性、伪之分者也。凡性者，天之就也，不可学，不可事[③]。礼义者，圣人之所生也，人之所学而能、所事而成者也。不可学、不可事而在人者，谓之性；可学而能、可事而成之在人者，谓之伪：是性、伪之分也。今人之性，目可以见，耳可以听。夫可以见之明不离目，可以听之聪不离耳。目明而耳聪，不可学明矣。

[注释]

①孟子：战国中期的儒家代表人物，名轲。下文中的引语，不见于今本《孟子》。《孟子·告子上》说："人无有不善。""学问之道无他，求其放心而已矣。"意思与此相似。

②是：这。及：达到，够。

③事：从事，人为。

[译文]

孟子说："人们之所以能学习，是因为本性是善良的。"我说：这是不对的。这是还不了解人的本性，没有明察人的先天本性和后天人为之间的区别。凡是本性，是与生俱来的，是学习不来的，不是人为就能得到的。礼法道义，是圣人创建的，是人们能够学习、努力实践做到的。人身上那种不能学习、不能努力就能做到的东西，叫作本性；人可以学会、可以通过努力实践做到的，叫作人为：这就是先天本性和后天人为的区别。现在人们的本性，眼睛可以用来看，耳朵可以用来听。那可以看东西的视力离不开眼睛，可以听声音的听力离不开耳朵。眼睛明亮而耳朵灵敏是不可能学到的，这是很明显的了。

原文

孟子曰："今人之性善，将皆失丧其性故也[①]。"曰：若是则过矣。今人之性，生而离其朴、离其资[②]，必失而丧之，用此观之，然则人之性恶明矣。所谓性善者，不离其朴而美之，不离其资而利之也。使[③]夫资朴之于美、心意之于善，若夫可以见之明不离目、可以听之聪不离耳，故曰目明而耳聪也。

[注释]

①将：必、一定。“故”下应有“恶”字。一说上句“性善”当作“性恶”。

②资：资质，指所谓天生的才能、性情。

③使：提示之词。

[译文]

孟子说：“现在人的本性是善良的，一定是他们丧失了本性因此才会作恶的。”我说：这样来解释就错误了。现在人们的本性，生来就离开它的质朴，离开它的资质，一定会失去本性的，这样看来，人的本性是邪恶的道理就很明显了。所谓本性是善良的，应该是不脱离它的本真而美，不脱离它的自然属性而好。那天生的资质对于美来说、心意对于善良来说就像看东西的视力离不开眼睛、听声音的听力离不开耳朵一样，因此说眼睛明亮而耳朵灵敏。

原文

今人之性，饥而欲饱，寒而欲暖，劳而欲休，此人之情性也。今人饥，见长而不敢先食者，将有所让也；劳而不敢求息者，将有所代也。夫①子之让乎父，弟之让乎兄；子之代乎父，弟之代乎兄：此二行者，皆反于性而悖于情也，然而孝子之道、礼义之文理也。故顺情性则不辞让矣，辞让则悖于情性矣。用此观之，然则人之性恶明矣，其善者伪也。

[注释]

①夫：句首发语词。

[译文]

现在人们的本性，饿的话就想吃饱，冷的话就想穿暖，累的话就想休息，这是人本来的性情。现在的人饿了，看见父亲兄长在而不敢先吃，这是因为要谦让；累了，却不敢去休息，这是因为要代长者劳动。儿子要对父亲谦让，弟弟要对哥哥谦让；儿子代替父亲劳作，弟弟代替哥哥劳作：这两种德行，都是违反本性而

亲尝汤药

汉文帝孝顺其母，其母得疾病卧床时，文帝衣不解带、目不交睫地奉养母亲，其母每要喝汤药，文帝都要先尝。文帝以仁孝传天下，大概是学习圣人之道的缘故吧。

背离性情的做法，但却是孝子的原则、礼法道义的规定。因此依从性情就不会有谦让的品行，推辞谦让是违背性情的。由此看来，那么人的本性是邪恶的就很明显了，那些善良的行为是人为的修饰。

原文

问者曰："人之性恶，则礼义恶生①？"应之曰：凡礼义者，是生于圣人之伪，非故②生于人之性也。故陶人埏埴（shān zhí）③而为器，然则器生于工人之伪，非故生于人之性也。故工人斫④木而成器，然则器生于工人之伪，非故生于人之性也。圣人积思虑、习伪故⑤，以生礼义而起法度，然则礼义法度者，是生于圣人之伪，非故生于人之性也。若夫目好色，耳好声，口好味，心好利，骨体肤理好愉佚⑥，是皆生于人之情性者也，感而自然、不待事而后生之者也。夫感而不能然、必且待事而后然者，谓之生于伪。是性伪之所生、其不同之征⑦也。故圣人化性而起伪⑧，伪起而生礼义，礼义生而制法度。然则礼义法度者，是圣人之所生也。故圣人之所以同于众、其不异于众者，性也；所以异而过众者，伪也。夫好利而欲得者，此人之情性也。假之人有弟兄资财而分者，且顺情性，好利而欲得，若是则兄弟相拂⑨夺矣；且化礼义之文理，若是则让乎国人矣。故顺情性，则弟兄争矣；化礼义，则让乎国人矣。

[注释]

①恶生：怎么产生。恶，何。

②故：通"固"，本来，原先。

③埏埴：调和黏土。

④斫：砍削。

⑤习伪故：熟悉人为的事理。

⑥肤理：皮肤的纹理。骨体肤理指身体。佚：同"逸"，安闲。

⑦征：征验、证据、特征。

⑧起伪：倡导人为的努力。起，兴起。

⑨拂：违抗，不顺。

[译文]

有人问："如果人的本性是邪恶的，那么礼法道义是怎么产生的呢？"答道：所有的礼法道义，都是圣人人为创造的，而不是由人的本性产生的。所以制作陶器的人调和黏土而制成陶器，然而陶器是工人人为造成的，而不是原本产生于工人的本性。所以木工砍削木材做成木器，那么木器是工人人为造成的，而不是原本产生于人的本性。圣人努力思考、熟悉人为的事理，从而制定了礼法道义、建立了法度，那么礼仪法度是圣人人为努力的成果，而不是原先产生于人的本性。至于眼睛喜好美色，耳朵喜好音乐，嘴巴喜好美味，内心喜好财利，身体喜好舒适安逸，这都产生于人的本性，是感受到了就自然生成、不经过人为努力就会产生的。那些感受到了却不能生成、一定要经过努力才能形成的东西，就叫作人为。这就是先天本性和后天人为所产生的东西以及它们不同的特征。因此，圣人改变了人们邪恶的本性而倡导人为的努力，经过人为的努力后礼法道义就产生了，礼法道义产生后就制定了法度。那么礼仪法度是圣人创造的。因此圣人和众人相同而跟众人没有什么不同，就是人先天的本性；圣人和众人不同但是又超过了众人，是他们后天的人为努力。爱好财物并且希望得到，这是人的本性。假如弟兄之间有财产要分，并且依从本性，爱好财物并且希望得到，那么兄弟之间也会反目为仇、互相争夺了；如果受到礼仪规范的教化，那就会推让给国内所有的人了。因此顺从本性，就会兄弟相争；受礼法道义教化，就会推让给别的人了。

原文

凡人之欲为善者，为性恶也。夫薄愿厚，恶愿美，狭愿广，贫愿富，贱愿贵，苟无之中[①]者，必求于外；故富而不愿财，贵而不愿势，苟有之中者，必不及于外。用此观之，人之欲为善者，为性恶也。今人之性，固无礼义，故强学而求有之也；性不知礼义，故思虑而求知之也。然则生而已，则人无礼义，不知礼义。人无礼义则乱，不知礼义则悖。然则生而已，则悖乱在己。用此观之，人之性恶明矣，其善者伪也。

[注释]

①无之中：自己没有这种东西。中，内，指自己。

[译文]

凡是人想做好事，正是本性邪恶的原因。微薄就希望变得丰厚，丑陋就希望变得美丽，狭窄就希望变得宽广，贫穷就希望变得富裕，卑贱就希望变得高贵，如果自己没有一种东西，就一定会向外求取；因此富裕了就不羡慕钱财，显贵了就不羡慕权势，如果本身有了某种东西，就一定不会向外去求取了。由此看来，人们想做好事，是本性邪恶的原因。现在人们的本性，本来是没有礼法道义观念的，因此才努力学习而力求掌握它；人们的本性是不懂礼法道义的，所以才努力思索而力求了解它。那么如果人们只凭着本性，就不会有礼法道义的产生，也不会懂得礼法道义。一旦没有礼法道义，社会就会混乱，不懂礼法道义，就会悖谬。然而如果只凭着本性的话，人就会悖乱集于一身。从此看来，人的本性是邪恶的道理是非常明显的，那些善良的行为是人为的。

原文

孟子曰："人之性善。"曰：是不然。凡古今天下之所谓善者，正理平治也；所谓恶者，偏险悖乱也。是善恶之分也已。今诚以人之性固正理平治邪，则有恶用圣王、恶用礼义矣哉[①]？虽有圣王礼义，将曷加于正理平治也哉？今不然，人之性恶。故古者圣人以人之性恶，以为偏险而不正、悖乱而不治，故为之立君上之势以临[②]之，明礼义以化之，起法正以治之，重刑罚以禁之，使天下皆出于治、合于善也。是圣王之治而礼义之化也。今当试[③]去君上之势，无礼义之化，去法正之治，无刑罚之禁，倚而观天下民人之相与也；若是则夫强者害弱而夺之，众者暴寡而哗[④]之，天下之悖乱而相亡不待顷矣。用此观之，然则人之性恶明矣，其善者伪也。

[注释]

①有：通"又"。恶：哪里、怎么。

②临：面对，这里指统治。

③当试：倘使，倘若。

④哗：呵斥对方不让他发言。

[译文]

孟子说："人的本性是善良的。"我说：这是不正确的。凡是古今、天下的所谓的善良，是指合乎礼仪法度，遵守社会秩序；所谓的邪恶，是指狡诈不正，违背混乱。这是善良和邪恶的不同。现在人的本性确实本来是合乎正道和法度的吗？那又怎么用得着圣明的君主和礼法道义呢？即使有了圣明的君主和礼法道义，对于合乎正道和法度的本性又能增加些什么呢？现在并不是这样，因为人的本性是邪恶的。古代的圣人认为人的本性是邪恶的，认为人们的天性是偏险而不正，悖乱而不治的，所以确立了君主的权势去统治他们，彰明礼仪法度来教化他们，创建法治来管理他们，加重刑罚去限制他们邪恶的行为，使天下人的行为都遵守秩序、符合善良的准则。这就是圣王治理国家和礼法道义的教化的表现。现在如果舍弃君主的权势，不用礼法道义加以教化，除去法治的管理，不用刑罚来制约人们的行为，站在旁边冷眼观看民众相互交往；如果这样，那么强大的力量就会侵害弱小者并且掠夺他们，人多的就会压迫人少的并且呵斥对方不让他们发言，天下就会大乱，各国不久就会相继灭亡了。由此看来，那么人的本性是邪恶的道理就很明显了，那些善良的行为是人为的。

原文

故善言古者，必有节[①]于今，善言天者，必有征于人。凡论者，贵其有辨[②]合、有符验。故坐而言之，起而可设，张而可施行。今孟子曰："人之性善。"无辨合符验，坐而言之，起而不可设，张而不可施行，岂不过甚矣哉！故性善则去圣王，息礼义矣；性恶则与圣王，贵礼义矣。故檃栝之生，为枸木也；绳墨之起，为不直也；立君上、明礼义，为性恶也。用此观之，然则人之性恶明矣，其善者伪也。

直木不待檃栝而直者，其性直也。枸木必将待檃栝烝矫然后直者，以其性不直也。今人之性恶，必将待圣王之治、礼义之化，然后始出于治、合于善也。用此观之，然则人之性恶明矣，其善者伪也。

[注释]

①节：验证。

②辨：通"别"，是古代借贷时用的一种凭证，分为两半，双方各执一半，相合以为证明。

[译文]

因此，善于谈论古代的人，一定用现在的事情作验证；善于谈论天道的人，一定用人事来作为参考。凡是发表言论，重要的是像凭证一样契合、像兵符一样应验。因此坐着时谈论的事情，站起来就可以张罗安排，推广开来就可以实施。孟子说："人的本性是善良的。"不能够核对检验，坐着谈论之后，站起来却不能张罗安排，推广开来却不能实施，难道这不是错得太离谱了吗？所以如果人的本性是善良的，那就可以废除圣明的帝王的位置、取消礼法道义；如果人的本性是邪恶的，那就赞成设置圣明的帝王的位置、重视礼法道义了。所以矫木工具出现了，是因为弯曲木材的存在；墨线出现了，是因为不直的东西存在；设立君主的位置，推崇礼法道义，是因为人的本性是邪恶的。由此看来，那么人的本性是邪恶的道理就很明显了，那些善良的行为是人为的修饰。挺直的木材不用经过矫木工具的矫正就是挺直的，是它的本性就是挺直的缘故。弯曲的木材一定要经过矫木工具的矫正才能挺直，是它的本性是弯曲的缘故。正因为人的本性是邪恶的，因此一定要用圣明的帝王来治理、用礼法道义来教化，然后人们才能被治理好、做事才符合善良的标准。由此看来，那么人的本性是邪恶的道理就很明显了，那些善良的行为是人为的修饰。

原文

问者曰："礼义积伪[①]者，是人之性，故圣人能生之也。"应之曰：是不然。夫陶人埏埴而生瓦，然则瓦埴[②]岂陶人之性也哉？工人斫木而生器，然则器木[③]岂工人之性也哉？夫圣人之于礼义也，辟[④]亦陶埏而生之也，然则礼义积伪者，岂人之本性也哉？凡人之性者，尧、舜之与桀、跖，其性一也；君子之与小人，其性一也。今将以礼义积伪为人之性邪，然则有[⑤]曷贵尧、禹，曷贵君子矣哉？凡所贵尧、禹、君子者，能化性，能起伪，伪起而生礼义；然则圣人之于礼义积伪也，亦犹陶埏而生之也。用此观之，然则礼义积伪者，岂人之性也哉？所贱于桀、跖、小人者，从[⑥]其性，顺其情，安恣睢，以出乎贪利争夺。故人之性恶明矣，其善者伪也。

[注释]

①礼义积伪：礼法道义是人为修饰积累之后出现的。

②瓦埴：用黏土来制作瓦。"瓦"用作动词。

③器木：把木材做成木器。"器"用作动词。

④辟：通"譬"，比如。

⑤有：通"又"。

⑥从：通"纵"，放纵。

[译文]

问的人说："礼法道义是人们的行为积累而成的，这是人的本性，所以圣人才能创造出礼法道义。"回答道：这是不对的。制作陶器的人将黏土放在模子里从而制作出瓦，然而用黏土做成的瓦就是陶器工人的本性吗？木工加工木材做成器具，然而用木材做成的器具难道就是木工的本性吗？圣人对于礼法道义来说，就像陶器工人用模子和黏土制造瓦一样，那么积累人的后天行为而制定的礼法道义，难道可以说是人的本性了吗？拿人的本性来说，尧、舜和桀、跖，他们的本性是相同的；君子和小人的本性是相同的。如果把积累人的后天行为制定的礼法道义当作是人的本性，那么又何必推崇尧、禹，何必看重君子呢？人们推崇尧、禹、君子的原因，在于他们能改变自己的本性，能进行后天的努力，经过后天的努力之后礼法道义就产生了；然而圣人在积累了人们后天的行为之后制定的礼法道义，也就像陶器工人用模子和黏土而造出瓦一样。由此看来，那么积累后天行为而制定的礼法道义，可以算作人的本性吗？人们鄙视夏桀、盗跖、小人的原因，在于他们放纵本性，依从性情，无顾忌地恣肆放荡，从而做出贪图财利争抢掠夺的暴行来。因此人的本性是邪恶的道理是很明显的，那些善良的行为是人为的。

原文

天非私曾、骞、孝己而外众人也[①]，然而曾、骞、孝己独厚于孝之实而全于孝之名者，何也？以綦[②]于礼义故也。天非私齐、鲁之民而外秦人也，然而于父子之义、夫妇之别，不如齐、鲁之孝具、敬父者[③]，何也？以秦人之从情性、安恣睢、慢于礼义故也，岂其性异矣哉？

［注释］

①曾：曾子，名参，孔子的学生，以孝著称。骞：闵损，字子骞，孔子的学生，以孝著称。孝己：殷高宗武丁的长子，以孝著称。

②綦：极度、尽力。

③具：具备。父：当是“文”字之误。“文”指有礼节。“敬文”是注重礼节的意思。

［译文］

老天并非偏袒曾参、闵子骞、孝己而不顾众人，然而只是曾参、闵子骞、孝己注重孝道的实质而完全得到了孝子的名声，这是为什么呢？是他们全力实践礼法道义的原因。老天并非偏袒齐国、鲁国的人民而不顾秦国人，但是秦国人对于父子之间的礼法道义、夫妻之间的分别，赶不上齐人、鲁人尽孝道、重礼节，这是为什么呢？是由于秦人放纵本性、任意恣肆放荡、轻慢礼法道义，难道是他们的本性不同吗？

单衣顺母

闵子骞是孔子的门生，他少年丧母，其父续娶后母，生二子。天寒，后母令二子着棉衣，而令子骞穿单衣。其父知道后要休掉后母，子骞还替后母解围。闵子骞、曾参都是闻名天下的孝子。

原文

“涂之人可以为禹[①]。”曷谓也？曰：凡禹之所以为禹者，以其为仁义法正[②]也。然则仁义法正有可知可能之理，然而涂之人也，皆有可以知仁义法正之质，皆有可以能仁义法正之具，然则其可以为禹明矣。今以仁义法正为固无可知可能之理邪？然则唯[③]禹不知仁义法正、不能仁义法正也。将使涂之人固无可以知仁义法正之质，而固无可以能仁义法正之具邪？然则涂之人也，且内不可以知父子之义，外不可以知君臣之正。今不然，涂之人者，皆内可以知父子之义，外可以知君臣之正，然则其可以知之质，可以能之具，其在涂之人明矣。今使涂之人者，以其可以知之质、可以能之具，本夫仁义之可知之理、可能之具，然则其可以为禹明矣。今使涂之人伏术[④]为学，专心一志，思索孰[⑤]察，加日县久[⑥]，积善而不息，则通于神明，参[⑦]于天地矣。故圣人者，人之所积而致矣。

［注释］

①涂之人：路上的人，指普通老百姓。涂，通“途”。禹：指圣贤之人。

②法正：法度。

③唯：疑为“虽”，即使。

④伏术：遵循礼仪法度。伏，通“服”，从事。

⑤孰：同“熟”，仔细、周密。

⑥加日：累日、连续。县：同“悬”，维系、长久。

⑦参：并列。

［译文］

“路上的普通人可以成为像禹一样圣贤的人。”这句话怎么解释呢？我说：禹成为禹的原因，在于他本人实行了仁义法度。既然仁义法度有可以被了解、可以做到的道理，而普通人，也都具有了解仁义法度的素质，都具有可以做到仁义法度的才能，那么很明显他们是可以成为像禹这样的人的。现在认为仁义法度本来就没有可以被了解、可以做到的道理吗？那么即使禹也不能懂得仁义法度、无法实行仁义法度了。认为普通人本来就不具备了解仁义法度的素质，本来就不具备可以做到仁义法度的才能吗？那么，普通人内心就不会懂得父子之间的礼法道义，在外也不会知道君臣之间的道义了。现在不是这样的，普通人内心都能够懂得父子之间的礼法道义，在外也能知道君臣之间的道义，那么，可以理解仁义法度的素质、能够做到仁义法度的能力在普通人身上存在着的事实就很明显了。现在如果让普通人使用他们能够理解仁义的素质、能够做到仁义的能力，去理解仁义法度、按照仁义法度做事，那么，很明显他们是可以成为禹的。现在如果使普通人学习遵循礼仪法度，一心一意地思考探索、仔细考察，长久地坚持，永不停止地去积累善行，那就能和神明相通，和天地并列了。因此圣人，是普通人积累善行而达到的。

原文

曰：“圣可积而致，然而皆不可积，何也？”曰：可以而不可使[①]也。故小人可以为君子而不肯为君子，君子可以为小人而不肯为小人。

小人君子者，未尝不可以相为也，然而不相为者，可以而不可使也。故涂之人可以为禹，则然；涂之人能为禹，未必然也。虽不能为禹，无害可以为禹。足可以遍行天下，然而未尝有能遍行天下者也。夫工匠农贾[②]，未尝不可以相为事也，然而未尝能相为事也。用此观之，然则可以为，未必能也；虽不能，无害可以为。然则能不能之与可不可，其不同远矣，其不可以相为明矣。

[注释]

①使：迫使，指由别人迫使他去做。

②贾：商人。

[译文]

有人说："积累善行就可以成为圣人，然而人们却不能积累善行，这是为什么呢？"我说：可以积累善行，但是却不能强迫人们积累善行。因此小人可以成为君子却不愿意做君子，君子可以变成小人但是却不愿意做小人。小人和君子，不是不能够相互转化，但是他们却不会相互转化，就是由于可以做到但是不能够强迫实行。因此，普通人可以成为像禹一样的圣人，这是正确的；普通人一定能成为像禹一样的圣人，就不一定正确了。即使不能成为像禹一样的圣人，也不妨害可以成为像禹一样的圣人。脚可以走遍世界，然而不曾有走遍天下的人。工匠、农夫、商人，未尝不可以互相交换职业，但是他们却没有交换职业。从此来看，是可以做到，但是不一定做到；即使不能做到，也不妨害可以做到。那么，能够不能够做到和可以不可以做到，它们的差别太大了，他们之间不可以互相交换也是很明显的。

原文

尧问于舜曰："人情何如？"舜对曰："人情甚不美[①]，又何问焉？妻子具[②]而孝衰于亲，嗜欲得而信衰于友，爵禄盈而忠衰于君。人之情乎！人之情乎！甚不美，又何问焉？"

[注释]

①美：美好。

②具：俱全，都有了。

[译文]

尧问舜说："人情究竟怎样啊？"舜答道："人情非常不好，又问它做什么呢？妻子儿女全都有了，就减轻了对父母的孝敬；嗜好欲望得到了满足，就减轻了对朋友的信用；爵位俸禄丰厚了，就减轻了对君主的忠诚。这就是人情啊！这就是人情啊！太不好了，又问它做什么呢？”

原文

唯贤者为不然。有圣人之知者，有士君子之知者，有小人之知者，有役夫之知者。多言则文而类[1]，终日议其所以[2]，言之千举万变，其统类一也，是圣人之知也。少言则径而省，论[3]而法，若佚[4]之以绳，是士君子之知也。其言也谄(tāo)[5]，其行也悖，其举事多悔，是小人之知也。齐给便敏[6]而无类，杂能旁魄[7]而无用，析速粹孰[8]而不急，不恤是非，不论曲直，以期胜人为意，是役夫之知也。

[注释]

①文：有文采。类：符合礼法。

②所以：理由。

③论：通“伦”，条理。

④佚：疑为“秩”，又通“程”，事物的标准，这里是用作动词。

⑤谄：荒诞。

⑥齐给便敏：口齿伶俐。齐，快速。

⑦旁魄：通“磅礴”，广大无边。

⑧粹孰：精熟。

[译文]

只有贤德的人不是这样的。人世间存在着圣人的智慧、士君子的智慧、小人的智慧、奴仆的智慧。言语宽广博大，并且文采斐然又合于礼仪法度，不停地谈论他主张的理由，说话千变万化，但是有统一的原则，这就是圣人的智慧。说话少，但是直截了当并且简洁直接，有条理并且依循法度，就像用墨线矫正过一样整齐，这就是士君子的智慧。说话荒诞无凭，行为违背常理，做事经常后悔，这就是小人的智慧。口齿伶俐但是不合法度，技艺多而驳杂无用，分析问题迅速、遣词造句熟练但并非重点，不顾是非，不讲曲直，一心把胜过别人作为目的，这就是奴仆的智慧。

原文

有上勇者，有中勇者，有下勇者。天下有中[1]，敢直其身；先王有道，敢行其意；上不循于乱世之君，下不俗[2]于乱世之民；仁之所在无贫穷[3]，仁之所亡无富贵[4]；天下知之，则欲与天下同乐之；天下不知之，则傀然[5]独立天地之间而不畏：是上勇也。礼恭而意俭，大齐信焉而轻货财；贤者敢推而尚[6]之，不肖者敢援[7]而废之：是中勇也。轻身而重货，恬祸而广解苟免[8]；不恤是非、然不然之情，以期胜人为意：是下勇也。

[注释]

①中：中正之道，指礼法道义。

②俗：用作动词，指同流合污。

③无贫穷：不会在意是否贫穷。

④无富贵：不以富贵为念。

⑤傀然：同“岿然”，独立的样子。

⑥尚：通“上”。

⑦援：牵引，这里是摒弃的意思。

⑧恬：安于、安静。广解苟免：想方设法解脱以求免于罪责。

[译文]

有上等勇敢的人，有中等勇敢的人，有下等勇敢的人。天下有中正之道，敢于挺身坚守正道；古代的圣王治理国家的方法很好，他们敢于贯彻执行圣王的意志；向上不顺从制造乱世的君主，向下不和扰乱社会的人同流合污；实行仁德的地方不会在意是否贫穷，仁德丧失的地方不愿其身富裕高贵；天下的人都知道他，就会和天下人同甘共苦；天下的人不知道他，就岿然独立于天地之间而毫无惧怕：这就是上等勇敢的人。有礼貌、讲恭敬并且内心谦让，推崇忠诚信用而看轻财物，敢于推举有贤能的人并且让他处于高位，敢于把不称职的人拉下并且免除其职务：这是中等勇敢的人。看轻自己的生命却看重财物，习惯闯祸并且想方设法解脱以求免于罪责；不管是非、不讲对不对，一心把胜过别人作为目的：这就是下等勇敢的人。

原文

繁弱、巨黍[1]，古之良弓也；然而不得排檠（qíng）[2]，则不能自正。桓公之葱（cōng）[3]，太公之阙[4]，文王之录[5]，庄君之曶（hū）[6]，阖闾之干将、莫邪、巨阙、辟闾[7]，此皆古之良剑也；然而不加砥砺[8]则不能利，不得人力则不能断。骅骝、騹骥、纤离、绿耳[9]，此皆古之良马也；然而必前[10]有衔辔之制，后有鞭策之威，加之以造父之驭[11]，然后一日而致千里也。夫人虽有性质美而心辩知[12]，必将求贤师而事之，择良友而友之。得贤师而事之，则所闻者尧、舜、禹、汤之道也；得良友而友之，则所见者忠信敬让之行也；身日进于仁义而不自知也者，靡[13]使然也。今与不善人处，则所闻者欺诬、诈伪也，所见者污漫[14]、淫邪、贪利之行也，身且加于刑戮而不自知者，靡使然也。

传曰："不知其子视其友，不知其君视其左右。"靡而已矣！靡而已矣！

良马

宝马良驹本来脚力超群，但要有鞭辔、马鞍的约束以及高手的驾驭，它们才会发挥其能力而驰骋千里。

[注释]

①繁弱、巨黍：古代良弓名。

②排檠：矫正弓弩的器具。

③桓公：齐桓公，名小白，春秋五霸之首。葱：同"葱"，桓公所用宝剑名，因为剑呈现青色，因此用"葱"命名。

④太公：齐太公，西周开国功臣，尊称太公望、师尚父。阙：太公用的宝剑名。

⑤文王：周文王。录：文王用的宝剑名，因为剑呈现绿色，故名"录"。

⑥庄君：楚庄王，名侣，春秋五霸之一。曶：楚庄王用的宝剑名，因为剑光恍惚，因此名为"曶"。

⑦阖闾：春秋末期吴国国君，名光。干将、莫邪、巨阙、辟闾：都是阖闾使用的宝剑名。

⑧砥：磨刀石，这里用作动词。

⑨骅骝：黑鬣黑尾的赤色骏马，也名枣骝。骥：同"骐"，青黑色的骏马，它的纹路像棋盘，因此得名。纤离：毛纹细密的黑色骏马，"离"通"骊"。绿耳：千里马。

⑩必前：《荀子集解》写作"前必"，根据《群书治要》卷三十八引文改。

⑪驭：这里指驾驭技术。

⑫性质：秉性、气质。辩知：聪明才智。

⑬靡：通"摩"，切磋，指环境的熏陶。

⑭污漫：污秽卑鄙。

[译文]

繁弱、巨黍是古代的良弓，但是如果没有经过排檠的矫正，它就不会变正。齐桓公的葱，姜太公的阙，周文王的录，楚庄王的曶，吴王阖闾的干将、莫邪、巨阙、辟闾，这些都是古代的宝剑，然而不用磨刀石磨砺就不会锋利，不借助人力也不能砍断东西。骅骝、骐骥、纤骊、绿耳，这些都是古代的宝马，但是必须在它们的前面加上马嚼子、马缰绳加以控制，在后面用鞭子加以驱打，再加上造父的驾驭技术，然后它们才能日行千里的路程。人们虽然有美好的资质，并且具备辨别理解事物的能力，也一定要师从于贤能的老师，和品质良好的朋友交往。师从于贤能的老师，那么他就会听到关于尧、舜、禹、汤治理国家的正道；和品质良好的朋友交往，那么他就会接触忠诚、守信、恭敬、谦让的品行；他一天天地靠近仁义的境界却毫无察觉，这是环境潜移默化的影响。如果和品德不好的人相处，那么就会听到欺骗、诬陷狡诈、虚伪，就会看到污秽、淫荡邪恶、贪利的品行，他一天天地靠近刑罚杀戮却毫无知觉，这也是外界环境潜移默化的影响。

古书上说："如果不了解自己的儿子的话，看看他朋友的为人就知道了；如果不清楚君主的德行，看看他身边臣子的品行就会知道了。"这就是外界环境潜移默化的影响啊！这就是外界环境潜移默化的影响啊！

君子第二十四

题解

这里的"君子"指天子。本文旨在论述为君之道，强调君主要保持权威，并指出保持权威的作用。荀子认为天子有至高无上的权威，要保持权威统治天下，必须"论法圣王"，"以义制事"，"尚贤使能，等贵贱，分亲疏，序长幼"，"刑当罪"，"爵当贤"，只有做到了这些，才能形成一种安定的政治局面，才能形成和巩固天子独尊的权威地位。

原文

"天子无妻[①]"，告[②]人无匹也。"四海之内无客礼"，告无适[③]也。

足能行，待相者[④]然后进；口能言，待官人然后诏；不视而见，不听而聪，不言而信，不虑而知，不动而功，告至备[⑤]也。天子也者，势至重，形至佚，心至愈[⑥]，志无所诎，形无所劳，尊无上矣。《诗》[⑦]曰："普天之下，莫非王土；率土之滨，莫非王臣。"此之谓也。

[注释]

①天子无妻："妻"是"夫"的配偶，按照古代的声训，"妻"就是"齐"的意思，即与丈夫齐等。但是由于天子的地位至高无上，不能有人与他齐等，所以天子之妻称"后"而不称"妻"，从这种意义上来说，也就是"天子无妻"，而并非真的没有配偶。《礼记·曲礼下》："天子之妃曰后，诸侯曰夫人，大夫曰孺人，士曰妇人，庶人曰妻。"

②告：说。

③无适：没有外出做客的情况。天子是天下的主人，所以四海之内没有人敢做他的主人而把他当客人。适，往。

④相者：傧相，负责接待引导宾客的礼官。

⑤至备：指天子的臣子将所有事物都处理完备。

⑥愈：通“愉”，愉快。

⑦《诗》：指《诗经·小雅·北山》。

［译文］

“天子没有妻子”，说的是没有谁和天子的地位是相等的。“四海之内没有人用对待客人的礼节对待天子”，说的是天子没有外出做客的情况。

天子的脚是能够走路的，但一定要让主持赞礼的礼官引导他才向前走；天子的嘴是能说话的，但一定要通过传旨的官员下达他的命令；天子不用亲自去看却能看得见，不用亲自去听却能听清楚，不亲自游说就能取得人们的信任，不亲自思考就能明了一切，不亲自行动就能取得功效，说的是天子的下属官员极其完备。天子的权势最重，他的形体最安逸，他的心情最愉快，他的志向不会受到挫折，他的身体不会遭受劳累，他的地位是最为尊贵的。《诗经》说：“天下的土地，没有一处不是天子的；从陆地到海滨，没有一个人不是天子的臣民。”说的就是这种情况。

原文

圣王在上，分义①行乎下，则士大夫无流淫②之行，百吏官人无怠慢之事，众庶百姓无奸怪之俗，无盗贼之罪，莫敢犯上之禁。天下晓然皆知夫盗窃之不可以为富也，皆知夫贼害之不可以为寿也，皆知夫犯上之禁不可以为安也；由其道，则人得其所好焉；不由其道，则必遇其所恶焉。是故刑罚綦③省而威行如流，世晓然皆知夫为奸则虽隐窜逃亡之由④不足以免也，故莫不服罪而请。《书》⑤曰：“凡人自得罪。”此之谓也。

［注释］

①分义：名分与行为准则。

②流淫：放肆、过分。

③綦：极、很。

④由：通“犹”，还。

⑤《书》：指《尚书·康诰》。

[译文]

圣明的帝王高高在上，等级、道义在社会上推行，那么士大夫就不会出现放肆的行为，各级官员中就不会出现怠慢的情况，普通百姓中也不会出现崇尚奸邪怪异的习俗，不会出现盗窃劫杀的罪行，没有谁敢触犯君主的禁令。天下的人都清楚地知道通过盗窃手段是不能发财致富的，都知道抢劫杀人是不可能长寿的，都知道一旦触犯了君主的禁令就不能安宁；顺从圣明帝王的法令规定，人人都能够得到自己所喜欢的；不顺从圣明帝王的法令规定，结果就一定会遇到他所厌恶的。因此刑罚非常简略却像流水一样扩展出去，人人都清楚做了坏事就算躲藏、逃亡也还是不能免受惩罚，因此没有不认罪而请求惩处的。《尚书》说：“人人都自愿受到处罚。”说的就是这种情况。

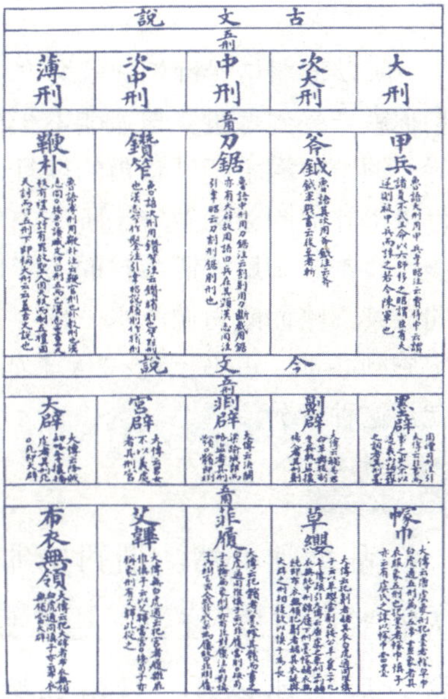

五刑五用图

古时刑罚简明，图中列出了古代的五种刑罚。只有做到有功即赏、有罪必罚，天下人才会信服君主，以法度严正己身，为善避恶，国家才能稳固，百姓才能安乐。

原文

故刑当①罪则威，不当罪则侮②；爵当贤则贵，不当贤则贱。古者刑不过罪，爵不逾德，故杀其父而臣其子，杀其兄而臣其弟。刑罚不怒③罪，爵赏不逾德，分然各以其诚通④。是以为善者劝，为不善者沮⑤；刑罚綦省而威行如流，政令致明而化易如神⑥。传⑦曰：“一人有庆，兆民赖之⑧。”此之谓也。

[注释]

①当：相当、相称。

②侮：受轻视。

③怒：多，超过。

④分然：刑罚分明的样子。诚：实际情况。通：实施、实行。

⑤沮：受到阻止。

⑥致：同“至”，极。易：通“施”，施行。

⑦传：见《尚书·吕刑》。

⑧兆民：指众多人民。赖：依靠，也可解释为获利、受惠。

[译文]

所以刑罚与罪行相称就会产生威力，与罪行不相称就会受到轻视；官爵与才能相称就会受到尊重，与才能不相称就会受到鄙视。古代所施的刑罚不超过犯人的罪行，颁给官爵不超过官员的德行，因此即使处死了父亲仍让他的儿子做官，处死了哥哥仍让他的弟弟做官。所施的刑罚不超过犯人的罪行，颁给的官爵不超过官员的德行，都分明地按照各自的实际情况执行。所以善行受到鼓励，恶行受到阻止；刑罚极其简略而威力像流水一样容易传播，政策法令非常明确而教化像神灵一样有效实施到各地。古书上说："天子如果有美好的德行，众多人民就能得到恩惠。"说的就是这种情况。

原文

乱世则不然。刑罚怒罪，爵赏逾德，以族论罪，以世举贤。故一人有罪而三族[①]皆夷，德虽如舜，不免刑均[②]，是以族论罪也。先祖当[③]贤，后子孙必显，行虽如桀、纣，列从必尊，此以世举贤也。以族论罪，以世举贤，虽欲无乱，得乎哉？《诗》[④]曰："百川沸腾，山冢崒崩[⑤]，高岸[⑥]为谷，深谷为陵[⑦]，哀今之人，胡憯(cǎn)莫惩[⑧]？"此之谓也。

[注释]

①三族：指父族、母族、妻族。

②刑均：受到同样的刑罚。

③当：通"倘"，如果。

④《诗》：指《诗经·小雅·十月之交》。

⑤冢：山顶。崒：通"碎"。

⑥岸：山崖。

⑦陵：山峰。

⑧胡：何，为什么。憯：语助词，曾，乃。惩：警戒。

[译文]

混乱的社会却不是这样的。实施的刑罚超过了犯人的罪行，颁给的官爵超过了官员的德行，按家族论罪，依着门第世系来荐举贤才。因此一个人有了罪，父亲、母亲、妻子三族都要受诛，即使其中有德行像舜一样的人，也免不了受到同样的刑罚，这就是按照家族来判罪。如果祖先曾经有贤能，那么后代的子孙一定显贵，即使他们的行为像夏桀、商纣一样，地位也一定尊贵，这是依着门第世系来荐举贤人。按照家族关系来判罪，依着门第举用贤人，即使不想发生祸乱，可以做到吗？《诗经》说："河流沸腾，大山崩塌，高山变成深谷，深谷变成山陵。哀叹当今的执政者啊，为什么不引以为戒呢？"指的就是这种情况。

原文

论法[1]圣王，则知所贵矣；以义制事，则知所利矣。论知所贵，则知所养矣；事知所利，则动知所出矣。二者，是非之本、得失之原也。故成王之于周公也[2]，无所往而不听，知所贵也。桓公之于管仲也，国事无所往而不用，知所利也。吴有伍子胥[3]而不能用，国至于亡，倍道失贤也。故尊圣者王，贵贤者霸，敬贤者存，慢贤者亡，古今一也。故尚贤使能，等[4]贵贱，分亲疏，序长幼，此先王之道也。故尚贤使能，则主尊下安；贵贱有等，则令行而不流[5]；亲疏有分，则施行而不悖[6]；长幼有序，则事业捷成而有所休[7]。故仁[8]者，仁此者也；义者，分[9]此者也；节者，死生此者也；忠者，惇(dūn)慎此者也[10]；兼此而能之，备矣；备而不矜[11]，一自善也，谓之圣。不矜矣，夫故天下不与争能而致善用其功。有而不有[12]也，夫故为天下贵矣。《诗》[13]曰："淑人君子，其仪不忒；其仪不忒，正是四国。"此之谓也。

[注释]

①法：效法。

②成王：名诵，周武王的儿子。周公：名旦，周武王的弟弟，成王的叔叔。

③伍子胥：名员，字子胥，楚国人，父兄被楚平王杀害，逃往吴国，辅佐吴王阖闾。后来吴王夫差打败越国，不听伍子胥杀死越王勾践的建议，终致亡国。

④等：区分等级。

⑤流：通"留"，滞留。

⑥悖：谬乱。

⑦捷：快速。休：美好。

⑧仁：人与人相互亲爱。

⑨分：区分。

⑩惇：忠厚，诚实。慎：真诚。

⑪矜：夸耀。

⑫有而不有：有德行却不自恃自己的德行。

⑬《诗》：指《诗经·曹风·鸤鸠》。

[译文]

讨论效法圣明的帝王，就知道什么是该尊敬的了；按照道义来做事情，就知道怎样做是有利的了。讨论的时候知道什么是该尊敬的，就会知道哪些是可取的；做事时知道什么是有利的，那么行动时就会知道从哪里开始了。这二者，是正确与错误的根本所在，是得与失的源泉。因此对于周公，周成王言听计从，这是他知道要尊敬什么。对于管仲，齐桓公在国家大事方面都听从他的建议，这是他知道怎样做是有利的。吴国有贤能的伍子胥却不能被任用，于是走向了灭亡，是其偏离了正道失去了贤人的原因。因此尊敬圣人的君主能称王天下，尊敬贤人的君主能称霸诸侯，尊敬贤人的国家可以存留，轻视贤人的国家就会灭亡，从古到今都是这样的。因此尊敬贤人任用能人，划分高贵的和卑贱的等级，分清该亲近和该疏远的，按次序来安排年长的和年幼的，这就是古代圣王的治国方法。因此尊敬贤人任用能人，君主就会享有尊贵地位，他的臣民就会安定；区分了高贵的和卑贱的等级，政令就会通行无碍；分清了该亲近的和该疏远的，就能正确地给予恩惠而不混乱；排列了长幼的次序，事业就会迅速成功并且取得美好的效果。因此懂得仁爱的人，就是推崇这些的人；注重道义的人，就是能够区分这些的人；有节操的人，就是为这些出生入死的人；持守忠诚的人，就是谨慎地奉行这些的人；能够完全做到这些的人，那么他的德行就完备了；有完备的德行却不向人夸耀，一切为了促进自己的德行完善，这就叫作圣人。不向人炫耀，因此天下就没有谁和他比能力的高下，因此他就能非常好地发挥功效，有德行却不自恃，所以为天下人所尊贵。《诗经》说："善良的君子，他的礼仪没有差错。他的礼仪没有差错，就可以治理好四方。"指的就是这种情况。

成王观农

周公是周武王之弟，他在侄儿成王年幼时辅政管理天下。成王遵奉周公之言，勤政爱民，遵行上古贤王的治国之道，实现了天下大治的盛世。

成相第二十五

题解

“成”，指的是把乐曲或曲词从头至尾完整地演奏或演唱一遍。“相”是古时候的一种打击乐器，也叫“拊”“拊搏”，是用糠把由熟皮制成的皮囊塞满制成，形状像小鼓，拍打时会发出沉闷的声音。这种乐器通常是用来打节拍的，可以辅助乐曲的演奏或曲词的演唱，因此被称为“相”。“成相”，本义是演奏拊搏，在这里引申为在念诵的同时拍打拊搏作节拍的一种文学样式，这与敲鼓、击板的“大鼓”和“快板”等曲艺形式类似。在当时，这大概是民间的一种曲艺形式，但它并不配乐歌唱，也不说白，而只有念诵的方式。本篇以此命名，与下一篇的“赋”都是用体裁的名称作篇名。全文共有五十六章，可再分为三篇，每篇开头都有“请成相”的套语。成相的这三篇加上《赋》篇中的五篇赋以及“佹诗”“小歌”，被《汉书·艺文志·诗赋略》录为《孙卿赋十篇》。由此可见，它在古代属于赋的流别之一，是一种并非用来歌唱而是用来诵读的文体。由于是用来念诵的，所以句子是押韵的，句式也比较整齐，与诗较为接近。所以，从文辞的形式方面来看，其实可以把它看作后代说唱文学的滥觞，对中国文学的发展产生了重要影响。本篇以通俗的形式，既回顾了历史，又宣扬了礼法兼治、明德慎罚、贵贱有等、尚贤推德、务本节用等政治主张，所以一向为后世所重视。

原文

请成相①，世之殃。

愚暗愚暗堕②贤良。

人主无贤，如瞽(gǔ)无相③，何伥伥④！

［注释］

①成相：先秦民间说唱形式。成，演奏。相，古击节乐器。

②堕：通“隳”，毁坏，损害。

③相：帮助盲人行走的人。

④伥伥：茫然的样子。

［译文］

请让我来说一场，说说天下的祸殃。

愚蠢无知真昏庸，竟然毁弃那贤良。

君主身边无贤良，如同盲人没人帮，惘然无措真迷茫。

原文

请布基，慎圣人①。

愚而自专事不治。

主忌苟②胜，群臣莫谏，必逢灾。

[注释]

①圣人：当为“听之”之误。

②苟：犹“尚”，用以表示希望的副词。

[译文]

让我讲讲那根基，请你用心把它听。

愚蠢自负又专行，国事注定办不成。

无端嫉妒又好胜，群臣无人敢谏诤，灾祸定然要降临。

原文

论①臣过，反其施②。

尊主安国尚贤义。

拒谏饰非，愚而上同，国必祸。

[注释]

①论：评论。

②施：施行。

[译文]

评论臣下的过错，反观他们怎么做。

是否忠信安君国，敬重贤士道义多。

不肯纳谏又饰过，愚昧庸碌擅附和，国家定然遭灾祸。

原文

曷谓罢①？国多私。

比周还②主党与施。

远贤近谗，忠臣蔽塞，主势移。

[注释]

①罢：通“疲”，无德无才。

②还：通“环”，围绕，引申为蒙蔽。

[译文]

什么称为不贤能？国家之内多私门。

拉帮结伙骗主君，党羽密布一层层。

离弃贤人宠谗人，忠臣受阻不得近，君主权势归他人。

原文

曷谓贤？明君臣。

上能尊主爱下民[1]。

主诚听之，天下为一，海内宾。

[注释]

①爱下民：当为“下爱民”之误。

[译文]

什么方可谓贤明？君臣道义要分明。

对上应当尊君主，对下应当爱人民。

君主倘若能听从，天下终究归一统，四海宾服皆归顺。

原文

主之孽，谗人达。

贤能遁逃国乃蹶。

愚以重[1]愚，暗以重暗，成为桀。

[注释]

①重：加。

[译文]

至于君主的祸灾，在于奸邪都显贵。

贤能之士全逃离，国家因此而垮台。

愚昧之徒更愚昧，昏庸之心又加倍，终与夏桀成同类。

原文

世之灾，妒贤能。

飞廉知政任恶来[1]。

卑其志意，大其园囿，高其台。

[注释]

①飞廉：纣王之臣，擅奔走，是秦国先祖。恶来：飞廉之子，有勇力，武王伐纣时被处死。

[译文]

国家最大的灾害，嫉贤妒能舍人才。

飞廉掌权乱朝政，假公济私用恶来。

纣王意志愈败坏，大建园林搞气派，高高耸立是露台。

原文

武王怒，师牧野①。

纣卒易乡启乃下②。

武王善之，封之于宋，立其祖。

[注释]

①牧野：古地名，为武王伐纣之处，在今河南淇县西南。

②易乡：改变方向，即倒戈。乡，通“向”。启：微子启，纣王庶兄，宋国始祖。下：投降。

[译文]

武王怒火不能忍，兵进牧野伐殷纣。

商纣士卒齐倒戈，微子投周献国都。

武王称颂微子启，封他宋国来居住，建成庙宇祭先祖。

原文

世之衰，谗人归。

比干见刳箕子累①。

武王诛之，吕尚招麾②，殷民怀。

[注释]

①累：通“缧”，捆绑囚禁。

②招麾：挥动战旗指挥作战。麾，指挥作战用的旗子。

[译文]

商代途穷已衰亡，奸邪归附商纣王。

比干被杀掏心脏，箕子被捕囚牢房。

武王征讨商纣王，吕尚掌旗上战场，殷商百姓全归往。

刳剔孕妇图

商纣王荒淫无道，生性残忍，设炮烙之刑，甚至剖开孕妇的肚腹查看婴孩的性别，他的所作所为令人发指。最终他自焚于鹿台，死后仍受世人唾弃。

原文

世之祸，恶贤士①。

子胥见杀百里②徙。

穆公任之，强配五伯[3]，六卿[4]施。

[注释]

①士：应为“佐”字之误。

②百里：指百里奚，春秋虞国大夫，虞灭亡后被晋所俘，作为晋陪嫁之臣入秦，途中外逃，被楚人所获。秦穆公知其贤，用五张羊皮赎回，委以重任。

③配五伯：荀子认为秦穆公不属五霸，所以只称“配五伯”。配，匹配。伯，通“霸”。

④六卿：周天子有六军，其主将称六卿。春秋一些大诸侯国僭置六卿。

[译文]

人世间的祸和殃，莫过嫉恨那贤良。

子胥身死沉吴江，百里流落至异乡。

穆公重用百里奚，国强能与五霸抗，六卿设置威风扬。

原文

世之愚，恶大儒。

逆斥不通孔子拘[1]。

展禽三绌[2]，春申[3]道缀，基毕输[4]。

[注释]

①逆：拒绝。通：得志，指受重用。孔子拘：孔子五十六岁时去鲁至卫又计划去陈国，途经匡邑（在今河南长垣西南），因长得像阳虎而被痛恨阳虎的匡人围困。

②展禽：春秋时鲁国大夫，展氏，名获，字子禽，因封于柳下，谥惠，故世称柳下惠，掌管刑狱时，曾三次被罢官。绌：通“黜”，废黜，罢免。

③春申：战国时楚国大夫黄歇，官至令尹，为李园所杀。

④输：坠落。

[译文]

再说世间的糊涂，无端却憎恶大儒。

无人重用受驱逐，孔子屡次遭拘束。

柳下三次被废黜，春申身亡事业无，儒学基业尽倾覆。

原文

请牧基，贤者思。

尧在万世如见之。

谗人罔极，险陂倾侧[1]，此之疑。

[注释]

①陂：通“诐”，邪僻。倾侧：不正。

[译文]

请听治国的根基，在于渴求用贤臣。

唐尧至今虽万年，犹自传扬其德政。

谗人作乱不会停，内心险恶行不正，使人心中生畏惧。

原文

基必施，辨贤罢。

文、武之道同伏戏①。

由之者治，不由者乱，何疑为？

[注释]

①文、武：指周文王、周武王。伏戏：即伏羲，传说中的三皇之首，创造了八卦，周文王据此推演而作《周易》。

[译文]

基本政令要实施，首先要辨别贤愚。

文王武王的政治，连同伏羲皆如此。

推崇此道兴盛至，如不遵循混乱至，何必置疑这种事？

原文

凡成相①，辨法方。

至治之极复后王②。

慎、墨、季、惠③，百家之说，诚不详④。

[注释]

①相：此指治理。

②复：回归，引申为效法。后王：指当世的君王。

③慎：慎到，赵国人，战国时黄老学派代表人物。墨：墨翟，墨家创始人。季：季梁，春秋时随国大夫。惠：惠施，宋国人，战国时名家代表人物。

④详：通“祥”，善。

[译文]

大凡治国与安邦，重在要把方法讲。

治世最高的原则，应学当代的君王。

慎、墨、季、惠与诸子，百家学说实不祥。

原文

治复一，修之吉，

君子执之心如结。

众人贰之，谗夫弃之，形是诘①。

[注释]

①形：通“刑”。诘：责办。

[译文]

治国大道归于一，遵行此道就大吉，

君子坚守这原则，内心坚定像打结。

众人三心又二意，谗人把它来抛弃，对此用刑查到底。

原文

水至平，端不倾①，

心术如此像圣人。

□②而有势，直而用抴③，必参天④。

[注释]

①倾：斜。

②□：此处脱一字，清代学者郝懿行疑脱“人”字。

③直：正直，指使自己正直。用抴：指“接人用抴”。

④参天：与天比配。

[译文]

一碗水啊极其平，端起它来不斜倾，

心计若能这样正，有如伟大的圣人。

如果有权不忘本，宽容待人又大度，功高齐天一定成。

原文

世无王，穷贤良，

暴人刍豢仁人糟糠①。

礼乐息灭，圣人隐伏，墨术②行。

[注释]

①刍豢：牛、羊、猪、犬等家畜，这里指肉食。糟糠：粗劣的食物。

②墨术：墨家的学说。

[译文]

世间没有好帝王，穷困潦倒众贤良，
残暴之人有肉吃，仁人志士却吃糠。
礼湮灭来乐崩坏，圣人隐入山林去，墨家学说得推广。

原文

治之经[1]，礼与刑，
君子以修百姓宁。
明德[2]慎罚，国家既治，四海平。

[注释]

①经：总纲领。
②明德：彰明德行。

[译文]

治理国家的纲领，包括礼制与用刑，
君子以此修自身，百姓借此得安宁。
彰明美德慎用刑，国家已经治理好，四海之内得安定。

原文

治之志[1]，后势富，
君子诚之好以待[2]。
处之敦固，有[3]深藏之，能远思。

[注释]

①志：志向。
②好以待："以好待"之倒，"以善待用"之意。
③有：通"又"。

[译文]

治理国家的志向，权势财富放后边，
君子怀真诚之心，凭善意等待推荐。
为人忠厚意志坚，又有谋划藏心田，长远思虑利人间。

原文

思乃精，志之荣[1]，
好而壹之神以成。

精神相反[②]，一而不贰，为圣人。

[注释]

①荣：广大。

②反：当为“及”字之误（王引之说）。

[译文]

思考如果能精专，思想自然就深远，
志趣美好能专一，可以借此通神明。
聚精会神功夫到，专心一致不分心，人人皆可为圣贤。

原文

治之道，美不老[①]，

君子由之佼[②]以好。

下以教诲子弟，上以事祖考[③]。

[注释]

①不老：永具活力而不过时。

②佼：美好。

③祖考：去世的祖父，这里泛指祖先。

[译文]

治理国家的正道，完美而又不衰老，
君子遵循这正道，就会好上再加好。
对下可以教子弟，对上可以奉祖考。

原文

成相竭，辞不蹶[①]，

君子道之顺以达。

宗[②]其贤良，辨其殃孽，□□□[③]。

[注释]

①蹶：竭尽，枯竭。

②宗：尊崇。

③□□□：此句脱三字。

[译文]

成相一曲说到此，我的话语还没止，

君子以此为准则，言行顺利又通达。
务必尊崇那贤良，认真辨明那祸殃。

原文

请成相，道圣王，

尧、舜尚贤身辞让①。

许由、善卷②，重义轻利，行③显明。

[注释]

①辞让：指禅让，即把帝位让给有德之人。

②许由、善卷：尧、舜时代的隐士。传说尧要把帝位让给许由，许由不接受而逃到箕山下，农耕而食。舜要把帝位让给善卷，善卷不接受而逃入深山，不知去向。

③行：德行。

[译文]

请让我来唱一场，说说古代的圣王，
尧、舜推崇贤德人，自己来把帝位让。
许由、善卷贤隐士，看重道义把利忘，道德品行真高尚。

原文

尧让贤，以为民，

泛利兼爱德施均①。

辨②治上下，贵贱有等，明君臣。

[注释]

①均：公正。

②辨：通“办”，治理。

[译文]

尧帝让位给贤人，一心全是为百姓，
广泛造福爱万民，恩德均施天下人。
治理上下有功勋，贵贱有别秩序明，明确君臣的职分。

帝尧

帝尧，陶唐氏首领，相传为我国上古时代的贤君，他在位之时，四海升平，百姓安乐。在古人心中，帝尧是道德高尚的圣王的典型代表。

原文

尧授能①，舜遇时，

尚贤推德天下治。

虽有贤圣，适②不遇世，孰知之？

[注释]

①能：有能力的人。

②适：恰好。

[译文]

尧让帝位给贤能，虞舜遇上好时机，
崇尚贤能与德行，天下得到好治理。
虽然现在有贤圣，恰恰不遇好时机，即使贤能有谁知？

原文

尧不德，舜不辞，

妻以二女①任以事。

大人哉舜，南面而立，万物备②。

[注释]

①妻以二女：相传尧曾把女儿娥皇、女英嫁给舜。

②备：齐备。

[译文]

尧不自夸德行高，舜不推辞做君王，
尧把二女嫁于舜，又将国事委任他。
虞舜功绩真伟大，面朝南方登帝位，天下万物皆齐备。

原文

舜授禹，以天下，

尚得推贤不失序①，

外不避仇②，内不阿亲③，贤者予。

[注释]

①得：通“德”。序：次序。

②外不避仇：对外不排斥仇人。相传禹的父亲鲧因治水失败而被舜杀死在羽山，但舜没有因为杀父可能引起怨仇，依然传位给禹。

③内不阿亲：对内不偏袒亲人。指舜没有把帝位传给自己的儿子商均。

[译文]

舜将帝位传给禹，一心想着天下人，

崇尚德行举贤良，规矩秩序全不失，
对外不避杀父仇，对内不偏不肖子，只把帝位传贤人。

原文

禹劳心力①，尧有德，

干戈不用三苗②服。

举舜畎（quǎn）亩③，任之天下，身休息。

［注释］

①禹劳心力：据王引之说，此句衍一“心”字。

②三苗：又称有苗，古代南方的一个部族，分布在今湖南岳阳、湖北武昌、江西九江一带。

③畎亩：田间。畎，田间的水沟。

［译文］

大禹为民心操劳，尧有德行天下闻，
不用武力征远人，三苗部众来宾服。
尧举虞舜于田亩，委以重任治天下，操劳之身得休息。

原文

得后稷①，五谷殖，

夔②为乐正鸟兽服。

契为司徒③，民知孝弟④，尊有德。

［注释］

①后稷：相传为周朝始祖，帝喾之子，善于种植作物，曾在尧舜时代任掌管农业的官员。

②夔：相传为尧舜时代的乐官。

③契：相传是商朝的始祖，帝喾之子，舜时助禹治水有功，被委任为司徒。司徒：古代管理土地和教化人民的官吏。

④弟：同“悌”，弟弟敬爱兄长。

［译文］

得到后稷管农事，教会人民种五谷，
夔作乐正奏乐曲，驯服鸟兽也起舞。
契作司徒管教化，民知孝悌尊礼仪，有德之人受尊敬。

原文

禹有功，抑下鸿[1]，

辟除民害逐共工[2]，

北决九河[3]，通十二渚[4]，疏三江[5]。

[注释]

①抑：遏。下：使……向下。鸿：通“洪”。

②共工：神话人物，相传在禹时任主管水利的官。

③决：疏通。九河：古代黄河从大陆泽（在今河北任县东北，今已湮没）向北分为九道，统称九河，具体地理位置已不可考。

④十二渚：十二州。渚，州。相传禹治水后，分中国为九州，分别是冀州、兖州、青州、徐州、荆州、扬州、豫州、梁州和雍州。舜从冀州分出幽州、并州，从青州分出营州，共十二州。

⑤三江：三条江，具体所指，历代说法不统一。

[译文]

夏禹治水建大功，遏制疏导排大洪，

排除水患为人民，扫平祸害逐共工，

北方开掘九条河，疏通十二州河道，三江疏浚得畅通。

原文

禹傅[1]土，平天下，

躬亲为民行劳苦，

得益、皋陶、横革、直成为辅[2]。

[注释]

①傅：通“敷”，分布。

②益：伯益，相传他助禹治水有功，被禹选为继承人。禹去世后，他与禹的儿子启争夺王位被杀。一说在他的推让下，启继承王位。皋陶、横革、直成：相传也是辅佐禹的人。

[译文]

禹将领土分九州，平定天下重任负，

事事躬亲为民众，奔走辛劳行天下，

伯益、皋陶为贤臣，横革、直成为良辅。

原文

契玄王①，生昭明②，

居于砥石迁于商③。

十有四世，乃有天乙④，是成汤。

[注释]

①玄王：指契，传说其母简狄因吞玄鸟卵而受孕生他。

②昭明：契的儿子。

③砥石：山名，《淮南子·地形训》："辽出砥石。"高诱注："砥石，山名，在塞外，辽水所出。"商：古地名，在今河南商丘南，商时名亳。

④天乙：即成汤，商代开国君主。

契

契是商朝的祖先，传说是舜的大臣，因助禹治水有功而封于商。

[译文]

契因玄鸟称玄王，生下儿子叫昭明，

部族最先居砥石，后来率众迁于商。

子孙传了十四代，才有天乙做商王，开创基业是成汤。

原文

天乙汤，论①举当，

身让卞随举牟光②。

□□□□③，道古贤圣，基必张④。

[注释]

①论：选拔。

②卞随、牟光：汤时隐士。传说汤打败了夏桀，把天下让给他们，他们认为汤弑君不义，所以都不接受，并投水而死。"牟光"又作"务光"。举：通"与"，给。

③□□□□：此处脱四字。

④张：扩大。

[译文]

商王天乙是成汤，选拔人才都得当，

要把天下让卞随，奉送王位给牟光。

效法古代的圣王，基业一定能扩张。

原文

愿陈辞，□□□[①]，

世乱恶善不此治。

隐讳[②]疾贤，长由奸诈，鲜[③]无灾。

[注释]

①□□□：此处脱三字。

②隐讳：掩饰过错。

③鲜：少。

[译文]

愿把说辞来陈述，

乱世善恶不易分，天下苍生无人治。

掩饰过错疾贤良，任用奸诈少无殃。

原文

患难哉！阪[①]为先，

圣知不用愚者谋。

前车已覆[②]，后未知更[③]，何觉时！

[注释]

①阪：斜坡，引申为邪门歪道。

②覆：倒。

③更：改正。

[译文]

真是遇到大灾难！歪门邪道得盛行，

不用圣人和智士，只让蠢人去决断。

前边有车已翻倒，后车尚不知改向，不知觉醒待何时！

原文

不觉悟，不知苦，

迷惑失指[①]易上下。

中[②]不上达，蒙掩耳目，塞门户。

[注释]

①指：方向。

②中：通“忠”，忠言。

[译文]

不知悔改和觉悟，不知什么叫受苦，
神情迷乱失方向，颠倒上下和黑白。
忠言无法告君主，君主耳目遭蒙蔽，有如堵住了门户。

原文

门户塞，大迷惑，
悖乱昏莫不终极[1]。
是非反易[2]，比周欺上，恶[3]正直。

[注释]

①悖：错乱。莫：古“暮”字，昏暗，指愚昧。
②反易：颠倒。
③恶：憎恶。

[译文]

堵塞进言的途径，就会迷惑并糊涂，
是非不分太昏聩，如此这般无限度。
颠倒对错正为误，勾结瞒上骗君王，正直之士遭憎恶。

原文

正直恶，心无度[1]，
邪枉辟回失道途[2]。
已无邮[3]人，我独自美，岂独无故[4]？

[注释]

①度：准则。
②辟：通“僻”，邪僻不正。回：奸邪。
③邮：通“尤”，指责，归罪。
④岂独无故：据卢文弨说，“独”字当为衍文。故，事故。

[译文]

正直之人受憎恶，心中全然无法度，
邪曲险恶太残酷，失去正道无退路。
自己不要责他人，自认只有自己好，难道一定没错误？

原文

不知戒，后必有，

恨后遂过不肯悔[1]。

谗夫多进[2]，反覆言语，生诈态[3]。

［注释］

①恨：通“很”，坚持错误不改正，今字作“狠”。后：当为“复”字之误，“复”，通“愎”，固执己见。遂：成。

②进：任用。

③态：通“慝”，邪恶。

［译文］

不知警戒出事故，以后一定会失误，

固执己见走到底，终成大错不悔悟。

奸诈谗人多任用，花言巧语无主旨，邪恶嘴脸全现出。

原文

人之态，不如[1]备，

争宠嫉贤利[2]恶忌。

妒功毁贤，下敛[3]党与，上蔽匿。

［注释］

①如：按杨倞说，应为“知”字之误。

②利：按王念孙说，应为“相”字之误。

③敛：聚集。

［译文］

对于奸臣的邪僻，不知如何去防备，

争相邀宠嫉贤能，憎恨猜忌为牟利。

妒忌功臣毁贤士，聚集党羽相勾结，对上欺君又害主。

原文

上壅蔽，失辅势，

任用谗夫不能制。

郭公长父之难[1]，厉王流于彘[2]。

[注释]

①郭公长父：即虢公长父，又称虢仲，虢国国君，周厉王的宠臣。“郭”，通“虢”，原作“孰”，据杨倞注改。难：指公元前841年的国人暴动。

②厉王：即周厉王，名胡，周夷王之子。彘：古地名，在今山西霍州。

[译文]

君主在上受蒙蔽，失去辅佐和权势，

任用进谗言的人，却不能把他控制。

虢公长父招灾难，厉王流放到彘地。

原文

周幽[①]、厉，所以败，

不听规谏忠是害。

嗟我何人，独不遇时，当乱世。

[注释]

①周幽：周幽王，姬姓，名宫涅，西周末代君主，公元前781年至公元前771年在位。

[译文]

周朝幽王和厉王，他们失败有原因，

不听忠言与规劝，认为忠臣是祸害。

哎呀我是何等人，没有遇到好时势，生活在这乱世间。

戏举烽火

周幽王宠爱褒姒，为了博她一笑，点燃了烽火台，戏弄了前来救援的诸侯。褒姒看到被戏耍的诸侯果然笑了起来。周幽王很高兴，因而又多次点燃烽火，导致诸侯怨念百出，不再相信烽火。后来申侯串通西戎、戎狄入侵周朝，由于无人救援，周幽王最终被杀。

原文

欲衷对[①]，言不从，

恐为子胥身离[②]凶。

进谏不听，刭而独鹿[③]，弃之江。

[注释]

①对：通“遂”，进。“对”字不入韵，按俞樾说，“衷对”当作“对衷”。

②离：通“罹”，遭受。

③而：以。独鹿：同“属镂”，剑名，相传是吴王夫差逼伍子胥自杀时赐给他

的剑。

[译文]

本来想倾诉衷情，又担心不被听，
恐成子胥遭厄运。
进谏忠言君不听，被赐属镂割脖颈，尸体被弃在江心。

原文

观往事，以自戒，

治乱是非亦可识。

□□□□[1]，托于成相，以喻[2]意。

[注释]

①□□□□：此处当脱四字。
②喻：表达。

[译文]

回顾已往的历史，足以用来戒自身，
安定混乱和是非，也可从中有认识。
借助说唱这曲子，用来表达我心意。

原文

请成相，言治方[1]，

君论有五约以明[2]。

君谨守之，下皆平正，国乃昌。

[注释]

①治方：治理国家的方法。
②论：通“伦”，道理。五：五条为君之道，下文会提到具体内容。

[译文]

请让我来敲鼓说，说说治国的方法，
为君遵从五条道，简要分明需记清。
君主严格去遵守，臣民安定又端正，国家一定会昌盛。

原文

臣下[1]职，莫游食，

务本节用财无极。

事业听上，莫得相使②，一民力。

[注释]

①臣下：官吏和百姓的泛称。

②相使：相互指使。

[译文]

臣民都要尽职责，不准游逛吃白食，
务实农耕省开销，财富才能很充实。
做事君王来布置，不能互相擅指使，民力由君王统一。

原文

守其职，足衣食，

厚薄有等明爵服①。

利往卬上②，莫得擅与，孰私得？

[注释]

①爵服：爵位、衣服，是等级的象征。

②往：按王引之说，当为“隹”字之误，“隹”是“唯”的古字。卬：同“仰”，依赖。

[译文]

臣下严格守本职，就有丰足的衣食，
俸禄多少有等级，明确爵位和服饰。
只靠君赐得财利，擅自布施不可以，谁敢私下得好处？

原文

君法明，论①有常，

表仪②既设民知方。

进退有律，莫得贵贱，孰私王？

[注释]

①论：言论。

②表仪：古代立木以示人，叫作仪或表，引申为准则的意思。

[译文]

君主法度很严明，言论都会有准则，
规章制度设立好，人民知道大方向。
任免官吏遵法律，不得任意定贵贱，谁敢私下会君王？

原文

君法仪，禁不为，

莫不说教名不移[①]。

修之者荣，离之者辱，孰它师[②]？

[注释]

①说：通“悦”。名：名号，君主的名号是政权的象征。

②师：效法。

[译文]

君主法度是准则，禁止之事不敢做，
教令无人不喜欢，名号政权不旁落。
遵循法度就光荣，背离法度受屈辱，还有谁敢去横行？

原文

刑称[①]陈，守其银[②]，

下不得用轻私门。

罪祸有律[③]，莫得轻重，威不分。

[注释]

①称：得当。

②银：通“垠”，界限。

③罪：治罪。祸：通“过”，罪过。

[译文]

刑法得当应示众，严格规定守界限，
不得轻易擅用刑。
惩处罪过按律令，不得减轻或加重，否则权威不分明。

原文

请牧祺，明有基[①]，

主好论议必善谋。

五听循领[②]，莫不理续[③]，主执持。

[注释]

①请牧祺，明有基：按俞樾说，当作“请牧基，明有祺”。祺，吉祥。

②五：指上文所阐述的五条为君之道。循：《集解》作“修”，据宋浙本改。领：

治理。

③理续：尽职。

[译文]

请听治国的根基，明察就会有吉祥，
君主喜好议论事，一定会有好谋划。
五条原则来治国，百官无人不尽责，君主权力才牢固。

原文

听之经[1]，明其请[2]，
参伍[3]明谨施赏刑。
显者必得，隐者复显，民反[4]诚。

[注释]

①经：要领。

②请：通“情”。

③参伍：同“叁伍”，即“三”与“五”，泛指多次进行调查。

④反：通“返”，回归。

[译文]

处理政事的要领，实情一定要明确，
反复调查验实情，赏罚实施要谨慎。
明显的事必查清，隐蔽的事也显现，民众才会归真诚。

原文

言有节[1]，稽[2]其实，
信诞以分赏罚必[3]。
下不欺上，皆以情言，明若日。

[注释]

①有节：有节制，有分寸，指不虚妄欺诈。

②稽：考察。

③以：通“已”。必：严明。

[译文]

说话应当有分寸，需要考核出实情，
真假必须分清楚，赏罚严明不容疑。
下臣不敢欺君主，说话都会讲真情，就像太阳那样明。

原文

上通利，隐远至，

观法不法见不视①。

耳目既显，吏敬法令，莫敢恣②。

[注释]

①观法不法见不视：按郝懿行说，指“观法于法不及之地，见视于视不到之乡”。

②恣：放纵。

[译文]

君主通达不蔽塞，远方都会来臣服；

观法于不及之地，见视于不到之处。

君主耳目已聪明，官吏必然敬法令，无人敢放纵妄行。

晋文公

晋文公，姓姬，名重耳，春秋时期晋国国君。晋文公归国之后，因为赏罚得体，大顺民心，成为春秋时期继齐桓公之后第二位有名的霸主。

原文

君教①出，行有律，

吏谨将之无铍滑②。

下不私请，各以宜③，舍巧拙④。

[注释]

①教：教令。

②铍：通“颇”，邪。滑：通“汩”，扰乱。一说通“猾”，狡诈。

③宜：适宜的方法。此句当脱一字，根据文义，“宜”字上或有“所”字。

④巧拙：巧妙与笨拙，指不适宜、取巧的各种方法。

[译文]

君主教令一发布，臣民行为有依据，

官吏谨慎来奉行，不敢去做邪僻事。

臣下不去求私情，各守其道来奉君，就会舍弃取巧心。

原文

臣谨修①，君制变，

公察善思论②不乱，

以治天下，后世法之，成律贯③。

[注释]

①修：按王念孙说，当为“循”字之误。

②论：即上文所讲为君之道的“五论”。

③律：法则。贯：古时穿钱的绳索，引申为积累而成的惯例。

[译文]

臣下谨慎守法令，君主掌握变法权，
公正善思为君之道不混乱，
用它来治理天下，后世效法成常规。

赋第二十六

题解

赋，本是铺叙朗诵的意思，引申为有意铺陈事物、不配乐歌唱而是朗诵的文体的名称。这种文体全篇押韵，这一点和诗一样，于是自古以来赋就被划分为古诗的一个流别。不过，赋的句式没有固定的格式，这一点更像散文，所以又可以认为它是一种押韵的散文。荀子的这篇《赋》，是把赋作为一种文体名称的开端，这也使本篇在中国文学史上具有了极其重要的地位。当然，作为一种文体，赋也有其自身发展的过程。与后来的古赋、骈赋、律赋、文赋等不同，荀子的这篇《赋》的特点更为鲜明。本篇由五篇赋组成，每一篇描写一种事物。每篇的前半部分的谜语，由一种比较整齐而接近于诗的语句写成；后半部分则是猜测的话，由一种句式接近散文的语句写成；每篇的末尾提示谜底。此篇的篇末，还有一首诗与一首歌，和前面的五篇赋稍有差异，它没有采用猜谜的形式，而是将社会上的反常现象，用较为显豁的词语铺叙揭露出来，政治诗的味道很浓。要特别指出的是，假物寓意是前五篇赋具有的共同特色。文中对“礼”“知”的铺叙显而易见的是在宣扬荀子的政治主张，而即使对“云”“蚕”“箴”的描绘也具有相应的深意，如云“德厚而不捐”“功被天下而不私置”，蚕“养老长幼”“功立而身废”，针“下覆百姓，上饰帝王”等等，无不是极具寓意的表达。这种托物讽喻的特点极大地影响了后代“劝百讽一”的赋颂传统。

原文

爰有大物①，非丝非帛，文理成章②。

非日非月，为天下明。

生者以寿，死者以葬；城郭③以固，三军以强。

粹而王，驳而伯④，无一焉⑤而亡。

臣愚不识，敢请之王。

王曰：

此夫文而不采者与[6]？

简然易知而致[7]有理者与？

君子所敬而小人所不者与？

性不得则若禽兽，性得之则甚雅似[8]者与？

匹夫隆之则为圣人，诸侯隆之则一四海者与？

致明而约[9]，甚顺而体，请归之礼。

——礼

［注释］

①爰：于，在这里。大物：指礼。

②文理：字面上承丝帛而言，指丝织品的条纹，引申为礼节仪式。章：本意是有花纹的纺织品，引申为规章制度。

③郭：外城。

④伯：通“霸”。

⑤无一焉：于此无一，做不到“粹”与“驳”之中的任何一种，即完全做不到遵循礼制。

⑥与：同“欤”，表疑问。

⑦致：同“至”，非常。

⑧似：语助词，相当于“如”“若”。

⑨约：简要。

［译文］

这里有个重要的东西，不是丝也不是帛，但文理清晰，斐然成章。

不是太阳不是月亮，却为天下带来明亮。

活着的人靠它享天年，死去的人靠它得殡葬；内城外城因它坚固，三军实力因它变强。

完全遵循它就能称王，不完全遵循它也能称霸，完全不遵循它就会灭亡。

我愚昧，不了解它，大胆来请教君王。

君王说：

这东西是有文饰又不是彩色的吗？

是简单易懂又非常有条理的吗？

是受到君子的敬重而遭到小人轻视的吗？

是人性没得到它的熏陶就会像禽兽，而得到它的熏陶就会端正的吗？

是普通人崇尚它就能成为圣人，诸侯崇尚它就能统一天下的吗？

极其明白简约，非常顺理得体，请把它归结为礼。

——礼

原文

皇天隆物[①]，以示下民；或厚或薄，帝[②]不齐均。

桀、纣以乱[③]，汤、武以贤[④]。

涽涽淑淑[⑤]，皇皇穆穆[⑥]。

周流四海，曾不崇[⑦]日。君子以修，跖以穿室[⑧]。

大参乎天，精微而无形。行义[⑨]以正，事业以成。

可以禁暴足穷[⑩]，百姓待之而后宁泰[⑪]。

臣愚不识，愿问其名。

曰：

此夫安宽平而危险隘者邪[⑫]？

修洁之为亲而杂污之为狄[⑬]者邪？

甚深藏而外胜敌者邪？

法禹、舜而能弇（yǎn）[⑭]迹者邪？

行为动静待之而后适者邪？

血气之精也，志意之荣也。

百姓待之而后宁也，天下待之而后平[⑮]也。

明达纯粹而无疵也，夫是之谓君子之知[⑯]。

——知

[注释]

①皇：大。隆：通“降”。

②帝：按王念孙说，应为“常”。

③桀：夏朝最后一个君主。纣：商朝最后一个君主。

④汤：商朝第一个君主。武：周朝第一个君主。

⑤涽涽：水混浊的样子，此处指神志不清。淑淑：水清澈的样子，此处指头脑清醒。

⑥皇皇：喻盛大，形容智慧无边。穆穆：静穆的样子，喻智慧悄无声息。

⑦崇：通“终”。

⑧跖：相传是春秋末期奴隶起义的领导者。穿室：打洞入室，指偷窃。

⑨义：通“仪”，指容貌。

⑩足穷：使穷者富足。

⑪泰：与上下文不谐韵，“宁泰”当作“泰宁”。

⑫安、危：用作意动词。险：不平坦，与“平”相对。

⑬狄：通“逖”，远。

⑭弇：覆盖，承袭。

⑮平：太平。

⑯知：通“智”。

成汤

成汤是商族的首领，后来反叛夏桀，灭亡了夏朝，建立了商朝。汤以其伐无道、重贤臣的行为而被古代学者称赞为贤明之君，古人常把他作为道德高尚者的代表。

[译文]

上天降下一种东西，施给天下的百姓；有的丰厚，有的微薄，常常不平均。

桀、纣因它昏乱，汤、武因它贤能。

有的混沌，有的清明，有的盛大，有的无声。

流遍四海，不到一整天。君子用它修养身心，盗跖靠它入室行窃。

它和天一样高大，细微之处不显形。德行道义靠它端正，事业功绩靠它达成。

可以用来禁止暴行，可以用来使人脱贫，百姓依靠它，才能得太平。

我愚昧不了解它，想要问问它的名称。

回答说：

它是能使宽广和平坦是安全的，而使崎岖和狭窄是危险的吗？

亲近美好廉洁的品德而疏远杂乱肮脏的行为吗？

深深地藏在心中而能对外战胜敌人吗？

效法禹、舜而沿着他们的道路前进吗？

一举一动依靠它然后才能得当吗？

是血气的精华，是意识的精髓。

百姓依靠它，才能得到安宁，天下依靠它，才能得到太平。

它明白通达纯粹而没有缺点，这叫作君子的智慧。

——智

原文

有物于此，居则周静致下，动则綦高以钜①。

圆者中规，方者中矩。大参天地，德厚尧、禹②。

精③微乎毫毛，而大盈乎大寓。

忽兮其极之远也，攭(lì)兮其相逐而反也④，卬卬(áng)兮天下之咸蹇也⑤。

德厚而不捐，五采备而成文。

往来惛惫，通于大神；出入甚极⑥，莫知其门。

天下失之则灭，得之则存。

弟子不敏，此之愿陈。

君子设辞，请测意⑦之。

曰：

此夫大而不塞者与？

充盈大宇而不窕(tiǎo)⑧，入郤⑨穴而不逼者与？

行远疾速而不可托讯者与？

往来惛惫而不可为固塞者与？

暴至杀伤而不亿忌者与⑩？

功被天下而不私置⑪者与？

托地而游宇，友风而子雨。

冬日作寒，夏日作暑。

广大精神，请归之云。

——云

［注释］

①钜：大。

②德厚尧、禹：云能化成雨而滋润万物，所以这样说。

③精：小。

④攭：通“劙”，分割。反：通“返”。

⑤卬卬：同“昂昂”，云高高的样子。蹇：通“攓”，取。

⑥极：通“亟”，急。

⑦测意：猜测。

⑧窕：有间隙。

⑨郤：通“隙”，空隙。

⑩暴至：突然猛烈地到来，指云化为大暴雨。亿：通“意”，疑，迟疑犹豫。忌：顾忌，忌惮。

⑪置：通“德”。

[译文]

这里有一种东西，停留时就静静地处在低点，活动时就高高在上广大无边。

圆的符合圆规的要求，方的符合角尺的要求。其广大可和天地并列，其德行比尧、禹还高尚。

小的时候比毫毛更细微，而大的时候能充满宇宙。

能迅速地到达很远的地方，分开后互相追逐来回往返，高升时天下人都会有所得。

有敦厚的德行，不遗弃任何人；五种色彩齐备，成为美丽的花纹。

它来去隐蔽，变化莫测有如天神；它进出急速，无人知晓它的进出之门。

天下失去它就会灭亡，得到它就能生存。

弟子我不聪明，愿意对它进行陈述。

君子设置这些隐辞，请猜猜它的名称。

回答说：

它庞大而不会被堵塞吗？

充满宇宙而不会有间隙，进入缝隙而不觉其狭窄吗？

走得远而快却不能托人带口信吗？

来去隐蔽而不能被堵塞吗？

突然到来杀伤万物而毫无顾忌吗？

功德覆盖天下而不自以为有德吗？

它依托于大地而在空间遨游，以风为友而以雨为子。

冬天起寒流，夏天兴热浪。

它广大无边，至精至神，请把它归结为云。

——云

原文

有物于此，儽儽(luǒ)①兮其状，屡化如神，功被天下，为万世文。

礼乐以成，贵贱以分。养老长幼，待之而后存。

名号不美，与暴为邻②。功立而身废③，事成而家败④。

弃其耆老⑤，收其后世。人属⑥所利，飞鸟所害。

臣愚而不识，请占之五泰⑦。

五泰占之曰：

此夫身女好⑧而头马首者与？

屡化而不寿者与？

善壮而拙老⑨者与？

有父母而无牝牡者与？

冬伏而夏游，食桑而吐丝，前乱而后治⑩。

夏生而恶暑，喜湿而恶雨。

蛹以为母，蛾以为父。

三俯⑪三起，事乃大已。夫是之谓蚕理。

——蚕

［注释］

①儳：同“裸”，没有毛、羽的样子。

②与暴为邻：“蚕”（蚕）字在古代与“憯”字音近，“憯”有残酷、狠毒的意思，所以这样说。

③身废：自身被废。因蚕织成茧后，自身被人煮杀，所以这样说。

④家败：家被破坏，因蚕茧被人们缫丝而尽，所以这样说。

⑤耆老：老年人，这里指蚕蛾。

⑥人属：人类。

⑦占：推测。五泰：字面意义是“五方通”，相当于现在的“万事通”，这里是虚拟的人名，指一个无所不通的人，这是古代常用的虚拟人名的方式。

⑧女好：形容蚕身体很柔美。

⑨拙老：老年不被善待。指蚕蛾不善飞，口器退化无法取食，交尾产卵后便死去。

⑩前乱而后治：指蚕开始结茧时吐的起固定蚕茧作用的丝较乱，后来吐的丝则很有秩序。

⑪三俯：指蚕每次蜕皮前不食不动的现象。蚕在生长过程中一共要进行四次蜕皮。三，泛指多次。俯，蛰伏，指蚕眠。

［译文］

这里有一种东西，它的样子赤裸裸的，多次变化奇妙如神，它的功德覆盖天下，成为万代人的文饰。

礼乐靠它完成，贵贱由它区分。奉养老人抚育小孩，要依靠它才能进行。

它的名称并不好听，竟然邻近残暴。功业建立后自身被废，事业成功后家遭破坏。

它的老一辈被抛弃，它的后一代被收留。它有利于人类，却被飞鸟伤害。

我愚昧而不认识它，请万事通来占卜。

万事通占卜后说：

它的身体像女人一样柔美而头像马头吗？

多次蜕化而不得长寿吗？

壮年被善待而年老被抛弃吗？

有父母而不分雌雄吗？

冬天隐伏而夏天出游，它吃桑叶而吐细丝，先纷乱后有条理。

夏天生长而怕酷暑，喜欢湿润却厌恶雨淋。

把蛹当作为母亲，把蛾当作为父亲。

多次睡眠多次苏醒，事情才算最终完成。这是与蚕有关的道理。

——蚕

原文

有物于此，生于山阜[①]，处于室堂[②]。

无知无巧，善治衣裳。不盗不窃，穿窬(yú)[③]而行。

日夜合离，以成文章。以能合从[④]，又善连衡[⑤]。

下覆百姓，上饰帝王。功业甚博，不见[⑥]贤良。

时用则存，不用则亡。臣愚不识，敢请之王。

王曰：

此夫始生钜、其成功小者邪[⑦]？

长其尾而锐其剽(biǎo)者邪[⑧]？

头铦(xiān)达而尾赵缭(diào)者邪[⑨]？

一往一来，结尾以为事。无羽无翼，反覆甚极[⑩]。

尾生[⑪]而事起，尾邅(zhān)[⑫]而事已。

簪[⑬]以为父，管[⑭]以为母。既以缝表，又以连里。夫是之谓箴理。

——箴

［注释］

①生于山阜：针是用铁制成的，铁矿在山中，故云“生于山阜”。

②室堂：屋中。

③穿窬：打通洞。这里表面上指打通墙洞进入室中偷窃的行为，实际上指针钻洞缝纫的动作。窬，洞。

④以：通“已”，既。合从：战国时期的苏秦游说山东六国诸侯联合抗秦，六国在地理上呈南北向分布，故称合纵。从，通“纵”，竖向，南北方向。此处借用这“合从”一词，喻指针能把竖向的东西缝在一起。

⑤连衡：战国时期的秦国为了对付合纵，采纳张仪的建议，分别与六国结盟，以图各个击破。秦国位于六国的西部，东西联合，故称连横。衡，通“横”，横向，

东西方向。此处借用这“连衡”一词，喻指针缝合横向的东西。

⑥见：同“现”，显现。

⑦始生钜：指制针用的铁很大。成功小：指制成的针很小。

⑧尾：指线。剽：末梢，这里指针尖。

⑨铦：锐利。达：挑达，形容畅通无阻、来去自如。赵缭：即掉缭，摇曳而缠绕，形容线很长。赵，通“掉”，摇。

⑩极：通“亟”，急。

⑪尾生：把线穿在针上。

⑫邅：转，回旋。

⑬簪：一种大针，可以把衣服等物别在一起。

⑭管：盛针的工具。

[译文]

这里有种东西，生长于山岗，放置在屋内。

没有智慧和技巧，善于缝制衣裳。它不偷也不窃，却需打洞才前往。

日夜使分离的相连，从而制成花纹式样。既能够竖向相连，又善于横向相连。

向下能遮盖百姓，向上能装饰帝王。功业十分巨大，却不显现自己贤良。

用它时就在身旁，不用它时就会隐藏。我愚昧，不认识它，大胆来请教君王。

君王说：

它开始制作时很大而制成后很小吗？

尾巴很长而末端很尖锐吗？

头部尖锐畅达而尾巴缠绕吗？

一往一来地活动，把尾打结才开始。没有羽毛，没有翅膀，反复来回速度快。

尾巴长出就开始工作，尾巴打结就停止工作。

簪针是它的父亲，盛针的管子是母亲。既可用来缝合外表，又可用来缝合夹里。这是与针有关的道理。

——针

原文

天下不治，请陈佹（guǐ）诗[①]：

天地易位[②]，四时易乡[③]。

列星殒坠[④]，旦暮晦盲[⑤]。

幽暗登昭，日月下藏[⑥]。

公正无私，见谓从横[⑦]。

志爱公利，重楼[⑧]疏堂。

无私罪人，憼(jǐng)革贰兵⑨。
道德纯备，谗口将将⑩。
仁人绌约⑪，敖暴擅强；
天下幽险，恐失世英。
螭(chī)龙为蝘蜓(yǎntíng)⑫，鸱(chī)枭⑬为凤凰。
比干见刳⑭，孔子拘匡⑮。
昭昭乎其知之明也，
郁郁乎其遇时之不祥也！
拂⑯乎其欲礼义之大行也，
暗乎天下之晦盲也！
皓天不复，忧无疆⑰也。
千岁必反⑱，古之常也。
弟子勉学，天不忘也。
圣人共⑲手，时几将矣。

伪献地张仪欺楚

纵横家鼻祖张仪师从鬼谷子学习权谋纵横之术，他饱读诗书，满腹韬略。当时，齐是东方的强国，楚则虎视于南方。齐楚联盟是秦国的心腹之患，于是张仪为秦王离间齐楚联盟。楚怀王发现中计后率兵进攻秦国，结果大败。韩魏两国也乘机向南进攻楚国，一直打到邓邑。楚腹背受敌，急忙撤军，只好割了两个城邑向秦国求和。

［注释］

①佹：同“诡”，奇异，不平常。诗中揭露了天下许多奇异的现象，故称“佹诗”。

②天地易位：比喻战国时期君臣易位的现象。

③四时易乡：四季的方向改变了，指四季在运行时次序颠倒，比喻历史进程的错乱。乡，通“向”。

④列星殒坠：比喻百官遭到罢免。殒，通“陨”，坠落。

⑤晦盲：昏暗不明。

⑥日月下藏：比喻君子光明磊落，像日月一样，却被埋没在民间。

⑦见谓：《集解》作“反见”，据《艺文类聚》卷二十四引文改。从横：此处喻结党营私。

⑧重楼：重叠之楼，即楼房。

⑨憼：同“儆”，防备。革：铠甲，此处指战争。贰兵：即戒兵，戒备兵器，与“憼革”同义，指对仇敌的武力报复加以防备。贰，按王念孙说，当为“戒”字之误。

⑩将将：同“锵锵”，象声词，此处形容声音吵嚷。

⑪绌：通“黜”，废弃，贬退。约：穷困。

⑫螭：传说中一种没有角的龙，此处喻圣贤。蝘蜓：即壁虎，是蜥蜴的一种，此处喻庸才。

⑬鸱枭：猫头鹰。旧时有传闻说猫头鹰食母，所以常用来比喻凶残邪恶的人。

⑭刳：从中间破开再挖空。

⑮匡：古代地名，在今河南省长垣县西南。

⑯拂：违背，指不遵循时世。《论语·宪问》中载，孔子行礼义，是“知其不可而为之”；比干明知纣王不会行礼义，仍然以死进谏。因此，荀子说他们“欲礼义之大行”是“拂”。

⑰疆：边际。

⑱千岁必反：千年必会出现反复，也就是古人所说的“治久必生乱，乱久必归治”。此处用来劝勉后学，增强学生们的信念，指的是前面说的黑暗混乱的局面，总有回归清明的时候。

⑲共：同“拱”，拱手，两手合在胸前，表示恭敬。

［译文］

如今天下不安定，请让我叙述怪异的诗：
天地位置改变了，四季方向颠倒了。
天上的星星都坠落，白天晚上不明亮。
阴暗小人登上显位，光明的君子隐藏。
正直公正无私心，被说成结党营私。
做官一心为公利，却被认为要高楼大堂。
不以私心加罪他人，却被当作敌人防备。
道德纯洁而完备，却遭到恶意毁谤。
仁人遭罢免而穷困，骄横残暴者得猖狂；
天下黑暗又凶险，恐会失去时代的精英。
蛟龙被当作壁虎，猫头鹰被看成凤凰。
王子比干遭剖腹，孔子在匡被困住。
他们的智慧是那样亮堂，
却碰上这样不祥的时运多么忧伤！
他们违背时世地想推广礼法道义，
天下却是这样昏暗不明亮！
光明之天一去不返，忧愁无边无沿。
千载定有反复时，这是古来的常规。
弟子勤勉努力吧，上天不会忘记你。
圣人拱手在等待，时机即将再出现。

原文

与愚以疑，愿闻反辞①。

其小歌②曰：

念彼远方③，何其塞④矣。

仁人绌约，暴人衍⑤矣。

忠臣危殆，谗人服矣⑥。

琁、玉、瑶、珠⑦，不知佩也。

杂布与锦⑧，不知异也。

闾娵(jū)、子奢⑨，莫之媒也。

嫫母、力父⑩，是之喜也。

以盲为明，以聋为聪⑪，

以危为安，以吉为凶。

呜呼上天！曷维其同？

黄帝

黄帝为了制止部落“抢婚”事件，专门挑选了品德贤淑、性情温柔、面貌丑陋的丑女作为自己的妻室，封她为嫫母。

[注释]

①与愚从疑，愿闻反辞：假设的弟子的言辞。与，通“予”“余”，我。

②小歌：短小的诗歌。

③远方：这是一种委婉的说法，指的是荀子所在的楚国。

④塞：阻塞，指仕途不顺，贤能得不到任用。

⑤衍：得意，与“绌约”相反。

⑥谗人：说他人坏话，陷害好人的人。服：得到任用。

⑦琁、玉、瑶、珠：此句至末在《战国策·楚策四》及《韩诗外传》卷四中，均记作荀子给春申君的赋，词句与此文有少许不同。琁，同“璇”“璇”，美玉。瑶，像玉的美石，亦指美玉。

⑧布：麻布。锦：带有彩色纹路的丝织品。

⑨闾娵：战国时魏惠王的美女，这里用作美女的代称。子奢：即子都，春秋时郑国人，有名的美男子，此处即作为美男子的代称。奢，通“都”。

⑩嫫母：传说是黄帝的妻子，相关传说可见《吕氏春秋·遇合》《刘子新论·殊好》。力父：即《淮南子·览冥训》及《列子·黄帝》中提到的“力牧”，是黄帝的大臣。

⑪聪：听觉灵敏。

[译文]

我既愚昧又疑惑，愿意听您反复说。

那首小歌唱道：
想到那遥远地方，多么蔽塞被阻碍。
仁人被罢黜而穷困，暴徒却得意而自在。
忠诚之臣遇危险，进谗之人受重用。
美玉和珠宝，不知去佩带。
布与锦混杂在一起，却不知道加以区分。
像闾娵与子都都很美，没有人给他们做媒。
像嫫母与力父都很丑，却被人们所喜爱。
盲人被认为视力好，聋人被认为听力好，
危险错被当安全，吉利错被当凶兆。
呜呼啊苍天！我怎能与他们相混同？

大略第二十七

题解

本篇收集了荀子的学生平时所记下的荀子的言论，这些言论涉及的内容十分广泛，难以用某一词语来概括，而这些言论从总体上来看大都比较概括简要，可以反映出荀子思想的大概，所以编者把它总题为“大略”。本篇论述最多的是荀子“隆礼尊贤”的思想及各种礼节仪式，其他如“仁义”“重法爱民”，“义”与“利”的关系以及教育、修养、学习、交友等内容均有涉及，警策妙语颇多，可与《论语》媲美。

原文

大略：君人者①，隆礼尊贤而王，重法爱民而霸，好利多诈而危。

[注释]

①君人者：君主。

[译文]

要略：作为君主，崇尚礼制尊重贤人就能称王，注重法度爱护人民就能称霸，贪图利益多搞欺诈就会危险。

原文

欲近四旁，莫如中央。故王者必居天下之中，礼也。

[译文]

想要接近四旁，没有比身在中央更好的了。所以称王天下的君主必定住在天下的中央，这是一种礼制。

原文

天子外屏[1]，诸侯内屏，礼也。外屏，不欲见外也；内屏，不欲见内也。

[注释]

①屏：对着门的小墙，也称照壁。

[译文]

天子的照壁设在门外，诸侯的照壁设在门内，这是一种礼制。照壁在门外，是不想让里面看见外面；照壁在门内，是不想让外面看见里面。

原文

诸侯召其臣，臣不俟驾，颠倒衣裳而走，礼也。《诗》[1]曰："颠之倒之，自公召之。"天子召诸侯，诸侯辇舆就马[2]，礼也。《诗》[3]曰："我出我舆，于彼牧矣。自天子所，谓我来矣。"

[注释]

①《诗》：指《诗经·齐风·东方未明》。

②诸侯辇舆就马：诸侯去见天子，虽然可以乘车，但也必须抓紧时间。因而让人拉着车子去靠近马，从而加快套车的速度。辇，拉车，此处指使人拉车。就，凑近。

③《诗》：指《诗经·小雅·出车》。

[译文]

诸侯召见他的臣子，臣子不等驾好车，还没穿好衣裳就跑，这是一种礼制。《诗经》中说："颠倒歪斜穿衣服，因为公侯来召我。"天子召见诸侯，诸侯让人拉着车子去靠近马，这是一种礼制。《诗经》中说："我拉出我的车，到牧地把马套。有人从天子那里来，说我很快就到来。"

原文

天子山冕，诸侯玄冠，大夫裨[1]冕，士韦弁[2]，礼也。

[注释]

①裨：次等礼服。

②士：官名，地位比大夫低。韦弁：古代冠名，用熟皮制成。

[译文]

天子穿画有山形图案的礼服、戴礼帽，诸侯穿黑色的礼服、戴礼帽，大夫穿裨衣、戴礼帽，士戴熟皮制成的帽子，这是一种礼制。

原文

天子御珽（tǐng）①，诸侯御荼②，大夫服笏（hù）③，礼也。

[注释]

①御：用，地位尊贵的人可用此字。珽：古代帝王所执的玉版。

②荼：古“舒”字，一种上圆下方的玉版。

③服：用，相对“御”字，为地位低下的人用字。笏：古时大臣上朝时手中所拿的记事用的手板。大夫用的笏是斑竹制成的，诸侯用的笏是象牙制成的。

[译文]

天子使用大玉版，诸侯使用上圆下方的舒，大夫使用斑竹制成的笏，这是一种礼制。

原文

天子雕弓①，诸侯彤弓，大夫黑弓，礼也。

[注释]

①雕弓：雕有花纹图案的弓。

[译文]

天子用雕有花纹图案的弓，诸侯用红色的弓，大夫用黑色的弓，这是一种礼制。

原文

诸侯相见，卿为介①，以其教出②毕行，使仁居守。

[注释]

①卿：天子及诸侯所设置的高级官员，其地位比君主低，但比其他大臣要高，分为上、中、下三级。介：引见人，为宾主传递言语之人。

②出：按王念孙说，当为“士”。

[译文]

诸侯会见时，卿做引见人，让自己一方受过礼仪教育的士人全都一起前往，让仁厚的人留下。

原文

聘人以珪①，问士以璧②，召人以瑗（yuàn）③，绝人以玦④，反绝以环⑤。

[注释]

①聘：诸侯之间或诸侯与天子之间互派使节进行问候。珪：用作信符的玉器，上尖下方。

②问：指规模很小或不定期的“聘”。士：通“事”。璧：一种玉器，呈扁圆形，中心有孔，边阔比孔大一倍。

③瑗：一种玉器，呈扁圆形，中心有孔，孔比边阔一倍。“瑗”字与“援”字古音相近，“援”有“领来”之意，因此用瑗来召人。

④玦：一种玉器，环形有缺口。“玦”与“决”“诀”同源，故与人决裂用玦。

⑤反：通“返”，使……返回。环：一种玉器，扁圆形、中心有孔，边阔与孔大小一致。“环”与“还”读音相同，故用它来反绝。

[译文]

派使者去他国问候用珪，去进行国事访问用璧，召见下臣用瑗，与人断绝关系用玦，召回断交的人用环。

原文

人主仁心设①焉，知②其役也，礼其尽③也。故王者先仁而后礼，天施然也。

[注释]

①设：具备。

②知：同“智”。

③尽：完善。

[译文]

君主要具备仁爱之心，智慧是仁爱之心的役使，礼制是仁爱之心的完善。所以称王天下的人先要有仁德，然后才讲礼节，天道就是这样安排的。

原文

《聘礼》①志曰：“币厚则伤德，财侈则殄（tiǎn）②礼。”礼云礼云，玉帛云乎哉③？《诗》④曰：“物其指矣，唯其偕矣。”不时宜，不敬交⑤，不驩⑥欣，虽指非礼也。

[注释]

①《聘礼》:《仪礼》中的篇名。下文中的引文或引自古本《仪礼》。今本《仪礼·聘礼》中文字为:"多货则伤于德，币美则没礼。"与此文所引含义相同，但文辞有异。

②殄：灭绝。

③礼云礼云，玉帛云乎哉：见《论语·阳货》。玉帛，瑞玉和缣帛，古代祭祀、会盟时使用的珍贵礼品。

④《诗》：指《诗经·小雅·鱼丽》。

⑤交：按俞樾说，当为"文"。

⑥驩：同"欢"。

[译文]

《聘礼》记载说:"礼物丰厚就伤害德，财物奢侈就毁灭礼。"礼啊礼啊，难道说的只是玉帛这些礼品吗？《诗经》中说:"食物多么美味，它们符合口味。"如果不与时节相适合，不恭敬而有礼，不喜悦而高兴，那么即使很美味，也不合乎礼制。

原文

水行者表[1]深，使人无陷；治民者表乱，使人无失。礼者，其表也，先王以礼表天下之乱。今废礼者，是弃表也，故民迷惑而陷祸患。此刑罚之所以繁也。

[注释]

①表：标志。

[译文]

涉水而过的人用标志来表明深度，使人不会陷入深水中；治理民众的人要用标志表明祸乱，使人不致出现失误。礼制，就是这种标志，古代的帝王用礼制来表明天下的祸乱。现在废弃礼制，就是丢掉标志，因而人民迷惑而陷于祸乱。这就是刑罚繁多的原因。

原文

舜曰:"维予从欲而治[1]。"故礼之生，为贤人以下至庶民也，非为成圣也，然而亦所以成圣也。不学不成。尧学于君畴[2]，舜学于务成昭[3]，禹学于西王国。

[注释]

①维予从欲而治:《尚书·大禹谟》作"俾予从欲以治"，指皋陶彰明五刑来辅

助五教，于是舜能随心所欲地来治理天下。荀子断章取义地引用此文，用来说明礼能使人成为圣人，掌握了礼就能“从欲而治”。

②君畴：一作尹寿，尧时人。

③务成昭：舜时人。

[译文]

舜说：“我能够随心所欲地治理天下。”那礼制的产生，是为了贤人以及下面的百姓，并不是为了使人们成为圣人，然而它也有使人成为圣人的可能性。不向人学习不能成为圣人。尧曾经向君畴学习，舜曾经向务成昭学习，禹曾经向西王国学习。

原文

五十不成丧，七十唯衰(cuī)①存。

[注释]

①衰：通“缞”，用粗麻布制成的丧服。

[译文]

五十岁的人不需要完全遵守守丧的礼节，七十岁的人只要丧服在身就可以。

原文

亲迎①之礼：父南乡②而立，子北面而跪，醮(jiào)③而命之：“往迎尔相，成我宗事，隆率以敬先妣之嗣，若则有常。”子曰：“诺，唯恐不能，敢忘命矣！”

[注释]

①亲迎：古代男子娶亲时，新郎穿上礼服亲自去女家迎接新娘的礼节。

②乡：通“向”。

③醮：古代婚礼上一种斟酒祭神的仪式。

[译文]

新郎亲自迎接新娘的礼仪：父亲向南面站着，儿子向北面跪着，父亲斟酒祭神并嘱咐儿子：“去迎接你的妻子，完成我家宗族的大事，努力带领她恭敬地做一个像你亡母那样的继承人，你的行动则要有常规。”儿子说：“是，只怕我没有能力做到，怎么敢忘记您的嘱咐呢！”

原文

夫行也者，行礼①之谓也。礼也者，贵者敬焉，老者孝焉，长者弟②焉，幼者慈焉，贱者惠焉。

[注释]

①行礼：实行礼制。

②弟：同“悌”，弟弟敬爱哥哥。

[译文]

所谓德行，就是指奉行礼制。所谓礼，就是要尊敬地位高贵的人，孝顺年老的人，敬重年长的人，慈爱年幼的人，施加恩惠给卑贱的人。

啮齿心痛

孝道乃儒家之本。儒生曾参家贫，靠砍柴赡养母亲。一天，家里来了贵客，曾参的母亲不知如何应对，于是咬了自己的手指。在山上砍柴的曾参，顿时感到十分心痛，于是赶紧回家。

原文

赐予其宫室，犹用庆赏于国家也；忿怒其臣妾[1]，犹用刑罚于万民也。

[注释]

①臣妾：奴婢。古代的奴隶，男的称为臣，女的称为妾。

[译文]

对自己家庭成员进行赏赐，应当像在国家中使用奖赏一样；对自己的奴婢发怒，应当像对万民施加刑罚一样。

原文

君子之于子，爱之而勿面[1]，使之而勿貌，导之以道而勿强。

[注释]

①勿面：不在脸上表现出来。

[译文]

君子对于子女，疼爱他们而不在脸上表现出来，使唤他们而神色上无所显露，用道理来引导他们而不强迫他们。

原文

礼以顺人心为本，故亡[1]于《礼经》而顺人心者，皆礼也。

[注释]

①亡：通“无”。

[译文]

礼以顺应人心为根本，所以《礼经》上没有记载却顺应人心的，都是礼。

原文

礼之大凡：事生，饰[1]骥也；送死，饰哀也；军旅，饰威也。

［注释］

①饰：装饰，此处引申为表达的意思。

［译文］

礼仪的大体情况是：侍奉生者的，是为了表达喜悦之情；葬送死者的，是为了表达悲哀之情；用在军队里的，是为了表达威武之势。

原文

亲亲、故故、庸庸、劳劳[1]，仁之杀[2]也。贵贵、尊尊、贤贤、老老、长长，义之伦也。行之得其节，礼之序也。仁，爱也，故亲。义，理也，故行。礼，节也，故成。仁有里，义有门。仁，非其里而虚之[3]，非礼也[4]。义，非其门而由之，非义也。推恩而不理[5]，不成仁；遂理而不敢，不成义；审节而不和[6]，不成礼；和而不发，不成乐。故曰：仁、义、礼、乐，其致一也。君子处仁以义，然后仁也；行义以礼，然后义也；制礼反本成末[7]，然后礼也。三者皆通，然后道也。

［注释］

①亲亲：亲近父母。庸庸：前一“庸”字用作意动词，即以庸为庸，把功劳当作功劳。庸，功劳。

②杀：等差。

③里：乡里，住处，此处喻指礼制。虚：按王念孙说，当为“处”字之误。

④非礼也：按王念孙说，当作“非仁也”。

⑤推恩而不理：仅有物质上的恩赐而与礼不符。理，道理，此处指礼制道义等。

⑥和：原为“知”，据杨倞说改。

⑦反：通“返”。本：根本，指仁义。末：末梢，指礼节的具体仪式。

［译文］

亲近父母、友爱老友、奖赏有功之人、慰问辛劳之人，这是仁的等级差别。尊重身份贵重之人、尊敬官爵显赫之人、尊重有贤能之人、敬爱年老之人、敬重长者，这是义的伦理。适当奉行这些，就是礼的秩序。仁，就是爱人，所以能与人亲近。义，就是合乎道理，所以可以实行。礼，就是适度，所以会成功。仁有安居之处，义有进出的门。仁，如果不是它应该安居的地方却去安顿在那里，就不是仁。义，如果不是它应该进出的门而从那里进出，就不是义。施行恩惠如果不合道理，就不成为仁；合于道理而不敢遵行，就不成为义；明白礼节而不能使人们和睦，就不成为礼；和睦而不表达出来，就不成为乐。所以说：仁、义、礼、乐，它们要达到的目标是相同的。君子用义来处置仁，然后才有了仁；用礼来奉行义，然后才有了义；制定礼时要抓住它的根本原则从而完成细节，然后才有了礼。这三者都通达了，然后才合正道。

原文

货财曰赙(fù)①，舆马曰赗(fèng)②，衣服曰襚(suì)，玩好曰赠，玉贝曰唅。赙、赗，所以佐生也；赠、襚，所以送死也。送死不及柩尸，吊生不及悲哀，非礼也。故吉行五十，奔丧百里，赗、赠及事，礼之大也。

[注释]

①赙：赠送财物以帮助别人办理丧事。

②赗：赠送车马以帮助别人办理丧事。

[译文]

赠送财物帮助别人办丧事叫作赙，赠送车马叫作赗，赠送衣服叫作襚，赠送死者生前喜爱的物品叫作赠，赠送供死人含在口中的珠玉贝壳叫作唅。赙、赗，是用来帮助死者家属的；赠、襚，是用来送给死者的。送别死者时不见到棺材里的尸体，哀悼死者而安慰其家属时不达到悲哀的程度，是不合乎礼的。所以喜事一天走五十里，而奔丧一天要跑一百里，赠送东西帮助别人办丧事一定要赶上丧事，这是礼节的大事情。

原文

礼者，政之挽也①。为政不以礼，政不行矣。

[注释]

①政：政事。挽：牵引，引申为引导。

[译文]

礼，是政治的引导。处理政事不遵循礼，政策就无法实行。

原文

天子即位，上卿①进曰："如之何忧之长也！能除患则为福，不能除患则为贼。"授天子一策②。中卿进曰："配天而有下土者③，先事虑事，先患虑患。先事虑事谓之接④，接则事优成。先患虑患谓之豫⑤，豫则祸不生。事至而后虑者谓之后，后则事不举。患至而后虑者谓之困，困则祸不可御。"授天子二策。下卿进曰："敬戒无怠！庆者在堂，吊者在闾。

祸与福邻，莫知其门。豫哉！豫哉！万民望之。”授天子三策。

[注释]

①上卿：周朝官制，宗周及诸侯都设置卿，分为上、中、下三级，上卿在大臣中身份最为尊贵，与后世的宰相相当。

②策：古时记事用的竹简。此处指写有上述文字的册书。

③配天而有下土者：指天子。古人认为君权神授，天子是天帝之子，所以说他“配天”。

④接：通“捷”，敏捷。

⑤豫：预防。

[译文]

天子刚登上帝位时，上卿走上前说：“忧虑这样深长啊！能够除去祸患就有幸福，不能除去祸患就会受害。”说完就把第一篇册书交给天子。中卿走上前说：“和上天相配而拥有天下土地的人，在事情发生之前就要考虑到事情的发生，在祸患来到之前就要考虑到祸患的到来。在事情发生之前就考虑到事情的发生，这叫作敏捷；能够敏捷，那么事情就会圆满成功。在祸患来到之前就考虑到祸患的到来，这叫作预先准备；能够预先准备，那么祸患就不会发生。事情发生以后才加以考虑叫作落后，落后了事情就办不成。祸患来了以后才加以考虑叫作困厄，困厄了祸患就不能抵挡了。”说完就把第二篇册书交给天子。下卿走上前说：“慎重戒备而不要懈怠！庆贺的人还在大堂上，吊丧的人已到了大门口。灾祸和幸福紧靠着，没有人知道它们产生的地方。要预先准备啊！要预先准备啊！亿万人民都仰望着您。”说完就把第三篇册书交给天子。

原文

禹见耕者耦[①]，立而式[②]；过十室之邑，必下。

[注释]

①耦：两个人一起耕地。

②式：通“轼”，古代车厢前手扶的横木，此处作动词用，指扶轼低头以示敬意。

[译文]

禹看见耕地的人两人一起耕作，就站起来手扶车厢前的横木；经过有十户人家的小镇，一定会下车。

原文

杀大蚤[①]，朝[②]大晚，非礼也。治民不以礼，动斯陷矣。

[注释]

①杀：猎取禽兽。大：同“太”。蚤：通“早”。

②朝：上朝。

[译文]

猎取禽兽太早，上朝太晚，不符合礼。治理民众不按照礼，一动就会失误。

原文

平衡曰拜①，下衡曰稽首②，至地曰稽颡(sǎng)③。

[注释]

①平衡：本意是衡器两端重量一样，秤杆处于水平状态，此处指弯腰后头与腰呈水平状态，像秤杆平衡时一样。拜：两手相拱低头弯腰以示恭敬，即作揖。

②稽首：古代的一种跪拜礼，跪时两手相拱拜至地，低头至手。一说低头至地。

③稽颡：古代的一种跪拜礼，跪时两手拜至地，低头前额触地。颡，额。

[译文]

弯腰到头与腰相平叫作拜，头低于腰叫作稽首，头碰地叫作稽颡。

原文

大夫之臣拜不稽首，非尊家臣也，所以辟①君也。

[注释]

①辟：通“避”，避免。

[译文]

大夫的家臣见大夫时行拜礼而不稽首，这并不是提高了家臣的地位，而是避免和见到国君时的礼节等级相同。

原文

一命齿于乡①；再命②齿于族；三命③，族人虽七十，不敢先。

[注释]

①一命：最低一级的官。命，官爵的等级，周代的官爵共分九个等级，称为九命。一命包括天子属下的士、公爵、侯爵、伯爵属下的士和子爵、男爵属下的大夫。详见《周礼·春官·典命》。齿：按年龄排列次序。乡：古代行政单位，周代的一乡是一万二千五百户。

②再命：指大夫。

③三命：指卿。

[译文]

在乡里饮酒时，士和乡里的人按年龄排列位次；大夫和同宗族的人按年龄排列位次；如果是卿，同宗族的人即使七十岁了，也不敢坐在他前面。

原文

上大夫①，中大夫，下大夫。

[注释]

①大夫：古官名。在周代，王室和诸侯各国的官分卿、大夫、士三等，大夫又分上、中、下三级。

[译文]

大夫分上大夫、中大夫和下大夫三级。

原文

吉事尚尊，丧事尚亲。

[译文]

吉庆事的位次按地位排列，丧事中的位次按与死者关系亲疏排列。

原文

聘，问也。享①，献也。私觌(dí)②，私见也。

[注释]

①享：进献，把礼品献给天子或诸侯。

②私觌：奉命出使外国而以私人身份见所在国国君。觌，见，相见。

[译文]

聘，就是问候。享，就是进献礼品。私觌，就是私下会见。

原文

言语之美，穆穆皇皇①。朝廷之美，济济铃铃②。

[注释]

①穆穆：恭敬的样子。皇皇：堂堂正正的样子，形容光明正大。

②济济：形容人多。铃铃:《礼记·少仪》作“翔翔”，通“跄跄”，形容行走有节奏并整齐。

[译文]

形容语言美好，就说“穆穆皇皇”。形容朝廷美好，可以说“济济铃铃”。

原文

为人臣下者，有谏而无讪①，有亡而无疾②，有怨而无怒。

[注释]

①讪：诽谤。

②亡：离开。疾：同"嫉"。

[译文]

作为臣子，只能劝谏不能毁谤，只能离开不能憎恨，只能埋怨不能发怒。

原文

君于大夫，三问其疾[1]，三临[2]其丧；于士，一问，一临。诸侯非问疾、吊丧，不之臣之家。

[注释]

①疾：病情。

②临：吊丧，到去世者家里祭奠死者。

[译文]

君主对于大夫，在他生病时要去问候三次，在他去世后要去祭奠三次；对于士，要去问候一次，要去祭奠一次。诸侯如果不是探望病情、祭奠去世的人，不到臣子的家里。

原文

既葬，君若[1]父之友，食[2]之则食矣，不辟[3]粱肉，有酒醴[4]则辞。

[注释]

①若：像。

②食：通"饲"，给……吃。

③辟：通"避"。

④醴：甜酒。此章又见于《礼记·丧大记》。

[译文]

父亲或母亲已经安葬后，君主像父亲的朋友，招待自己，就可以吃了，不用回避米饭肉食，如果有酒则要辞谢。

管仲

管仲病重的时候，齐桓公前去探望，管仲就竖刁、易牙等人的品行发表了自己的看法，但是齐桓公没有听取他的意见，最后导致自己被活活饿死。

原文

寝不逾庙[1]，设衣[2]不逾祭服，礼也。

[注释]

①寝：居住的房屋。庙：宗庙，诸侯、大夫祭祀的殿堂。

②设衣：宴饮时穿的衣服。

[译文]

寝殿的规模不能大过宗庙的规模，宴饮时穿的衣服不能超过祭祀时穿的礼服，这是一种礼制。

原文

《易》之《咸》[①]，见夫妇[②]。夫妇之道，不可不正也，君臣、父子之本也[③]。咸，感也，以高下下[④]，以男下女，柔上而刚下[⑤]。

[注释]

①《易》：《周易》，儒家的重要经典，分经和传两部分。《咸》：《周易》中的《咸》卦，六十四卦之一。

②见夫妇：《咸》卦的卦形是兑在上，象征泽、少女；艮在下，象征山、少男之类，故云《咸》卦显示夫妇之道。其卦辞云："亨。利贞。取女吉。"意为："通顺。占问有利。娶妻子吉利。"见，同"现"。

③君臣、父子之本也：《周易·序卦》解释六十四卦顺序时论及《咸》卦时说："有男女然后有夫妇，有夫妇然后有父子，有父子然后有君臣。"因此这里说夫妇之道是君臣、父子之本。

④以高下下：把高的放在低的下面。《咸》的下面是艮卦，象征山，故云"高"；上面是兑卦，象征泽，故云"下"。《咸》卦将艮卦置于兑卦之下，故云"以高下下"。

⑤柔：喻女人。刚：喻男人。

[译文]

《易经》中的《咸》卦，表现了夫妻之道。夫妻之道，不能不端正，它是君臣、父子关系的根本。咸，是感应的意思，它的符号是把高的放在低的下面，把男的放在女的下面，把柔的放在刚的上面。

原文

聘士[①]之义，亲迎之道，重始也。

[注释]

①聘士：聘请贤士。

[译文]

聘请贤士的礼仪，新郎亲自迎接新娘的办法，都重视开端。

原文

礼者，人之所履[1]也。失所履，必颠蹶陷溺[2]。所失微而其为乱大者，礼也。

[注释]

①履：踩，引申为履行，执行。

②颠蹶陷溺：跌倒，陷落，沉没，引申为遭受挫折陷于危难。

[译文]

礼，是人行动的参照。失去了行动的参照，必然跌倒沉沦。仅失去一点造成的祸乱都很大，这种东西就是礼。

原文

礼之于正[1]国家也，如权衡之于轻重也，如绳墨之于曲直也。故人无礼不生，事无礼不成，国家无礼不宁。

[注释]

①正：纠正，指治理。

[译文]

礼对于治理国家，就像秤对于轻重一样，就像墨线对于曲直一样。所以人没有礼就不能生存，事情没有礼就不能成功，国家没有礼就得不到安宁。

原文

君臣不得不尊，父子不得不亲，兄弟不得不顺，夫妇不得不驩。少者以[1]长，老者以养。故天地生之[2]，圣人成之[3]。和鸾[4]之声，步中《武》《象》，趋中《韶》《护》。君听律习容而后出[5]。

[注释]

①以：根据。

②之：指人。

③圣人成之：指圣人制定礼，从而使人成为真正的人。

④和鸾：原作“和乐”，据《礼论》文义修改。

⑤出：《集解》作“士”，按王先谦说改。

[译文]

君臣之间没有礼作为准则就不会有尊重，父子之间没有礼作为准则就不会亲近，兄弟之间没有礼作为准则就不会和顺，夫妻之间没有礼作为准则就不会欢乐。年幼的人根据礼而长大成人，年老的人根据礼而得到赡养。所以天地生人，圣人成就人。车铃的声音，慢行时合乎《武》《象》的节奏，快行时合乎《韶》《护》的节奏。君子在走路时听佩玉的声音是否合律，端正仪表后才出门。

原文

霜降逆女[①]，冰泮杀止[②]。内十日一御[③]。

[注释]

①霜降：二十四节气之一，通常在阴历的九月，在阳历的十月下旬。逆：迎。

②冰泮杀止：原无"止"字，据《诗经·召南·摽有梅》孔颖达《正义》所引孙卿之语补。泮，溶化。杀，结束。

③内：正屋，此处指正妻。御：男女行房。

[译文]

到了霜降就开始娶妻，第二年河里的冰溶化就停止婚娶。对正妻至少要十天同房一次。

原文

坐，视膝；立，视足；应对言语，视面[①]。立视前六尺，而大[②]之，六六三十六，三丈六尺。

[注释]

①面：表情。

②大：按王引之说，当为"六"。

[译文]

坐着，要注视对方的膝部；站着，要注视对方的脚；回答说话时，要注视对方的脸。站着时在他前面六尺处看着他，而最远，六六三十六，即三丈六尺。

原文

文貌情用[①]，相为内外表里，礼之中焉。能思索谓之能虑。

[注释]

①文貌：外在容貌。情用：内心情感。

[译文]

礼仪容貌和内心情感互相构成内外表里的关系，这是适中的礼。善于思索叫作能思考。

原文

礼者，本末相顺，终始相应。

[译文]

礼制，它的根本原则和具体细节相互顺从，结尾和开端相互应合。

原文

礼者，以财物为用，以贵贱为文[1]，以多少为异。

[注释]

①文：文饰。

[译文]

礼，把财物作为工具，把尊贵与卑贱的区别作为文饰，把享受的多少作为差别。

原文

下臣事君以货，中臣事君以身，上臣事君以人[1]。

[注释]

①以人：指荐人。

[译文]

下等臣子侍奉君主用财物，中等臣子侍奉君主用生命，上等臣子侍奉君主的方式是推荐人才。

原文

《易》[1]曰："复自道，何其咎？"《春秋》贤穆公[2]，以为能变也。

[注释]

①《易》：指《周易·小畜·初九》。

②《春秋》贤穆公：据《春秋·文公十二年》记载："秦伯使遂来聘。"《公羊传》解释此句说："遂者何？秦大夫也。秦无大夫，此何以书？贤缪公也。何贤乎缪公？以为能变也。"遂，指西乞术。穆公，即秦穆公。公元前628年，秦穆公不接受老臣蹇叔的意见，执意派孟明视、西乞术、白乙丙率师袭郑，第二年被晋伏击，败于崤山。穆公终于悔改，并在公元前624年报复晋国。他告诫秦军：遇到事情与老年人商量，就不会犯错误。故去其"能变"。

[译文]

《易经》说："回到正道，有什么过错？"《春秋》赞许秦穆公，认为他能转变。

原文

士有妒友，则贤交不亲；君有妒臣，则贤人不至。蔽公者谓之昧，隐贤者谓之妒，奉妒昧者谓之交谲①。交谲之人，妒昧之臣，国之薉②孽也。

[注释]

①交：通“狡”。谲：欺诈，玩弄手段。

②薉：污秽。

[译文]

士人有了妒忌的朋友，那么他和贤人的交往就不会亲密；君主有了妒忌的臣子，那么贤人就不会到来。埋没公正的人叫作昏昧，埋没贤能的人叫作妒忌，奉承妒忌昏昧的人叫作狡猾诡诈。狡猾诡诈的小人，妒忌昏昧的臣子，是国家的污秽和妖孽。

原文

口能言之，身能行之，国宝也。口不能言，身能行之，国器也。口能言之，身不能行，国用①也。口言善，身行恶，国妖也。治国者敬其宝，爱其器，任其用，除其妖。

[注释]

①用：用具。

[译文]

嘴里能谈论，自身能奉行，这样的人是国家的珍宝。嘴里不能谈论，自身能够奉行，这样的人是国家的器具。嘴里能够谈论，自身不能奉行，这样的人是国家的工具。嘴里说得好，干的却是坏事，这样的人是国家的妖孽。治国之人敬重国家的珍宝，爱护国家的器具，使用国家的工具，除掉国家的妖孽。

原文

不富①无以养民情，不教无以理民性。故②家五亩宅，百亩田，务其业而勿夺其时，所以富之也。立太学③，设庠序④，修六礼⑤，明十教⑥，所以道⑦之也。《诗》⑧曰：“饮之食之，教之诲之。”王事具矣。

[注释]

①富：使……富。

②故：发语词，相当于“夫”。

③太学：国家设立的最高学府。太，《集解》作"大"，据宋浙本改。

④庠序：古代地方所设的学校。

⑤修：修明。六礼：指冠礼（男子成年时举行的加冠礼仪）、婚礼、丧礼、祭礼、乡饮酒礼（乡中送荐贤者于君主时设宴送行的礼仪）、相见礼。

⑥十：按王念孙说，当为"七"字之误。七教：指与父子、兄弟、夫妇、君臣、长幼、朋友、宾客等七个方面相关的伦理教育。

⑦道：同"导"。

⑧《诗》：指《诗经·小雅·绵蛮》。

[译文]

不使民众富裕就不能调养民众的感情，不进行教育就不能整饬民众的本性。每家配置五亩宅地，百亩耕地，使他们努力从事农业生产而不占用他们的农时，这样能使他们富裕。建立太学，设立地方学校，整饬六种礼仪，明确七个方面的教育，这样可以引导他们。《诗经》中说："给人喝，给人吃，教育人，指导人。"这样一来，王的政事就完备了。

原文

武王始入殷[①]，表商容之闾[②]，释箕子之囚，哭比干[③]之墓，天下乡[④]善矣。

[注释]

①殷：商朝的国都，在今河南安阳西北。

②商容：商纣王时的大夫、贤人，被纣王贬退。闾：里巷的门。

③比干：商朝贵族，纣王的叔父，遭到纣王的迫害。

④乡：通"向"。

[译文]

周武王刚进入殷都时，在商容所处的里巷门口设立标记表彰他的功德，解除了被囚禁的箕子，在比干的墓前痛哭，然后天下人就都向善了。

商容九间殿死节

商容是商朝纣王时的乐官，在小说《封神演义》中，他被描写为商朝的首相，为了保护殷郊，在九节殿撞死。

原文

天下、国有俊士，世有贤人。迷者不问路，溺者不问遂[①]，亡人好独。《诗》[②]曰："我言维服[③]，勿用[④]为笑。先民有言：询于刍荛(ráo)[⑤]。"言博问也。

[注释]

①遂：通“隧”，河中可涉水而过的路。

②《诗》：指《诗经·大雅·板》。

③服：事。

④用：以。

⑤刍荛：割草砍柴的人。

[译文]

天下、各国都有才智杰出的人，各个时代都有贤能的人。迷路的人不问道，溺水的人不问可以涉水而过的路，亡国的君主独断专行。《诗经》中说：“我所说的是要事，不要当作玩笑。古人曾经有句话：要去请教樵夫。”这是说要广泛地听取意见。

原文

有法者以法行，无法者以类举。以其本知其末①，以其左知其右。凡百事，异理而相守②也。庆赏刑罚，通类而后应③。政教习俗，相顺而后行。

[注释]

①末：法令的具体条文。

②守：持。

③应：相适合。

[译文]

有法律规定的就按法律办理，没有法律可遵循的就用类推的办法办理。根据它的根本原则推知它的具体细节，根据它的左面推知它的右面。大凡各种事情，道理虽然不同，互相之间也能制约。奖赏和刑罚，通达了类推的原理才能有相适合的处置。政治教化与风俗习惯，相互顺从才能够施行。

原文

八十者，一子不事①；九十者，举家不事；废疾非人不养者，一人不事。父母之丧，三年不事；齐衰大功②，三月不事。从诸侯不与新有昏③，期不事。

[注释]

①事：服劳役。

②齐衰大功：齐衰和大功，都是古时的丧服名。

③不：按杨倞说，当为“来”字。昏：通“婚”。

[译文]

八十岁的人，有一个儿子可以不服劳役；九十岁的人，全家都不用服劳役；残废有病、没有人照顾就无法生活的人，家里有一个人可以不服劳役。遇到父亲、母亲的丧事，可以三年不服劳役；齐衰和大功之丧，可以三个月不服劳役。从其他诸侯国迁来的和新结婚的，可以一年不服劳役。

原文

子谓子家驹续然大夫[①]，不如晏子[②]；晏子，功用之臣也，不如子产[③]；子产，惠人也，不如管仲[④]；管仲之为人，力功不力义，力知不力仁，野[⑤]人也，不可为天子大夫。

[注释]

①子家驹：名羁，字驹，春秋时鲁国大夫，鲁庄公的玄孙。续然：刚强不屈。续，通“庚”，刚强的样子。

②晏子：晏婴，字平仲，春秋时齐国相国。

③子产：春秋时郑国大夫。

④管仲：春秋时齐国相国。

⑤野：质朴。《论语·雍也》：“质胜文则野。”

[译文]

孔子说子家驹是刚强不屈的大夫，比不上晏子；晏子，是取得了成效的臣子，比不上子产；子产，是个施恩惠给他人的人，比不上管仲；管仲为人致力于功效而非道义，致力于智慧而非仁爱，是个质朴得缺乏礼仪修养的人，不能够做天子的大夫。

原文

孟子三见宣王不言事[①]。门人[②]曰：“曷为三遇齐王而不言事？”孟子曰：“吾先攻其邪心。”

[注释]

①三：泛指多。宣王：齐宣王，田氏，名辟彊，齐威王之子。

②门人：指孟子的学生。

[译文]

孟子多次见到齐宣王而不谈论国事。他的学生问：“为什么多次碰到齐王都不谈论国事呢？”孟子说：“我先要攻破他的坏思想。”

原文

公行子之[①]之燕，遇曾元于涂[②]，曰："燕君何如？"曾元曰："志卑。志卑者轻物，轻物者不求助。苟不求助，何能举？氐、羌[③]之虏也。不忧其系垒[④]也，而忧其不焚[⑤]也。利夫秋豪，害靡[⑥]国家，然且为之，几[⑦]为知计哉？"

[注释]

①公行子之：战国时齐国大夫。

②曾元：战国人，孔子弟子曾参的儿子。涂：通"途"，道路。

③氐、羌：两者都是我国古代西部的少数民族。

④系垒：捆绑，指被俘。垒，通"累"。

⑤焚：指火葬。火葬是氐族和羌族的风俗。

⑥靡：损害。

⑦几：通"岂"。

[译文]

公行子之到燕国去，在路上遇见曾元，说："燕国的国君如何？"曾元说："他的志向很卑微。志向卑微的人看轻事业，看轻事业的人不寻求贤人帮助。如果不寻求贤人帮助，哪能成就事业？他只能成为氐族人和羌族人的俘虏。他不担心自己被捆绑，却担心自己死后不能按照氐族、羌族的习俗被火葬。得到的利益像秋天新长出来的兽毛一样小，而危害却大到足以影响国家，这样的事他还要去做，哪能算是懂得治国大计呢？"

原文

今夫亡箴[①]者，终日求之而不得；其得之，非目益明也，眸[②]而见之也。心之于虑亦然[③]。

[注释]

①箴：通"针"。

②眸：低头看。

③心之于虑亦然：心对于考虑也是这样，指心里在考虑问题时和眼睛看东西一样，只有集中注意力才能有所发现。

[译文]

现在有个丢了针的人，整天找也没找到；后来他找到它了，并不是因为他的眼睛更加明亮，而是低头仔细找才发现的。心在考虑问题时也是这样。

原文

义与利者，人之所两有也。虽尧、舜不能去民之欲利，然而能使其欲利不克其好义也。虽桀、纣亦不能去民之好义，然而能使其好义不胜其欲利也。故义胜利者为治世，利克义者为乱世。上重义，则义克利；上重利，则利克义。故天子不言多少，诸侯不言利害，大夫不言得丧，士不言通货财；有国之君不息牛羊，错质之臣不息鸡豚[①]，冢卿不修币[②]，大夫不为场园[③]；从士以上皆羞利而不与民争业，乐分施而耻积臧。然故民不困财，贫窭(jù)者有所窜其手[④]。

[注释]

①错质：委质。错，通“措”。古代的臣子，要在策书上写上自己的名字，以示把自己当成人质而交给君主，为君主献身。豚：小猪。

②冢卿：上卿。冢，长。修币：钻营货币，指放高利贷之类的事情。

③场园：应为“场圃”，打谷和种菜的地方。古时场、圃同地，春夏种菜时为圃，秋冬则将圃进行修筑，成为平整的场地，用以打谷和翻晒粮食。园，据《韩诗外传》卷四第十四章，当为“圃”。

④窭：贫寒。有所窜其手：能够着手做一些事情。窜，措，安置。

[译文]

道义和利益，是人们兼有的东西。即使尧，舜这样的贤君也无法去除人民追求私利的欲望，但是能够使他们对私利的追求不超过对道义的爱好。即使是夏桀、商纣这样的暴君也不能除去人民对道义的爱好，但是能够使他们对道义的爱好不超过对私利的追求。所以道义胜过私利的国家就治理得好，私利胜过道义的国家就混乱。君主重视道义，道义就能胜过私利；君主重视私利，私利就能胜过道义。所以天子不谈论财物的多少，诸侯不谈论有利、有害，大夫不谈论得到、失去，士不进行贩运买卖货物的活动；拥有国家的君主不养牛羊，献身于君的臣子不养鸡和小猪，上卿不放高利贷收取利息，大夫不筑场种菜；从士以上的官吏都耻于追求私利从而不和民众抢夺职业，喜欢施舍而耻于囤积私藏。这样，所以民众不因钱财而感到困扰，贫穷的人也都有事情可做。

原文

文王诛四[①]，武王诛二[②]，周公卒业，至成、康则案无诛已[③]。

[注释]

①诛四：文王消灭了密、阮、共、崇等四个小国。

②诛二：武王消灭了商纣、奄国。

③康：周康王，周成王之子，姓姬，名钊。案：语助词。

[译文]

周文王消灭了四个国家，周武王诛杀了两个人，周公完成了大业，到周成王和周康王的时候，就没有诛伐了。

原文

多[①]积财而羞无有，重民任而诛不能，此邪行之所以起，刑罚之所以多也。

[注释]

①多：赞美。

[译文]

赞许积累钱财而把贫穷看作羞耻，加重人民的负担而杀戮不堪负担的人，这是邪恶产生的原因，也是刑罚繁多的原因。

原文

上好羞[①]，则民暗饰[②]矣；上好富，则民死利矣。二者，乱之衢也。民语曰："欲富乎？忍耻矣，倾绝矣，绝故旧矣，与义分背矣。"上好富，则人民之行如此，安得不乱？

[注释]

①羞：按王念孙说，当为"义"字。

②饰：同"饬"，整治。

[译文]

君主爱好道义，民众就会暗自整饬自己；君主爱好富有，民众就会为利而死。这两点，是治和乱的分叉路口。民间俗语说："想富有吗？忍着耻辱吧，败坏道德吧，与老朋友一刀两断吧，与道义背道而驰吧。"君主爱好富有，人民的行为就会这样，怎么能不乱呢？

原文

汤旱而祷曰："政[①]不节与？使民疾与？何以不雨至斯极也？宫室荣与？妇谒盛与？何以不雨至斯极也？苞苴[②]行与？谗夫兴与？何以不雨至斯极也？"

[注释]

①政：政策。

②苞苴：包裹。古人赠送礼物时，一定会加包裹，所以称馈赠的礼物为苞苴，此处指贿赂。苞，通“包”。

[译文]

商汤因为大旱而向天祷告说：“是我的政策不合适吗？是我使大众太劳苦了吗？为什么旱到这种极端的程度？是我的宫殿太华丽了吗？是妇人的话听得太多了吗？为什么旱到这种极端的程度？是贿赂盛行吗？是进谗的人发迹了吗？为什么旱到这种极端的程度？”

原文

天之生民，非为君也；天之立君，以为民也。故古者，列地①建国，非以贵诸侯而已；列官职，差②爵禄，非以尊大夫而已。

[注释]

①列地：划分土地。

②差：区别等级。

[译文]

上天生育人民，不是为了君主；上天设立君主，却是为了人民。所以，古代分封土地建立国家，并不仅仅是为了尊重诸侯；安排各种官职，区别爵位、俸禄的等级，并不仅仅是为了尊重大夫。

原文

主道知①人，臣道知事。故舜之治天下，不以事诏②而万物成。农精于田而不可以为田师，工贾亦然。

[注释]

①知：掌握。

②不以事诏：不具体吩咐事情该如何做，而只委派人去做。

[译文]

为君之道在于了解人，为臣之道在于了解政事。所以舜治理天下，

子路问津

长沮和桀溺一起耕田，孔子与弟子们路过时，在渡口迷了路，于是让子路问路。长沮说：“驾车的人是谁？”子路回答：“是孔丘。”长沮说：“他天生就应该知道渡口在哪里。”子路再问桀溺。桀溺说：“你是谁？”子路回答：“我是仲由。”桀溺说：“天下局势到处混乱，谁和你们去改变？你与其跟随他，还不如跟隐士。”于是两人继续播种。

不用事事详细吩咐而各种事情也办成了。农夫精通种地，却不能因此就去做管理农业的官吏，工人和商人也都一样。

原文

以贤易不肖，不待卜而后知吉。以治伐乱，不待战而后知克。

[译文]

用贤能的人去代替没有德才的人，不用等到占卜就知道是吉利的。用安定的国家去讨伐混乱的国家，不用等到交战就知道能攻克。

原文

齐人欲伐鲁，忌卞庄子①，不敢过卞。晋人欲伐卫，畏子路②，不敢过蒲③。

[注释]

①卞庄子：春秋时鲁国卞邑的大夫，十分勇猛，其事迹可参见《论语·宪问》及《韩诗外传》卷十第十三章。卞，鲁国城邑，在今山东泗水东。

②子路：即仲由（前 542 年—前 480 年），春秋卞邑人，字子路，一字季路，孔子弟子，有勇力，曾在卫国蒲邑做邑长。

③蒲：卫国城名，在今河南长垣西南。

[译文]

齐国人想攻打鲁国，害怕卞庄子，不敢经过卞城。晋国人想攻打卫国，顾忌子路，不敢经过蒲邑。

原文

不知而问尧、舜，无有而求天府①。曰：先王之道，则尧、舜已；六贰②之博，则天府已。

[注释]

①天府：朝廷的仓库。

②六贰：按卢文弨说，当为“六艺”之误，指《诗》《书》《礼》《乐》《易》《春秋》六经。

[译文]

不懂政治就问尧、舜，没有钱财就寻求于朝廷的宝库。我说：古代圣王的大道，就是尧、舜；六经包含的博大的内容，就是宝库。

原文

君子之学如蜕，幡然[1]迁之。故其行效，其立效，其坐效，其置[2]颜色、出辞气效。无留善，无宿问。

[注释]

①幡然：通“翻然”，迅速。

②置：采取。

[译文]

君子的学习有如蝉脱壳一样，会很快地变化。所以他走路效仿，站立效仿，坐着效仿，他的脸色和讲话所用的口气都效仿。不把好事留下不做，不把疑问拖延过夜。

原文

善学者尽其[1]理，善行者究其难。

[注释]

①其：指事物。

[译文]

善于学习的人彻底弄清事物的道理，善于做事的人彻底解决出现的困难。

原文

君子立志如穷[1]，虽天子、三公问正[2]，以是非对。

[注释]

①穷：不变通。

②正：通“政”。

[译文]

君子树立志向好像处于困境一样不能变通，即使是天子、三公询问政事，也要根据是非来进行回答。

原文

君子隘穷而不失，劳倦而不苟，临患难而不忘细席[1]之言。岁[2]不寒，无以知松柏；事不难，无以知君子无日不在是。

[注释]

①细席：按郝懿行说，当为“茵席”，即褥垫，指平时。

②岁：时节。

[译文]

君子穷困时不丧失志气，劳累时不苟且偷安，面临祸患时不背弃平时坐在席上说的话。时节不寒冷就无从了解松柏；事情不危难，就无从了解君子没有一天不这样。

原文

雨小，汉故潜[①]。夫尽小者大，积微者著[②]，德至者色泽洽，行尽而声问[③]远。小人不诚于内而求之于外。

[注释]

①汉：汉水，流经今陕西、湖北。潜：潜水，汉水的支流，有人认为就是今湖北潜江市的芦洑河。

②著：显著。

③问：通“闻”，声闻。

[译文]

雨下得小，汉水也依然流入潜水。全面收罗微小的就能变得巨大的，不断积累细微的就会成为显著的，道德高尚的人脸色就和润，品行完美的人名声就传得远。小人内心不诚实却追求表面的声誉。

原文

言而不称师谓之畔[①]，教而不称师谓之倍[②]。倍畔之人，明君不内[③]，朝士大夫遇诸涂不与言。

[注释]

①畔：通“叛”，背叛。

②倍：通“背”，违背。

③内：同“纳”，接纳。

[译文]

说话不称道老师叫作背叛，教学不称道老师叫作违背。背叛老师的人，英明的君主不接纳他，朝廷中的士大夫在路上遇到他不和他交谈。

原文

不足于行者，说过。不足于信者，诚言。故《春秋》善胥命[①]，而《诗》非屡盟[②]，其心一也。

[注释]

①胥命：春秋时诸侯会盟，在口头上约定而不订立盟约。

②《诗》非屡盟:《诗经 · 小雅 · 巧言》中说:“君子屡盟,乱是用长”,意为:诸侯屡次盟誓,祸乱因此越来越多。

[译文]

在行动上做得不够的人,往往言过其实。在信用方面做得不够的人,说话时往往表现得很真诚。所以《春秋》赞美口头上互相约定,而《诗经》反对屡次订立盟约,他们的用心是相同的。

原文

善为《诗》者不说,善为《易》者不占[①],善为《礼》者不相[②],其心同也。

[注释]

①占:占卜。

②相:替他人赞礼。

[译文]

精通《诗经》的人不做解说,精通《周易》的人不占卦,精通《礼》的人不替他人行礼,他们的用心是一样的。

原文

曾子[①]曰:“孝子言为可闻,行为可见[②]。言为可闻,所以说[③]远也;行为可见,所以说近也。近者说则亲,远者说则附。亲近而附远,孝子之道也。”

[注释]

①曾子:曾参,孔子弟子。

②言为可闻,行为可见:形容言辞行为光明磊落。

③说:通“悦”。

[译文]

曾子说:“孝子说的话可以让人听到,行为可以让人看到。说的话让人听到,是用来让远方的人高兴;做的事让人看到,是用来使附近的人高兴。附近的人高兴就

孝经传曾

曾子陪孔子坐,孔子说:“先王有最高的道德方法治理天下,人民和睦相处,上下没有怨恨,你知道吗?”曾子站起来说:“我很愚笨,怎么会知道呢?”于是孔子告诉他天子、诸侯、大夫以及庶人孝的道理,还说:“自天子到庶人,孝无始无终,因而担心不能尽孝的人从来就没有。”

会亲近，远方的人高兴就会归附。使附近的人亲近而远方的人前来归附，这是孝子做事的原则。”

原文

曾子行，晏子从于郊[①]，曰：“婴闻之：‘君子赠人以言，庶人赠人以财。’婴贫无财，请假于君子[②]，赠吾子以言：乘舆[③]之轮，太山之木也，示诸檃栝[④]，三月五月，为帱菜敝[⑤]，而不反其常[⑥]。君子之檃栝，不可不谨也，慎之！兰茝(chǎi)、稿本[⑦]，渐于密醴[⑧]，一佩易之。正君渐于香酒，可谗而得也。君子之所渐，不可不慎也。”

[注释]

①曾子行，晏子从于郊：根据《史记》记载，晏婴死于齐景公四十八年（前500年），而曾子比孔子小四十六岁，应当出生于公元前505年。因此，此文所述当为传说，并非史实。

②假于君子：假冒君子。这是谦虚的话，谦称自己无德，其实是因为无财，所以假冒君子赠言而不赠财。假，不真。

③乘舆：马车。

④示：通“置”，置。檃栝：矫正木材的工具。

⑤为：犹“则”。帱菜：当为“帱革”，缠束在车毂周围的皮革。帱，覆盖。

⑥反：通“返”，回复。常：平常，未经加工的木材的笔直形状。

⑦茝：同“芷”。稿本：一种香草，根可以入药。

⑧渐：浸。密：通“蜜”。

[译文]

曾子出行，晏子跟着送到郊外，说：“晏婴听说：‘君子以言语赠送人，百姓以财物赠送人。’我晏婴贫穷没有财物，请让我假冒君子，赠送给您一些话语：马车的车轮，是泰山上的木头做的，把它放置在矫正木材的工具中，经过三五个月就做成了，即使裹住车毂的皮革坏了，它也不会恢复原来的形状。君子对于正身的工具，不能不小心对待，一定要小心对待！兰芷、稿本等香草，浸在甜酒中，佩带过了就要更换。正直的君主如果浸在甜言蜜语中，也会被谗言浸润。君子对于所渐染的环境，不能不小心对待啊。”

原文

人之于文学[①]也，犹玉之于琢磨也。《诗》[②]曰：“如切如磋，如琢如磨。”谓学问也。和之璧[③]，井里之厥也[④]，玉人琢之，为天子宝[⑤]。子赣、季路[⑥]，故鄙人也，被文学，服[⑦]礼义，为天下列士。

[注释]

①文学：古代的文献典籍。

②《诗》：指《诗经·卫风·淇奥》。

③和：卞和，春秋时期楚国人。相传他发现一块玉石，经人雕琢后成为珍宝，被称和氏之璧。璧：一种玉石。

④井里：乡里。古代乡里共用一口水井，所以又称为井里。厥：起固定门闩作用的楔形石块，用木制成的写作“橛”，又称为“杙”。

⑤宝：《文选》卷二十五《答卢谌诗·序》作：“天下之宝”。

⑥子赣：即子贡，孔子弟子。季路：即子路，孔子弟子。

⑦服：实行，遵从。

[译文]

人对于研习古代文献典籍，就像玉器对于琢磨一样。《诗经》中说：“就像打磨骨头和象牙，就像雕磨玉器石头。”说的就是做学问。卞和的玉璧，原是乡里起固定门闩作用的石块，加工玉器的工匠雕琢了它，就成了天子的宝物。子贡、子路，原本都是浅陋的人，在文献典籍的影响下，遵从礼法道义，就成了天下的名士。

原文

学问①不厌，好士不倦，是天府也。

[注释]

①学问：学习。

[译文]

学习不满足，喜爱文士不厌倦，这就是帝王的宝库。

原文

君子疑则不言，未问则不言①。道远，日益②矣。

[注释]

①言：原作“立”，据《大戴礼记·曾子立事》改。

②益：增加。

[译文]

君子有疑惑时就不说，没有经过请教过的就不说。道路长远，知识则一天天地增加。

原文

多知而无亲①，博学而无方，好多而无定②者，君子不与。

[注释]

①无亲：指不亲近老师。

②无定：指不专一。

[译文]

知道的东西很多而不亲近老师，学习很广泛而没有方法，喜欢学得很多而没有专一的目标，君子不赞成这样做。

原文

少不讽诵[①]，壮不论议，虽可，未成也。

[注释]

①讽诵：原无“诵”字，据《大戴礼记·曾子立事》补。

[译文]

少年时期不读书，壮年时期不发表议论，即使资质很好，也不能有所成就。

原文

君子壹[①]教，弟子壹学，亟[②]成。

[注释]

①壹：专心。

②亟：通“急”。

[译文]

君子专心地教，学生专心地学，就能很快获得成功。

原文

君子进[①]，则能益上之誉而损下之忧。不能而居之，诬也；无益而厚受之，窃也。学者非必为仕，而仕者必如学。

[注释]

①进：做官。

[译文]

君子做官，就能够增加君主的荣誉而减少人民的忧患。无才无能而居于官位，就是行骗；对君主和人民没有好处而享受优厚的俸禄，就是盗窃。学习的人不一定都做官，而做官的人一定要学习。

原文

子贡问于孔子曰："赐①倦于学矣，愿息事君。"

孔子曰："《诗》②云：'温恭朝夕，执事有恪。'事君难，事君焉可息哉？"

"然则赐愿息事亲。"

孔子曰："《诗》③云：'孝子不匮，永锡尔类。'事亲难，事亲焉可息哉？"

"然则赐愿息于妻子。"

孔子曰："《诗》④云：'刑于寡妻，至于兄弟，以御于家邦。'妻子难，妻子焉可息哉？"

"然则赐愿息于朋友。"

孔子曰："《诗》⑤云：'朋友攸摄，摄以威仪。'朋友难，朋友焉可息哉？"

"然则赐愿息耕。"

孔子曰："《诗》⑥云：'昼尔于茅，宵尔索绹，亟其乘屋，其始播百谷。'耕难，耕焉可息哉？"

"然则赐无息者乎？"

孔子曰："望其圹⑦，皋如⑧也，颠⑨如也，鬲⑩如也，此则知所息矣。"

子贡曰："大哉，死乎！君子息焉，小人休⑪焉。"

[注释]

①赐：子贡的名。

②《诗》：指《诗经·商颂·那》。

③《诗》：指《诗经·大雅·既醉》。

④《诗》：指《诗经·大雅·思齐》。

⑤《诗》：指《诗经·大雅·既醉》。

⑥《诗》：指《诗经·豳风·七月》。

⑦圹：墓穴，此处指坟墓。

⑧皋：通"高"。如：犹"然"。

⑨颠：同“巅”，山巅。

⑩鬲：鼎一类的器物。

⑪休：停止。

［译文］

子贡问孔子说：“我已厌倦了学习，希望停下来侍奉君主。”

孔子说：“《诗经》中说：‘早晚应当温和恭敬，做事应当认真谨慎。’侍奉君主不容易，侍奉君主怎么可以停止学习呢？”

子贡说：“这样的话，那么我希望停下来侍奉父母。”

孔子说：“《诗经》中说：‘孝子的孝心没有穷尽，永远赐你同类人。’侍奉父母不容易，侍奉父母怎么可以停止学习呢？”

子贡说：“这样的话，那么我希望去照顾妻子儿女。”

孔子说：“《诗经》中说：‘先给妻子做榜样，然后影响到兄弟，然后再治理国家。’照顾妻子儿女不容易，照顾妻子儿女怎么可以停止学习呢？”

子贡说：“这样的话，那么我希望停下来和朋友在一起。”

孔子说：“《诗经》中说：‘朋友之间互相帮助，互相帮助要用礼节。’和朋友在一起不容易，和朋友在一起怎么可以停止学习呢？”

子贡说：“这样的话，那么我希望停下来种田。”

孔子说：“《诗经》中说：‘白天割茅草，夜晚将绳搓好，急忙修理屋顶，又要开始播种了。’种田不容易，种田怎么可以停止学习呢？”

子贡说：“这样的话，我就不能停下来了吗？”

孔子说：“远望那坟墓，高高的样子，就像个山顶，像鼎鬲一样，这就是可以停止学习的地方了。”

子贡说：“死亡可就重大了！君子休息了，小人也停止了。”

原文

《国风》之好色也①，传曰：“盈其欲而不愆其止②。其诚可比于金石，其声可内于宗庙。”《小雅》不以于污上③，自引④而居下，疾今之政，以思往者，其言有文焉，其声有哀⑤焉。

［注释］

①《国风》：《诗经》的一部分，《诗经》由风、雅、颂三部分组成。国风是各地的民间歌谣，共有十五国风。国风中有很多恋歌，故曰“好色”。

②愆：超过。止：界限，指礼。

③《小雅》：《诗经》的一部分，其中有许多批评朝政、抒发怨愤的作品，作者可能是下层官吏。以：用。

④引：退后。

⑤哀：哀怨。

[译文]

关于《国风》好色，解说它的书上说："满足欲望而又没有超出礼的规定。它的真诚可以和金石的坚固相比，它的音乐可以纳入宗庙。"《小雅》的作者不被腐朽的君主所利用，自己引退而居于卑下的官位，他们痛恨当时的政治，怀念从前，《小雅》的言辞很有文采，音乐具有哀怨的风格。

原文

国将兴，必贵师而重傅；贵师而重傅，则法度存。国将衰，必贱师而轻傅；贱师而轻傅，则人有快；人有快①，则法度坏。

[注释]

①快：放纵。

[译文]

国家将要兴盛时，一定尊敬老师而重视师傅；尊敬老师而重视师傅，那么法度就能保存。国家将要衰微时，一定鄙视老师而轻视师傅；鄙视老师而轻视师傅，那么人就会放纵；人有了放纵之心，法度就会遭到破坏。

原文

古者匹夫五十而士①；天子诸侯子十九而冠②，冠而听治，其教至也。

[注释]

①士：通"仕"。

②冠：指举行冠礼。古代为表示男子成年，要举行一种结发戴冠的礼仪，普通人在二十岁时举行，天子、诸侯的儿子受到更好的教育，比普通人早学成，在十九岁时就举行冠礼。

[译文]

古时的平民百姓到五十岁才能做官；而天子与诸侯的儿子在十九岁就能举行冠礼，举行冠礼后就能处理政事，因为他们受到的教育更为良好。

原文

君子也者而好之，其人①；其人也而不教，不祥。非君子而好之，非其人也；非其人而教之，赍②盗粮、借贼兵也。

[注释]

①其人：符合要求的人，此处指理想的教育对象。

②赍：资助。

[译文]

倾心爱慕君子的，就是理想的学生；对理想的学生不进行教育，是不吉利的。倾心爱慕不是君子的人，就不是理想的学生；对并非理想的学生去进行教育，就是把粮食送给小偷、把兵器借给盗贼。

原文

不自嗛[①]其行者，言滥过。古之贤人，贱为布衣，贫为匹夫，食则饘粥[②]不足，衣则竖褐不完[③]，然而非礼不进，非义不受。安取此？

[注释]

①嗛：通“歉”，不足，这里是意动词，“以……为不足”的意思。

②饘粥：较稠的粥。

③竖褐：竖直剪裁而制成的短小的粗布衣。不完：不完整，指衣服破烂。

[译文]

没有意识到自己德行不足的人，言语往往浮夸过分。古时的贤人，卑贱得做个平民，贫穷得做个百姓，连稀饭也不够吃，没有完整的粗布衣可穿，但是如果不符合礼制，他就不去做官，如果不符合道义，他就不接受给他的东西。哪会像夸夸其谈那种人的做法呢？

原文

子夏[①]家贫，衣若县鹑[②]。人曰：“子何不仕？”曰：“诸侯之骄我者，吾不为臣；大夫之骄我者，吾不复见。柳下惠[③]与后门者同衣而不见疑，非一日之闻也。争利如蚤[④]甲而丧其掌。”

[注释]

①子夏：姓卜，名商，字子夏，孔子弟子。

②县鹑：形容衣服破烂。县，通“悬”。鹑，鹌鹑。

③柳下惠：春秋时鲁国大夫。

④蚤：通“爪”。

[译文]

子夏家里很贫穷，衣服破烂得好像悬挂着的鹌鹑。有人问：“您为什么不去做官？”子夏说：“诸侯看不起我的，我不做他的臣子；大夫看不起我的，我不再见他的面。柳下惠和看守后门的人一样穿着破烂的衣服而不被怀疑，这已不是一天的传闻了。争权夺利就像抓住了指甲却丢掉了手掌。”

原文

君人者不可以不慎取臣，匹夫不可以不慎取友。友者，所以相有①也。道不同，何以相有也？均薪施火，火就燥；平地注水，水流湿。夫类之相从也如此之著②也，以友观人，焉所疑？取友善人，不可不慎，是德之基也。《诗》③曰：“无将大车，维尘冥冥。”言无与小人处④也。

[注释]

①有：通“友”，友爱，亲爱。一说通“佑”，帮助。

②著：显著。原作“箸”，据世德堂本改。

③《诗》：指《诗经·小雅·无将大车》。

④处：相处。

[译文]

统治人民的君主不可以不小心地选取臣子，百姓不可以不小心地选择朋友。朋友，是为了互相友爱的。如果奉行的原则不一致，用什么来互相友爱呢？把柴草均匀地铺平而点上火，火总是向干燥的地方烧；在平整的土地上浇水，水总是向潮湿的地方流去。同类事物之间的互相依从就是这样明显，根据朋友来观察人，还有什么需要怀疑的？选择朋友、和别人友好，不能不慎重，这是德行的基础啊。《诗经》中说：“不要扶着牛车向前进，尘土飞扬会脏身。”意思是不要和小人相处。

原文

蓝苴路作①，似知而非。偄(nuò)②弱易夺，似仁而非。悍戆③好斗，似勇而非。

[注释]

①蓝苴路作：按刘师培说，“蓝”当作“滥”，“苴”当作“狙”，“路”当作“略”，“作”当作“诈”。大约为伺机欺诈的意思。按日本学者猪饲彦博说，此四字当作“监、狙、诌、诈”。

②偄：通“懦”，软弱。

③戆：愚蠢而刚直。

[译文]

对人伺机欺诈，看起来很明智而并非明智。软弱而容易被人改变主张，看起来很仁慈而并非仁慈。凶狠愚蠢而喜欢争斗，看起来很勇敢而并非勇敢。

原文

仁、义、礼、善之于人也，辟[①]之，若货财粟米之于家也：多有之者富，少有之者贫，至[②]无有者穷。故大者不能[③]，小者不为，是弃国捐身之道也。

[注释]

①辟：通“譬”，比喻。

②至：极。

③不能：不会做。

[译文]

仁、义、礼、善对于人来说，打个比方，就像钱财粮食对于家庭一样：拥有很多就富裕，拥有很少就贫穷，一点都没有就困窘。所以大事不会做，小事又不去做，这是抛弃国家丢弃自我的道路。

原文

凡物有乘[①]而来。乘[②]其出者，是其反[③]者也。

[注释]

①乘：因，凭借，依靠。

②乘：按王念孙说，此字为衍文。

③反：通“返”。

[译文]

所有的事物都是有一定的原因才来临的。它出现的地方，就是将要返回的地方。

原文

流言灭之，货色[①]远之。祸之所由生也，生自纤纤也。是故君子蚤[②]绝之。

[注释]

①货色：财货和女色。

②蚤：通“早”。

[译文]

流言蜚语要消灭，钱财女色要远离。祸患产生的根源，都是那些细微的地方。所以君子一定要及早消灭它。

原文

言之信者，在乎“区盖[1]”之间。疑则不言，未问则不立。

［注释］

①区盖：通“丘盖”，空疑，即阙疑，指对疑惑不解的问题不妄加论断。区，通“丘”，空。盖，表示疑问的发语词。

［译文］

说话可信的人，存在于阙疑之中。有疑问的不说，没有请教过的事情不说。

原文

知[1]者明于事，达于数，不可以不诚事也。故曰：“君子难说[2]，说之不以道，不说也。”

［注释］

①知：同“智”。

②说：通“悦”。

［译文］

智者对事情十分明白，对事理十分通达，我们不可以不忠诚地对待明智的人啊。所以说：“对于君子，很难使他高兴，不通过正道使他高兴，他是不会高兴的。”

原文

语曰：“流丸止于瓯、臾[1]，流言止于知者。”此家言邪学之所以恶儒者也。是非疑，则度之以远事，验之以近物，参之以平心，流言止焉，恶言死焉。

［注释］

①丸：圆球。瓯、臾：都是盛物品的瓦器，此处喻指地上低洼的地方。

［译文］

俗话说：“滚动的圆球遇到凹坑就会停下，流言蜚语遇到智者就会止息。”这就是那些私家之言与邪恶的学说痛恨儒者的原因。是对是错出现疑惑，就用久远的事情来衡量，用近处的事情来检验，用公正的心态来考察，流言蜚语就会止息，邪恶的言论就会消亡。

原文

曾子食鱼有余，曰：“泔之[1]。”门人曰：“泔之伤人，不若奥[2]之。”

曾子泣涕曰："有异心乎哉！"伤其闻之晚也。

［注释］

①泔之：把吃剩的鱼和其他吃剩的菜合用米汁浸在一起，这样的菜容易变质，所以会"伤人"。泔，米汁。

②奥：腌。

［译文］

曾子吃鱼有剩余，说："把它和其他菜合在一起用米汁浸起来。"他的学生说："用米汁浸起来会伤害人的身体，不如把它腌起来吧。"曾子流着泪说："我难道别有用心吗？"为自己太晚听到这种话而伤心。

原文

无用吾之所短遇人之所长，故塞而避所短，移而从所仕[①]。疏[②]知而不法，察辨而操僻[③]，勇果而亡[④]礼，君子之所憎恶也。

［注释］

①仕：按俞樾说，当为"任"字。任，能。

②疏：通。

③操僻：行为邪僻。

④亡：通"无"。

［译文］

不要用自己的短处对付别人的长处，因此要回避自己的短处，迁就并发挥自己的长处。通达聪明而不合法度，明察善辩而行为邪恶怪僻，勇敢果断而不合礼法，这是被君子憎恶的。

原文

多言而类，圣人也。少言而法，君子也。多言无法而流湎然，虽辩，小人也。

［译文］

说话很多而合乎法度，是圣人。说话很少而合乎法度，是君子。说话很多却不合法度并且沉醉在其中，即使能言善辩，也只是一个小人。

原文

国法禁拾遗，恶民之串(guàn)以无分得也[①]。有分义，则容天下而治；无分义，则一妻一妾而乱。

[注释]

①串：习惯。分：名分。

[译文]

国家的法令禁止拾取别人丢失的东西，这是憎恶人民习惯了不按名分获取财物。有了名分道义，就能包容天下并把它治理好；没有名分道义，即使只有一妻一妾，也会混乱。

原文

天下之人，唯①各特意哉，然而有所共予②也。言味者予易牙③，言音者予师旷④，言治者予三王⑤。三王既已定法度、制礼乐而传之，有不用而改自作，何以异于变易牙之和⑥、更师旷之律？无三王之法，天下不待亡，国不待死。

[注释]

①唯：通“虽”，虽然。

②予：通“与”，赞许。

③易牙：春秋时齐国厨师，齐桓公的近臣。

④师旷：字子野，春秋时晋国乐师。

⑤三王：夏、商、周三代的开国君主。

⑥和：烹调方法。

[译文]

天下的人，虽然各自有独特的想法，却也有共同赞许的东西。谈论美味的人都赞许易牙，谈论音乐的人都赞许师旷，谈论治理国家的人都赞许三王。三王既已确定了法度、制作了礼乐并把它们传了下来，如果不遵用而加以更改，自己重新制订一套，那与改变易牙的调味方法、改变师旷的音律有什么不一样呢？没有了三王的法度，天下不用等很久就会沦亡，国家不用等很久就会覆灭。

原文

饮而不食者，蝉也；不饮不食者，浮蝣①也。

[注释]

①浮蝣：即蜉蝣，寿命很短，有的只能存活数小时，长的也不过六、七日。

[译文]

只喝水而不吃东西的，是蝉；不喝水也不吃东西的，是蜉蝣。

原文

虞舜、孝己，孝而亲不爱[1]；比干、子胥，忠而君不用；仲尼、颜渊[2]，知而穷于世。劫迫于暴国而无所辟[3]之，则崇其善，扬其美，言其所长，而不称其所短也。

[注释]

①虞舜、孝己，孝而亲不爱：据《孟子·万章上》及《史记·五帝本纪》载，舜的生母死后，他的父亲瞽瞍又娶妻，生了象。瞽瞍与象多次想杀死舜，但舜仍然孝顺父亲，成为天子后，还去朝拜父亲，并封象为诸侯。孝己，相传为殷高宗武丁之子，为人至孝，遭后母谗言被放逐而死。

②颜渊：即颜回，字子渊，鲁国人，孔子弟子。

③辟：通“避”。

[译文]

虞舜、孝己，孝顺父母而不被父母疼爱；比干、子胥，忠于君主而得不到君主的任用；孔子、颜渊，智慧通达而在社会上困窘。被迫生活在残暴的国君统治的国家中又没有办法逃避，那就应该崇尚他的善良，宣扬他的美德，谈论他的长处，而不谈论他的短处。

原文

惟惟[1]而亡者，诽也；博而穷者，訾[2]也；清之而俞[3]浊者，口也。

[注释]

①惟惟：通“唯唯”，应答声，相当于“是是”，这里用来形容顺从的模样。

②訾：诋毁。

③俞：通“愈”。

[译文]

唯唯顺从却导致死亡的，是由于诽谤；知识渊博而穷困的，是由于诋毁；想澄清而愈来愈混浊的，是由于言语不实。

原文

君子能为可贵，不能使人必贵己；能为可用，不能使人必用己。

[译文]

君子能够使自己被人尊重，但不能使别人一定尊重自己；能够使自己成为可以被人任用的人才，但不能使别人一定任用自己。

原文

诰[1]誓不及五帝，盟诅不及三王[2]，交质子不及五伯[3]。

［注释］

①诰：古时君主对下发布的文告。

②盟：在神前歃血为盟，缔结誓约。诅：誓约。

③五伯：五霸。伯，通“霸”。

［译文］

向下发布的文告与誓言，追溯不到五帝；缔结盟约，追溯不到三王；交换儿子作为人质，追溯不到五霸。

宥坐第二十八

题解

本篇篇名取自“宥坐之器”的前两个字，实际指的便是“宥坐之器”，即摆放在座位右边的一种器皿。这种器皿的特点是，把水注满后便会翻倒，但如果空着便会倾斜，只有在水注得恰好时才会端正。它摆放在座位右边是为了起到提醒的作用，告诫座位上的人做事不要过分或不及。全篇内容主要是对孔子一些言行事迹的陈述。作者对孔子的思想十分仰慕，并希望能够加以继承。本篇之后的五篇，是荀子及其弟子平时摘录的资料，后来经过整理，汇编分篇而成。这些内容虽然不是荀子思想研究的第一手资料，但对于了解荀子的思想倾向也有着一定的价值。

原文

孔子观于鲁桓公[1]之庙，有欹(qī)器[2]焉。孔子问于守庙者曰：“此为何器？”守庙者曰：“此盖为宥[3]坐之器。”孔子曰：“吾闻宥坐之器者，虚则欹，中则正，满则覆。”孔子顾谓弟子曰：“注水焉！”弟子挹水而注之。中而正，满而覆，虚而欹。孔子喟然而叹曰：“吁！恶有满而不覆者哉？”子路曰：“敢问持满有道乎？”孔子曰：“聪明圣知，守之以愚；功被天下，守之以让；勇力抚世，守之以怯；富有四海，守之以谦[4]。此所谓挹[5]而损之之道也。”

[注释]

①鲁桓公：名轨（一作允），春秋时期鲁国国君，鲁惠公之子，鲁隐公之弟，公元前711年至公元前694年在位。

②欹器：一种容易倾斜的器皿。欹，同“攲”，倾斜。

③宥：通“右”。

④谦：通“廉”，俭约。

⑤挹：通“抑”。

[译文]

孔子在鲁桓公的庙里参观，看到一个倾斜的器皿。孔子问守庙的人说：“这是什么器皿？”守庙的人说：“这大概是君主放在座位右边的一种器皿。”孔子说：“我听说放在君主座位右边的器皿，空着时会倾斜，灌入一半水就会端正，灌满水就会翻倒。”孔子回头对弟子说：“向里面灌上水！”弟子舀了水往里灌。灌到一半时就端正了，灌满后就翻倒了，水倒空了就倾斜了。孔子长叹一声，说：“唉！哪有满了而不翻的呢？”子路说：“我想问一下，有什么方法保持满着吗？”孔子说：“聪明圣智，用愚笨来保持它；功劳惠及天下，用谦让来保持它；勇敢而能压制世人，用胆怯来保持它；富有天下，用节俭来保持它。这就是抑制并贬损的方法。”

原文

孔子为鲁摄相[①]，朝七日而诛少正卯[②]。门人进问曰：“夫少正卯，鲁之闻人也。夫子为政而始诛之，得无失乎？”

孔子曰：“居！吾语女其故。人有恶者五，而盗窃不与[③]焉：一曰心达而险，二曰行辟而坚，三曰言伪而辩，四曰记丑而博，五曰顺非而泽。此五者，有一于人，则不得免于君子之诛，而少正卯兼有之。故居处足以聚徒成群，言谈足以饰邪营众，强足以反是独立，此小人之桀雄也[④]，不可不诛也。是以汤诛尹谐，文王诛潘止，周公诛管叔，太公诛华仕[⑤]，管

诛少正卯

少正卯是春秋时代鲁国的大夫，他和孔子都开办私学，招收学生，多次把孔子的学生都吸引过去，因此被称为“闻人”。鲁定公十四年（前496年），孔子任鲁国大司寇，他上任七日后把少正卯杀死在两观的东观之下。

仲诛付里乙，子产诛邓析[⑥]、史付。此七子者，皆异世同心，不可不诛也。《诗》[⑦]曰：‘忧心悄悄，愠于群小。’小人成群，斯足忧矣。”

[注释]

①摄相：代理相国。

②少正卯：春秋时期鲁国人，曾与孔子同时在鲁国讲学。他的学说与孔子针锋相对，多次把孔门弟子吸引过去。

③与：参加。

④桀：通“杰”，特别的、超出常人的人。雄：强有力的人。

⑤华仕：西周初年齐国东部渤海边的隐士，他不愿做官，靠种田为生。姜太公认为他既然不愿入朝做官，就不能被自己利用，就把他杀了。见《韩非子·外储说右上》。

⑥邓析：春秋时期郑国人。据《左传·定公九年》记载，邓析是被驷颛所杀的。此文以及《吕氏春秋·离谓》《淮南子·泛论》等说他是被子产所杀，大概是战国之后的传闻。

⑦《诗》：指《诗经·邶风·柏舟》。

[译文]

孔子做鲁国的代理相国，当政才七天就杀了少正卯。他的学生进来问他说：“少正卯，是鲁国的名人啊。先生当政就先把他杀了，不会有错吗？”

孔子说：“坐下！我告诉你原因。人有五种罪恶的行为，而盗窃不包括在内：一是头脑精明而内心险恶，二是做事邪僻却又顽固，三是说话虚伪又很善辩，四是记述丑恶的事物又十分广博，五是顺从错误而对其进行润色。这五种罪恶，在一个人的身上只要出现一种，就不能免于被君子杀戮，而少正卯却同时具备了这五种罪恶。所以他居住之处足以聚集门徒而成群结队，言谈足以用来掩饰邪恶而迷惑大家，他刚强的意志足以反对正确的东西而独立自主，这在小人中是豪杰，不能不杀。所以商汤杀了尹谐，周文王杀了潘止，周公杀了管叔，姜太公杀了华仕，管仲杀了付里乙，子产杀了邓析和史付。这七个人，都是处在不同的时代而有相同的邪恶思想，不能不杀。《诗经》中说：‘忧愁的心中有许多凄楚，被群小所怨怒。’小人成了群，就值得担忧了。”

原文

孔子为鲁司寇[①]，有父子讼者，孔子拘之，三月不别。其父请止，孔子舍之。季孙[②]闻之，不说[③]，曰：“是老也欺予，语予曰：‘为国家必以孝。’今杀一人以戮[④]不孝，又舍之。”冉子[⑤]以告。孔子慨然叹曰：“呜呼！上失之，下杀之，其可乎？不教其民而听其狱，杀不辜也。三军大败，不可斩也；狱犴（àn）[⑥]不治，不可刑也，罪不在民故也。嫚令谨诛，贼也；今生也有时，敛也无时，暴也；不教而责成功，虐也。已[7]此三者，然后刑可即[8]也。《书》[9]曰：'义刑义杀，勿庸以即，予维曰：未有顺事。'言先教也。

"故先王既陈之以道，上先服之。若不可，尚贤以綦[10]之；若不可，废不能以单[11]之。綦三年而百姓从风矣。邪民不从，然后俟之以刑，则民知罪矣。《诗》[12]曰：'尹氏大师，维周之氐。秉国之均，四方是维。天子是庳(pí)，卑民不迷。'是以威厉而不试，刑错[13]而不用。此之谓也。

"今之世则不然。乱其教，繁其刑，其民迷惑而堕焉，则从而制之，是以刑弥繁而邪不胜。三尺之岸而虚车不能登也，百仞之山任负车登焉[14]，何则？陵迟故也。数仞之墙而民不逾也，百仞之山而竖子冯[15]而游焉，陵迟故也。今夫世之陵迟[16]亦久矣，而能使民勿逾乎？《诗》[17]曰：'周道如砥，其直如矢。君子所履，小人所视。眷焉顾之，潸焉出涕。'岂不哀哉？"

［注释］

①司寇：官名，主管司法的最高官吏。据《史记·孔子世家》记载，孔子曾在鲁定公九年（前501年）至鲁定公十四年（前496年）担任鲁国司寇。

②季孙：鲁国大夫，他是鲁桓公少子季友的后裔，在春秋后期掌握了鲁国的政权。此处指的应为季桓子，即季孙斯，是鲁国定公、哀公时执政的卿（前505年—前492年在位）。

③说：通"悦"。

④戮：通"僇"，羞辱。这里用作动词。

⑤冉子：即冉求，孔子弟子，曾协助季孙进行革新。

⑥犴：监狱、拘留所。

⑦已：止。

⑧即：就，靠近。

⑨《书》：指《尚书·康诰》。

⑩綦：通"僇"，教导。

⑪单：通"惮"，使……害怕。

⑫《诗》：指《诗经·小雅·节南山》。

⑬错：通"措"，置。按文义，"是以威厉而不试，刑错而不用"在"则民知罪矣"之下更为恰当。

⑭仞：古代测量单位，七尺或八尺为一仞。任负：负荷。

⑮冯：同“凭”，登。

⑯陵迟：坡度较平缓，此处指政令刑法宽松和缓，不严苛肃杀。

⑰《诗》：指《诗经·小雅·大东》。

[译文]

孔子担任鲁国的最高司法大臣，有父亲和儿子打官司的，孔子拘留了儿子，三个月也没有判决。他的父亲请求停止诉讼，孔子就释放了他的儿子。季桓子听到这件事后很不高兴，说：“这位老先生欺骗我啊，他曾告诉我：‘治理国家一定要用孝道。’现在杀掉一个人就能使不孝之子感到羞辱，却又放了他。”冉求把这些话告诉了孔子。孔子感叹着说：“哎呀！君主丧失了正确的政治原则，臣下就杀了他们，那样可以吗？不去教育人民而只是判决他们的官司，这是在屠杀无罪之人啊。军队大败而归，不能全部斩首；监狱方面的事情没有处理好，不能施加刑罚，因为罪过并不在人民身上啊。放松法令而刑罚严酷，这是残害；作物生长有一定的时节，而征收赋税却不受限制，这是残酷；不加以教导却要求成功，这是暴虐。这三种行为得到了制止，刑罚才可以施加给人们。《尚书》上说：‘按照恰当的原则用刑，按照恰当的原则杀人，不要拿刑罚来顺从自己的想法，我们只能说：自己还没有将事情处理得当。’这就是说要先加以教导啊。

“所以，古代的圣王已经宣布了政治原则，自己首先就要遵行它。如果做不到这一点，就推崇贤德的人来对人民加以教导；如果做不到这一点，就废黜无能的人使人民感到畏惧。最多三年，百姓就都顺从圣王的教化了。奸邪的人不依从，就用刑罚等待他们，人们就会知道他们的罪过了。《诗经》中说：‘尹太师啊，是周王朝的基石。掌握国家的政权，天下靠他来维持。天子由他来辅佐，使人民不失去方向。’因此，刑罚虽然有厉害的威势，却可以不使用，刑罚可以搁置在一边。说的就是这个道理啊。

“现在的社会却并非如此。教化被搞得混乱不堪，刑法被搞得繁多复杂，人民因为迷惑而落入法网，就立刻制裁他们，因此虽然刑罚更加繁多，邪恶却不能被战胜。三尺高的陡壁，就是空车也无法上去；上百丈的高山，载重的车也能拉上去，这是什么道理呢？是因为坡度平缓啊。几丈高的墙，人无法翻过；百丈高的山，小孩也能登上去游玩，这也是因为坡度平缓啊。现在社会上出现坡度平缓的现象也已经很久了，人民能不越轨吗？《诗经》中说：‘大路平得像磨刀石，笔直得像箭杆。贵人在上面走，百姓抬头看着。回头看啊回头看，眼泪模糊了眼睛。’这难道不可悲吗？”

原文

《诗》[1]曰：“瞻彼日月，悠悠我思。道之云远，曷云能来。”子曰：“伊[2]稽首，不其有来乎？”

[注释]

①《诗》：指《诗经·邶风·雄雉》。

②伊：此，指诗人。

[译文]

《诗经》中说："望着太阳和月亮，我的思念不断绝。道路是那么遥远，他又怎么能回来。"孔子说："和他志同道合，难道他不回来了吗？"

原文

孔子观于东流之水。子贡问于孔子曰："君子之所以见大水必观焉者，是何？"孔子曰："夫水大①，遍②与诸生而无为也，似德；其流也埤③下，裾拘④必循其理，似义；其洸洸乎不淈尽⑤，似道；若有决行之，其应佚⑥若声响，其赴百仞之谷不惧，似勇；主⑦量必平，似法；盈不求概⑧，似正；淖约⑨微达，似察；以出以入，以就鲜絜⑩，似善化；其万折也必东，似志。是故君子见大水必观焉。"

[注释]

①大：按王念孙说，当为衍文。

②遍：普及。

③埤：通"卑"，低下。

④裾拘：通"倨句"，曲折。古时称稍有曲折呈钝角形态的为"倨"，有很大曲折呈锐角形态的为"句"，曲折成直角的为"矩"。

⑤洸洸：通"滉滉""潢潢"，形容水势浩大。淈：通"屈"，竭尽。

⑥佚：通"逸"，奔跑。

⑦主：通"注"，注入。

⑧概：木板，用于量谷物时刮平斗斛。

⑨淖约：形容柔弱。淖，通"绰"。

⑩絜：通"洁"。

在川观水

孔子站在河边看水，子贡过来问道："为什么君子见到水就一定要看呢？"孔子回答说："河水连绵不绝，跟道是一样的，所以君子见到水一定要看。"

[译文]

孔子观赏东流的河水。子贡问孔子说："君子看见浩大的流水就一定要进行观赏，这是为什么？"孔子说："那流水，普及润泽万物而无所作为，就像德一样；它流动时朝向低下的地方，弯弯曲曲必然遵循向下流动的规律，就像义一样；它浩浩荡荡无穷无尽，就像道一样；如果有人掘开一个口子使它通行，它随即奔流向前，好似回声应和的声音，它奔赴上百丈深的山谷也不害怕，就像勇敢一样；它注入低洼的地方一定很平，就像法度一样；它注入量器后不需要使用刮板刮平，就像公正一样；它十分柔软能到达所有细微的地方，就像明察一样；各种物体在水中出入淘洗，便可逐渐鲜美洁净，像善于教化一样；它千回万折而必定向东流去，就像意志一样。所以君子看见浩大的流水就一定要进行观赏。"

原文

孔子曰："吾有耻也，吾有鄙也，吾有殆①也。幼不能强学，老无以教之，吾耻之；去其故乡，事君而达，卒②遇故人，曾无旧言，吾鄙之；与小人处者，吾殆之也。"

[注释]

①殆：危险。

②卒：通"猝"，突然。

[译文]

孔子说："我认为一些事情是耻辱的，我认为一些事情是卑鄙的，我认为一些事情是危险的。年幼时不努力学习，年老时就没有什么可以教给别人的，我认为这是耻辱；离开自己的故乡，侍奉君主而获得了显贵的身份，突然碰到从前的朋友，竟然没有怀旧的话可说，我以为这是卑鄙的；和小人相处，我以为这是危险的。"

原文

孔子曰："如垤(dié)①而进，吾与之；如丘而止，吾已②矣。今学曾未如疣赘③，则具然欲为人师。"

[注释]

①垤：蚂蚁做窝时堆在洞穴外边的小土堆。

②已：停止。

③疣赘：又作"赘疣"，人身体上的肉瘤，比喻没有用处的东西。

[译文]

孔子说："成就即使像蚂蚁洞口的小土堆一样小，但只要努力前进，我就表示赞同；成就即使像大土山一样大，但止步不前，我就表示不赞同。现在有些人学到的东西还不如一个肉瘤，却自我满足地想当别人的老师。"

原文

孔子南适楚，厄于陈、蔡之间[1]，七日不火食，藜羹不糁[2]，弟子皆有饥色。子路进问之曰："由闻之：'为善者，天报之以福；为不善者，天报之以祸。'今夫子累德、积义、怀美，行之日久矣，奚居之隐也？"

孔子曰："由不识，吾语女。女以知者为必用邪？王子比干不见剖心乎！女以忠者为必用邪[3]？关龙逢[4]不见刑乎！女以谏者为必用邪？伍子胥不磔姑苏东门外乎[5]！夫遇不遇者，时也；贤不肖者，材也；君子博学深谋不遇时者多矣！由是观之，不遇世者众矣！何独丘也哉？且夫芷[6]兰生于深林，非以无人而不芳。君子之学，非为通也，为穷而不困、忧而意不衰也，知祸福终始而心不惑也。夫贤不肖者，材也；为不为者，人也；遇不遇者，时也；死生者，命也。今有其人不遇其时，虽贤，其能行乎？苟[7]遇其时，何难之有？故君子博学、深谋、修身、端行以俟其时。"

孔子曰："由！居！吾语女。昔晋公子重耳霸心生于曹[8]，越王勾践霸心生于会稽[9]，齐桓公小白霸心生于莒[10]。故居不隐者思不远，身不佚[11]者志不广。女庸安知吾不得之桑落之下[12]？"

[注释]

①陈：陈国，在今河南开封东边及安徽亳州北边一带。蔡：蔡国，在今安徽凤台一带。

②藜：一种可以食用的野菜。羹：用肉或菜蒸煮而成的食物。糁：同"糁"，将米掺入羹中。

③邪：通"耶"。

④关龙逄：夏朝人，桀的大臣，因进谏被桀杀死。

⑤伍子胥：春秋时期楚国人，后成为吴国大臣，因反对吴王夫差同越国讲和，被吴王逼迫自杀。磔：古代的一种酷刑，此处指碎尸。

伍子胥剑赠渔父

伍子胥逃亡时来到江边，一个渔翁看情况危急，就渡伍子胥过江。伍子胥过江后，把身上佩戴的宝剑解下送给渔翁。渔翁说："按照法令，抓到你难道仅仅值一把宝剑吗？"坚决不肯接受。

姑苏：地名，今江苏苏州。

⑥芷：又名白芷，一种香草。

⑦苟：如果。

⑧重耳：即晋文公。晋献公听信了骊姬的谗言后，要杀死重耳，迫使重耳出亡。他流亡时曾经过翟、卫、齐、曹、宋、郑、楚、秦等国。经过曹国时，曹共公对重耳无礼，使他十分愤怒，激起了他的称霸之心。见《左传·僖公二十三年》。曹：周代诸侯国，在今山东定陶西北。

⑨勾践：春秋时期越国国君。会稽：指会稽山，在今浙江绍兴。前494年，吴王夫差攻打越国，越王勾践战败，逃走时被困在会稽山。越国大夫文种通过吴国太宰嚭向夫差求和。后来，勾践卧薪尝胆，与范蠡、文种等人经过不懈努力，终于在前473年消灭了吴国。

⑩霸心生于莒：小白在即位前曾逃亡到莒国，可能在那里受到了无礼的待遇。莒，周代诸侯国名，在今山东莒县一带。

⑪佚：通“逸”，奔逃。

⑫庸安：怎么。桑落：叶子枯落的桑树，此处喻处境困窘。

［译文］

孔子向南去楚国，被困在陈国和蔡国之间，七天没有生火做饭，野菜羹中连一点米都没有，学生们脸上都有挨饿的颜色。子路上前问孔子说：“我听说：‘做好事的人，上天用幸福回报他；做坏事的人，上天用灾祸回报他。’现在先生积累功德、奉行道义、心怀美好的理想，这样做很久了，为什么处在这样窘迫的境地呢？”

孔子说：“仲由你不明白，我来告诉你。你认为有才智的人一定会受到重用吗？王子比干不是被剖腹挖心了吗！你认为忠诚的人一定会受到任用的？关龙逢不是被杀害了吗！你认为劝谏的人一定会受到任用吗？伍子胥不是在姑苏城的东门之外惨遭碎尸了吗！能得到君主的赏识还是不能得到君主的赏识，要靠时机；有德才还是没有德才，要看各人的资质；君子博学多识深谋远虑却碰不到好时机的有很多呢！这样看来，得不到社会赏识的人是很多的！哪里只有我孔丘一个呢？再说白芷兰草生长在深山里，并不是因为无人赏识就不香了。君子学习，也不是为了通达显贵，而是为了在不得志时不感到困窘，在碰到忧患时意志不会衰退，明白祸福死生的道理而内心不迷惑。有德才还是没有德才，取决于资质；做还是不做，取决于人；能得到赏识还是不能得到赏识，取决于时机；是死还是生，取决于命运。现在有了理想的人才却无法遇到好时机，那么即使贤能，他能够有所成就吗？如果遇到了好时机，那还有什么困难呢？所以，君子广泛学习、深谋远虑、修养心身、端正品行来等待机遇。”

孔子又说：“仲由！坐下！我讲给你听。从前晋公子重耳的称霸之心产生于流亡经过的曹国，越王勾践的称霸之心产生在被围困的会稽山，齐桓公小白的称霸之心产生在逃亡时到过的莒国。所以没有处在窘境的人想的就不远，没有逃亡过的人志向就不广大。你怎么知道我在这叶子枯落的桑树底下就不可以得志呢？”

原文

子贡观于鲁庙[①]之北堂，出而问于孔子曰："乡者赐观于太庙之北堂[②]，吾亦未辍，还复瞻被九盖[③]，皆继，被[④]有说邪？匠过绝邪？"孔子曰："太庙之堂亦尝[⑤]有说，官致良工，因丽节文，非无良材也，盖曰贵文也。"

[注释]

①鲁庙：鲁国的宗庙。

②乡者：刚才。赐：子贡的名。太庙：天子的祖庙。据《公羊传·文公十三年》，春秋时，鲁国将周公庙也称为太庙。

③被：通"彼"。九盖：九门。古时天子的庙堂有九门，南面有三门，东、西、北面各有二门。盖，通"阖"，门。

④被：按杨倞说，当为"彼"。

⑤尝：通"当"。

[译文]

子贡参观鲁国宗庙的北堂，出来后问孔子："刚才我参观了太庙的北堂，我没有停步，转回去再观看那九扇门，都是拼接的，其中有什么讲究吗？是因为木匠的过失而把木料弄断的吗？"孔子说："太庙的北堂应该是有讲究的，官府招来技艺高超的工匠，依靠木材本身的华丽来进行文饰，并不是没有好的木头，大概是因为重视文采吧。"

子道第二十九

题解

本篇以"子道"为名，篇中论述的主要内容是孝道，开篇的几段都是围绕这个问题展开的。但本篇并非仅限于对孝道的论述，也记载了孔子及其弟子关于其他问题所展开的讨论。

原文

入孝出弟[①]，人之小行也。上顺下笃，人之中行也。从道不从君，从义不从父，人之大行也。若夫[②]志以礼安，言以类[③]使，则儒道毕矣；虽舜，不能加毫末于是矣。

[注释]

①弟：同“悌”。

②夫：语气词。

③类：法度。

[译文]

在家孝敬父母，出外尊敬兄长，这是人较小的德。对上顺从，对下厚道，这是人中等的德。顺从大道而不顺从君主，顺从道义而不顺从父亲，这是人最大的德。至于根据礼安排志向，根据法度措辞说话，儒家之道也就具备了；即使舜，也不能够在这个方面有丝毫增益了。

原文

孝子所以不从命有三：从命则亲危，不从命则亲安，孝子不从命乃衷[①]；从命则亲辱，不从命则亲荣，孝子不从命乃义；从命则禽兽，不从命则修饰，孝子不从命乃敬。故可以从而不从，是不子也；未可以从而从，是不衷也。明于从不从之义，而能致恭敬、忠信、端悫以慎行之，则可谓大孝矣。传曰：“从道不从君，从义不从父。”此之谓也。故劳苦雕萃[②]而能无失其敬，灾祸患难而能无失其义，则不幸不顺见恶而能无失其爱，非仁人莫能行。《诗》[③]曰：“孝子不匮。”此之谓也。

[注释]

①衷：通“忠”。

②雕萃：通“凋悴”，憔悴。

③《诗》：指《诗经·大雅·既醉》。

[译文]

孝子不服从命令的情况有三种：服从命令会使父母亲有危险，不服从命令会使父母亲安全，那么孝子不服从命令就是忠诚；服从命令会使父母亲遭受耻辱，不服从命令会使父母亲光荣，那么孝子不服从命令就是奉行道义；服从命令就使行为像禽兽一样野蛮，不服从命令就使修养良好端正，那么孝子不服从命令就是恭敬。所以，可以服从却不服从，就不是孝子之道；不可以服从却服从，这是不忠诚。明白了服从和不服从的道理，并能做到恭敬尊重、忠诚守信、正直实在地加以谨慎实行，就可以称为最大的孝了。古书上说：“顺从正道而不顺从君主，顺从道义而不顺从父亲。”讲的就是这样的道理。所以劳苦憔悴还可以不失去对父母的恭敬，遭遇灾难时还可以不失去对父母应尽的道义，即使不幸因为不顺从父母而被父母憎恶时仍能不失去对父母的爱，不是仁德之人就做不到。《诗经》中说：“孝子的孝无穷无尽。”讲的就是这样的道理。

原文

鲁哀公[①]问于孔子曰："子从父命，孝乎？臣从君命，贞乎？"三问，孔子不对[②]。

孔子趋[③]出，以语子贡曰："乡[④]者君问丘也，曰：'子从父命，孝乎？臣从君命，贞乎？'三问而丘不对，赐以为何如？"

子贡曰："子从父命，孝矣；臣从君命，贞矣。夫子有[⑤]奚对焉？"

孔子曰："小人哉，赐不识也！昔万乘之国有争臣四人[⑥]，则封疆不削；千乘之国有争臣三人，则社稷[⑦]不危；百乘之家有争臣二人，则宗庙不毁。父有争子，不行无礼；士有争友，不为不义。故子从父，奚子孝？臣从君，奚臣贞？审其所以从之之谓孝、之谓贞也。"

[注释]

①鲁哀公：名蒋，春秋末年鲁国国君，公元前494年至公元前467年在位。

②孔子不对：孔子不同意鲁哀公的看法，但又不敢当面反驳哀公，所以不对答。

③趋：快走。

④乡：通"向"。

⑤有：通"又"。

⑥万乘：大的诸侯国。乘，四马拉一车为乘。争：通"诤"，规劝。

⑦社稷：国家。

[译文]

鲁哀公向孔子询问说："儿子服从父亲的命令，是孝顺吗？臣子服从君主的命令，是忠贞吗？"问了三次，孔子也没有回答。

孔子快步走出来，把这件事告诉子贡说："刚才国君问我：'儿子服从父亲的命令，是孝顺吗？臣子服从君主的命令，是忠贞吗？'问了三次而我没有回答，你认为怎样？"

子贡说："儿子服从父亲的命令，是孝顺；臣子服从君主的命令，是忠贞。先生又能怎样去回答呢？"

孔子说："是个小人啊！你不知道。从前拥有万辆兵车的大国有了四个诤谏之臣，疆土就不会被削减；拥有千辆兵车的小国有了三个诤谏之臣，政权就不会有危险；拥有百辆兵车的大夫之家有了两个诤谏之臣，宗庙就不会毁灭。父亲有了诤谏的儿子，就不会做出与礼制不相符的事情；士人有了诤谏的朋友，就不会做出与道义不相符的事情。所以儿子只知道听从父亲，怎能说是孝顺呢？臣子只知道听从君主，怎能说是忠贞呢？弄清楚了听从的原因才可以叫作孝顺、叫作忠贞。"

原文

子路问于孔子曰："有人于此，夙兴夜寐，耕耘树艺[①]，手足胼胝[②]，以养其亲，然而无孝之名，何也？"

孔子曰："意者身不敬与？辞不逊与？色不顺与？古之人有言曰：'衣与缪与[③]，不女聊。'今夙兴夜寐，耕耘树艺，手足胼胝，以养其亲，无此三者，则何为而无孝之名也[④]？意者所友非仁人邪[⑤]！"

孔子曰："由，志[⑥]之！吾语女。虽有国士之力，不能自举其身，非无力也，势不可也。故入而行不修，身之罪也；出而名不章[⑦]，友之过也。故君子入则笃行，出则友贤，何为而无孝之名也？"

[注释]

①艺：播种。

②胼胝：手掌和脚底磨出的老茧。

③衣：给……穿衣。与：同"欤"，表疑问的语助词。缪：古同"穆"，恭敬。

④则何为而无孝之名也："何"下有"以"字，据《韩诗外传》卷九第四章删。

⑤意者所友非仁人邪：此句原脱，据《韩诗外传》卷九第四章补。

⑥志：记。

⑦章：通"彰"，显著。

[译文]

子路问孔子说："这里有个人，他早起晚睡，耕耘栽种，手脚上都磨出了老茧，以此赡养父母，却没有得到孝顺的名声，这是为什么呢？"

孔子说："大概是他的举止不恭敬吧？是他的言语不谦虚吧？是他的脸色不温顺吧？古人有句话说：'给我穿的和吃的，若对我不恭敬就不依靠你。'现在这个人早起晚睡，耕耘栽种，手脚上都磨出了老茧，以此赡养父母，如果不是举止不恭敬、言语不谦虚、脸色不温顺这三种行为，为什么会没有得到孝顺的名声呢？可能是他所交的朋友不仁德吧！"

孔子又说："仲由，你要记住！我告诉你。即使拥有全国闻名的大力士的力气，也不能把自己的身体举起来，这不是没有力气，而是客观形势不许可。所以回到家中品德不高尚，是自己的罪过；在外名声得不到显扬，是朋友的罪过。所以，君子在家时就品行忠厚，出外就结交贤能的人，怎么会得不到孝顺的名声呢？"

原文

子路问于孔子曰："鲁大夫练[①]而床，礼邪？"孔子曰："吾不知也。"

子路出，谓子贡曰："吾以夫子为无所不知，夫子徒②有所不知。"子贡曰："女何问哉？"子路曰："由问：'鲁大夫练而床，礼邪？'夫子曰：'吾不知也。'"子贡曰："吾将为女问之。"

子贡问曰："练而床，礼邪？"孔子曰："非礼也。"

子贡出，谓子路曰："女谓夫子为有所不知乎？夫子徒无所不知。女问非也。礼，居是邑③，不非其大夫。"

子路为亲负米

子路是孔子的得意弟子，性格直率勇敢，十分孝顺。早年家中贫穷，自己常常采野菜吃，却从百里之外负米回家侍奉双亲。父母死后，他做了大官，奉命到楚国去，随从的车马有百乘之众，所积的粮食有万钟之多。坐在垒叠的锦褥上，吃着丰盛的筵席，他常常怀念双亲，慨叹说："即使我想吃野菜，为父母亲去负米，哪里能够做到呢？"孔子赞扬说："你侍奉父母，可以说是生时尽力、死后思念啊！"

[注释]

①练：白色的熟绢，古人用来作丧服，按杨倞说，此处指服练的小祥之祭。古时父母死后一周年，要进行小祥之祭，主祭人头上要戴练，不能睡床。

②徒：乃，却。

③邑：城。

[译文]

子路问孔子说："鲁国的大夫为父母举行周年祭时，披戴白色熟绢，睡床，这合乎礼吗？"孔子说："我不知道。"

子路出来后对子贡说："我以为先生没有不知道的事情，但先生却也有不知道的。"子贡说："你问的是什么呢？"子路说："我问：'鲁国的大夫为父母举行周年祭时披戴白色熟绢，睡床，这合乎礼吗？'先生说：'我不知道。'"子贡说："我去替你问问这件事。"

子贡问孔子说："为父母进行周年祭时，披戴白色熟绢而睡床，这合乎礼吗？"孔子说："不合乎礼。"

子贡出来，对子路说："你说先生有不知道的事情吗？先生没有什么是不知道的。是你问得不对。根据礼制规定，住在这个城里，就不非议管辖这个城的大夫。"

原文

子路盛服见孔子，孔子曰："由，是裾裾①，何也？昔者江出于岷山②，其始出也，其源可以滥觞，及其至江之津也，不放③舟，不避风，则不可涉也，非维下流水多邪？今女衣服既盛，颜色充盈，天下且孰肯谏女矣？由！”

子路趋而出，改服而入，盖犹若[4]也。孔子曰：“由志之！吾语女。奋于言者华[5]，奋于行者伐[6]。色[7]知而有能者，小人也。故君子知之曰知之，不知曰不知，言之要也；能之曰能之，不能曰不能，行之至也。言要则知，行至则仁。既知且仁，夫恶[8]有不足矣哉？”

［注释］

①裾裾：形容衣服整齐。裾，衣服的前襟。

②江：长江。岷山：在今四川西北。

③放：通“方”，即后来的“傍”字，指互相依附、并在一起。

④犹若：舒适顺从。若，相当于“然”。

⑤华：通“哗”，浮夸。

⑥伐：自夸。

⑦色：脸色。

⑧恶：哪里。

［译文］

子路衣着整齐地见孔子，孔子说：“仲由，穿得这样整齐，为什么呢？从前长江发源于岷山，它刚流出来时，水流小得只能够浮起酒杯，等到了长江的渡口，如果不将船并在一起，不避开大风，就无法横渡过去，这不是下游水流很大的缘故么？现在你已经把衣服穿得很庄重了，脸上又神气十足，那么天下还有谁肯规劝你呢？仲由啊！”

子路快步走出来，换了衣服又一次进去，显得很舒适和宽松。孔子说：“仲由你记住！我告诉你。争抢着说话的人就很浮夸，争抢着行动的人就是自我炫耀。从脸色上就能看出有才能的人，都是小人。所以，君子知道的事就说知道，不知道的事就说不知道，这是说话的要领；会做的事就说会做，不会做的事就说不会做，这是行为的最高准则。说话合乎这要领就是有智慧，行为合乎这准则就是有仁德。既有智慧又有仁德，哪里还会有不足之处呢？”

原文

子路入。子曰：“由！知者若何？仁者若何？”子路对曰：“知者使人知己，仁者使人爱己。”子曰：“可谓士矣。”

子贡入。子曰：“赐！知者若何？仁者若何？”子贡对曰：“知者知人，仁者爱人。”子曰：“可谓士君子矣。”

颜渊[1]入。子曰："回！知者若何？仁者若何？"颜渊对曰："知者自知，仁者自爱。"子曰："可谓明君子矣。"

［注释］

①颜渊：姓颜，名回，又名渊，孔子弟子。

［译文］

子路进来。孔子说："仲由！智慧的人是怎样的？仁德的人是怎样的？"子路答道："智慧的人能让别人了解自己，仁德的人能让别人爱戴自己。"孔子说："你可以称作士人了。"

子贡进来。孔子说："端木赐！智慧的人是怎样的？仁德的人是怎样的？"子贡答道："智慧的人可以了解别人，仁德的人能够爱护别人。"孔子说："你可以称作士君子了。"

颜渊进来。孔子说："颜回！智慧的人是怎样的？仁德的人是怎样的？"颜渊答道："智慧的人能了解自己，仁德的人能爱戴自己。"孔子说："你可以称作贤明君子了。"

原文

子路问于孔子曰："君子亦有忧乎？"孔子曰："君子，其未得也，则乐其意[1]；既已得之，又乐其治。是以有终身之乐，无一日之忧。小人者，其未得也，则忧不得；既已得之，又恐失之。是以有终身之忧，无一日之乐也。"

［注释］

①意：思想、志向。

［译文］

子路问孔子说："君子也有忧虑的事情吗？"孔子说："君子，在他还没有获得职位时，就为自己的志向感到高兴；在已经获得了职位后，又会为自己治理的业绩感到高兴。所以，他一辈子都很快乐，而没有一天感到忧虑。至于小人，当他还没有获得职位的时候，就为得不到而担忧；在已经获得了职位后，又害怕会失去。所以，他一辈子都很忧虑，而没有一天是快乐的。"

法行第三十

题解

本篇名为“法行”，是因为作者认为篇中所论述的言行都是可以被效法的行为准则。

原文

公输不能加于绳墨①，圣人莫能加于礼。礼者，众人法而不知，圣人法而知之。

[注释]

①公输：公输般，春秋时期鲁国人，著名的木匠，又称鲁班。加：超越。绳墨：古代木匠测定曲直的工具。原无“墨”字，按顾千里说补。

[译文]

公输般制作物品时对于墨线不能有所增益，圣人行事对于礼制不能有所增益。礼制这种东西，众人都效法它却不知其内在的意义，圣人效法它而知其内在的意义。

原文

曾子①曰：“无内人之疏而外人之亲②，无身不善而怨人，无刑已至而呼天。内人之疏而外人之亲，不亦反③乎？身不善而怨人，不亦远④乎？刑已至而呼天，不亦晚乎？《诗》⑤曰：‘涓涓源水，不雝不塞。毂已破碎，乃大其辐。事已败矣，乃重大息。’其云⑥益乎？”

[注释]

①曾子：曾参，孔子弟子。

②无：通“毋”，不要。内人：指亲人。

③反：原作“远”，据《韩诗外传》卷二改。

④远：原作“反”，据《韩诗外传》卷二改。

⑤《诗》：此诗已失传。

⑥云：有。

[译文]

曾子说：“不要疏远亲人而亲近外人，不要自己做得不好却去埋怨他人，不要在面临刑罚时才呼喊上天。疏远亲人而亲近外人，不是违背情理吗？自己做得不好而埋怨他人，不是远离事实了吗？在面临刑罚才呼喊上天，不是已经晚了吗？《诗经》中说：

‘涓涓细流源头的水，不加堵截就不断绝。车毂已经破碎，才把车辐增大。事情已经失败了，才深深地长叹。’这样做有益处吗？”

原文

曾子病，曾元持足①。曾子曰：“元，志②之！吾语汝。夫鱼鳖鼋鼍犹以渊为浅而堀穴其中③，鹰鸢犹以山为卑而增巢其上④，及其得也，必以饵。故君子苟能无以利害义，则耻辱亦无由至矣。”

[注释]

①曾元：曾子的儿子。持足：抱脚。

②志：记住。

③鼋：大鳖。鼍：一种鳄鱼，俗名为“猪婆龙”。堀：通“窟”。穴：原脱，据《大戴礼记·曾子疾病》补。

④鸢：一种鸟，属鹰科。增：通“橧”，聚集树枝。

[译文]

曾子病得很重，曾元抱着他的脚。曾子说：“曾元，记住！我告诉你。那鱼鳖鼋鼍以为渊池还太浅而在下面打洞才安身，鹰鸢以为山岭还太低而要在上面筑巢，等到它们被人捕获，一定是因为受到钓饵的诱惑。所以君子如果能不因为利益而伤害道义，耻辱也就无从到来了。”

原文

子贡问于孔子曰：“君子之所以贵玉而贱珉①者，何也？为夫玉之少而珉之多邪？”孔子曰：“恶②！赐！是何言也！夫君子岂多而贱之、少而贵之哉？夫玉者，君子比德焉：温润而泽，仁也；栗而理，知也；坚刚而不屈，义也；廉而不刿③，行也；折而不桡，勇也；瑕④适并见，情也；扣之，其声清扬而远闻，其止辍然，辞也。故虽有珉之雕雕，不若玉之章章。《诗》⑤曰：‘言念君子，温其如玉。’此之谓也。”

[注释]

①珉：像玉一样的美石。

②恶：叹词，表示否定态度。

③廉：棱角。刿：刺伤。

④瑕：玉上的斑点，指毛病。

⑤《诗》：指《诗经·秦风·小戎》。

[译文]

子贡问孔子说："君子重视宝玉而轻视珉石，是为什么呢？是因为宝玉较少而珉石较多吗？"孔子说："唉！端木赐啊！这是什么话呢！君子怎能因为多而轻视它，因为少而珍视它呢？这宝玉，君子把它比作品德：它温和滋润而散发光泽，就像仁；它坚硬而有纹理，就像智；它刚强而不屈，就像义；它有棱角而不会刺伤人，就像行；它宁可折断也不弯曲，就像勇；它的斑点缺陷都表露在外，就像真诚；敲它，声音悠远清扬，戛然而止，就像言辞。所以，即使珉石有花纹色彩，也比不上宝玉的洁白明亮。《诗经》中说：'我真的思念君子，温和得像宝玉那样。'说的就是这个意思。"

原文

曾子曰："同游而不见[1]爱者，吾必不仁也；交而不见敬者，吾必不长[2]也；临财而不见信者，吾必不信也。三者在身，曷怨人？怨人者穷，怨天者无识。失之己而反诸人，岂不亦迂哉？"

[注释]

①见：被。

②长：与"敬"同义。

[译文]

曾子说："一起游玩却不被别人喜爱，一定是因为自己缺少仁爱；与人交往而不被别人尊敬，一定是因为自己没有尊敬别人；接近财物而不被别人信任，一定是因为自己没有信用。这三种情况的原因都在自己身上，怎么能埋怨别人呢？埋怨别人就会穷困，埋怨上天就是没有见识。过失在自己身上却反而责备别人，岂不是太迂腐了吗？"

原文

南郭惠子[1]问于子贡曰："夫子[2]之门，何其杂也？"子贡曰："君子正身以俟，欲来者不距[3]，欲去者不止[4]。且夫良医之门多病人，檃栝[5]之侧多枉木。是以杂也。"

[注释]

①南郭惠子：姓南郭，惠子是谥号，生平事迹不详。

②夫子：指孔子。

③距：通"拒"。

④止：阻止。

⑤檃栝：矫正木料的工具。

[译文]

南郭惠子问子贡说："孔夫子门下的学生，怎么那么混杂呢？"子贡说："君子以端正自己的身心的态度来对待求学的人，想来的人不拒绝，想走的人不阻止。况且良医的门前病人多，矫正木料的工具旁边弯木多。所以夫子门下的人很混杂。"

原文

孔子曰："君子有三恕[①]：有君不能事，有臣而求其使，非恕也；有亲[②]不能报，有子而求其孝，非恕也；有兄不能敬，有弟而求其听令，非恕也。士明于此三恕，则可以端身矣。"

[注释]

①恕：原谅。

②亲：指父母。

[译文]

孔子说："君子有三种恕道：有君主不能侍奉，有臣子却要使唤他们，这不属于恕道；有父母不能报答奉养，有子女却要求他们孝顺，这不属于恕道；有兄长不能敬重，有弟弟却要求他们听自己的话，这不属于恕道。读书的人明白了这三种恕道，就可以端正身心了。"

原文

孔子曰："君子有三思，而不可不思也：少而不学，长无能也；老而不教，死无思也；有而不施，穷无与[①]也。是故君子少思长，则学；老思死，则教；有思穷，则施也。"

[注释]

①与：资助。

[译文]

孔子说："君子有三种要思考的事，是不能不思考的：年少时不学习，长大了就没有才能；年老时不教人，死后就没有人怀念；富有时不施舍他人，贫穷时就没有人资助。因此君子年少时思考长大以后的事，就会学习；年老时思考死后的事，就会教育他人；富有时思考贫穷的处境，就会施舍他人。"

哀公第三十一

题解

本篇是用文中第一句中的两个字来命名的，无任何特别的含义。其主要内容是孔子与鲁哀公之间的对话，最后还收录了颜渊与鲁定公的一段对话，这些都体现了儒家学说的思想。

原文

鲁哀公问于孔子曰："吾欲论①吾国之士与之治国，敢问何如取之邪？"

孔子对曰："生今之世，志古之道；居今之俗，服古之服；舍②此而为非者，不亦鲜乎？"哀公曰："然则夫章甫、絇屦、绅而搢笏者③，此贤乎？"孔子对曰："不必然。夫端衣、玄裳、絻而乘路者④，志不在于食荤⑤；斩衰、菅屦、杖而啜粥者⑥，志不在于酒肉⑦。生今之世，志古之道；居今之俗，服古之服；舍此而为非者，虽有，不亦鲜乎？"

哀公曰："善！"

[注释]

①论：选择。

②舍：处。

③章甫：商朝的一种帽子。絇：鞋头上两侧的鞋梁，带孔，穿结鞋带用的，穿上鞋带加以束缚，可以防止鞋在走路时脱落，类似于今天的运动鞋鞋梁。屦：一种鞋，用麻、葛等制成。绅：腰带，古代有身份的人才可以束绅。搢：插。

④端衣：或称"端"，祭祀时穿的礼服。玄裳：同"端衣"一样，是祭祀时穿的礼服。絻：同"冕"，一种礼帽。路：大车。

⑤志不在于食荤：古代祭祀者不可以吃荤味辛辣之菜，所以穿端衣、玄裳，戴冕而乘路等行祭祀之礼的人，其志不在食荤。

⑥斩衰：古代丧服中最重的一种，用粗麻布裁割而成，左右和下边不缝边。菅屦：草鞋。

鲁哀公问儒道

鲁哀公问儒道，向孔子请教治国之道。

啜粥：吃粥，是古代丧礼的一种。

⑦志不在于酒肉：古代礼制规定，守丧的人不可以喝酒吃肉，故云。

[译文]

鲁哀公问孔子说："我想选择我国中有才的人和他们一起治理国家，请问应当怎样去选取他们呢？"

孔子回答说："生在当今这个世上，牢记着古代的原则；处在当今的习俗中，穿着古时候的服装；做到这些却做坏事的人，不是很少的吗？"哀公说："这样的话，那些戴着商代的礼帽、穿着缚有鞋带的鞋子、束着腰带而且腰带上插着朝板的人，都很贤能吗？"孔子回答说："不一定都很贤能。那些穿着祭祀礼服、黑色礼袍、戴着礼帽而乘坐大车的人，他们心里想的不是吃荤；身上穿着丧服、脚上穿着草鞋、用手撑着孝棍而吃薄粥的人，他们的心里想的不是喝酒吃肉。生在当今这个世上，牢记着古代的治国之道；处在当今的习俗中，穿着古时的服装；做到这些而做坏事的人，即使有，不也很少吗？"

哀公说："好！"

原文

孔子曰："人有五仪[①]：有庸人，有士，有君子，有贤人，有大圣。"

哀公曰："敢问何如斯可谓庸人矣？"

孔子对曰："所谓庸人者，口不能道善言，心不知邑邑[②]；不知选贤人善士托其身焉以为己忧；动[③]行不知所务，止立[④]不知所定；日选择于物，不知所贵；从物如流，不知所归；五凿为正[⑤]，心从而坏。如此，则可谓庸人矣。"

哀公曰："善！敢问何如斯可谓士矣？"

孔子对曰："所谓士者，虽不能尽道术，必有率也；虽不能遍[⑥]美善，必有处也。是故知不务多，务审其所知；言不务多，务审其所谓；行不务多，务审其所由。故知既已知之矣，言既已谓之矣，行既已由之矣，则若性命肌肤之不可易也。故富贵不足以益[⑦]也，卑贱不足以损[⑧]也。如此，则可谓士矣。"

哀公曰："善！敢问何如斯可谓之君子矣？"

孔子对曰："所谓君子者，言忠信而心不德，仁义在身而色不伐，思虑明通而辞不争。故犹然如将可及者[⑨]，君子也。"

哀公曰："善！敢问何如斯可谓贤人矣？"

孔子对曰："所谓贤人者，行中规绳而不伤于本，言足法于天下而不伤于身，富有天下而无怨⑩财，布施天下而不病贫。如此，则可谓贤人矣。"

哀公曰："善！敢问何如斯可谓大圣矣？"

孔子对曰："所谓大圣者，知通乎大道、应变而不穷、辨乎万物之情性者也。大道者，所以变化遂成万物也；情性者，所以理然不⑪取舍也。是故其事大辨⑫乎天地，明察乎日月，总要万物于风雨，缪缪肫肫⑬。其事不可循，若天之嗣⑭；其事不可识，百姓浅然不识其邻⑮，若此，则可谓大圣矣。"

哀公曰："善！"

［注释］

①仪：标准，等级。

②邑邑：原作"色色"，据《大戴礼记·哀公问五义》改。通"悒悒"，忧郁的样子。

③动：原作"勤"，据《大戴礼记·哀公问五义》改。

④立：原作"交"，据《大戴礼记·哀公问五义》改。

⑤五凿：五情，即喜、怒、哀、乐、怨。正：主宰。

⑥遍：完全。

⑦益：增加，指在"知之""谓之""由之"的基础上再加多知、多言和多行。

⑧损：减少。

⑨犹然：缓慢。如将可及：似乎快要被赶上。

⑩怨：通"蕴"，蓄积。

⑪然不：是非。不，同"否"。

⑫辨：通"遍"。

⑬缪缪：通"穆穆"，形容和美。肫肫：同"纯纯"，精密的样子。

⑭嗣：通"司"，掌管。

⑮浅：见闻少。其：指代上一句的"其事"，指圣人所做之事。

［译文］

孔子说："人分为五个等级：有平庸的人，有士人，有君子，有贤人，有至圣之人。"

哀公说："请问像什么样的人是平庸的人？"

孔子回答说："所谓平庸的人，口中说不出好话，心中感受不到忧愁；不懂得选用和依靠贤人善士来为自己分忧；行动时不知道做什么，站和坐时不知道选择哪个地方；天天在许多事物中挑挑选选，却不知道哪件东西贵重；只知道像流水一样顺从外界，不知道哪里是归宿；为喜、怒、哀、乐、怨等感情所主宰，思想也随之变坏。像这样，就可以被称为平庸的人。"

哀公说："好！请问像什么样的人是士人？"

孔子回答说："所谓士人，即使不能完全掌握治理国家的原则和方法，但一定会有所遵循；即使做不到尽善尽美，但一定会有所坚守。所以他对知识并不求多，而一定会慎重地对待自己掌握的知识；说的话语并不求多，而一定会慎重地对待自己说过的话；做事情并不求多，而一定会慎重地对待自己所经手的事。所以知识已经掌握了，话已经说出口了，事情已经做成了，那就好比自己的生命和肌肤，不可能再进行任何改变。因此，富贵并不能使他增加什么，卑贱也无法令他减少什么。像这样，就可以被称为士人。"

哀公说："好！请问什么样的人是君子？"

孔子回答说："所谓君子，就是说话忠诚而内心并不认为自己有美德，身上充满仁义之道而神色上并不炫耀，思考问题明白通达而并不与人在言语上进行争辩。所以从容洒脱就像快被人赶上一样，这就是君子。"

哀公说："好！请问什么样的人是贤人？"

孔子回答说："所谓贤人，就是行为符合规矩又能不伤害本身，言论足以被天下人取法又能不伤害自己，富裕得拥有天下又没有私自藏匿财富，把财产布施给天下人又不用担忧自己变得贫穷。像这样，就可以被称为贤人。"

哀公说："好！请问什么样的人是至圣之人？"

孔子回答说："所谓至圣之人，就是智慧通晓大道，应对各种事变而不会窘迫，能明辨万物的本性的人。大道，是变化形成万物的根源；万物的本性，是辨别是非、取舍的根据。所以至圣之人做的事情广大得像天地一样，明察得像日月一样，管理万物像风雨一样，温和诚恳不知倦怠。他做的事情无法模仿，就像上天在主管万物一样；他做的事情无法被认识，百姓很浅陋，甚至和它相近的事情也不认识。像这样，就可以被称为至圣之人了。"

哀公说："好！"

原文

鲁哀公问舜冠于孔子，孔子不对。三问，不对。哀公曰："寡人问舜冠于子，何以不言也？"

孔子对曰："古之王者有务而拘领者矣①，其政好生而恶杀焉。是以凤在列树②，麟③在郊野，乌鹊之巢可俯而窥也④。君不此问，而问舜冠，所以不对也。”

[注释]

①务：通“帽”，便帽，在古代与“冠”（正规礼帽）对应。拘领：圆领。古代礼制规定，正规的礼服用方领，便服用圆领。拘，通“句”，弯曲。

②凤：传说中的一种鸟，雄的为凤，雌的为凰。凤凰来栖，象征吉祥。列树：成行排列的树。

③麟：传说中的一种仁兽，雄的为麒，雌的为麟。

④乌：乌鸦，古人认为乌鸦反哺，是一种极为孝顺的鸟。鹊：喜鹊，民间认为其喳喳的鸣叫声象征吉祥。

[译文]

鲁哀公向孔子询问舜的礼帽，孔子没有回答。哀公问了三次，孔子还是不回答。哀公说：“我向您询问舜的礼帽，为什么您却不说话？”

孔子回答说：“古代的帝王，有的头戴便帽，身穿圆领便服，他们的政治措施喜欢使人生存而憎恶杀人。所以，凤凰栖息在成行排列的树上，麒麟活动在都城的郊外，乌鸦、喜鹊的窝低头就可以观察到。您不问这个，却问舜的礼帽，所以我不回答。”

原文

鲁哀公问于孔子曰：“寡人生于深宫之中，长于妇人之手，寡人未尝知哀也，未尝知忧也，未尝知劳也，未尝知惧也，未尝知危也。”

孔子曰：“君之所问，圣君之问也。丘，小人也，何足以知之？”曰：“非吾子，无所闻之也。”

孔子曰：“君入庙门而右，登自胙阶①，仰视榱栋②，俛见几筵③，其器存，其人亡，君以此思哀，则哀将焉而不至矣？君昧爽④而栉冠，平明而听朝，一物不应，乱之端也，君以此思忧，则忧将焉而不至矣？君平明而听朝，日昃⑤而退，诸侯之子孙必有在君之末庭者，君以此思劳，则劳将焉而不至矣？君出鲁之四门以望鲁四郊，亡国之虚则必有数盖焉⑥，君以此思惧，则惧将焉而不至矣？且丘闻之：‘君者，舟也；庶人者，水也。水则载舟，水则覆舟。’君以此思危，则危将焉而不至矣？”

[注释]

①胙阶：大堂前东边的台阶，是主人登堂之处。胙，通“阼”，台阶。

②榱：椽子。栋：房屋的正梁。

③俛：同“俯”。几筵：供奉神主、摆放供品的小桌。

④昧爽：黎明。

⑤日昃：太阳偏西。

⑥虚：同“墟”，废墟。盖：草屋，此处用来形容亡国者子孙的贫贱状况。

[译文]

鲁哀公问孔子说：“我出生在深邃的王宫里，在妇人的抚养下长大，我从来没感受过什么是悲哀，从来没感受过什么是忧愁，从来没感受过什么是劳苦，从来没感受过什么是恐惧，从来没感受过什么是危险。”

孔子说：“您所问的，是圣明的君王所问的问题。我孔丘只是个小人，怎能知道这些呢？”哀公说：“除了您，我没有人可以询问啊。”

孔子说：“您进入宗庙的大门后向右，登上东边的台阶，抬头看见屋子的梁，低头看见供桌，器物还在那里，但祖先已经去世了，您通过这些方面来想一想悲哀，悲哀之情怎么会不到来呢？您黎明时起来梳头戴帽，天亮时上朝听政，有一件事情处理得不得体，就会成为祸乱的源头，您通过这些方面来想一想忧愁，忧愁之情怎么会不到来呢？您天亮时上朝理政，太阳偏西时退朝，诸侯的子孙一定有在朝堂的末端等待侍奉您的，您通过这些方面来想一想劳苦，劳苦的感觉怎么会不到来呢？您走出鲁国都城的四方城门去看看鲁国的四郊，亡国的废墟一定有好多，您通过这些方面来想一想恐惧，恐惧之情怎么会不到来呢？况且我听说：‘君主就像船，百姓就像水。水能让船浮起，水也能把船弄翻。’您通过这个方面来想一想危险，危险感怎么会不到来呢？”

原文

鲁哀公问于孔子曰：“绅、委[①]、章甫有益于仁乎？”

孔子蹴然[②]曰：“君胡然焉[③]？资衰、苴杖者不听乐[④]，非耳不能闻也，服使然也。黼衣黻裳者不茹荤[⑤]，非口不能味也，服使然也。且丘闻之：‘好肆[⑥]不守折，长者不为市。’察[⑦]其有益与其无益，君其知之矣。”

[注释]

①委：委貌，周代的一种以黑色丝物织成的礼帽，上朝时所戴。

②蹴然：惊慌恐惧的样子。

③君胡然焉：《集解》作“君号然也”，按杨倞说改。

④资衰：一种丧服，用熟麻布做成。苴杖：古时父亲死时用的竹杖。

⑤黼衣黻裳：都是祭服。茹荤：吃荤。

⑥肆：市场。

⑦察：原为“窃”，据《家语》王肃注改。

[译文]

鲁哀公问孔子说："腰带、黑色丝绸礼帽和成人礼帽有益于仁吗？"

孔子十分惊恐地说："您为什么这样问呢？穿着丧服、拄着孝棍的人不去听音乐，并不是因为耳朵不能听到，而是因为他们身穿着丧服。穿着祭祀礼服的人不去吃荤菜，并不是因为嘴巴品不出味道，而是因为他们身穿祭服。我还听说过这样的话：'善于经商的人不使自己的资财折损，德高望重的老者不去市场做生意谋利。'束腰带、戴礼帽是有益于仁还是无益于仁，您大概知道了吧。"

原文

鲁哀公问于孔子曰："请问取人。"

孔子对曰："无取健①，无取诎②，无取口哼③。健，贪也；詌，乱也；口哼，诞④也。故弓调而后求劲焉，马服而后求良焉，士信悫而后求知能焉。士不信悫而有多知能⑤，譬之，其豺狼也，不可以身尔⑥也。语曰：'桓公用其贼⑦，文公用其盗⑧。'故明主任计不信怒⑨，暗主信怒不任计。计胜怒则强，怒胜计则亡。"

[注释]

①健：强，指争强好胜的人。

②诎：通"拑""钳"，挟持，指用武力制约他人。

③哼：同"谆"，话多，形容能说会道。

④诞：狂妄，欺诈。

⑤有：通"又"。知：通"智"。

⑥尔：通"迩"，近。

⑦用其贼：指齐桓公任用管仲为相。管仲曾对公子小白（桓公）进行过谋杀，所以说桓公"用其贼"。

⑧文公：指晋文公重耳。用其盗：指任用寺人（宫廷内的近侍）披。披，一作勃鞮（"勃鞮"两字的读音相合为"披"），字伯楚。公元前655年，晋献公派寺人披追杀重耳，寺人披将重耳的袖口斩断。后来重耳成为国君，寺人披却前来求见，告发了吕甥和郤芮谋反的事情。重耳没有追究断袖之仇，反而接见并听从了他的话。以后，重耳还经常向寺人披咨询一些事情。事迹参见《左传》《韩非子》等。

⑨任：任凭。计：计算，指计算对自己是有利还是有害。信：任凭。怒：愤怒，此处泛指恩怨情感。

[译文]

鲁哀公问孔子说："请问应当如何选取人才？"

孔子回答说："不要选取争强好胜的人，不要选取用武力制约别人的人，不要选取能说会道的人。争强好胜的人，通常会贪得无厌；用武力制约别人的人，通常会犯上作乱；能说会道的人，通常会弄虚作假。所以弓要在调好后才能求其强劲，马要在驯服后才能求其成为良马，人才要先忠诚老实才能求其聪明能干。一个人如果做不到忠诚老实但又十分聪明能干，那就好比是豺狼，是不允许让自己靠近他的。俗话说：'齐桓公任用贼人，晋文公任用强盗。'因此，英明的君王选取人才是根据利害而不是感情，昏庸的君王选取人才却凭借感情而不是根据利害。对利害的计较胜过感情就会强大，对感情的重视胜过利害就会灭亡。"

原文

定公①问于颜渊曰："东野子②之善驭乎？"颜渊对曰："善则善矣。虽然，其马将失③。"

定公不悦，入谓左右曰："君子固谗人乎？"

三日而校④来谒，曰："东野毕之马失。两骖（cān）列⑤，两服入厩。"定公越席而起曰："趋⑥驾召颜渊！"

颜渊至。定公曰："前日寡人问吾子，吾子曰：'东野毕之驭，善则善矣。虽然，其马将失。'不识吾子何以知之？"

颜渊对曰："臣以政知之。昔舜巧于使民，而造父⑦巧于使马。舜不穷其民，造父不穷其马，是以⑧舜无失民，造父无失马也。今东野毕之驭，上车执辔，衔体正矣；步骤驰骋，朝礼⑨毕矣；历险致远，马力尽矣。然犹求马不已，是以知之也。"

定公曰："善！可得少进乎？"

颜渊对曰："臣闻之：'鸟穷则啄，兽穷则攫，人穷则诈。'自古及今，未有穷其下而能无危者也。"

［注释］

①定公：鲁定公，春秋末期鲁国国君，名宋，公元前 509 年至公元前 495 年在位，他是鲁哀公的父亲。

②东野子：姓东野，名毕，鲁定公时人，善于驯马驾车，"子"是古时对人的尊称。

③失：通"逸"，奔逃。

④校：负责养马的官员。

⑤骖：古时用四匹马拉车，两侧的马为"骖"，中间的马为"服"。列：同"裂"。

⑥趋：通"促"。

⑦造父：传说为周穆王时人，善于驾车。

⑧以：此字原脱，据《韩诗外传》卷二第十二章补。

⑨朝礼：由朝廷规定的礼仪。此处指六艺之一的驭礼，它包括鸣和鸾、逐水曲、过君表、舞交衢、逐禽左等五个方面，详见《周礼·地官·保氏》。

八骏巡游

《史记·赵世家》有一段十分生动的描述：当穆王命造父驾车向西巡狩到西王母居住的荒蛮之地后，竟然乐而忘返。这时，东方淮水流域的徐偃王趁机发动叛乱，军情报来，穆王大惊。在这危急时刻，造父驾车，日行千里，迅速回归，为平息叛乱赢得了宝贵的时间。穆王因造父有功，给予嘉奖，赐给赵城。

[译文]

鲁定公问颜渊说："东野先生驾车技术好吗？"颜渊回答说："好是很好。虽然这样，不过他的马将要奔逃。"

定公感到很不高兴，进去对身边的人说："君子原本是诽谤人的吗？"

三天以后，负责养马的官员来报告，说："东野毕的马逃走了。旁边的两匹马挣断缰绳跑掉了，中间的两匹马回到了马棚中。"定公离开席子站起来说："立刻套车去召见颜渊！"

颜渊到了。定公说："前天我向您询问，您说：'东野毕驾车，好是很好。虽然这样，不过他的马将要奔逃。'不知道您是怎样了解到这一点的？"

颜渊回答说："我是因为政治原则而了解到这一点的。从前舜善于役使人民，造父善于驾马车。舜不让他的人民无路可走，造父不让他的马无路可走，因此舜没有逃跑的人民，造父没有跑掉的马。现在东野毕驾车，登上车子握住缰绳，马嚼子和马都端正了；慢走快跑驱驰自如，朝廷所规定的礼仪要求全做到了；经历各种险阻而到达远方，马的气力也就用尽了。然而他仍然要求马不停下来，所以我知道他的马会逃走。"

定公说："好！您能稍微再做进一步的说明吗？"

颜渊回答说："我听说：'鸟被逼急了就会乱啄，兽被逼急了就会乱抓，人被逼急了就会欺诈。'从古到今，还没有使臣民无路可走而君主没有危险的啊。"

尧问第三十二

题解

本篇以开头两字为全篇命名，但这两字并不是全篇内容总结。篇中所论比较繁杂。最后一节并非出自荀子之手，而是荀子弟子为全书写的总评，与《汉书》纪、传结尾处的“赞”功能相当。此篇用韵文写成，类似于后世的“赞”体。

原文

尧问于舜曰：“我欲致①天下，为之奈何？”

对曰：“执一无失，行微无怠，忠信无倦，而天下自来。执一如天地，行微如日月，忠诚盛于内、贲(fèn)②于外、形于四海，天下其在一隅③邪？夫有④何足致也？”

［注释］

①致：取得。

②贲：通“奋”，显现，发扬。

③隅：角落。

④有：通“又”。

［译文］

尧问舜说：“我想取得天下，应该怎么办？”

舜回答说：“主持政务要专心不要有过失，做的事情很细小也不要懈怠，忠诚守信不要厌倦，那么天下人自然就会归顺。主持政务专心得像天地一样长久，做细小的事像日月一样运行不息，忠诚充满心中、发扬在外表、体现在四海之内，那么天下人不就像室内的一个角落一样吗？又哪里用得着去取得呢？”

原文

魏武侯①谋事而当，群臣莫能逮②，退朝而有喜色。吴起③进曰：“亦尝有以楚庄王之语闻于左右者乎④？”

武侯曰：“楚庄王之语何如？”吴起对曰：“楚庄王谋事而当，群臣莫逮，退朝而有忧色。申公巫臣⑤进问曰：‘王朝而有忧色，何也？’庄王曰：‘不谷⑥谋事而当，群臣莫能逮，是以忧也。其在中蘬(huǐ)之言⑦也，曰：“诸侯⑧得师者王，得友者霸，得疑⑨者存，自为谋而莫己若者亡。”

今以不谷之不肖，而群臣莫吾逮，吾国几于亡乎！是以忧也。’楚庄王以忧，而君以憙⑩！”

武侯逡巡⑪，再拜曰：“天使夫子振⑫寡人之过也。”

［注释］

①魏武侯：战国时期魏国国君，名击，魏文侯之子，前395年至前370年在位。

②逮：及。

③吴起：战国时期卫国人，著名的军事家、政治家、改革家。

④亦：语气词。楚庄王：楚国国君，春秋五霸之一。闻：报告。左右：对对方的尊称。

⑤申公巫臣：姓屈，字子灵，楚国大夫。楚国国君僭称王，大夫、县尹等僭称公，因此称申公。

⑥不谷：古代君主对自己的谦称。

⑦中蘬之言：应该是指《书·仲虺之诰》中的话。今存伪古文《尚书·仲虺之诰》中的文字与此处并不完全相同。中蘬，同“仲虺”，商汤的左相。

⑧诸侯：此二字下原衍“自为”二字，据《艺文类聚》卷二十三引文删。

⑨疑：辅佐君主的大臣，虞、夏、商、周有四辅，为疑、丞、辅、弼，专门负责对君主有疑问的事情进行解答。

⑩憙：同“喜”。

⑪逡巡：因顾虑而徘徊或后退。

⑫振：补救。

［译文］

魏武侯谋划政事得当，大臣们中没有人能比得上他，退朝后他脸上带着喜悦。吴起上前说：“曾经有人向您报告楚庄王的话吗？”

武侯说：“楚庄王的话是怎么说的？”吴起答道：“楚庄王谋划政事得当，大臣们中没有人能比得上他，退朝后他脸上带着忧虑的神色。申公巫臣上前问他说：‘大王接受群臣的朝见后面带忧虑，这是为什么呢？’庄王说：‘我谋划政事得当，大臣当中没有人比得上我，所以我很忧虑。之所以忧虑是因为仲虺的话，他说过：“诸侯得到师傅的能称王，得到朋友的能称霸，得到解惑者的能保存国家，自己谋划而没有人比得上自己的就会灭亡。”现在我这样无能，大臣中却没有人比得上我，我的国家离灭亡不远了！所以我很忧虑。’楚庄王因此而忧虑，而君王却因此而高兴！”

武侯向后退了几步，两次拱手而拜，说：“是上天派先生来补救我的过错的啊。”

原文

伯禽①将归于鲁，周公谓伯禽之傅曰：“汝将行，盍志而子美德乎②？”

对曰：“其为人宽，好自用，以慎。此三者，其美德已。”

周公曰："呜呼！以人恶为美德乎！君子好以道德，故其民归道。彼其宽也，出无辨[3]矣，女又美之！彼其好自用也，是所以窭小[4]也。君子力如牛，不与牛争力；走如马，不与马争走；知如士，不与士争知。彼争者，均者之气也，女又美之！彼其慎也，是其所以浅也。闻之曰：'无越逾[5]不见士。'见士问曰：'无乃不察乎？'不闻[6]，即物少至，少至则浅。彼浅者，贱人之道也，女又美之！

"吾语女[7]：我，文王之为子，武王之为弟，成王之为叔父，吾于天下不贱矣，然而吾所执贽而见者十人，还贽[8]而相见者三十人，貌执之士者百有余人，欲言而请毕事者千有余人，于是吾仅得三士焉，以正吾身，以定天下。吾所以得三士者，亡于十人与三十人中，乃在百人与千人之中。故上士吾薄为之貌，下士吾厚为之貌。人人皆以我为越逾好士，然故士至；士至，而后见物；见物，然后知其是非之所在。戒之哉！女以鲁国骄人，几矣！夫仰禄之士犹可骄也，正身之士不可骄也。彼正身之士，舍贵而为贱，舍富而为贫，舍佚[9]而为劳，颜色黎黑而不失其所[10]，是以天下之纪不息，文章不废也。"

[注释]

①伯禽：周公旦之子。周公被封于鲁，但他需要辅佐成王，因此留在京师。于是伯禽被封于鲁，共在位四十六年。

②盍：何不。志：讲述。而：通"尔"，你。子：男子，指伯禽。

③出无辨：赏赐时不加区分，指不懂得论功行赏。出，给予，此处指赏赐。

④窭小：贫寒而简陋，此处指气量狭小。

⑤越逾：指超越等级地位。

⑥闻：通"问"。

⑦吾语女：后边的话，并非周公对伯禽之傅所说，而是周公对伯禽所说，参见《韩诗外传》卷三第三十一章和《说苑·敬慎》。

⑧还贽：被求见的人因谦逊而归还礼物。古代礼制规定，初见尊长时应执贽相送。如果对方因为地位相等而不敢接受，就要还贽。因此，拜见尊长称"执贽而见"；会见地位相等的人称"还贽而相见"。

⑨佚：通"逸"，安逸。

⑩黎黑：黑中泛黄。其所：理想的所在。

[译文]

伯禽即将回鲁国去，周公旦对伯禽的老师说："你们就要走了，你何不说说伯禽的美德呢？"

伯禽的老师回答说："他为人宽厚，喜欢靠自己的才智处理事务，而且比较谨慎。这三个方面，就是他具有的美德。"

周公说："哎呀！你把人家不喜欢的东西当成了美德啊！君子喜欢根据道理行事，所以他的人民就都归于正道。他对人宽厚，赏赐时就会不加区分，你却还称赞他。他喜欢靠自己的才智处理事务，这会造成他气量狭小。君子有像牛一样大的气力，却不与牛较力；跑得像马一样迅速，却不与马赛跑；智慧高明得像士人一样，却不和士人斗智。那较量竞争，只是能力等同之人的意气之争，你却还称赞他！他的谨慎，是他之所以浅陋的原因。我听说过一句话：'不要担心越过等级而不会见士人。'见到士人就要问：'我是否不够明察？'不询问，那么了解的事情就少，了解得少就会浅陋。那浅陋，是下贱之人做事的方法，你却还称赞他。

"我告诉你：我作为文王的儿子，作为武王的弟弟，作为成王的叔叔，在天下不能算是卑贱的人了，然而我带着礼物去拜见的人有十个，带着礼物回拜的人有三十个，用礼貌去接待的人有一百多个，想要进言而我请他将事情讲完的人有一千多个，从这些人中我只得到了三个士人，依靠他们使我身心端正，帮助我安定天下。我得到这三个贤士，并不是在十个人和三十个人中挑选的，而是在上百人和上千人之中选出来的。因此，我对上等士人的礼貌要轻一些，对下等士人的礼貌要重一些。所有人都认为我超越等级去喜欢士人，所以士人都来了；士人来了以后，我才能够了解事物；了解了事物以后，才能够懂得它们的是非在什么地方。要警惕啊！如果你凭借鲁国而傲慢地待人，就危险了！那些依赖俸禄生活的士人还可以傲慢，而端正身心的士人就不能傲慢了。那些端正身心的士人，舍弃尊贵而甘心于卑贱，舍弃富足而甘心于贫穷，舍弃安逸而甘心于劳苦，脸色黝黑也不改变自己的立场，所以天下的纲纪能流传下来，古代的文献典籍能不被废弃。"

原文

语曰：缯丘之封人见楚相孙叔敖曰[①]："吾闻之也：'处官久者士妒之，禄厚者民怨之，位尊者君恨之。'今相国有此三者而不得罪楚之士民，何也？"孙叔敖曰："吾三相楚而心愈卑，每益禄而施愈博，位滋[②]尊而礼愈恭，是以不得罪于楚之士民也。"

[注释]

①缯丘：指鄫国的故城，属楚。缯，通"曾""鄫"，春秋时期诸侯国名，在今湖北随县一带。丘，废墟。封人：掌管边疆守卫的官员。孙叔敖：春秋时期楚国丞相。

②滋：更加。

[译文]

传说：缯丘的掌管边疆守卫的官员拜见楚国的丞相孙叔敖说："我曾听过这样的话：'做官时间很长的人，士人会嫉妒他；俸禄丰厚的人，人民会怨恨他；地位尊贵的人，君主会憎恨他。'现在相国您具备这三种情况却没有得罪楚国的士人和人民，这是为什么呢？"孙叔敖说："我三次担任楚国的相国而内心越发谦卑，每增加一次俸禄就越发广泛施舍，地位越尊贵在礼节上就越恭敬，因此没有得罪楚国的士人和人民。"

原文

子贡问于孔子曰："赐为人下而未知也。"孔子曰："为人下者乎？其犹土也。深扣[①]之而得甘泉焉，树之而五谷蕃[②]焉，草木殖焉，禽兽育焉；生则立焉，死则入焉；多其功而不得[③]。为人下者，其犹土也。"

[注释]

①扣：同"掘"。

②蕃：生长。

③得：同"德"，原作"息"，据《太平御览》引文改。

[译文]

子贡问孔子说："我想对人谦虚却不知应该如何去做。"孔子说："对人谦虚么？那应该像土地一样啊。深入挖掘就能得到甘甜的泉水，在它上面播种就会有五谷茂盛地生长，草木在土地上繁殖，禽兽在土地上生息；活着就站在土地上面，死了的就埋在土地里面；它的功劳很大却不认为自己有功德。对人谦虚，就应该像土地一样啊。"

原文

昔虞不用宫之奇而晋并之[①]，莱不用子马而齐并之[②]，纣刳[③]王子比干而武王得之。不亲贤用知，故身死国亡也。

[注释]

①虞：春秋时期的一个诸侯国，姬姓，位于今山西平陆县北，在公元前 655 年为晋国所灭。宫之奇：虞国的大夫。

②莱：春秋时期诸侯国名，在今山东黄县东南，在公元前 567 年为齐国所灭。子马：莱国的贤臣。

③刳：从中间剖开挖空。

[译文]

从前虞国不任用宫之奇而被晋国吞并，莱国不任用子马而被齐国吞并，商纣王将王子比干剖腹挖心而国家被周武王夺去。君主不亲近贤良能干的人、不任用明白智慧的人，所以落得个身死而国亡的下场啊。

原文

为说者曰："孙卿不及孔子。"是不然。孙卿迫于乱世，鰌[①]于严刑；上无贤主，下遇暴秦；礼义不行，教化不成；仁者绌约，天下冥冥；行全刺之，诸侯大倾。当是时也，知者不得虑，能者不得治，贤者不得使。故君上蔽而无睹，贤人距[②]而不受。然则孙卿怀将圣[③]之心，蒙佯狂之色，视[④]天下以愚。《诗》[⑤]曰："既明且哲，以保其身。"此之谓也。是其所以名声不白、徒与不众、光辉不博也。今之学者，得孙卿之遗言余教，足以为天下法式表仪。所存者神[⑥]，所过者化。观其善行，孔子弗过。世不详察，云非圣人，奈何？天下不治，孙卿不遇时也。德若尧、禹，世少知之；方术不用，为人所疑。其知至明，循道正行，足以为纪纲。呜呼！贤哉！宜为帝王。天地不知，善桀、纣，杀贤良。比干剖心，孔子拘匡，接舆[⑦]避世，箕子佯狂，田常[⑧]为乱，阖闾[⑨]擅强。为恶得福，善者有殃。今为说者又不察其实，乃信其名；时世不同，誉何由生？不得为政，功安能成？志修[⑩]德厚，孰谓不贤乎？

[注释]

①鰌：逼迫。

②距：通"拒"。

③将圣：大圣。

④视：通"示"。

⑤《诗》：指《诗经·大雅·烝民》。

⑥神：治理。

⑦接舆：姓陆，名通，字接舆。一说因曾迎孔子之车而歌而名接舆。他是春秋时期楚国隐士，对当时的社会不满，装疯避世。

⑧田常：即田成子，也作田恒、陈恒、陈成子，春秋时齐国大臣。他在公元前481年杀死了齐简公，拥立齐平公即位，自任相国。从此，姜姓的齐国政权彻底由田氏控制。

⑨阖闾：春秋末年吴国国君。

⑩修：美好。

[译文]

楚狂接舆

接舆是楚国著名的隐士，平时“躬耕以食”，因对当时社会不满而剪去头发，佯狂不仕，所以被称为楚狂接舆。

那些持某种说法的人说：“孙卿比不上孔子。”这是不对的。孙卿被迫在乱世中生存，处在严刑峻法的钳制之下；上面没有贤德的君主，下面又碰到暴虐的秦国；礼法无法推行，教化无法办成；仁人被罢免遭到束缚，天下昏沉黑暗；德行完美反而遭受讥讽，诸侯之间互相倾轧。在这个时代里，有智慧的人不能为国家进行谋划，有能力的人不能参与对国家的治理，贤良有才的人得不到任用。所以君主被蒙蔽而什么都看不见，贤能的人遭到拒绝而不被认可。虽然这样，孙卿却怀抱圣人的志向，自己假装疯狂，向天下人表现出自己的愚昧。《诗经》中说：“既明智又聪慧，从而保全自身。”说的就是这样的人。这就是他名声不够显赫、门徒不多、光辉照耀得不够广泛的原因。现在的学者，只要得到了孙卿留下的言论和残存的教导，便足以成为天下的法度准则和表率模范。他所在之处就可以得到全面的治理，他所经之处就可以得到教化。看他那善良的行为，孔子都无法超过。世人不进行详细的考察，说他算不得圣人，能有什么办法？天下得不到很好的治理，是因为孙卿没有遇到好时机啊。他的德行像尧、禹一样，世上的人却很少知道；他的治国方略不被采用，却受到人们的怀疑。他的智力非常明达，他遵循道义、端正德行，足以作为人们的榜样。啊！贤德的人啊！他应该成为帝王。天地不明智，竟然善待桀、纣，杀害贤良。比干被剖心，孔子在匡地陷入困境，接舆逃避社会，箕子假装疯狂，田常作乱，阖闾专权逞强。作恶的得到福佑，行善的遭受祸殃。现在持某种说法的人又不考察实际情形，竟然相信那些人的名声；时代不一样，名誉从哪里产生？不能治理国家，功业从哪里建成？他志向美好、道德敦厚，谁说孙卿不贤能呢？

图书在版编目（CIP）数据

图解荀子 /（战国）荀子著；崇贤书院释译 . — 合肥：黄山书社，2021.8

（中华古典珍品）

ISBN 978-7-5461-3899-2

Ⅰ . ①图… Ⅱ . ①荀… ②崇… Ⅲ . ①儒家 ②《荀子》—通俗读物 Ⅳ . ① B222.6-49

中国版本图书馆 CIP 数据核字（2021）第 172473 号

出 品 人　贾兴权
选题策划　贾兴权　汤吟菲
编辑统筹　刘　春
责任编辑　常舒雅
装帧设计　观止堂_未　氓　朱　璇
责任印制　李　磊
出版发行　时代出版传媒股份有限公司（http：//www.press-mart.com）
　　　　　黄山书社（http：//www.hspress.cn）
地址邮编　合肥市政务文化新区翡翠路 1118 号出版传媒广场 7 层 230071
印　　刷　安徽新华印刷股份有限公司
版　　次　2021 年 9 月第 1 版
印　　次　2021 年 9 月第 1 次印刷
开　　本　700 mm × 1000 mm　1/16
字　　数　560 千字
印　　张　32.25
书　　号　ISBN 978-7-5461-3899-2
定　　价　47.80 元

服务热线　0551-63533706
销售热线　0551-63533761

官方直营书店（https：//hsss.tmall.com）